한국사를 움직인
100대 사건

한국사를 움직인 100대 사건

이근호 · 박찬구 엮음

초판 1쇄 발행 · 2011. 5. 30.
초판 4쇄 발행 · 2016. 3. 15.

발행인 · 이상용 이성훈
발행처 · 청아출판사
출판등록 · 1979. 11. 13. 제9-84호
주소 · 경기도 파주시 회동길 363-16
대표전화 · 031-955-6031
팩시밀리 · 031-955-6036
E-mail · chungabook@naver.com

ISBN 978-89-368-1011-5   03900

＊ 값은 뒤표지에 있습니다.
＊ 잘못된 책은 구입한 서점에서 바꾸어 드립니다.
＊ 본 도서에 대한 문의사항은 이메일을 통해 받고 있습니다.
＊ 이 책에 사용된 자료 중 일부는 저작권자를 찾지 못했습니다. 저작권자가 확인되는대로 정식
허가 절차를 진행하겠습니다.

고조선의 건국부터 대한민국 건국까지

한국사를 움직인 100대 사건

이근호 · 박찬구 엮음

청아출판사

역사를 구성하는 요소는 다양하지만, 특히나 인간과 시간, 공간은 빼놓을 수 없는 요소이다. 오랜 시간 역사는 이 세 가지 요소가 어우러져 지금까지 이어져 왔다. 그리고 그 속에서 많은 사건을 만들어 냈다. 어찌 보면 역사는 사건과 사건으로 이어지는 것인지도 모르겠다. 따라서 역사의 흐름에서 사건은 시대를 읽는 중요한 코드가 될 수 있지 않을까 생각한다. 그 속에는 인간도 있고 시간도 있고 공간도 있으니 말이다. 그만큼 사건을 통해 역사를 이해하는 방식은 대단히 유효하다. 그동안 이런저런 이유로 사건을 통해서 역사에 접근한 책들이 많이 출간되었고, 앞으로도 계속될 것이다. 다만 개별적인 사건을 다루거나 특정 시대사에 국한되는 경우는 많았지만, 본서처럼 한국사 전체를 관통하는 경우는 많지 않았다고 생각된다. 본서는 이런 의식 아래에서 준비된 것이다.

우리 역사의 도도한 흐름 속에는 많은 사건들이 있었다. 당대사에서 필연적으로 발생한 사건도 있다. 또는 우연히 발생한 사건이 시대의 흐름을 바꾼 예도 있다. 이에 본서는 우리 역사를 이해하는 방식으로 사건사를 표방하고, 역사에서 발생했던 많은 사건 가운데 당대사뿐만이 아니라 이후 역사 흐름에 중요한 영향을 미쳤다고 판단되는 것을 추출, 사건에 대한 인과관계를 추적해 보려고 하였다. 물론 중요하다는 기준이 본서를 읽는 독자들마다 다를 수 있어 모두를 만족시킬 수 있을지는 자신할 수 없지만, 최대한 이런 점을 감안하여 선정하였다. 아울러 주로 편년을 기준으로 선정하다 보니, 중요하지만 편년이 확정되지 않은 사건은 불가피하게 누락되었다. 그러나 이런 점을 최소화하기 위해 각 사건의 서술 방식은 사건 자체를 이해하는 데 그치지 않고 해당 사건을 둘러싼 시대, 나아가 우리 역사의 전체 흐름을 이해하는 데 유효하도록 기술하였다는 생각으로 스스로를 위로해 볼 뿐이다.

이근호

한국사는 학생들에게는 까다로운 암기과목으로, 성인들에게는 각색된 TV 대하드라마 정도로 와 닿는 게 우리 현실이다. 중국 《삼국지》를 열 번 가까이 탐독하고 적벽대전의 동남풍을 화제로 올리는 사람들은 많지만, 《조선왕조실록》을 몇 페이지라도 접하거나 왕건과 견훤의 운명을 가른 고창 전투를 얘기하는 사람들은 흔하지 않다. 박은식 선생의 혼백魂魄 사상을 새삼 언급하지 않더라도 안타까운 일이 아닐 수 없다. 입시 위주의 한국사 교육이 낳은 폐해가 아닐지 감히 생각해 본다.

어쩌면 역사는 과거와 현재, 미래가 공존하는 울창한 숲일 수도 있다. 나무와 나무가, 식물과 동물이 서로 상호작용을 하며 기승전결의 사계를 공유하는 숲을 제대로 이해하려면, 숲이란 공동체 전체를 인과관계를 갖춘 하나의 생태계, 하나의 생명체로 인식하고 접근하는 것이 필요할 것이다. 삼국 통일이 몇 년에 이뤄졌고, 고조선의 수도가 어디였고, 강화도조약의 내용이 무엇이었는지를 기계적이고 단편적으로 구구단 외듯이 암기해서는 한국사라는 숲의 생태계에 접근하기는 요원한 일일 테다. 역사를 인과관계의 씨줄과 날줄로 연결된 살아 있는 생명체로 인식한다면, 역사적인 사건 하나, 그 사건과 다른 사건 사이의 맥락들을 하나하나 추적하고 꿰어 나간다면, 비로소 한국사라는 숲 전체가 흥미진진한 생명체로 다가울 것이다. 조선 시대의 4대 사화든, 발해 무왕의 요동 공략이든, 고려 시대의 만부교 사건이든, 현대의 광주 민주화운동이든, 어느 것 하나 인과관계와 기승전결을 갖추지 않은 역사적 사건이란 찾기 어렵다. 결국 역사는 사람이며, 사람이 살아가는 스토리는 인과관계를 갖기 마련이기 때문이다.

《한국사를 움직인 100대 사건》을 펴내게 된 취지와 배경은 이 같은 문제의식과 고민의 연장선상이라고 이해해도 좋을 듯하다. 이 책에서는 고조선부터 6월 민주 항쟁까지 면면히 이어진 한국사의 굵직한 사건 하나하나의 원인과 전개 과정, 그 결과를 짚어 보고, 그 사건이 다른 사건과 어떻게 상호 작용을 하고 있는지 알기 쉽게 서술하려고 애썼다. 이제 울창하고 생명력 넘치는 한국사의 숲으로 독자 여러분들을 초대하고자 한다.

박찬구

차례

Chapter1
고대 국가와 삼국 시대

Chapter2
한반도를 재통일한 고려

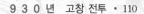

Chapter3
유교 국가 조선

Chapter4

격동하는 근대

Chapter5
현대의 물결

고대 국가와
삼국 시대

기원전 2333년 단군에 의해 고조선이 건국된 이래 한반도를 비롯하여 만주 지역까지 우리 역사상 초기 국가들이 성립되었다. 이들 중 중앙집권 국가를 성립한 것은 고구려, 백제, 신라 삼국으로, 이때를 역사상 삼국 시대라고 부른다. 삼국은 때로는 친선 관계를 도모하고, 때로는 전투를 벌이며 서로의 영토를 침범하고 빼앗기기를 거듭하였다. 그리고 7세기, 마침내 신라가 한반도를 통일하고 만주에서는 발해가 성립되면서 남북국 시대를 이루었다.

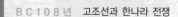

B.C. 108

고조선과 한나라 전쟁

최초의 강력한 고대 국가

기원전 2333년 단군이 고조선을 건립하다.

기원전 194년 연나라 사람 위만이 고조선의 정권을 차지하다.

기원전 109년 한나라 사신이 위만조선의 장군을 살해하다.

기원전 109년 가을, 중국 한나라의 육군 5만 명이 압록강을 건너 한반도로 진격했고, 해군 7,000명은 대동강 하구로 상륙했다. 수륙 양공의 목표는 현재 북한의 평양 지역으로 추정되는 위만조선의 수도 왕검성이었다. 한 무제가 동북아시아의 강대국으로 떠오르는 위만조선과 전면전을 감행한 것이다. 강력한 정복 왕조와의 싸움에서 위만조선은 1년 남짓 항쟁하다 끝내 멸망했다.

단군조선은 기원전 2333년에 단군이 아사달에 도읍을 정했다는 단군신화를 바탕으로 한다. 그런가 하면 기자조선은 《삼국유사》에 의하면 기원전 1100년에 중국 은(殷)나라가 멸망할 때 망명한 기자(箕子)가 세웠다고 한다. 다만 기자조선은 그 역사적 실체에 대해서 부정되고 있다. 그 뒤를 이은 것이 위만조선이다.

위만조선은 한나라 초기에 연(燕)나라 사람 위만(衛滿)이 고조선 땅으로

이주해 세운 나라이며, 왕검성 전투 당시 위만조선을 이끈 우거왕(右渠王)
은 위만의 손자였다. 위만은 연나라 사람이라고 기록되었지만, 고조선에
들어올 때 상투와 고조선 복장을 하고 있었다는 점을 볼 때 고조선계 유이
민일 가능성이 높다. 위만조선은 위만과 함께 고조선 땅으로 옮긴 중국 동
북 지방 출신의 이주민과 한반도에 거주하던 토착민의 연합 정권이었다.

　중국의 강력한 정복 왕조인 한나라와 한반도, 만주, 요동 반도 등 동북
아시아 일대의 떠오르는 강자인 위만조선의 전쟁은 동북아시아를 둘러싼
경제적, 외교적 패권 다툼에서 비롯되었다. 전국 시대의 혼란 이후 중국
최초의 통일 왕국인 진(秦)에 이어 두 번째 왕조로 등장한 한나라는 끊임
없이 북방 흉노(몽골)의 침략에 시달렸다. 기원전 141년에 왕위에 오른 한
무제는 흉노가 한나라에서 취득한 비단을 서역에 비싸게 팔아넘긴다는
점에 착안해, 흉노의 경제력을 약화시키기 위해 비단길을 만들었다. 서역
과의 직접 거래를 통해 비단 가격을 떨어뜨림으로써 흉노의 기세를 꺾어
버린 것이다.

　그리고 나서 한 무제는 눈길을 위만조선으로 돌렸다. 당시 위만조선은
동북아시아 역내의 중계무역으로 경제적 이득을 챙기며 강국으로 성장하
고 있었고, 우거왕은 발달된 철기 문화를 바탕으로 강력한 군사력까지 겸
비했다. 한 무제는 위만조선이 동북아시아 일대의 경제적 패권을 장악하
지 못하도록 위만조선을 외교적, 군사적으로 압박했다. 한으로서는 흉노
가 만주로 세력을 뻗어 위만조선과 제휴할 가능성이 높다는 것을 우려한
것이다. 동북아시아를 중심으로 한 국제 정세를 둘러싸고 양국의 이해관
계가 첨예하게 부딪치자 결국 한 무제는 고조선 침공을 감행했다.

　전쟁이 일어나기 한 해 전, 한은 먼저 섭하(涉河)를 왕검성에 사자로 보

선사 시대 무기의 발달 순서대로 구석기 시대 슴베찌르개, 7~8세기 청동기 전기에 만들어진 석기, 초기 철기 시대의 한국식 동검, 원삼국 시대의 철제 무기. 처음 우리 민족은 돌을 쪼개 만든 석기를 이용했으며, 문명이 발달하면서 점차 정교하게 다듬어 사용하였다. (국립청주박물관)

냈다. 섭하는 위만조선이 한을 대국으로 섬기고, 동북아시아 지역의 각 나라가 위만조선을 거치지 않고 직접 한에게 조공을 바치도록 조치할 것을 요구했다. 또 동북아시아 무역에서 한의 영향력을 인정하고 위만조선도 한에 조공을 바칠 것을 강요했다. 우거왕이 한의 부당한 요구를 거절하자 섭하는 국경에서 자신을 배웅하던 위만조선의 비왕(裨王) 장(長)을 살해했다. 그런가 하면 한은 섭하를 요동동부도위(遼東東部都尉)에 임명해 위만조선을 자극했다. 이에 격노한 우거왕은 군사를 보내 섭하를 죽였다. 한 무제는 이를 빌미 삼아 위만조선을 수륙 양쪽으로 공격해 왔다.

결국 지금으로부터 2100여 년 전, 한반도를 둘러싼 최대의 전투가 시작되었다. 한의 누선장군 양복은 산동 반도에서, 좌장군 순체는 요동에서 왕검성을 향해 진격했다. 하지만 수륙 양군은 위만조선의 거센 항거로 잇따라 격퇴당하고 전쟁은 교착상태에 빠졌다. 누선장군 양복은 군사를 잃

고 산속으로 달아나 열흘 동안 숨어 지내는 곤욕을 치르기도 했다.

한 무제는 전세가 불리해지자 위산(衛山)을 사신으로 보내 협상을 시도했으나, 별다른 소득을 얻지 못했다. 위산의 화해 요청에 우거왕은 태자 일행을 사절단으로 보내려 했다. 하지만 위산과 순체가 패수(浿水, 청천강으로 추정)를 사이에 두고 마주한 태자 일행에게 "이미 항복했으니 무기를 버리라." 하고 요구하자, 태자는 이들을 의심해 발길을 돌렸다. 한나라는 계속해서 왕검성을 공격했고, 우거왕은 성문을 걸어 잠근 채 거세게 저항했다.

전쟁이 계속되자 위만조선의 지배층은 주전파와 주화파로 나뉘어 분열 조짐을 보였다. 위만조선 성립 시 이주민과 토착민 사이의 갈등에서 비롯된 태생적 한계가 위기 상황에서 불거진 것이다. 주화 세력인 조선상(朝鮮相) 노인(路人)과 상(相) 한음(韓陰), 장군 왕겹(王唊) 등이 한나라에 항복, 망명했고, 이어 이계상(尼谿相) 참(參)은 우거왕을 죽이고 한나라에 굴복했다. 우거왕의 대신 성이(成己)가 왕검성에서 계속 한의 공격을 막았지만 한의 이간질로 성이마저 죽임을 당했다. 순체가 이미 항복한 우거왕의 아들과 노인의 아들을 부추겨 성이를 살해한 것이다.

같은 시대에 살았던 중국의 사마천은《사기》〈조선열전〉에서 당시의 상황을 이렇게 기술했다.

> 좌장군이 양군을 합하고는 급히 조선을 공격했다. 조선상 노인, 상 한음, 이계상 참, 장군 왕겹 등이 모의하기를 "처음에는 누선에게 항복하려 했으나 지금은 누선이 체포되고 좌장군 혼자 장수들을 합쳐 전투가 더욱 급하니 더불어 싸울 수 없을 것 같은데 왕은 항복하려 하지 않는다." 하고는 "음, 겹, 노인 모두 도망하여 한에 항복하였다." 했다. 또한 "이계상 참이 사람을 시켜 조선왕 우거를 죽이고 항복해 왔다. 그러나 왕검성은 함락되지 않았고, 우거왕의 대신이었던 성이가 거듭 항전했다. 좌장군은 우거의 아들 장강(長降)과 상 노인의 아들 최(最)로 하여금 백성들을 달래 성이를 죽이게 했다. 이로써 드디어 조선을 평정했다." 하였다.

왕검성 전투에서 한이 위만조선에게 최종 승리하긴 했지만, 한군의 지휘부는 전투 이후 모두 처벌을 받았다. 사마천은 위만조선 정벌에 나섰던 누선장군 양복과 좌장군 순체, 위산 등이 참형되거나 신분이 서인으로 강등됐다고 전하고 있다. 초기 전투의 패배와 전공 다툼, 화의의 무산 등이 처벌의 이유였다. 그만큼 위만조선의 저항이 만만치 않았다는 얘기다.

위만조선은 비록 내부 분열로 무너지긴 했지만, 중원의 최강자를 상대로 1년이 넘도록 굴복하지 않고 격전을 치렀다. 이러한 점으로 보아 당시 위만조선의 군사력과 경제력이 얼마나 강성했는지를 짐작할 수 있다. 고조선 사회가 농업이 발달하고, 화폐를 사용한 계급 사회였다는 점은 《한서지리지》에 실린 팔조법금(八條法禁)에서 드러난다.

고조선은 상당한 수준의 관료 조직도 갖추고 있었다. 왕검성 전투를 기록한 사료에 나오는 왕실과 상, 경, 대부, 대신, 장군, 박사 등 지배 계급의 체계를 보면 고조선이 강력한 고대 국가 단계로 한창 성장하고 있었다는 사실을 짐작할 수 있다. 일부 지도층은 고조선 패망 이후 한반도 남쪽으로 이동해 마한, 진한, 변한 등 삼한에 정착해 이들의 발전을 돕기도 했다.

위만에서 그의 손자 우거왕에 이르기까지 3대에 걸친 위만조선을 멸망시킨 한은 왕검성을 중심으로 지방 통치기구인 낙랑군을 설치했다. 또 위만조선의 영토였던 지역에 진번군, 임둔군, 현도군을 두어 직접 통치에 나섰다. 우리나라 최초의 시가인 〈공무도하가(公無渡河歌)〉가 고조선 사람들 사이에 널리 불린 것이 이즈음이다. 고조선 출신인 백발노인이 강물에 빠져 죽자 그 아내가 이를 슬퍼하며 불렀다는 내용이다.

한사군은 고조선 유민들과 고구려 세력에 의해 차츰 폐지되거나 흡수됐다. 낙랑군은 마지막까지 남았으나, 313년에 결국 고구려에 의해 멸망했다. 강력한 고대 국가를 향한 고조선의 열망은 한사군을 중심으로 한 중국 세력의 축출과 부여, 옥저, 동예, 고구려, 삼한 등의 성장, 각축으로 이어졌다. 우리 민족의 터전은 그렇게 탄탄하게 형성돼 갔다.

팔조법금

    팔조법금은 고조선이 사회 질서를 유지하기 위해 만든 8개 조항의 법률이다. 현재는 반고가 《한서 지리지》에 남긴 3개 조항만 전해진다. 3개 조항은 다음과 같다.

- 사람을 죽인 자는 즉시 사형에 처한다.
- 남을 다치게 한 자는 곡물로써 배상한다.
- 도둑질을 한 사람은 노비로 삼는다. 용서를 받으려면 50만 전을 내야 한다.

    《한서 지리지》는 도둑질을 한 사람이 비록 용서를 받아 보통 백성이 되어도 사회 풍속에 이를 수치스럽게 여겨 결혼을 하려 해도 짝을 구할 수 없었으며, 때문에 고조선의 백성들은 대문을 닫고 사는 일이 없을 정도로 도둑질을 하지 않았다고 기록하고 있다. 또 여자들은 모두 정숙해 음란하고 편벽된 짓을 하지 않았다고 적고 있다.

    이 같은 기록으로 볼 때 고조선 사회는 사람의 생명과 노동력, 사유 재산을 중시했고, 화폐와 그 대용품을 사용했으며, 엄격한 계급과 남성 중심의 가부장적 가족 제도를 이루고 있었다는 사실을 알 수 있다.

백제의 평양성 공격

근초고왕이 백제 최전성기를 이루다

> ◁┘ **기원전 18년** 고구려 계통 유이민 세력과 한강 유역의 토착 세력이 결합
> 하여 백제가 성립하다.
> ◁┘ **260년** 백제 고이왕이 제도를 정비하다.
> ◁┘ **369년** 고구려 고국원왕이 백제를 침공하다.
>
> 371년 겨울, 백제 근초고왕이 아들인 세자 근구수를 비롯해 3만 대군을 이끌
> 고 고구려 영토 내의 평양성을 공격했다. 평양성은 함락되지 않았지만, 고구
> 려 고국원왕이 이 전투에서 목숨을 잃었다. 《삼국사기》〈고구려본기〉는 당시
> 고국원왕이 빗나간 화살에 맞아 죽었다고 기록하고 있다. 그야말로 백제의
> 대승이었다. 정복 군주 근초고왕과 그가 이끄는 백제군의 위력이 절정에 이
> 르렀음을 보여 준다.

백제는 16대 근초고왕(재위 346~375) 시절인 4세기 중엽에 그야말로 최
고의 전성기를 누렸다. 그 시기에 한반도에는 북쪽으로 고구려, 서쪽으로
백제, 동남쪽으로 신라와 가야가 각각 자리를 잡아 영토를 맞대고 있었
다. 근초고왕은 남쪽으로는 마한의 영역이던 전라남도 남해안까지 영토
를 넓혔고, 북쪽으로는 고구려의 평양성까지 위협했다. 지금의 경기, 충
청, 전라 3도 전체는 물론 강원도와 황해도 일부까지 차지했다. 근초고왕

의 평양성 공격과 승리는 4세기부터 시작된 고구려, 백제, 신라 3국 간 쟁탈전에서 백제가 먼저 한반도 중부 지역을 중심으로 패권을 잡았음을 보여 주는 상징적인 사건으로 기록된다.

특히 당시는 대동강과 재령강 일대에 위치한 낙랑군과 대방군 등 중국 세력이 고구려와 백제의 잇따른 공격으로 한반도에서 축출된 이후, 그 힘의 공백을 차지하기 위해 고구려와 백제가 직접 충돌하며 치열한 신경전을 벌이던 4세기 초였다.

근초고왕이 평양성을 공격하기 2년 전인 369년에는 고국원왕이 백제를 침공해 치양성(雉壤城, 황해도 배천)에서 양국이 충돌했고, 근초고왕의 뒤를 이은 근구수왕은 다시 평양성으로 진격해 고구려를 위협했다. 《삼국사기》〈백제본기〉는 이렇게 기록하고 있다.

근초고왕 26년(371)에 고구려가 군사를 일으켜 오니, 왕이 듣고 패하(浿河, 황해도 예성강) 강변에 군사를 매복시켰다가 오는 것을 기다려 갑자기 쳐서 고구려군을 패배시켰다. 겨울에 왕이 태자와 함께 정예병 3만을 거느리고 고구려를 침입하여 평양성을 공격하였다. 고구려 왕 사유(고국원왕)가 힘껏 싸워 막다가 화살에 맞아 죽으니 왕이 군사를 이끌고 왔다.

근구수왕 3년(377) 10월에 왕이 정병 3만을 거느리고 고구려 평양성을 침공하였다.

강력한 정복 군주였던 근초고왕은 영토 확장과 더불어 내우외환을 미리 차단하는 데도 힘을 기울였다. 우선 근초고왕은 이전까지만 해도 형제 사이에 주고받던 왕위를 처음으로 부자(父子) 간 계승으로 바꿔 평양성 공격에 참여한 세자 근구수에게 왕위를 물려주었다. 지방관을 파견해 지방 조직을 체계적으로 관리하기도 했다. 이는 왕권을 강화하고, 고대 국가로서의 체제를 확고히 뿌리내리기 위한 조치로 여겨진다. 근초고왕은 또 왕비족을 진(眞), 해(解), 사(沙), 연(燕), 국(國), 협(劦), 목(木), 백(苩) 등 8개의 대귀족 성씨 가운데 진씨 가문 하나로 고정시켜 진씨와 손잡고 나머지 귀족들을 견제했다.

근초고왕 직전에 백제를 다스린 책계왕(責稽王)과 분서왕(汾西王), 비류왕(比流王), 계왕(契王)은 내부 반란이나 외부의 침략으로 살해되거나 전사하는 등 하나같이 불행한 최후를 맞았다. 그렇기 때문에 이들에 이어 왕위에 오른 근초고왕으로서는 내분의 소지를 없애고 나라의 기강을 바로 세우는 것이 무엇보다 시급한 과제였던 것으로 보인다.

근초고왕은 또 바깥으로 눈을 돌려 서쪽으로는 중국의 동진(東晉), 남쪽으로는 왜(倭)와 활발한 무역활동을 벌이며 백제를 동북아시아의 국제 상업국가로 성장시켰다. 이로 인해 백제는 중국과 왜(倭)의 중개역을 맡아 동북아시아 교역의 중심에 설 수 있었다. 그 과정에서 백제는 중국 황해 연안에서 한반도의 서남해안으로, 다시 일본 열도로 이어지는 고대 해상 교통로를 계승했다.

이 루트는 한대(漢代) 이래 중국의 동방 침공과 문물 교류의 통로로 사용됐던 것이다. 낙랑군과 대방군의 멸망과 뱃길에 약한 호족(胡族)이 북중국을 점령하면서 이 루트를 백제가 차지한 것이다. 근초고왕은 또 중국이 호족의 침입으로 혼란스런 틈을 이용해 요서 지역으로 나아가 백제군(百

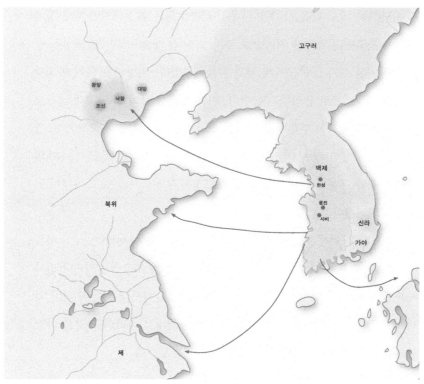

근초고왕의 정복 근초고왕은 평양성을 공격하여 고구려를 위협하였고, 백제의 영토를 마한 지역까지 확대했다. 중국 동진, 남쪽의 왜, 한반도의 신라 등과 우호적인 외교 관계를 통해 나라를 안팎으로 안정시키는 데도 주력하였다.

濟郡)을 설치하기도 했다. 이는 요동 지역을 파고 들어오는 고구려 세력을 견제하는 것과 동시에 동북아시아의 무역기지를 확보하는 성격을 갖고 있었다.

동시에 근초고왕은 신라와 왜, 동진과 우호적인 외교 관계를 맺으며 국제적인 지위를 확고히 굳히는 한편 이들로부터의 외침 가능성도 사전에 미리 막았다. 동진으로부터는 진동장군영낙랑태수(鎭東將軍領樂浪太守)로 책봉되기도 했다. 백제의 학자인 아직기(阿直岐)와 왕인(王仁)이 일본에 파

견돼 태자의 스승이 되고 《천자문》과 《논어》 등 유학을 전파한 것도 근초
고왕 때였으니, 고대 국가로서 학문적, 문화적인 자긍심도 상당했던 것으
로 보인다.

　고구려와의 치열한 공방전은 그러한 나라 안팎의 분위기와 국운 상승
의 자신감 속에서 이뤄졌다. 고구려와 일진일퇴를 거듭하던 근초고왕은
마침내 평양성까지 진격해 고구려에게 엄청난 타격을 입힐 수 있었다. 고
구려가 남진 정책으로 백제 땅을 넘보는 것과 더불어 한반도를 넘어 대륙
을 향해 손길을 뻗을 때, 근초고왕의 백제는 낙랑군과 대방군의 옛 땅을
차지하기 위해 고구려의 후방에서 끊임없이 칼끝을 겨누는 셈이다.

　이처럼 백제를 안팎으로 정비하고 4세기 중엽의 강자로 성장시킨 것에
따른 근초고왕의 자부심은 평양성을 공격한 지 4년 뒤인 375년 박사 고흥
(高興)에게 백제의 국사인 《서기(書記)》를 편찬하도록 한 것에서 잘 드러
난다.

　한일 간에 그 성격을 놓고 논란이 되고 있지만, 칠지도(七支刀)도 근초
고왕 재위 당시 백제의 위세를 짐작케 하는 유물이다. 칠지도는 일본 나
라 현 덴리 시 이소노카미 신궁에 보관된 길이 74.5센티미터의 철제 칼로,
칼날 양 옆에 모두 여섯 개의 작은 칼날이 가지처럼 뻗어 있다. 현재 우리
나라의 국립부여박물관에 전시된 칠지도의 모조품에는 다음과 같은 설명
이 붙어 있다.

　칠지도란 일곱 개의 가지가 달린 칼이다. 칼 양면에 새겨진 글자 내
　용으로 보아 4세기 후반 근초고왕 대에 백제 왕실에서 제작하여 왜
　왕실에 준 것이다. 이 무렵 백제는 지금의 서울에 도읍을 두고 고구

려와 경쟁하면서 남쪽으로 영역을 확장하고 있었
다. 칠지도를 통해 이 시기 백제가 중국 동진 및 일
본과 우호 관계를 맺었으며, 제철기술이 발달하였
음을 알 수 있다.

칠지도 모양이 일곱 개의 나
뭇가지와 같아 칠지도라고 이
름 붙여졌으며, 칼날 양면에
금상감 기법으로 61자가 새겨
져 있다. 이 글자는 현재 마멸
되어 완전히 해석할 수 없으
며, 지배자의 상징인 의례용
칼로 보인다. 현재 일본 국보
로 지정된 칠지도는 백제의
제철 기술 및 금속공예 상감
기술까지 엿볼 수 있는 작품
이다.

　칠지도를 두고 일본은 '백제 왕세자가 일본 왕에게
조공으로 바친 것'이라며 일본이 고대 한반도를 지배
했다는 임나일본부설(任那日本府說)의 물증이라고 주
장하지만, 국내에서는 근초고왕이 평양성 전투에서
대승을 거두는 등 한반도에서 강자로 자리 잡았을 당
시 왜 왕에게 하사했다는 학설이 유력하게 받아들여
지고 있다.

　당초 백제는 고조선의 철기 문화에 영향을 받은 한
강 이남 지역의 마한(馬韓) 연맹체 소속 54개 소국(小
國)들 가운데 하나였다. 신라와 고구려에 이어 기원
전 18년 한강 하류 지역에서 건국한 백제는 3세기 중
엽인 260년 고이왕(재위 234~286) 시절 한강 주변의
소국들을 통합하며 연맹왕국으로 한 단계 도약하게
된다. 오늘날의 장관직에 해당하는 6개의 좌평을 만
들고 관직을 16품으로 나누는 등 국왕을 중심으로 한 중앙집권 체제를 만
들어 갔다. 그러한 노력이 한 세기가 지난 뒤인 근초고왕 대에 이르러 강
력한 고대 국가로 성장하는 발판이 된 것이다.

　하지만 근초고왕 때 최고조에 달했던 백제의 기세는 평양성 공격 이후

20여 년 만에 꺾이고 말았다. 고구려의 정복 군주 광개토대왕이 396년 백제의 58개 성을 점령하고, 아신왕의 항복을 받아내면서 고구려와 백제 사이의 관계는 역전된다. 그 결과 4세기 중엽 백제가 차지했던 패권은 4세기 후반 고구려와 백제의 치열한 공방전 끝에 5세기에 이르러 고구려로 넘어간다.

광개토대왕의 신라 파병

광개토대왕, 고구려의 최전성기를 열다

- **기원전 37년** 주몽이 고구려를 건국하다.
- **313년** 미천왕이 한나라 세력을 축출하다.
- **372년** 소수림왕이 고구려에 불교를 도입하고 태학을 설립하다.

지금부터 1600여 년 전인 400년. 한반도의 남쪽 낙동강 유역에서는 고구려와 백제—가야—왜 연합군 사이에 치열한 전투가 벌어졌다. 그 결과 백제—가야—왜 연합군이 고구려군에 의해 섬멸됐다. 끊임없는 정복 사업으로 고구려의 영토를 넓히고 최고의 전성기를 이룬 광개토대왕 시절이다. 고구려 19대 왕인 광개토대왕의 낙동강 전투는 당시 한반도 내 국가들의 정세를 압축적으로 보여 준다.

낙동강 전투는 왜의 침략을 받은 신라 17대 내물왕이 고구려에 도움을 청하면서 비롯됐다. 한반도에서 세력이 약해진 백제가 왜와 더욱 가까워지자, 이를 탐탁지 않게 여기던 광개토대왕이 신라의 파병 요청을 계기로 낙동강 일대를 평정한 것이다. 당시 상황은 고구려의 수도 국내성이 있던 중국 길림성 집안현 통구성에 남아 있는 광개토대왕릉비의 '영락 9년, 10년조'에 다음과 같이 기술돼 있다.

영락(永樂) 9년(399) 기해에 백잔(百殘, 백제를 낮춰 부른 말)이 맹세를 저버리고 왜와 화통하자, 왕은 남으로 평양을 순시하였다. 그러자 신라가 사신을 보내와 왕에게 고하기를, "왜인이 나라 경내에 가득 차 성지를 파괴합니다. 이에 노객(奴客, 복종하는 신하)은 신민(臣民)된 자로서 왕에게 돌아와 명을 청합니다."라고 하였다. 태왕은 은혜와 자비를 내려 충성을 칭찬하고 사신을 돌려보내면서 밀계를 알려 주었다. 10년 경자에 보병과 기병 5만 명을 파견하여 신라를 구원하게 하였다.

고구려는 이 낙동강 전투를 통해 신라에서 왜를 몰아내면서 신라를 세력권 안에 편입시킨 것은 물론 왜병이 달아난 가야까지 침공했다. 한반도 내의 세력 판도가 고구려 중심으로 재편된 것이다. 이 과정에서 신라는 고구려의 보호를 받으며 서서히 국가 체제를 정비하는 데 힘을 쏟을 수 있었다.

광개토대왕은 낙동강 전투 4년 전인 396년에 백제의 관미성과 미추성 등을 공격한 뒤 아리수(阿利水, 한강)를 건너 백제의 아신왕(阿莘王)에게 "길이 고구려의 노객이 되겠다."라는 맹세를 받아내고, 58개의 성(城)과 700개의 촌락을 얻는다. 그 2년 전인 394년 8월에는 광개토대왕이 패수(浿水) 전투에서 백제를 무찌르고, 포로 8천 명을 사로잡았다.

광개토대왕의 이름은 담덕(談德)이며, 사후 시호는 국강상 광개토경 평안호태왕(國岡上 廣開土境 平安好太王), 생존 시 칭호와 연호는 영락이다. 고구려에서는 왕의 특징에 따라 그 이름을 지었다. 따라서 광개토대왕이라는 이름만큼 그는 고구려 역사에서 가장 위대한 정복 군주로 기록된다.

그가 나라를 다스리는 동안 한반도 남쪽의 백제나 신라 땅은 물론이고, 한반도를 넘어 만주 땅까지 대폭 고구려에 편입됐다. 재위 첫해인 391년 거란을 정벌하는 것으로 광개토대왕의 정복 사업은 본격적인 막이 올랐다. 거란 정벌에서는 500명을 포로로 사로잡고, 거란에 잡혀 있던 고구려인 1만 명을 구출해 왔다. 이어 서쪽으로 중국의 후연(後燕)을 제압해 요동으로 진출하고, 만주와 연해주 지역의 숙신(肅愼)을 정복해 고구려에 병합했다. 410년에는 동부여와 동예를 완전 병합했고, 같은 해 신라와 하슬라(何瑟羅, 강릉)를 경계로 삼았다.

그는 재위 23년 동안 64곳의 성과 1,400곳의 촌락을 빼앗았다고 광개토대왕릉비는 전한다. 이로써 광개토대왕은 북쪽으로는 옛 부여, 동쪽으로는 책성(柵城, 중국 길림성 훈춘), 남쪽으로는 소해(小海, 한강 유역), 서쪽으로는 요하에 이르는 광대한 영토를 차지했다.

이와 함께 광개토대왕은 즉위 직후 장사(長史), 사마(司馬), 참군(參軍) 등의 중앙 관직을 새로 만들고, 평양에 아홉 개의 절을 세워 불교를 장려하는 등 국가 체제를 정비하는 데도 힘썼다.

18세 때 왕위에 올라 413년에 사망하기까지 광개토대왕은 고구려를 명실상부하게 동북아시아의 최강자로 성장시킨 것이다. 독자적인 연호인 '영락'과 '태왕'이라는 호칭을 사용한 점에서 당시 고구려와 광개토대왕의 높은 자부심을 느낄 수 있다.

광개토대왕에 대한 기록은 《삼국사기》에 그렇게 많이 남아 있지 않다. 광개토대왕릉비가 주목을 받고 있는 것도 이 때문이다. 이 비는 높이 5.34미터, 각 면 너비 1.5미터로 우리나라 역사상 가장 큰 비석이며, 네 면에 1,775자의 한자가 새겨져 있다. '호태왕비'라고도 한다. 광개토대왕에 이

광개토대왕릉비 광개토대왕의 아들 장수왕이 세운 이 비는 광개토대왕의 시호인 '국강상광개토경평안호태왕(國岡上廣開土境平安好太王)'을 줄여 '호태왕비'라고도 부른다. 현재 중국 길림성 집안현 통구성 근처에 세워져 있으며, 광개토대왕의 재위 시 영토 확장 업적이 새겨져 있다.

어 왕위에 오른 장수왕이 414년 9월 29일 세운 것으로, 1880년에 청나라 농부가 발견했다.

비문에는 우선 고구려를 건국한 주몽의 출생과 건국에 얽힌 얘기, 광개토대왕의 치적 및 비석을 세우게 된 내력이 기록되어 있다. 또 광개토대왕이 재위 기간 동안 영토를 확장한 것에 대한 주요 내용이 연도별로 적혀 있다. 이와 함께 광개토대왕의 왕릉을 관리하기 위해 지정한 백성 330호의 출신 지역과 이름을 담은 수묘인연호(守墓人烟戶)가 기록돼 있다.

이처럼 거대한 비석을 남긴 것에는 광개토대왕이 주몽을 계승한 위대한 국왕이라는 점을 부각시키고, 군사적 업적에 따른 고구려의 영광을 후세에 길이 전하려는 의도가 담긴 것으로 보인다. 특히 비문에 새겨진 신묘년(391) 기사의 해석을 놓고는 한일 간에 뜨거운 논쟁이 벌어지고 있다.

百殘新羅舊是屬民(백잔신라구시속민)
由來朝貢(유래조공)
而倭以辛卯年來渡海(이왜이신묘년래도해)
破百殘○○新羅(파백잔○○신라)
以僑臣民(이위신민)

신묘년은 광개토대왕이 즉위한 해이며, 백제 진사왕 7년, 신라 내물왕 36년에 해당한다. 일본에서는 이를 임나일본부설(任那日本府說)을 입증하는 증거라고 주장한다. '백제와 신라는 옛 속민으로 조공을 바쳐 왔는데, 왜가 신묘년에 바다를 건너와 백제, ○○, 신라를 정벌하여 신민으로 삼았다'로 해석해야 한다는 것이다. 임나일본부설이란 왜의 야마토 정권이 4세기에 가야 지역을 쳐서 통치 기관을 두고, 6세기 중엽까지 한반도 남쪽 지역을 다스렸다는 일본의 학설이다.

하지만 우리나라에서는 이 비가 고구려 광개토대왕의 것이기 때문에, 문장의 주어를 고구려나 광개토대왕으로 보아야 한다고 강조한다. 즉 '고구려가 바다를 건너가 왜를 패퇴시키고, 백제, ○○, 신라를 신민으로 삼았다'라는 것이 정확한 해석이라는 지적이다. 또 광개토대왕비의 존재를 1882년 일본 학계에 처음 알린 제국주의 일본군의 참모본부 소속 포병 중위 사코 가케노부가 비문에 의도적으로 석회를 발라 이를 훼손했으며,

당시 참모본부가 주도해 비문의 일부 내용을 일본 쪽에 유리하게 변조, 조작했다는 의혹도 제기됐다.

광개토대왕이 왕성한 정복 사업을 벌이며 고구려의 전성기를 이끌 수 있었던 것은, 그보다 앞선 왕들이 착실하게 나라의 기반을 쌓아 나갔기 때문이기도 하다. 백제 근초고왕과의 평양성 전투에서 전사한 고국원왕의 아들 소수림왕(재위 371~384)은 주변 국가들과의 외교 관계와 국가 조직을 정비하고, 분열된 귀족 세력을 통합하는 정책을 추진해 나갔다. 백제, 신라와 화친해 남쪽으로부터의 외침 가능성을 줄였고, 태학을 설립해 인재를 적극 키우는 한편, 율령을 반포해 기강을 바로잡았다. 뒤이은 고국양왕은 신라와 우호 관계를 강화하면서, 백제를 견제하기도 했다. 앞서 미천왕(재위 300~331) 재위 기간에는 낙랑과 대방 등을 정복해 중국 세력을 몰아냈다.

이처럼 선대의 국왕들이 탄탄하게 다져온 기틀 위에서 광개토대왕은 거의 평생을 정복 사업에 매진하며 고구려를 동북아시아의 강대국으로 성장시킬 수 있었다. 광개토대왕릉비문은 '나라가 부강하고 백성이 편안했으며, 오곡이 풍성하게 익었다'라고 당시 상황을 적고 있다.

475

한성 함락과 개로왕 전사

한반도 주도권이 백제에서 고구려로 넘어가다

427년 고구려가 국내성에서 평양으로 수도를 천도하다.

433년 백제와 신라가 나제 동맹을 맺다.

472년 백제 개로왕이 중국 북위에 군사 지원을 요청했지만 거부당하고, 이로 인해 고구려의 분노를 사다.

5세기 들어 고구려와 백제는 잇따라 수백 년 된 수도를 옮겼다. 먼저 고구려가 427년 국내성에서 평양으로, 이어 백제가 475년 한성에서 웅진으로 천도한다. 고구려와 백제의 수도 이전은 그 성격이 확연히 달랐다. 고구려의 경우는 본격적인 남진 정책 등을 감안한 장수왕의 전략적 선택이었다. 반면 백제는 고구려의 패권주의에 밀려 한강 지역을 어쩔 수 없이 내주고 남쪽으로 물러나야 했다. 이에 따라 한반도의 세력 판도는 다시 한 번 요동쳤다.

건국 이래 줄곧 백제의 수도였던 한성이 475년에 고구려 장수왕의 침략으로 함락된다. 《삼국사기》〈고구려본기〉는 '장수왕 63년 9월에 왕이 군사 3만을 이끌고 백제에 침입하여, 백제의 도읍 한성을 함락시키고 백제 왕 부여경(扶餘慶)을 죽인 뒤 남녀 8,000명을 사로잡아 돌아왔다'라고 기록하였다. 부여경은 백제의 21대 왕인 개로왕(蓋鹵王, 재위 455~475)을 말한다.

당시 개로왕의 아들 여도(餘都)가 신라로부터 구원병 1만 명을 얻어 한성으로 달려갔으나, 이미 개로왕이 고구려군의 위세를 견디지 못하고 급히 피신하다 성문 바깥에서 적군에게 붙잡혀 참살당한 뒤였다. 《삼국사기》의 〈신라본기〉에는 '고구려 왕 거련(巨連, 장수왕)이 몸소 군사를 거느리고 백제를 치니 백제 왕 경(慶, 개로왕)이 아들 문주(文周, 여도)를 보내 도움을 구하므로 왕이 군사를 내어 도왔는데, 미처 그곳에 이르지 못하여 백제는 이미 함락되고 경도 또한 해를 입었다'라고 나와 있다.

고구려의 한성 침공 3년 전인 472년 8월 개로왕은 중국 북위(北魏)에 사신을 보내 장수왕의 정복 사업에 위기감을 호소하며 군사적인 지원을 요청했지만, 고구려와 친선 관계를 맺고 있던 북위는 이에 응하지 않았다. 오히려 백제가 고구려와 북위 사이에 이간책을 쓰려 한다는 사실이 고구려에 알려져 장수왕의 격분을 사게 되고, 개로왕은 끝내 비참한 최후를 맞았다.

장수왕이 백제를 침공할 당시 개로왕은 이미 민심으로부터 멀어져 있었다. 개로왕은 장수왕이 백제에 거짓으로 망명하게 한 승려 도림(道琳)과 함께 바둑으로 소일하며 정사를 제대로 돌보지 않은데다, 성곽과 궁궐을 높이 쌓는 등 대규모 토목 공사를 벌여 백성들의 원성을 샀다. 즉 장수왕과 도림이 계략을 써서 개로왕의 실정을 부추기고, 백제를 내부로부터 와해시켰다는 사실을 알 수 있다. 게다가 개로왕은 끊임없는 귀족들의 정권 다툼을 의식해 재위 기간 동안 왕권을 강화하고 왕실의 힘을 키우기 위해 애를 썼다. 때문에 일반 귀족 세력의 불만이 커질 수밖에 없었다. 한성 함락 때 개로왕을 참살한 고구려 장군들은 백제 출신으로 고구려에 망명한 사람들이라는 기록도 있다.

개로왕이 전투에서 사망하자, 아들 여도가 왕위를 이어받아 문주왕(文周王, 재위 475~477)이 되고 수도를 웅진으로 옮겼다. 이로써 500년간의 한성백제 시대가 마감되고 새로이 웅진백제 시대가 열렸다. 이와 맞물려 고구려는 광개토대왕의 뒤를 이은 장수왕 대에 이르러 최고의 전성기를 구가한다. 고구려는 한강 유역을 차지한 뒤에도 계속 남쪽으로 밀고 내려갔다. 서쪽으로는 천안과 청주, 중부 지역에서는 소백산맥을 거쳐 영주, 예천까지 진격했다. 이와 같은 고구려의 거침없는 남진 정책으로 5세기 후반 백제와 신라는 각각 금강 이남과 소백산 이남까지 밀려났다.

이 과정에서 백제는 주변국들과 손을 잡으며 고구려의 남진 정책을 저지하려 했다. 433년에 백제는 적대국이었던 신라와 왕실 간 혼인을 통해 나제 동맹을 맺고, 고구려에 대해 공동 방어전선을 구축했다. 동맹의 기본 취지는 어느 쪽이든 고구려의 침략을 받으면 상대가 구원병을 보낸다는 것이었다. 한성 함락 당시 개로왕의 구원 요청으로 신라가 군사를 파견한 것도 이 같은 양국의 위기의식과 약속에 따른 것이다.

5세기 말에는 가야와 왜도 정치, 군사적 동맹에 가세해 고구려를 견제하면서 서서히 한반도 내에서 힘의 균형이 이뤄진다. 앞서 신라 실성왕(實聖王)은 402년 내물왕의 아들을 왜에 인질로 보내 고구려의 침략을 경계하고 양국 간 관계 개선을 도모한 흔적이 있다. 백제는 또 북위와 송(宋)나라,

기마인물도 벽화 쌍영총에 남아 있던 벽화로 고구려 복식을 갖춘 사람이 말 탄 모습을 그린 것이다. 고구려를 건국한 주몽은 활을 잘 쏘고 말을 잘 탔다고 하며, 이러한 고구려인의 기상이 벽화에 잘 나타나 있다. (국립중앙박물관, 중박201104-230)

제(齊)나라에 사신을 보내 고구려의 영토 확장 사업을 견제했다. 왜를 상대로 외교 관계도 강화해 나갔다. 이런 가운데 왜는 한반도 내 패권 다툼의 틈새를 비집고 들어가 서서히 자신의 국제적 위상을 높여 나갔다. 중국 남조의 왕조들과 직접 교역을 시도하기도 했다.

장수왕이 400년이나 같은 곳에 있던 수도를 평양으로 옮긴 것은 무엇보다 본격적인 남진 정책을 추진하기 위해서였고, 그 같은 의도는 이후 한반도 정세 변화에 그대로 적중했다. 장수왕은 또 안정적인 국가 운영과 경제 기반 구축을 위해 농업 기술과 생산성을 높이는 방안이 필요했다. 이 때문에 지리적으로나 기후로나 국내성보다는 여건이 좋은 남쪽의 비옥한 땅으로 천도를 결심한 것으로 해석된다. 특히 고구려가 한성을 치고 동북아시아 지역 내 해상 교역로의 관문인 한강 유역을 차지한 것은 엄청난 소득이었다. 곡창 지대인 한강과 대동강 유역을 확보한 데 이어 바다로 진출해 황해의 해상권을 장악할 수 있는 중요한 교두보를 마련한 것이다.

이와 함께 장수왕의 평양 천도에 왕권을 강화하려는 의지가 담겼다는 점도 확인된다. 중국 《위서》〈백제전〉에는 장수왕이 평양으로 수도를 옮기면서 귀족과 대신들을 숙청했다는 기록이 남아 있다. 기득권 세력을 제압하고, 새로운 수도에서 자기 세력을 기르기 위한 시도로 볼 수 있다.

장수왕의 수도 이전과 남진 정책을 토대로 그 뒤를 이은 문자왕(文咨王, 재위 491~519)은 494년 북쪽의 부여까지 완전 흡수함으로써 고구려는 사상 최대의 영토를 확보한다. 5세기 말~6세기 초 고구려의 영토가 삼국 전체의 90퍼센트에 이를 정도였다.

충북 충주에서 발견된 중원고구려비 등에 따르면 당시 고구려는 국왕을 대왕(大王)이나 조왕(祖王)으로 부르고, '천하 사방에서 가장 성스러운 곳'이라고 자찬했다. 뿐만 아니라 신라를 종주국으로 간주해 동이(東夷)라고 칭하고, 신라 왕과 신료들에게 의복을 하사하기도 했다. 고구려가 스스로 자신을 중국과 대등한 반열에 올린 셈이다. 당시 고구려의 거침 없는 패권주의와 한반도에서 주도권을 확보했다는 자부심이 드러나는 대목이다.

반면 백제는 한강 유역을 잃고 왕권이 미약해지면서 내부적으로 엄청 난 홍역을 겪는다. 문주왕 3년인 477년, 개로왕의 동생으로 요직에 있던 곤지(昆支)가 죽자 왕비족인 병관좌평(兵官佐平) 해구(解仇)가 권력을 휘둘 렀다. 문주왕은 해구를 제거하고 싶었으나, 왕권이 취약해 이마저도 쉽지 않았다. 오히려 477년 9월, 해구가 자객을 보내 사냥 중인 문주왕을 암살 하고 만다. 이어 문주왕의 열세 살 난 아들 삼근왕(三斤王, 재위 477~479)이 즉위했고, 해구는 478년에 옛 왕비족인 진씨(眞氏) 세력에 의해 죽임당할 때까지 국정을 장악하였다.

한마디로 고구려와 백제의 수도 이전은 한반도 내에서의 주도권이 백 제에서 고구려로 넘어갔음을 의미하는 중대 사건이었다. 백제의 한성이 함락된 직후 고구려와 백제의 국운은 정반대의 길로 치달았다. 흥미로운 점은 4세기 이후 한반도 내 패권은 삼국 가운데 누가 한강 유역을 차지하 느냐에 따라 그 주체가 뒤바뀌었다는 점이다. 4세기 중엽에는 백제, 5세 기 후반에는 고구려가 차지했던 이 지역이 6세기에는 신라로 넘어가면서 삼국의 각축전은 절정으로 치달았다.

백제 동성왕 피습

백제 왕의 잇따른 죽음과 백제의 국력 회복

> **475년** 고구려의 한성 침공으로 개로왕이 전사하다.
>
> **477년** 개로왕 다음으로 즉위한 문주왕이 재위 3년 만에 귀족 세력에게 암살당하다.
>
> **479년** 문주왕에 이어 즉위한 삼근왕이 3년 만에 의문의 죽임을 당하다.
>
> 백제는 고구려군에게 한성이 함락된 뒤 위기와 혼란의 시대를 겪는다. 일부 귀족 세력들이 권력을 좌지우지하며 왕권을 위협했고, 심지어 국왕을 피습하고 암살하기까지 했다. 하지만 24대 동성왕과 그의 둘째 아들인 무령왕을 거쳐 성왕에 이르기까지 백제는 나라 안팎을 정비하며 국가 재건의 토대를 차곡차곡 쌓아 나갔다. 그리고 마침내 성왕 때는 웅진에서 사비로 천도해 63년 간의 웅진 시대를 마감하고 사비 시대를 열었다.

  웅진백제 시절에 백제 중흥의 기반을 마련한 것은 동성왕이었다. 동성왕은 개로왕의 막냇동생인 곤지(昆支)의 아들로, 14세의 어린 나이에 즉위했다. 그는 담력이 뛰어나고, 활쏘기에 능했던 것으로 전해진다. 동성왕의 성은 부여(扶餘)이며, 모대(牟大), 마모(摩牟), 마제(麻帝), 여대(餘大) 등으로 불렸다. 동성왕과 무령왕은 둘 다 일본에서 자라 백제로 돌아왔다. 한성이 함락될 당시 고구려에 의해 백제 왕족들이 거의 몰살을 당했기 때문에 일본에 건너간 것으로 보인다.

하지만 동성왕도 결국에는 이전의 국왕들처럼 불행한 최후를 맞게 된다. 501년 11월, 사냥을 나가 폭설을 만난 동성왕은 마포촌(馬浦村)에서 신흥 귀족 세력인 백가(苩加)가 보낸 자객에게 중상을 입은 뒤 같은 해 12월 숨을 거두었다. 위사좌평(衛士佐平, 왕을 호위하고 왕궁을 지키는 관직)을 지내던 백가는 동성왕이 자신을 지방으로 전출시키려 하자 이에 앙심을 품고 동성왕을 살해했다고 《삼국사기》는 전하고 있다. 백가의 위세가 갈수록 커지자 동성왕이 이를 경계해 가림성(加林城, 부여 임천) 성주로 보내려 하자, 백가가 불만을 품고 반란을 일으켰다는 것이다.

동성왕은 재위 기간에 실추된 왕권을 다시 강화하기 위해 신진 귀족을 중앙 정치에 적극적으로 등용해 귀족 세력 전체를 통제하는 정책을 썼다. 수도 근처의 금강 유역에 세력 기반을 갖고 있던 백씨(苩氏), 연씨(燕氏), 사씨(沙氏) 등이 웅진백제 시절 새롭게 떠오른 귀족 세력들이었다. 동성왕은 이들을 한성에서 이동한 진씨(眞氏), 해씨(解氏) 등의 옛 귀족 세력과 경쟁시키는 정책을 구사하며, 특정 귀족들이 국정을 전횡하는 사태를 미리 막으려 했다. 이러한 분위기 속에서 동성왕이 수도를 사비로 옮기려고 하자 이에 반발한 귀족 세력들이 사씨와 백씨를 중심으로 동성왕 제거를 모의했다는 시각도 있다.

《일본서기》는 동성왕이 무도하고 백성들에게 포학해 '나라사람들(國人)'에 의해 제거당했다고 기록해 동성왕의 피습 배경을 다소 다른 시각에서 적고 있다. 이 같은 기록은 동성왕이 재위 말에 사치와 향락에 빠져 정사를 제대로 돌보지 않았다는 사실을 근거로 삼고 있다. 실제 동성왕은 가뭄과 기아로 어려움을 겪는 백성들에게 왕궁의 창고를 열어 곡식을 나뉘 주자는 신하들의 건의를 묵살했으며, 화려한 전각과 정원을 만드는 데 국력을 소진하고, 궁궐의 문을 굳게 닫아 신하들의 간언을 스스로 물리치기도 한 것으로 기록돼 있다.

그러나 동성왕이 통치 기간 내내 그러한 모습을 보인 것은 아니다. 그는 즉위 직후부터 침체된 나라의 기운을 되살리고 백제 중흥의 계기를 마련하려고 노력했다. 그는 왕실의 기반을 확대하고 정치적 안정을 도모했으며, 군사적, 외교적으로도 왕성하게 활동했다. 우선 동성왕은 중앙집권을 강화하기 위해 지방에 22담로(擔魯)를 설치하여 운영했다. 담로는 백제 말로 '읍성(邑城)'을 뜻하며, 중국의 군현과 같은 성격을 갖고 있다. 중국의 《양서(梁書)》〈백제전〉은 전국 22개의 담로에 왕자와 왕족을 지방 장관으로 파견했다고 기록하였다. 국왕 중심의 강력한 중앙집권 체제를 확립해 지방 세력을 관리하고 통치하기 위한 의도였다.

동성왕은 또 고구려 세력을 견제하고 중국과의 외교 관계를 강화하기 위해 다양한 조치들을 실행했다. 신라의 왕녀를 왕비로 삼아 신라와 혼인 관계를 맺은 데 이어 신라와 연합하여 고구려군을 여러 차례 물리치는 등 신라와의 동맹 관계를 강화했다. 《삼국사기》〈신라본기〉는 이렇게 기록하고 있다.

조지마립간 15년(493) 3월에 백제 왕 모대가 사신을 보내 혼인을 청하매 왕은 이벌찬(伊伐湌) 비지(比智)의 딸을 보냈다. 16년(494) 7월에 장군 실죽(實竹) 등이 살수(薩水)의 들에서 고구려와 싸워 이기지 못하고 물러와 견아성(犬牙城)을 지키매 고구려병이 이를 포위했는데, 백제 왕 모대가 군사 3,000을 보내 신라군을 도와 고구려병이 포위를 풀게 했다. 17년(495) 8월에 고구려가 백제 치양성(雉壤城)을 포위하여 백제가 구원을 청하자 왕이 장군 덕지(德智)에게 명하여 군사를 이끌고 가서 구원하게 하니, 고구려 군대가 무너져 달아났다.

이와 더불어 동성왕은 한성 함락으로 서해의 해상교통로가 차단되자 남제(南齊)에 사신을 보내는 등 중국과의 외교 관계를 다져 나갔다. 또《삼국사기》에는 491년 고구려와 말갈의 연합군이 신라를 공격하자 신라, 가야와 손을 잡고 이를 격퇴한 것으로 기록되어 있다.

특히 498년 동성왕은 탐라국(제주도)을 정벌하기 위해 무진주(武珍州, 광주)까지 나아가 탐라국의 항복을 받아내고 이를 복속시켰다. 이 같은 일련의 과정을 거치면서 5세기 말에는 고구려가 더 이상 남진 정책을 펼 수 없었다. 한성 함락과 웅진 천도 이후 그 후유증으로 심각한 내분을 겪던 백제가 서서히 정치적으로 안정을 되찾게 된 것이다.

동성왕의 사망으로 왕위에 오른 무령왕은 즉위 직후 동성왕을 피습한 백가를 죽임으로써 귀족 세력들의 동요를 막았다. 당시 백가는 무령왕이 군사를 이끌고 가림성으로 진격하자 성 밖으로 나가 항복을 청했다가 죽음을 맞게 된다. 무령왕은 백가의 시신을 백강(白江, 백마강)에 던지도록 했다.

무령왕은 재위 기간 동안 신라 및 중국의 양(梁)나라와 우호 관계를 돈독히 다지며 외교적, 문화적 역량을 강화했다. 521년에는 양나라에 사신을 보내면서 신라 법흥왕(法興王)의 사신도 동행하도록 할 정도였다. 이와 함께 무령왕은 510년 왕명으로 유식자(遊食者, 놀고먹는 사람)들을 귀농시켜 금강 유역에 있는 평야 지역의 수리 시설을 정비하게 했다. 농업을 발전시켜 경제적 기반을 확충하고, 이를 통해 민생 문제를 해결하기 위해서였다.

무엇보다 주목할 점은 무령왕이 북쪽으로 시선을 돌려 501년 11월 달솔(達率) 우영(優永)에게 5,000명의 군사를 주어 고구려의 수곡성(水谷城)을 공격하게 했고, 507년 10월에는 고구려와 말갈의 연합군을 황악(黃岳)에서 격퇴했다는 사실이다. 512년에는 고구려가 가불성(加弗城)과 원산성(圓山城)을 함락시키자, 무령왕이 직접 3,000명의 군사를 이끌고 위천(葦川)으로 나아가 고구려를 무

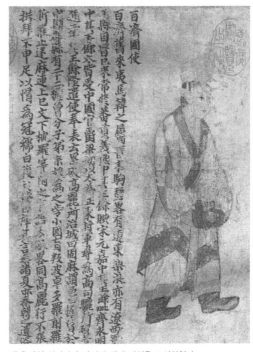

백제 사신 양나라에 파견된 백제 사신을 묘사하였다

찔렀다. 고구려를 군사적으로 위협할 정도로 백제의 국력이 회복됐다는 것을 알 수 있다.

이 같은 무령왕의 적극적인 고구려 공략은 동성왕의 정책과 대비된다. 동성왕이 사비 천도를 고려하며 북진 정책에 소극적인 모습을 보인 반면, 무령왕은 한성 지역을 되찾기 위해 끊임없이 고구려를 상대로 전쟁을 일으킨 것이다. 물론 무령왕이 고구려를 선제공격하며 한성 탈환을 시도할 수 있었던 것은 동성왕이 나라 안팎의 기반을 다져 나갔기 때문에 가능했다고 볼 수 있다. 하지만 한편으로는 동성왕의 죽음을 놓고, 북진 정책에 소극적이었던 동성왕에 불만을 품은 세력들이 거사를 일으켰으며, 무령

왕의 북진 행보도 이와 무관치 않을 것이라는 해석도 따른다. 62세에 세상을 떠난 무령왕은 2년 뒤 공주 송산리에 안장됐으며, 이것이 1971년 세상에 모습을 드러낸 무령왕릉이다.

신라 지증왕의 울릉도 복속

지증왕이 삼국 통일의 초석을 닦다

◁ 기원전 57년 박혁거세가 신라를 건국하다.
◁ 377년 신라가 전진에 사신을 보냄으로써 중국과 첫 수교를 맺다.
◁ 458년 신라에 불교가 전파되다.

신라의 22대 국왕인 지증왕 당시 신라군을 이끌고 우산국을 복속시킨 사람은 아슬라주의 군주로 신라의 명장인 이사부였다. 지증왕이 동해안으로 진출해 강릉과 울릉도 일대를 손에 넣은 것은 이후 6세기에 이루어질 신라의 비약적인 발전을 예고하는 사건이었다. 4~5세기를 거치면서 계속해서 고구려와 백제의 기세에 눌려 있던 신라가 삼국 통일을 향해 한 걸음 한 걸음 나아가기 시작한 것이다.

(지증왕) 13년, (이사부는) 아슬라주 군주가 되어 우산국의 병합을 계획했는데, 우산국 사람들이 어리석고 사나워 위력으로는 항복받기 어려우니 계략으로 복속할 수밖에 없다고 생각했다. 이에 나무 사자를 많이 만들어 전선(戰船)에 나누어 싣고 우산국 해안에 이르러 거짓으로 말하기를 "너희들이 항복하지 않으면 이 맹수를 풀어서 밟아 죽이겠다."라고 했다. 그러자 우산국 사람들이 두려워서 곧 항복했다.

당시 상황을 《삼국사기》〈열전〉은 생생하게 기록하였다. 우산국은 외딴 섬이라는 지리적인 이점을 이용해 신라의 무역을 종종 방해하고 해안가를 습격하기도 했다. 하지만 우산국이 귀속된 이후 신라는 우산국에게 토산물을 공물로 받고, 민가와 농기구를 보내는 등 지속적으로 우산국을 관리하게 됐다.

신라는 고구려나 백제에 비해 고대 국가 체제로의 발전이 더디고, 정치적으로도 뒤처졌다. 고대 국가로서의 전성기도 가장 늦은 6세기가 되어서야 찾아왔다. 하지만 신라는 바로 이 시기를 놓치지 않고 한반도의 패권을 서서히 장악하면서 삼국 통일의 기반을 닦아 나갔다.

6세기의 첫 번째 국왕으로서 전성기의 문을 열고 디딤돌을 놓은 것이 바로 지증왕이었다. 지증왕은 유난히 기골이 장대하고 담력이 컸다고 한다. 《삼국사기》와 《삼국유사》를 보면 지증왕이 워낙 체구가 커서 알맞은 배우자를 구하지 못하다가 전국을 수소문한 끝에 장신에 몸집이 큰 연제부인(延帝夫人)을 찾아내 배우자로 삼았다는 얘기가 전해진다. 이름은 지대로(智大路), 지도로(智度路), 지철로(智哲路) 등이다.

지증왕은 예순넷이라는 적지 않은 나이에 왕위에 올랐지만, 재위 15년 동안 고대 국가로서의 체제를 정비하고 정치를 개혁하며, 경제 기반을 확대하는 등 국가의 내실을 다지기 위해 왕성한 활동을 벌였다. '신라'라는 국호(國號)와 '국왕'이라는 왕호(王號)가 사용된 것도 바로 지증왕 때부터였다. 이전의 '마립간(麻立干)'이라는 칭호가 지증왕 재위 기간에 '신라 국왕'으로 바뀐 것이다. 이렇게 해서 신라의 최고 지도자에 대한 명칭은 건국 이후 거서간(居西干)에서 차차웅(次次雄), 이사금(尼師今), 마립간에 이어 국왕으로 변했다. 지증왕이 중국식 국호와 왕호를 사용한 것은 당시 신라가 중국의 정치 조직을 적극적으로 도입하려 했다는 사실을 보여 준다. 실제로 지증왕은 즉위 초인 502년부터 북위(北魏)에 사신을 보내, 중국의 제도와 문물을 받아들인 것으로 전해진다.

이와 관련해 503년 10월 신하들은 다음과 같이 건의했고, 지증왕은 이를 받아들였다고 《삼국사기》〈신라본기〉는 전한다.

시조가 창업한 이래로 나라 이름이 일정하지 않아 어떤 사람은 사라 (斯羅)라 하고, 어떤 사람은 사로(斯盧)라 하고, 또 어떤 사람은 신라(新 羅)라 했으나, '신(新)'은 (왕의) 덕업이 날로 새롭다는 뜻이요(德業日 新), '라(羅)'는 사방을 망라한다는 뜻이니(網羅四方), 신들은 생각하건 대 이것으로 국호를 삼는 것이 좋을 듯합니다.

중앙집권화된 고대 국가의 체제를 확립하기 위해 '덕업일신 망라사방'을 일종의 국정 지표로 내세운 것이다. 〈신라본기〉는 이어 신하들이 "예부터 국가가 있는 이는 모두 제(帝)나 왕을 칭하였는데 우리 시조가 건국한 후 지금까지 단지 (마립간 등의) 방언으로 칭하여 존호를 정하지 않았습니다. 지금 여러 신하들은 한뜻으로 신라 국왕이라는 존호를 올립니다." 라고 말했고, 지증왕은 이에 따랐다고 적고 있다. 지증은 시호(諡號, 죽은 군주의 공덕을 기려 붙인 이름)이며, 신라에서 시호를 사용한 것도 지증왕이 처음이었다.

505년 2월, 지증왕은 지방을 효율적으로 통치하고 영토를 더욱 넓혀 가기 위해 전국을 주군현(州郡縣)으로 나누었고, 실직주(悉直州, 강원 삼척)를 설치해 이사부를 최초의 군주로 삼았다. 주군현 제도는 전국의 요충지에 5개의 주를 설치하고, 상대적으로 비중이 떨어지는 곳에서는 군을 운영하며, 군에는 몇 개의 촌이나 성을 두는 형태다. 주(州)의 장관이자 군사 행정의 최고 책임자가 바로 군주였다. 주군현은 중앙과 지방을 잇는 중간 행정 조직인 동시에 군사 조직의 역할까지 맡았다. 《삼국사기》에는 '(지증왕) 6년(505) 2월에 왕이 친히 국내에 주군현 제도를 정하고 실직주를 두어 이사부를 군주로 삼으니, 군주란 이름이 여기서 시작됐다'라고 되어 있다.

또한 앞서 502년에는 농사를 지을 때 소를 이용하는 우경법(牛耕法)을 실시하고, 수리 사업을 벌이며 각 지방에 지시해 농업을 장려하는 등 농업 생산성 향상에 힘을 기울였다. 509년에는 민생 안정과 상업 발전을 위해 수도인 경주의 동쪽에 동시(東市)라는 상설시장을 열고, 이를 관리, 감독하는 관청으로 동시전(東市典)을 설치했다.

고대 사회에 유행했던 순장 제도를 금지한 것도 지증왕 재위 시절이다. 순장 제도는 신분이 높은 사람이 죽었을 때 신하나 하인 등을 산 채로 함께 묻는 장례 풍습이다. 당시에는 국왕이 죽으면 남녀 각 다섯 명씩을 순장했다는 기록이 전해진다. 지증왕이 순장 제도를 폐지한 것은 백성의 억울한 죽음을 막는 것은 물론, 농업 생산성을 높이는 데 노동력의 확보가 절실했기 때문으로 여겨진다. 그만큼 당시에는 삼국 간 잦은 전쟁으로 인해 각 국가의 노동력 손실이 컸다. 백제 무령왕이 510년 유식자(遊食者)들을 농촌으로 돌아가게 해 수리 시설을 정비하는 등 농업 노동력을 보강한 것도 같은 취지로 볼 수 있다. 고대 국가 체제를 정비하는 과정에서 삼국이 부국(富國)과 민생 안정을 도모하기 위해 농업 생산력 향상에 힘을 쏟았다는 사실을 알 수 있다.

  우산국 정벌에서 보듯 지증왕은 영토 확장과 정복 사업에도 매진했다. 동북쪽으로는 변경 지역에 12개의 성(城)을 만들어 고구려의 남침을 경계했다. 《삼국사기》〈신라본기〉는 '지증왕 5년(504) 9월에 일꾼을 징발하여 파리(波里), 미실(彌實), 진덕(珍德), 골화(骨火) 등 12성을 쌓았다'라고 적고 있다. 고구려의 손길에서 벗어나기 위한 신라의 노력은 5세기 중반 이후 꾸준히 계속됐고, 지증왕 재위 기간에도 예외가 아니었던 것이다.

  앞서 450년 눌지(訥祗) 마립간 때는 신라가 먼저 고구려를 공격하려 했고, 493년 조지(照知) 마립간 시절에는 고구려의 침략으로 위기에 처한 백제의 요청을 받아들여 나제 결혼 동맹을 맺기도 했다. 지증왕은 또 남쪽으로는 아시촌(阿尸村, 경남 함안)에 소경(小京)을 설치했다. 소경은 지방의 중심 지역에 설치한 일종의 작은 수도로, 효율적인 지방 통치를 위해 지증왕 때 만든 행정 조직이다.

  지증왕의 팽창 정책은 뒤를 이은 법흥왕(法興王, 재위 514~540)의 금관가야 정복, 진흥왕(眞興王, 재위 540~576)의 한강 유역 및 함흥 평야 진출과 대가야 정복 등으로 이어진다. 이처럼 오랜 기간 동안 여러 국왕들이 꾸준히 대내외 정책을 다져 나간 결과, 신라는 676년 삼국 통일이라는 위업을 이룰 수 있었다.

이차돈의 순교

신라가 불교를 공인하다

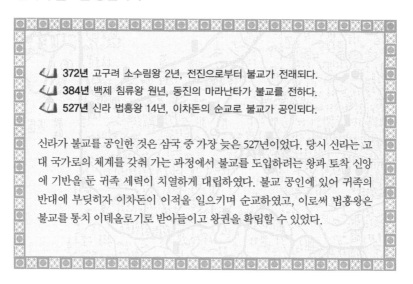

▣ **372년** 고구려 소수림왕 2년, 전진으로부터 불교가 전래되다.

▣ **384년** 백제 침류왕 원년, 동진의 마라난타가 불교를 전하다.

▣ **527년** 신라 법흥왕 14년, 이차돈의 순교로 불교가 공인되다.

신라가 불교를 공인한 것은 삼국 중 가장 늦은 527년이었다. 당시 신라는 고대 국가로의 체계를 갖춰 가는 과정에서 불교를 도입하려는 왕과 토착 신앙에 기반을 둔 귀족 세력이 치열하게 대립하였다. 불교 공인에 있어 귀족의 반대에 부딪히자 이차돈이 이적을 일으키며 순교하였고, 이로써 법흥왕은 불교를 통치 이테올로기로 받아들이고 왕권을 확립할 수 있었다.

소신이 저녁에 죽어서 아침에 불법(佛法)이 행해지면 불교가 일어나고 성주(聖主)께서는 길이 편안하실 것입니다. 소신의 목을 베어 만민이 굴복하게 하십시오.

527년, 이차돈(異次頓)은 신라의 23대 법흥왕(法興王, 재위 514~540)에게 이 같은 말을 남기고 처형된다. 당시 형리(刑吏)가 이차돈의 목을 베자 목에서 흰 젖이 한 길이나 솟아올랐고, 하늘이 어두워지고 땅이 진동하더니 꽃비가 내렸다고 《삼국유사》는 적고 있다. 이차돈은 처형 직전 "부처가 있다면 내가 죽은 뒤 반드시 이적(異蹟)이 있을 것"이라고 말했고, 그 예언이 맞아 떨어지자 불교 공인(公認)을 반대하던 신하들도 마음을 돌렸다고 《삼국유사》는 전한다. 이차돈의 순교를 계기로 신라는 오랜 진통 끝에 마침내 불교를 공식으로 받아들였다. 법흥왕 14년, 이차돈의 나이 26세 때의 일이다.

순교 당시 이차돈은 법흥왕의 왕명을 사칭해 토착 신앙의 성지인 경주의 천경림(天鏡林)에 절을 지으려 했다는 혐의를 받고 있었다. 이에 토착 신앙에 기반을 둔 귀족들이 강력하게 반발하자, 법흥왕은 "그런 명령을 내린 적이 없다."라며 이차돈의 목을 베도록 했다. 결과적으로 이차돈의 극단적인 희생은 법흥왕의 의도대로 불교를 공인하는 정치적 명분으로 작용했다.

당시 이차돈의 순교는 단순히 종교적인 사건에 그치는 것이 아니었다. 그 배경에는 고대 국가 체제를 갖춰나가는 과정에서 국왕과 귀족 세력 간의 치열한 정치적, 사상적 주도권 다툼이 깔려 있었다. 그리고 이차돈의 순교를 계기로 법흥왕은 비로소 국법(國法)과 불법을 통해 강력한 국왕의 권위를 확립할 수 있었다.

신라는 고구려나 백제에 비해 불교 수용이 무려 150년이나 늦었다. 고구려는 소수림왕

이차돈 순교비 이차돈의 순교로 신라 법흥왕은 불교를 공인할 수 있었다. (국립경주박물관, 경 박201104-493)

(小獸林王, 재위 371~384) 2년인 372년, 백제는 침류왕(枕流王, 재위 384~385) 원년에 각각 불교를 공인했다. 신라에서도 이차돈의 순교 이전부터 일찌 감치 불교가 유입되었지만, 귀족 세력의 완강한 반대에 부딪혀 쉽사리 국 가의 공인을 받지 못했다.

당초 여섯 개의 부족이 모여 나라를 이룬 신라에서는 각 부족 출신과 이를 이끄는 귀족들이 건국 당시의 민간 신앙을 그대로 유지하고 있었고, 백성들 사이에서도 이 같은 무격(巫覡) 신앙이 뿌리를 내리고 있었다. 특 히 귀족들은 민간 토착 신앙의 토대인 천신(天神)과 지신(地神)을 자신들의 직계조상으로 섬기며 백성들 사이에서 나름대로 굳건한 권위를 누리고 있었다. 때문에 이들은 선진 종교인 불교를 수용하면 자신들의 정치적 존 립기반이 무너져 내릴 것이라는 위기의식을 가질 수밖에 없었다. 이차돈 이 절을 지으려 했던 천경림은 천신이 내려와 지신과 결합한 장소로 신성 시된 곳이었다.

반면 국왕으로서는 토착 신앙에 뿌리를 둔 귀족 세력의 기득권을 누르 지 않고는 고대 국가의 체제를 정착시키는 과정에서 효율적인 통치 행위 를 기대하기가 어려운 상황이었다. 또 영토 확장과 각종 제도의 정비로 신라 사회가 종래 민간 신앙만으로는 감당할 수 없는 급속한 변화를 겪자 이를 헤쳐 나갈 새로운 고등 종교와 사상에 대한 갈증이 컸다고 볼 수 있 다. 법흥왕이 불교를 일으키기 위해 미리 이차돈과 일을 도모했다는 기록 이 이 같은 시대 분위기를 방증한다. 성품이 곧고 일찍이 불교에 심취한 이차돈과 불법으로 나라를 바로 세우길 염원한 법흥왕의 마음이 서로 맞 아떨어졌다는 얘기다.

이와 관련해《삼국사기》는 이차돈을 왕과 가까운 신하로 기록하고 있다.《삼국유사》는 이차돈이 당시 사인(舍人)이라는 말직 벼슬을 맡고 있었고, 그의 실제 성은 박씨(朴氏)이며, 갈문왕(葛文王)의 손자로 법흥왕과는 5촌이 되는 왕족이라고 적었다.《삼국유사》는 이렇게 기록했다.

법흥대왕이 등극했을 때 "예전에 한나라 명제가 꿈에 감응되어 불법이 동방에 유행했다. 내가 왕위에 오른 뒤부터 인민을 위해 복을 닦고 죄를 없앨 곳을 마련하려 했다." 하고 말했다.

신라뿐만 아니라, 고구려나 백제에서도 국왕이 중심이 돼 불교를 적극 수용했다는 점에서 삼국 모두 중앙집권 국가에 걸맞은 국왕의 통치 이데올로기로써 불교 신앙을 받아들였음을 알 수 있다.

이차돈이 순교한 뒤 법흥왕은 문제의 천경림에 흥륜사(興輪寺)라는 절을 지었고, 진흥왕(眞興王, 재위 540~576)에게 왕위를 넘긴 다음에는 스스로 승려가 되었다. 당초 무즉지매금왕(无卽知寐錦王)이던 왕호도 성법흥대왕(聖法興大王)으로 바꾸었다. 또 순교 당시 이차돈의 잘린 머리가 하늘에 올랐다가 떨어진 곳에 자추사(刺楸寺)라는 절을 지었다. 현재 경주 동천동에 있는 백률사가 그 절인 것으로 추정된다. 백률사에서는 모두 여섯 면으로 된 이차돈 순교비가 발견되기도 했다.《삼국유사》에는 '나인들은 이를 슬퍼하여 좋은 곳을 가려 절을 짓고 이를 자추사라 하였다. 이에 집집마다 부처를 공경하면 대대로 영화를 얻고 불도(佛道)를 행하면 불법의 이익을 얻었다'라고 기록되어 있다.

불교가 공인되자, 신라에는 '왕이 곧 부처'라는 '왕즉불(王卽佛)'의 통치 이데올로기가 확립된다. 국왕이 다스리는 땅은 불국토(佛國土, 부처님의

신라 금관 황남대총에서 출토된 금관으로 5세기 것이다. 신라는 불교를 공인하고 율령을 반포하며 국가 체제를 잡아 나갔으며, 화려한 금관은 신라 왕족의 권위를 상징한다. (국립경주박물관, 경박201104-493)

땅)이며, 모든 부족은 부처님의 제자라는 인식이 퍼져 나갔다. 이제 국왕은 귀족 세력이 넘볼 수 없는 초월적이고 신성한 권리를 지닌 존재가 된 것이다. 잦은 전쟁과 조세, 부역, 미약한 신분 출신 등으로 현실에서 고통을 겪고 있던 백성들은 불교의 내세관(來世觀)과 윤회설(輪廻說)을 큰 위안과 희망으로 삼게 됐다. 또 귀족들은 전생의 업(業)에 따라 현재의 처지가 결정된다는 윤회전생(輪廻轉生) 사상을 당시 골품제(骨品制)를 바탕으로 한 자신들의 신분상 특권을 정당화하는 논리로 삼았다. 골품제란 수도인 경주와 주요 지방의 주민들을 차등을 두어 편제한 것을 말한다. 이렇게 하여 신라 사회의 정신세계를 지배하던 민간 신앙은 불교에게 그 지위를 내준다.

한편 법흥왕은 불교가 공인되기 전인 517년에 병부(兵部)를 설치해 군사권을 장악했으며, 520년에는 국왕 중심의 국가 질서를 확고히 하기 위해 국법인 율령(律令)을 반포했다. 또 불교 공인 4년 뒤인 531년에는 상대등(上大等)을 설치했다. 상대등은 귀족들이 모여 국가 중대사를 의결하는 화백회의의 의장이며, 국왕이 직접 임명했다. 강화된 왕권을 중심으로 국왕과 귀족이 조화를 이루며 나라의 체계를 잡아 나간 셈이다. 《삼국사기》〈신라본기〉는 '(법흥왕 18년 4월에) 이찬(伊湌) 철부(哲夫)를 상대등으로 삼고, 나라 일을 총괄하여 주재하도록 했다. 상대등이라는 관명은 이로써 비롯된 것이니, 지금의 재상(宰相)과 같다'라고 기록하고 있다.

이어 법흥왕은 532년에 경남 김해 지역에 있던 금관가야를 복속했다. 법흥왕은 또 536년에 건원(建元)이라는 독자적인 연호를 사용해 중국과 대등한 관계에 있음을 과시했다. 이처럼 법흥왕은 재위 초반부터 왕권 강화와 국가 발전을 위한 기반을 차곡차곡 다져 나갔으며, 그 정점에 바로 이차돈의 순교와 불교 공인이 있었던 것이다.

법흥왕에 이어 진흥왕은 부처님의 진신사리를 수나라에서 가져오는 등 불교 교리를 적극적으로 수용해 나갔다. 572년에는 전쟁터에서 숨진 병사들의 영혼을 기리기 위해 궁 바깥 사찰에서 팔관회를 열어 호국불교(護國佛敎)의 성격을 드러냈다. 특히 진흥왕 재위 기간에 창설된 화랑도의 정신과 불교의 미륵 사상이 접목되면서 그 결과로 후일 삼국 통일의 정신적 동력이 싹트게 된다.

이와 같이 초창기에 국왕의 정치 이데올로기로 수용되고 활용된 불교는 귀족들에 이어 서민들의 신앙과 실생활에까지 널리 확산되면서 고대 사회의 면모를 혁명적으로 변모시켰다.

554

관산성 전투

신라가 한반도의 패권을 차지하다

- **503년** 국호를 신라, 왕호를 국왕이라 하고 국가 체제를 정비하다.
- **551년** 백제가 고구려가 차지한 한강 유역을 공격해 승리를 거두다.
- **553년** 신라가 백제를 몰아내고 한강 유역을 독차지하다.

554년 7월, 관산성에서 신라와 백제 사이에 건곤일척의 결전이 벌어진다. 고구려에게 빼앗긴 한강 유역을 되찾아 국가 중흥을 이루려는 백제와 한강 유역 일대를 장악하여 한반도 지역의 패권을 차지하려는 신라가 국운을 걸고 맞붙은 싸움이었다. 전투는 신라의 승리로 끝났고, 이 전투에서 백제 26대 성왕은 적군에게 목숨을 잃었다. 백제는 관산성 전투 패배의 후유증을 끝내 극복하지 못하고 멸망의 길로 접어든다. 반면 백제를 패퇴시킨 신라는 사방으로 영토를 넓히며 삼국 통일의 기반을 구축한다.

관산성 전투 3년 전인 551년, 백제는 신라 및 대가야와 연합군을 이뤄 현재의 서울 지역을 중심으로 고구려가 차지한 한강 유역을 공격해 승리를 거둔다. 이에 따라 신라는 한강 상류 지역인 죽령 이북의 10개 군(郡)을 차지하고, 백제는 한강 하류 지역의 6개 군을 회복한다.

당시 고구려는 외척 세력 간 왕위 계승 다툼으로 극심한 내홍에 시달렸고, 나라 밖으로는 돌궐이 서북쪽에서 군사적 위협을 가하는 등 내우외환의 처지에 빠져 있었다.

이에 백제 성왕은 한강 유역을 회복할 수 있는 절호의 기회로 여기고, 신라 등이 참여한 연합군을 일으킨 것이다. 하지만 고구려가 "한강 유역 전체의 지배권을 용인하겠다."라며 신라를 꾀어 남쪽으로부터의 추가 위협을 차단하는 전술을 구사하면서 상황은 급변했다.

고구려와 밀약을 맺은 신라는 553년 백제가 점령한 한강 하류 지역을 기습 공격해 백제군을 몰아내고 한강 유역 전체를 독차지해 버린다. 그리고 그 지역에 신주(新州, 경기 광주)를 설치해 김무력(金武力)을 군주로 임명한다. 김무력은 신라 법흥왕 19년인 532년에 신라에 투항한 금관가야의 국왕 김구해(金仇亥)의 셋째 아들로, 김유신(金庾信)의 할아버지다. 이로써 신라 눌지왕(訥祗王)과 백제 비유왕(毗有王)이 433년 군사 동맹을 맺은 지 120년 만에 양국의 동맹 관계가 깨졌다.

동맹국 신라의 배신 행위로 한강 유역을 회복해 고구려를 치려던 백제의 계획은 하루아침에 무산되었다. 이에 백제는 대가야와 합세해 한강 하류 지역과 연결되는 전략적 요충지인 관산성을 공격하게 된 것이다. 당시 관산성에 대한 보복 공격을 놓고 백제 내부에서는 의견이 엇갈렸다. 성왕과 왕자 여창(餘昌) 등은 보복전을 주장했고, 기노(耆老) 등 원로 귀족 세력은 신라와 고구려로부터 동시에 백제의 영토가 위협받을 수 있다며 군사를 일으키는 데 반대했다. 결국 주전파의 입장이 관철되고, 여창이 백제 총사령관을 맡아 군사들을 이끌고 한강 유역으로 향하였다.

전투 초기에는 백제가 관산성 군주인 각간 우덕(于德)과 이찬 탐지(耽知) 등이 거느린 신라군을 격파하고 전과를 올렸다. 이어 여창은 옥천 부근의 구천에서 전열을 재정비했다. 하지만 신주의 군주 김무력이 지원군을 이끌고 오면서 전세는 역전되기 시작했다.

이에 성왕은 최전방에서 전투에 참여하고 있는 여창을 위로하기 위해 사비성을 떠나 구천으로 향했다. 이 과정에서 김무력의 군대가 구천 부근에 매복해 있다가 성왕 일행을 기습한다. 결국 성왕은 구천에서 신라 복병에게 포로로 사로잡히고, 김무력과 함께 전투에 참여한 비장(裨將)이자 삼년산군(三年山郡) 출신의 고간(高干) 도도(都刀)에게 살해된다. 이로써 관산성 전투는 마무리된다. 이 전투에서 백제는 성왕과 좌평 4명, 병사 3만여 명을 잃었다. 여창은 가까스로 사비성으로 돌아가 왕위를 이어받아 위덕왕(威德王, 재위 554~598)이 된다.

《일본서기》가 당시 성왕이 죽임을 당한 상황을 가장 구체적으로 기록하고 있는데, 그 내용은 다음과 같다.

신라는 명왕(明王, 성왕)이 친히 왔다는 것을 듣고 나라 안 병사를 모두 징발하여 길을 막고 쳐서 깨뜨렸다. (……) 고도(苦都, 도도)가 명왕을 사로잡아 두 번 절하며 "왕의 머리를 베려 합니다." 하니 명왕이 "왕의 머리를 노(奴)의 손에 맡길 수는 없다."라고 했다. 이에 고도는 "우리 국법에 맹세한 바를 어기면 국왕이라도 노의 손에 맡긴다."라고 하자, 명왕이 크게 탄식하고 눈물 흘리며 허락하여 말하기를 "과인은 매양 뼈에 사무치는 고통을 생각하겠지만, 구차하게 살고 싶지 않다."라며 머리를 내밀어 목을 베도록 했다. 고도는 목을 베어 죽이고 구덩이를 파서 묻었다.

이처럼 성왕이 관산성 전투에서 패배한 이후 왕권은 대폭 후퇴하고 귀족들이 힘을 얻게 된다. 아울러 나제 동맹의 파기로 삼국 간 역학 관계가 급변했다. 백제는 왜(倭)와 동맹 관계를 강화했고, 적국이었던 고구려와 도 손을 잡아 신라에 맞선다. 결국 7세기 들어 신라는 '고구려-백제-왜'의 연합전선을 타개하기 위해 당나라와 동맹을 맺는다.

고구려 침공에 앞서 성왕은 웅진에서 금강 유역의 평야를 끼고 있는 사비로 수도를 옮겨 왕권을 강화하는 등 국가의 체제를 정비하고, 외교 관계를 탄탄히 다지며 국가 중흥의 꿈을 키워 나갔다.

성왕은 우선 중앙 관제를 22부(部)로 확립하고, 지방 통치 조직을 정비하기 위해 종래 담로제를 개편, 전국을 5방(方)으로 나누고 그 아래에 7~10개의 군을 두었다. 또 국가의 정신적인 결속을 다지기 위해 승려 겸익(謙益) 등을 등용해 불교 진흥에 힘썼다.

이와 함께 중국 양(梁)나라나 일본과 우호 관계를 강화해 문물 교류에도 적극적이었다. 노리사치계(怒唎斯致契)를 일본에 보내 불경을 전하며 불교를 권장한 것도 성왕 때의 일이다. 이처럼 내치와 외치를 통해 국력을 키우고 이에 따른 자신감을 바탕으로 성왕은 한강 유역 회복에 나선 것이다.

백제는 관산성 전투 이후 50년 만인 무왕(武王, 재위 600~641) 시절에 국력을 회복해 정복 전쟁에서 잇

부처와 보살 곱돌에 만들어진 불상의 앞면에는 부처와 보살, 뒷면에는 산이 표현되어 있다. 백제 특유의 양식을 보여 주는 절제된 작품이다. 백제는 침류왕 때 불교를 받아들인 후 나라에서 불교를 적극 장려하였다. (국립중앙박물관, 중박201104-230)

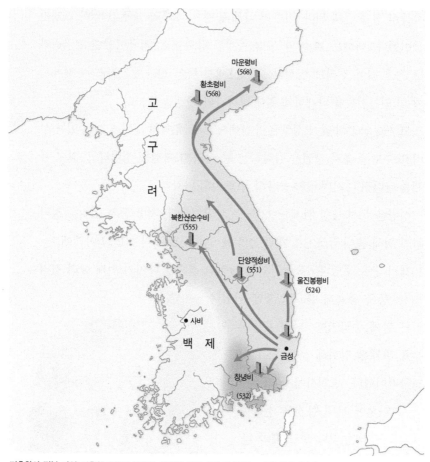

진흥왕의 정복 사업 진흥왕이 한강 유역을 차지한 이후 신라의 영토는 가장 확대되었다.

따라 승리하며 재기를 노렸다. '무왕은 재위 기간 중 단 하루도 신라와의
전쟁을 거른 적이 없다'라고 전해질 정도다. 하지만 한반도 서남부 지역에
국한된 백제가 이미 강성해진 신라의 경계선을 뚫고 들어가기는 역부족이
었다. 무왕의 뒤를 이은 의자왕(義慈王, 재위 641~660) 때 백제는 마침내 국
력을 소진해 신라와 당나라의 연합군에 의해 그 자취를 역사 속에 묻는다.

반면 신라 진흥왕은 한강 유역을 차지한 데 힘입어 영토를 계속 확장해 6세기 후반 신라의 전성기를 이끈다. 진흥왕은 한강 유역에 이어 함흥평야 일대, 낙동강 유역의 함안(阿羅加耶, 아라가야)과 창녕(非火加耶, 비화가야) 지역까지 복속한다. 이로써 당시 신라는 동북쪽의 비열홀(比列忽, 함남 안변) 지역에서부터 아슬라(阿瑟羅, 강원 강릉)—금성(金城, 경북 경주)—본가야(本加耶, 경남 김해)—대가야(大加耶, 경북 고령)—관산성(管山城, 충북 옥천)—한산(漢山, 서울)까지 아우르게 된다. 확장한 영토에는 순수비(巡狩碑)를 세워 지역 민심을 수습하고 신라의 위용을 떨쳤다. 함남 이원군의 마운령비, 함남 함흥군의 황초령비, 서울의 북한산비, 경남 창녕의 창녕비 등이 이에 속한다.

이처럼 관산성 전투는 당시 고구려와 백제, 신라를 비롯해 한반도 내의 역학 관계를 바꾼 것은 물론, 백제와 신라의 국가적 명운을 결정한 중대한 사건이었다.

삼국의 한강 유역 쟁탈전

삼국 간의 치열한 세력 경쟁에서는 언제나 한강 유역을 차지한 국가가 주도권을 잡았다. 한강 유역은 농경에 적합하고 황해를 통해 중국과 직접 교류할 수 있다는 점에서 지리적, 경제적으로 많은 이점을 지니고 있었다. 또한 한강은 한반도의 중심에 위치하고 있어 많은 물자와 인구가 모여들었고, 여러 지역의 문화가 전파되고 합쳐졌다.

백제는 3세기 고이왕 시절 한강 유역을 완전히 장악한 이후 이를 토대로 4세기 후반 근초고왕 때 최고의 전성기를 이룰 수 있었다. 5세기에는 고구려가 백제의 수도 한성을 함락시키고 한강 유역을 모두 점령하면서 전성기를 맞았다. 이때가 장수왕 시절이다. 백제는 한강 유역을 빼앗긴 이후 점차 내리막길을 걷는다. 신라는 삼국 가운데 가장 늦은 6세기 진흥왕 때 한강 유역을 차지했다. 신라는 한강 유역을 차지하면서 고구려와 백제를 지리적으로 완전히 갈라놓을 수 있었고, 황해를 거쳐 중국과 직접 교류할 수 있었다. 신라가 삼국 통일의 기틀을 마련한 것도 한강 유역 점령을 통한 경제 기반 확충과 한반도 주도권 장악과 무관하지 않다.

612

살수대첩

을지문덕이 수나라 100만 대군을 격파하다

> ⟨⟨ **590년** 고구려 영양왕이 즉위하다.
> ⟨⟨ **591년** 수나라가 중국을 통일하다.
> ⟨⟨ **599년** 영양왕이 요서 지역을 공격하자 수 문제가 30만 군사를 이끌고
> 고구려를 침공하다.
>
> 612년, 을지문덕 장군이 이끄는 고구려군이 살수에서 수나라 대군을 크게 무
> 찌른다. 30만 5,000명의 수나라 병사 가운데 압록강을 넘어 요동 지역까지 살
> 아서 돌아간 이는 2,700명에 불과했다. 세계 전쟁사에서 보기 드문 대승리였
> 다. 이것이 살수대첩이다. 고구려의 수도인 평양성을 치려던 수나라의 계획
> 이 살수대첩으로 인해 수포로 돌아간 것은 물론, 그 후유증으로 수나라는 결
> 국 내분과 멸망의 길로 접어들게 된다.

6세기 말에서 7세기 초 사이에 고구려와 수나라 사이에는 모두 네 차례
의 전쟁이 일어난다. 598년 영양왕이 요서 지역을 선제공격하자, 이에 격
분한 수나라 문제(文帝)가 30만 대군을 일으킨다. 이어 수나라 양제(煬帝)
가 612년과 613년, 614년에 잇따라 고구려를 침입한다. 이 가운데 살수대
첩은 2차 전쟁 과정에서 벌어졌다. 2차 전쟁에서 수 양제가 이끈 군대는
육군 113만 명과 해군 7만 명 규모였다. 이들이 늘어선 거리만 960리(364

킬로미터)에 이르렀다.

이에 영양왕은 을지문덕(乙支文德) 장군에게 북쪽에서 수나라 육군을 상대하도록 하고, 동생인 고건무(高建武)에게 수나라 해군의 격퇴와 평양성 방어를 맡겼다. 고건무가 바로 영양왕의 뒤를 이은 영류왕(榮留王, 재위 618~642)이다.

612년 1월 북경 지역을 출발해 요하를 건넌 수나라 대군은 같은 해 4월 하순부터 고구려의 서쪽 방어선인 요동성(遼東城)을 포위하고 공격을 퍼부었으나, 쉽사리 성을 함락시키지 못했다. 수나라 해군도 내호아(來護兒)의 지휘로 대동강을 통해 평양성 쪽으로 진격했으나, 고건무가 복병전을 펼쳐 이들을 대동강

을지문덕 수 양제가 100만이 넘는 군사를 이끌고 고구려를 침략하자, 고구려의 을지문덕 장군은 살수에서 수나라 군대를 궤멸시켰다. (전쟁기념관)

하구까지 몰아냈다. 고건무가 빈 절터에 병사들을 미리 숨겨두고 일부러 패한 척하며 수나라군을 절터 쪽으로 유인한 것이다. 당시 살아서 돌아간 수나라 군사는 수천 명에 지나지 않았다. 이처럼 전세가 불리하게 돌아가자 수 양제는 30만 5,000명의 별동대를 구성해, 평양성을 직접 공격하도록 명령을 내렸다. 별동대는 우문술(宇文述)과 우중문(宇仲文)이 이끄는 육군 정예부대로 구성됐다.

이에 고구려군의 총사령관인 을지문덕 장군은 원정길에 오른 적군의 약점을 이용해 초기에 정면 대결을 벌이는 대신 '치고 빠지는' 전술을 구사하며 이들을 지치게 만들었다. 이들이 야영 준비를 할 때마다 공격했다

한국사를 움직인 100대 사건

가, 추격해 오면 계속 후퇴를 거듭하는 식이었다. 그러다 보니 평양성에서 30리 거리까지 접근했을 때 수나라 별동대는 이미 심리적으로 지쳐 있는 상태였다. 게다가 한 사람당 100일 분량의 군량미를 직접 운반해 오던 별동대 군사들은 거듭되는 전투와 행군에 지치는 바람에 이를 땅에 묻거나 버려 나중에는 굶주림에 시달렸다. 해군의 패배로 보급선마저 끊어져 상황이 호전될 기미도 보이지 않았다. 이 같은 적의 상황을 정확히 꿰뚫은 을지문덕 장군은 수나라 진영에 거짓으로 항복 의사를 밝히고, 퇴각의 구실을 만들어 주며 고도의 심리전을 펼친다. 을지문덕 장군이 수나라 장수 우중문에게 오언시(五言詩)를 지어 보낸 것이 이때다. 《삼국사기》〈열전—을지문덕전〉에 기록된 〈여수장우중문시(與隋將宇仲文詩)〉는 다음과 같다.

신묘한 계책은 천문을 궁구하였고(神策究天文)
기묘한 계획은 지리를 통달하였구나(妙算窮地理)
싸움마다 이겨 공이 이미 높았으니(戰勝功旣高)
족한 줄 알면 그만둠이 어떠리(知足願云止)

겉으로는 적장인 우중문을 칭송하며 철군의 명분을 만들어 주면서도, 은근히 그를 희롱하는 내용이다.

드디어 수나라군은 요동으로 후퇴하기로 했다. 하지만 을지문덕 장군은 이들을 그냥 돌려보내지 않았다. 고구려군은 처음엔 퇴로를 열어 주었다가 적군이 살수를 건널 때 총공세를 벌여 이들을 궤멸시켰다. 그 결과 수 양제는 더 이상 싸울 힘을 잃고 중국 땅으로 돌아갔다.

을지문덕 장군에 대한 기록은 거의 남아 있지 않다. 그의 가계(家系)나 생몰(生沒) 시기, 전쟁 당시 나이 등은 전혀 알려져 있지 않다. 다만 몇 가지 전설이 그가 평안남도 중산군 석다산 사람일 것이라는 추정을 낳게 할 뿐이다.

2차 전쟁 당시 수나라는 각종 최신 무기를 동원해 고구려군을 공략했다. 성에 쉽게 오를 수 있는 사다리인 운제(雲梯), 성문을 부술 수 있도록 만든 충차(衝車), 큰 돌을 던져 성벽을 부술 수 있도록 한 발석차(發石車), 불을 지르기 위한 화차(火車) 등이 그것이다. 수 양제는 고구려 정벌 출정식에서 고구려를 '더러운 꼬마'에 비유하며 군사들에게 필승의 의지를 북돋우기도 했다.

하지만 수나라 군사들의 사기는 전쟁 초기부터 한풀 꺾여 있었다. 598년 1차 전쟁 당시 대규모 군사가 희생당한 경험이 있었기 때문이다. 중국의 역사책《자치통감》에는 수나라군이 2차 전쟁을 위해 출정할 당시 〈무향요동낭사가(無向遼東浪死歌)〉(요동에 가서 떠돌다 죽지 말자는 노래)가 나라 안에 퍼졌다고 기록돼 있다.

반면 고구려 쪽의 분위기는 달랐다. 수나라 별동대가 평양성 쪽으로 진격할 당시 군 지휘부의 청야전술(淸野戰術, 적이 이용하지 못하도록 농작물이나 군수물자를 모두 없애는 전술)에 군사들은 물론 일반 백성들까지 적극 참여하는 등 적군을 물리치기 위해 하나로 뭉쳤다. 또 영양왕은 수나라의 침략에 대비해 일찌감치 요동성을 비롯한 전방의 주요 거점에 군량미와 식수 등을 충분히 갖추도록 하고, 적군의 병참선을 차단하기 위해 해군을 강화했다.

수나라의 최신 무기에 맞서기 위한 방어용 무기도 정비했다. 끝이 뾰족

한 네 갈래의 쇠침을 연결한 마름쇠를 성벽 주위 땅바닥에 뿌려 적군의 성벽 진입을 막도록 했고, 적군에게 돌덩이를 날려 보낼 수 있는 포차를 성벽 쪽에 설치했다.

앞서 1차 전쟁에서 영양왕은 말갈(靺鞨) 병사 1만 명을 이끌고 요서 지역을 공격했으나 수나라에 패배했다. 이어 수 문제가 고구려를 침공했으나 홍수와 장마, 폭풍, 전염병으로 3개월 만에 철군했다. 《삼국사기》는 당시 수나라군 30만 명 가운데 살아서 돌아간 이가 열 명에 한두 명 정도였다고 전하고 있다.

수 양제 수 문제에 이어 즉위한 양제는 무리한 토목 공사를 일삼아 백성으로부터 원망을 샀으며, 무리하게 고구려 원정을 추진하여 실패한 채 결국 살해당했다.

2차 전쟁에서 을지문덕 장군에게 대패한 수 양제는 이듬해인 613년 고구려의 요동성을 다시 공격했으나, 수나라 내부에서 잦은 전쟁과 대규모 희생에 따른 반란이 일어나 급히 회군했다. 반란군을 진압한 수 양제는 614년에 다시 고구려 정벌에 나선다. 이번에는 해군을 이용해 요동 반도 남단에 상륙해 비사성(卑奢城, 지금의 중국 다롄 시 진저우에 위치)을 함락시킨 뒤, 대동강을 거슬러 평양성으로 진격했다. 그러자 영양왕은 잇따른 전쟁으로 인한 백성들의 피해를 우려해 수 양제에게 화의를 청했고, 수 양제는 이를 받아들여 철군했다.

고구려와 수 나라의 공방전은 여기서 마무리된다. 패전의 후유증으로 수나라는 반란에 휩싸였고, 그 과정에서 수 양제가 부하에게 살해됐기 때문이다. 그렇게 해서 618년에 수나라가 망하고, 당나라가 등장한다. 바로 그해 영양왕도 세상을 떠나고 영류왕이 왕위를 이어받았다.

고구려와 수나라의 전쟁은 주변 상권(商圈) 장악과 외교적, 군사적 패권을 건 피할 수 없는 충돌이었다. 이는 남북조의 혼란 끝에 수나라가 중국을 통일하면서부터 어느 정도 예견된 상황이었다. 그리고 그 충돌의 결과는 중국 왕조의 교체로 나타났다. 당시 동북아시아의 역동적인 정세 변화 속에서 을지문덕 장군의 살수대첩이 역사적인 대사건으로 기록되는 이유가 여기에 있다.

642

연개소문 집권

쿠데타로 정권을 탈취한 연개소문이 독재를 실시하다

615년 영양왕 25년 수나라의 마지막 침입이 실패하고 수나라가 멸망하다.
628년 영류왕 11년 고구려가 당에 봉역도를 전하다.
631년 영류왕 14년 천리장성을 완성하다.

642년 영류왕을 살해하고 쿠데타를 일으킨 연개소문은 고구려의 마지막 왕인 보장왕을 옹립하고 스스로 독재정치를 펼친다. 야심이 많고 호전적인 연개소문의 등장은 7세기 중엽 동북아시아 정세 변화의 최대 변수로 작용했다. 그는 이후 24년 동안 고구려를 사실상 통치하면서 나당 연합에 맞서 동북아시아의 강자로 군림했다. 하지만 잇따른 전쟁에 따른 지나친 국력 소모와 권력 독점에 따른 정치 불안은 결국 고구려를 패망의 길로 이끌고 만다.

642년, 연개소문(淵蓋蘇文, 603~665)은 고구려 수도인 평양성 남쪽에서 대신과 귀족 100여 명을 초청해 열병식을 거행한다. 자신이 관장하는 부(部)에 소속된 사병들이 중심이 됐다. 이 자리에서 연개소문은 사병들에게 미리 약속한 신호를 보내 대신과 귀족들을 모두 죽인다. 이어 궁전에 있던 영류왕까지 죽인 뒤 몸을 토막 내 구덩이에 던져 버렸다. 612년, 살수대첩 당시 대동강 주변에서 수(隋)나라 해군을 격퇴시켜 전쟁 영웅으로 칭송받던 고건무(高建武)가 바로 영류왕이다.

당시 연개소문은 당(唐)나라의 침략에 대비해 요동 지역 1,000리를 가로지르는 장성(長城) 축조의 책임자를 맡고 있었다. 장성 축조는 당 태종(太宗)이 631년, 수나라와의 전쟁에서 승리한 것을 기념해 고구려가 요동 지역에 세운 경관(京觀, 전승 기념비)을 파괴하는 등 당으로부터의 위협이 갈수록 고조되자 이뤄진 것이다. 《삼국사기》는 '(영류왕) 즉위 25년(642) 1월에 서부대인(西部大人) 개소문에게 명하여 장성의 역사(役事)를 감독하게 하였다'라고 기록하고 있다. 연개소문을 탐탁지 않게 여긴 귀족들이 영류왕을 부추겨 연개소문을 요동 지역으로 보낸 것으로 추정된다.

앞서 귀족들은 연개소문이 부친인 연태조(淵太祚)가 죽은 뒤 대대로(大對盧, 나랏일을 총괄하는 관직으로 수상에 해당) 자리를 물려받으려 하자 이에 반대하며 연개소문을 견제했다. 연개소문이 거친 성격을 가진데다 무엇보다 당나라에 대해 강경노선을 취하고 있었기 때문이다. 이와 관련하여 《구당서(舊唐書)》는 연개소문의 품성을 다음과 같이 기록하고 있다.

수염이 고슴도치 같고 허리에 다섯 개의 칼(五刀)을 차고 있다. 말을 타고 내릴 때 항상 부하의 등을 밟고 오르내렸다. 출입할 때는 반드시 병사들을 길가에 일렬로 세웠다.

가까스로 연개소문이 대대로 자리에 오르긴 했으나, 주화파(主和派)인 귀족들과는 팽팽한 신경전이 계속됐다. 연개소문이 쿠데타를 일으키기 전후에 당나라는 서역의 동돌궐(東突厥)과 고창(高昌)을 복속하는 등 세력을 넓히고 있었으며, 고구려와 백제로부터 협공을 당하고 있는 신라의 요청으로 고구려를 굴복시킬 계획을 갖고 있었다. 고구려에게 잇따라 침공을 받던 신라는 당나라에게 "고구려가 길을 막는 바람에 신라 사신이 당에 입조(入朝)를 하지 못하고 있다."라고까지 호소했다. 이 과정에서 당나라는 고구려에 밀정을 보내 고구려의 정세나 지리, 풍속 등을 염탐하기도 했다.

이에 고구려에서는 외교적 타협으로 당나라와 평화를 유지하자는 주화파와 전쟁을 불사해야 한다는 주전파가 입씨름을 하고 있었다. 주화파를 못마땅하게 여긴 연개소문은 "대신들이 국왕을 나약하게 만든다."라며 불만을 드러내기도 했다. 특히 장성 축조를 맡은 연개소문이 지나치게 공사를 독려해 백성들이 고통을 겪고 있다는 얘기가 전해지면서 귀족들은 영류왕에게 더 이상 연개소문의 권력이 강해지기 전에 제거해야 한다고 건의한다. 그러자 이 같은 기류를 알아차린 연개소문이 먼저 정변을 일으키기로 결심하고, 열병식을 구실로 잔치를 열어 귀족과 대신들을 모이게 한 것이다.

고구려에 정변이 일어나자 주변 국가들은 연개소문의 대외 정책이 어떤 방향으로 흐를지 촉각을 곤두세웠다. 연개소문과 김춘추(金春秋)의 만남이 이뤄진 것이 이때였다. 신라는 김춘추를 파견해 화평을 제의하며 백제 침공을 위한 지원군을 요청한다. 하지만 연개소문은 오히려 신라에게 빼앗긴 한강 유역을 다시 돌려달라며 역제안을 했다. 이에 김춘추가 난색을 표하자 연개소문은 김춘추를 감옥에 가둔다. 김춘추는 꾀를 내어 "귀국하면 한강 유역 반환을 위해 노력하겠다."라고 약속해 간신히 풀려난 뒤 곧바로 당나라로 향했다. 백제 의자왕(義慈王, 재위 641~660)은 고구려에 화친을 청하며 함께 신라를 치자고 제안했다. 결과적으로 동북아시아의 정세는 고구려와 백제, 왜(倭)의 남북 라인과 신라와 당의 동서 라인이 서로 대치하는 국면이 형성됐다.

쿠데타로 권력을 장악한 연개소문은 영류왕의 조카인 보장왕(寶藏王, 재위 642~668)을 왕위에 앉힌 뒤 일인 독재 체제로 들어갔다. 자신이 최고 관직인 대막리지(大莫離支)를 맡아 병권(兵權)과 인사권을 모두 장악하고, 실권을 행사했다. 주화파를 제거한 연개소문은 백제와 연합해 신라의 40여 개 성(城)을 치는 등 본격적인 전쟁을 일으킨다.

당나라가 고구려를 침공하기로 결심한 것도 연개소문의 강경한 대외 정책 때문이었다는 얘기가 전해진다. 실제로 당 태종 이세민(李世民)은 645년 고구려를 치기 위해 군사를 일으키면서 '연개소문이 왕을 죽이고 백성을 학대하며, 당나라를 무시한다'라는 것을 고구려 침공의 명분으로 삼았다. 여기에는 성격이 비슷한 연개소문과 이세민의 경쟁 심리도 작용한 것으로 보인다. 두 사람은 수단과 방법을 가리지 않고 권력을 차지한 야심가들이다. 이세민은 당 고조(高祖) 이연(李淵)의 둘째 아들로, 형 건성(建成)과 동생 원길(元吉)을 죽이고 왕에 올랐다.

연개소문은 당나라와의 전쟁에서 645년 안시성(安市城) 전투, 662년 사수(蛇水) 전투 등을 통해 거듭 승리를 거둔다. 그러면서 그의 권력 독점은 더욱 공고해지고, 귀족회의는 유명무실해졌다. 모든 정책은 연개소문의 뜻에 따라 결정됐고, 세 아들 남생(男生), 남건(男建), 남산(南産)과 동생인 연정토(淵淨土)도 높은 벼슬을 차지해 권력을 행사했다. 이 같은 권력독점의 폐해는 연개소문이 죽은 뒤 여실히 드러났다.

연개소문은 사망 직전 세 아들에게 당부한 것으로 전해진다.

"너희들이 화합하지 않으면 모두 죽는다. 당나라가 여전히 우리의 허

점을 노리고 있다. 내가 죽더라도
너희들이 힘을 모아 나라를 이끌면
당나라가 넘보지 못할 것이다. 하지
만 서로 싸운다면 고구려의 운명을
알 수 없다."

결국 연개소문의 우려대로 절대
권력자가 사라진 고구려는 남생, 남
건, 남산 3형제와 연정토의 권력 다
툼으로 일대 혼란에 빠진다. 대막리
지에 오른 맏아들 남생이 남건과 남
산에 의해 밀려나자 국내성으로 들
어가 당나라에 지원을 요청했고, 연
정토는 신라에 투항한다. 이어 남생
은 668년 당나라가 요동 지역과 평
양성을 치고 고구려를 멸망시키는
데 일조했다.

연개소문은 후세의 평가에서 역
신(逆臣)과 영웅 사이를 오간다. 《삼

당 태종 이세민 당나라의 두 번째 황제로 실질적으로 당
나라를 수립하고 중국을 통일하였다. 신하들의 반대 속에
서 그는 스스로 고구려 원정군을 이끌고 침략을 감행했
으나 실패한 채 병을 얻고 결국 649년 사망하였다.

국사기》〈열전〉은 연개소문을 왕을 시해한 신하로 분류해 〈역신전〉에 이
름을 올렸다. 그뿐만 아니라 연개소문은 쿠데타로 권력을 독점, 세습하
고, 비타협적 외교 노선으로 국력을 소진시켰다는 비판에서 자유로울 수
없다.

반면 당 태종의 군대를 격파하며 중국 대륙과 당당히 맞섬으로써 민족

의 자긍심을 높였다는 점은 과소평가할 수 없는 대목이다. 단재 신채호는
'선악현부(善惡賢否)'는 별 문제로 하고 당시 동방아시아 전쟁사에서 유일
한 중심 인물'이며 '조선 역사 4,000년 이래 최고의 영웅'이라고 평한 바
있다.

안시성 전투

70여 년에 걸친 중국의 침입을 막아내다

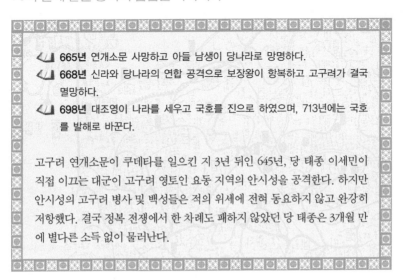

- **665년** 연개소문 사망하고 아들 남생이 당나라로 망명하다.
- **668년** 신라와 당나라의 연합 공격으로 보장왕이 항복하고 고구려가 결국 멸망하다.
- **698년** 대조영이 나라를 세우고 국호를 진으로 하였으며, 713년에는 국호를 발해로 바꾼다.

고구려 연개소문이 쿠데타를 일으킨 지 3년 뒤인 645년, 당 태종 이세민이 직접 이끄는 대군이 고구려 영토인 요동 지역의 안시성을 공격한다. 하지만 안시성의 고구려 병사 및 백성들은 적의 위세에 전혀 동요하지 않고 완강히 저항했다. 결국 정복 전쟁에서 한 차례도 패하지 않았던 당 태종은 3개월 만에 별다른 소득 없이 물러난다.

당시 고구려는 요하(遼河)의 바로 동쪽 영토에 북에서 남으로 신성(新城), 현토성(玄菟城), 개모성(蓋牟城), 요동성(遼東城), 건안성(建安城), 백암성(白巖城), 안시성, 오골성(烏骨城) 등을 두고 당나라의 침공에 대비해 방어선을 구축하고 있었다. 644년 11월, 당 태종은 고구려와 전면전을 선언하고 수륙 양쪽으로 침공했다.

당시 고구려와 백제의 잦은 침략에 시달리던 신라가 지원을 요청하자,

당 태종이 '당나라를 섬기는 신라를 다시는 침범하지 말라'라는 내용의
서신을 연개소문에게 보냈으나, 연개소문은 이를 묵살했다. 연개소문은
이어 당 태종의 사신 장엄(蔣儼)을 아예 감옥에 가두어 버렸다. 그러자 당
태종은 "임금과 대신들을 죽인 데 이어 이제 내 명령까지 어기니 토벌해
야겠다." 하며 직접 전장에 나간다. 이세적(李世勣)이 이끈 당나라의 육군
6만 명은 645년 4월 요하를 건너 신성과 현토성 쪽으로, 장량(張亮)이 지휘
한 수군 4만 명은 전선 500척을 이용해 요동 반도에 상륙, 비사성 쪽으로
진격했다. 당 태종은 5월쯤 이세적의 육군에 합류했다.

이들은 개모성과 요동성, 백암성, 요동의 고구려 해군 기지인 비사성을
잇따라 점령하며 초반 기세를 올린 뒤 안시성으로 향했다. 당시 당 태종
의 목표는 평양성 함락이었다. 하지만 원정길에 오른 당나라로서는 군량
을 조달할 수 있는 보급로를 확보하지 않으면 전쟁을 제대로 치를 수 없
었다. 또 비사성을 함락시킨 장량의 수군이 보급로를 뚫을 수 있었으나
고구려군의 반격에 밀려 압록강 쪽으로 나아가지 못하는 바람에 이마저
도 기대할 수 없었다. 때문에 요동 지역의 고구려 성을 점령하지 않은 채
평양성으로 직행하는 것은 고구려에게 배후 공격을 허용한다는 점, 군량
보급로가 끊겨 병사들이 굶주릴 수 있다는 점에서 다소 무모한 전략이었
다. 특히 연개소문이 이 같은 상황을 간파하고 요동과 요서 지역의 주요
거점 지역을 중심으로 청야전술을 펴는 바람에 당 태종은 오골성을 거쳐
바로 평양성으로 가는 방안 대신 일단 안시성을 치는 쪽을 선택할 수밖에
없었다.

당나라군이 안시성을 공격하자 연개소문은 북부의 욕살(褥薩, 군주) 고
연수와 남부의 욕살 고혜진이 이끄는 15만 명의 지원군을 현지로 급파한

백암성 고구려는 요하 동쪽에 방어선을 구축하여 당나라의 침공에 대비하였다. 백암성은 고구려 서부 지방을 방어하는 역할을 하였다.

다. 하지만 당 태종의 노련한 전술에 걸려들어 2만여 명이 전사하고, 고연수와 고혜진은 당에 투항한다. 포로만 3만 6,000여 명에 이르렀다. 그러다 보니 안시성은 지원군도 없이 고립무원의 처지에서 당 태종의 대군을 상대해야 했다. 안시성 외곽에 자리 잡은 당나라는 돌을 날리는 포차(砲車)와 성을 부수는 충차(衝車) 등을 총동원해 하루 대여섯 차례씩 파상 공세를 폈지만, 양만춘 장군의 통솔력과 병사들의 투지로 성곽을 뚫지 못했다. 고구려군은 당 태종의 깃발을 보고 북을 치고 야유를 보내는 등 오히려 적군을 조롱하기까지 했다. 이세적이 "안시성을 빼앗으면 남자는 모조리 구덩이에 묻어 버리겠다." 하고 격분할 정도였다.

이에 당 태종은 고민 끝에 안시성 옆에 높은 흙산을 쌓아 그 위에서 화

살 공격을 펴기로 하고, 연인원 50만 명을 동원해 흙산을 완성한다. 그런
데 때마침 큰비가 내리는 바람에 흙산 일부가 안시성을 덮쳐 성벽 한쪽이
뚫려 버렸다. 그러자 안시성 안에 있던 고구려 군사들이 재빨리 움직여
흙산 위를 차지했다. 이 일로 흙산을 지키도록 지시받은 부복애(博伏愛)가
당 태종의 명에 의해 처형됐다. 《삼국사기》〈고구려본기〉에서는 당시의
상황을 다음과 같이 기록하고 있다.

밤낮으로 흙산 쌓기를 계속해 안시성 안을 굽어보게 되었다. 부복애
에게 군사를 거느리고 산꼭대기에 머무르며 지키게 했는데 산이 무
너져 성을 눌러 무너뜨렸다. 마침 복애가 자리를 비워 고구려군 수백
명이 무너진 곳에서 나와 흙산을 점거하고 주위를 깎아 지켰다. 당주
(唐主)는 노하여 복애를 참수했다.

흙산을 빼앗긴 뒤 당나라 군대는 사력을 다해 사흘 밤낮을 공격했지만,
안시성은 무너지지 않았다. 시일이 갈수록 군량이 바닥나기 시작한 당나
라는 9월이 다가와 날씨까지 추워지자 고구려 침공을 포기하고 결국 퇴각
하기로 했다.

하지만 당나라군에겐 퇴로가 더욱 험난했다. 고구려군의 추격으로 요
하 하류로 몰린 당나라군은 할 수 없이 늪지대를 통해 철수해야 했고, 이
과정에서 고구려 군에 의해 엄청난 사상자가 나왔으며, 당 태종도 이때
병을 얻었다. 양만춘이 전투 과정에서 화살을 쏘아 당 태종의 눈에 맞혔
다는 얘기도 전해진다. 이후 당 태종은 647년부터 649년 숨을 거두기 직
전까지도 요동 지역과 대동강 유역에 대해 간헐적인 침공을 이어갔다. 하

안시성 전투 안시성주 양만춘과 성민들은 결사적으로 방어하여 당 태종의 침공군을 결국 막아냈다. 안시성 전투는 당나라의 공격을 막은 것뿐만 아니라 시간과 물자를 허비하게 함으로써 이후 당나라의 고구려 공격을 좌절시켰다. (전쟁기념관)

지만 그때마다 고구려 군에 밀려 퇴각하면서 안시성 전투에서의 패배를 만회할 기회를 잃었다.

당 태종은 고구려를 침공하기 위해 군사를 일으키면서 〈선전조서(宣戰 詔書)〉를 통해 반드시 이길 수밖에 없는 다섯 가지의 이유를 밝혔다. 큰 나라로 작은 나라를 치고, 순리로 역리를 치고, 안정된 나라로 어지러운 나라를 치고, 건강한 몸으로 피로한 몸을 치고, 기쁜 백성이 원망하는 백성을 치기 때문에 필승할 수 있다며 군사들의 사기를 드높였다. 하지만 당태종의 그 같은 의지와 자신감은 여지없이 무너져 버렸다.

이처럼 고구려는 결사항전의 자세로 당나라를 물리친 것은 물론 청야전술로 식량 보급로를 끊고, 안전한 퇴로를 차단해 요하 하류로 적군을 몰아가는 등 전략적 측면에서 당나라를 압도했다. 반면 속전속결로 고구려 수도로 남하하려던 당 태종의 구상은 전혀 먹히지 않았다. 전쟁 초반 한때 방어선이 무너지며 흔들렸던 고구려가 안시성 전투를 통해 승기를 잡은 것이 결정적이었다.

물론 고구려의 피해가 없었던 것은 아니다. 초기 백암성 전투에서는 남풍에 불화살 공격을 받고 고구려군 1만 명이 사망하고, 5만 명이 포로로 잡혔으며, 50만 석의 곡식을 빼앗겼다. 10일 만에 함락된 개모성 전투에서는 10만 석의 곡식을 잃었다. 고연수 등이 이끈 안시성 지원군도 대패하여 항복했다. 하지만 고구려는 위기의 순간에 저력을 발휘하며 당 태종을 물리치고, 수·당과의 70여 년간에 걸친 전쟁을 마침내 승리로 이끌며 한반도를 중국 세력으로부터 지켜냈다.

당나라 대군이 잇따라 고구려에게 패배하자, 당나라 중신(重臣) 방현령(房玄齡)이 표문을 올려 고구려 침공의 무모함을 진언했다는 《구당서(舊唐書)》의 기록에서 당시 당나라 내부의 분위기를 읽을 수 있다. 당 태종은 649년 4월 숨을 거두기 직전 유언에서 "나의 자식들은 고구려를 공격하지 마라. 이길 수 있는 나라가 아니다. 고구려를 공격하다가 오히려 당나라가 위태로울 수 있다." 하는 경고를 남겼다.

안시성 전투에서 고구려가 승기를 잡지 못했다면, 또 연개소문이 당과의 전쟁에서 치밀하고 효과적인 전략을 구사하지 못했다면, 한반도의 상당 부분이 당의 수중에 들어가는 위기를 맞았을 수도 있다. 그런 점에서 안시성 전투는 단순히 고구려와 당의 영역 다툼에 그치는 것이 아니라 한반도를 침탈하려는 중국 세력으로부터 우리 민족의 기반을 지켜낸 역사적인 현장으로 기억된다.

675

매소성 전투

신라, 삼국 통일을 완성하다

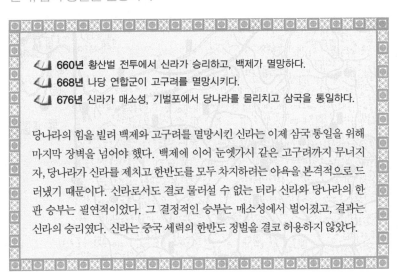

◁◁ **660년** 황산벌 전투에서 신라가 승리하고, 백제가 멸망하다.
◁◁ **668년** 나당 연합군이 고구려를 멸망시키다.
◁◁ **676년** 신라가 매소성, 기벌포에서 당나라를 물리치고 삼국을 통일하다.

당나라의 힘을 빌려 백제와 고구려를 멸망시킨 신라는 이제 삼국 통일을 위해 마지막 장벽을 넘어야 했다. 백제에 이어 눈엣가시 같은 고구려까지 무너지자, 당나라가 신라를 제치고 한반도를 모두 차지하려는 야욕을 본격적으로 드러냈기 때문이다. 신라로서도 결코 물러설 수 없는 터라 신라와 당나라의 한판 승부는 필연적이었다. 그 결정적인 승부는 매소성에서 벌어졌고, 결과는 신라의 승리였다. 신라는 중국 세력의 한반도 정벌을 결코 허용하지 않았다.

당나라가 신라를 치기 위해 대군을 일으킨 것은 백제에 이어 고구려가 멸망한 지 6년 만인 674년이었다. 당나라는 신라를 침공하면서 신라의 내분을 획책하고 민심을 교란시키기 위해 문무왕의 동생 김인문(金仁問)을 신라 왕으로 내세웠다. 신라는 임진강과 한탄강 유역을 제1방어선으로 삼았다. 그리고 이 지역의 군사 요충지인 매소성에서 마침내 이근행(李謹行)이 이끄는 당나라의 20만 대군과 신라군이 격돌한다. 정예 기병이 주축인 당나라군을 상대로 신라군은 쇠뇌와 장창 등을 이용해 압승을 거둔다.《삼국사기》는 '당나라의 20만 대군을 물리치고, 말 30,380필과 많은 무기를 노획했다'라고 기록하고 있다. '신라의 장창당(長槍幢)은 당나라 군사 3,000명을 잡아 대장군의 병영으로 보냈다'라는 기록도 남아 있다. 특히 신라는 매소성 전투 한 달 전쯤 임진강에서 당나라의 보급선을 격퇴하고, 적군의 보급로를 차단함으로써 기선을 제압하기도 했다.

매소성 전투에 이어 676년에는 사비성의 관문인 금강 하류에 위치한 소부리주(所夫里州) 기벌포 앞바다에서 설인귀(薛仁貴)가 지휘하는 당나라 해군이 스물두 차례의 공방전 끝에 신라에게 제압당한다. 당나라는 이곳에서 매소성 전투 패배를 만회하려 했으나, 신라군의 거센 항전으로 퇴각할 수밖에 없었다. 기벌포 전투로 8년에 걸친 신라의 대당(對唐) 항전은 마침표를 찍었고, 당나라는 평양에 설치했던 안동도호부(安東都護府)를 한반도 너머 요동성으로 물려야 했다.

나당 전쟁에 불을 붙인 것은 당나라가 먼저였다. 당초 당나라는 신라와 연합하여 백제와 고구려를 칠 때 대동강 이북 지역을 자신이 갖기로 약속했다. 하지만 백제와 고구려가 무너진 뒤 당나라는 오히려 옛 백제 땅과 고구려 땅을 넘보며 신라까지 위협했다. 우선 당나라는 백제가 멸망한 지 5년 뒤인 665년 의자왕의 아들 부여융(扶餘隆)을 웅진 도독(都督)으로 임명해 백제 유민들을 관리하려 했다. 또 고구려가 멸망한 668년에는 고구려 수도였던 평양에 안동도호부를 설치해 직접 통치를 시도했다. 나아가 일방적으로 신라를 계림대도독부(鷄林大都督府)로 칭하고 문무왕을 계림대도독으로 임명했다. 한마디로 독립국가로서의 신라를 인정하지 않고, 한반도 전체를 당나라가 다스리는 점령지로 삼아 직접 지배하고, 통치하겠

대왕암 문무왕의 수중릉으로 추정되며 자연 암석을 이용하여 만든 무덤이다. 문무왕은 태종무열왕에 이어 신라 왕위에 올랐으며, 한반도에서 당나라 세력을 몰아내고 완전한 통일을 이룩하였다.

다는 의도를 노골적으로 드러낸 것이다.

그러자 신라도 이에 뒤질세라 맞불을 놓으며, 당나라 세력의 남침을 견제했다. 고구려 보장왕(寶臧王)의 서자로 알려진 안승(安勝)을 왕으로 세워 황해도 재령을 기반으로 고구려 부흥운동을 벌이고 있는 검모잠(劍牟岑)을 지원함으로써, 당나라의 안동도호부 설치에 반발하는 유민들의 민심을 끌어안았다. 670년에는 검모잠을 죽이고 신라에 투항한 안승에게 현재의 전북 익산 지역인 금마저(金馬渚)를 내주고, 그를 보덕국왕(報德國王)에 책봉했다. 신라는 또 671년 사비성을 차지한 뒤에는 그 지역에 소부리주를 설치해 옛 백제 땅에 대한 지배권을 강화하며 백제 유민들을 포섭해 나갔다. 아울러 문무왕은 옛 백제 땅에서 당나라가 손에 넣은 60여 개의 성을 탈환하는 등 당나라가 차지한 고구려와 백제 지역들을 서서히 잠식해 갔다. 이 과정에서 신라와 당나라는 북으로는 대동강, 남으로는 한강 유역을 중심으로 여러 차례 크고 작은 전투를 벌였다. 특히 신라는 672년과 673년 사이에 임진강과 한탄강 인근에 10여 개의 성을 축조해 당나라와의 결전에 대비했다. 매소성 전투는 이처럼 신라와 당나라의 신경전이 최고 절정에 이른 시점에 벌어졌던 것이다.

나당 전쟁이 마무리되고 통일신라가 등장하면서 한반도의 패권을 둘러싼 전쟁은 일단락됐다. 당초 신라는 고구려, 백제보다 고대 국가로서의 체제가 더디게 형성됐고, 전성기도 가장 늦게 맞았다. 물론 그런 신라가 삼국을 통일할 수 있었던 것은 당나라의 힘을 외교적, 군사적으로 적절하게 활용했기 때문이지만, 꾸준히 국가 내부의 역량을 강화하고 국력을 결집시켜 나간 데서도 원인을 찾을 수 있다. 고구려와 백제가 지배층의 분열과 이완, 민심의 동요로 국가 내부에서부터 무너져 마침내 자멸했다는 점과 비교하면 삼국을 통일한 신라의 원동력이 어디서 비롯됐는지를 짐작할 수 있다.

고구려는 절대 권력인 연개소문이 죽은 뒤 지배층이 권력 투쟁에만 매몰되면서 민심이 이반됐고, 그 결과 나당 연합군의 공격에 제대로 저항해 보지도 못하고 힘없이 무너졌다. 백제는 즉위 초반 왕권을 강화하고 민심을 수습하던 의자왕이 재위 말년에 이르러 자만과 향락에 빠지면서 나라 기강이 흐트러졌고, 이는 지배층 분열과 민심 이반으로 이어졌다.

이에 비해 신라는 성골(聖骨)이 아닌 진골(眞骨) 출신으로는 처음 국왕에 오른 태종무열왕(太宗武烈王) 김춘추(金春秋)의 정치적 능력과 금관가야 왕실 출신인 김유신(金庾信)의 군사적 배경이 한데 합쳐지면서 정치와 국방이 삼국 가운데 어느 나라보다 안정적이었다. 또 김춘추가 적극적인 대당 외교를 펼쳐 당과 군사 동맹을 맺고, 당을 상대로 '선(先) 백제 정벌, 후(後) 고구려 침공'이라는 시나리오를 관철시킨 것은 한반도 정세 추이의 변곡점으로 작용했다. 이와 관련하여 김춘추의 처남인 김유신은 삼국 통일 과정에서 "백제는 오만함으로 멸망하고, 고구려는 교만함으로 위태로 워졌다. 하지만 신라는 충절과 신의로써 존재한다. 우리의 정직함으로 그들의 굽은 것을 친다면 통일의 뜻을 이룰 수 있다."라고 신라인들을 독려했다. 또 김춘추와 김유신의 업적에 대해《삼국사기》〈신라본기〉는 '어진 덕이 있는 춘추와 유신이 한마음으로 정치를 하여 일통 삼한(一統三韓)을 이뤘다'라고 기록하고 있다.

신라가 삼국을 통일했지만, 적어도 영토상으로는 옛 고구려 땅인 만주와 한반도 북부 일대는 아우르지 못했다. 대동강 이북과 요동 지역의 고구려 땅은 한동안 당나라의 안동도호부가 지배했다. 때문에 신라의 삼국 통일을 완전하지 못한 통일로 보는 시각도 있다.

하지만 고구려 유민들이 698년 이 지역을 중심으로 발해(渤海)를 건국하면서 한반도와 만주 일대를 신라와 발해가 나눠 갖는 형세를 띠게 된다. 당나라의 안동도호부도 발해 건국과 함께 폐지된다.

삼국을 통일한 문무왕에게 왕위를 물려받은 신문왕(神文王, 재위 681~692)은 지방

김유신 김춘추와 함께 삼국 통일을 이룩한 주역인 김유신은 금관가야 왕실 출신이며, 김춘추에게 든든한 군사적 배경을 제공하였다. 그는 당나라와 연합하여 백제를 멸망시켰으며, 다시 당나라로부터 과거 고구려 영토를 되찾았다. (전쟁기념관)

통치 조직인 5소경(小京) 제도와 중앙 군사 조직인 9서당(誓幢)을 완비했다. 국왕에게 맹세를 한 군대라는 의미의 9서당에는 신라인은 물론 고구려인과 보덕국인, 백제인, 말갈인 등이 고루 편성됐다. 각 나라 출신들을 포섭하고, 관리하려는 취지였다. 신문왕은 또한 통일신라에 필요한 인재를 양성하기 위해 국학을 설립하고, 관리들의 경제적 기반인 녹읍제를 폐지해 왕권을 강화하는 등 통일 이후의 국가 체제를 정비해 나갔다.

발해 무왕의 요동 공략

대조영이 발해를 건국하여 고구려를 계승하다

698년 대조영이 고구려 유민과 말갈 집단을 이끌고 동모산에 나라를 세우다.

713년 당나라로부터 책봉을 받고, 나라 이름을 발해로 고치다.

732년 발해 무왕이 등주를 선제공격하다.

무왕은 발해를 건국한 대조영의 아들이며, 즉위 후 급속도로 발해의 세력을 확장하는 데 주력했다. 당나라와 신라의 견제를 받던 무왕은 급기야 732년 당나라를 선제공격하여 산동 반도의 등주에 쳐들어갔다. 그러자 발해군에 맞선 신라와 당나라는 계속된 압박에 결국 무릎을 꿇었고, 양국은 우호적인 관계를 수립하였다. 이후 발해는 해동성국의 중흥기를 맞았으나, 거란의 침략으로 멸망하였다.

726년, 만주의 흑룡강 유역에서는 팽팽한 긴장감이 감돌았다. 이곳에 자리 잡은 흑수말갈(黑水靺鞨)을 중국의 당나라가 포섭하려 하자, 발해(渤海) 2대 무왕(武王, 재위 719~737)이 흑수말갈을 치기 위해 군사를 동원한 것이다. 당나라는 발해의 북동쪽에 있는 흑수말갈을 장악함으로써 발해를 견제하려는 의도를 갖고 있었다. 발해의 배후에 위치한 흑수말갈을 손에 넣으면, 날로 거세지는 발해의 팽창을 저지할 수 있다는 계산이었다.

고구려는 멸망했지만, 그 후손들이 중심이 된 발해가 또다시 중국 대륙의
위협적인 강자로 떠올랐다는 사실을 보여 준다. 《신당서(新唐書)》는 당시
발해의 위상을 이렇게 전한다.

대무예(大武藝, 무왕의 이름)가 즉위하자, 대토우(大土宇)를 개척했고,
동북의 여러 야만족이 두려워서 발해의 신하가 되었다.

당시 흑수말갈은 발해에 점령되지는 않았지만, 다른 나라와 외교 관계
를 맺을 때 반드시 발해의 사전 양해를 받도록 서로 약속한 사이였다. 하
지만 흑수말갈이 이 같은 약속을 깨고 발해와 미리 상의도 하지 않은 채
당나라에 입조(入朝)하고, 이에 당나라가 흑수말갈 지역에 흑수부(黑水府)
를 설치하고 관리를 파견해 이들을 관리하자 무왕이 발끈한 것이다. 흑수
말갈이 당나라의 영향권에 들어가면, 주변의 다른 부족들도 동요하고, 결
과적으로 발해의 입지가 위축될 수밖에 없었다. 요동과 만주 일대의 세력
판도가 뒤바뀔 수 있는 상황이었다. 《신당서》에 따르면 당시 무왕은 '지
난번 흑수에 돌궐 관리인 토둔(吐屯)을 둘 때도 우리에게 미리 알려왔는
데, 이제 당나라에게 벼슬을 청하면서 우리에게 알리지 않으니, 이는 당
과 더불어 앞뒤로 우리를 치려는 것'이라고 말했다.

무왕은 발해를 건국한 고왕(高王, 재위 698~719) 대조영(大祚榮)의 아들
로, 왕위를 이어받은 뒤 세력 확장과 국가로서의 기틀 마련에 힘을 쏟아
발해의 영역을 급속히 넓혀 나갔다. 동서로는 두만강에서 길림과 장춘을
넘어섰고, 남북으로는 신라, 흑수말갈과 영토를 맞대고 있었다. 《구당서
(舊唐書)》는 그 영역을 '사방 2,000리에 이른다'라고 적었다. 이와 함께 무

왕은 독자적인 연호로 인안(仁安)을 사용해 나라 안팎에 발해의 위용을 과시했다. 그러다 보니 국경을 맞댄 당나라와 신라가 위협을 느끼고 발해를 본격적으로 견제하기 시작했다. 당나라가 발해의 배후를 노려 흑수말갈에 손을 뻗치고, 신라가 721년 북쪽 국경 지역에 장성(長城)을 축조한 것도 이 같은 발해의 기세에 제동을 걸기 위해서였다.

하지만 당시 흑수말갈을 치려던 무왕의 계획은 무위에 그쳤다. 무왕이 동생 대문예(大門藝)에게 흑수말갈을 공격하도록 지시했으나 대문예가 이를 따르지 않았기 때문이었다. 대문예는 "흑수말갈을 치는 것은 당나라를 배반하는 것이며, 이는 곧 스스로 자멸을 초래하는 것"이라며 한사코 흑수말갈의 국경을 넘지 않았다. 이에 무왕이 대문예를 처벌하려 하자, 대문예는 아예 당나라로 망명하였다. 대문예는 어릴 적부터 당나라에서 볼모로 지냈기 때문에 당나라의 세력에 맞서는 것은 무리라고 판단한 것으로 전해진다. 이에 격분한 무왕은 당나라에 대문예를 죽일 것을 요구했지만, 당은 이를 거부했다.

양국 사이에 긴장감이 고조되는 가운데, 결국 무왕은 732년 당나라를 직접 겨냥해 산동 반도에 있는 등주(登州)를 선제공격했다. 이 싸움에서 장수 장문휴(張文休)가 이끈 발해군이 당나라의 등주 자사(刺史) 위준(韋俊)을 죽여 버린다. 이에 당 현종(玄宗, 재위 712~756)은 군사를 일으켜 발해와의 전쟁에 나섰다.

당 현종은 우선 발해로부터 망명한 대문예를 요동 반도 인근의 유주(幽州)에 보내 발해군의 공격을 저지하도록 했다. 또 신라에 태복원외경(太僕員外卿) 김사란(金思蘭)을 보내 군사를 일으켜 발해의 남쪽 국경을 공격하도록 했다. 하지만 발해 국경으로 진격하던 신라가 폭설과 추위로 군사의

등주 발해는 산동 반도에 위치한 이곳을 공격하여 당나라와 신라를 동시에 압박하고자 했다. 무왕은 장문휴에게 등주를 공격하게 하였고, 결국 점거하는 데 성공한다.

절반을 잃는 등 어려움을 겪다가 733년 회군하는 바람에 당나라는 별다른 성과를 내지 못했다.

이렇게 해서 당나라와 발해의 전쟁은 일단락됐다. 전쟁이 끝난 뒤 무왕은 자신을 배신한 동생을 죽이기로 결심하고 자객을 시켜 낙양에서 대문예를 없애려 했으나 뜻을 이루지 못했다.

이후 발해와 당나라는 평화 친선 관계로 접어들었다. 발해와 당나라가 전쟁을 치르기에는 서로 부담을 느꼈다는 얘기다. 발해는 당나라와 신라가 국경의 북쪽과 남쪽에서 동시에 협공해 오면 상당한 피해를 감수할 수밖에 없었다. 또 당나라와 대치하던 돌궐의 세력이 크게 약해져 당나라가 발해에 전력을 집중할 수 있게 됐다는 점도 부담이었다. 이 같은 판단에 따라 무왕은 735년 당나라에 조공을 보내는 등 전쟁을 일으킬 의사가 없음을 먼저 전했다. 당나라도 무왕의 뜻을 선뜻 받아들였다. 발해와 한 차례 충돌한 결과, 발해를 상대로 전쟁을 일으키는 것은 득보다 실이 많다고 결론 내렸다. 이리하여 3대 문왕(文王, 재위 737~793) 대흠무(大欽茂) 때부터는 당과 우호적인 관계를 계속 유지한다.

발해는 10대 선왕(宣王) 대인수(大仁秀, 재위 818~830)의 재위 기간에 중국에서 '해동성국(海東盛國)'이라는 칭호를 얻을 정도로 중흥기를 맞는다. 아울러 선왕의 적극적인 대외 정복사업으로 신라나 옛 고구려보다 더 넓은 영토를 차지한다. 그러다가 927년 당에 이어 중국의 패권을 잡은 거란의 침략으로 발해는 멸망하고, 세자인 대광현(大光顯)을 비롯해 발해의 귀족 세력을 중심으로 5만여 명이 고려로 귀순한다. 당시 거란의 황제 야율아보기(耶律阿保機)는 요동을 거쳐 세력을 더욱 넓혀가는 과정에서 발해의 수도인 상경용천부(上京龍泉府)를 공격해, 20일 만에 발해를 함락시킨다. 이로써 15대 대인선(大諲譔, 재위 906~926)을 끝으로 발해의 역사는 막을 내린다.

발해의 시작은 요동 지역의 고구려 부흥운동으로 거슬러 올라간다. 고구려 유민이었던 대조영이 698년 당나라에 저항해 동모산(東牟山)에 진국(振國)을 세우면서부터다. 당시 고구려 유민과 거란인, 말갈인 등 이민족이 당나라의 관리를 받으며 모여 살던 영주(營州, 현재의 중국 조양)에서 거란의 이진충(李盡忠)이 반란을 일으키자, 이 틈을 타 대조영의 아버지 걸걸중상(乞乞仲象)과 말갈인 걸사비우(乞四比羽)가 영주를 함께 탈출하였다. 이 과정에서 걸걸중상과 걸사비우가 숨지자 대조영이 고구려인과 말갈인을 이끌고 요하를 건너 '대씨(大氏) 발해' 시대를 열었다. 668년 고구려가 멸망한 지 30년 만이었다. 동모산은 영주에서 동쪽으로 2,000리 거리이며, 대조영의 진국은 신라의 북쪽 및 거란 등과 경계선을 나누고 있었다. 대조영이 동모산에 성곽을 쌓자 '고구려에서 달아나 숨었던 세력들이 점차 귀복했다'라고 《신당서》는 전하고 있다. 《구당서》는 '발해말갈의 대조영은 본래 고구려의 별종(別種, 또 다른 종족)'이라고 기록했다. 무왕 대무예도 727년 일본에 처음 파견한 사신을 통해 전달한 국서(國書)에서 '고구려의 옛 땅을 회복하고, 부여의 풍습을 지니고 있다'라고 천명했다. 발해의 건국과 왕성한 활동의 근간에는 고구려 계승 의식이 자리 잡고 있었던 셈이다. 실제 발해에서 지배층은 왕족인 대씨와 고씨(高氏), 장씨(張氏), 오씨(烏氏) 등이 차지했고, 이들은 고구려 출신들이었다. 피지배층인 부곡민 또는 평민은 주로 말갈인들이었다.

이처럼 발해는 대조영부터 15대 국왕에 걸쳐 옛 고구려 땅을 중심으로 웅거하며 고구려 후손으로서의 기개를 떨쳤다. 피지배층인 말갈인과 서로 다른 혈통과 문화, 언어 등으로 사회 구성이 취약했고, 결국 그것이 멸망의 한 원인으로 작용했다. 하지만 그럼에도 발해는 230년에 가까운 발자취를 남기며 우리 역사에 또 하나의 획을 그었다는 평가를 받는다.

김헌창의 난

왕위 계승 다툼으로 혼란에 빠진 통일신라

⟪ **676년** 문무왕 16년, 신라가 삼국을 통일하다.
⟪ **765년** 혜공왕이 즉위하고 이후 원성왕계가 왕위를 잇기 시작하다.
⟪ **788년** 원성왕 4년 국학 내에 독서삼품과를 설치하여 정치에 유교 사상을
반영하다.

삼국 통일 이후 일관된 질서 속에 왕위를 이어 가던 태종무열왕계가 다른 진
골 세력에게 왕실을 내주면서 신라 왕실은 치열한 권력 투쟁으로 걷잡을 수
없는 소용돌이에 빠져든다. 삼국을 통일한 뒤 강화된 왕권을 통해 평화 체제
를 유지하던 신라가 귀족 세력 간의 왕위 계승 다툼으로 인해 일대 혼란과 분
열의 시대로 치닫는 과정을 상징적으로 보여 준 사건이 바로 '김헌창의 난'
이었다.

신라 41대 헌덕왕(憲德王, 재위 809~826) 14년인 822년 신라 태종무열왕
(太宗武烈王)계인 웅천주(熊川州, 충남 공주) 도독 김헌창(金憲昌)이 반란을
일으킨다. 그는 국호와 연호를 각각 장안(長安), 경운(慶雲)이라 하고 스스
로 왕을 칭했다. 그는 아버지 김주원(金周元)이 귀족 간의 권력 다툼에 밀
려 억울하게 왕위에 오르지 못했다는 것을 반란의 명분으로 내세웠다. 김
주원은 태종무열왕 김춘추(金春秋)의 둘째 아들 김인문(金仁問)의 직계 후

손이었다. 김주원은 785년 37대 선덕왕(宣德王, 재위 780~785)이 후사(後嗣)를 남기지 않고 죽자 한때 왕위 계승자로 거론됐으나 우여곡절 끝에 뜻을 이루지 못하고 명주(溟州, 강릉)로 내려가 정착했다.

김헌창이 반란을 일으키자, 신라의 9주 가운데 무진주(武珍州, 광주), 완산주(完山州, 전주), 청주(菁州, 진주), 사벌주(沙伐州, 상주) 등 네 개 주의 도독(都督)과 5소경(小京) 가운데 국원경(國原京, 충주), 서원경(西原京, 청주), 금관경(金官京, 김해) 등 3개 소경의 사신(仕臣, 소경의 장관) 및 군현의 수령들이 투항했다. 헌덕왕 7년 이래 연이은 가뭄과 흉년에 따른 굶주림과 왕실을 둘러싼 귀족의 권력 다툼으로 민심이 상당 부분 이반하고 있었음을 알 수 있다. 김헌창의 난이 일어나기 한 해 전인 821년의 나라 사정에 대해 《삼국사기》는 백성들이 굶주림을 이기지 못해 자식까지 팔았고, 초적(草賊)이 곳곳에서 일어났다고 기록하고 있다. 심지어 먹을 것을 찾아 당나라로 건너가는 백성들도 있었다. 이런 와중에도 헌덕왕은 819년 당나라에서 일어난 이사도(李師道)의 반란을 누르기 위해 3만 명의 지원병을 당나라에 보내기도 했다.

김헌창이 난을 일으켰다는 사실은 8월 중순 완산주에서 탈출한 최웅(崔雄)과 영충(令忠)의 보고로 수도 왕경(王京, 서라벌)에 알려진다. 이에 헌덕왕이 급파한 토벌군은 도동현(刀冬縣, 경북 영천에 위치)과 삼년산성(三年山城, 충북 보은), 속리산 등지에서 반란군을 잇달아 물리친 뒤, 김헌창이 피신한 웅진성을 공격해 열흘 만에 함락시킨다. 김헌창은 마지막까지 저항하다 토벌군이 밀어닥치기 직전에 자살했으며, 부하들은 김헌창의 머리와 몸을 베어 따로 묻었다. 그러나 토벌군은 김헌창이 묻힌 곳을 찾아내 그의 몸을 다시 칼로 베었다고 한다. 김헌창을 비롯한 반란군의 친족과 동조자 239명도 참수당했다.

하지만 무열왕계의 반란은 여기서 그치지 않았다. 김헌창의 난이 실패로 끝났을 때 가까스로 목숨을 건진 김헌창의 아들 김범문(金梵文)이 다시난을 일으켰다. 김범문은 헌덕왕 17년인 825년 정월에 잔존 세력을 이끌고 북한산주(北漢山州, 서울)를 공격했다.《삼국사기》〈신라본기〉에 따르면 김범문이 현재 경기 여주에 있는 고달산(高達山)의 산적(山賊) 수신(壽神)을 비롯해 100여 명과 모반해 평양에 도읍을 세우려 했다고 한다. 하지만 김범문은 북한산주 도독 총명(聰明)이 군사를 이끌고 반란을 진압하는 과정에서 총명에게 죽임당한다.

김헌창 부자의 반란은 29대 태종무열왕에서 36대 혜공왕(惠恭王, 재위 765~780)에 이르기까지 무열왕계의 왕위 계승이 막을 내리고, 이후 원성왕(元聖王)계가 왕위를 이어가는 과정에서 발생했다. 38대 원성왕(재위 785~798)은 바로 김헌창의 아버지 김주원과 왕위를 놓고 경합한 김경신(金敬信)이란 인물이다. 혜공왕 16년 당시 이찬 김경신은 상대등 김양상(金良相)과 함께 왕실을 해치려는 이찬 김지정(金志貞)의 난을 제압한 뒤, 혜공왕까지 죽인다. 그리고 쿠데타의 주역인 김양상이 선덕왕에 오르고, 김경신이 뒤를 이어 원성왕이 된다.

김헌창의 아버지 김주원이 김경신과의 왕위 계승전에서 밀려난 것을 두고《삼국사기》는 당시 신하들이 김주원을 왕으로 내세우려 했으나, 마침 큰비로 냇물이 불어 서울 북쪽에 살던 김주원이 건너오지 못해 김경신을 왕으로 세웠다고 전하고 있다. 하지만《신증동국여지승람》은 김경신이 신하들을 협박해 왕위에 올랐고, 화가 닥칠 것을 우려한 김주원이 명주로 물러났다고 돼 있다.

혜공왕이 시해된 이후 원성왕계가 왕실을 장악하면서 이들 사이에 왕위 계승권을 놓고 서로 죽고 죽이는 암투가 이어지게 된다. 종전에는 진골 귀족들이 중요한 직책을 독점하고 경제적 부를 누리는 등 특혜를 받았지만, 그 수가 갈수록 늘어나면서 특혜를 받을 수 있는 대상이 왕실과 그 주변으로 국한됐다. 그런 현실의 변화 속에서 각 계파가 서로 왕실을 차지하기 위해 군사를 동원해 왕위를 찬탈하고, 모반과 정변을 일삼았던 것이다.

김헌창이 난을 일으킬 당시 국왕인 헌덕왕도 조카인 40대 애장왕(哀莊王, 재위 800~809)을 죽이고 왕위를 차지했다. 애장왕이 어린 나이에 왕위에 오르는 바람에 숙부로서 섭정을 하던 김언승(金彦昇)이 애장왕이 성장하자 그를 죽이고 스스로 헌덕왕이 된 것이다. 이 같은 정변이 반복되다 보니 국왕의 권위는 실추하고, 왕실에서는 측근 정치가 횡행했다. 한편으로 권력 다툼에서 밀려난 귀족들은 아예 왕경을 떠나 지방에 자리 잡고 자신의 독자적인 세력을 키워나갔다. 이들이 지방 호족으로 성장하면서 중앙 정부의 지방에 대한 통제력은 신라 말기로 갈수록 약화됐다. 김헌창의 난이 일어났을 때 전국 곳곳에서 이에 호응하는 움직임이 일어난 것도 당시 신라 사회의 분위기를 반영한다.

당초 명주에 정착한 이후 왕경의 중앙 정치에는 모습을 보이지 않았던 아버지 김주원과는 달리, 김헌창은 각각 애장왕과 헌덕왕 재위 기간인 807년과 814년에 시중(侍中)을 한 차례씩 역임하는 등 한때 나름대로 중앙 정치에서 활동했지만, 시간이 지날수록 청주 도독과 웅천주 도독 등 외직을 돌았다.

원성왕계가 권력을 독차지한 채 자기들끼리 측근들을 중심으로 권력을

낭혜화상 백월탑비 충남 성주사에 남아 있는 낭혜화상의 백월탑비는 신라 골품제에 관해 연구할 수 있는 중요한 사료이다. 이 비석은 낭혜화상이 입적한 후 세워진 것으로, 최치원이 지은 사산비명(四山碑銘)의 하나이며, 여기에 기록된 당대 용어들을 통해 골품제를 비롯하여 불교, 유교 등 신라 시대 학풍까지 살펴볼 수 있다.

다투고 있는 상황에서 무열왕계의 후손인 김헌창이 중앙 정치에서 성장하는 데는 한계가 있을 수밖에 없었다. 김헌창의 난 당시 토벌군을 이끈 이찬 균정(均貞)과 대아찬 우징(祐徵) 부자, 각간 충공(忠恭) 등도 원성왕계에 속한 인물들이다. 충공의 아들은 44대 민애왕(閔哀王)이 되었고, 우징은 후일 45대 신무왕(神武王)이 됐다. 결국 원성왕계의 주축들이 스스로 왕이 되겠다며 야망을 드러낸 무열왕계 후손의 반란을 진압한 것이다.

　김헌창 부자의 반란 직후에 왕위에 오른 42대 흥덕왕(興德王, 재위 826～836)은 골품제를 다시 정비해 신분 질서를 바로잡고 왕권을 강화하기 위해 일부 제도 개혁을 시도했지만, 별다른 효과를 거두지 못했다.

　《삼국사기》는 29대 태종무열왕부터 36대 혜공왕까지를 신라의 중대(中

代), 37대 선덕왕에서 신라의 마지막 왕인 56대 경순왕(敬順王, 재위 927~
935)까지를 하대(下代)로 구분했다. 태종무열왕대가 왕위를 이은 중대에는
왕권이 강화되고 장자(長子)의 왕위 계승 원칙이 지켜져 나라 안이 평화로
웠다. 그러나 하대에서는 원성왕계 내부의 치열한 왕위 계승 다툼이 왕정
을 분열시키고 결국에는 나라의 붕괴와 해체를 자초하였다. 이에 대해 김
부식은 《삼국사기》에서 '신라의 김언승(헌덕왕)이 애장왕을 시해하고, 김
우징(신무왕)이 민애왕을 시해하고, 김명(민애왕)이 희강왕을 시해하고 즉
위한 사실을 기록하여 후세의 귀감이 되게 하겠다' 라고 밝히고 있다.

장보고 반란

신라 해상 무역의 발달

◁ **828년** 장보고가 완도에 청해진을 설치하다.

◁ **846년** 신라 문성왕의 지시로 염장이 장보고를 암살하다.

◁ **900년** 궁예가 후고구려, 견훤이 후백제를 건국하여 후삼국 시대가 도래하다.

9세기 전반 동아시아 해상권을 장악하며 독자적인 세력을 키운 청해진 대사 장보고는 재력과 무력을 갖추고 군진의 대표 세력으로 성장했다. 이어서 그는 자신의 딸을 문성왕의 차비로 들이려는 등 정치 권력까지 넘보았다. 그러나 당대 중앙 정치에서 벌어진 치열한 권력 암투에 휘말려 결국 문성왕이 보낸 자객 염장의 손에 죽음을 맞이한다.

해상왕(海上王) 장보고(張保皐)는 신라 무주(武州, 전남 광주) 출신인 염장(閻長)이 신라를 배반하고 청해진(淸海鎭)으로 투항해 오자, 함께 술을 마시다 염장이 휘두른 칼에 맞아 피살된다. 신라 46대 문성왕(文聖王, 재위 839~857) 8년인 846년에 일어난 일이다.

당시 문성왕은 장보고가 자기 딸을 왕비로 맞지 않는 것을 원망하여 반란을 일으키자, 전전긍긍하던 끝에 장보고를 직접 죽이겠다고 나선 염장을 청해진으로 보냈고, 염장은 거짓으로 투항한 척하며 장보고를 암살했다. 《삼국사기》는 청해진 대사(大使) 궁복(弓福)이 청해진을 근거로 반란을 일으켰으며, 염장이 투항해 오자 아무 의심 없이 취했다고 기록하고 있다. 장보고는 궁복 또는 궁파(弓巴)로도 불렸다. 장보고가 죽은 뒤 염장이 청해진 무리들을 모아놓고 달래자 모두 땅에 엎드린 채 꼼짝도 하지 못했다고 한다. 재력과 무력을 갖추고 해양 군사 요새지인 군진(軍鎭)의 대표 세력으로 성장하던 장보고는 중앙 정치의 권력까지 넘보려 하다가, 왕실과 귀족들의 치열한 권력 투쟁과 암투에 휘말려 그 뜻을 이루지 못했다.

청해진 대사 장보고의 반란과 암살, 그 발단은 836년 42대 흥덕왕(興德王, 재위 826~836)의 죽음으로 거슬러 올라간다.

당시 후사를 남기지 않은 흥덕왕의 뒤를 이어 왕위에 오르기 위해 흥덕왕의 사촌동생인 균정(均貞)과 5촌 조카인 제륭(悌隆)이 서로 충돌한다. 당시 상대등 균정 쪽에서는 그의 아들 우징(祐徵)과 조카 예징(禮徵), 김주원 계인 김양(金陽)이 주도적인 역할을 했다. 이에 맞서 제륭 쪽에는 흥덕왕의 동생인 충공(忠恭)의 아들 시중 김명(金明)과 이홍(利弘)이 포진해 있었다. 시가전까지 불사하며 목숨을 건 싸움에서 균정은 피살되고, 제륭이 43대 희강왕(僖康王, 재위 836~838)에 오른다. 그러자 권력 다툼에서 밀려난 우징과 김양은 청해진으로 달려가고 이곳에서 장보고의 보호를 받으며 피신한다. 이때 우징과 김양이 화를 피해 청해진에 머물게 된 것이 장보고가 중앙 정치에 연루되는 계기가 되었다.

그로부터 2년 뒤인 838년 정월, 희강왕을 즉위시킨 일등 공신인 김명이 상대등의 신분으로 시중 이홍과 함께 정변을 일으켜 군신들을 살해하며 희강왕을 압박했다. 그러자 희강왕은 스스로 목을 매고 목숨을 끊었다.

청해진 현재 전라남도 완도에 위치한 청해진은 장보고가 설치한 해상 무역의 거점이었다. 장보고는 청해진을 중심으로 신라의 해상 무역을 장악할 수 있었다.

즉위 2년 만이었다. 이리하여 김명이 44대 민애왕(閔哀王, 재위 838~839)에 올랐다.

청해진에서 이 같은 소식을 들은 우징은 아버지 균정과 희강왕의 원수를 갚기 위해 민애왕을 제거하겠다며 장보고에게 병력을 요청하고, 장보고는 이를 받아들여 고향 후배인 정년(鄭年)에게 군사 5,000명을 내준다. 《삼국사기》에 따르면 우징이 '임금과 아버지를 죽인 김명과 이홍은 하늘 아래 같이 살 수 없는 자들'이라며 장보고에게 병력 지원을 요청했고, 이에 장보고는 '의분한 일에 가만히 있으면 용기가 없는 자'라며 군사를 내주었다고 한다. 마침내 김양이 평동장군(平東將軍)이 되어 염장, 정년, 장변(張弁) 등 장수 여섯 명과 함께 군사를 이끌고 경주로 쳐들어가 민애왕을 살해했다. 우징은 이렇게 해서 45대 신무왕(神武王, 재위 839~839)에 즉위한다. 장보고 암살을 허락한 문성왕은 신무왕 우징의 아들이다. 신무왕은 장보고의 공을 높이 사 그를 감의군사(感義軍使)로 삼고 2,000호의 식읍을 하사했다. 또 문성왕은 장보고를 진해장군(鎭海將軍)으로 임명했다.

하지만 야심가인 장보고는 이에 만족하지 않고, 문성왕에게 자기 딸을 두 번째 왕비(차비, 次妃)로 맞아 줄 것을 요구했다. 딸이 왕비에 오른다면, 장보고는 자신의 재력과 무력을 바탕으로 중앙 정치 무대에서 정치적 영향력을 넓히는 것은 물론 평민 출신으로 골품제라는 신분 제도의 벽을 깨고 엄청난 신분 상승을 이룰 수 있었다. 당시 문성왕의 입장에서도 장보고의 군사적, 경제적 역량을 활용해 귀족 세력을 적절히 견제하고 통치권을 안정시키는 효과를 기대할 수도 있었다.

하지만 이 같은 구상은 장보고의 세력 확대를 두려워하고, 이를 사전에 막으려는 귀족 세력의 강력한 반대로 현실화하지 못했다. 《삼국사기》는 문성왕이 장보고의 딸을 두 번째 왕비로 삼으려 했으나, 조신(朝臣)들이 '부부의 도는 인간의 큰 윤리'라며 섬 사람(해도인, 海島人)의 딸을 왕비로 삼는 것은 옳지 않다고 강력하게 반대하자, 문성왕이 조신들의 뜻을 따랐다고 기록하고 있다. 이와 관련해 신무왕도 장보고가 청해진에서 군사를 일으켜 왕위 찬탈을 도운 점을 평가해 그 딸을 왕비로 받아들이려다 역시 조신들의 반대로 뜻을 접었다는 얘기가 《삼국유사》에 전해진다. 조신들은 왕비를 잘못 맞아들여 나라를 잃게 된 중국 고대 임금들의 사례까지 언급했다고 한다.

이 같은 상황에 근거해 당시 귀족 세력이 장보고 암살의 배후로 지목되기도 한다. 염장과 같은 무주 출신으로 무주 도독(都督)을 지낸 김양이 이

견당무역선 청해진에서 당나라를 오간 장보고 무역선 복원 모형. 안압지에서 출토된 신라 시대 배, 고려 동경에 그려진 선박 등에서 당시 선박의 특징을 추출하여 복원하였으며, 장보고 선단은 이러한 무역선을 통해 당대 해상 무역을 독점할 수 있었다. (전쟁기념관)

보다 앞선 문성왕 4년에 자기 딸을 왕비로 세우려 했다는 점이 주목받는 이유다. 결과적으로 장보고는 섣부른 중앙 정치 개입과 성급한 야심으로 화를 자초한 셈이 됐다. 신라는 851년 장보고의 군사적, 경제적 기반이었던 청해진을 해체하고, 이곳 거주민들을 벽골군(碧骨郡, 전북 김제)으로 집단 이주시켜, 농사를 짓게 했다. 반란 세력의 근거지를 아예 없애기 위한 조치였다.

이에 앞서 장보고는 828년 4월 흥덕왕을 알현하면서 신라의 중앙 정치에 처음 모습을 드러낸다. 장보고가 고향을 떠나 당나라에서 20년 이상을 보낸 뒤 귀국한 직후였다. 당나라에서 서주(徐州) 무령군(武寧軍) 군중소장

(軍中小將)이라는 군직을 맡았던 장보고는 이 자리에서 흥덕왕에게 신라
인들이 해적들에 의해 중국에 노비로 팔려가고 있으니, 자신의 고향인 전
남 완도에 청해진을 설치해 이를 막을 수 있도록 해 달라고 요청한다. 그
러자 흥덕왕은 이를 승낙하며 장보고를 청해진 대사로 임명하고, 청해진
에 군사 1만 명을 두도록 했다. 청해진은 당나라와 일본의 무역선이 거쳐
가는 해상 요충지였다. 이로써 장보고는 청해진을 중심으로 신라 서남해
안의 관할권을 쥐고, 중국 동해안과 일본 지역을 잇는 해상 무역을 장악
하며 독자적인 세력으로 성장했다. 또 이 지역의 당나라 해적을 소탕해
이후 해상에서 신라인을 노비로 매매하는 일이 없어졌다고 한다.

이렇게 해서 청해진은 국제 해상 무역의 거점으로 성장했으며, 향료와
염료 등 동남아시아와 서아시아의 특산품까지 활발히 교류됐다. 이 과정
에서 장보고는 엄청난 부를 축적하였다. 장보고는 이와 함께 단순히 해상
무역을 넘어 당나라와 일본에 각각 매물사(賣物使)와 회역사(廻易使)를 경
제 사절단으로 파견하는 등 독자적인 세력으로서 외교 교섭까지 시도했
다. 이처럼 장보고의 명성이 널리 퍼지면서 일본에서는 그를 '해신(海神)'
으로 부르기도 했다. 또 장보고가 당나라의 산동 성 문등현(文登縣)에 세
운 사찰 법화원(法華院)은 200~300명의 신도들이 몰리면서 현지에 거주
하는 신라인들의 중심지 역할을 했다.

비록 중앙 정치의 왕위 쟁탈전에 휘말려 정치적인 희생양이 되긴 했지
만, 9세기 전반 장보고는 해군 및 무역 기지인 청해진에서 독자적인 힘을
키운 대표적인 군진 세력으로 자리매김했다. 9세기 후반에는 패강진(浿江
鎭, 황해 평산)과 혈구진(穴口鎭, 강화), 당성진(唐城鎭, 경기 남양) 등에서 이
같은 군진 세력이 속속 등장한다. 이들은 재력과 무력을 동시에 가진 지

방 호족(豪族)으로서, 당시 정치적 혼란을 겪던 중앙 귀족 세력, 나아가 신라 왕실에 대한 새로운 위협 요소로 작용한다. 특히 패강진과 혈구진에서 가까운 송악(松嶽, 개성)에서 중국과의 무역을 통해 재력과 무력을 확보한 대표적인 호족이 작제건(作帝建)이었으며, 그 손자가 바로 훗날 고려를 건국한 태조 왕건(王建)이었다.

한반도를 재통일한 고려

Chapter 2

고려는 왕건이 외세의 도움 없이 후삼국을 통일하고 건국한 이래 500년간 계속되었다. 후반기 몽골의 침략이 있기 전까지 우리나라 역사상 가장 자주적인 국가였으며, 스스로를 황제국이라 칭할 정도로 동아시아 역사의 중심에 선 나라이기도 했다. 또한 송, 원 등 중국 대륙의 주인이 계속 바뀌는 중에도 온 세계에 이름을 떨쳤다. 현재 우리나라의 영문 '코리아'는 고려에서 비롯된 것이다.

고창 전투

고려와 후백제의 운명을 가른 일전

895년 궁예가 후고구려를 건국하다.

900년 견훤이 후백제를 건국하다.

918년 왕건이 고려를 건국하고, 이듬해 송악으로 천도하다.

930년 1월, 소백산맥 자락의 고창에서 고려 왕건과 후백제 견훤의 운명을 가를 일전이 벌어졌다. 견훤은 고려를 소백산맥 북쪽으로 완전히 몰아내 후삼국 간 패권 경쟁에 쐐기를 박기를 원했고, 왕건은 수세를 극복하기 위해 낙동강 너머 남쪽으로 진출할 수 있는 거점을 확보해야 하는 절박한 상황이었다. 그리고 바로 이 고창 전투를 분기점으로 고려와 후백제 간의 전세는 역전되었다.

견훤이 929년 12월 고창에서 고려군 3,000명을 포위하자, 왕건은 직접 구원병을 이끌고 고창(古昌, 안동)에 이르렀다. 견훤은 이미 고려군의 퇴로를 차단하기 위해 죽령을 봉쇄한 상태였다. 왕건은 3년 전 대구 공산(公山)의 동수(桐藪) 전투에서 견훤에게 참패한 이후 계속 수세에 몰리는 상황이었다. 그만큼 고창 전투가 갖는 의미가 컸다.

고려와 후백제 군사들이 서로 마주보며 진을 치고 대치하고 있을 때 왕건은 의외의 원군을 얻었다. 현지 지리에 밝은 고창군 성주 김선평(金宣平) 등이 향군(鄕軍)을 이끌고 고려군에 합세한 것이다. 이들은 견훤이 927년 신라 55대 경애왕(景哀王, 재위 924~927)을 숨지게 한 것에 대해 앙갚음을 하고 싶었다. 격전 끝에 후백제 군사들은 퇴각을 거듭했다. 이 과정에서 후백제의 시랑(侍郞) 김악(金渥)이 고려군에게 생포되고, 8,000여 명의 후백제군이 목숨을 잃었다.

결국 왕건이 고창 전투에서 승리하면서, 후삼국의 정세는 급변했다. 경상도 지역의 30여 개 군현과 명주(溟州, 강릉)에서 흥례부(興禮府, 울산)에 이르기까지 110여 개의 성이 고려에 항복했다고《고려사절요》는 기록하고 있다. 충청 일대에서도 30여 개의 성이 고려의 지배로 들어왔다. 또 신라계를 비롯한 각 지역 호족들이 가세하면서 왕건은 후삼국 통일의 기반을 다질 수 있었다. 반면 후백제는 고창 전투 패배 이후 급격히 동력이 상실된 데다 왕위 계승을 둘러싼 부자간 갈등까지 겹쳐 패망의 길을 걷게된다.

고창 전투는 3년 전인 927년에 벌어진 공산 전투와는 그 양상이 확연히 달랐다. 공산 전투도 왕건과 견훤이 직접 맞붙은 결전으로, 후삼국 시대 주요 전투로 기록된다. 공산 전투의 발단은 925년 조물성(曹物城, 경북 의성) 전투로 거슬러 올라간다.

당시 왕건은 신라의 지원 요청으로 조물성에서 견훤과 싸우던 중 전세가 불리해지자 견훤과 화의를 맺고 인질을 교환한다. 그런데 견훤이 고려에 인질로 보낸 자신의 조카 진호(眞虎)가 다음 해에 갑자기 숨졌다. 이에 견훤은 왕건이 살해한 것이라며 군사를 이끌고 웅진(熊津, 충남 공주)까지 진격하였다. 하지만 왕건은 후백제군의 기세가 워낙 날카로워 일단 싸움

고려 건국 당시 후삼국 고려를 건국한 왕건은 930년 고창 전투를 기점으로 후백제 세력을 꺾을 수 있었다. 후백제는 산발적으로 저항했으나 936년 결국 항복한다. 또한 신라 경순왕은 이미 935년 고려에 투항하였다.

을 피했다가, 927년 대대적으로 군사를 일으킨다.

이때 신라 경애왕도 왕건의 요청에 응해 군사를 보내 후백제 공격에 합세한다. 이를 못마땅하게 여긴 견훤은 신라의 수도인 금성(金城, 경주)으로 향했고, 이에 경애왕은 왕건에게 급히 도움을 청한다. 그러자 왕건은 직접 정예 기병 5,000명을 이끌고 금성 쪽으로 향했고, 견훤은 경애왕을 자결시킨 뒤 대구 공산으로 가서 왕건과 정면 대결을 벌이게 된다. 이 싸움에서 견훤은 대승을 거뒀다. 왕건은 가까스로 홀로 달아났고, 고려 개국의 일등 공신인 신숭겸(申崇謙)이 왕건의 갑옷을 대신 입고 후백제군을 유인해 목숨을 잃었다. 이후 929년까지 견훤은 승승장구하며 왕건을 몰아붙이다가 고창 전투에서 치명적인 패배를 당한 것이다.

후백제는 고창 전투의 패배를 만회하기 위해 932년 왕건의 근거지인 예성강 유역을 기습 공격해 선박 100척을 불사르고, 대우도(충남 서산)를 공략해 고려군을 물리치는 등 서해상에서 고려에게 타격을 입혔다. 하지만 이듬해 견훤의 장남 신검(神劍)이 이끄는 군대가 혜산성(慧山城) 등에서 다시 고려에게 패퇴하며 후백제는 궁지에 몰린다.

그러던 차에 왕건이 934년 9월 직접 군사를 이끌고 후백제의 운주(運州, 충남 홍성)로 진격했다. 이미 기세를 잃은 후백제를 정면으로 압박하겠다는 의도였다. 견훤은 중무장한 군사 5,000명을 직접 지휘하며 왕건과 대치했다. 하지만 견훤이 왕건의 군대를 상대하기엔 세력 차이가 너무나 뚜렷했다. 이에 견훤은 왕건에게 화친을 제안했으나, 왕건은 우장군 유금필(庾黔弼)의 건의를 받아들여 전투를 명령한다. 유금필을 앞세운 고려 기병들은 삽시간에 후백제군 3,000명을 전사시켰다. 견훤의 군사 종훈(宗訓)과 의자(醫者) 훈겸(訓謙), 용장(勇將) 상달(尙達), 최필(崔弼) 등이 고려군에게 생포됐다. 이것이 운주성 전투로, 왕건과 견훤이 직접 맞붙은 마지막 현장이었다. 견훤이 왕건에게 패배했다는 소식이 전해지자, 웅진 이북의 30여 개 성이 일제히 왕건에게 항복했다.

견훤의 시련은 여기서 끝나지 않았다. 이번에는 왕위를 둘러싼 견훤과 장남 신검과의 갈등이 후백제를 벼랑 끝으로 내몰았다. 935년 견훤은 10여 명의 아들 가운데 키가 크고 지혜가 많아 평소 총애하던 넷째 아들 금강(金剛)에게 왕위를 물려주려 했다. 그래서 견훤은 금강의 형인 양검(良劍)과 용검(龍劍)에게 각각 강주도독(康州都督)과 무주도독(武州都督)을 맡긴다. 이에 장남 신검은 이찬 능환(能奐)을 통해 양검, 용검과 접촉해 아버지를 제거하고 자신이 왕위를 이어받을 음모를 꾸민다. 이를 위해 신검은 그해 3월 정변을 일으켜 아버지 견훤을 금산사(金山寺, 전북 김제)에 강제

궁예 미륵 경기도 안성 국사암에 있는 석조여래입상은 궁예 미륵으로 불린다. 궁예는 혼란했던 후삼국 시대에 스스로를 미륵불로 일컬으며 민심을 규합하고자 하였다.

유폐하고, 동생 금강을 죽여 버린다.

견훤은 3개월 만에 금산사를 탈출해 고려가 점령한 나주로 피신한 뒤 왕건에게 의탁할 뜻을 밝혔다. 이에 왕건은 자신보다 나이가 10살 많은 견훤을 상보로 우대하며 식읍으로 양주를 내주었다.

왕건은 936년 9월 신검이 이끄는 후백제를 상대로 일리천(一利川, 경북 선산)과 황산(黃山, 충남 연산)에서 후삼국 통일을 완수하기 위한 마지막 전투를 벌인다. 신라는 56대 경순왕(敬順王, 재위 927~935)이 고려에 투항해 935년 12월 멸망한 상태였다. 이 전투에서 견훤은 왕건과 나란히 고려군을 이끌었다. 견훤을 앞세운 고려군의 공격에 후백제 군사들은 퇴각을 거듭하며 쉽사리 무너질 수밖에 없었다. 이로써 후백제는 멸망하고, 마침내 왕건이 대업을 이루었다.

왕건은 송악(松嶽, 개성)의 호족 출신 무장으로, 해상 무역을 통해 재력을 모은 무역상의 후손이다. 왕건은 10세기 초 궁예(弓裔) 세력이 반(反)신라 정서를 등에 업고 후고구려를 세우자, 한때 여기에 가담했다. 그러나 궁예의 포악하고 교만한 성격으로 민심이 동요하자, 918년 궁예와 결별하고 고려를 건국한다. 왕건은 호족의 자손으로 천문과 역술에 뛰어난 최지몽(崔知夢)을 책사로 두고, 신라에 대한 친선 정책을 펼쳐 후백제를 고립시킨다.

견훤은 경북 문경 지역의 호족 아자개(阿慈介)의 아들로, 군 지휘관을 지낸 뒤 농민 세력을 규합해 무진주를 점령하면서 패권 싸움에 뛰어든다. 6두품 출신 유학자인 최승우(崔承祐)를 책사로 삼아 900년 후백제를 일으키면서 본격적인 건국사업에 나선다. 견훤은 왕건과는 달리 "의자왕의 원수를 갚아야 한다."라며 반신라 정책을 구사하여 신라 말 어지러운 민심을 파고든다.

두 사람은 왕건이 고려를 건국한 918년부터 후백제가 멸망할 때까지 19년 동안 숙명적인 라이벌로서 일진일퇴의 공방전을 벌였다. 이들이 가장 격렬하게 전투를 벌인 곳은 경주 인근을 중심으로 한 경북 지역과 낙동강 유역이었다. 후삼국 통일 과정에서 양국 간 정세 변화의 고비가 됐던 고창 전투와 공산 전투도 둘 다 이 지역에서 전개됐다. 그러나 최후의 승자는 고려 태조(太祖) 왕건이었다.

만부교 사건

고려와 거란의 대립

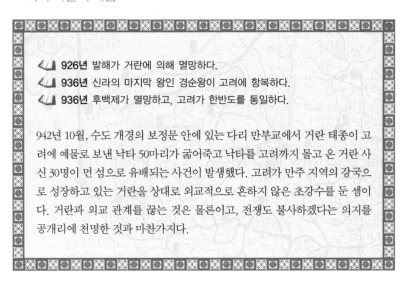

926년 발해가 거란에 의해 멸망하다.

936년 신라의 마지막 왕인 경순왕이 고려에 항복하다.

936년 후백제가 멸망하고, 고려가 한반도를 통일하다.

942년 10월, 수도 개경의 보정문 안에 있는 다리 만부교에서 거란 태종이 고려에 예물로 보낸 낙타 50마리가 굶어죽고 낙타를 고려까지 몰고 온 거란 사신 30명이 먼 섬으로 유배되는 사건이 발생했다. 고려가 만주 지역의 강국으로 성장하고 있는 거란을 상대로 외교적으로 흔하지 않은 초강수를 둔 셈이다. 거란과 외교 관계를 끊는 것은 물론이고, 전쟁도 불사하겠다는 의지를 공개리에 천명한 것과 마찬가지다.

만부교 사건은 고려 태조(太祖, 재위 918~943)가 후삼국을 통일한 후 대외 정책 기조를 상징적으로 보여 준다. 대내적으로는 후삼국 통일에 따른 사회 통합이 시급한 과제였지만, 대외적으로는 고구려의 계승을 표방한 나라로서 고구려와 발해의 옛 땅을 회복하기 위한 북진 정책이 최대 화두였다. 여기에는 신라와 후백제의 멸망으로 국가 간 통일은 이뤘지만, 옛 고구려의 영토는 수복하지 못했다는 인식이 깔려 있었다. 때문에 태조는 발해를 멸망시킨 거란이 친선의 표시로 보낸 낙타와 사신을 순순히 받아들일 수 없었다. 태조에게 거란은 고토(古土) 수복을 위해 언젠가는 정복해야 할 대상이었던 것이다.

《고려사(高麗史)》는 당시의 상황을 다음과 같이 기록하고 있다.

거란이 사신을 보내 낙타 50필을 선물했다. 왕은 거란이 일찍이 발해와 화약을 맺고 있다가 갑자기 딴 마음을 품고 맹약을 배반하고 멸망시켰으니 이는 매우 무도(無道)한 일로서, 멀리 약속을 맺어 이웃으로 삼을 수 없다고 하여 마침내 교류를 끊고 그 사신 30인을 해도로 귀양 보냈으며 낙타는 만부교 아래에 묶어 두니 모두 굶어죽었다.

926년은 고구려 유민 출신이 이끄는 발해가 몽골족의 일파인 거란에게 무너진 해이다. 또한 태조 왕건이 후백제 견훤과 후삼국의 패권을 놓고 일진일퇴를 벌이던 긴박한 시기였다. 발해 멸망 이전까지만 해도 고려와 거란 사이에는 비정기적으로 사신 교환이 이뤄졌지만, 멸망 후에는 고려가 아예 사신조차 파견하지 않았다. 거란 태종이 937년 후삼국 통일을 축하하는 사신을 보냈을 때도 고려는 답례하지 않았다. 오히려 고려는 북방으로 눈길을 돌리며, 본격적으로 거란에 대해 적대적인 노선을 드러냈다.

고려와 발해는 똑같이 '고구려 계승'을 표방하며 우방국으로 지냈다. 이는 발해 멸망 후 고려가 발해의 지배층 수만 호의 망명을 받아들이는 등 발해 유민을 적극적으로 통합하는 정책을 폈던 점에서도 잘 드러난다. 고려에 정착한 발해 유민들에게는 관직과 토지, 가옥 등이 하사됐다. 특히 발해 세자 대광현(大光顯)은 왕계(王繼)라는 이름을 받고 왕실 족보에

이름이 올랐으며, 발해 선조에 대한 제사도 지낼 수 있었다. 이처럼 발해
에 대해 민족적 동질감을 갖고 있으며, 옛 고구려와 발해 땅의 수복에 강
한 의지를 보인 태조 왕건에게 거란과의 화친은 있을 수 없는 일이었다.
고려로 망명한 발해 유민의 반(反)거란 감정도 태조의 강경 노선에 힘을
실어 주었다.

태조가 후손에 대한 가르침으로 남긴 《훈요십조(訓要十條)》에 이 같은
북방 외교 정책의 기조가 담겨 있다. 《훈요십조》 제4조는 '우리나라는 방
토(方土)와 인성(人性)이 중국과 다르므로 중국 문화를 모두 따를 필요가
없으며, 거란은 언어와 풍습이 다른 금수(禽獸, 짐승)와 같은 나라이므로
거란의 제도를 따르지 말라'라고 되어 있다. 거란을 '금수'로 표현한 데서
발해를 멸망시킨 거란에 대한 적개심이 여실히 드러난다.

태조는 또 제5조에서 '서경(西京, 평양)을 중시하라'라는 내용도 적시했
다. 태조의 서경 중시 정책은 곧 고토 수복을 위한 북진 정책을 의미한다.
태조 왕건은 즉위 이듬해인 919년, 옛 고구려 수도였던 평양을 서경으로
승격시키고 이를 북진 정책의 전진 기지로 삼았다. 개경과 비슷한 규모의
관청도 서경에 두었다. 이를 분사(分司) 제도라고 부른다. 만부교 사건은
이처럼 태조의 거란에 대한 증오심과 북진 정책을 향한 강력한 의지를 그
배경에 깔고 있었던 것이다.

한편으로 당시 거란은 서쪽의 중국 대륙으로 진출해 중국 왕조를 정복
하려는 상황이었다. 당연히 배후에 있는 발해나 고려의 침공 가능성에 촉
각을 곤두세울 수밖에 없었다. 거란은 요동 쪽으로 밀고 올라오려고 하는
고려를 발해처럼 아예 점령을 해 버리거나 적어도 화친 관계를 맺고 있어
야 배후가 안정되고, 중국 왕조들과의 전쟁에 전력을 집중할 수 있다는

계산을 하고 있었다. 고려에 사신과 낙타를 보낸 것도 중국 왕조를 본격적으로 정벌하기에 앞서 고려와 친선 관계를 돈독히 해두고 싶었기 때문이다. 그런 차에 고려 태조가 만부교 사건을 통해 거란에 노골적인 적개심을 드러낸 것이다.

대신 고려는 중국의 오대(五代) 왕조인 후진(後晉), 후주(後周), 송(宋)나라와는 친선 관계를 유지해 나갔다. 실제 만부교 사건 직후 태조는 후진에게 거란에 대한 협공을 제의하고, 또 얼마 후에는 후진이 태조에게 같은 제안을 한다. 당시에는 서로가 미묘한 입장차를 보여 협공이 현실화하지는 않았지만, 이런 일련의 과정을 거치면서 고려와 거란 사이의 긴장감은 갈수록 고조되었다.

고려 태조는 918년 즉위하자마자 다양한 사회 통합 방안과 함께 북진 정책을 적극적으로 추진했다. 바로 그해, 태조는 평양에 대도호부를 설치하고 사촌동생 왕식렴(王式廉), 광평시랑(廣評侍郎) 열평(列評)을 보내 이를 관리하게 했다. 이와 함께 평양 인접 지역에 잇따라 성을 축조하고, 고려의 북쪽 경계인 골암진에 유금필(庾黔弼)을 보내 대성을 쌓도록 했다. 서경에도 6년에 걸쳐 서경재성을 축조했다. 920년에는 청천강 남쪽 요충지인 안북부에 성을 쌓아 군사들을 배치하기도 했다. 이후 만부교 사건이 일어나기 직전까지 고려는 서경에서 안북부 사이의 요충지 곳곳에 성을 쌓아 나갔다. 태조의 북진 정책으로 결국 940년을 전후해서는 고려의 경계가 북으로는 대동강을 넘어 청천강 유역까지 확대됐고, 동북쪽으로는 원산만에서 영흥까지 올라갔다.

태조의 북진 정책은 후대로 이어졌다. 고려 3대 정종(定宗, 재위 945~949)은 947년 호족들의 군사력을 동원해 전국적인 군사 조직인 광군(光軍)

을 30만 명 규모로 조직하고, 정종~광종(光宗, 재위 949~975) 대에는 청천 강과 압록강 사이에도 성진(城鎭)을 설치했다. 이러한 조치들은 모두 거란 의 침략에 미리 대비하기 위한 것이었다. 실제로 당시 중국에서는 거란이 고려를 침공하려 한다는 얘기가 퍼지고 있었고, 현지 고려인 등을 통해 고려 쪽에도 이 같은 분위기가 전달됐다.

거란의 동방 진출은 960년 송나라가 중국을 통일하면서 보다 현실적인 문제로 떠올랐다. 거란은 985~986년 두 차례에 걸쳐 요동 정벌에 나서 여진을 누르고 발해 유민이 압록강 중류에 세운 정안국(定安國)을 멸망시 켰다. 당시 정안국은 송나라와 손잡고 거란을 협공하려는 움직임을 보이 고 있었다. 이 과정에서 거란은 남쪽 접경 지역에서 송나라의 공격을 받 아 몇몇 성을 빼앗기고 다시 탈환하는 등 치열한 공방전을 벌인 끝에 가 까스로 승리를 거두었다.

이에 거란은 송나라와 본격적인 전쟁을 치르기 위해서는 요동 지역과 고려에 대한 지배권을 우선 확보하는 것이 무엇보다 절실하다고 판단하 고, 압록강 연안 세 곳에 성을 축조했다. 고려를 치기 위한 교두보를 마련 한 것이다. 이렇게 해서 거란은 993년 압록강을 넘어 고려를 무력 침공하 게 된다. 고려 태조가 만부교 사건으로 거란과 대립각을 세운 지 50여 년 만이었다. 26년간에 걸친 고려와 거란의 전쟁은 그렇게 시작됐다.

훈요십조

고려 태조는 후대 왕이 지켜야 할 덕목으로 〈훈요십조訓要十條〉를 남겼는데, 이것은 현재 《고려사》에 수록되어 우리에게 전해진다. 숭불 정책과 북진 정책, 민생 안정, 풍수지리설 등의 내용을 담고 있으며, 그 내용과 의미는 다음과 같다.

1조 불교의 힘으로 나라를 세웠으니, 사찰을 세우고 주지를 파견해 불도를 닦게 할 것(불교 숭상)

2조 도선의 풍수 사상에 따라 사찰을 세우고, 함부로 짓지 말 것(풍수지리설 중시)

3조 왕위는 맏아들이 잇는 것을 원칙으로 하되, 맏아들이 어질지 못하면 그다음 아들에게 전해 주고, 그 아들도 어질지 못하면 형제 중에서 여러 사람의 추대를 받은 자에게 전해 줄 것(적자, 적손의 순으로 왕위 계승)

4조 우리나라와 중국은 지역과 인성이 다르므로 중국 문화를 모두 따를 필요가 없으며, 거란은 짐승과 같은 나라이므로 그들의 의관과 제도는 따르지 말 것 (발해를 멸망시킨 거란 배척)

5조 서경(평양)을 중요시할 것(풍수지리설 및 북진 정책의 전진 기지로써 중요시)

6조 연등회와 팔관회를 성실하게 열 것(불교 행사 중시)

7조 간언을 받아들이고 부역을 고르게 하여 민심을 얻을 것(간언 경청과 민심 수습)

8조 차령산맥(차현) 이남과 공주강 밖의 인물은 조정에 등용하지 말 것(후백제 잔존 세력 견제)

9조 관리의 녹봉은 직무에 따라 제정하되 함부로 가감하지 말 것(녹봉 균등)

10조 경사(經史)를 널리 읽어 옛 일을 거울로 삼을 것(정치에 경사를 참조)

993

서희의 담판

서희가 거란의 침입을 말로써 종식시키다

945년 정종이 즉위하면서 광군을 조직하고, 후진에게 거란 공격을 요청하다.

956년 광종이 노비안검법을 실시하여 왕권을 신장시키다.

982년 최승로가 〈시무 28조〉를 올려 정치 체제를 정비하게 하다.

고려 6대 성종 치하, 993년 10월 청천강 이북 지역인 봉산 인근의 거란군 진영에서 고려 원정군 총사령관인 소손녕과 고려의 서희가 강화 회담을 벌였다. 이 회담에서 서희는 거란이 고려를 침공함으로써 벌어진 양국 간의 1차 전쟁을 외교적 담판으로 종식시켰다.

중군사(中軍使) 서희(徐熙)가 거란 진영으로 출발할 때, 성종(成宗, 재위 981~997)은 강나루까지 나와서 작별인사를 하며 손을 잡고 위로하였다고 《고려사》는 기록하고 있다. 서희로서는 그만큼 비감한 심정으로 회담을 맞고 있었다. 처음 서희가 국서(國書)를 가지고 거란 진영에 도착하자 소손녕(蕭遜寧)은 '대조(大朝)의 귀인'을 자청하며 서희에게 뜰에서 절을 하라고 요구했다. 그러나 서희는 '두 나라 대신이 보는 자리'라며 이를 거절

한국사를 움직인 100대 사건

했다. 소손녕이 세 차례나 서희를 물리치자 서희는 아예 숙소에서 두문불출했다. 그러자 소손녕은 할 수 없이 서희를 받아들여 동서로 마주 보며 회담을 시작했다.

이 회담에서 소손녕이 서희에게 제기한 쟁점은 두 가지였다. 고려가 거란의 영토를 침식하고 있다는 것과 고려가 거란 대신 송나라에 사대(事大)하고 있다는 것이었다.

"너희 나라는 신라 땅에서 일어났고, 고구려 땅은 우리 차지가 되었는데 너희가 쳐들어와 이를 차지했다. 또 우리와 땅을 접하고 있으면서 바다를 건너 송을 섬기고 있다."

소손녕의 논리는 옛 고구려가 거란의 일부를 차지하고 있었고, 고구려 유민이 일으킨 발해를 거란이 점령하고 있으니 결국 고구려의 땅은 거란의 영역이며, 때문에 고려가 북쪽으로 밀고 올라오는 것은 거란의 영토를 갉아먹는 행위라는 것이었다. 또 고려가 거란과 관계를 끊고 송나라에 적극적인 외교 정책을 펴고 있으므로, 송나라가 고려와 함께 거란을 협공하려 한다는 얘기였다. 소손녕은 "땅을 떼어 바치고 국교를 연다면 무사할 것"이라고 으름장을 놓았다.

하지만 서희는 조금도 물러서지 않았으며, 오히려 소손녕을 공박했다.

"우리나라가 곧 고구려의 옛 땅이다. 만약 땅의 경계를 논한다면 상국(上國)의 동경(東京)도 모두 우리 땅인데, 어찌 침식이라고 하는가."

이어서 서희는 "우리나라가 고구려를 계승하여, 국호를 고려라 하고 평양을 수도로 삼았다. 또 압록강 내외도 우리의 경내인데 지금 여진이 길을 막고 있어 바다를 건너는 것보다 더 어렵다. 거란에 사신이 오가지 않는 것은 여진 때문이다." 하고 말했다.

서희의 담판 993년, 거란군 총사령관 소손녕과 고려의 서희가 강화 회담을 벌였다. 서희는 탁월한 역량으로 소손녕을 설득하는 데 성공하였다. (전쟁기념관)

고려가 고구려의 계승국이며, 땅으로 치자면 거란이 동경으로 삼고 있는 요양도 고려의 땅 안에 있는 셈이니 어찌 고려가 거란의 땅을 차지했다고 할 수 있느냐는 것이었다. 당시 동경 유수는 바로 소손녕이었다. 서희는 또한 여진이 고려의 땅인 압록강 내외를 차지하여 굳게 버티며 도로를 막고 있어 거란과의 사이에 조빙(朝聘, 나라끼리 사신을 보내는 일)의 길이 통하지 않는 것이라며 "만약 여진을 축출하고 고려의 고토(古土)를 돌려주면 감히 조빙을 닦지 않겠는가." 하고 소손녕을 설득했다. 여진 땅을 고려가 지배하면 거란과 외교 관계를 정상화하겠다는 것이었다.

국제 정세에 식견이 깊고 외교 역량이 탁월한 서희는 거란의 의도를 정확히 꿰뚫고 있었다. 거란의 주목적은 중원의 송나라를 정벌하기에 앞서 배후의 안정을 도모하기 위해 고려의 요동 지역 진출 및 송나라와의 연결을 차단하고, 여진에 대한 지배를 확고히 해두자는 것이었다. 결국 소손녕은 서희의 뜻을 받아들였고, 거란 성종(聖宗)도 "고려가 화해를 청하니, 마땅히 군사를 되돌려야 할 것"이라며 대군을 철수시켰다.

양국 간의 합의에 따라 고려는 압록강 이동 지역에 강동 6주를 설치하여 행정 구역에 포함시켰다. 강동 6주는 용주(龍州, 용천), 철주(鐵州, 철산), 통주(通州, 선천), 곽주(郭州, 곽산), 귀주(龜州, 귀성), 흥화진(興化鎭, 의주)으로, 고려가 개국 이래 압록강 이동 지역을 확보한 것은 처음이었다. 현재의 평안북도 일대 영토를 완전히 회복한 것이다.

《고려사》는 '(994년에) 군사를 거느리고 (압록강 주변의) 여진을 내쫓고 장흥(長興), 귀화(歸化) 두 진과 곽주, 귀주 두 주에 성을 쌓았다'라고 적고 있다. 고려는 또 995~996년에 안의진, 흥화진, 선주, 맹주에 각각 성을 쌓는 등 압록강 이동 지역에 대한 지배권을 확실히 다졌다. 이와 함께 고려는 거란과의 약속대로 995년부터 정식 사절을 파견하고, 거란의 연호인 통화(統和)를 쓰는 등 사대 관계를 맺었다.

반면 거란이 압록강 하류의 요충지인 보주 지역을 장악하고 있었기 때문에 고려가 압록강 너머 서북방을 개척하기는 쉽지 않게 됐다. 거란은 고려 침공을 앞둔 991년 압록강 하류 이남의 보주 지역에 내원성(來遠城)을 축조했다. 1차 침공 때 거란이 압록강을 손쉽게 건널 수 있었던 것도 이 때문이었다.

당시 서희가 소손녕과 담판을 지으러 가기까지 고려 조정은 화친론과 주전론으로 나뉘었다. 거란은 10월 초 압록강을 넘어 군사 요충지인 봉산에서 고려군을 격퇴하고, 고려의 선봉군을 이끈 윤서안(尹庶顔)을 사로잡

→ 거란의 공격로

거란의 1차 침입과 강동 6주 거란의 침입은 서희와의 담판으로 마무리되었다. 이로써 고려의 영토는 압록강까지 확대되었고, 서희는 흥화, 용주, 통주, 철주, 귀주, 곽주 등에 성을 쌓고 6주를 설치하였다.

왔다. 그러자 성종은 고려군 총지휘사령부가 있는 안북부를 방문하려던 계획을 취소하고, 서경에 머무르며 서희를 전선에 투입했다.

소손녕은 봉산 전투에서 승리한 뒤 더 이상 남하할 생각을 하지 않고 '귀부(歸附)하지 않으면 소탕할 것'이라며 항복을 요구하는 문서를 보냈다. 서희가 이를 조정에 보고하자, 성종은 이몽전(李蒙戩)을 보내 화친을 청했다. 그러나 소손녕은 "80만 군사가 이르렀는데 항복하지 않

으면 마땅히 죽일 것"이라며 거듭 항복을 요구했다. 그러고는 청천강 하구 남안의 안융진으로 치고 들어왔다. 안북부에서 서쪽으로 20여 킬로미터 떨어진 곳이었다. 하지만 이번에는 고려의 중랑장 대도수(大道秀)와 낭장 유방(庾方)이 거란의 기습 공격을 물리치면서 전선은 그대로 유지됐다.

이즈음 성종은 거란의 항복 요구가 잇따르자 중신들을 모아 놓고 대책을 논의하였다. 이 자리에서 일부 중신들은 "국왕이 개경으로 돌아가서 중신으로 하여금 군사를 거느리게 하고 항복해야 한다."라고 말했다. 전쟁에 따른 백성들의 피해를 줄이자는 명분을 내세웠으나, 이는 거란의 속

국이 되어 내정 간섭을 감수할 수밖에 없는 결과를 자초한다.

그러자 또 다른 중신들은 "서경 이북 땅을 떼 주고 황주(黃州, 황해도 북쪽)에서 절령(岊嶺, 황해도 서흥 자비령)에 이르기까지 영토로 삼아야 한다." 하고 말했다. 현재의 평안도를 거란에게 모두 내주자는 것이었다. 성종은 거란에게 땅을 떼 주는 쪽으로 기울었다. 그리하여 서경창(西京倉)에 있는 쌀을 백성들이 가져가게 하고, 그래도 남은 쌀은 거란에게 내주지 않기 위해 대동강에 던지게 했다.

이에 서희가 "식량이 넉넉하면 성도 지킬 수 있고 싸움에서도 이길 수 있다." 하고 말리자, 그제야 성종은 쌀을 버리지 않게 했다. 다시 서희가 "거란이 큰소리를 치는 것은 고려를 두려워하기 때문이며, (……) 땅을 떼어 적에게 주는 일은 만세(萬世)의 치욕이니, 한번 싸운 뒤에 다시 의논해도 늦지 않다." 하자, 성종은 마음을 돌렸다. 이렇게 해서 서희는 자진해서 국서를 들고 소손녕의 진영으로 향했다. 그리고 서희는 싸우지도 않고, 적장과의 담판을 통해 거란의 대군을 물리치고, 압록강 이남의 영토까지 얻어 냈다.

고려와 거란 간의 1차 전쟁은 이렇게 마무리됐다. 하지만 평화는 오래가지 않았다. 거란은 17년 후 또다시 고려 정벌에 나선다.

서희 고려의 문신으로 거란의 1차 침입을 말로써 막아 냈으며, 이듬해에는 청천강을 넘어 온 여진족까지 제압하였다. 장흥진, 곽주 등을 축성하는 일도 지휘하였다. (전쟁기념관)

1009

강조의 정변
왕위 다툼과 거란의 2차 침입

- **993년** 거란의 1차 침입이 서희의 담판으로 끝이 나다.
- **997년** 경종의 장자 개령군 송이 제7대 목종으로 즉위하다.
- **1004년** 거란이 송나라와의 전쟁에서 승리하다.

1009년, 강조가 7대 목종을 폐위시켜 시해하고, 현종을 옹립한 것이 강조의 정변이다. 당시 거란은 1차 전쟁 때 고려에 넘긴 강동 6주의 전략적 중요성을 실감하고 이를 반환받기 위해 고려를 넘보고 있었다. 거란과의 접경 지역인 고려 서북면에 위치한 강동 6주는 고려가 압록강 선으로 진출하는 전략적 요충지였기 때문이다. 그러던 차에 강조의 정변이 발생하자, 거란은 이를 구실로 강동 6주 반환을 요구하며 2차 고려 정벌에 나선다.

강조(康兆)는 고려의 충직한 용장이었다. 정변 당시 강조가 바로 강동 6주를 포함한 서북면의 도순검사(都巡檢使)라는 주요 직책을 맡고 있었다는 사실도 이를 말해 준다. 특히 거란군 침공 시 고려군 총사령관을 맡았던 강조는 통주 전투에서 전과를 올렸으나 방심하다 거란군에게 생포되었다. 거란의 성종(聖宗)은 "그대처럼 걸출한 인물이 어찌 고려에 태어났는가. 나의 신하가 되면 그대를 살려주겠다." 하며 회유했으나 "거란의 신하가 될 수 없다."라고 한사코 거부하다가 장렬하게 죽음을 맞았다.

이처럼 마지막 순간까지 충절을 지킨 강조가 정변의 주역이 된 것은 고려 왕실 내부의 왕위 계승 싸움에 연루되면서다. 정변 당시 목종(穆宗, 재위 997~1009)이 후사를 두지 않은 채 병으로 자리에 눕게 되었다. 그러자 목종은 당숙인 왕욱의 아들 대량원군(大良院君) 왕순(王詢)에게 왕위를 물려주기로 마음먹고, 서경에 있던 강조에게 개경으로 와서 왕궁을 호위할 것을 지시했다.

하지만 당시 목종의 모후인 헌애왕후(獻哀王后)는 외가의 친척인 김치양(金致陽)과의 사이에서 낳은 자신의 아들을 목종의 후계자로 삼기 위해 정변을 꾀하고 있었다. 이전부터 이종조카인 대량원군 왕순을 제거하기 위해 머리를 깎아 출가시키고, 여러 차례 자객을 보내 죽이려고도 했다. 당초 김치양은 승려 행세를 하면서 헌애왕후와 추문을 일으키다 왕후의 오빠인 성종(成宗, 재위 981~997)에 의해 유배당했다.

하지만 성종에 이어 목종이 열여덟 살의 어린 나이로 즉위하자 정권욕이 강했던 헌애왕후가 섭정을 하였다. 그리고 자신이 성종 재위 시절 천추궁(千秋宮)에 머물렀다 하여 스스로를 천추태후(千秋太后)라 부르게 했다. 또한 김치양을 왕궁에 다시 불러들여 우복야(右僕射) 겸 삼사사(三司使)의 높은 벼슬에 앉혔다. 김치양은 인사권을 전횡하고, 뇌물을 받아 호화로운 집을 짓는 등 국정을 마음대로 주물렀다. 이에 백성들의 원성이 날로 커갔다. 왕으로서의 권력을 잃게 된 목종은 여성처럼 용모가 빼어난 유행간(庾行簡)을 가까이에 두고 정치를 외면하였다.

결국 목종의 모후인 헌애왕후와 그의 정부인 김치양은 자신들의 아들을, 목종은 대량원군 왕순을 각각 왕위에 올리기 위해 치열한 신경전이 벌어졌다.

강조는 목종의 명령을 받자 급히 개경으로 향했다. 하지만 도중에 '김치양 일파가 이미 목종을 시해하고, 북방의 군사권을 쥐고 있는 강조를 개경으로 불러들여 제거하기 위해 왕명을 사칭했다'라는 소문을 듣게 된다. 이에 강조는 다시 서경으로 발길을 돌린다.

당시 헌애왕후와 김치양은 계획이 빗나갈 것을 우려하여 강조가 개경에 도착하기 전 그를 생포하기 위해 군사를 배치했다. 이 같은 사실을 알게 된 강조의 아버지는 "왕이 죽고 없으니 병사를 거느리고 와서 국난을 평정하라."라는 내용의 편지를 강조에게 보냈다. 그러자 강조는 다시 군사 5,000명을 이끌고 개경으로 향하였고, 평주(平州, 평산)에 이르러서야 목종이 살아 있다는 사실을 알았다. 강조는 왕명 없이 아버지의 편지만 받고 군사를 움직인 것을 후회하였지만, 부하들의 건의로 결국 목종을 폐위하기로 결정한다. 이어 강조는 목종을 안심시키기 위해 김치양 일당을 제거할 테니 일단 귀법사로 피했으면 한다는 내용의 편지를 보냈다.

개경에 도착한 강조는 곧장 궁궐로 달려가 김치양 부자와 유행간 등 일곱 명을 죽이고, 헌애왕후를 비롯한 일당 30명을 귀양 보냈다. 강조는 또 목종이 피신한 사실을 확인하고, 목종을 폐위시킨 뒤 대량원군 왕순을 왕으로 세웠다. 당시 난리를 피해 법왕사로 달아났던 목종은 강조에게 말을 보내 줄 것을 부탁했고, 강조가 말 한 필을 보내 주자 충주로 향했다. 하지만 강조는 뒷일을 염려해 부하들을 시켜 도중에 목종을 살해하였다.

이렇게 해서 강조의 정변은 일단락됐지만, 문제는 거란이었다. 거란은 사대 관계를 맺고 있는 고려의 신하가 임금을 죽인 죄를 묻겠다는 명분을 내세워 고려를 침공했다. 사실 거란은 1004년에 이미 송나라와의 전쟁에

서 승리해 거란이 우위에 서
는 형제의 맹약을 송나라와
맺은 상태였다. 이로써 송나
라와의 관계를 안정시켰기
때문에, 이제는 다시 동쪽으
로 진출하려는 의도가 깔려
있었다. 고려가 거란 몰래 송
나라와 관계를 맺고 있다는
의구심도 들었다.

이리하여 거란 성종이 직
접 이끄는 보병과 기병 40만
명은 1010년 11월 압록강을
건넌 뒤, 흥화진과 귀주에서
고려군과 맞붙고, 통주, 곽

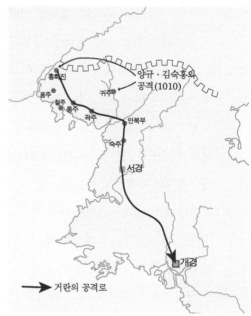

거란의 2차 침공로 1010년 거란 성종은 직접 군사를 이끌고 압록강을 건너 고려를 침공했다. 전쟁 초반 고려는 거란에 패하기를 거듭하였고, 마침내 개경까지 침범당하였다.

주, 안북부, 서경을 거쳐 개경으로 쳐들어갔다.

거란은 첫 번째 흥화진 전투에서 당시 서북면 도순검사 양규(楊規)가 지휘하는 고려군이 거세게 저항하자 성을 함락시키는 데 실패하였고, 흥화진을 우회해 통주 쪽으로 남하해야 했다. 이로써 거란은 고려군이 배후에서 역습하거나 보급로가 차단될 것을 우려하여 곳곳에 잔류 병력을 남기는 등 전력 손실을 감수해야 했다.

청천강 이북의 요충지인 통주는 고려군의 주 방어선으로 총사령관인 행영도통사(行營都統使) 강조가 주력 부대를 지휘하고 있었다. 강조는 통주성 바깥에서 벌어진 삼수채 전투에서 신무기인 검차(劍車, 수레 앞면에 칼과 방패를 꽂아 만든 무기)를 활용해 거란군을 수세에 빠뜨렸다. 하지만 초반 우세에 거란을 가볍게 여긴 강조가 자만에 빠져 평소 즐기는 장기를 두는 등 전투 대비에 소홀해졌다. 이 바람에 고려군은 크게 패배하고, 강조는 포로가 되었다. 그러나 통주성을 지키던 고려군은 거란의 항복 권유를 받아들이지 않고 거세게 저항하여 끝내 성을 지켰다. 고려의 주 방어선을 무너뜨린 거란은 청천강 이북의 최종 거점인 곽주성까지 점령한 뒤 파죽지세로 서경까지 진격했다.

거란이 서경 인근까지 다다르자, 현종(顯宗, 재위 1009~1031)은 거란에게 강화를 제의했다. '고려 국왕의 거란 입조(入朝)'가 조건이었다. 그러나 현종의 강화 제의 이후에도 며칠 동안 서경성을 놓고 거란과 고려는 치열한 공방전을 벌여 서로 많은 피해를 당했다. 거란은 현종의 강화 제의를 항복으로 여기고 방심하고 있다가 고려 중원군의 공격으로 결국엔 서경성을 장악하지 못했다. 고려는 서경 내부에서는 항복 준비를 했으나, 중원군이 이에 반발하며 항전을 이어 가는 등 혼선을 빚기도 했다. 이에 따라 현종의 강화 제의는 무산됐다.

거란이 서경을 우회하여 개경 쪽으로 내달리자 현종은 개경을 떠나 나주로 피신을 떠난다. 1011년 1월, 거란이 개경에 들어가 약탈과 방화를 일삼자 현종은 거란이 철수하면 입조하겠다며 다시 한 번 강화를 제의했다. 거란은 이를 받아들여 열흘 만에 개경에서 빠져나와 회군했다. 거란은 개경까지 진격하는 도중 많은 군사들을 잃었으나 고려의 수도를 차지하고 국왕으로부터 친조 약속을 받았다는 점에서 회군의 명분을 찾았다.

그러나 거란군이 개경에서 철수해 1월 말 압록강을 건널 때까지 열흘 남짓 동안 고려군은 집요하게 거란군을 공격했고, 이 과정에서 거란군 수

만 명이 희생됐다. 이로써 고려와 거란의 2차 전쟁은 종결됐다. 하지만 고
려가 전쟁을 치르면서 강동 6주에 대한 지배권을 더욱 굳히고, 강화 조건
인 국왕의 입조도 거부하면서 전쟁의 불씨는 다시 살아난다.

1019

귀주대첩

기습과 매복으로 거란의 허를 찌르다

> ◁ **1010년** 거란의 2차 침입으로 이듬해 현종이 나주로 파천했다.
> ◁ **1015년** 흥화진, 영주성에 침입한 거란군을 격퇴하다.
> ◁ **1018년** 소배압을 비롯한 10만 거란군이 세 번째로 고려를 침공하다.
>
> 1019년 2월, 세 번째로 고려를 침공한 거란이 고려군의 거센 저항으로 고려 정벌을 포기하고 본국으로 퇴각했다. 2개월간에 걸친 거란과의 전쟁에서 고려군은 기습과 매복, 수공으로 거란군의 허를 찔렀다. 더구나 이에 퇴각하는 거란군이 귀주를 지날 때 고려군 총사령관 강감찬이 거란군에 맞섰으니, 이것이 바로 귀주대첩이다. 고려군은 이 전투에서 거란군을 무찌르고 엄청난 피해를 입혔다.

    거란은 2차 전쟁 당시 고려에서 철수해 회군하는 조건으로 고려 국왕의 거란 입조와 강동 6주의 반환을 제시했다. 하지만 고려가 2차 전쟁 이후 두 가지 조건을 모두 거부하자 강동 6주를 무력으로 차지하겠다며 1014년부터 통주와 흥화진 등을 여러 차례 공격했다가 매번 고려군에 패퇴해 뜻을 이루지 못했다. 1015년 4월에는 거란의 장군 야율행평(耶律行平)을 고려에 사신으로 보내 강동 6주를 반환해 줄 것을 요구했으나, 고려

는 그를 억류하고 돌려보내지 않았다. 그러자 거란은 9
월에 감문장군 이송무(李松茂)를 다시 사신으로 보냈으
나, 고려의 입장은 변하지 않았다. 이에 거란은 또다
시 대대적인 전쟁을 일으켜 고려를 압박하게 된다.

하지만 거란은 3차 전쟁 초반부터 고전했다. 거
란군이 동경 요양부에서 출정 준비를 할 즈음,
고려에서는 서북면 행영도통사(行營都統使)
강감찬을 상원수로, 대장군 강민첨(姜民瞻)
을 부관격인 부원수로 임명하고, 20만 8,000명
의 군사를 청천강 남쪽의 영주(寧州, 평남 안주)
일대에 배치하였다.

1018년 12월, 압록강을 넘은 거란군은 흥
화진의 삼교천(三橋川)에서 강감찬이 이끄는
고려군과 첫 전투를 벌였다. 삼교천은 흥화

강감찬 장군 고려 시대 거란이 침입하자
강감찬은 서북면행영도통사로 임명되어
흥화진, 귀주에서 적을 크게 물리쳤다.
(전쟁기념관)

진성의 동쪽에서 서쪽으로 흐르는 하천이었다. 당시 강감찬은 기병 1만
2,000명을 미리 주변 산골짜기 안에 매복시켜 놓고 큰 밧줄로 소가죽을
꿰어 성 동쪽의 삼교천 물을 막고 기다리다가 적이 삼교천을 건널 때, 막
아 두었던 물을 터놓고 매복해 있던 군사들을 일으켜 거란군에게 대승을
거두었다.

첫 전투에서부터 기세가 꺾인 거란군은 아예 고려의 수도인 개경으로
직행하기 위해 계속 남하했다. 그러자 강감찬은 강민첨을 보내 거란군을
추격하도록 했고, 강민첨은 자주(慈州, 평남 순천) 내구산(來口山)까지 뒤쫓
아 가서 적을 패퇴시켰다. 또 시랑(侍郞) 조원(趙元)이 군사를 이끌고 대동

강 가의 마탄(馬灘)에서 거란
군 1만여 명을 죽였다.

그럼에도 거란군이 개경
을 향해 남쪽으로 달리자 강
감찬은 병마판관 김종현을
비롯해 1만 명의 군사를 개
경으로 보내는 등 개경에 대
한 경계를 강화했다. 동북면
에서도 지원군 3,300명이 개
경에 도착했다. 이러던 중 거
란군은 마침내 개경에서 북
쪽으로 100리 떨어진 신은현
(新恩縣, 황해 신계)에 이르렀
다. 그러자 고려 현종(顯宗)은
개경성 바깥의 백성들을 모

거란의 3차 침입로 고려가 강동 7주의 반환을 거부하자 거란은 다시 대대적인 군사를 일으켜 고려를 침공하였다.

두 성안으로 옮기도록 하고, 거란군이 개경 주변에서 식량과 군수품 등을
조달하지 못하도록 들판의 작물과 가옥을 모두 철거했다.

이처럼 고려가 개경 방어에 힘을 쏟고 있을 때 소배압은 신은현에서 더
진격을 멈추었다. 그리고 야율호덕(耶律好德)을 사신으로 보내 개경 외성
(外城)의 통덕문(通德門)에서 거란군이 회군할 것이라고 거짓으로 알리고
는, 한편으로 척후기병 3,000명을 개경 쪽으로 몰래 보내 동정을 살피도
록 했다. 그러나 이 같은 사실을 알게 된 고려군 100명이 금교역(金郊驛, 황
해 금천) 일대에서 개경으로 향하는 거란의 척후병들을 야간에 습격해 모

두 죽었다.

압록강을 건넌 뒤 고려군에게 잇따라 패배하며 탈진한 거란군은 마침내 개경 진격을 포기하고, 말머리를 북쪽으로 돌려야 했다. 이에 강감찬은 곳곳에 고려군을 매복해 퇴각하는 거란군을 기습하도록 했다. 연주(漣州, 평남 개천)와 위주(渭州, 평북 영변)에서는 거란군 500여 명이 강감찬이 이끄는 고려군에게 전사했다. 그리고 거란군은 압록강을 얼마 남겨 두지 않은 귀주에서 강감찬의 고려군에게 마지막 일격을 당한 것이다. 바로 귀주대첩(龜州大捷)이다. 《고려사절요(高麗史節要)》는 당시 상황을 이렇게 기록하고 있다.

죽어 넘어진 시체가 들판을 덮고, 사로잡은 군사와 말, 낙타, 갑옷, 투구, 병기는 이루 다 헤아릴 수도 없었다.

거란군 10만 명 가운데 살아 돌아간 자는 지휘관인 소배압(蕭排押)을 포함해 겨우 수천 명뿐이었다. 거란의 성종이 대노하여 소배압에게 사자를 보내 "적을 깔보고 깊이 들어가서 이 지경에 이르렀으니 무슨 면목으로 나를 볼 것이냐." 하며 질책하고, 거란에 도착하자마자 소배압을 파면해 관직에서 쫓아낼 정도였다.

고려는 993년 이래 세 차례에 걸친 거란의 침입에서 모두 이겼지만, 이 가운데 가장 큰 승리를 거둔 것이 3차 전쟁 때였다. 거란은 1차 전쟁 당시 고려에 내준 강동 6주를 돌려받기 위해 집요하게 고려를 침공했지만, 끝내 뜻을 이루지 못했다. 압록강 연안을 장악해 고려와 만주 지역을 평정하고 뒤이어 송나라를 치려던 계획도 무산됐다.

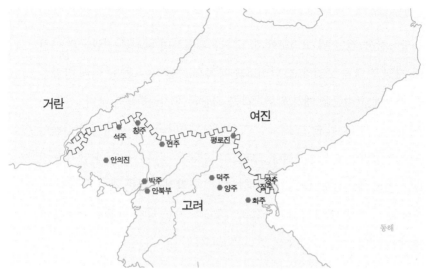

천리장성 고려는 북쪽 국경을 방어하기 위해 천리장성을 축조한다. 덕종 2년인 1033년에 시작되어 정종 10년 1044년에 완공된 천리장성은 압록강부터 함경도까지 이어지며, 그 길이만 약 1,000리(400킬로미터)에 달한다.

    반면 고려는 거란을 물리치고 압록강 연안의 고토(古土)를 수복함으로써 건국 100년 만에 민족적 자긍심과 국가로서의 자신감을 드높일 수 있게 됐다. 또 고려의 승리를 계기로 고려와 송, 요(遼, 거란) 삼국이 동아시아의 강자로 세력 균형을 이루게 됐다.

    3차 전쟁이 끝난 뒤 고려는 추가 전쟁에 따른 희생을 막기 위해 거란에 대한 사대 관계를 회복했다. 고려는 전쟁 직후 사대의 예를 갖추지 않다가, 거란이 다시 고려를 침공하려 하자 사신을 보내 무마했다. 이로써 양국은 화해 국면으로 들어섰고, 공식적인 외교 관계를 맺는다. 양국 간의 문물 교류도 활발해졌다. 송나라도 거란을 견제하기 위해 고려와 친선 관계를 유지해 나갔고, 이 과정에서 고려는 송나라의 선진 문물을 적극적으로 받아들이며 경제적, 문화적으로 성장할 수 있었다.

　한편으로 고려와 거란과의 전쟁이 끝난 뒤 거란인의 투항이 급증했으며, 전쟁 포로를 포함해 거란인 수만 명이 고려에 정착하였다. 이들 가운데는 수공업이나 농업에 종사하거나 노래와 춤, 광대 등으로 생계를 잇는 사람이 많았다. 이들은 본국과 멀리 분리시킨다는 고려의 정책에 따라 주로 남쪽 지역으로 이주해 집단으로 마을을 형성하기도 했다.

　이런 가운데 고려는 북쪽 국경과 수도에 대한 방어 태세를 꾸준히 강화해 나갔다. 우선 1029년에는 거란과의 2차 전쟁에서 함락된 수도 개경의 외곽에 나성(羅城)을 축조했다. 또 거란과 여진 등 북방 민족의 압록강 연안에 대한 침입을 막기 위해 덕종(德宗, 재위 1031~1034) 2년에 동해 도련포(都連浦, 함경남도 함주 부근)에서 압록강을 잇는 북방 지역에 천리장성(千里長城)을 짓기 시작해 정종(靖宗, 재위 1034~1046) 때인 1044년에 완공하였다. 천리장성 안팎으로는 남쪽 지역의 주민을 이주시켜 개간 사업을 활발히 진행했다.

　11세기 초 위기를 극복하며 국가적으로 한 단계 도약한 고려는 12세기 이후 내부 분열과 민심의 이반으로 반란의 시대를 맞이하였다. 그리고 12세기는 동북쪽에서 대치하던 여진과의 마찰로 시작된다.

최승로와 〈시무 28조〉

고려 6대 성종(成宗)은 즉위 직후 5품 이상 관리에게 시정의 잘잘못을 논하고 정책을 건의하라는 왕명을 내렸다. 이때 경주 출신 유학자 최승로(崔承老)가 상소한 것이 28조에 달하는 시무책(時務策)이다.

최승로는 먼저 고려 건국 이후 태조에서 경종에 이르는 5대조의 치적을 평가한 뒤, 구체적인 시무책을 제시했다. 시무 28조의 내용은 국방, 불교, 사회, 왕실, 토착 신앙, 대중국 관계 등으로 나눌 수 있다. 그 핵심은 유교 정치 이념을 확립하고 불교에 대한 맹목적인 믿음을 경계해야 한다는 것이었다. 최승로는 또 중국 제도를 따르되 풍속은 우리 것을 지키는 등 민족의 자주성을 유지하고, 지방관을 파견해 집권 체제를 강화할 것을 제시했다. 28조 가운데 현재 전하고 있는 것은 22조뿐이다.

성종은 최승로의 건의 내용 대부분을 받아들여 유교 정치사상을 통치의 근본 이념으로 삼고 여러 제도를 정비하였다. 백관의 공복을 제정하고 지방에 12목을 설치해 수령을 파견했으며, 팔관회를 없애는 등 불교 행사를 억제했다. 또 국자감을 정비하고 12목에 경학박사를 보내 유학 교육을 크게 일으켰다. 최승로의 개혁적이고 자주적인 유교 정치 이념은 후대의 정치사상에도 상당한 영향을 미친다.

1107

윤관의 여진 정벌

동북 9성의 개척과 북진 정책의 중단

> ◁◁ **1080년** 문종 34년에 3만 병력을 동원하여 여진을 정벌하다.
> ◁◁ **1095년** 숙종이 왕위에 즉위하여 나라 안정을 꾀하다.
> ◁◁ **1104년** 여진 정벌을 위해 별무반을 설치하다.
>
> 1107년 윤관이 동북쪽의 천리장성을 넘어 여진족을 평정하고 이듬해까지 총
> 아홉 개의 성을 축조한다. 이것이 윤관이 세운 동북 9성이다. 고려가 동북쪽
> 으로 북진 정책을 펼쳐 고구려의 옛 영토 일부를 수복하고, 새로운 농경지를
> 확보했다는 데 의미가 있다. 하지만 고려는 여진의 강화 요청과 국내 온건파
> 들의 주장 등으로 1109년 동북 9성을 여진에게 돌려주어야 했다. 고려의 북
> 진 정책에 사실상 제동이 걸린 것이다.

　　당초 고려는 두만강 유역의 여진족을 회유, 포섭하는 정책을 썼다. 부
족 생활을 하던 이들은 시조인 애친각라(愛親覺羅)가 고려 출신이어서, 고
려를 '부모의 나라'로 여기며 고려와 쉽게 동화됐다. 여진의 토산품인 말,
모피, 활, 화살 등을 고려에 주고, 식량과 옷감, 철제 농기구, 무기 등을 얻
어 가기도 했다. 특히 고려는 귀순하는 여진인에게 대장군이나 장군 등의
관직이나 토지, 가옥을 하사했다. 또 귀순한 여진인끼리 기미주(羈縻州)라

윤관 1107년, 윤관은 17만 대군을 이끌고 여진 정벌을 진두지휘한 후 동북에 9성을 축조하였다. (전쟁기념관)

는 자치주를 운영토록 했다.

하지만 이 같은 고려와 여진의 관계는 11세기 말부터 12세기 초에 이르러 틀어졌다. 북만주 하얼빈 지역에 있는 완안부(完顔部)의 영가(盈歌), 오아속(烏雅束) 등이 여진족을 통합하며 남쪽으로 세력을 확장함으로써 천리장성을 중심으로 고려와 충돌하게 된 것이다. 그러자 고려와 친선 관계를 유지하던 두만강 유역의 여진족도 완안부 쪽으로 기울게 된다. 이 과정에서 고려는 숙종(肅宗) 8년인 1103년 여진 추장 허정(許貞)과 나불(羅弗) 등을 사로잡아 억류하고, 이듬해 문하시랑 평장사(平章事) 임간(林幹)과 동북면 행영병마도통사(行營兵馬都統使) 윤관을 잇달아 보내 여진을 정벌토록 했으나 모두 패하고 말았다. 여진은 그 기세를 타고 정주(定州, 함남 정평) 선덕관성(宣德關城)을 공략해 고려에게 엄청난 피해를 안겼으며, 이로 인해 천리장성 북쪽은 모두 완안부 치하로 들어가게 된다.

윤관은 당시 잇따른 패전의 원인에 대해 숙종(肅宗, 재위 1095~1105)에게 건의했다.

"여진족은 원래 말을 타고 생활하기 때문에 고려의 보병으로는 당해 낼 수 없습니다. 병력을 증강하고 기병을 양성하면 반드시 물리칠 수 있을 것입니다."

유목 생활을 해 온 여진족이 기동력이 뛰어난 기병 부대를 주력으로 삼고 있으니 고려가 승리하기 힘들다는 얘기였다.

숙종은 윤관의 건의를 받아들여 여진족을 정벌하기 위한 특수 부대로 별무반(別武班)을 새로 편성했다. 별무반은 기병 부대인 신기군(神騎軍), 보병 부대인 신보군(神步軍), 승려 부대인 항마군(降魔軍)으로 이뤄졌다. 당시 문무의 산관(散官)과 서리(胥吏), 상인, 복례(僕隷, 사내종), 주부군현에서 말을 기르는 사람들을 신기군에 편입하고, 말이 없는 사람들은 신보군에 소속시켰다. 항마군은 사원에 속한 하급 승려들을 징발해 조직했다.

드디어 고려는 예종(睿宗, 재위 1105~1122) 2년인 1107년 겨울, 윤관을 원수, 오연총(吳延寵)을 부원수로 삼고 17만 명의 별무반을 일으켜 여진족 토벌에 나섰다. 당시 고려 조정에서는 별무반의 출병을 두고 강경파와 온건파 사이에 논란이 벌어졌다. 그러나 예종이 거란군 소탕을 맹세한 숙종의 글을 대신들에게 내보임으로써 강경파가 힘을 얻었다.

여진족 정벌에 나선 윤관은 우선 억류한 허정과 나불을 데려가라며 정주, 장주(長州, 함남 정평)의 여진족을 유인했다. 이에 고려 관문에 도착한 추장 고라(古羅) 등 여진족 400여 명에게 술을 주어 취하게 한 뒤 복병을 시켜 모두 죽였다. 이어 윤관은 대내파지촌(大乃巴只村, 함남 함주)의 여진족을 패퇴시키고, 문내니촌(文乃泥村)을 지나 석성(石城) 아래까지 파죽지세로 몰고 올라갔다.

석성에서 진을 치고 있던 여진족은 고려의 항복 권유를 받아들이지 않고 거세게 저항했다. 이때 추밀원별가(樞密院別駕) 척준경(拓俊京)이 적진으로 달려가 여진족 추장 두서너 명을 죽이자 기세가 오른 고려군이 일제히 공격해 여진족을 크게 격파했다. 또 1108년 1월 윤관이 이끄는 정병 8,000명이 가한촌(加漢村)의 소로에서 매복한 여진족 군사에게 기습당해

척경입비도 《북관유적도첩》에 실린 〈척경입비도〉는 윤관이 함경도를 침략한 여진족을 물리치고 공험진 선춘령에 비를 세우는 장면을 그린 것이다. (고려대학교 박물관)

10여 명만 살아남았을 때, 척준경은 적진을 뚫고 들어가 몇 겹으로 포위된 윤관 등을 구해 내기도 했다. 이에 윤관은 눈물을 흘리며 "이제부터 너를 아들과 같이 보겠다."라고 했다.

고려군은 이어 2월에 여진군 수만 명이 웅주성을 포위했을 때도 합심하여 적을 물리쳤다. 이처럼 윤관은 함흥 지역을 거쳐 북진을 계속하여 여진족 촌락 135개를 무너뜨리고, 5,000명을 죽였으며, 5,000명을 포로로 잡는 등 대승을 거두었다.

그리고 1107년에 점령한 함주, 영주, 웅주, 길주, 복주, 공험진과 이듬해에 점령한 통태진, 진양진, 숭령진 아홉 곳에 성을 쌓아 방비 태세를 강화하고 고려의 지배권을 확실히 다졌다. 가장 북쪽인 공험진의 선춘령에는 비를 세워 경계로 삼았다. 이어 고려는 아홉 곳의 성에 남쪽 지방의 백성 6만 9,000호를 이주시켜 농토를 개간하게 했다. 영주성 안에는 사찰 두 개를 지어 각각 호국인왕사(護國仁王寺), 진동보제사(鎭東普濟寺)로 이름 지었다.

한편 고려의 북계(北界)에 세워진 동북 9성의 정확한 위치를 두고는 해석이 엇갈린다. 두만강 이북에서 함경도 일대라는 설과 함경남도 일대라는 설, 그보다 남쪽인 함흥평야 일대라는 설이 있다.

동북 9성의 설치로 고려는 여진에 대해 군사적인 승리를 거두고, 고토(古土) 일부를 되찾았지만, 이 같은 분위기는 오래 가지 않았다. 윤관의 승리 이후에도 토착 여진족의 저항이 계속돼 고려군과 백성을 죽이고 재물을 약탈하는 등 피해가 잇따랐다. 1109년 5월에는 여진이 길주성을 포위하고 공격해 성이 거의 함락될 뻔했으며, 고려군의 사상자가 많이 발생했다. 《고려사절요》는 이렇게 기록하였다.

동북 9성 윤관이 여진족을 정벌하고 방비를 강화하기 위해 아홉 곳에 쌓은 성을 동북 9성이라고 한다. 그러나 그 정확한 위치에 대해서는 아직까지 논란이 많다.

여진이 소굴을 잃자, 맹세코 보복하고자 먼 곳의 추장들을 이끌고 공격하는데 속임수와 장기를 쓰지 않는 것이 없었다. 성이 험하고 튼튼해 쉽게 함락당하지는 않았으나, 싸우고 지키느라 우리 군사의 손실 역시 많았다.

또한 9개 성의 거리가 서로 멀어, 거란군이 매복해 노략질을 자주 일삼았고, 군사 징발에 기근과 유행병까지 겹쳐 백성의 원성이 일어났다고 한다.

이즈음 여진은 고려에 사신을 보내 강화를 요청하고, 동북 9성 지역을 돌려줄 것을 애원했다. 여진은 사신을 통해 "고려가 9성을 쌓아 우리가 마음 편안히 돌아갈 곳이 없으니, 9성을 돌려주면 대대로 자손에 이르기까지 세공(歲貢)을 정성껏 닦고 감히 기와와 작은 돌도 고려와의 경계 위에 던지지 않겠다."라고 호소했다.

그러자 예종은 1109년 7월 문무백관들과 의논한 끝에 마침내 여진족의 요청을 받아들이기로 하고 동북 9성을 돌려주었다. 당시 신료들은 대부분 9성을 지키기 어렵고 고려인의 피해가 커 돌려주는 것이 옳다며 여진과의 화친을 건의했다.

동북 9성의 반환으로 고려의 북진 정책은 사실상 중단됐다. 또 이 과정에서 윤관은 애초부터 여진 정벌을 못마땅하게 여긴 중신들에 의해 패장으로 몰리고, 결국 관직과 공신 작호를 삭탈 당한다. 예종은 윤관의 원수 직책을 거두는 것으로 사태를 무마하려 했으나, 중신들은 파업까지 단행하며 윤관을 몰아붙였다. 예종은 1110년 윤관을 복직시키려 했으나 윤관은 이를 정중히 사양했다. 그리고 이듬해 윤관은 세상을 하직한다.

이후 여진의 아골타(阿骨打)는 1115년 황제를 칭하며, 금(金)나라를 건국했다. 금나라는 1125년에 거란을 멸망시키고 2년 뒤에는 송나라의 수도 변경(汴京, 개봉)을 함락시킨 뒤 고려에게 군신 관계를 요구했다. 고려에서는 찬반 격론이 일었으나 권신 이자겸(李資謙) 등 온건파의 주장대로 금나라에 대해 사대의 예를 갖추었다.

1126

이자겸의 난

부와 권력을 독점한 외척의 말로

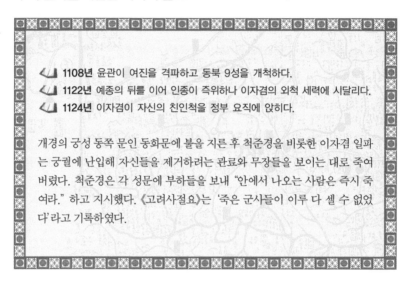

1108년 윤관이 여진을 격파하고 동북 9성을 개척하다.

1122년 예종의 뒤를 이어 인종이 즉위하나 이자겸의 외척 세력에 시달리다.

1124년 이자겸이 자신의 친인척을 정부 요직에 앉히다.

개경의 궁성 동쪽 문인 동화문에 불을 지른 후 척준경을 비롯한 이자겸 일파는 궁궐에 난입해 자신들을 제거하려는 관료와 무장들을 보이는 대로 죽여 버렸다. 척준경은 각 성문에 부하들을 보내 "안에서 나오는 사람은 즉시 죽여라." 하고 지시했다. 《고려사절요》는 '죽은 군사들이 이루 다 셀 수 없었다'라고 기록하였다.

인주 이씨인 이자겸은 인종의 외조부이자 장인이다. 인주 이씨는 개경 최고의 문벌귀족으로, 11대 문종(文宗, 재위 1046~1083)에서 17대 인종에 이르기까지 80여 년 동안 다섯 명의 왕에게 아홉 명의 왕비를 들였다. 이들은 외척으로서 정치에 개입해 왕권과 대립하며 부와 권력을 독점했다. 그 정점에 이른 것이 이자겸이었다.

《고려사》는 이자겸이 매관매직을 일삼아 뇌물로 받은 고기 수만근이 집에서 썩고 있었으며, 백성들의 토지까지 강탈했다고 전한다. 예종(睿宗, 재위 1105~1122)이 죽음 직전에 이자겸의 주장을 받아들여 14세인 태자(인종)에게 왕위를 물려주자, 그때부터 이자겸은 절대 권력을 휘두르게 된다. 그는 인종 즉위 직후, 외척의 발호를 막기 위해 예종의 동생에게 선위해야 한다고 주장했던 한안인(韓安仁) 등 지방 출신 신진 세력과 예종의 동생 대방공(帶方公) 왕보(王俌) 등 정적들을 제거하고, 자신의 셋째 딸과 넷째 딸을 인종과 결혼시켰다.

이자겸의 위세가 날로 커지자 인종과 그 측근들은 이자겸을 제거하고자 하였다. 이자겸을 제거하라는 인종(仁宗, 재위 1122~1146)의 명령을 받은 내시지후(內侍祗侯) 김찬(金粲)과 내시녹사(內侍錄事) 안보린(安甫麟), 동지추밀원사(同知樞密院事) 지녹연(智祿延) 등은 상장군 최탁(崔卓), 오탁(吳卓), 대장군 권수(權秀), 장군 고석(高碩) 등과 모의해 이자겸 일당을 잡아들여 먼 곳으로 유배시키기로 했다. 평장사(平章事) 이수(李壽)와 전임 평장사 김인존(金仁存)이 "이자겸 무리가 조정에 가득하니 때를 기다리는 게 좋다." 하고 충고했지만, 인종은 이를 듣지 않았다.

고려 인종 4년인 1126년 2월, 이들은 초저녁에 군사를 거느리고 궁중에 들어가 척준경의 동생인 병부상서 척준신(拓俊臣)과 척준경의 아들 내시 척순(拓純), 지후 김정분(金鼎芬), 녹사 전기상(田其上) 등을 죽여 시체를 궁성 밖으로 던져 버렸다. 이를 알게 된 이자겸과 척준경 등은 두려워 어쩔 줄을 몰라 하다가 그 일당들을 이자겸의 집으로 소집했다. 이 자리에서 척준경은 "일이 급박하다." 하고는 수십 명을 거느리고 궁성을 넘어가 신봉문(神鳳門) 밖에 이르러 소리를 지르며 기세를 올렸다. 이에 지녹연과 최탁 등은 이자겸 일당이 집결한 것이라고 여기고, 두려워서 바깥으로 나오지 못했다.

이때 인종이 신봉문 위에 나와 척준경의 군사들에게 "왜 무기를 지니고 왔는가."라고 묻자 이들은 "적이 궁중에 들어왔다기에 사직을 호위하려는 것"이라고 답했다. 그러자 인종은 "아무 탈이 없으니 갑옷을 벗고 해산하라."라고 명령하며, 왕실 창고에 있던 은폐(銀幣)를 줄에 달아내려 이들에게 하사하였다. 그러자 척준경이 화를 내며 칼을 빼어 들고 화살로 공격하라고 명령하였고, 빗나간 화살이 인종의 앞까지 이르게 된다. 이즈음 이자겸은 그 일당을 시켜 "난을 일으킨 자를 내주지 않으면 궁중이 위험해 질 것"이라며 인종을 협박했다. 인종이 아무런 대꾸도 하지 않자, 이자겸은 궁성을 공격하기로 결정한다.

그리고 얼마 후 개경의 궁성 동쪽 문인 동화문(東華門)에서 갑자기 불길이 치솟았다. 불은 바람을 타고 삽시간에 번져 궁궐을 모두 태웠다. 산호정, 상춘정, 상화정의 정자 세 곳과 사찰인 내제석원(內帝釋院)의 행랑 수십 간만이 겨우 남았다. 척신 이자겸(李資謙)의 사돈으로, 여진 정벌 당시 윤관과 함께 공을 세웠던 척준경이 궁궐로 들어가기 위해 동화문 행랑에 불을 지른 것이다.

척준경의 화공(火攻)으로 기세가 오른 이자겸 일당은 궁성 안으로 들어가 최탁, 오탁, 권수, 고석, 안보린 등을 살해했다. 인종을 호위하고 서화문(西華門)으로 빠져나가 연덕궁(延德宮)에 이른 오탁은 척준경의 지시를 받은 낭장 장성(張成)의 칼에 맞아 죽었다. 이자겸은 또 지녹연을 고문한 뒤 지방으로 귀양 보냈는데, 충주에 이르러 지녹연이 더 움직이지 못하자 팔다리를 잘라 길가에 묻어 버렸다. 김찬도 먼 지방으로 유배됐다. 당시 인종은 자신도 해를 당할까 두려워 이자겸에게 왕위를 넘겨주겠다는 조서를 내렸다. 이자겸이 조정 대신들의 비난이 있을까 염려하여 입장을 밝히지 않고 있다가, 재종형인 이수가 "왕의 조서가 있으나 어찌 감히 그럴 수 있으랴." 하고 꾸짖자 조서를 인종에게 돌려주었다.

같은 해 3월, 이자겸은 인종을 아예 자신의 집인 중흥택(重興宅) 서원(西院)에 연금하고, 모든 정사를 스스로 주관했다. 이자겸과 척준경의 위엄과 세도가 날로 거세지자, 인종은 다시 이자겸을 제거할 방안을 궁리하였다. 인종은 내의(內醫) 군기소감(軍器小監) 최사전(崔思全)과 상의한 끝에 척준경을 꾀어 이자겸과 이간질시키기로 했다. 이에 인종은 척준경에게 '모두가 과인의 죄이다. 지난 일은 생각하지 말고 마음을 다해 보필해 후환이 없도록 하라'라는 내용의 교서를 내린다. 척준경의 마음이 움직이려 할 때 이자겸의 아들 이지언(李之彦)의 종이 척준경의 종과 시비를 벌이다 "네 주인이 왕이 있는 자리에 활을 쏘고 궁중에 불을 놓았으니 마땅히 죽을죄를 지었고, 너 역시 관노가 되어야 한다."라고 말했다. 이를 전해 듣고 척준경은 격노하였다. 이자겸이 사람을 보내 화해를 청했지만, "너희가 난을 일으키고, 어찌 나만 죽어야 된다 하느냐." 하며 고향에 돌아가 여생을 보내겠다고 공언했다.

같은 해 5월 인종은 복구된 왕궁으로 돌아갔다. 하루는 이자겸이 인종을 독살하기 위해 떡에 독약을 넣어 넷째 딸인 왕비에게 전했다. 왕비로부터 이 사실을 귀띔받은 인종이 떡을 까마귀에게 주었더니 까마귀가 먹고 죽어 버렸다. 이자겸은 다시 왕비에게 독약을 주며 인종에게 먹이라고 했으나, 왕비가 그릇을 들고 가다 일부러 넘어져 독약을 엎질렀다.

당시 귀족층의 부패에 분노하던 백성들 사이에서는 '왕씨(王氏)가 망하고 '십팔자(十八子)'가 새 임금이 된다'는 도참설이 유행했다. '十八子'란

곧 '이씨(李氏)'를 일컫는다. 이에 이자겸은 자신이 임금이 될 것으로 믿고, 왕위를 찬탈하려 한 것이다. 이 소식을 들은 척준경은 마침내 인종에게 충성을 다하겠다는 글을 올린다. 그러자 인종은 '짐이 해를 당해 왕조가 다른 성씨로 바뀐다면 짐의 죄만이 아니라 보필하는 대신도 수치스런 일이니 대책을 잘 강구하라'라는 내용의 쪽지를 척준경에게 보냈다.

척준경은 장교 일곱 명과 서리, 관노 20여 명을 이끌고 궁궐로 향했다. 급히 서두른 일이라 이들은 각자 목책나무로 몽둥이를 만들어 들고 갔다. 환관 조의(趙毅)가 이들을 궁궐 안으로 인도했고, 순검도령(巡檢都領) 정유황(鄭惟晃)도 100여 명을 거느리고 군기감에 들어가 무기와 갑옷을 나눠주고 궁궐로 달려갔다. 척준경이 궁궐 전각인 천복전(天福殿)에서 자신을 기다리던 인종을 호위하고 나왔다. 이때 이자겸의 무리가 활로 척준경을 쏘았으나, 척준경이 칼을 빼어 들고 호통을 치니 아무도 움직이지 못했다. 이어 인종이 엄중한 호위 속에 군기감으로 이동하자, 척준경은 승선(承宣) 강후현(康侯顯)을 시켜 이자겸을 체포했으며, 그의 처자들과 함께 팔관보(八關寶)에 가뒀다. 또 이자겸을 호위하던 장군 강호(康好)와 고진수(高珍守) 등을 죽이고, 나머지 무리들도 모두 붙잡았다.

이렇게 하여 이자겸의 난은 평정됐다. 이자겸은 영광으로 유배된 지 몇 달 만에 죽었고, 인종의 왕비였던 이자겸의 두 딸은 궁궐에서 쫓겨났다. 이자겸의 측근 30여 명과 사노비 90여 명도 유배됐다. 이자겸을 체포했던 척준경은 얼마 후 '궁궐을 침범하고 불사른 것은 만세(萬世)의 죄'라는 좌정언(左正言) 정지상(鄭知常)의 탄핵으로 암타도(巖墮島)로 유배된다.

이자겸의 난을 필두로 고려는 150여 년 동안 반란의 시대를 겪는다. 12세기 들어 문치(文治)의 극성기를 거치면서 권력 독점이 심해지고 지배층이 분열됐으며, 이로써 관료 사회가 흔들리고 민심 이반이 뚜렷해졌다. 이자겸의 난에 이어 이 같은 내부 분열상을 드러낸 것이 바로 묘청의 난 이다.

1135

묘청의 서경 천도운동

고려 사회의 내부 분열

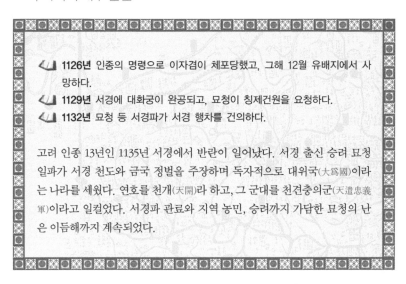

- 1126년 인종의 명령으로 이자겸이 체포당했고, 그해 12월 유배지에서 사망하다.
- 1129년 서경에 대화궁이 완공되고, 묘청이 칭제건원을 요청하다.
- 1132년 묘청 등 서경파가 서경 행차를 건의하다.

고려 인종 13년인 1135년 서경에서 반란이 일어났다. 서경 출신 승려 묘청 일파가 서경 천도와 금국 정벌을 주장하며 독자적으로 대위국(大爲國)이라는 나라를 세웠다. 연호를 천개(天開)라 하고, 그 군대를 천견충의군(天遺忠義軍)이라고 일컬었다. 서경파 관료와 지역 농민, 승려까지 가담한 묘청의 난은 이듬해까지 계속되었다.

인종은 이자겸의 난이 평정된 직후인 1127년 3월 문벌귀족의 횡포를 막아 나라의 기강을 바로잡고, 민심을 수습하기 위해 정치 개혁에 나서기로 하고, 서경(평양)에서 15개 조항으로 된 유신령(維新令)을 내놓는다. 그 핵심은 왕권 강화와 합리적인 관료 정치의 확립, 민생 안정이었다. 당시 인종은 2월에서 7월까지 서경에 머물렀고, 이때 묘청(妙淸)과 서경의 검교소감(檢校少監) 백수한(白壽翰)은 인종에게 유신 정책에 그칠 것이 아니라 수도를 서경으로 옮겨야 한다고 설득했다.

이는 고려가 건국 이래 줄곧 추진했던 북진 정책의 명분과 맞아 떨어지는 것이었지만, 한편으로 서경파 인사들이 서경 천도를 통해 중앙 정치의 주도권을 잡으려는 의도도 깔려 있었다. 이를 위해 서경파는 풍수지리설을 근거로 개경의 지덕이 쇠하고 서경의 지덕이 왕성해 서경으로 수도를 옮기면 36국이 조공을 바치게 된다고 인종에게 건의했다. 서경 출신인 좌정언 정지상(鄭知常)은 "상경(上京, 개경)의 기업이 이미 쇠하여 궁궐이 다 타서 남은 것이 없고, 서경에는 왕기가 있다."라고 했다. 또 정지상과 근신(近臣) 김안(金安)은 서경으로 수도를 옮기면 중흥공신이 돼 일신이 부귀해지고 자손에게도 무궁한 복이 될 것이라고 모의했으며, 근신 홍이서(洪彝敍), 이중부(李仲孚), 대신 문공인(文公仁), 임경청(林景淸)도 이에 호응했다. 이들은 인종에게 '묘청은 성인이요, 백수한도 그다음이니 그들의 건의를 받아들이면 국가를 보전할 수 있다'라는 글을 올렸다. 이들은 모든 관원에게 서명을 청했으며, 평장사 김부식(金富軾)과 참지정사 임원애(任元皾), 승선 이지저(李之氐)만 서명하지 않았다.

그러자 인종은 묘청의 건의에 따라 서경의 임원역(林原驛) 지역에 새 궁궐터를 정하게 했다. 이로써 1129년 2월 서경에 대화궁(大花宮)이 완공되고, 1131년에는 임원궁성을 쌓는 한편 토착신을 숭배하는 팔성당(八聖堂)을 지었다. 당시 서경파는 칭제건원(稱帝建元, 국왕을 중국처럼 황제라 칭하고 독자적인 연호를 쓰는 것)을 청하고, 여진족이 세운 금나라를 정벌할 것을 인종에게 청했다. 동경지례사(東京持禮使) 서장관(書狀官) 최봉심(崔逢深)은 "장사 1,000명만 주면 금나라에 들어가 그 왕을 사로잡아 바칠 수 있다."라고도 했다.

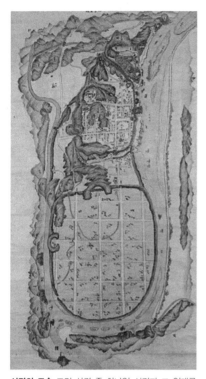

서경의 모습 고려 삼경 중 하나인 서경과 그 일대를 조감하도록 그린 것으로, 조선 시대에 그려진 지도이다. 대동강이 도시를 감싸고 흐르고 있고, 주위 산들도 서경을 에워싸고 있다. 공민왕 때 평양이라는 이름으로 바뀌었다. (고려대학교 박물관)

이에 위기감을 느낀 개경파 유신들은 "금나라는 강적이라 가볍게 볼 수 없고, 묘청과 백수한은 요망스런 사람으로 그 말을 믿을 수 없다."라며 인종에게 상소를 올렸다. 국자사업(國子司業) 임완(林完)은 "묘청이 간사한 일만 하여 국왕을 교묘하게 속이고 있으니 그를 베어야 한다."고 청하기도 했다.

게다가 서경에 궁궐에 지을 때부터 궂은일이 끊이지 않아 묘청을 비판하는 목소리가 갈수록 높아졌다. 대화궁을 지을 당시 추위가 심해 공사에 동원된 백성들의 원성이 높았고, 대화궁이 완공된 이듬해에는 서경 중흥사 탑에 화재가 발생해 서경파의 풍수지리설을 의심하는 말들이 나왔다. 또 1132년 2월 인종이 서경으로 행차할 때 폭우가 내리고 돌풍이 불어 인종을 태운 말이 길을 잃은 채 진창에 빠지고 나무와 돌에 부딪혔으며, 시종들이 인종의 행방을 몰라 찾으러 다니는 일까지 생겼다. 밤이 되자 폭설과 추위로 죽은 사람과 말, 낙타가 한둘이 아니었다.

인종은 묘청을 배척하라는 개경파의 주장을 수용하지는 않았지만, 그렇다고 개경파의 반대와 잇따른 재화(災禍)를 무릅쓰고 서경파의 요구를 받아들일 수도 없었다. 갈수록 입지가 약해지던 묘청은 역모를 꾀하기로 하고, 1134년 9월 인종에게 서경 행차를 건의했다. 하지만 김부식이 간관(諫官)들과 더불어 이에 극력 반대하자 인종은 서경 행차를 거부했다. 또 같은 해 12월 우정언 황주첨(黃周瞻)이 칭제건원을 거듭 청하자 인종은 아무런 답을 하지 않았다.

이처럼 인종과 개경 쪽의 기류가 서경파에게 불리하게 돌아가자 묘청은 1135년 1월 분사시랑 조광(趙匡), 병부상서 유참(柳旵), 사재소경 조창언(趙昌言), 안중영(安仲榮) 등과 함께 서경을 거점으로 군사를 일으켰다.

이들은 왕명을 사칭해 서경 부유수 최재(崔梓), 감군사 이총림(李寵林), 어사 안지종(安至宗) 등을 잡아 가두고, 가짜 승선 김신(金信)을 파견해 서북면 병마사 이중(李仲)과 그의 막료들, 각 성의 지휘관을 체포해 서경의 소금창고에 가두게 했다. 《고려사》는 '개경인으로서 서경에 있던 자들은 귀천과 승속을 가리지 않고 모두 구속했다'라고 기록하고 있다. 이들은 또 사람을 보내 위협하여 여러 성의 군병을 징발하고, 군사를 보내 절령 길을 끊어 버렸다. 묘청과 조광 등은 이어 대화궁에서 전략을 짜고 군사를 두세 개 길로 나눠 곧바로 개경으로 쳐들어가려 했다.

이때 반란군은 개경의 백수한에게 반란을 일으켰다는 글을 보냈으며, 백수한은 이를 인종에게 보고했다. 인종이 문공인을 부르자, 문공인은 진위를 확인하기 어려우니 일단 비밀로 하고 지켜보자고 건의했다. 이즈음 황주 땅을 갔다가 돌아온 군인 최언(崔彦) 등이 반란군이 개경으로 왕래하는 길을 끊었다고 보고하면서 인종은 서경의 반란이 사실임을 알게 된다. 이에 인종은 김부식으로 하여금 정부군을 이끌고 반란군을 토벌하도록 지시하고, 먼저 내시 유경심(柳景深), 조진약(曹晉若) 등을 서경으로 보내 반란군을 설득하도록 했다. 그러자 반란군은 검교첨사 최경(崔京)을 개경으로 보내 글을 올리고 "민심은 두려운 것이며 분노는 막기 어려우니 임금이 서경에 오시면 병란이 진정될 것이다."라고 했다. 그러자 개경파는 "신하로서 임금을 부르니 최경을 죽여야 한다." 말했지만, 인종은 병란을 진정시키기 위해 최경에게 분사 호부원외랑(戶部員外郎)이라는 벼슬을 내린 뒤 돌려보낸다.

인종의 처사에 불만을 품은 개경파는 서경파인 김안과 정지상, 백수한 등이 출병 시기를 늦춰 개경에서 반역을 꾀하려고 하니 그들을 제거하고, 정부군을 서경으로 보내 반란군을 토벌해야 한다고 인종에게 강력하게 건의했다. 이번에는 인종도 이를 받아들였다. 이에 김부식은 김안 등 세 명을 죽인 뒤 정부군을 이끌고 서경으로 향했다. 인종은 "서경의 적도 모두 나의 적자(赤子, 백성)이니 그 괴수만을 죽이고 많이 죽이지 말라." 하고 당부했다.

정부군이 안북부(安北府, 안주)로 나아가자 반란군 지역에 있던 여러 성에서 반란군을 죽이거나 체포하는 등 정부군에 호응했다. 김부식은 서경으로 사람을 보내 7~8차례에 걸쳐 조광에게 항복을 권유했다. 전세가 불리함을 느낀 조광은 묘청과 유참, 유참의 아들 유호(柳浩) 등 세 명의 목을 베고, 이를 윤첨(尹瞻) 등을 시켜 개경으로 보내고 항복하도록 했다. 인종은 윤첨 등을 극형에 처해야 한다는 신하들의 건의를 받아들이지 않고 술과 음식으로 위로한 뒤 옥에 가두었다. 그러자 서경에 있던 조광 등은 항복하더라도 죽음을 면하지 못할 것이라고 여겨 다시 전면전을 선언했다. 그리고 이들을 회유하기 위해 인종이 보낸 전중시어사(殿中侍御史) 김부(金阜)와 내시 황문상(黃文裳) 등을 죽여 버린다.

이에 김부식은 같은 해 2월 대동강 주변으로 나아가 진을 치고 반란군

만월대 터 개경에 위치한 고려 왕궁의 터가 바로 만월대이다. 서경파 인사들은 개경의 기운이 약해졌으므로 서경으로 천도해야 한다고 주장하였다.

의 공격에 대비했고, 반란군도 선요문(宣耀門)으로부터 다경루(多景樓)까지 대동강을 따라 1,730간의 성을 쌓았다. 이로부터 이듬해 2월까지 정부군에 맞서던 반란군은 식량 부족에 시달리다 정부군이 성을 포위하고 압박해 들어가자 마침내 평정된다. 조광은 스스로 불을 질러 타 죽었고, 나머지 반란군 지휘관들도 모두 자결했다. 이로써 묘청의 난은 마무리되고, 서경 출신 세력은 몰락한다. 묘청의 난 이후 개경의 문신들은 국왕과 무신을 가벼이 여기며 권력을 독점했으니 이는 곧 무신정변으로 이어졌다.

1170

무신정변
무신들의 권력 투쟁이 시작되다

> ◁◁ **1146년** 인종의 뒤를 이어 의종이 고려 임금으로 즉위하다.
> ◁◁ **1151년** 정습명 사후 인종이 연회와 놀이에 탐닉하고 별궁과 정자를 건축
> 하기 시작하다.
> ◁◁ **1162년** 이천, 동주, 선주 등에서 대규모 민란이 일어나다.
>
> 1170년 8월 고려 개경의 왕궁 안팎에서는 무신들이 일제히 칼을 뽑아 들고
> 문신들을 보이는 대로 죽였다. 이어서 18대 의종을 거제도로 유배 보내고,
> 명종을 옹립했다. 이것이 정중부가 주도한 무신의 난이다. 이때부터 정권을
> 장악한 무신들은 24대 원종 때인 1270년까지 100년 동안 무신 정권을 이어
> 간다.

무신의 난은 10세기 중반 이후 문치(文治)가 지배하던 고려 사회에서 차별 대우와 홀대에 시달리던 무신들이 문신들과 갈등을 빚으며 폭발한 사건이다.

고려는 4대 광종(光宗, 재위 949~975) 이래 고려의 건국을 이끈 무신들의 힘을 견제하고 왕권을 강화하기 위해 문신 위주로 중앙 정치를 운영했다. 서희, 강감찬, 윤관, 김부식 등 외침이나 내란을 평정한 지휘관은 모두 문

한국사를 움직인 100대 사건

신들이었다. 병부의 고위직도 문신이 차지했다. 반면 무신은 정3품 상장군이 최고의 직책이었고, 정2품 이상은 넘보지도 못했으며, 무과가 없어 무신의 전반적인 수준이 떨어졌다. 특히 의종(毅宗, 재위 1146~1170)은 문신들과 연회를 즐기기 위해 유난히 궁궐 바깥으로 행차하는 일이 잦았고, 이때마다 무신들은 상장군에 이르기까지 호위병으로 전락해 갖은 수모를 겪었다. 그러다 보니 최고조에 이른 무신들의 불만이 무신의 난으로 터진 것이다.

당시 정중부 등이 처음 거사를 모의한 것은 1170년 4월 의종이 화평재(和平齋)로 행차했을 때였다. 의종은 경치가 좋은 곳에 이를 때마다 행차를 멈추고, 문신들과 술을 마시고 시를 읊었다. 이에 호위병으로 동원된 장군과 군사들 사이에 불평이 터져 나왔다. 대장군 정중부가 볼 일을 보러 가자 견룡행수(牽龍行首) 산원(散員) 이의방(李義方)과 이고(李古)가 뒤따라가 "오늘날 문신들은 득의양양하게 취하도록 마시고 배불리 먹고 있는데 무신들은 모두 굶주리고 피곤하니 어찌 참을 수 있겠냐." 하고 은밀하게 호소했다. 정중부도 문신에게 한 차례 당한 적이 있어 이에 공감하고 거사를 모의하였다. 앞서 인종 재위 당시 김부식의 아들인 내시 김돈중(金敦中)이 왕의 호위를 맡았던 정중부의 수염을 촛불로 태워 모욕을 준 일이 있었다. 이 같은 낌새를 알 리 없는 의종은 계속 화평재나 연복정(延福亭)에서 밤부터 새벽까지 문신들과 배를 타거나 연회를 즐겼다.

그러던 중 같은 해 8월, 의종은 개경의 덕적산 남쪽에 있는 홍왕사(興王寺)로 행차하였다. 당시 의종은 정사를 제대로 돌보지 않고 향락에 빠졌으며, 승선(承宣) 임종식(林宗植)과 기거주(起居主) 한뢰(韓賴) 등은 깊은 생각 없이 의종의 총애만 믿고 무신을 멸시해 무신들의 분노가 심했다. 이

때 정중부는 이의방과 이고에게 "이제는 우리가 거사할 만하다. 그러나 왕이 바로 환궁한다면 아직 참고 기다릴 것이요, 만약에 또 보현원(普賢院)으로 옮겨간다면 이 기회를 놓치지 말아야 한다." 하고 귀띔했다.

마침 의종이 보현원으로 행차하려고 오문(五門) 앞에 이르러 문신들과 술을 마시던 중 무신들을 불러내 오병수박희(五兵手搏戲)를 시켰다. 의종은 무신들에게 후하게 상품을 주어 이들을 위로하려는 생각이었다. 이때 대장군 이소응(李紹膺)이 다른 사람과 시합하던 도중 힘이 부쳐 포기하고 돌아서자 한뢰가 갑자기 앞으로 나아가 이소응의 뺨을 쳐 섬돌 아래로 떨어뜨렸다. 그러자 의종과 문신들은 손뼉을 치며 크게 웃었고, 임종식 등은 이소응을 욕했다. 이에 정중부 등 무신들은 안색이 변해 서로 눈짓을 주고받았다. 정중부는 "이소응이 비록 무신이나 벼슬이 3품인데 어찌 모욕을 이렇게 심하게 주느냐." 하며 한뢰를 꾸짖었다. 이고가 칼날을 빼려 하자 정중부는 눈짓으로 말리고, 의종이 가까스로 정중부의 손을 잡고 일단 화해를 시켰다.

저녁 무렵 의종이 보현원에 이르자, 마침내 무신들은 거사를 일으켰다. 먼저 이고와 이의방이 왕명이라고 속여 순검군(巡檢軍)을 집합시켰다. 의종이 보현원 안으로 막 들어서고 다른 신하들은 물러나려 할 때였다. 순간 이고와 이의방이 직접 임종식과 지어사대사(知御史臺事) 이복기(李復基)를 문에서 칼로 쳐 죽였다. 그러자 한뢰는 몰래 안으로 들어가서 의종의 침상 아래로 숨었다. 크게 놀란 의종이 환관 왕광취(王光就)를 시켜 무신들을 막으려 하니 정중부는 "화의 근원인 한뢰를 베어야겠다." 하며 한뢰를 내줄 것을 청했다. 그래도 한뢰가 의종의 옷을 잡고 나오지 않자 이고가 칼을 빼어 위협했다. 그제야 한뢰가 나오자, 이고가 바로 죽여 버렸다.

이에 문신들이 왕의 앞에서 칼을 휘두른다며 이고를 책망하자, 무신들은 "문신의 관(冠)을 쓴 자는 비록 서리(胥吏)일지라도 씨를 남기지 말게 하라." 하고 외치며 그 주변에 있던 문신과 환관 등을 모두 죽였다. 《고려사절요》는 '문신과 대소 신료, 환관들이 죽음을 당해, 그 시체가 산처럼 쌓였다'라고 당시 상황을 기록하였다.

이 과정에서 정중부와 이고는 김돈중이 임종식과 이복기가 죽을 때 미리 달아났다는 사실을 알고 "만약 김돈중이 왕궁으로 들어가 태자의 영을 받들어 성문을 닫고 반란의 주동자를 잡자고 하면 일이 위태로워진다."라며 걱정했다. 이에 정중부는 곧바로 발 빠른 부하를 개경으로 보내 분위기를 살피도록 했다. 그 결과 김돈중이 귀가하지 않았다는 사실을 확인하자, 정중부와 이고는 "거사가 성사됐다."라며 기뻐했다.

이들은 군사를 이끌고 개경으로 달려가 가구소(街衢所, 도적과 죄인을 다스리는 관청)에 있던 별감(別監) 김수장(金守藏)을 죽이고, 바로 왕궁으로 들어가 추밀원부사(樞密院副使) 양순정(梁純精)을 비롯해 숙직하고 있던 관료들을 모두 죽였다. 이고와 이의방 등이 사람들을 시켜 문신의 관을 쓴 자는 모두 죽이라고 외치게 하자, 군졸들이 벌떼처럼 일어나 판이부사(判吏部事) 허홍재(許洪材)를 비롯해 50여 명의 관료들을 해쳤다. 이에 의종이 정중부를 불러 사태를 해결할 계책을 묻자, 정중부는 "네, 네"라고만 하고 아무런 대답도 하지 않았다.

이렇게 하여 정중부를 비롯한 무신들은 정권을 장악하였다. 이들은 의종과 태자를 각각 추방하고, 의종의 둘째 동생인 익양공(翼陽公) 호(晧)를 즉위시켰다. 또 정중부와 이의방, 이고는 의종의 사저인 관북택(館北宅), 천동택(泉洞宅), 곽정택(藿井宅)을 털어 그 재산을 나눠 가졌다.

이후 반(反)무신 항쟁이 몇 차례 일어났지만, 모두 실패했다. 명종(明宗, 재위 1170~1197) 3년인 1173년 동북면병마사 김보당(金甫當)이 거제도로 쫓겨난 의종을 경주로 모시고 복위운동을 벌였다. 그러나 상장군 이의민(李義旼)이 이끄는 군사들에 의해 진압됐다. 이때 의종은 죽임을 당하고, 수많은 문신들도 해를 입었다. 1174년에는 서경유수 조위총(趙位寵)이 무신들을 토벌하기 위해 군사를 일으켰으나, 이 역시 무위에 그쳤다. 같은 해 1월에는 귀법사(歸法寺), 중광사(重光寺) 등의 사찰 승려들이 무기를 들고 이의방을 처단하려다가 패퇴하고, 오히려 각 사찰들이 크게 부서지는 등 피해를 당했다.

무신 정권의 집정은 정중부에 이어 경대승(慶大升)－이의민－최충헌(崔忠獻)－최우(崔瑀)－최항(崔沆)－최의(崔竩)－김준(金俊, 김인준)－임연(林衍)－임유무(林惟茂)로 이어졌다. 최충헌이 집권하기 전 26년간 무신들 간의 권력 투쟁이 극심했다. 이고는 이의방에게, 이의방은 정중부에게, 정중부는 경대승에게 각각 피살됐다. 경대승이 요절하자, 이의민이 권력을 잡아 횡포를 일삼다가 명종 26년인 1196년에 최충헌에게 피살되었다. 4대 62년간에 걸친 최씨 세습 정권(1196~1258)은 최의가 정변으로 죽으면서 마감되었고, 이어 김준과 임연－임유무 부자가 잇따라 권력을 잡았다. 임유무는 대몽(對蒙) 항쟁 당시 친몽파인 원종(元宗, 재위 1259~1274)이 강화도에서 개경으로 환도하려 하자, 이를 저지하다 원종에 의해 제거된다. 이로써 무신 정권 시대는 막을 내리고 왕정(王政)이 회복된다.

1198

만적 봉기

무신 권력에 대항한 민중의 항쟁

고려 신종(神宗, 재위 1197~1204) 원년인 1198년 5월, 수도인 개경 송악산에서 노비 만적(萬積)이 공(公), 사(私) 노비들을 모아놓고 신분 해방과 권력 탈취를 위한 반란을 선동한다. 만적은 당시 무신 정권의 최고 집권자최충헌의 사노비였다. 만적은 노비들에게 "장군이나 재상이 되는 씨가 어디 따로 있는가. 경인, 계사년(무신의 난) 이후 공경대부(公卿大夫, 높은 벼슬)는 천한 노예 속에서 많이 나왔다. 때가 오면 누구나 할 수 있다." 하고

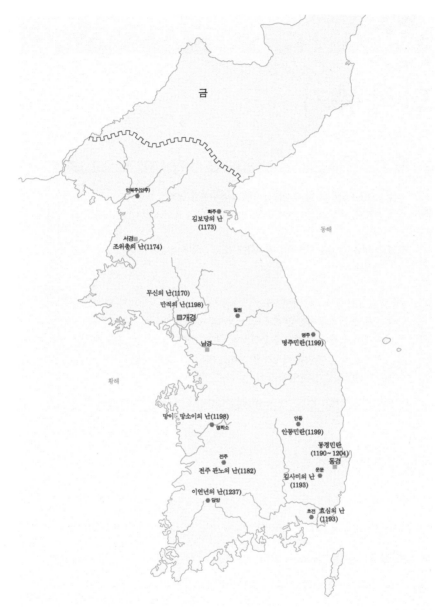

금

안북주(안주)

화주
김보당의 난
(1173)

동해

서경
조위총의 난(1174)

무신의 난(1170)
만적의 난(1198)
개경

철원

남경

명주
명주민란(1199)

황해

망이 망소이의 난(1198)
명학소

안동
안동민란(1199)

동경민란
(1190~1204)
동경

전주
전주 관노의 난(1182)

운문
김사미의 난
(1193)

이연년의 난(1237)
담양

초전 효심의 난
(1193)

고려 후기 발생한 민란들 무신 정권이 출현하고 농민, 노비 등 하층민의 삶이 점점 피폐해지자 전국 곳곳에서 민란이
발생했다. 민란은 대부분 토벌군에 의해 진압되었으나 민란에 나선 이들은 13세기에 원나라의 침략에 맞서는 주역이
되었다.

외쳤다. 만적은 또 "우리가 어찌 상전의 매질을 받으며 고생만 하고 살아야 하는가. (……) 모두 자신의 주인을 죽이고 천인(賤人)의 호적을 불살라 버리면 공경과 장상(將相, 장수와 재상)을 우리가 모두 할 수 있다." 하고 설득했다. 많은 노비들이 이에 호응하니, 만적은 노란 종이 수천 장을 오려 '정(丁)'이란 글자를 새겨 표지로 삼은 뒤 거사 날짜를 정했다. 그러고는 "그날 흥국사에 모여 일제히 북을 치고 소리치면서 난을 일으켜 안팎에서 서로 호응해 최충헌 등을 먼저 죽이자."라고 했다. 하지만 약속한 날짜에 모인 노비 숫자가 수백 명에도 미치지 못해 날짜와 장소를 다시 정하고, 거사를 미루었다. 만적은 "치밀하지 못하면 성공하지 못하니 절대 누설하지 말라." 하고 당부했다.

이처럼 시작된 만적의 봉기는 사전 모의 사실이 발각돼 결국 실패했다. 율학박사 한충유(韓忠愈)의 노비 순정(順貞)이 한충유에게 이를 털어놓고, 한충유가 다시 최충헌에게 알렸다. 최충헌은 강압적인 토벌에 나서 만적을 비롯해 100여 명의 노비를 잡아들여 예성강에 수장해 버렸다. 다만 나머지 노비들은 숫자가 많아 죄를 묻지 않았다.

무신 집권기에 발생한 많은 민란 가운데 만적의 봉기는 신분 해방을 주장한 노비 반란의 첫 신호탄이었다. 특히 만적은 노비 해방에서 한걸음 더 나아가 권력 탈취까지 봉기의 목적으로 내세웠다. 이는 무신의 난 이후에 소금장수와 사찰 여종 사이에서 태어난 이의민(李義旼)이 권력을 잡고, 옥공(玉工)의 아들인 조원정(曹元正)이나 관청의 말단 잡직(雜職) 출신인 정방우(鄭邦佑) 등이 높은 관직을 차지하는 등 신분 질서가 해체되고 있던 당시 사회 분위기를 반영한다. 또 만적이 최충헌의 사노비였다는 점에서, 낮은 신분 출신인 무신들이 무력으로 정권을 탈취하는 모습을 옆에서 직접 지켜보고, 때로는 무기를 들고 권력 투쟁 현장에 동원되는 와중 힘에 의한 권력 쟁취를 꿈꾼 것으로 볼 수도 있다.

게다가 무신들이 집권하는 와중 기층민에 대한 수탈이 극심해진 것도 이유 중 하나였다. 실례로 정중부는 시중(侍中)의 자리에 오르자 큰 농장을 여러 곳에 두고 축재에 열을 올렸고, 그의 집안 하인들과 문객들까지 권세를 빙자해 방자하게 굴었으며, 이 때문에 백성들이 고통에 시달렸다. 이에 대해 《고려사절요》는 기록하고 있다.

최충헌이 자기를 따르는 자는 크게 승진시키고, 자기와 의견이 다른 자는 귀양을 보내며, 뇌물을 받아 관작을 팔고, 용사를 불러 모아 자기를 호위하도록 하니 권세가 날로 성해졌다.

또한 최충헌은 민가를 100여 채나 헐어 자신의 개인 저택과 격구장을 만들었으며, 그 일가는 경상남도와 전라도 일대의 토지를 상당 부분 차지해 경제적인 부를 이뤘다. 심지어 조원정은 세금으로 여성의 머리채까지 잘라서 거둬들였다. 과거 문신들이 소유했던 전지(田地)와 재물, 노비를 무신들이 빼앗는 일도 허다했다.

그러다 보니 최충헌 집권기(1196~1219)에만 해도 만적 봉기를 비롯해 전국 각지에서 여러 건의 민란이 발생했다. 만적 봉기가 일어난 그다음 해에는 명주(溟州, 강릉)에서 민란이 일어나 삼척과 울진의 두 개 현을 함락시켰고, 이 세력이 동경(東京, 경주)에서 일어난 반란군과 합세해 여러 고을을 침략하다가 한 달 만에 항복했다. 또 한 해 뒤인 1200년에는 진주의 공, 사노비가 떼를 지어 민란을 일으켜 아전들의 가옥 50여 호를 불살랐다. 이들은 합주(陜州, 합천)에서 일어난 부곡민들과 합세하기도 했다.

이처럼 특정 지역에서 일어난 세력이 다른 지역의 민란 세력과 힘을 합해 반란의 세를 키우는 일은 명종(明宗, 재위 1170~1197) 23년인 1193년부터 두드러졌다. 그해 7월 경남 운문(雲門, 청도)에서 난을 일으킨 김사미(金沙彌)와 초전(草田, 울산)에 기반을 둔 효심(孝心)이 연대해 경주 부근의 여러 고을을 습격하고 약탈했다. 이에 정부군이 나서 이들을 평정했는데, 이듬해 4월 밀성(密城, 밀양) 전투에서 반란군 7,000명이 죽었다는 사실로 볼 때, 그 규모를 짐작할 수 있다. 김사미와 효심의 난에는 당시 정권을 잡고 있던 이의민과 그의 아들인 장군 이지순(李至純)까지 연루되어 있었다.

경주 출신인 이의민은 '십팔자(十八子)=이(李)씨'가 왕이 된다는 도참설을 믿고 신라를 부흥시킬 뜻을 품었다. 이를 위해 김사미, 효심과 내통하고, 이 과정에서 이들로부터 막대한 재물을 받아 챙겼다. 또 이지순은 이들에게 양식과 의복 등을 지원하고, 개경의 동정을 누설했으며, 그 대가로 이들이 약탈한 금은보화를 받았다. 이지순이 정부군의 상황을 이들에게 알려주는 바람에 정부군이 여러 차례 패전하기도 했다. 이에 정부군을 이끌었던 대장군 전존걸(全存傑)이 "법으로 이지순을 다스린다면 그 아버지인 이의민이 나를 해칠 것이고, 그렇지 않다면 적이 더욱 성할 것이니 죄가 장차 누구에게 돌아갈 것인가."라고 분개하며 스스로 독약을 마시고 죽었다.

신종 재위 기간에 노비들의 신분 해방운동이 등장했다면, 민란 초기 단계인 명종 때는 주로 농민들이 항쟁을 일으켰다. 대표적인 것은 정중부 집권기인 1176년 1월에 공주의 명학소(鳴鶴所)에서 일어난 망이(亡伊), 망소이(亡所伊)의 난이다. 이들은 충남 공주를 점령한 뒤 계속 북진해 경기 일부 지역에까지 세력을 펼쳤다.

초기 농민 항쟁 때만 하더라도 조정에서는 반란군을 무마하고 회유하는 전략을 병행했다. 당시에도 정부군이 한 차례 패하자, 명종은 망이의 고향인 천민 부락 명학소를 현으로 승격시켜, 이름을 충순현(忠順縣)으로 바꾸고 현령을 파견하는 등 회유책을 썼다. 하지만 이들은 예산과 아산, 청주까지 계속 공략하였고, 결국 이듬해 7월 정부군의 대대적인 토벌 작전으로 평정됐다. 앞서 1174년 서경유수 병부상서 조위총(趙位寵)이 정중부와 이의방(李義方)을 토벌하기 위해 반란을 일으켰을 당시 농민들이 이에 가담했으며, 이들은 조위총의 반란이 진압된 뒤에도 몇 년 동안 묘향산을 중심으로 항쟁을 벌였다.

전국 각지에서 민란이 잇따르는 가운데, 일부 세력은 삼국 부흥운동을 기치로 내걸고 무신 정권과 맞서기도 했다. 신종 5년인 1202년에는 경주 일대에 '고려의 왕업이 거의 다 되었으니, 신라가 부흥할 것'이라는 격문이 돌았다. 경주를 중심으로 운문과 울진, 초전 등지에서 일어난 농민과 군인, 승려 등이 스스로 정국병마(正國兵馬)라 일컫고 신라 부흥을 주창한 것이다. 이들은 여러 고을을 돌며 난에 참여하도록 달래고 협박했다.

이들은 정부 토벌군과 2년간 대치하다 21대 희종(熙宗)이 즉위한 1204년에 진압됐다. 또 23대 고종(高宗) 24년인 1237년에는 초적 이연년(李延年) 형제가 전남 담양 지역을 중심으로 토착민들을 끌어모아 백제 부흥운동을 꾀하며 해양(海陽, 광주)을 비롯한 일부 주, 현을 공격해 함락시켰으나, 나주에서 토벌군에게 평정됐다.

이처럼 12세기 후반 들어 동시다발적인 반란을 일으킨 농민과 초적, 승려, 천인, 부곡민들은 13세기 몽골 침략 시기에 대몽(對蒙) 항쟁의 주역으로 다시 역사의 전면에 나선다.

처인성 전투

고려의 대몽 항전

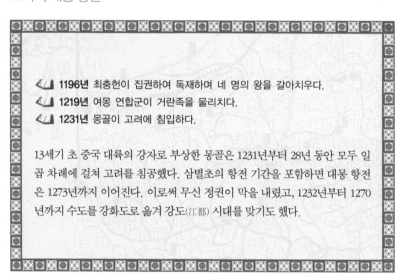

◁┘ **1196년** 최충헌이 집권하여 독재하며 네 명의 왕을 갈아치우다.
◁┘ **1219년** 여몽 연합군이 거란족을 물리치다.
◁┘ **1231년** 몽골이 고려에 침입하다.

13세기 초 중국 대륙의 강자로 부상한 몽골은 1231년부터 28년 동안 모두 일곱 차례에 걸쳐 고려를 침공했다. 삼별초의 항전 기간을 포함하면 대몽 항전은 1273년까지 이어진다. 이로써 무신 정권이 막을 내렸고, 1232년부터 1270년까지 수도를 강화도로 옮겨 강도(江都) 시대를 맞기도 했다.

    고려가 몽골과 처음 마주친 때는 1219년이었다. 당시 몽골의 세력 확장에 밀린 거란족 일부가 고려의 국경선을 넘어오자 고려는 몽골군과 합세해 강동성(江東城, 평양의 동쪽)에서 거란족을 몰아냈다. 몽골이 이 일로 생색을 내며 고려에 과중한 공물을 요구하는 등 고압적인 태도를 보이면서 최씨 정권과 갈등을 빚었다.

    그러던 중 1225년 1월 몽골 사신인 저고여(著古與)가 귀국길에 압록강을 건넌 뒤 피살되는 사건이 발생했다. 당시 몽골 사신들은 고려에서 받은 예물 가운데 값나가는 수달피 가죽이나 국신(國贐, 노자)만 챙기고 나머지는 귀국 길에 버리기 일쑤였다. 저고여도 명주와 베 등을 버린 뒤 길을 가던 중 누군가에게 죽임을 당한 것이다. 몽골은 이를 고려의 소행으로 여겨 국교를 끊고, 그 책임을 물어 고종 18년인 1231년 살리타이(撒禮塔)가 이끄는 군대를 보내 고려를 침공한다.

몽골군은 함신진(咸新鎭, 평북 의주)에서 항복을 받아낸 뒤 귀주성에 도달했으나, 병마사 박서(朴犀)가 이끄는 고려군의 저항으로 한 달 동안 공격을 퍼붓고도 끝내 성을 함락시키지 못했다. 당시 70대 몽골 장수는 "어려서부터 천하를 두루 다니면서 싸웠지만, 이렇게 공격을 당하고도 끝끝내 항복하지 않는 자는 처음 보았다. 성중의 모든 장수가 반드시 다 장상이 될 것이다." 하며 탄복했다. 할 수 없이 귀주를 우회해 계속 남하한 몽골군은 1231년 12월 개경을 포위했고, 이에 고려는 저고여의 피살은 여진의 소행이라고 해명하며 강화를 요청했다. 몽골 지휘관들에게 황금과 백은 등 예물도 바쳤다. 몽골은 이를 받아들여 이듬해 1월 군대를 철수시키면서, 서경을 비롯해 고려의 서북부 지역에 점령지 감독관인 다루가치(達魯花赤) 72명을 두었다.

몽골과의 강화는 오래가지 못했다. 당시 정권을 잡고 있던 최우(崔瑀)는 몽골이 해전에 취약하다는 점을 고려해 1232년 6월 수도를 개경에서 강화도로 옮기며 장기적인 대몽(對蒙) 항전을 천명하였다. 본토의 주민들은 섬이나 산성으로 옮기게 했다. 최우는 강화도에 내성과 외성을 쌓고 궁실과 사찰, 격구장 등을 만들었다. 이때 참정지사(參政知事) 유승단(兪升旦)은 "사직을 버리고 구차하게 섬으로 도망가면, 세월만 끌다가 장정들은 몽골

강화도 천도 원나라의 침입에 항전하겠다는 의지로 고려는 1232년 수도를 강화도로 천도한다. 이후 1270년까지 강화도에 궁궐을 세우고 원나라에 대항한다. 당시 세워진 궁궐은 조선 시대 병인양요로 전소되었으며, 현재는 궁궐 일부를 복원하였다.

의 칼날에 다 죽고 노약자는 끌려가 종이나 포로가 될 것"이라며 천도에 반대했다. 야별초(夜別抄) 지휘관 김세충(金世沖)도 "태조 이후 200여 년 이어 온 사직을 호위함이 마땅하다."라고 주장하다 처형당했다. 고려가 항전 의지를 드러내자, 몽골은 사신을 보내 출륙환도(出陸還都, 개경으로 수도를 다시 옮김)를 요구했다. 하지만 최우 정권이 이를 거부하자 몽골은 2차 침공에 나섰다.

　1232년 12월, 살리타가 이끄는 몽골군이 경기 용인의 처인성(處仁城)을 공격했다. 몽골군은 개경과 남경(南京, 서울)을 함락시키고 수원 쪽으로 내려가던 길이었다. 수도가 강화도로 옮겨진 상태였으므로 본토에서 중앙정부의 군사적 지원을 받기 힘들었다. 그런 상황에서 남경에 이어 수원과 용인 지역까지 몽골군에게 함락될 위기를 맞았다. 하지만 예상과는 달리

처인성 전투에서 몽골군은 패배했을 뿐만 아니라, 전투 중 지휘관을 잃고 퇴각할 수밖에 없었다.

당시 처인은 천인들이 거주하는 부곡(部曲)이었으며, 성안에는 몽골군을 피하기 위해 부곡민들과 인근 백성들이 머무르고 있었다. 이들 가운데는 경기 평택의 백현원(白峴院) 승려인 김윤후(金允侯)도 끼여 있었다. 김윤후는 몽골군이 흙으로 쌓은 처인성을 공격해 오자, 부곡민과 합세해 화살 공격을 퍼부었다. 이때 살리타는 김윤후가 쏜 화살에 맞아 죽고 말았다. 당황한 몽골군은 처인성 공격을 포기하고 물러났다. 승려와 부곡민이 힘을 합쳐 파죽지세의 몽골군을 무너뜨린 순간이었다.

이 사실을 보고받은 고종(高宗, 재위 1213~1259)은 김윤후의 공을 평가해 무관의 최고 직급인 정3품 상장군의 벼슬을 내렸다. 하지만 김윤후는 "한창 싸울 때에 나는 활과 화살이 없었는데, 어찌 감히 과분한 상을 받겠느냐."며 한사코 공을 미루며 사양했다. 그러자 고종은 김윤후를 정6품의 무반직인 섭랑장(攝朗將)으로 삼고, 처인부곡을 처인현으로 승격시켰다. 이후 충주산성 방호별감(防護別監)을 맡은 김윤후는 고종 40년인 1253년 몽골의 5차 침입 당시 적군이 성을 포위한 속에서 70여 일 동안 항전한 끝에 승리를 거두기도 했다.

몽골은 금나라를 멸망시킨 직후인 1235년, 처인성에서 죽은 살리타의 보복을 명분으로 고려를 세 번째로 침공해 전 국토를 휩쓸며 약탈과 방화, 살육을 자행했다. 이런 가운데 군리(郡吏, 군의 하급 관리)인 현려(玄呂) 등은 충남의 온수군(溫水郡, 온양)과 대흥군(大興郡, 예산)에서 몽골과 격전을 벌여 두 명을 참수하고, 200여 명을 화살과 돌로 죽였으며, 수많은 병장기를 노획했다.

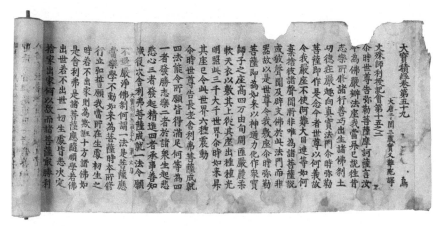

초조대장경 몽골군의 침입에 맞서 고려에서는 불교의 힘으로 외침을 막기를 염원하며 불경을 제작하였다. (국립중앙박물관, 중박201105-260)

1247년에도 몽골군은 개경 환도를 요구하며 고려를 침공했다가 몽골 국내 사정으로 철군한다. 잇따른 몽골군의 침공으로 동경(東京, 경주)의 황룡사 9층탑과 대구 부인사(符仁寺)의 초조대장경(初雕大藏經)이 소실됐으며, 이에 고려는 부처의 힘으로 몽골의 침입을 물리치고 국가가 결속하기를 염원하는 뜻에서 《팔만대장경》을 조판한다.

몽골은 1253년과 1254년에도 출륙환도 요구가 받아들여지지 않자 잇따라 고려를 침공했다. 이즈음 고종과 집정인 최항 사이에 신경전이 벌어지기 시작한다. 고종은 몽골과의 전쟁을 끝내기 위해 개경으로 환도하기를 원했다. 1251년 5차 침입 당시에는 고종이 강화도를 나와 승천부(承天府, 개풍)에서 몽골 사신을 직접 맞아 몽골군을 철수시켰다. 하지만 몽골은 침공을 멈추지 않았다. 몽골의 6차 침입 때인 1254년에는 20만 명 이상이 몽골에 포로로 잡혔고, 살육된 자가 이루 헤아릴 수가 없었다. 《고려사절요》는 '몽골군이 거쳐 간 고을들은 모두 잿더미로 변했다. 몽골 군사의 난이 있은 뒤로 이때보다 심한 적이 없었다'라고 기록하였다. 몽골의 침공이 2년 동안 이어지자 고종은 언변이 뛰어난 시어사(侍御史) 김수강(金守剛)을 몽골 왕에게 보내 철군을 청하게 했다. 몽골 왕이 출륙환도를 거듭 요구하자 김수강은 "사냥꾼이 활과 화살을 가지고 굴 앞을 막고 있으면 짐승이 어디로 나오겠으며, 얼음과 눈이 매우 차서 땅이 얼어붙으면 초목이 어떻게 나오겠느냐." 하고 설득했다. 이에 몽골 왕은 고려 국왕의 친조와 출륙환도를 약속받고 1256년 몽골군을 물러나게 했다. 하지만 최항은 항전 의지를 다지며, 이를 이행하지 않았다.

1257년 최항이 최의에게 권력을 넘기고 숨지자 몽골은 7차 침입을 감행했지만, 역시 강화는 이뤄지지 않았다. 고려 조정에서는 강경파를 제거하고 몽골과 강화를 맺어야 한다는 온건파의 목소리가 갈수록 커졌다. 마침내 고종 45년인 1258년 3월, 최의가 김준(金俊, 김인준)과 유경(柳璥)에 의해 제거되자, 고종은 태자 전(典, 원종)을 몽골로 보내 강화를 체결했다. 최의에 이어 집정한 김준과 임연(林衍), 임유무(林惟茂)가 각각 몽골과의 강화를 반대하며 권력을 행사하려 했지만, 강화도에서 숨진 고종에 이어 왕위에 오른 원종(元宗, 재위 1259~1274)이 임유무를 제거하면서 강경 노선을 견지한 무신 정권은 막을 내린다. 이렇게 해서 몽골의 지원을 받은 원종은 1270년 수도를 다시 개경으로 옮겼다. 하지만 환도 이후에도 무신의 대몽 항전은 계속됐다. 바로 삼별초에 의해서다.

고려와 호국 불교

불교는 고려 초기부터 국가의 정책적 보호를 받으며 크게 발달했다. 태조의 〈훈요 10조〉도 불교를 숭상함으로써 민심을 안정시키려는 뜻을 담고 있다. 유교를 정치의 원리로 삼되, 유교와 불교, 여기에 도교와 풍수지리설까지 다양한 사상과 문화의 공존과 융합을 꾀한 것이다.

특히 고려 시대 불교는 군신과 백성이 한마음으로 뭉쳐 사회를 통합시키고, 재난과 외침으로부터 나라를 지키고자 하는 호국 불교의 성격을 강하게 띠고 있었다. 대장경 간행은 이를 가장 상징적으로 보여 준다. 현종 2년인 1011년 거란의 침입으로 수도 개경이 무너지자 현종은 나주로 피란했고, 이때 조정에서는 불력(佛力)으로 거란을 물리치기를 염원하며 초조대장경을 만들었다. 당시 거란군은 후방 고려군의 저항과 보급로 차단을 우려해 개경을 점령한 후 10일 만에 스스로 물러났다. 고려는 이를 대장경 판각의 염원이 통한 것이라고 여겼다.

이후 고종 19년인 1232년 몽골의 침입으로 초조대장경이 소실되자 이번에는 몽골군을 물리치겠다는 염원으로 팔만대장경을 만들었다. 《동국이상국집》에 전하는 〈대장각판 군신 기고문〉에는 몽골군이 부인사에 소장된 대장경 판본을 불태운 것을 안타까워하며 다시 대장경을 만들어 신통한 불력으로 오랑캐를 물리치고 국운이 유지될 수 있도록 기원하는 내용이 담겨 있다.

삼별초 봉기

삼별초의 대몽 항전

◀ **1253년** 삼별초가 금주와 전주 등지에서 몽골군을 격파하다.

◀ **1258년** 원나라가 고려에 쌍성총관부를 설치하고 이듬해 강화도의 내외성을 헐어 버리다.

◀ **1264년** 원나라가 원종의 친조를 권유하여, 원종이 원으로 향하다.

삼별초가 몽골의 고려 복속에 반대해 봉기하는 과정에서 일부 농민들이나 개경 관노들이 호응했고, 삼별초가 완전히 진압된 직후 몽골이 일본 원정길에 나섰다는 점에서 삼별초의 강력하고 자주적인 항쟁이 개경 정부나 몽골에 얼마나 위협이 됐는지를 알 수 있다.

삼별초(三別抄)는 최우가 정권을 장악했을 당시 개경의 수비와 치안을 유지하기 위해 만든 야별초에서 비롯됐다. 야별초는 그 숫자가 늘어나자 좌별초와 우별초로 개편됐고, 몽골 항쟁 당시 포로로 잡혀갔다가 도망쳐 나온 사람들로 신의군(神義軍)이 조직되면서 삼별초라는 특수 부대가 제 모습을 갖추게 됐다. 당초 최씨 무신 정권의 사병 역할을 했던 삼별초는 개경 정부가 몽골과 손을 잡자 잠시 동안 해상 왕국에 버금가는 위력을 떨치며 마지막까지 대몽 항쟁을 이끌었다.

고려 원종(元宗) 11년인 1270년 6월 삼별초가 전시(戰時) 수도인 강화도를 떠나는 장면을《고려사절요》는 이렇게 묘사하였다.

> 배를 모아 공사(公私)의 재물과 자녀를 모두 싣고 남쪽으로 내려가는데, 구포(仇浦)로부터 항파강(缸破江)까지 뱃머리와 꼬리가 서로 맞닿아 무려 1,000여 척이나 되었다.

구포는 강화도 외포항, 항파강은 강화도와 석모도 사이의 좁은 해협이다. 원종이 강화도에서 개경으로 환도한, 바로 그다음 달이었다. 원종의 환도에 삼별초는 개경으로 가는 대신 전남 진도(珍島)로 향했다. 강화도를 떠나기 직전 삼별초를 이끄는 장군 배중손(裴仲孫)은 야별초를 지휘하던 노영희(盧永禧)와 함께 난을 일으키고 강화도 도성에서 "오랑캐 군사가 인민을 살육하니 무릇 나라를 돕고자 하는 자는 모두 격구장으로 모여라."라고 외쳤다. 이들은 또 왕족인 승화후(承化侯) 왕온(王溫)을 왕으로 추대하고, 관부를 설치해 대장군 유존혁(劉存奕), 상서좌승 이신손(李信孫)을 좌우 승선으로 삼았다. 강화도를 떠난 지 두 달 만에 진도에 도착한 삼별초는 그곳에서 반몽 정권을 세우고 항쟁을 선언한다. 이로부터 3년 동안 삼별초는 진도와 서남해안, 제주도를 근거지로 삼아 개경 정부와 몽골(원나라)을 상대로 강력하게 저항했다.

삼별초가 개경에서 멀리 떨어진 진도를 대몽 항쟁의 근거지로 선택한 것은 개경 환도를 전후해 강화도에서 이탈하는 무리들이 잇따른 데다, 삼별초에 대한 고려와 몽골의 군사적 위협이 갈수록 커지고 있었기 때문이

용장산성 삼별초는 대몽 항쟁을 위해 강화도를 떠나 진도를 근거지로 삼고 용장산성을 축조하였다. 이곳을 중심으로 점차 세력을 넓혔으며, 관군과 몽골군 연합군까지 전멸시켰다.

다. 몽골군이 해전에 약하다는 점도 감안했다. 실제로 장군 현문혁(玄文奕)은 가족과 함께 개경으로 달아나다 붙잡혔는데, 처자식은 스스로 물에 빠져 목숨을 끊었고 현문혁은 얼마 뒤 혼자서 개경으로 도망했다. 직학(直學) 정문감(鄭文鑑)은 배중손으로부터 승선 직책을 받았으나 이를 거부하고 부인과 함께 물에 빠져 죽었다. 참지정사 채정(蔡楨)과 추밀원부사 김연(金鍊), 도병마녹사 강지소(康之邵)는 배중손이 난을 일으키자 바로 육지로 달아났고, 강화도를 경비하던 많은 군졸들도 뒤를 따랐다. 또 개경 정부는 상장군 정자여(鄭子璵)를 강화도로 보내 삼별초를 회유하는가 하면, 장군 김지저(金之氐)를 시켜 삼별초의 명부를 입수하기도 했다. 개경

정부가 삼별초의 핵심 인물들을 숙청하고, 병권을 장악하려는 의도였다.

　삼별초가 대몽 항쟁을 선언하며 강화도를 떠나자 원종은 어사대부(御史大夫) 김방경(金方慶)을 토벌군 책임자인 추토사(追討使)로 삼아 몽골군과 연합해 삼별초를 추격하게 했다. 이에 김방경과 몽골군의 송만호(宋萬戶)가 이끄는 토벌군 1,000여 명은 서남해 영흥도에서 처음 삼별초와 마주쳤다. 하지만 송만호가 삼별초의 기세에 겁을 먹고 김방경의 공격을 막는 바람에 삼별초는 큰 저항 없이 진도에 도착한다.

　삼별초는 진도에 용장산성(龍藏山城)과 행궁을 축조해 여원 연합군과의 장기전에 대비하는 한편, 서남해 연안과 도서 지역을 장악해 재물과 곡식을 거두고 현지 주민을 진도로 옮겨 살게 하는 등 갈수록 세력을 넓혀 나갔다. 이에 북으로는 전주, 동으로는 합포(合浦, 마산), 김해, 동래까지 삼별초의 영향권에 들어갔다. 과거 몽골군의 잔혹한 행위에 고통을 겪었던 백성들이나 주변 고을들이 스스로 삼별초에 호응하거나 항복하는 일도 많았다. 당시 전라도 토적사(討賊使)인 참지정사 신사전(申思佺)은 삼별초의 위세에 놀라 나주에서 개경으로 달아나 파면되기도 했다. 또한 진도는 지방의 조세를 수도로 운송하는 조운로(漕運路)의 길목에 위치하여 삼별초가 조운선과 상공미(上供米, 궁중에 바치는 쌀)를 탈취하는 일이 잇따랐다.

　이런 가운데 삼별초를 토벌하려는 고려 관군과 몽골의 연합군도 번번이 강력한 저항에 부딪혀 물러나야 했다. 1270년 9월에는 김방경과 몽골 원수 아해(阿海)가 나주의 금성산(錦城山)을 포위한 삼별초를 물러나게 했지만, 더 이상 삼별초를 압박하지는 못했다. 급기야 삼별초는 같은 해 11월 제주도를 지키던 관군을 전멸시키고, 이 지역까지 장악하였다. 한 달 뒤 김방경과 아해가 이끄는 토벌군이 진도를 공격했지만, 삼별초의 반격

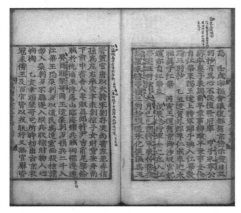

〈고려사〉에 기록된 삼별초의 항전 《고려사》 권27 〈세가(世家)〉 원종(元宗) 14년(1273) 4월의 기록으로, 삼별초가 여몽 연합군에 의해 최후를 마쳤다는 내용을 담고 있다. (규장각한국학연구원)

으로 아해는 싸우기를 포기했고, 김방경은 관군을 독려하며 삼별초와 싸우다 가까스로 포위를 뚫고 빠져나왔다.

다급해진 고려와 몽골은 1271년 5월 군사와 전함을 대폭 늘려 진도에 대한 총공세를 감행한다. 여기에는 고려를 완전히 제압하고 일본 정벌에 나서려는 몽골의 야심도 깔려 있었다. 몽골은 아해를 파면하고 대신 흔도(忻都)를 새 원수로 임명했다. 몽골군이 해전에 익숙하지 않아 패퇴를 거듭했다는 점을 고려해 몽골에 귀화한 고려인 무장 홍다구(洪茶丘)도 지휘관으로 투입했다.

여원 연합군이 벽파정과 장항, 동면 세 곳으로 나누어 일제히 협공하자, 삼별초는 더 이상 버티지 못하고 진도에서 물러났다. 이 과정에서 삼별초를 이끌던 배중손이 전사하고, 승화후 왕온과 그 아들 왕환(王桓)도 홍다구에 의해 죽임을 당했다. 《고려사절요》는 여원 연합군이 삼별초와의 싸움에서 여러 차례 패배했고, 이 때문에 삼별초가 연합군을 업신여겨 방비를 제대로 하지 않았다고 기록하였다. 이 전투에서 연합군은 진도에 있던 1만여 명을 붙잡고 전함 수십 척과 양곡 수천 석, 각종 재물을 빼앗아 개경으로 보냈다.

진도가 함락되자 배중손 대신 김통정(金通精)이 삼별초를 이끌고 별장 이문경(李文京)이 점령하고 있던 제주도로 다시 근거지를 옮겼다. 이들은 현재 제주시 애월읍 고성리 일대에 항파두성(缸坡頭城, 항파두리)을 쌓고 관아와 군사 시설을 갖추는 등 대몽 항쟁의 전열을 재정비했다. 당시 남해현을 점거하고 있던 유존혁도 전함 80여 척을 이끌고 제주도로 합세했다.

이렇게 세력을 추스른 삼별초는 다시 반격에 나섰다. 1272년부터 회령(會寧, 전북 김제), 탐진(耽津, 전남 강진), 결성(結城, 충남 홍성), 안남도호부(安南都護府, 경기 부천), 합포, 거제 등을 잇달아 공략해 전함을 불태우거나 몽골군과 몽골에 협조하는 관원 등을 잡아 가는 등 연합군에게 타격을 입혔다. 삼별초가 다시 맹위를 떨치자 홍다구는 김통정의 조카인 낭장 김찬(金贊) 등을 제주도로 보내 삼별초를 회유하려 했으나, 김통정은 이를 듣지 않았다. 이에 원종 14년인 1273년 4월 김방경과 흔도, 홍다구가 연합군 1만여 명과 전함 160여 척으로 제주도를 공격하였다.

삼별초는 함덕포와 비양도를 통해 상륙한 대규모 연합군에게 계속 밀리다가 결국 항파두리성의 내성까지 몰렸다. 고려 관군이 불화살을 쏘며 이들을 뒤쫓자 연기와 불꽃이 하늘을 뒤덮었고, 삼별초는 끝내 무너지고 말았다. 이 과정에서 김통정을 비롯해 지도부 70여 명은 인근 산 속으로 들어갔으나, 김통정은 목매 자살한 채 발견됐고, 나머지 지도부들은 체포돼 모두 처형됐다. 제주도 전투에서 여원 연합군에게 포로로 붙잡힌 삼별초는 1,300여 명에 이르렀다. 이로써 삼별초의 대몽 항쟁은 결국 실패로 끝나고, 고려는 이후 오랜 기간에 걸쳐 몽골의 간섭과 지배를 받는다.

1274

여원 연합군의 1차 일본 정벌

원나라의 일본 정복 야욕에 휘말리다

> **1270년** 배중손을 위시로 삼별초가 원나라에 항거하다.
>
> **1271년** 삼별초군이 탐라로 이동하다.
>
> **1273년** 원나라가 탐라총관부를 설치하여 제주도를 장악하다.
>
> 1274년 10월, 원나라 쿠빌라이는 고려와 연합군을 조직해 일본 정벌을 시작한다. 마침내 여원 연합군은 일본 영토에 도착하여 대규모로 전투를 벌였으며, 일본군은 연합군에게 거듭 패배당하였다. 하지만 지휘부 내에서 몽골과 고려의 의견이 대립하는 가운데, 연합군 함대는 치명적인 타격을 받고 귀환해야 했다. 이로써 여원 연합군은 일본 정벌에 실패하였다.

여원 연합군의 일본 정벌은 쿠빌라이, 즉 원 세조(世祖, 재위 1260~1294)의 영토 확장 정책에 따른 것이었다. 재위 기간에 중국 대륙을 장악한 쿠빌라이는 동북아시아에서 유일하게 조공을 거부하는 일본을 정복하겠다는 야욕을 버리지 않았다. 그리고 고려를 일본 정벌의 디딤돌로 삼아 군사와 군량, 전함 등을 끊임없이 요구했다. 이에 엄청난 인적, 물적 피해를 염려한 고려는 일본 정벌을 막기 위해 절치부심했다. 40여 년에 걸쳐 전란이 계속된 터라 나라와 민생은 거의 도탄에 빠진 상태였다. 하지만 이미 원나라의 속국으로 전락한 처지였으므로 쿠빌라이의 요구를 받아들일 수밖에 없었다.

당초 쿠빌라이는 군사를 일으키기보다 회유 전략으로 일본을 복속시키기 위해 1266년 이후 일본을 여러 차례 설득했으나, 일본은 아무런 답변도 하지 않았다. 1266년에는 추밀원부사 송군비(宋君斐)의 안내로 일본에 가던 원나라 사신이 풍랑을 맞아 되돌아왔다. 그러자 몽골에 투항한 고려인 조이(趙彝)가 "고려와 일본이 선린 관계를 유지하고 있어 원나라에 공동으로 대적할 뜻을 갖고 있고, 때문에 송군비가 고의로 일본의 사신 행렬을 방해했다."라고 쿠빌라이에게 보고한다. 송군비가 원나라로 가서 해명했지만, 쿠빌라이는 고려를 불신하며 계속 압박했다. 이듬해에는 기거사인(起居舍人) 반부(潘阜)를 일본에 사신으로 보내 쿠빌라이의 친서를 전달하도록 했으나 일본은 아무 반응도 보이지 않았다. 이에 쿠빌라이는 당시 고려 원종에게 조서를 보내 "이제 다시 사신을 보내 반드시 일본에 도달시키려 하니 당신은 마땅히 중신으로 하여금 인도하게 하고 전과 같이 지체시키고 방해하지 말라."라고 경고한다.

1268년에는 지문하성사(知門下省事) 신사전(申思佺)과 반부 등의 안내로 일본으로 향하던 원나라 사신 흑적(黑的), 은홍(殷弘)이 대마도에서 일본인 두 명을 사로잡아 원나라로 돌아갔다. 이에 쿠빌라이는 크게 기뻐하며 이들을 일본으로 보내 원나라의 뜻을 전하도록 했지만, 이번에도 역시 답이 오지 않았다.

그러던 중 1272년 7월, 금주(金州, 김해)에 일본 배가 정박했다. 당시 경상도 안무사(按撫使) 조자일(曹子一)은 고려가 일본과 왕래했다는 사실이 발각되면 원나라에게 문책을 당할 것이 우려되어 일본 배를 은밀하게 돌려보냈다. 이 일을 알게 된 홍다구는 쿠빌라이에게 이를 알리고 조자일을 문초하고 죽여 버린다.

마침내 쿠빌라이는 무력으로 일본을 정벌하기로 결심하고 1274년에 본격적으로 전쟁을 준비한다. 고려에게는 전함을 건조하고 군사와 쌀을 지원하도록 했다. 전함 건조를 위해 고려인 3만여 명이 징집되기도 했다. 《고려사절요》는 '여러 가지 일이 매우 번거롭고 바쁘며, 기한이 급박하여 몰아치기를 바람과 번개 같이 하니 백성들이 매우 괴로워했다' 하고 적고 있다. 같은 해 2월에는 '공사 재물이 모두 고갈되었고 또 배를 건조하는 일로 농사지을 때를 잃게 됐으니 비단으로도 양곡을 사기 어렵지 않을까 두렵다' 라는 내용의 표문을 원나라에 보냈다. 하지만 고려의 간곡한 호소도 쿠빌라이의 뜻을 꺾지는 못했다.

그리고 같은 해 10월, 고려와 원나라 연합군은 드디어 일본 정벌을 감행한다. 몽골군과 한(漢)군 2만 5,000명, 고려 육군 8,000명과 수군 6,700명으로 모두 4만 명 규모였다. 고려군은 동남도도독사(東南道都督使) 김방경이 통솔했고, 몽골군은 도원수 홀돈(忽敦)이 이끌었다. 이들은 전함 900여 척에 나눠 타고 합포(마산)를 출발해 대마도(大馬島, 쓰시마 섬)를 장악한 뒤 일기도(壹岐島, 이키 섬)로 나아가 언덕 위에 진을 치고 있던 일본군과 싸워 승리를 거뒀다. 이 전투에서 일본군 1,000여 명이 몽골이군 우부원수(右副元帥) 홍다구와 고려군 지병마사(知兵馬事) 박지량(朴之亮) 등에 의해 전사했다.

이어서 여원 연합군은 규슈, 하카다 만, 사와라 등지에 상륙해 일본군과 대규모 전투를 벌였다. 이곳에서도 일본군은 연합군을 당해 내지 못하고 내륙 쪽으로 계속 밀렸다. 특히 김방경이 이끄는 고려군에 의해 일본군은 참패를 당했다. 《고려사》는 일본군의 쓰러진 시체가 삼대(삼의 줄기)와 같았다고 기록하고 있다. 이를 지켜본 홀돈은 "몽골인이 잘 싸운다고 하지만, 이 이상 더 잘할 수는 없다." 하고 감탄할 정도였다.

날이 저물고 전투가 그치자 연합군 지휘부는 이후 전략을 논의했는데, 여기에서 의견이 서로 엇갈린다. 김방경은 홀돈과 홍다구에게 "적의 땅에 들어와 스스로 힘을 다하여 싸우니, 배수진을 치고 계속

원 세조 쿠빌라이 칸 칭기즈칸의 손자인 쿠빌라이는 1271년 원나라를 세우고 연경을 수도로 정했으며, 1279년 중국을 마침내 통일한다. 그는 동북아시아로까지 영토 확장을 꾀하여 고구려를 통해 일본까지 정복하고자 하였다.

공격해야 한다."라며 육지에 교두보를 확보할 것을 주장했다. 하지만 홀돈은 "군사의 수가 적고 피로하니, 많은 적군과 싸우는 것은 완전한 계책이 아니다." 하며 삼랑포에 정박한 전함으로 돌아가야 한다고 반박했다. 때마침 몽골군 좌부원수(左副元帥) 유복형(劉復亨)이 일본군의 화살에 맞아 전함으로 향하니, 홀돈의 주장대로 연합군은 삼랑포로 물러났다.

하지만 전함으로 돌아간 연합군은 치명적인 타격을 입었다. 밤새 바람이 심하게 불고 비가 내려 삼랑포에 있던 전함 900여 척 가운데 200여 척이 바위와 벼랑에 부딪혀 침몰했기 때문이다. 고려군 좌군사 김신(金侁)을 비롯해 수많은 군사들이 물에 빠져 죽었다. 특히 몽골이 일본 정벌을 서두르기 위해 고려에게 전함 건조를 재촉한 나머지 4개월 만에 급조된 전함이어서 피해가 더 컸다. 연합군으로서는 더 이상 작전이 불가능할 정도

여몽 연합군의 일본 침공 〈몽골래습회사〉의 일부로 1274년 여몽 연합군과 일본의 전투를 묘사한 그림이다.

로 엄청난 피해를 입은 셈이다. 이로 인해 연합군은 황급히 귀환하였다.

연합군이 11월 합포로 되돌아왔을 당시 생환하지 못한 군사는 1만 3,500여 명에 이르렀다. 고려 충렬왕(忠烈王, 재위 1274~1308)이 즉위한 지 4개월, 원나라의 거듭된 독촉에 따라 감행된 여원 연합군의 1차 일본 정벌은 이렇게 마무리됐다.

1차 원정에 실패한 원나라는 1280년 2차 일본 정벌을 준비하기 위한 기구로 개경에 정동행중서성(征東行中書省, 정동행성)을 설치한다. 1281년 5월, 여원 연합군은 마침내 다시 일본으로 향한다. 김방경의 고려군과 흔도와 홍다구의 몽골이군 및 한군을 합해 동로군(東路軍) 5만 명이 전함 900척에 나눠 타고 먼저 출동했고, 남만(南蠻)의 범문호(范文虎)가 이끄는

강남군(江南軍) 10만 명이 전함 3,500척과 함께 후발대로 합세했다.

연합군은 먼저 대마도의 일본 수비대를 격퇴한 뒤 일기도를 점령했다. 이어 하카다 만에서 육지로 진격하려던 연합군은 일본이 해안선 20킬로미터를 따라 설치한 높이 2미터 안팎의 방루에 막혀 상륙 작전을 포기했다. 연합군의 1차 정벌 이후 일본은 방어 진지를 구축하며 전쟁에 대비하고 있었던 것이다. 이에 연합군은 방루를 피해 인근 섬에서 여러 차례 전투를 벌이며 일진일퇴를 거듭했다.

그러던 중 홍다구의 몽골군이 6월 초 지하도(志賀島, 시카노 섬) 전투에서 일본군에게 크게 패한다. 김방경의 고려군은 일본군 300여 명을 죽였지만, 홍다구는 일본군에게 돌파되어 패주하다가, 몽골이군 사령관 왕만호

(王萬戶)의 지원으로 겨우 목숨을 건졌다. 연합군은 이튿날 전투에서도 패배한 데다 때마침 군중에 전염병이 돌아 3,000여 명이 죽는 바람에 사기가 크게 떨어졌다. 이에 흔도와 홍다구는 회군을 논의했으나 김방경은 "강남군이 도착하면 힘을 합쳐 다시 공격하자."라며 반대했다.

얼마 뒤 강남군이 전장에 도착하자, 연합군은 다시 전열을 갖춰 하카다 만에 대한 일대 공세를 준비했다. 하지만 이번에도 태풍이 연합군의 전함을 강타해 엄청난 피해를 입혔다. 강남군이 모두 물에 빠져, 그 시체가 밀물과 썰물에 밀리는 바람에 항구가 막혀 밟고 다닐 정도였다. 이로써 여원 연합군의 2차 일본 정벌도 실패하였다.

일본은 두 차례나 자신들을 지켜 준 태풍을 신풍(神風, 가미카제)이라고 불렀다. 2차 정벌에서 원나라 쪽은 10만여 명, 고려는 7,000여 명이 전사했다. 잇따른 실패에도 쿠빌라이는 1294년 사망할 때까지 일본 정벌에 대한 야욕을 버리지 않았고, 이에 따라 고려의 물질적 피해와 노동력 손실도 계속됐다.

원나라의 제후국으로 전락한 고려

　1270년, 고려 조정이 몽골군에 항복해 39년 강도(江都) 시대를 마감하고 개경으로 환도하면서 고려는 원 간섭기에 접어든다. 원의 속국으로 전락한 고려는 이후 80여 년 동안 원의 내정 간섭으로 자주성의 위기를 겪는다.

　먼저 원나라는 고려 국왕을 원의 공주와 결혼시킴으로써 고려를 부마국으로 취급했다. 그리고 고려 국왕과 원의 공주 사이에 태어난 왕자는 원에서 성장하며 교육을 받아야 했고, 자라서는 원의 공주와 결혼한 뒤 즉위 시기에 맞춰 귀국했다. 원은 이를 간접 지배의 한 수단으로 삼았다. 25대 충렬왕에서 31대 공민왕까지 일곱 명의 국왕이 원의 공주를 왕비로 맞았다.

　원은 또 고려의 동북 지역에 쌍성총관부, 서북 지역에 동녕부, 제주에 탐라총관부를 세워 내정에 개입했다. 고려가 원의 속국이 되면서 왕실 용어와 관제 등도 격하됐다. 원은 충렬왕이 즉위하면서부터 국왕의 묘호에 조(祖)나 종(宗) 대신 왕(王)을 붙이도록 했고, 폐하는 전하로, 태자는 세자로 바꿨다. 원의 황제에게 충성을 다해야 한다는 의미에서 충렬왕부터 충정왕까지 6명의 국왕 이름 첫 자에 '충(忠)'을 붙였다. 관제는 2성 6부에서 1부 4사로 격하됐다.

　이와 함께 고려는 공녀(貢女)와 금, 은, 인삼, 잣, 매 등 각종 공물을 바치며 인적, 물적으로 엄청난 수탈을 당해야 했다.

1380

황산대첩

고려 말 거듭된 왜구의 침입

- **1226년** 왜구가 경상도 연안에 침입하다.
- **1265년** 왜구가 고려 남쪽 해안 지방을 공격하다.
- **1351년** 외선 130여 척이 경기 지방까지 침입하다.

고려 우왕 6년인 1380년 9월, 지리산 북서쪽인 전북 남원의 운봉 황산에서 지방 출신의 신흥 무장 이성계가 노략질을 일삼던 왜구를 크게 물리친다. 14세기 중반부터 전국 각지에서 동시다발적으로 일어난 왜구의 도발은 황산대첩을 계기로 주춤하게 된다. 황산전투는 같은 해 8월 진포대첩, 1376년 홍산대첩과 함께 고려 말 왜구를 격퇴시킨 3대 대첩으로 불린다.

충정왕 2년인 1350년부터 왜구들이 여러 무리들로 나뉘어 고려의 연안과 도서 지역을 휩쓸었다. 그러다 급기야는 내륙 지역까지 넘나들며 한때는 수도인 개경 근처까지 치고 올라갔다. 이들은 가는 곳마다 약탈과 방화, 살인을 저질렀으며, 미곡을 빼앗고, 고려인을 포로로 잡아 노예로 팔아넘기기도 했다. 왜구의 발호가 가장 심했던 기간이 우왕 시절이었으며, 당시에는 한 달에 두세 차례씩 왜구가 쳐들어왔다. 이로 인한 고려 백성들의 참상은 이루 말할 수 없을 정도였고, 민심이 크게 동요했다.

이에 고려 조정은 왜구에 대해 일대 소탕 작전을 벌이기로 하고, 1380 년 3월 이성계를 양광(楊廣, 충청), 전라, 경상 3도의 도순찰사(都巡察使)로 임명해 왜구 토벌을 맡긴다. 때마침 진포에서 나세(羅世), 최무선(崔茂宣) 등에 의해 격퇴당한 왜구의 잔당들이 내륙의 무리들과 합세해 경남 함양 과 남원 등지를 동서로 휩쓸고 다녔다. 《고려사절요》는 당시 상황을 기록 하였다.

> 왜적이 진포에서 패한 뒤로 군, 현을 쳐서 함락시키고 살육과 약탈을 멋대로 하여 그 기세가 더욱 올라 삼도 연해의 땅은 쓸쓸하게 텅 비 었다. 왜란이 있은 이래로 이같이 참혹한 일은 없었다.

이성계(李成桂, 조선 태조)가 군사를 이끌고 운봉으로 향한 것이 바로 이 때였다. 왜구는 당시 운봉현을 불사른 뒤, 근처 인월역(引月驛)을 중심으 로 주둔하며 "장차 금성(金城, 전남 담양)에서 말을 먹여 북으로 올라가겠 다."라고 호언하고 있었다. 이들은 지리산 골짜기를 배후로 삼고 앞쪽으 로 500미터쯤 떨어진 마을의 양쪽 산등성이에 일부 무리를 매복시켜 고려 군의 공격에 대비했다.

마침내 남원 운봉에 도착한 고려군은 군사를 두 갈래로 나눠 왜구의 주 둔지로 진격했다. 하지만 지리산을 등진 왜구가 유리한 지형을 활용해 거 세게 반격하자 고려군은 쉽사리 전진하지 못했다. 이 과정에서 이성계는 직접 군사들을 이끌고 험로(險路)를 통해 나아가며 매복조를 유인한 뒤, 대우전(大羽箭) 20발과 유엽전(柳葉箭) 50발을 쏴 이들을 쓰러뜨렸다. 매복조가 무너지자, 고려군과 왜구 사이에는 일대 혼전이 벌어졌다. 이성계는 자신이 탄 말이 화살에 맞아 죽자 다른 말로 갈아타는 것을 수차례 했으며, 자신도 허벅지에 화살을 맞았다. 왜구가 이성계를 포위하자 부하 장수들이 뛰어들어 그를 구하기도 했다.

일진일퇴의 공방으로 군사들이 지치고 날이 저물어 갈 무렵, 이성계는 "겁이 나는 사람은 물러가라. 나는 적과 싸우다가 죽겠다."라며 군사들을 다시 독려해 왜구를 몰아붙였다. 그러자 왜구의 진영에서 흰 말을 탄 장수가 달려 나와 창을 휘두르며 고려군을 휘젓기 시작했다. 15~16세밖에 안됐지만, 그가 가는 곳마다 고려 군사들이 연이어 쓰러졌다. 이에 고려 군사들은 그 장수를 '아기바투(阿基拔都)'라고 부르며 피해 다녔다. '아기'는 어린아이, '바투'는 용감한 사람이란 뜻이다.

이성계는 아기바투의 용맹함에 감탄하여 장수 퉁두란(李豆蘭)에게 그를 사로잡자고 말하지만, 퉁두란은 "산 채로 잡으려고 한다면 아군의 피해가 클 것"이라며 반대한다. 이에 이성계는 아기바투를 죽이기로 결심했지만, 아기바투는 목과 얼굴을 감싼 투구를 쓰고 갑옷을 입고 있어 화살을 쏠 만한 틈이 없었다. 이성계는 퉁두란에게 "내가 투구의 정자(頂子)를 쏘아 투구를 벗길 테니 그대가 뒤이어 즉시 쏘아라." 하고 말한 뒤 말을 타고 접근해 투구의 정자를 맞췄다. 아기바투는 투구의 끈이 끊어져 기울자 급히 투구를 바로잡아 썼다. 이성계가 다시 투구의 정자를 쏘아 맞추자 투구가 땅에 떨어졌고, 퉁두란이 바로 화살을 쏘아 아기바투를 죽였다. 아기바투가 쓰러지자 왜구는 기세가 꺾여 고려군의 공격에 걷잡을 수 없이 무너졌다. 《태조실록》은 '적군이 통곡하니 그 소리가 만 마리의 소 울음소리와 같았다'라고 적었다.

황산대첩비 비각 황산대첩비는 1380년 이성계가 왜구와 싸워 큰 승리를 거둔 황산대첩을 기리기 위해 만든 비이다. 현재 전라북도 남원군 운봉면 화수리에 있으며, 선조 10년인 1577년에 세웠다.

    이로써 이성계는 황산 전투를 승리로 이끌었다. 당시 전사한 왜구의 피로 냇물이 붉게 물들어 6~7일 동안이나 핏빛이 가시지 않았다. 사람들이 그릇에 물을 담아 맑아지길 기다렸다가 한참만에야 물을 마실 정도였다. 이때 피로 물든 바위는 현재 피바위로 불린다. 당초 왜구의 숫자가 고려군보다 열 배나 많았으나, 살아서 지리산으로 도망간 왜구는 70여 명에 불과했다. 고려군은 왜구의 말 1,600여 필과 엄청난 수의 병기를 포획했다.

    한편 왜구를 소탕하는 과정에서 고려가 자체 개발, 제작한 신무기가 동원되기도 했다. 최무선이 만든 화포(火砲)가 그것이다. 왜구는 적게는 수십 척에서, 많게는 수백 척에 이르는 군선을 몰고 고려 연안에 상륙했다.

때문에 군선을 파괴할 수 있는 화포는 해상에서 왜구를 무찌르는 데 아주 유용하게 쓰였다. 고려는 최무선의 건의로 1377년 화약과 화포를 제조하는 화통도감을 설치했다. 여기서 개발된 화포가 처음 사용된 곳이 바로 1380년 8월 진포대첩(鎭浦大捷)이었다.

당시 왜구는 미곡을 약탈하기 위해 군선 500여 척을 이끌고 금강 하류인 진포(전북 군산)에 침입했다. 왜구는 진포 어귀에서 군선과 군선을 큰 밧줄로 서로 연결해 위용을 과시했으며, 그 모습이 마치 해상 기지를 연상하게 했다. 하지만 이는 도리어 화포의 좋은 표적이 됐다. 고려군 원수 나세와 부원수 최무선은 100여 척의 배와 수군 3,000명을 이끌고 진포로 나아가 고려 군선에 장착된 화포로 왜구의 군선을 집중 공격했다. 그러자 왜구의 군선이 부서지고 타면서 연기와 불꽃이 하늘 높이 치솟았다. 군선 안에 있던 왜구는 모두 불타 죽고, 일부는 바다에 뛰어들기도 했다. 진포에서 살아남은 왜구는 330여 명에 불과했다. 이들은 옥주(沃州, 충북 옥천)로 달아나 다른 무리들과 합류했다.

1383년 봄에는 해도원수(海道元帥) 정지(鄭地)가 남해현 관음포에서 왜구의 군선을 화포로 격멸했다. 왜구는 120척 가운데 대선(大船) 20척을 선봉으로 내세워 공격해 왔다. 이에 정지는 47척으로 왜구에 맞섰으며, 화포를 쏘아 17척을 불사르고 2,000여 명을 죽였다.

이보다 앞선 1376년 홍산대첩(鴻山大捷)에서는 판삼사사(判三司事) 최영(崔瑩)이 크게 위용을 떨치며 왜구를 격퇴시켰다. 당시 왜구는 연산(連山, 충남 논산)에 있는 개태사(開泰寺)에 침입해 양광도 원수 박인계(朴仁桂)를 죽이는 등 행패를 부렸다. 이 소식을 들은 최영은 자신이 출정하여 왜구를 치겠다고 자청했다. 우왕과 여러 장수가 나이가 많아 위험하다고 말리

홍산대첩 1376년 7월, 왜구가 연산 개태사까지 침입하자 최영 장군은 직접 출군하여 왜구를 크게 무찔렸다. (전쟁기념관)

니, 61세인 최영은 "몸은 비록 늙었으나, 뜻은 쇠하지 않았다. 다만 사직을 편안히 하고 경성을 호위하고자 하는 것뿐이다."라며 뜻을 굽히지 않았다.

우왕의 허락을 받은 최영은 양광도 도순문사(都巡問使) 최공철(崔公哲), 조전원수(助戰元帥) 강영(康永) 등과 함께 밤잠도 자지 않고 내달려 홍산(충남 부여)에서 왜구와 맞닥뜨렸다. 왜구 500여 명은 이미 작은 산성으로 올라가 방어 진지를 구축하고 있었다. 《고려사절요》는 '삼면이 모두 절벽이고 오직 한 길만이 통할 수 있었으니, 여러 장수들이 두려워하고 겁내어 전진하지 못했다'라고 기록하였다. 그러자 최영이 앞장서 돌격하니 왜구가 제대로 막아내지 못하고 흩어졌다.

이때 숲 속에 숨어 있던 왜구가 화살을 쏘아 최영의 입술을 맞혔다. 최영은 피를 흘리면서도 자세를 전혀 흐트리지 않고 저격병을 쫓아가 직접 죽인 뒤 그제야 입술에 박힌 화살을 뽑았다. 이에 사기가 오른 고려군은 왜구를 사로잡고 베어 거의 섬멸시켰다. 이 싸움 이후 왜구 사이에서는 '백수(白首) 최만호(崔萬戶)'가 공포의 대상이 됐다. "두려운 것은 오직 머리가 센 최만호뿐"이라는 말까지 나왔다.

1388

위화도 회군

이성계가 고려의 실권을 장악하다

- **1361년** 홍건적이 10만 군사를 이끌고 삭주와 이성에 침입했으나 이성계가 이를 대파하다.
- **1374년** 공민왕이 살해되고 우왕이 즉위하다. 이로써 친원파와 친명파 사이에 다툼이 시작되다.
- **1380년** 황산 전투에서 이성계가 외구를 물리치다.

고려 말 이성계와 최영은 요동 정벌 문제를 놓고 격렬하게 대립했다. 고려는 최영의 주도로 명나라를 징벌하기 위해 요동 정벌을 추진했고, 이성계는 현실적인 한계를 들어 강력하게 반대했다. 우왕의 지시로 이성계가 지휘하는 요동 정벌군이 압록강까지 나아갔으나 위화도에서 군사를 되돌린다. 이후 이성계 일파는 우왕과 창왕, 공양왕까지 폐위하고 역성혁명을 이룬다.

당시 고려는 지배 세력 내부의 갈등과 왜구의 침입 등으로 극심한 내우외환을 겪고 있었다. 특히 지배층은 원―명 교체기를 맞아 친원파와 친명파로 나뉘어 갈등을 빚었다. 기득권을 지닌 권문세족은 명나라를 적대시하면서 몽골로 내몰린 북원(北元)과 가깝게 지냈다. 보수 군벌의 대표격이던 최영도 우왕 즉위 이후 조정을 장악한 권신 이인임(李仁任) 일파의 친원 정책에 동조하면서 권력의 핵심으로 떠올랐다.

반면 이성계와 그를 따르는 신진 사대부는 중국 대륙을 장악한 명나라를 배척하는 것은 현실적으로 나라의 장래에 이롭지 않다는 입장을 보였다. 이들 가운데 급진파는 친원파인 권문세족의 기득권을 타파하고 정치, 경제, 사회 전반을 개혁하는 것은 물론 역성혁명을 통해 새로운 국가를 세워야 한다는 생각을 갖고 있었다. 최영이 요동 정벌을 강행한 것에는, 이성계와 그 일파의 세력 확장을 견제하기 위해 이성계의 발목을 요동 쪽에 묶어 두려는 의도도 깔려 있었다.

이처럼 요동 정벌론과 위화도(威化島) 회군은 고려 지배층 내부의 외교 정책에 대한 갈등은 물론, 권문세족과 신진 세력 간의 주도권 다툼이라는 성격을 기본적으로 띠고 있었다.

1388년 2월, 명나라는 고려 사신 설장수(偰長壽)를 통해 "철령 이북은 원래 원나라에 속했으니, 모두 요동에 귀속시킨다."라며 철령위(鐵嶺衛)를 설치하겠다고 통고했다. 고려 서북면인 함남 안변 이북 지역의 땅을 내놓으라는 얘기였다. 그러자 문하시중 최영은 명나라의 요구를 받아들일 수 없다는 백관의 의견을 모은 뒤 우왕과 요동 정벌을 논의했다. 또 전국 5도의 성을 수축하고, 서북 변방으로 장수들을 파견해 명나라의 침입에 대비했다. 이 과정에서 최영은 요동 정벌에 반대하는 공산부원군 이자송(李子松)을 죽이기도 했다.

같은 해 3월 명나라의 요동도사가 지휘관 두 명과 군사 1,000여 명을 강계(江界)로 보내 철령위를 세우려 한다고 서북면도안무사 최원지(崔元沚)가 조정에 보고했다. 그리고 얼마 뒤 명나라에서 요동백호 왕득명(王得明)을 보내 철령위 설치를 통고했다. 우왕은 전국의 군사를 징집한 뒤 4월 들어 봉주(鳳州, 봉산)에 머물면서 최영과 이성계를 불러 요동을 치겠다는 뜻

을 밝혔다. 이 자리에서 이성계는 '사불가론'
을 들어 요동 정벌을 반대한다.

· 작은 나라가 큰 나라를 거슬리는 것은 옳
  지 않다.
· 여름에 군사를 출동시키는 것은 옳지
  않다.
· 온 나라가 멀리 정벌을 하면 왜적이 빈틈
  을 타 침입할 것이니 옳지 않다.
· 무덥고 비가 오는 시기라 활의 아교가 녹
  아 풀어지고, 대군이 전염병에 걸릴 것이
  니 옳지 않다.

최영 고려 말 장군 최영은 1359년 홍건적
이 서경을 침입하자 이를 물리쳤으며, 1361
년에는 개경에서도 이들에 맞섰다. 또 1376
년에는 홍산에서 왜구를 대파하였다. 그러
나 요동 정벌이 좌절된 후 이성계에 맞서다
가 체포당해 유배된 후 개경에서 참형당했
다. (전쟁기념관)

　　하지만 최영의 설득으로 우왕은 이성계의
건의를 묵살하고 요동 정벌군을 편성했다.
최영이 총사령관인 팔도도통사(八道都統使)가
되고, 조민수(曹敏修)가 좌군도통사, 이성계가 우군도통사를 맡았다. 이성
계와 조민수는 곧바로 좌군과 우군을 이끌고 서경을 출발했다. 좌우군은
합해서 3만 8,000여 명, 하인은 1만 1,000여 명이었으며, 말은 2만 1,682필
이 동원됐다.
　　이들은 5월에 압록강을 건너 위화도에 진을 쳤다. 이성계와 조민수는
더 이상 나아가지 않고 "큰비로 물이 넘쳐 수백 명이 여울에 휩쓸려 빠졌
고, 요동성에 이르더라도 군량이 제대로 공급되지 못해 진퇴가 어려울 수

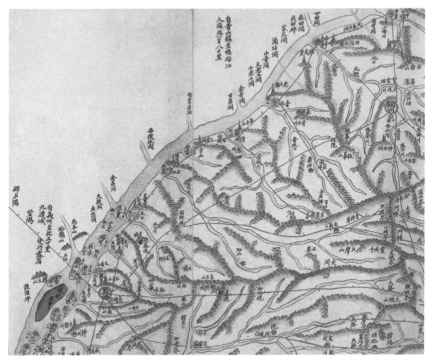

위화도 압록강 일대를 그린 이 지도에서 위화도의 위치를 확인할 수 있다. 위화도는 압록강 하구에 생긴 하중도이며, 이성계는 사불가론을 펴며 위화도에서 회군을 단행, 요동 정벌을 중단했다.

있다."라며 우왕에게 회군을 요청했다. 며칠 뒤에는 최영에게 사람을 보내 거듭 회군을 허락할 것을 건의했다. 하지만 우왕과 최영은 빨리 진군하라는 뜻만 밝히며 이들의 의견을 받아들이지 않았다. 이에 이성계와 조민수는 좌우군 군사를 이끌고 위화도를 빠져나와 개경으로 향했다.

이성계는 위화도에서 회군하면서 여러 장수들에게 이르렀다.

"만일 상국(上國)의 경계를 범해 천자(명나라 황제)께 죄를 얻으면 종사와 백성에게 화가 곧 이를 것이다. 내가 순(順)과 역(逆)으로써 글을 올려 회군을 청했으나, 왕이 살피지 못하고 최영이 늙고 어두워 듣지 않으니,

그대들과 함께 들어가서 왕에게 친히 화와 복을 아뢰고, 왕 옆의 악한 사람(최영)을 제거하려 한다."

우왕은 봉주에서 조전사 최유경(崔有慶)에게 이 사실을 보고 받고 급히 개경으로 달려가 최영에게 이성계와 조민수를 진압할 것을 지시했다. 이성계와 조민수는 6월 개경 근교에 이르러 진을 치고 우왕에게 '최영을 제거하지 않으면, 종사를 전복시킬 것'이라고 글을 올렸다. 이에 우왕은 '군신의 대의는 고금을 통한 의리'라며 이들을 책망하였다. 또한 개경 수비를 위해 급히 군사를 모아 개경 안팎의 골목 입구를 수레로 막는 한편, 조민수 등의 관작을 삭탈했다.

이성계는 개경성의 숭인문 밖 산대암(山臺岩)에 진을 친 뒤 지문하사 유만수(柳曼殊)를 숭인문, 좌군을 선의문으로 보내 성문을 뚫도록 했지만 최영의 방어에 막혔다. 조민수의 우군이 다시 공격했지만, 이번에도 실패했다. 하지만 수적으로 열세인 개경성의 병력은 결국 이성계의 위세를 당해 내지 못하고 무너졌다. 우왕과 최영은 궁성 내 화원 속에 있는 팔각전(八角殿)으로 몸을 피했다. 이성계와 그 군사들은 화원을 겹겹이 포위한 채 최영을 내놓으라고 소리쳤다. 그럼에도 최영이 나오지 않자, 서너 명의 군사들이 곧장 들어가 최영을 사로잡았다.

개경을 장악한 이성계 일파는 최영을 귀양 보내고 우왕을 폐위한 뒤 중앙 정치의 실권을 쥐었다. 이때부터 요동 정벌 계획은 폐기되고, 명나라의 연호가 다시 시행됐으며, 원나라 복장 대신 명나라 의복을 입게 됐다. 차기 왕을 옹립하는 과정에서 이성계 일파는 종친들 가운데 한 사람을 세우려 했으나, 세력이 약한 조민수가 문하시중 이색의 도움을 받아 우왕의 아홉 살 난 아들 창왕(昌王)을 내세워 이성계 일파를 견제하려 했다. 하지만 이성계와 그를 지지하는 조준(趙浚), 정도전(鄭道傳), 남은(南誾), 윤소종(尹紹宗) 등 개혁성이 강한 신진 관료들이 국정 전반의 혁신을 추진하면서 이에 반대하던 조민수는 유배되고 이색은 스스로 관직을 물러났다. 이에 조준과 정도전 등은 정몽주(鄭夢周)와 함께 '폐가입진(廢假立眞, 가짜를 폐하고 진짜를 세움)'을 명분 삼아 창왕을 1년 만에 폐위시키고 1389년에 공양왕(恭讓王)을 옹립한다.

실권을 장악한 이성계 일파의 개혁 정책은 과감하고 급진적이었다. 관리의 직급에 따라 토지를 지급하는 과전법(科田法)을 실시해 대토지를 소유했던 권문세족의 경제적 기반을 붕괴시켰고, 숭유억불(崇儒抑佛) 이념에 따라 주자가례(朱子家禮)를 시행하는 한편, 사찰의 재산을 몰수했다. 또 정치 논쟁을 활성화하기 위해 경연 제도를 도입하고, 과거에 무과를 신설했으며, 관제를 육조로 개편했다.

하지만 조준과 정도전, 남은, 남재(南在), 조박(趙璞), 오사충(吳思忠) 등 급진 세력은 단순한 개혁 정책에 만족하지 않고, 역성혁명과 건국을 통해 이상적인 유교 사회를 건설하려 했다. 이 같은 기류는 고려 왕조의 테두리 내에서 순차적인 개혁을 원하던 온건 개혁파 사대부와의 충돌로 이어졌다.

1392년 4월 이성계가 해주에서 사냥 도중 낙마해 부상을 입고 현지에 머무르는 틈을 이용해, 정몽주, 이숭인(李崇仁), 이종학(李鐘學) 등 온건 개혁파는 이성계 일파를 탄핵하고 귀양 보낸다. 그러자 위기감을 느낀 이성계의 아들 이방원(李芳遠)과 이성계의 동생 이화(李和)의 사위 이제(李濟) 등은 서로 모의해 정몽주를 선죽교(善竹橋)에서 피살했다. 나머지 온건파들도 대거 먼 지방으로 유배되거나 제거당했다. 위화도에서 회군한 지 4

정몽주가 죽임당한 선죽교 태조 왕건이 처음 축조하였고, 고려 말 정몽주가 피습당한 곳이다. 원래 이름은 선지교(善地橋)였으나, 정몽주가 죽임당한 날 다리 옆에서 대나무가 솟았다고 하여 선죽교(善竹橋)로 이름이 바뀌었다고 한다. 현재 북한 개성에 남아 있으며, 북한 국보 문화유물 제159호로 지정되었다.

년여 만인 1392년 7월, 마침내 이성계는 신하들의 추대로 왕위에 올랐고, 다음 해 2월 국호를 고려에서 조선으로 바꿨다. 고려는 개국 474년 만에 34대 공양왕을 마지막으로 역사 속으로 사라졌다.

유교 국가 조선

Chapter 3

이성계가 건립한 후 500년간 이어진 조선왕조는 유교 이념을 정치철학으로 삼은 중앙집권 국가이자 양반을 중심으로 국가 근간이 이루어지는 엄격한 신분제 사회였다. 그러나 왕조 초반부터 내부로부터의 정변이 거듭 일어났으며, 외침까지 계속되어 16세기 이후에는 두 차례의 왜란과 호란을 겪는다. 또한 사림이 중앙 정치에 본격적으로 진출하면서 붕당 정치가 활발해졌으며, 영·정조 대에는 탕평책을 통한 정치적 안정을 바탕으로 각종 개혁이 추진되었다. 그러면서 조선은 근대를 맞이한다.

1394

한양 천도

조선 왕조 500년의 도읍을 정하다

◁◁ **1380년** 이성계가 황산대첩을 승리로 이끌다.
◁◁ **1388년** 압록강 하류 위화도에서 이성계가 군사를 회군하다.
◁◁ **1392년** 이성계가 조선을 건국하고 태조로 즉위하다.

한양 천도를 시작으로 태조는 유교적 통치 이념을 구현하기 위한 국가의 기틀을 마련해 나갔다. 한양 건설을 기획하고 설계한 총 책임자 정도전은 궁궐과 도성 자리를 정하고, 궁궐의 전당과 도성의 성문, 한성부의 5부 52방의 이름을 지었다. 정도전은 도성을 드나드는 성문의 명칭 하나하나에도 유교의 윤리와 오행 사상을 담았다.

조선 태조 이성계는 개국 2년여 만인 1394년 10월 28일 수도를 개경에서 한양으로 옮긴다. 한양의 주변 형세와 육로, 수로 등 교통의 이점, 지리적인 조건을 감안한 선택이었다.

천도 작업에 가장 적극적이었던 사람은 태조(太祖, 재위 1392~1398) 본인이었다. 그는 1393년 2월, 새로운 수도의 후보지로 거론되던 공주 계룡산을 직접 살펴보기 위해 떠나던 길에 남은(南誾) 등에게 말했다.

계룡산 주초석 계룡산이 천도지로 결정된 후 궁궐터를 다지기 위해 놓인 주춧돌이다. 현재 신도안의 부남리, 정장리, 석계리 일대에 흩어져 있다.

"예로부터 왕조가 바뀌고 천명을 받은 군주는 반드시 도읍을 옮기기 마련이며, 나의 후사가 될 적자가 도읍을 옮기려 해도 대신이 옳지 않다고 막는다면 어찌 도읍을 옮길 수 있겠느냐."

그때 태조는 계룡산에 닷새 동안 체류하면서 도읍지로서 적합한지 면밀히 살폈다. 앞서 같은 해 1월 지리와 복서(卜筮, 점)에 통달한 정당문학(政堂文學) 권중화(權仲和)가 왕실의 태(胎)를 봉안할 곳을 찾으러 다니다 돌아와서 계룡산을 추천한 데 따른 것이다. 태조가 다녀간 뒤 계룡산에서는 궁궐터를 다지는 등 천도 준비가 진행됐지만, 공사는 2개월 만에 중단됐다. 정도전(鄭道傳)과 하륜(河崙) 등이 계룡산은 나라의 남쪽에 치우쳐 있고, 강이 멀고, 동북쪽과 막혀 있다는 등의 이유를 들어 도읍지로 적절치 않다고 건의했기 때문이다. 태조의 왕사(王師)인 무학대사(無學大師)도

"옛 신라의 도선(道詵) 선사는 이씨가 한양에 도읍을 정한다고 했다."라고
말했다.

태조는 정도전과 무학대사, 하륜 등에게 새로운 도읍지를 알아보라고
명한다. 이에 하륜은 현재 서울 연희동과 신촌 일대인 무악(毋岳)을 추천
했다. 하지만 대다수 신하들이 터가 좁아 적합하지 않다고 반대했다. 그
러자 태조는 직접 한양으로 행차해 지세를 살펴본 뒤 무학대사의 의견을
물었다. 무학대사는 "사면은 높고 수려하며 중앙은 편편하고 넓어 적절
하다."라고 말했고, 태조는 1394년 8월 13일 대신들의 동의를 얻어 한양
을 수도로 정했다. 개경으로 돌아온 태조는 최고의결기구인 도평의사사
(都評議使司)로 하여금 천도를 정식 건의하도록 했으며, 도평의사사는 같
은 해 8월 말 '안팎 산수 형세가 훌륭하고, 사방으로 통하는 도로와 거리
가 고르며 배와 수레도 지날 수 있으니 한양에 영구히 도읍을 정하는 것
이 하늘과 백성의 뜻에 맞다' 라고 글을 올렸다.

한양이 수도로 정해졌지만, 궁궐을 어디에 지어야 할지를 놓고는 다시
정도전과 무학대사 사이에 의견이 갈렸다. 무학대사는 인왕산 근처를 추
천하며, "인왕산 아래 동향(東向)으로 궁궐을 지으면 관악산의 화기(火氣)
를 피할 수 있고 대대로 안온할 것"이라고 말했다. 하지만 정도전은 "안
온하기는 하지만, 음침하여 나라가 발전하기 어렵다."라며 백악(白岳) 근
처를 추천하고 "삼각산 아래 남향으로 궁궐을 지어야 한다."라고 주장했
다. 그러자 태조는 정도전의 의견을 받아들이고 1394년 9월 신도궁궐조
성도감(新都宮闕造成都監)을 설치해 종묘와 사직, 궁궐, 관청 등의 위치를
정하게 했다.

이어 10월 25일부터 천도를 시작해 10월 28일 비로소 태조가 한양으로

경복궁 근정전 조선 왕조의 정궐로 정도전이 조성하였다. 근정전 역시 이때 건축되었으나 임진왜란 때 불에 탄 후 조선 말에 이르러 흥선대원군이 주도하여 증축하였다.

옮긴다. 본격적인 한양 건설은 천도 이후로 이뤄졌다. 그리하여 태조는 궁궐이 완성될 때까지 옛 한양부 객사(客舍)에서 임시로 머물렀다.

　정도전이 총괄한 한양 건설의 핵심인 궁궐 공사는 1395년 9월 마무리된다. 궁궐은 백악산 아래에 남향으로 지었다. 정도전은 궁궐의 이름을 《시경》에 나오는 '기취이주(旣醉以酒) 기포이덕(旣飽以德), 군자만년(君子萬年) 개이경복(介爾景福)'을 따서 경복궁이라고 지었다. '이미 술에 취하고 덕에 배가 불러서, 군자가 만년토록 큰 복을 누린다'라는 뜻이다. 또한 정도전은 무학대사의 의견을 반영해 궁궐의 화기를 막기 위해 정문에 돌로 만든 해태상을 세우고, 그 앞에 연못을 파서 동으로 만든 용을 넣어 두었다. 경복궁의 좌우에는 왕실 조상의 신주를 모시는 종묘(宗廟), 땅과 곡식의 신을 모시는 사직(社稷)을 각각 지었다. 그리하여 같은 해 10월, 태조

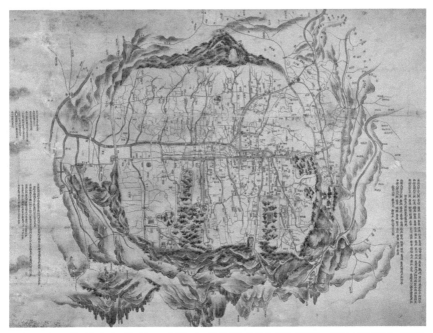

도성도 한양으로 천도한 태조는 정도전으로 하여금 수도를 건설하게 한다. 조선 후기에 그려진 이 지도에서는 경복궁 터와 여러 지명을 또렷하게 볼 수 있다. (규장각한국학연구원)

가 경복궁에 들어갔다.

도성은 한양의 지세를 이용해 둥글게 만들었으며, 그 길이가 17킬로미터에 이르렀다. 풍수학에 따라 백악을 주산으로 삼고, 좌청룡으로 낙산(駱山), 우백호로 인왕산(仁王山), 안산(案山)으로 남산(南山)을 연결했다. 당시 전국의 군인이 동원되어 각 구역별로 공사를 맡았다.

이어 1396년에는 도성에 사대문과 네 개의 소문을 만들었다. 네 개의 대문으로 동에는 흥인지문(興仁之門), 서에 돈의문(敦義門), 남에 숭례문(崇禮門), 북에 소지문(昭智門)을 두었다. 소지문은 숙정문(肅靖門)이라고도 한다. 중앙인 종로에는 보신각(普信閣)을 두었다. 인, 의, 예, 지, 신의 오덕(五

德)을 표현한 것이다. 또 4개의 소문을 짓고 동소문을 혜화문(惠化門), 서소문을 소의문(昭義門), 남소문을 광희문(光熙門), 북소문을 창의문(彰義門)이라고 했다.

한양부(漢陽府)의 이름도 한성부(漢城府)로 바꿨다. 한성 5부 중 동부 청사는 현재의 종로구 인의동, 서부 청사는 중구 무교동, 남부 청사는 중구 을지로 1가, 북부 청사는 종로구 사간동, 중부 청사는 종로구 종로3가에 각각 두었다. 동부에는 12방이 있어, 각각 연희, 숭교, 천달, 창선, 건덕, 덕성, 서운, 연화, 숭신, 인창, 관덕, 홍성이라 했다. 서부는 11방으로, 영견, 인달, 적선, 여경, 인지, 황화, 취현, 양생, 신화, 반석, 반송이 있었다. 남부도 11방으로, 광통, 호현, 명례, 태평, 훈도, 성명, 낙선, 정심, 명철, 성신, 예성을 두었다. 북부는 10방으로 나누고, 광화, 양덕, 가회, 안국, 관광, 진정, 순화, 명통, 준수, 의통이라 불렀다. 중부는 8방으로, 정선, 경행, 관인, 수진, 징청, 장통, 서린, 견평으로 이뤄졌다. 도성 안 5부 52방에는 모두 10만 명 규모의 백성이 살았고, 관청과 시장, 학교 등이 들어섰다. 다만 승려와 무당은 도성 안에서 살지 못하게 했다.

한양 지역은 서해안과 연결되는 한강을 끼고 있어 육로와 수로를 골고루 갖췄고, 주변에 높은 산이 있어 천혜의 요새지로 여겨졌다. 위치상으로도 한반도의 중간 지역에 속한다. 때문에 조선 시대 훨씬 이전부터 명당으로 주목받았다. 삼국은 한양을 중심으로 한 한강 유역을 차지하기 위해 쟁투를 벌였고, 각국이 최고의 전성기를 누릴 때는 그 영역에 어김없이 이 지역이 포함됐다.

풍수가들은 "한양으로 도읍을 옮기면 세계의 중심국가가 된다."라고 했다. 고려 시대에는 문종(文宗)이 이곳을 남경으로 삼긴 했지만, '한양의 주인공은 목자씨(木子氏=李氏)가 된다'라고 하여 선뜻 수도로 삼지 못했다. 고려의 마지막 왕인 공양왕 2년(1390)에는 서운관(書雲觀)에서《도선밀기(道詵密記)》를 인용해 송도의 기운이 다했으니, 수도를 한양으로 옮길 것을 건의했다. 공양왕이 이를 마음에 두고 대신들의 의견을 구했으나 한결같이 "참위설(讖緯說)을 믿고 한양으로 도읍을 옮기는 것은 옳지 않다." 하고 반대했다. 그러자 공양왕이 "비록(秘錄)에 '도읍을 옮기지 않으면 군신을 폐하게 될 것'이라고 했다. 음양의 설이 어찌 거짓이겠느냐." 하며 이들을 꾸짖었다.

태조가 한양 천도를 이루긴 했지만, 조선은 제1차 왕자의 난으로 정종(定宗) 때인 1399년 3월에 개경으로 환도했다가, 제2차 왕자의 난 이후 태종(太宗) 때인 1405년 10월 다시 한양으로 천도하는 우여곡절을 겪는다.

1398

제1차 왕자의 난

스스로 권좌를 움켜 쥔 태종 이방원

<~ **1392년** 이성계가 조선을 건국하다.
<~ **1394년** 한양으로 천도하다.
<~ **1395년** 정도전 주도로 경복궁 건축이 마무리되다.

새롭고 깨끗한 세상을 만들겠다는 열망으로 등장한 조선은 건국 이후 채 10
년도 되지 않아 피비린내 나는 내홍을 두 차례나 겪는다. 1398년과 1400년에
벌어진 왕자의 난은 개국 공신과 왕자들을 하루아침에 적과 동지로 갈라놓았
다. 군권과 신권이 국정 주도권을 놓고 충돌하고, 왕자들이 왕위 계승권을 서
로 차지하기 위해 골육상쟁의 혈전을 벌였다. 음모와 칼부림, 권력 투쟁으로
조선 왕조는 시작부터 삐걱거렸다.

   태조 이성계는 첫째 부인 신의왕후(神懿王后) 한씨(韓氏)와의 사이에 여
섯 형제를 두었다. 방우(芳雨)와 방과(芳果), 방의(芳毅), 방간(芳幹), 방원(芳
遠), 방연(芳衍)의 순이었다. 또 둘째 부인 신덕왕후(神德王后) 강씨(康氏)에
게서는 방번(芳蕃)과 방석(芳碩) 두 아들을 얻었다.

   제1차 왕자의 난은 태조가 1392년 8월 한씨 소생 왕자들 대신 강씨에게
서 난 방석을 세자로 책봉하면서부터 그 싹이 텄다. 한씨는 1년 전 이미

태조 어진 고려 말 왜구를 물리치며 무장으로 세를 확장한 이성계는 결국 새로운 나라 조선을 건국하였다. 이것은 전주 경기전에 소장된 어진이며, 1872년 모사된 작품이다.

세상을 떠났고, 당시에는 강씨가 태조의 총애를 받고 있었다. 강씨는 태조의 최측근인 정도전을 비롯해 신진 사대부 출신들과도 가까이 지냈다. 세자로 책봉될 때 방석은 나이가 열한 살에 불과했고, 때문에 정도전이 후견인 역할을 하며 방석을 보호했다.

당초 방원은 아버지 태조에게 맏형인 방우의 세자 책봉을 건의했고, 공신 배극렴(裵克廉)과 조준은 방원이 세자가 되어야 한다고 주장했다. 태조가 세자 책봉에 대한 의견을 묻자 배극렴은 "시국이 평탄할 때는 적자(嫡子)가, 어지러울 때는 공(功)이 있는 사람을 내세워야 한다."라며 개국 과정에서 정몽주를 제거하는 등 공을 세운 방원을 추천했다. 하지만 태조는 이 같은 의견들을 모두 뿌리치고 방원의 이복동생인 방석을 세자로 선택했다.

이처럼 세자 책봉 문제에서 정도전과 방원의 길은 엇갈린다. 그뿐만 아니라 두 사람은 사병 문제와 국정 운영의 주도권을 놓고도 팽팽하게 대립했다. 조선을 설계한 정도전은 재상이 최고 실권자가 되는, 이른바 신권 중심의 왕정을 이상적인 정치 체제로 여겼다. 이를 위해 왕족들이 거느리고 있는 사병을 혁파하고, 중앙 정부가 병권을 장악해야 한다고 주장했다. 이는 사병을 거느리고 있는 왕족들을 무력화하겠다는 뜻으로, 방원을 비롯한 왕자들에게 엄청난 위기의식을 안겨 줬다.

정도전은 때마침 불거진 요동 정벌론을 사병 혁파 및 병권 집중의 명분으로 삼았다. 명나라는 1396년 조선에서 보낸 표전(表箋, 공식 외교 문서)과 국서(國書)에 자국을 모욕하는 무례한 구절이 있다며, 그 작성자인 정도전을 명나라로 보내라고 요구했다. 이에 태조와 정도전이 명나라와 정면 대결하기로 하면서 요동 정벌론이 대두됐다. 정도전은 요동 정벌을 준비하기 위해 전시(戰時)에 대규모 병력을 배치하는 진법 훈련을 실시하겠다며 왕족이 거느린 사병까지 훈련을 받도록 했다. 이참에 사병을 국가의 군 지휘 체계로 끌어들이겠다는 의도였다. 태조도 진법 훈련을 허락했지만, 정도전의 의도를 알아차린 방원과 방간, 방의 등은 자신의 사병을 훈련에 보내지 않았다. 이에 왕자들은 왕명을 어긴 셈이 되었고, 이들의 부하장수들이 태형(笞刑)을 받는 상황에까지 이른다.

세자 책봉에서 밀려난 데다 사병 문제까지 불거지자 방원은 더 이상 물러설 곳이 없었다. 사병까지 내놓고 정도전의 실권 장악을 허용하든지 아니면 거사를 도모하든지, 둘 중 하나였다. 사병을 내놓고 백기를 들더라도 정도전 일파에게 언제 제거될지 알 수 없는 상황이었다. 이즈음에 정도전과 남은, 심효생(沈孝生) 등이 병중인 태조가 위독하다고 속여 한씨 소생 왕자들을 한꺼번에 궁중으로 불러 모은 뒤 이들을 모두 죽일 계획을 세우고 있다는 말이 돌았다.

마침내 거사를 결심한 방원은 1398년 8월 25일 그의 처남 민무구(閔無咎), 민무질(閔無疾), 이숙번(李叔蕃), 조준, 하륜, 이거이(李居易), 박포(朴苞) 등과 함께 정도전 일파의 음모를 미리 방지한다는 명목으로 사병을 동원

해 정도전과 남은, 심효생 등을 습격해 살해했다. 또 세자 방석을 폐위시
켜 귀양 보내는 길에 죽였다. 방석의 형인 방번도 이때 죽었다. 이것이 제
1차 왕자의 난이다. 방원의 난, 정도전의 난이라고도 한다. 무인년에 일어
났다 해서 무인정사라고도 부른다.

당시 병중이던 태조는 뒤늦게 이 사실을 알고 방원을 불러 "혈육을 무
참히 죽이다니 천륜도 모르느냐." 하며 진노했다. 1396년 강씨가 병으로
죽은 뒤 태조는 방번과 방석 두 형제를 극진히 아꼈다. 게다가 그의 최측
근인 정도전마저 방원에게 죽임을 당한 사실에 태조는 상심하여 왕위를
내놓고 정치에서 물러난다.

방원이 정도전 일파와 방석을 제거하는 데 성공하자 하륜, 이거이 등은
방원을 세자로 내세우려고 했으나 방원은 스스로 이를 사양했다. 대신 둘
째 형인 방과가 세자에 책봉돼 태조의 뒤를 이어 왕에 오르니 그가 2대 정
종(定宗, 재위 1398~1400)이다. 정종은 1399년 3월 한양의 터가 좋지 않다
며 조정을 다시 개경으로 옮기고, 8월에는 권세가의 세력을 견제하기 위
해 하급 관리가 상급 관리를 방문하지 못하게 하는 분경금지법(奔競禁止
法)을 만들었다.

이즈음 제1차 왕자의 난 당시 "정도전 등이 방원을 제거하려 한다." 하
고 밀고하는 등 방원을 도왔던 지중추원사(知中樞院事) 박포가 논공행상
과정에서 일등공신이 되지 못한 것에 대해 불평을 늘어놓았다. 방원은 이
를 알고 그를 죽주(竹州, 영동)로 귀양 보냈다가 얼마 후 다시 불러들였다.
박포는 방원에 대한 앙심이 깊어져 방원의 형인 방간을 찾아가 "방원의
눈초리를 살펴보니 조만간 공을 죽일 것 같다. 그러니 선수를 쳐야 한다."
라고 거짓말로 부추겼다.

圖 全 城 箕

조선 왕조의 첫 번째 수도 개경 함흥 출신인 태조 이성계는 고려를 대신하여 조선 왕조를 건국하였다. 그리고 고려의 도읍인 개경을 그대로 새 왕조의 수도로 삼았으나 개국 2년 만에 천도를 결정한다. 지도상의 개경은 19세기 말의 모습으로, 대동강 위에 떠 있는 배의 모습으로 묘사하였다. (규장각한국학연구원)

당시 정종이 적자가 없었기 때문에 방간은 왕위에 욕심이 있었다. 이에 방간이 처조카인 교서관(校書館) 판사(判事) 이래(李來)에게 이를 의논하자, 이래는 방원에게 찾아가 방간이 반란을 일으키려 한다고 일렀다. 결국 1400년 정월, 방간은 박포와 함께 사병을 동원해 난을 일으켰고, 두 형제가 이끄는 군사들은 개경 한복판에서 시가전을 벌였다. 이때 방원은 자신의 군사들에게 "내 형을 해치는 자는 목을 베겠다."라고 말했다. 방간은 선제공격을 했지만, 군사 숫자가 워낙 많은 방원 쪽을 당해 내지 못했다. 결국 패하고 도망치던 방간과 박포는 방원의 군사들에게 붙잡혔다. 방원은 조정 대신들의 요청에도 방간을 죽이지 않고 토산으로 귀양 보냈다. 박포는 유배지에서 처형당했다. 왕위 계승권을 둘러싼 두 왕자 간의 싸움은 이렇게 마무리됐다. 이를 제2차 왕자의 난이라고 한다. 박포의 난, 방간의 난으로도 불린다.

제2차 왕자의 난으로 방원의 반대파가 거의 제거되자 방원의 입지는 더욱 굳어졌다. 그리고 심복인 하륜의 주청이 받아들여져 1400년 2월에 방원은 세자로 책봉됐다.

제2차 왕자의 난 이후 정종은 분란의 불씨가 됐던 사병을 혁파하고, 병권을 의흥삼군부(義興三軍府)로 집중시켰다. 왕권을 강화하기 위한 조치였다. 당시 권근(權近)은 "신하가 사병을 소유하면 반드시 군주를 위협하게 된다." 하며 사병 혁파를 건의했다. 또 도평의사사를 의정부(議政府)로, 중추원(中樞院)을 삼군부(三軍府)로 고치고 양쪽을 겸직하지 못하도록 했다. 이로써 정무는 의정부가, 군정은 삼군부가 담당해 정무와 군정을 분리시켰다. 이 모든 것이 방원의 뜻에 따른 것이었다.

당초 정종은 권력에 대한 욕심이 많지 않았고, 동생인 방원이 조정을

거의 장악한 상태여서 왕위에 더 이상 미련을 두지 않았다. 왕비인 정안
왕후(定安王后) 김씨도 왕위에 계속 머물다간 방원에게 죽임당할 수 있으
니, 정종에게 물러날 것을 권했다고 한다. 이에 정종은 1400년 11월 왕위
를 세자인 방원에게 물려준다.

이로써 3대 태종(太宗, 재위 1400~1418)의 시대가 열렸다. 두 차례의 난
을 직접 치른 태종은 왕위에 오르자 왕권 강화와 중앙집권제 확립을 위해
대다수 공신과 외척들을 제거한다.

1419

대마도 정벌

한반도를 노략질한 왜구를 다스리다

> ◁ **1376년** 홍산대첩에서 최영이 왜구를 무찌르다.
> ◁ **1380년** 황산대첩에서 이성계가 왜구를 무찌르다.
> ◁ **1426년** 세종이 부산포, 염포, 내이포 등 3포를 개항하다.
>
> 한반도를 침입하던 왜구에게 시달리던 조선은 이종무가 이끄는 조선 원정
> 군으로 하여금 왜구의 소굴인 대마도에 진입하게 했다. 조선군은 대마도에
> 서 2주 정도 왜인과 전투를 벌인 뒤 대마도 도주에게 항복을 받아내고 귀환
> 한다. 이에 상왕 태종과 세종이 출전한 장수들을 불러 잔치를 열고 대마도
> 정벌을 치하했다.

1419년 6월 20일, 삼군도체찰사(三軍都體察使) 이종무(李從茂)는 227척의 함선과 1만 7,000여 명의 수군을 이끌고 대마도에 이른 뒤 두지포(頭知浦) 앞바다에 함선을 정박했다. 이때 해안선에 있다가 조선 함선이 도착한 사실을 확인한 왜구 50여 명이 조선군에게 저항하다 달아났다.

이종무는 본격적인 왜구 소탕에 앞서 대마도주 도도웅와(都都熊瓦)에게 항복을 요구했다. 이종무는 처음에는 조선에 귀화한 왜인 지문(池文)을 보

내 설득했고, 두 번째는 병조판서 조말생(趙末生)의 글을 보냈다. 그러나 적에게서는 아무런 답이 오지 않았다. 이에 조선군은 수색 작전에 들어가 해안가의 적선 129척을 찾아내 20여 척은 압수하고 나머지는 모두 불태워 버렸다. 또 적병 114명을 참수하고, 21명을 사로잡았으며, 적의 집 1,939채를 불태웠다. 포로로 잡혀 있던 중국인 131명을 구해 내기도 했다. 이어 이종무는 대마도 안쪽으로 달아난 적들이 식량이 부족해 오래 버티지 못할 것이라고 여기고, 목책을 설치해 장기전에 대비했다. 한편으로는 다시 수색조를 보내 적선 15척을 불사르고, 집 68채를 불태웠으며, 적군 9명을 죽였다. 또 조선인 8명과 중국인 15명을 구출했다.

6월 29일에는 조선군 본대가 함선에서 내려 육상전을 감행했다. 그러나 좌군절제사(左軍節制使) 박실(朴實) 부대가 대마도 깊숙한 곳으로 들어갔다가 적의 복병에 기습당해 장수와 군사 수십 명을 잃고 함선으로 패주하였다. 그러자 이를 뒤쫓아 온 적군이 함선을 공격하다가 물러났다. 한 차례 타격을 입은 이종무는 더 이상 육상전을 벌이지 않고 대신 함선으로 포구를 에워싼 채 적이 지치기를 기다렸다.

이때 도도웅와가 항복의 뜻을 밝히며 강화를 요청하는 글을 보냈다. 도도웅와는 '7월에 태풍이 불 것이니 조심하라' 라는 경고도 덧붙였다. 이종무는 항복을 받아들이고, 태풍을 염려해 7월 3일 거제도로 돌아왔다. 이것이 이종무의 대마도 정벌이다. 기해년에 일어난 일이라고 해서 기해동정(己亥東征)이라고도 한다.

당시 대마도 정벌에는 이종무의 아들인 사헌부 감찰 이승평(李昇平)도 참전했다. 이종무가 귀환한 직후인 7월 6일 좌의정 박은(朴訔)은 중국에서 노략질을 하던 왜구가 그들의 소굴인 대마도로 돌아가고 있으니 이종무

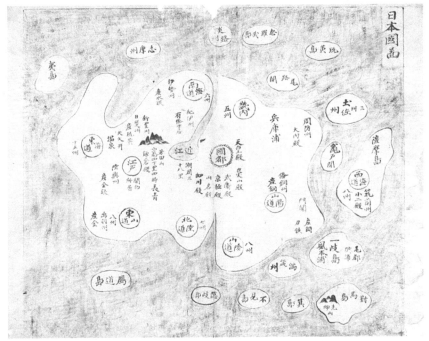

대마도의 위치 조선 중기에 제작된 지도로, 오른쪽 아랫부분에서 대마도를 확인할 수 있다. (우석대학교 박물관)

를 보내 이들을 격퇴시키자고 태종에게 제안한다. 하지만 대마도 정벌 과정에서 병사 수십 명을 잃었고, 이미 대마도주가 강화를 요청한 상태여서 출병은 이뤄지지 않았다.

조선이 대마도를 친 것은 결정적으로 그해 5월 왜구의 무리가 잇달아 조선을 노략질한 데 따른 것이었다. 충청도 관찰사 정진(鄭津)은 5월 7일 조정에 급보를 올렸다. 왜구의 배 50척이 비인현(庇仁縣, 충남 서천) 도두음 곳에 침략해 조선의 함선을 포위하고 불을 질렀다는 내용이다. 당시 만호 (萬戶) 김성길(金成吉)은 술에 취해 저항하지 못하고 스스로 물에 빠지는 바람에 왜구를 막아낼 수 없었고, 그 아들이 왜구와 싸우다가 끝내 죽임당했다. 왜구는 이어 황해도 해주 연평곶까지 나아가 절제사 이사검(李思儉)에게 쌀 40섬을 받고 물러났다.

당시 군권을 쥐고 있던 상왕 태종은 이 같은 보고를 받고 5월 14일에 급히 중신 회의를 소집하여 왜구의 근거지인 대마도를 정벌하기로 결정했다. 당시 태종은 중풍으로 온천을 다니며 요양 중이었으나 사안이 시급함을 감안해 직접 대마도 정벌 사안을 주관했다. 이로써 총지휘관으로 임명된 이종무는 6월 19일 대마도 정벌길에 오른다. 이종무는 제2차 왕자의 난 당시 태종의 편에 서서 그를 적극 돕는 등 태종의 총애를 받던 인물이었다.

대마도 정벌에 참여했던 장수들은 같은 해 8월 10일 상왕 태종과 세종(世宗, 재위 1418~1450)이 선양정(善養亭)에서 주재한 잔치에 참석하였다. 이 자리에서 영의정 류정현(柳廷顯)은 "전하께서는 왕조를 어렵게 세웠다는 것과 왕조를 지켜나가는 것도 쉽지 않다는 것을 매일 생각하셔야 한다."라고 고한다. 이에 태종은 "그 말이 옳으니, 임금(세종)은 새겨듣도록 하라." 하고 이른다.

하지만 이 같은 환영 분위기는 오래가지 않았다. 사헌부가 박실의 육상전 패배에는 이종무의 책임이 있다는 상소를 올렸기 때문이다. 태종은 이종무를 보호하기 위해 사헌부의 탄핵 건의를 받아들이지 않았다. 그러자 사헌부는 중죄를 지었다가 사면된 김훈(金訓)과 노이(盧異)를 이종무가 조정의 허락도 받지 않고 대마도 정벌에 참여시킨 것을 다시 문제 삼았다. 사헌부는 "아무리 무술이 뛰어나지만 불충한 인물을 전쟁에 참여시키는 것은 신하의 도리가 아니다." 하며 사형을 건의했다.

하지만 태종은 1419년 11월 이종무를 하옥시키고, 이후 한양 바깥으로

낙천정 세종 1년 8월 4일, 이종무 등이 대마도를 정벌하고 돌아오자 맞이한 곳으로, 왕이 거둥하여 주연을 베풀었다고 한다.

내쫓는 것으로 사태를 수습했다. 대마도 정벌의 주인공인 이종무의 쓸쓸한 퇴장이었다. 하옥 당시 이종무는 국문을 받는 과정에서 "전장에서 죽었어야 하는데, 살아 돌아와 늙은 놈이 욕을 당하는구나."라며 비통해했다고 한다.

이종무의 대마도 정벌 이후 한반도에 대규모로 왜구가 들끓는 일이 사라졌고, 이를 계기로 조선은 왜인에 대해 때로는 회유하고, 때로는 웅징하는 '당근과 채찍' 전략으로 선린 관계를 유지하였다. 대마도주는 조선을 신하의 예로 섬기고 조공을 바치며, 대마도를 경상도 일부로 복속하기를 청했다.

조선은 대마도가 섬의 특성상 식량과 물자가 부족하다는 점을 감안해 공식적인 무역을 허용하였다. 세종은 즉위 8년인 1426년에 동래 부산포, 웅천(熊川, 창원) 내이포(乃而浦, 제포), 울산 염포(鹽浦)의 3포를 개항했다.

세종 25년인 1443년에는 조선과의 왕래가 허락된 무역선인 세견선(歲遣船)을 1년에 50척으로 제한하고, 대마도주에게 내리는 세사미두(歲賜米豆)를 1년에 200석으로 규정하는 계해약조(癸亥約條)를 맺었다. 당시 조선은 왜인과의 무역에서 구리나 유황, 약재, 염료, 향료 등 무기의 원료나 기호품을 구입했고, 왜인은 식량과 옷감, 서적 등 생활필수품이나 문화재를 가져갔다.

3포에서의 무역이 활발해지면서 당초 60호로 한정한 왜인 상주 인구는 세종 말년에 이르러 2,000명까지 늘어났다. 이처럼 세종 당시의 대마도 정벌은 고려 공민왕 이후 수시로 한반도를 노략질하던 왜인과의 관계 설정에 있어 새로운 전기를 마련한 사건이었다.

하지만 중종(中宗, 재위 1488~1544) 즉위 이후 조선과 일본의 국내 정치 상황이 변했고, 왜구가 잇달아 노략질을 하자 계해약조의 조항들은 갈수록 강화됐다. 무역 통로를 열어 주었다가, 왜인들이 문제를 일으키면 다시 무역을 통제하는 방식으로 대마도를 관리한 것이다.

대마도 정벌로 남쪽의 왜구를 진압한 세종은 북쪽으로는 약탈과 침략을 일삼던 여진족을 토벌하는 데 힘을 기울여 두만강과 압록강 이남을 조선의 영토로 편입했다. 세종은 1433년 김종서(金宗瑞)를 함길도 관찰사로 임명해 동북 방면의 여진족 무리들을 진압하게 했다.

이후 김종서는 10년이 넘게 북방에 머물면서 여진족을 몰아내고 두만 강변의 군사 요충지인 부령, 온성, 경흥, 경원, 회령, 종성에 6진(六鎭)을 개척했다. 새로 설치한 6진에는 남쪽 백성들이 이주해 생활했으며, 이후 변방의 안정을 이룰 수 있었다.

세종은 비슷한 시기에 평안도 절제사 최윤덕(崔潤德)으로 하여금 북서 방면의 여진족을 소탕하게 했다. 이에 최윤덕은 압록강변의 여진족을 평정하고, 여연, 자성, 우예, 무창에 4군(四郡)을 설치했다. 세종의 북진 정책으로 인한 6진과 4군의 개척은 조선의 국력 신장을 의미하는 것으로, 현재 한반도의 북쪽 국경선은 그 당시 확정된 것이다.

훈민정음 반포

백성을 위한 문자를 만들다

◁◁ **1428년** 조선 통신사가 일본 교토에 파견되다.

◁◁ **1433년** 세종이 훈민정음의 원안을 완성하다.

◁◁ **1445년** 권제, 정인지, 안지 등 집현전 학자들이 세종의 명을 받아 《용비어천가》를 짓다.

훈민정음은 1446년 9월에 반포한 한국의 글자이자 해설서의 이름이다. 언어와 문자가 맞지 않아 불편함을 겪는 백성들을 위해 제정한 것으로, 자음은 발음기관의 모양을 본뜨고, 모음은 천·지·인을 바탕으로 창제하였다. 이로써 백성들에게 문자를 널리 알리고 국가 정책과 통치 이념을 전달하고자 하였다.

"너희가 운서(韻書)를 아느냐." 1444년 2월 세종은 훈민정음(訓民正音) 창제에 반대하는 상소를 올린 집현전 부제학 최만리(崔萬理) 등을 불러 물었다. 세종은 "사성칠음(四聲七音)에 자모(字母)가 몇이나 되는지 말해 보라." 하고 거듭 다그쳤다. 반대 상소를 올린 일곱 명의 집현전 학사들은 답하지 못했다. 1446년 훈민정음이 반포되기 2년 전의 일이다.

세종이 1443년 극비리에 훈민정음의 원안을 완성해, 최종 보완 과정을 거칠 무렵 집현전에서는 찬반양론이 극명하게 엇갈렸다. 정인지(鄭麟趾), 최항(崔恒), 박팽년(朴彭年), 성삼문(成三問), 신숙주(申叔舟) 등은 세종의 뜻에 따라 훈민정음을 해설하고, 이를 반포, 시행하는 작업을 적극 돕는다.

반면 최만리를 비롯해 직제학 신석조(辛碩祖), 직전 김문(金汶), 응교 정창손(鄭昌孫), 부교리 하위지(河緯地), 부수찬 송처검(宋處儉), 저작랑 조근(趙瑾)은 반대 상소에서 훈민정음 창제의 부당함을 강한 어조로 역설한다. 이들은 상소에서 음을 쓰고 글자를 합하는 것은 모두 옛 것에 위반되며, 언문을 따로 만든 것을 중국이 알게 돼 비난을 받으면 대국을 섬기고 중화(中華)를 사모하는 데 부끄러운 일이고, 이는 조선이 중국을 버리고 스스로 오랑캐와 같아지려는 것이라고 주장했다. 이들은 또 신라 설총(薛聰)의 이두(吏讀)를 쓰고 있는데 군이 상스럽고 무익한 글자를 따로 만들 이유가 없고, 언문으로써 형벌의 억울함을 줄이고 옥사(獄辭, 판결문)를 공평하게 한다는 세종의 논리는 옳지 않다고 반박했다. 이어서 할 수 없이 언문을 만든다면 이는 풍속을 바꾸는 큰 일로, 마땅히 재상과 의논하고 백성들에게 충분히 인식시킨 다음에 선포해야 한다며 세종의 훈민정음 창제 및 반포가 독단적인 처사라고 비판했다.

이에 세종은 운서(언어학 서적)와 사성칠음 등 언어학적 소양을 동원해 최만리 등의 기세를 꺾고 "내가 운서를 바로잡지 않으면 누가 이를 바로잡을 것이냐. 내 뜻을 알면서도 신하로서 이런 말을 하는 것은 옳지 않다." 하고 일축했다. 세종이 당시의 쟁쟁한 유학자들을 언어학 지식으로 제압한 것은 6년이 넘게 홀로 훈민정음을 만들면서 중국과 일본의 운서를 두루 섭렵했기 때문에 가능한 일이었다. 세종은 이들을 모두 하옥시킨 뒤 이튿날에 풀어줬다. 다만 김문은 한때 "언문 제작에 불가할 것은 없다."

라고 했다가 말을 바꾼 죄로 장 100대에 처해졌으나 이를 벌금으로 대신했고, 정창손은 파직된 뒤 다시 복직했다. 세종은 일전에 정창손에게 "언문으로 《삼강

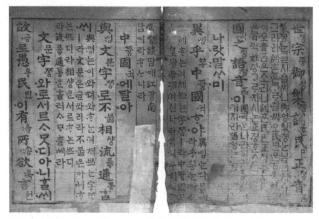

훈민정음 언해본 세조 5년인 1459년 간행된 《월인석보》 권두(卷頭)에 실린 것이다. (서강대학교 로욜라 도서관)

행실》을 번역하여 민간에 반포하면 어리석은 백성이 모두 쉽게 깨달아 충신, 효자, 열녀가 많이 나올 것"이라고 했으나, 이날 정창손이 오히려 "사람이 행하고 행하지 않는 것은 사람의 자질 여하에 있으며, 어찌 꼭 언문으로 《삼강행실》을 번역한 뒤에야 사람이 모두 본받을 것이냐." 하고 따지자 화가 단단히 난 것이다.

최만리 등의 반대 상소에서 보듯 훈민정음의 창제는 당시 한문을 사용하던 양반과 유학자, 지배층의 강한 반발을 불러왔다. 세종이 훈민정음 창제를 혼자 은밀하게 추진하고 기습적으로 원안을 내놓았던 것도 이 같은 반발에 훈민정음을 만드는 일 자체가 난관에 부딪힐 것을 의식한 때문으로 보인다.

이처럼 세종이 훈민정음 창제와 반포를 과감하게 밀어붙인 것은 무엇보다 일반 백성을 위한 문자가 절실하다는 인식에 따른 것이었다. 언어와 문자의 불일치로 어려움을 겪고 있는 백성들에게 익히기 쉬운 우리 문자

를 사용하게 하고, 이를 통해 국가의 정책이나 통치 이념을 직접 전달할 필요가 있다는 것이 세종의 생각이었다. '백성을 가르치는 바른 소리'라는 의미를 가진 '훈민정음'에서도 이 같은 의지가 드러난다.

우리나라 말이 중국과 달라 한자와는 서로 잘 통하지 아니한다. 이런 까닭으로 어리석은 백성이 말하고자 하는 바 있어도 마침내 제 뜻을 펴지 못하는 사람이 많다. 이를 가엽게 여겨 새로 스물여덟 글자를 만드니 모든 사람들로 하여금 쉽게 익혀 날마다 쓰는 데 편하게 하고 자 한다.

— 세종, 《훈민정음》〈어제서문(御製序文)〉

사방 각국의 풍토가 다르고 성음 역시 다르기 마련이니 중국 문자를 빌려 사용하는 데 마치 둥근 구멍에 모난 자루를 끼워 맞추는 것과 같아 서로 맞지 않으니 어찌 막힘이 없겠는가. 설총이 이두를 만들어 오늘까지 민간에서 사용하지만 모두 한자를 빌려 쓰는 것으로 난삽하거나 막히어 만분의 일도 제대로 전달하지 못한다.

— 정인지, 〈서(序)〉

이를 통해 훈민정음 창제에 민본 정신과 민족 주체성이 담겨 있음을 알 수 있다.

훈민정음 창제는 세계 언어학사에서 획기적이고 혁명적인 사건으로 기록될 정도로 뛰어난 업적이다. 국보 제70호인 《훈민정음》의 과학성과 체계성, 실용성은 전 세계적으로 평가를 받아 1997년에는 유네스코 세계기록유산으로 등재되기도 했다. 훈민정음은 모두 28자로, 초성(初聲) 17자와 중성(中聲) 11자로 이뤄져 있으며, 기본 초성 5자(ㄱ, ㄴ, ㅅ, ㅁ, ㅇ)와 기본 중성 3자(ㆍ, ㅡ, ㅣ)를 만든 뒤 나머지는 이들로부터 파생시켜 나가는 이원 적인 체제로 만들어졌다. 또 하나의 음소(音素)를 하나의 기호로 나타내는 음소 문자이며, 모음인 중성을 매개로 자음인 초성과 종성을 조합하는 음 절 방식의 표기 체제를 갖고 있다. 초성, 중성, 종성의 삼분법은 당시 음운 학에서 전혀 새로운 개념이었다.

특히 발음기관(목구멍)과 천(天), 지(地), 인(人)의 모습을 본떠 기본 문자 를 만들면서, 여기에 역철학(易哲學)의 원리까지 응용했다. 기본 자음인 어금닛소리(牙音, 아음) ㄱ은 혀뿌리가 목구멍을 막는 모양을, 혓소리(舌音, 설음) ㄴ은 혀가 윗잇몸에 닿은 모양을 각각 본떴다. 또 입술소리(脣音, 순 음) ㅁ은 입 모양을, 잇소리(齒音, 치음) ㅅ은 이 모양을, 목구멍소리(喉音, 후 음) ㅇ은 목구멍의 모양을 본뜬 것이다. 아음과 설음, 순음, 치음, 후음의

오음(五音)은 각각 오행(五 行)의 목(木), 화(火), 토(土), 금(金), 수(水)에 해당한다. 이 기본 자음에 획을 더해 나머지 자음을 만들었다. 기본 모음 ㆍ, ㅡ, ㅣ는 각 각 하늘과 땅, 사람의 모양 을 본뜬 것이며, 나머지 모 음 역시 기본 모음을 조합 해서 지었다. 땅 위에 태양

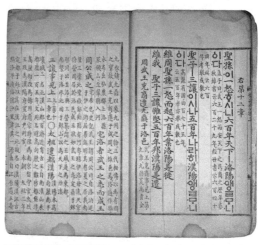

용비어천가 세종 때 훈민정음으로 지어 반포된 것으로, 목조부터 태조까 지 조선 왕조 선조의 행적을 노래한 장편 서사시이다. (서울역사박물관)

이 있거나(ㅗ) 사람의 동쪽에 태양이 있는(ㅏ) 모습은 양성(陽性) 모음이 되고, 태양이 땅 아래에 있거나(ㅜ) 사람의 서쪽에 태양이 있는(ㅓ) 모습은 음성(陰性) 모음이 된다. 이로써 모두 28자가 만들어졌고, 세종은 이러한 제자(製字)의 원리를 《훈민정음》〈해례(解例)〉에 담았다. 현재의 한글은 이 가운데 24자를 쓰고 있다.

세종은 훈민정음을 반포하면서, 모든 백성들이 이를 쉽게 접하고 익힐 수 있도록 다양한 정책을 시행했다. 우선 궁중에 정음청(正音廳)을 설치해 서적 편찬 등 관련 사업을 전담하게 했고, 일반 관리들은 의무적으로 훈민정음을 배우도록 했다. 백성들에게 형률을 적용할 때 그 내용을 훈민정음으로 알려주게 하고, 백성들이 관가에 제출하는 문건도 훈민정음으로 작성토록 했다. 궁중의 모든 여인들에게도 훈민정음을 익히게 했다. 이 같은 세종의 시책에 따라 훈민정음은 평민과 노비, 여성을 비롯해 한문에서 소외됐던 일반 백성들 사이에 급속히 전파됐다.

조선 왕조의 창건을 합리화하는 내용의 장편 서사시인 〈용비어천가(龍飛御天歌)〉와 장편 불교 서사시인 〈월인천강지곡(月印千江之曲)〉이 훈민정음으로 지어져 일반 백성들 사이에 보급됐고, 《석보상절(釋譜詳節)》, 《금강경언해(金剛經諺解)》 등 불교 서적과 《내훈(內訓)》 등의 계몽서도 훈민정음으로 나왔다. 행정 실무자들은 훈민정음을 이용해 백성들에게 국가 시책을 알기 쉽게 설명할 수 있게 됐고, 평민이나 여성층의 문자 생활이 갈수록 활발해져 문학을 창작하는 일도 가능해졌다. 16세기에는 사서(四書)를 비롯한 유교 경전이나 《농사직설(農事直說)》 같은 농업 관련 서적들도 훈민정음으로 쓰였다. 훈민정음의 창제로 말과 글의 불일치에서 벗어난 백성들은 실생활에서도 혁명적인 변화의 전기를 맞게 된 것이다.

계유정난

수양대군과 한명회, 정권을 차지하다

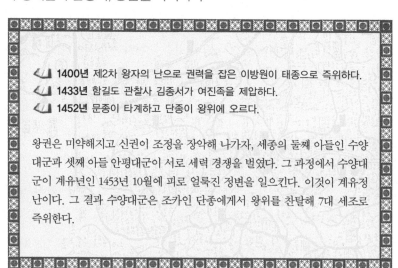

◁◁ **1400년** 제2차 왕자의 난으로 권력을 잡은 이방원이 태종으로 즉위하다.

◁◁ **1433년** 함길도 관찰사 김종서가 여진족을 제압하다.

◁◁ **1452년** 문종이 타계하고 단종이 왕위에 오르다.

왕권은 미약해지고 신권이 조정을 장악해 나가자, 세종의 둘째 아들인 수양대군과 셋째 아들 안평대군이 서로 세력 경쟁을 벌였다. 그 과정에서 수양대군이 계유년인 1453년 10월에 피로 얼룩진 정변을 일으킨다. 이것이 계유정난이다. 그 결과 수양대군은 조카인 단종에게서 왕위를 찬탈해 7대 세조로 즉위한다.

세종이 죽은 뒤 조선 왕실은 다시 한 번 소용돌이 속으로 빠져든다. 세종의 장남 문종(文宗, 재위 1450~1452)이 병약하여 재위 2년 3개월 만에 타계하자, 문종의 외아들 홍위(弘暐)가 열두 살의 어린 나이로 왕위에 오른다. 그가 곧 6대 임금 단종(端宗, 재위 1452~1455)이다. 즉위 당시 단종은 어머니도 할머니도 없는 외로운 처지였다. 어머니 현덕왕후(顯德王后) 권씨(權氏)는 단종을 낳은 지 사흘 만에 산후열로 죽었고, 할머니 소헌왕후(昭

憲王后) 심씨(沈氏)도 이미 타계한 뒤였다. 나이 어린 단종을 대신해 수렴청정할 후비(后妃)가 없었던 것이다.

이에 따라 고명대신(顧命大臣, 왕의 임종 시에 뒷일을 부탁받은 대신) 황보인(皇甫仁)과 김종서가 실권을 잡고 모든 정사를 좌지우지하였다. 이는 세종이 만든 의정부서사제(議政府署事制)의 취지와도 부합하는 것이었다. 의정부서사제란 의정부 중심의 정치 운영 형태로, 의정부의 삼정승이 6조 판서 등과 국정을 논의한 뒤 이를 국왕이 최종 결제하는 방식이다.

이 때문에 재위 당시 단종은 거의 허수아비 신세나 다름없었다. 황표정사(黃票政事), 이것이 국왕으로서 단종의 입지를 단적으로 보여 주는 용어였다. 관직의 인사를 단행할 때 재상들이 복수 후보 가운데 한 사람의 이름에 황색 점을 찍어 단종에게 올리면 단종은 그 이름 위에 점을 더해 형식적으로 추인한 것이 황표정사다. 국정 운영의 핵심인 인사권까지 사실상 의정부의 재상들이 쥐고 있었던 것이다.

당초 의정부에는 영의정 황보인, 좌의정 남지(南智), 우의정 김종서가 있었으나, 남지가 병에 걸려 자리를 내놓자 김종서가 좌의정으로 옮기고, 좌찬성 정분(鄭苯)이 우의정을 새로 맡게 되었다. 황보인과 김종서가 나서서 국정을 처리하는 것에는 선왕의 유지를 받아 나이 어린 단종을 보필한다는 나름대로의 명분이 있었다. 문종이 타계하기 직전 이들은 문종으로부터 "어린 임금(단종)을 잘 보필해 달라." 하며 국가 대사를 부탁받은 터였다. 황보인과 김종서뿐만 아니라 성삼문, 박팽년, 이개(李塏), 하위지, 유성원(柳誠源), 신숙주 등 집현전 학사들도 충성을 맹세했다. 특히 성삼문과 박팽년, 신숙주 등은 이전에 문종과 밤늦도록 토론을 하다가 문종이 내린 술을 마시고 취해 잠든 적이 있었는데, 이때 문종이 내시를 시켜 이들을 입직청(入直廳, 숙직실)에 모두 눕힌 뒤 본인이 손수 이들에게 모피 갖 옷을 덮어 준 적이 있었다. 이 일로 집현전 학사들이 모두 감동했다.

단종이 즉위하던 무렵, 안평대군(安平大君)은 재상들과 비교적 원만한 관계를 맺고 있었다. 재상들은 야심이 많고 호기 있는 수양대군(首陽大君)보다는 안평대군을 더 선호했다. 안평대군은 세종 시절 김종서가 함경도 지역에서 여진을 토벌하며 6진을 개척할 때 함께 참여하기도 했으며, 시, 서, 화에 모두 능해 주변에 많은 문인들이 몰려들었다. 글씨는 당대 최고로 평가받았다. 이런 분위기 속에서 안평대군은 황표정사를 서서히 장악해 나가며 실력자로 떠올랐으며, 조정은 안평대군, 황보인, 김종서 등 단종을 지지하는 세력과 수양대군을 왕으로 세우려는 세력으로 양분되었다.

안평대군과는 달리 수양대군은 주로 무사들을 적극적으로 포섭했다. 여기에는 책사 한명회(韓明澮)의 조언이 결정적으로 작용했다. 수양대군은 1451년에 중국 상고 시대부터 조선 태조에 이르기까지 군사 전략상 의미 있는 전쟁 기록을 정리한 《역대병요(歷代兵要)》라는 책을 편찬하면서 이에 참여한 사헌부 교리(校理) 권람(權擥)과 가깝게 지냈다. 당시 수양대군은 권람으로부터 칠삭둥이인 경덕궁직(敬德宮直) 한명회를 소개받았다. 경덕궁직은 이성계의 개경 사저를 지키는 한직이었다.

이때부터 수양대군과 한명회, 권람 세 사람은 의기투합하였고, 한명회는 사실상 계유정난(癸酉靖難)을 총설계하는 역할을 맡았다. 한명회는 문인들이 안평대군을 따르는 것과 관련해 수양대군에게 "변란이 나면 문인들은 쓸모가 없다."라며 무사들을 규합하라고 조언했다. 한명회는 그러면서 활쏘기 연습을 평계로 무사들을 모화관(慕華館)과 훈련원에 모은 뒤 술과 음식을 대접하면 많은 무사들이 따를 것이라며 구체적인 방법까지 알려줬다. 이들은 특히 국왕의 경호 임무를 맡고 있는 내금위 소속 무사들을 집중적으로 포섭했다. 그 결과 양정(楊汀)과 유수(柳洙), 유하(柳河) 형제 등 내금위 무사들이 수양대군에게 충성 맹세를 하였다. 수양대군은 단종에게 병서 편찬에 참여한 집현전의 젊은 학사들과 내금위 소속 무사들의 처우 개선을 건의하는 등 이들의 환심을 사기 위해 애쓰기도 했다.

안평대군 세력과 수양대군 세력의 신경전은 1453년 명나라에 사신을 보내는 과정에서 겉으로 드러났다. 명나라가 단종의 즉위를 승인하자 조정에서는 이에 답례하기 위해 명나라에 보내는 사은사(謝恩使)로 누구를 정할지를 논의하였다. 이때 안평대군 세력은 수양대군을 적극 추천했는데, 수양대군은 이것이 자신을 제거하기 위한 음모일 수 있다고 생각했다. 그래서 황보인의 아들 황보석(皇甫錫)과 김종서의 아들 김승규(金承珪)를 일종의 인질로 자신과 동행하도록 했다. 당시 수양대군은 권람에게 "만일 두 사람의 아들이 나를 따라가면 안평대군이 거사를 하려고 해도 난을 일으키지 못하고 반드시 내가 돌아오기를 기다릴 것"이라고 말했다.

명나라에서 돌아온 수양대군은 신숙주까지 끌어들인 뒤 1453년 10월 10일, 마침내 거사를 단행했다. 수양대군은 문무를 겸비한 김종서를 먼저 제거함으로써 기선을 제압하기로 하고, 양정과 임운(林芸) 등을 이끌고 돈의문 밖 김종서의 집으로 갔다. 김종서와 아들 김승규가 이들을 맞이하자 수양대군은 "사모(紗帽)의 각(角)이 떨어졌으니 좌상의 것을 빌릴 수 있겠느냐." 하며 김종서 부자의 주의를 분산시켰다. 순간 임운이 철퇴를 휘둘러 김종서를 쓰러뜨렸고, 양정은 김승규를 칼로 찔러 죽였다. 이어 수양대군과 한명회는 홍달손과 양정, 유수 등 무사들을 이끌고 일제히 궁궐로 쳐들어갔다. 입직(入直, 숙직) 승지(承旨) 최항(崔恒)은 수양대군이 "김종서를 처단했다." 하고 이르자, 세가 이미 기울었다고 여기고 수양대군과 함께 내전으로 들어갔다.

"숙부, 나를 살려 주시오."

열두 살의 단종은 서른여섯의 수양대군에게 이렇게 호소했다. 그러자 수양대군은 거짓으로 단종을 진정시켰다.

"황보인과 김종서 등이 난을 일으켜 안평대군을 왕으로 추대하려 하기에 김종서를 처치했으며, 나머지 역도들도 다 잡아들이겠습니다."

그는 이어 왕명을 사칭해 재신(宰臣)들에게 급히 입궐하라고 알렸다. 한직에서 설움을 받던 한명회는 살생부(殺生簿)를 들고 입궐하는 재신들을 한사람씩 확인하며, 미리 배치한 군사들에게 살조(殺條)로 분류된 재신들을 모조리 죽이도록 했다. 황보인과 병조판서 조극관(趙克寬), 이조판서 민신(閔伸), 우찬성 이양(李穰) 등 수양대군의 반대파들이 이때 한꺼번에 목숨을 잃었다. 안평대군은 붕당을 모의했다는 죄목으로 강화로 유배됐다가 계유정난 직후 영의정에 오른 수양대군이 사약을 내려 죽음을 맞았다. 당시 임운에게 철퇴를 맞고 쓰러졌던 김종서는 얼마 뒤 깨어나 수양대군이 난을 일으킨 것을 알고 상처를 싸맨 뒤 여자 옷을 입은 채 가마에 올라 궁궐로 들어가려 했다. 하지만 돈의문과 서소문, 숭례문의 수문장들이 모두 문을 열어 주지 않자, 사돈집에 숨어 있다가 이튿날 수양대군이 보낸 군사들에게 죽임을 당했다.

이로부터 2년 뒤 수양대군이 끝내 조카의 왕위를 찬탈하고 제7대 세조(世祖, 재위 1455~1468)로 즉위하였다. 이에 집현전 학사 출신의 대신과 일부 무인들을 중심으로 단종 복위운동이 벌어지고, 이로 인해 조정은 또다시 충신들의 피로 물든다.

세조의 모사 한명회

여말 선초의 명문가 청주 한씨 집안에서 태어난 한명회는 젊은 시절 번번이 과거에 낙방하다 37세에 음서로 겨우 한직인 경덕궁직을 맡았다. 하지만 그는 수양대군과의 운명적인 만남으로 일약 권력의 핵심에 오른다. 한명회는 수양대군이 "자준(子濬, 한명회의 호)은 나의 자방(子房)"이라고 즐겨 말할 정도로 수양대군으로부터 두터운 신임을 받았다. 자방은 한고조의 책사 장량의 다른 이름이다.

계유정난으로 일등 공신에 오른 한명회는 사육신의 세조 암살 계획을 수포로 돌린 공으로 좌부승지와 좌의정을 거쳐 영의정에 오른다. 이성계의 사저를 지키는 한직에서 영의정에 오르기까지 불과 13년 밖에 걸리지 않았을 정도로 초고속 승진을 한 셈이다. 이후 한명회는 예종과 성종의 장인이 되어 막강한 권력의 자리를 이어간다. 세조의 뒤를 이은 예종의 비 장순왕후가 그의 맏딸이며, 둘째 딸은 세조의 손자 자산군의 부인으로 자산군이 곧 9대 성종이다.

78세의 나이로 세상을 떠난 한명회는 그로부터 10여 년 뒤인 연산군 재위 시절 폐비 윤씨 사건에 연루되어 부관참시의 극형을 받는다. 내리 3대에 걸쳐 권세를 누린 한명회도 요동치는 조선 정국의 소용돌이를 피해 갈 수는 없었던 것이다.

사육신 사건

왕위 찬탈에 저항한 여섯 명의 신하

> ◁┃ **1452년** 단종이 즉위하자 황보인과 김종서가 실권을 잡다.
> ◁┃ **1453년** 수양대군이 계유정난을 일으켜 권력을 장악하다.
> ◁┃ **1455년** 수양대군이 왕위를 찬탈하여 세조로 즉위하고 전제 왕권을 강화
> 하다.
>
> 세조가 조카 단종을 끌어내리고 직접 왕위에 오르자 신하들은 이것이 왕위
> 찬탈이자 유교의 법도에 어긋난 것이라며 단종 복위운동을 전개한다. 그러나
> 복위운동이 탄로 나면서 이를 주도했던 박팽년, 성삼문, 이개, 하위지, 유성
> 원, 유응부 등 여섯 명이 모진 고문 끝에 처형당하였으니, 이들을 사육신이라
> 고 한다.

　"나리(세조)가 나라를 도둑질했다. 하늘에는 두 해가 있을 수 없고, 백성
에게는 두 임금이 있을 수 없다. 나는 나리의 신하가 아니다."(성삼문)

　"어떻게 공신(功臣)으로서 배신을 할 수 있는가."(세조)

　"상왕 전하(단종)의 복위를 위해 후일을 기약했을 뿐이다."(성삼문)

　"내가 내린 녹을 먹지 않았느냐."(세조)

　"나리의 녹을 먹은 적이 없다."(성삼문)

성삼문의 집 창고를 확인해 보니 세조에게 녹봉으로 받은 쌀이 수북이 쌓여 있었다. 세조는 인두를 달구어 성삼문의 살갗을 지지게 했다.

"쇠가 식었으니 다시 달궈라. 형벌이 참으로 독하다."

성삼문은 이렇게 기개를 보였다.

"역모에 끼어들지 않았다고 하면 전하께서 살려준다고 한다."(신숙주)

"나 혼자 살려고 상왕 전하와 동지들을 배신하란 말이냐."(박팽년)

1456년 6월, 박팽년과 성삼문, 이개, 하위지, 유성원, 유응부(兪應孚)는 세조에게 모진 고문을 받은 뒤 모두 처형됐다. 세조가 조카인 단종의 왕위를 찬탈하자, 이에 반발해 단종 복위를 꾀하려다 거사 계획이 사전에 누설된 데 따른 것이다. 남효온(南孝溫)은 《추강집(秋江集)》에서 이들 여섯 명을 사육신(四六臣)이라고 칭했다. 남효온을 포함해 김시습(金時習)과 원호(元昊), 이맹전(李孟專), 조여(趙旅), 성담수(成聃壽)는 세조 즉위 이후 왕위 찬탈을 비난하며 스스로 관직을 내놓거나 아무런 관직도 받지 않았다고 해서 생육신(生六臣)이라 불린다. 사육신 사건 이후 단종이 영월로 유배되자 세조의 친동생이자 세종의 여섯째 아들인 금성대군(錦城大君)이 두 번째로 단종 복위운동을 벌이다 역시 실패했다. 잇따른 복위운동으로 정권의 정통성 확립에 위기감을 느낀 세조는 결국 영월에서 유배 생활을 하던 단종을 죽인다.

계유정난 이후 정권을 장악한 수양대군 세력은 단종을 계속 압박해 왕위에서 물러나도록 했다. 1455년 윤6월 세조가 즉위할 당시, 단종의 명을 받고 상서원(尙瑞院)에서 옥새를 가져오던 동부승지 성삼문은 경회루 근처에서 통곡을 하고, 박팽년은 경회루 연못에서 투신자살하려다 "후일을 도모하자."라는 성삼문의 만류로 뜻을 접었다. 세조는 즉위 직후 태조 때

청령포 단종이 노산군으로 강봉된 후 유배당한 곳이다.

의 개국공신과 1차 왕자의 난 때의 정사공신(定社功臣), 태종 즉위 과정에서 공을 세운 좌명공신(佐命功臣), 계유정난의 정난공신(靖難功臣)을 불러 4대 공신 모임을 가졌다. 어린 조카에게서 왕위를 빼앗았다는 정권의 정통성 시비에서 벗어나려는 의도였다.

하지만 당시 많은 유신들은 세조의 행위를 유교의 정치법도에 어긋나는 명백한 '왕위 찬탈'이라고 규정했다. 특히 성삼문을 비롯한 집현전 학사 출신 대신들은 상왕이 된 단종을 다시 왕위에 앉히기 위해 거사를 계획했다. 때마침 명나라에서 온 사신을 환영하는 연회가 세조와 세자가 참석한 가운데 창덕궁 광연전(廣延殿)에서 열렸다. 성삼문의 부친인 성승(成勝)과 유응부가 환영 연회의 별운검(別雲劒, 왕이 행차할 때 왕 옆에서 칼을 들고 호위하는 무관)으로 임명되자 이들은 거사를 결심하였다. 유응부는 "내가 세조를 칼로 죽이겠다."라며 별렀다.

하지만 세조의 책사인 한명회가 불안한 마음이 들어 "날씨가 덥고 광연전이 좁으니 세자는 참석하지 말고, 별운검도 안 두는 게 좋겠다." 하고 세조에게 건의하자 왕도 이를 받아들였다. 그러자 거사를 준비하던 사람들 사이에 의견이 갈렸다. 무신인 성승과 유응부는 거사를 연기하면 비밀이 새나갈 염려가 있다며 당초 계획한 대로 실행하자고 주장했다. 그러나 문신인 성삼문과 박팽년은 세자가 궁궐에 있다가 군사를 몰고 오면 거사가 실패할 수 있다며 신중한 입장을 보였다. 논란 끝에 성삼문 등의 의견대로 거사를 연기하였다.

그런데 이것이 화근이 됐다. 이들과 함께 단종 복위를 꾀하던 집현전 학사 출신의 김질(金礩)이 거사가 연기되자 고민하던 끝에 장인인 우찬성(右贊成) 정창손(鄭昌孫)을 찾아가 사실을 털어놓았다. 그러자 정창손은 바로 궁궐로 들어가 세조에게 고변하였다.

세조는 성삼문부터 불러 심문했다. 성삼문은 "상왕의 복위는 모반이 아니며, 신하된 자로서 마땅한 도리"라며 세조와 언쟁을 벌인다. 단종 복위 계획이 이미 드러난 마당이어서 성삼문은 세조를 '전하'가 아니라 '나리'라고 불렀다. 성삼문은 세조에게 "주공(周公)은 조카의 왕위를 빼앗지 않았다." 하고 꼬집었다. 세조가 계유정난 이후 자신을 고대 중국 주나라 때 문왕의 아들이며 무왕의 동생인 주공에 비유하던 일을 일깨운 것이었다. 당시 무왕이 타계하고 나이 어린 성왕이 즉위하자, 숙부인 주공이 섭정을 하였는데, 주공은 성왕의 자리를 일절 넘보지 않았다. 성왕과 주공의 처지가 단종과 수양대군의 사례와 같았지만, 주공과 수양대군의 처신

장릉 강원도 영월에 위치한 단종의 묘. 1541년 발견된 후 선조 13년인 1580년에 정비되었다.

은 결과적으로 달랐던 것이다. 성삼문은 세조의 옆에 서있던 신숙주에게 화살을 돌렸다.

"집현전에 함께 있을 때 세종대왕이 어린 손자(단종)의 앞날을 잘 보살펴 달라고 당부했건만, 너는 어찌하여 불충을 저지르느냐."

계유정난 당시부터 수양대군의 편에 섰던 신숙주는 고개를 들지 못하고 자리를 피했다.

세조는 성삼문에 이어 박팽년에게 "충청감사로 있을 때 이미 신(臣)이라고 했고, 녹까지 먹어 놓고, 이제 와서 신이 아니라고 하는 것은 말장난에 불과하다." 하고 지적했다. 박팽년은 "충청감사는 상왕의 신하로서 한 일이고, 장계(狀啓)에서도 신이라고 쓰지 않았다."라고 반박했다. 당시 장계를 살펴보니 '신하 신(臣)'이 적혀야 할 곳에 모두 '클 거(巨)'가 적혀 있었다. 박팽년의 집 창고에도 쌀이 그대로 쌓여 있었다.

유응부는 "칼로 베려던 일이 간사한 자의 고변으로 실패했으니 빨리 죽여라."라고 말한 뒤 성삼문과 박팽년을 바라보며 꾸짖었다.

"예로부터 서생과는 일을 도모할 수 없다고 하더니 맞는 말이었구나. 너희들이 연기하자고 하는 바람에 화를 당하게 됐다."

유응부는 형리들의 모진 고문으로 심문 과정에서 숨을 거뒀다. 당시 유성원은 성균관에 있다가 거사 계획이 탄로 나자 급히 집으로 돌아가 사당에서 스스로 목숨을 끊었다. 세조는 유응부와 유성원의 시신까지 한강가 새남터 형장으로 옮겨 성삼문 등과 함께 몸을 여섯 갈래로 찢어 버렸다. 당시 성삼문과 박팽년은 유명한 시를 남기며 자신의 심정을 밝혔다.

이 몸이 죽어 가서 무엇이 될고 하니
봉래산 제일봉에 낙락장송 되었다가
백설이 만건곤할 제 독야청청 하리라.
— 성삼문

까마귀 눈비 맞아 희는 듯 검노매라.
야광명월이 밤인들 어두우랴.
임 향한 일편단심이야 변할 줄이 있으랴.
— 박팽년

세조는 이들의 시를 듣고 "지금은 역적이지만, 후세에 충신으로 이름을 떨칠 것"이라고 했다.

사육신 사건이 일어난 지 1년 뒤인 1457년 6월, 세조는 단종을 상왕에

금성단 단종 복위를 도모한 금성대군은 반역죄로 사사당한다. 그 유허지에 세운 단으로 현재 경북 영주시에 위치한다.

서 노산군(魯山君)으로 강봉(降封)해 강원도 영월 청령포로 유배를 보냈다.

이로부터 3개월 뒤 계유정난 직후 유배됐던 금성대군이 순흥(順興, 경북 영주)에서 순흥부사 이보흠(李甫欽)과 단종 복위를 도모하였다. 단종을 순흥으로 옮긴 뒤 군사를 일으켜 한양으로 진격하겠다는 계획이었다. 하지만 안동의 관노 이동(李同)이 이를 알아채고 고변하는 바람에 금성대군은 반역죄로 세조의 사약을 받고 옥사한다.

복위운동이 잇따르자 세조의 숙부인 양녕대군(讓寧大君)과 영의정 정인지, 좌의정 정창손, 이조판서 한명회 등은 노산군이 '반역의 주인'이라며 아예 노산군을 죽여 화근을 없애야 한다고 청했다. 세조는 일단 노산군을 서인(庶人)으로 삼았다가 뒤이어 사약을 내렸다. 죽음을 맞았을 때

단종의 나이는 열일곱 살이었다. 그는 유배 생활의 심경을 다음과 같이
표현했다.

원통한 새 한 마리 궁에서 쫓겨나와

외로운 몸 그림자 푸른 산 헤매네.

밤마다 자려 해도 잠은 오지 않고

해마다 한을 없애려 해도 없어지지 않는구나.

울음소리 끊어진 새벽 산엔 어스름 달 비추고

봄 골짜기엔 피 토한 듯 낙화가 붉어라.

하늘은 귀 먹어서 이 하소연 못 듣는데

어찌하여 서러운 이 내 몸은 귀만 홀로 밝았는가.

이시애의 난

북방 토호층의 반란

> ◁ **1413년** 태종 13년에 호패법이 처음으로 시행되다.
>
> ◁ **1434년** 세종의 명으로 김종서가 두만강 하류에서 6진 개척을 시작하다.
>
> ◁ **1453년** 이징옥이 세조의 왕위 찬탈에 반발하여 반란을 일으키다
>
> 세조의 중앙집권 정책으로 함길도의 특혜가 없어지자 불만과 위기감이 누적된 토호층이 난을 일으킨다. 세조 13년인 1467년 5월, 이시애의 선동으로 일어난 이 반란은 조선 초기 최대의 반란 사건으로 기록되었다. 반란군 2만여 명은 정부의 토벌군 5만여 명을 상대로 저항하다가 그해 8월 진압됐다. 세조가 병으로 타계하기 한 해 전의 일이다.

　세조(世祖, 재위 1455~1468)는 즉위 초부터 왕권 강화와 강력한 중앙집권 정책을 구사했다. 세조는 실추된 왕실의 위상을 높이기 위해 의정부서사제를 폐지하고, 대신 6조 판서가 의정부를 거치지 않고 나랏일을 직접 왕에게 보고하는 육조직계제(六曹直啓制)를 시행했다. 또 사육신 사건 과정에서 세조와 정면으로 대치했던 집현전을 해체하고, 국왕의 비서실 격인 승정원(承政院)의 기능을 보강해 비서실 중심의 측근 정치를 펼쳤다. 세조

는 동시에 국가 재정과 국방력을 키우기 위해 지방에 대한 통제력을 대폭 강화했다. 조세 수입을 확충하기 위한 양전(量田) 사업, 호구의 동향을 파악하기 위한 호패법(號牌法) 복원 등도 이 같은 목적에 따른 것이었다.

이 과정에서 과거 세종 시절 6진 개척으로 조선 영토에 편입된 함길도(咸吉道, 함경도) 지역의 토호층이 반발하였다. 6진 개척 당시 세종은 이 지역에서 여진족을 몰아내고 함길도 남부와 삼남 지역의 백성을 모두 네 차례에 걸쳐 이주시키면서 각종 국역(國役)을 면제하는 등 다양한 혜택을 베풀었다. 이른바 북방사민(北方徙民) 정책으로, 이 지역을 확실히 조선의 영토로 삼아 여진족이 다시 넘보는 것을 막겠다는 취지였다. 당시 이곳에 이주한 백성들은 주로 땅을 가지지 않은 가난한 농민들이었고, 지역 토착 세력인 토호층이 이들을 예속민으로 지배하며 중앙 정부로부터 비교적 독립적인 지위를 유지하고 있었다. 일종의 지방 자치적인 성격을 띠고 있었던 셈이다.

하지만 세조는 중앙집권 정책을 강도 높게 시행하면서 함길도의 이 같은 특혜를 인정하지 않았다. 과거처럼 현지 토호들에게 관직을 내리는 대신 지방관을 중앙에서 직접 파견하는가 하면, 호패법을 통해 주민들의 이주를 제한했고, 군역과 부역 등을 부과했다. 특히 1453년 함길도 도절제사 이징옥(李澄玉)이 세조의 왕위 찬탈에 저항해 난을 일으키면서 이 지역에 대한 통제 수위는 한층 높아졌다. 이 과정에서 토호층의 예속민에 대한 지배력은 차츰 줄어들 수밖에 없었고, 중앙에서 파견된 지방 수령과 토호층 사이에 갈등도 불거졌다.

이시애(李施愛)는 함길도 길주(吉州)를 기반으로 한 토호층으로, 회령 부사를 지내다 해임된 적이 있었다. 그는 1467년 5월 모친 장례식에서 동생

이시합(李施合), 매부 이명효(李明孝)와 거사를 모의한 뒤, 토호들이 자주 모이는 유향소(留鄕所, 지방 수령의 자문 관청)를 중심으로 '조정에서 군사를 보내 함길도 사람들을 다 죽이려 한다'라는 내용의 유언비어를 퍼뜨리며 동조 세력을 널리 모았다. 이시애는 또 "조정에서 함길도 사람들을 호패법으로 묶어두는 바람에, 이제 마음대로 옮기면서 살 수 없게 됐다."라며 민심을 선동하기도 했다.

거사를 결심한 이시애는 5월 10일에 길주를 습격해 중앙에서 파견된 함길도 절도사 강효문(康孝文)과 길주 목사 설정신(薛丁新), 부령 부사 김익수(金益壽)를 살해하고, 마침내 난을 일으켰다. 이때 이시애는 한양 조정으로 사람을 보내 '절도사 강효문이 조정의 한명회, 신숙주 등과 내통해 역모를 꾸민 것을 알고, 강효문을 처단했다'라는 내용의 거짓 보고서를 올렸다.

이시애가 함길도 전역의 유향소에도 이 같은 내용을 퍼뜨리자 토호와 농민들이 잇달아 반란군에 합세했다. 이시애의 거짓 보고를 받은 세조는 현지의 진상을 파악할 길이 없었지만, 한명회와 신숙주가 왕권을 위협할 수 있다는 의심이 들어 일단 이들을 하옥시켰다. 이시애의 기만 전술이 제대로 먹힌 셈이다.

조정이 혼란을 겪으며 반란군에 제대로 대응하지 못하고 있는 사이에, 홍원 이북에서 모여든 토호와 군민 등 반란군 2만여 명은 함길도 전역의 고을 수령들을 대부분 죽이며 단천과 북청, 홍원을 공략하고, 뒤이어 함흥을 점령했다. 심각한 보고가 잇따르자 세조는 5월 17일이 되어서야 뒤늦게 정부 토벌군을 편성했다.

귀성군 이준(李浚)을 함길, 평안, 강원, 황해 사도병마도총사(四道兵馬都

摠使)로 임명하고, 호조판서 조석문(曺錫文)을 부사(副使)로, 허종(許琮)을 함길도 절도사로 삼았다. 강순(康純), 어유소(魚有沼), 남이(南怡)가 토벌대장을 맡았다. 귀성군은 세종의 넷째 아들인 임영대군(臨瀛大君)의 아들이며, 토벌대장 남이는 태종의 사위인 남휘(南暉)의 손자다. 당시 귀성군과 남이의 출전은 한동안 소외됐던 종친 세력이 조정에서 다시 일어서는 계기가 됐다. 처음에 2만 명으로 출발한 토벌군은 세조가 한양과 삼남, 평안도, 황해도 출신의 지원군을 계속 추가로 보내면서 나중에는 5만여 명으로 늘어났다.

이즈음 이시애가 이끄는 반란군은 철령 북쪽에서 더 나아가지 않고 토벌군의 움직임을 관망하고 있었다. 6월 들어 반란군과 토벌군 사이에는 크고 작은 충돌이 잇따랐다. 토벌군이 6월 중순 반란군을 밀어내고 함흥에 들어간 뒤, 세조는 비로소 사태의 진상을 보고받고, 하옥된 신숙주 등을 무혐의로 풀어 주었다. 이어 반란군과 토벌군은 북청에서 격전을 벌였으나 승패를 가리지 못했다. 그러자 양쪽은 서로 물러나 한 달 정도 휴전한 후에 7월 중순 다시 맞붙었다. 결국 이 싸움에서 반란군은 퇴각하였다.

결국 반란군의 주력부대는 8월초 이원(利原)의 만령(蔓嶺)에서 강순과 허종이 이끄는 토벌군에게 크게 무너지고, 이시애는 길주를 거쳐 경성(鏡城)으로 물러나 국경 넘어 여진으로 달아나려 했다.

이때 이시애의 처조카이자 허종의 휘하에 있던 허유례(許惟禮)가 자기 아버지가 억지로 이시애의 무리에 휩쓸렸다는 소식을 듣고, 이시애의 부하인 이주(李珠), 황생(黃生) 등을 설득하였다. 이에 이주 등은 잠을 자고 있던 이시애와 이시합 형제를 묶어 토벌군에게 넘겼고, 이시애와 이시합은 8월 12일 토벌군의 진지 앞에서 처형당했다. 이로써 이시애의 난은 3

출기파적도 이시애의 난이 일어나자 토벌대장으로 임명된 어유소는 홍원, 북청, 만령 등지에서 격전을 치렀다. 특히 만령에서 높은 곳을 점령하여 토벌군을 공격하는 반란군에 대하여 어유소는 배를 타고 윗봉우리로 이동하여 적의 후방을 공격하여 승리를 거두었다. (고려대학교 박물관)

개월 만에 진압됐다.

이시애의 난을 평정한 뒤 세조는 함길도에 대해 통제를 강화하는 한편, 무마책도 함께 펼 수밖에 없었다. 우선 함길도의 무기를 모두 한양과 평안도로 옮겨 만일의 사태에 대비했고, 이시애가 민심 교란의 거점으로 삼았던 유향소를 모두 폐지했다. 또 함길도를 남도와 북도로 나눠 절도사를 각각 파견했고, 길주를 길성현으로 강등시켰다.

그러면서도 세조는 함길도의 민심을 다독이기 위해 존무사를 현지에 파견해 민정을 살피도록 했고, 함길도 주민에 대해 전세와 부역 등을 면제했다. 반란을 토벌하는 데 공을 세운 인사들에 대한 논공행상도 뒤따랐다. 반란 진압 한 달 뒤 세조는 토벌군으로 참전한 무사들을 중심으로 적개공신(敵愾功臣)에 책봉했다. '적에게 성을 낸 공신'이라는 뜻이다. 적개공신은 모두 45명으로, 1등에는 귀성군 이준과 조석문, 어유소, 강순, 허종, 남이 등이 포함됐다. 이처럼 이시애의 난을 계기로 종친 세력과 무인 세력이 새롭게 공신에 책봉되면서 조정의 권력 지형에 변화가 일어났다.

그리고 1468년 9월, 세조가 피부병이 악화되어 타계한 뒤 예종(睿宗, 재위 1468~1469)이 뒤를 잇자 한명회를 중심으로 한 구(舊)공신과 남이를 주축으로 한 신(新)공신 사이에 충돌이 생긴다.

한명회와 신숙주 등이 남이 일파를 강력히 견제하는 가운데, 남이는 병조참지 유자광(柳子光)으로부터 '스스로 국왕이 되려고 역모를 꾸몄다'라는 모함을 받게 된다. 모진 고문을 받은 남이는 결국 옥사하고 말았다. 강순을 비롯해 변영수(卞永壽), 조경치(曺敬治), 문효량(文孝良) 등 남이 일파로 몰린 수십 명도 이때 함께 처형됐다. 이른바 '남이의 역모 사건'이다. 이로써 남이와 강순은 역적으로 몰려 적개공신에서 삭훈됐다.

무오사화

사림 세력과 훈척 세력의 대립

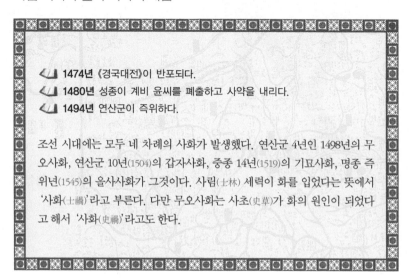

◁◁ **1474년** 《경국대전》이 반포되다.

◁◁ **1480년** 성종이 계비 윤씨를 폐출하고 사약을 내리다.

◁◁ **1494년** 연산군이 즉위하다.

조선 시대에는 모두 네 차례의 사화가 발생했다. 연산군 4년인 1498년의 무오사화, 연산군 10년(1504)의 갑자사화, 중종 14년(1519)의 기묘사화, 명종 즉위년(1545)의 을사사화가 그것이다. 사림(士林) 세력이 화를 입었다는 뜻에서 '사화(士禍)'라고 부른다. 다만 무오사화는 사초(史草)가 화의 원인이 되었다고 해서 '사화(史禍)'라고도 한다.

사림(士林)파가 조선 역사의 전면에 등장한 것은 9대 성종(成宗, 재위 1469~1494) 때였다. 성종은 세조 때부터 중앙 정치에서 세력을 형성했던 공신 출신의 훈신(勳臣)과 국왕의 인척, 외척 출신인 척신(戚臣)의 위세를 견제하고 지배층의 토지 겸병(兼併)과 서민 생활의 피폐 등 당시 사회의 모순을 바로잡기 위해 김종직(金宗直)과 그 문하의 영남 사림들을 대거 등용한다.

이들 신진 사림들은 주로 사헌부(司憲府), 사간원(司諫院), 홍문관(弘文館)의 언론 3사(言論三司)에 임명돼 급속히 세력을 키워 갔으며, 이 과정에서 훈척(勳戚) 세력은 서서히 권력의 중심에서 밀려났다.

하지만 성종에 이어 10대 연산군(燕山君)이 왕위에 오르면서 정치 상황은 180도 바뀌었다. 이상적인 왕도 정치를 강조하며 끈질기게 간언하는 사림파는 연산군에게 눈엣가시 같은 존재였다. 자연히 연산군과 사림파는 팽팽한 신경전을 벌였고, 이 틈새를 훈척 세력이 파고들었다. 그 빌미가 된 것이 사관(史官) 김일손(金馹孫)이 쓴 사초였다.

김종직 〈조의제문〉은 김종직이 죽기 전에 지은 것으로, 항우가 초 의제를 빌어 세조의 정통성을 문제 삼은 글이다. 그가 죽은 후, 사관이었던 제자 김일손이 사초에 글을 실음으로써 결국 무오사화가 일어났다.

김일손은 자신이 사관이었던 당시 기록하였던 사초에 스승 김종직이 단종을 애도하며 지은 〈조의제문(弔義帝文)〉을 실었다. 〈조의제문〉은 중국 진(秦)나라 항우(項羽)가 폐위한 초(楚)나라 의제를 추모하는 내용으로 되어 있다. 이는 단종을 의제, 세조를 항우에 비유한 것으로, 김종직은 이를 통해 왕위를 찬탈한 세조의 정통성을 문제 삼고, 그를 비난한 것이다. 김종직은 〈조의제문〉에 이렇게 썼다.

한국사를 움직인 100대 사건

어느 날 꿈에 한 신령이 나타나 "나는 초나라 회왕인데, 항우에게 살해되어 강물에 빠뜨려졌다."라며 말하고는 사라졌다. 역사에는 강에 빠뜨렸다는 말은 없는데 혹시 항우가 사람을 시켜 몰래 쳐 죽이고 그 시체를 물에 던진 것일까. 인, 의, 예, 지, 신의 법도가 어찌 중화에는 풍부하지만 동이에는 부족하며, 예전에는 있었지만 지금은 없겠는가. 천 년 뒤의 동이사람이지만 삼가 초 회왕을 조문한다.

그런데 이 사초가 《성종실록》을 편찬하는 과정에서 드러났다. 당시 실록 편찬 작업의 최고 책임자를 맡고 있던 훈신 이극돈(李克墩)은 이 사실을 알고 유자광(柳子光)의 집으로 달려갔다. 김일손의 사초에는 이극돈이 전라 감사로 있던 시절 세조 비 정희왕후(貞熹王后)의 상중에 장흥 기생과 어울렸다는 김종직의 상소문도 포함돼 있었다. 또 유자광은 과거 김종직으로부터 "남이를 무고로 죽였다."라는 비난을 받은 이후 김종직에게 개인적인 원한을 품고 있었다. 두 사람은 곧장 노사신(盧思愼), 윤필상(尹弼商) 등과 모의한 뒤 연산군에게 상소문을 올렸다.

평소 사림파를 못마땅하게 여겼던 연산군은 김일손과 표연말(表沿末), 정여창(鄭汝昌), 최부(崔溥) 등 김종직 일파 20여 명을 비롯해 모두 40여 명을 사형에 처하거나 유배시켰다. 조정에 있던 대다수의 신진 사림이 이때 화를 입었다. 이미 6년 전 죽은 사림파의 거두 김종직에 대해서는 무덤을 파고 관을 꺼내 시신을 참수하는 부관참시(剖棺斬屍)의 극형을 내렸다. 이 것이 무오년에 일어난 무오사화(戊午士禍)의 전말이다.

무오사화는 사림 세력의 정치적 성장에 위기감을 느낀 훈척 세력이 이들을 몰아내기 위해 일으킨 정치적 사건이라는 성격을 띤다. 무오사화 이후 정국의 주도권은 훈척 세력에게로 넘어갔다. 하지만 6년 뒤 조정에는 다시 한 번 피바람이 불어 훈신 세력이 화를 입게 된다.

무오사화로 사림파가 제거되자 조정에는 언론 기능이 상실됐고, 연산군은 날마다 연회를 열어 전국의 기생들을 불러 모았으며, 향락과 패륜을 일삼았다. 방탕하고 사치스런 생활로 급기야 국고가 바닥날 지경에 이르자, 연산군은 훈신들에게 공신전을 내놓으라고 요구했으며 노비를 몰수하기도 했다.

이즈음에 훈척 세력은 척신 중심의 궁중파와 의정부, 육조에 포진한 훈신 중심의 부중파(府中派)로 나뉘었다. 부중파는 처음에는 궁중파처럼 연산군의 행태를 방관했으나, 공신전을 요구받으면서 연산군에게 불만을 갖는다. 당장 자신들의 경제적 토대가 무너질 것을 우려한 부중파는 연산군에게 향락 생활을 자제할 것을 간청하기도 했다.

연산군과 부중파가 서로 대립하는 양상을 빚자, 이번에는 궁중파가 이를 이용해 부중파를 제거할 음모를 꾸몄다. 이들이 들고 나온 것은 연산군의 생모 윤씨의 폐비(廢妃), 사사(賜死) 문제였다. 생모 윤씨는 투기를 부려 성종의 얼굴에 손톱자국을 남기는 바람에 폐비가 된 뒤 사약을 받고 죽었다. 윤씨의 폐비론을 가장 강력하게 들고 나왔던 사람은 윤씨의 시어머니인 인수대비(仁粹大妃)였다. 윤필상 등 훈구 세력도 이를 강력하게 지지했고, 김종직 문하의 사림 세력까지 폐비론에 가세했다. 당시 네 살이던 연산군은 뒤이어 왕비가 된 정현왕후(貞顯王后) 윤씨의 손에서 자랐으며, 생모 윤씨의 폐비 및 사사에 얽힌 구체적인 정황은 제대로 알지 못하고 있었다.

이에 예종과 성종의 외척인 임사홍(任士洪)은 윤씨의 폐비, 사사에 얽힌 전말을 연산군에게 밀고하였다. 그 후폭풍은 엄청났다. 연산군은 무오사화 때보다 훨씬 많은 인사들을 처단했다. 윤씨 폐출에 관여한 성종의 후궁들을 참하고, 인수 대비를 때려 죽게 했다. 윤씨의 폐비와 사사에 찬성하거나 이를 방관한 윤필상, 이극균(李克均), 성준(成俊), 김굉필(金宏弼) 등 10여 명을 사형하고, 한명회, 정창손, 정여창, 남효온 등을 부관참시했다. 연산군의 숙청 작업은 1504년 3월부터 무려 7개월 동안이나 계속됐다. 이를 두고 갑자사화(甲子士禍)라고 한다. 갑자사화는 왕을 중심으로 한 궁중 세력과 부중 세력의 대립으로 일어난 것으로, 이를 통

원각사지 10층 석탑 현재 탑골공원 자리에 1465년 세조 시대에 세워진 원각사가 있었다. 그러나 연산군이 즉위한 후 1504년 연산군은 이 절을 폐하고 연방원(聯芳院)이라는 기생집으로 만들었다. 이에 따라 절은 없어졌으나 탑만은 아직까지 남아서 당대 건축 양식을 보여 준다. (두피디아)

해 연산군은 훈신 세력과 잔여 사림 세력을 한꺼번에 제거했다.

갑자사화 이후 연산군은 척신 세력을 적극 등용해 친위 체제를 구축하는 한편, 언론을 담당하는 사간원을 폐지하고, 정치 논쟁을 허용하지 않기 위해 경연(經筵)을 중지시켰다. 비판 세력이 대부분 제거된 상황이어서, 연산군의 방탕 생활은 더욱 심해지고 이로 인해 민생은 도탄에 빠졌다. 사냥을 위해 도성 밖 30리에 걸쳐 민가를 철거하고, 기생과 전국의 미녀들을 불러 연일 호화로운 잔치를 벌였으며, 그 경비를 마련하려고 백성들에게

과도한 공물을 바치게 했다. 훈민정음으로 쓴 비난 투서가 잇따르자, 훈민정음을 사용하거나 학습하지 못하도록 하고, 관련 서적을 불태웠다.

연산군의 학정이 극에 달하자, 그를 몰아내려는 움직임이 일어났다. 연산군의 행태를 비판하다 한직으로 좌천된 전 이조참판 성희안(成希顔)이 1506년에 마침내 거사를 실행하였다. 성희안은 무신 출신인 박원종(朴元宗)과 신망이 높은 이조판서 유순정(柳順汀)을 끌어들이고, 연산군의 총애를 받는 군자감부정(軍資監副正) 신윤무(辛允武), 군기시검정(軍器寺僉正) 박영문(朴永文) 등을 포섭했다. 이들은 군사를 일으킨 뒤 우선 정현왕후 윤씨의 아들이자 연산군의 이복동생인 진성대군(晋城大君)에게 거사 사실을 알리고, 연산군의 처남인 신수근(愼守勤), 신수영(愼守英) 형제와 임사홍을 처단했다. 이어서 신윤무 등의 도움으로 궁궐 안으로 진입해 정현왕후 윤씨를 설득, 진성대군이 왕위를 잇도록 교지를 내리게 했다. 결국 연산군은 왕자의 신분으로 강등돼 강화도 교동으로 추방됐다. 별다른 저항이나 충돌 없이 거사는 이렇게 마무리됐다. 그리고 그다음 날 진성대군이 11대 중종(中宗, 재위 1506~1544)에 올랐다. 이것이 중종반정(中宗反正)이다.

조선왕조에서 신하들이 반란을 일으켜 왕을 바꾼 첫 번째 사건이다. 왕조를 바꾸는 것은 아니라는 점에서 역성혁명과는 차이가 난다. 폭정을 일삼는 연산군을 물리치고 옳은 것으로 되돌아가려는 반정의 대열에 신하들이 주도적으로 참여했다는 것은 조선 시대 군신 간의 권력 관계가 서서히 재편되고 있었음을 시사한다.

1510

삼포왜란

왜인들의 계속된 조선 침입

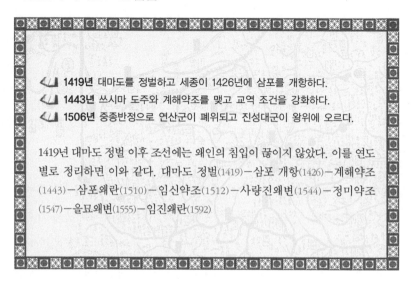

> ◁ **1419년** 대마도를 정벌하고 세종이 1426년에 삼포를 개항하다.
> ◁ **1443년** 쓰시마 도주와 계해약조를 맺고 교역 조건을 강화하다.
> ◁ **1506년** 중종반정으로 연산군이 폐위되고 진성대군이 왕위에 오르다.
>
> 1419년 대마도 정벌 이후 조선에는 왜인의 침입이 끊이지 않았다. 이를 연도
> 별로 정리하면 이와 같다. 대마도 정벌(1419)-삼포 개항(1426)-계해약조
> (1443)-삼포왜란(1510)-임신약조(1512)-사량진왜변(1544)-정미약조
> (1547)-을묘왜변(1555)-임진왜란(1592)

대마도는 농토가 거의 없이 자연암으로 되어 있는 섬으로, 물자는 물론 곡물 생산이 적었다. 그 때문에 경제적으로 궁핍했던 왜인들은 조선이나 명나라 해변에서 약탈과 노략질을 멈추지 않았다. 이들은 조선이 1419년 대마도를 정벌한 이후 삼포 개항을 통해 공식적인 무역을 허용한 뒤에도 조선과의 교역 조건을 위반하거나 난동을 부리는 일이 잦았다. 이에 조선은 응징과 회유를 거듭하며 왜인들을 안정적으로 관리하는 전략을 썼다.

이 과정에서 조선은 왜인과의 '약조'에 규정된 교역 재개 조건을 갈수록 강화시켰다.

세종은 1426년 동래의 부산포, 웅천(熊川, 창원)의 내이포(乃而浦, 제포), 울산의 염포 세 곳을 왜인에게 개방하고, 이곳에 왜인의 입국과 교역을 담당하는 왜관(倭館)을 설치해 왜인을 60명에 한해 상주할 수 있도록 했다. 왜관 주위에는 성을 쌓았고 그 안에 시장과 창고, 관청 등이 들어섰다. 항거(恒居) 왜인이라 불린 이들은 제한적으로 문물을 교역할 수 있었지만, 삼포에 거주하는 왜인의 숫자가 갈수록 늘어나면서 미곡, 면포 등의 수출량이 엄청나게 늘어나는 등 폐해가 생겼다. 대마도주(對馬島主)가 이곳에 자치 조직을 만들어 면포를 공물로 받아 가는 일도 있었다.

그러자 조선은 1443년 계해약조(癸亥約條)를 통해 삼포로 들어오는 세견선(歲遣船)을 한 해에 50척으로 제한했으나, 왜인은 이를 무시하고 무역 규모를 확대해 줄 것을 끈질기게 요구했다. 15세기 말에는 제포에 거주하는 왜인만 3,000명을 넘었다. 이에 중종은 당초 허가 인원을 초과한 거주자에 대해서는 철거를 요구하고 삼포로 들어오는 세견선을 감시하는 등 법규를 엄격하게 적용토록 했다.

이즈음 부산포 첨사(僉使) 이우증(李友曾)이 법을 어긴 왜인을 매로 때리는 사건이 발생했다. 조선 정부의 방침에 불만을 품고 있던 왜인들은 이 사건을 핑계로 대마도주의 지원을 받아 난을 일으킨다. 이것이 중종 5년인 1510년 4월에 발생한 삼포왜란(三浦倭亂)이다. 경오년(庚午年)에 일어난 일이어서 '경오의 난'이라고도 부른다.

당시 제포에 거주하던 왜인들의 우두머리격인 대조마도(大趙馬道)와 노고수장(奴古守長) 등은 병선 100척과 갑옷과 칼, 방패 등으로 무장한 왜인

4,000~5,000명을 이끌고 성을 공격했다. 성 주변의 민가들은 이들이 지른 불로 모조리 타 버렸다. 왜인들의 방화로 연기와 불꽃이 하늘에 넘칠 정도였다. 이들은 성을 공격할 당시 조선 관리가 난을 일으킨 이유를 묻자 이렇게 주장했다.

"부산포 첨사는 소금을 만들고 기와를 구우면서 땔감을 바치라고 독촉하고, 웅천 현감은 왜인들의 상업 활동을 금지하면서 급료를 제때에 주지 않았다. 또 제포 첨사는 고기잡이를 허락해 주지 않으면서 왜인 네 명을 살해했다."

이들은 제포와 부산포를 잇달아 함락시키고, 웅천을 공격하며 경상도 해안 일대에 극심한 피해를 입혔다. 당시 경상우도 관찰사 윤금손(尹金孫)은 조정에 "대마도 왜인 등 다수가 나와서 제포를 함락시킨 뒤에 근처의 각 포(浦)를 일시에 공격하여 웅천진은 지금 바야흐로 포위되어 있고, 성 밑의 민가는 모두 병화를 입었다."라며 급박한 사정을 보고했다. 왜인이 폭동을 일으키는 과정에서 부산포 첨사 이우증이 살해되고, 제포 첨사 김세균(金世鈞)이 납치됐다. 또 조선 군사와 백성 270여 명이 죽고, 800호에 가까운 민가가 불에 탔다. 확전을 우려한 대마도주는 강화를 요청했지만, 조정에서는 황형(黃衡)과 유담년(柳聃年)을 경상좌우도 방어사로 삼아 폭동을 진압도록 했다. 진압군은 제포에서 왜인들을 포위한 뒤 8시간의 전투 끝에 이들을 물리치고, 삼포에 거주하는 왜인들을 모두 내보냈다. 당시 진압 과정에서 왜인 290여 명이 죽고 왜선 다섯 척이 격침됐다.

삼포왜란을 계기로 삼포가 폐쇄되고 조선과 일본의 통교는 중단됐다. 그러자 일본의 아시카가(足利) 막부는 조선 조정에 무역 재개를 간청했다. 대마도주는 삼포왜란 주동자를 처형해 그 목을 바치고 조선인 포로를 돌려보냈다. 이에 중종은 삼포왜란 2년 뒤인 1512년 임신약조(壬申約條)를 맺고 왜인과 교역을 다시 시작했다. 임신약조는 세견선을 50척에서 25척으로 반감하고, 해마다 대마도주에게 내리는 쌀과 콩인 세사미두(歲賜米豆)도 200석에서 100석으로 줄이는 내용을 담고 있다. 또 왜인의 삼포 거주를 금지하고 제포만 개항하도록 하는 등 왜인의 출입을 엄격히 제한했다. 한양으로 가는 왜인은 일본 국왕의 사신을 제외하고는 도검(刀劍) 소유를 금지했으며, 전할 말이 있으면 특송선을 보내지 말고 세견선 편으로 고하도록 했다.

하지만 임신약조 이후에도 왜인의 침입은 계속 이어졌다. 1522년과 1529년 추자도와 동래, 전라도 일대에서 잇달아 왜변이 발생했다. 1544년에는 왜선 20여 척이 사량진을 공격해 약탈과 노략질을 일삼았으니 사량진왜변(蛇梁鎭倭變)이라고 한다. 이에 조정에서는 임신약조를 파기하고, 왜인의 내왕을 아예 완전히 금지시켰다.

대마도주가 또다시 사죄하며 통교를 재개해 줄 것을 간청하자, 조선은 1547년 이를 받아들이고 정미약조(丁未約條)를 체결했다. 정미약조는 일본 국왕사(國王使, 국왕이 보낸 사신)의 통교만 허용하되, 세견선은 대선 아홉 척, 중·소선 각 여덟 척으로 제한하고, 선상 집물(什物)을 금지하며, 가덕도 서쪽에 도착한 자는 왜적으로 규정한다는 내용을 담고 있다. 이 같은 조항을 어기면 최대 3년간 왜인을 접대하지 않는다는 벌칙조항도 두었다. 임신약조의 내용보다 왜인의 내왕에 대한 통제가 한층 강화된 셈이다.

그럼에도 왜인의 약탈 행위는 계속됐다. 일본 전역이 전국 시대를 맞아 혼란을 겪고 있었기 때문에 이들은 조선이나 명나라의 해안 지역을 공략해 미곡과 물자를 털어 갔다. 명종 10년인 1555년에 일어난 을묘왜변(乙卯

倭變)이 대표적이다. 그해 5월 왜인들은 선박 70여 척을 이끌고 전남 연안에 있는 달량포에 상륙했다. 이어 이들은 달량포와 영암을 점령한 뒤 어란포, 장흥, 강진, 진도 등을 돌아다니며 인명을 살상하고 재물을 빼앗는 등 만행을 저질러 엄청난 피해를 입혔다. 조정은 토벌대를 급히 보냈으나, 전라도 병마절도사 원적(元績)과 장흥 부사 한온(韓蘊) 등이 전사하고 영암 군수 이덕견(李德堅)이 포로로 잡히는 등 오히려 관군이 패배하고 말았다. 그러자 조정에서는 호조판서 이준경(李俊慶)을 전라도 도순찰사, 김경석(金景錫), 남치훈(南致勳)을 방어사로 각각 임명해 이들로 하여금 다시 토벌대를 이끌도록 했고, 마침내 왜인은 영암에서 이들에게 대패하고 물러났다.

이로부터 5개월 뒤, 대마도주는 이번에도 을묘왜변의 주동자를 처형하고, 그 목을 보내 사죄하고 세견선의 증가를 호소했다. 조정에서는 이를 받아들이고, 생활필수품과 식량 등에 한해서만 세견선 다섯 척을 제한적으로 허용했다. 하지만 조선과 일본 간 중앙 정부의 통상적인 외교 관계는 을묘왜변 이후 단절됐다.

이후에도 왜인들의 침탈은 계속됐고, 일본 전국 시대를 통일한 도요토미 히데요시(豊臣秀吉)는 본격적인 전쟁을 준비했다. 급기야 일본은 1592년 20만 명의 군사를 일으켜 물밀 듯이 조선으로 밀려온다.

1519

기묘사화

사림파의 개혁 정책에 제동을 걸다

1504년 연산군이 폐비 윤씨 사건 관련자를 대대적으로 숙청하다.
1506년 성희안, 박원종 등이 중종반정을 일으켜 진성대군이 왕위에 오르다.
1515년 중종이 조광조 등을 중용하여 사림파를 중심으로 왕도 정치를 행하려 하다.

사림파는 중종 재위 기간에 중앙 정치로 복귀한다. 그러나 이내 또다시 사화의 소용돌이 속으로 빠져드니, 그것이 중종 14년인 1519년에 일어난 기묘사화이다. 기묘사화는 조광조 일파의 급진 개혁 정책에 대한 반정 공신들의 대대적인 반격에 따른 것이었다.

연산군 재위 시절에 두 차례의 사화를 통해 사림파가 조정에서 제거됐지만, 중종은 즉위 이후 다시 사림을 끌어들였다. 반정(反正)으로 중종 즉위를 이끌었던 공신 세력(훈구파, 勳舊派)이 조정의 권력을 독점하고 세력을 넓혀 나가자 이들을 견제하고 유교 정치를 회복하기 위해서였다.

중종은 1510년 반정 주도 세력인 영의정 박원종(朴元宗)이 타계한 뒤 훈구파가 서서히 위축되는 모습을 보이자, 조광조(趙光祖)를 필두로 기호 지

역 출신의 젊은 사람들을 대
거 조정으로 불러들였다. 이
들은 사헌부, 사관원, 홍문관
등 언론 3사의 언관(言官)으
로 포진하여 점차 목소리를
높여 나갔다. 조광조 일파는
특히 사림의 의견을 공론으
로 내세우며, 중종에게 과감
한 개혁을 실천할 것을 요구
했다.

⟨삼강행실도⟩ 1431년 세종의 명에 따라 간행된 책으로 조선과 중국
의 효자, 충신, 열녀 105명을 뽑아 글과 그림으로 칭송한 책이다. 조
광조를 중용한 중종은 ⟪삼강행실도⟫를 비롯한 유교 서적들을 보급
하는 등 왕도 정치를 행하고자 노력하였다. (두피디아)

　조광조에 대한 신임이 두터웠던 중종은 이들의 의견을 받아들여 향촌
사회를 안정시키기 위해 유교 사상에 기반을 둔 민간 자치 규율인 향약
(鄕約)을 실시했다. 국왕의 사유재산을 관리하는 내수사(內需司)의 장리
(長利, 일종의 고리대금업)를 폐지하도록 했으며, 또한 추천으로 관리를 발
탁하는 현량과(賢良科)를 도입해 1519년에 사림 28명을 등용했다. 이상적
인 유교 정치를 실현하기 위해 국왕에게 유학을 강론하는 경연(經筵)을
활성화하는 한편, 국가적 제사를 주관하는 소격서(昭格署)를 폐지하였다.
⟪삼강행실도(三綱行實圖)⟫, ⟪이륜행실도(二倫行實圖)⟫, ⟪주자가례(朱子家
禮)⟫, ⟪소학(小學)⟫ 등도 보급했다. 이와 함께 농촌 지역의 경제적인 안정
을 위해 당시 지배층의 토지 겸병을 철폐하고, 토지를 균등하게 분배하는
균전제(均田制)를 실시할 것을 주장했다. 당시로서는 하나같이 파격적인
조치들이었다.
　일반 백성들은 조광조의 이 같은 급진적인 개혁 정책을 환영했지만, 기

득권층인 훈구파는 불만을 가질 수밖에 없었다. 위기감 속에 반전의 기회를 노리던 훈구파는 때마침 '반정공신의 위훈(僞勳) 삭제 사건'을 빌미로 조광조 일파를 몰아붙인다. 당시 조광조는 반정공신으로 책봉된 100명 가운데 성희안과 유자광 등 76명은 공신 자격이 없다며 이들의 위훈을 삭제하고 그 토지와 노비를 몰수해야 한다고 주장했다.

이즈음 중종은 성리학적 규범과 왕도 정치의 실현을 끈질기게 설파하는 조광조 일파에 대해 서서히 싫증을 느끼고 있었다. 위훈 삭제 사건으로 거세게 반발하던 훈구파는 이런 분위기를 이용해 사림파를 제거하려는 계책을 세웠다.

희빈(熙嬪) 홍씨(洪氏)의 아버지인 홍경주(洪景舟)와 평소 사림으로부터 비난을 받던 남곤(南袞), 위훈 삭제의 대상인 심정(沈貞) 등은 밤에 중종을 만나 "조광조 일파가 언관권(言官權)을 지나치게 행사해 조정을 문란하게 하고, 《경국대전(經國大典)》이 규정한 (국왕 중심의 중앙집권적) 권력 구조를 흔들어 나라를 어지럽히고 있으니 당연히 이들을 엄히 다스려야 한다." 하고 상소했다. 훈구파는 특히 조광조를 모함하기 위해 나뭇잎에 꿀을 발라 '주초위왕(走肖爲王)'이란 글을 써놓고 벌레가 파먹게 한 다음, 이를 궁 안 개울에 띄워 중종에게 보여 주었다. '주초(走肖)'는 곧 '조(趙)'를 의미하는 것으로, '주초위왕'은 '조광조가 임금이 된다'라는 뜻이다. 이에 중종은 조광조를 비롯해 그 일파를 제거하기로 결심한다.

《중종실록》은 당시 조광조 일파의 죄목에 대해 이렇게 기록하였다.

조광조, 김정, 김식, 김구 등은 서로 붕당을 결성해 자기들에게 붙는 자는 천거해 권력이 있는 주요 자리를 차지하고, 뜻이 다른 자는 배

척했고, 후진을 꾀어 격렬한 언행이 버릇이 되게 함으로써 국론과 조
정을 날로 그릇되게 하였다.

이 일로 조광조는 능주(綾州, 전남 화순)에 유배된 뒤 사약을 받아 죽었
고, 김정(金淨), 김식(金湜), 기준(奇遵), 한충(韓忠) 등은 귀양을 간 뒤 사형
당하거나 스스로 목숨을 끊었다. 이 밖에 김구(金絿), 박세희(朴世熹), 박훈
(朴薰) 등 수십 명이 유배됐다. 이것을 기묘사화(己卯士禍)라고 부른다.

기묘사화 당시 중종은 조광조
일파를 처단한 배경에 대해 "나
라의 정사는 조정에 있어야 하
고, 조정의 정사는 대신이 해야
한다. 대간(臺諫, 언론 3사)은 그
부족한 점을 보완할 뿐이다. 이
들에게 정사가 있으면 어지러워
진다는 옛말도 있는데, 근래 정
사가 대신에게 있지 않고 대간에
있다. 이 폐단을 바로잡아야 조
정이 안정될 것이다."라고 밝혔
다. 조광조 일파의 강도 높은 언
관권에 대한 중종과 훈구파의 반
발이 기묘사화의 원인 중 하나였
음을 시사하는 대목이다.

당시 화를 입은 사람들은 대

조광조 신도비 급진적인 개혁을 단행하여 훈구파의 반발을 산
조광조는 결국 사약을 받았다. 그러나 순조 초에 신원되어 영
의정에 추증되었다. 이 신도비는 조광조 묘역에 있는 것으로
선조 13년(1580)에 세워졌다. 비문을 지은 것은 노수신, 글씨를
쓴 것은 이산해이며, 전액은 김응남이 썼다고 한다.

부분 30대로, 이들을 기묘명현(己卯名賢)이라고 부른다. 기묘사화로 사림 파는 다시 한 번 중앙 정치에서 축출됐으며, 조광조가 추진한 현량과와 향약 등 개혁 정책은 대부분 혁파됐다. 위훈이 삭제된 공신들의 작위도 회복됐다. 이로써 조광조의 급진 개혁 정치는 4년 만에 끝을 맺는다. 과격한 개혁 정책을 성급하게 밀어붙이다 오히려 역풍을 맞은 셈이다.

조광조 일파가 제거되자 남곤과 심정, 김안로(金安老) 등 훈구 대신이 조정을 지배하였다. 한편 중종은 기묘사화가 일어난 지 10년이 지나자 훈구 대신의 권력 독점을 막기 위해 다시 사림을 등용하였다. 하지만 이번에도 사림파는 된서리를 맞았다. 조선 시대 4대 사화 가운데 마지막인 을사사화(乙巳士禍)는 1545년 13대 명종(明宗) 즉위년에 일어났다. 을사사화는 다른 사화와 달리 외척 간의 왕위 계승 다툼에서 빚어졌으며, 화를 일으킨 쪽이나 화를 당한 쪽 모두에 사림들이 가담하고 있었다. 때문에 을사사화는 기본적으로 사림 내부의 갈등과 분화라는 성격을 띠고 있다.

을사사화의 시발점은 중종 재위 시절로 거슬러 올라간다. 당시 중종의 셋째 왕비인 문정왕후(文定王后)와 그 동생인 윤원형(尹元衡)은 문정왕후가 낳은 경원대군(慶原大君)을 중종의 뒤를 이을 세자로 책봉하려 했다. 하지만 이 계획은 중종의 둘째 왕비인 장경왕후(章敬王后)의 동생 윤임(尹任)의 저지로 실패했다. 이 과정에서 윤임 측은 대윤파(大尹派), 윤원형 측은 소윤파(小尹派)로 불리며, 세력 다툼을 벌였다. 대윤파 쪽에는 영호남 출신의 신진 성리학자가 많았고, 소윤파에는 서울 근교의 사림들이 포진해 있었다.

결국 장경왕후가 낳은 인종(仁宗)이 중종의 뒤를 이어 12대 국왕에 오르고, 자연스럽게 윤임의 대윤파가 득세하였다. 하지만 인종이 재위 8개월 만에 세상을 떠나자, 소윤파의 경원대군이 12세의 나이로 왕위에 오른다. 그가 곧 명종이다. 명종의 나이가 어리다 보니 문정왕후가 수렴청정을 하였고, 이로 인해 윤원형이 조정의 실권을 쥐었다.

권력을 장악한 소윤파는 "인종의 외척인 윤임 세력이 명종을 해치기 위해 역모를 꾸미고 있다." 하며 대윤파를 거세게 몰아세웠다. 특히 소윤파는 택현설(擇賢說)을 내세우며 윤임 일파를 압박했다. 대윤파가 인종의 후사로 명종이 아니라 계림군(桂林君)이나 봉성군(鳳城君) 가운데 현명한 사람을 내세우려 했다는 것이 택현설의 요지다. 결국 문정왕후는 윤원형과 이기(李芑), 정순붕(鄭順朋) 등에게 밀지를 내려 윤임과 유관(柳灌) 등을 탄핵했고, 이로 인해 윤임과 유관, 유인숙(柳仁淑)을 비롯해 대윤파가 참변을 당했다.

을사사화 이후 윤원형과 이량(李樑) 등이 척신 정치를 벌이면서 사림의 기세는 한때 기우는 양상을 보였다. 하지만 명종 20년인 1565년에 문정왕후가 숨지자, 유생들의 상소에 따라 을사사화로 유배된 사람들은 모두 풀려나고, 대신 윤원형이 처벌을 받는다. 이즈음 영남의 퇴계(退溪) 이황(李滉)과 남명(南冥) 조식(曺植), 호남의 일재(一齋) 이항(李恒)과 고봉(高峯) 기대승(奇大升), 하서(河西) 김인후(金麟厚), 서울 근교의 청송(聽松) 성수침(成守琛) 등이 각 지역을 중심으로 사림을 일으킨다. 이처럼 연산군 이래 명종대에 이르기까지 4대 사화를 거치며 부침을 거듭한 사림파는 14대 선조(宣祖, 재위 1567~1608) 초에 이르러 명실상부하게 정치를 주도하는 세력으로 자리매김한다.

1559

임꺽정의 난

피폐해진 민심을 대변한 도적

◁◀ **1511년** 흉년이 들었을 때 백성을 구제하기 위한 관청인 진휼청을 설치하다.

◁◀ **1555년** 전라남도 일대에 왜구가 침입한 을묘왜변이 일어나다.

◁◀ **1557년** 황해도에서 민란이 일어나다.

임꺽정의 무리가 활개를 치던 명종 16년(1561) 10월, 당시의 상황을 《명종실록》은 '모이면 도적이고, 흩어지면 백성이다. 도적이 된 원인은 정치를 잘못했기 때문이요, 그들의 죄가 아니다'라고 기록하였다. 왜 백성, 즉 농민이 모이면 도적이 되고, 그 이유를 '왕정의 잘못(王政之失)'이라고 《명종실록》은 적었을까.

임꺽정(林巨正)은 경기 양주의 백정(白丁) 출신으로, 도살업을 전문으로 하는 천민이었다. 당시 기록에 따르면 임꺽정은 날쌔고 용맹스러웠으며, 힘이 장사였다. 그는 1559년 유랑 농민이나 아전, 노비, 역리, 수공업자, 평민 등 다양한 사람들을 규합해 1562년 관군에 체포될 때까지 황해, 평안, 함경, 강원, 경기도 일대에서 약탈과 살인, 방화를 저지르고, 관청을 습격했으며, 정부 토벌군과 맞서 싸웠다. 그럼에도 일반 백성들은 임꺽정

한국사를 움직인 100대 사건

의 무리에 호응하거나 결탁해, 이들을 돕거나 숨겨 주기도 했다. 단순한 도적이 아니라 '의적(義賊)'이라는 표현까지 나왔다. 조정을 비롯한 지배 층이나 고을 수령, 하급 관리 등의 학정과 수탈에 이중, 삼중으로 고통을 겪던 백성들은 임꺽정이 그들의 심정을 대변하고 있다고 느꼈던 것이다.

조선 후기 역사가 이긍익(李肯翊)은 《연려실기술(燃藜室記述)》에서 '경 기에서 황해까지 백성과 아전들이 임꺽정의 무리와 결탁해, 관가에서 잡 으려고 하면 먼저 알려줘 이들이 거리낌 없이 돌아다녀도 잡을 수가 없었 다'라고 적었다. 이처럼 백성을 '모이면 도적'으로 만들고, 임꺽정 무리가 의적으로 불릴 수 있었던 것은 사회 경제적 모순과 구조적 폐해로 민생이 극도로 피폐해지고, 그만큼 백성들의 동요가 심했기 때문이다.

민생을 도탄으로 몰고 간 것은 대표적으로 전세(田稅)와 방납(防納), 군 역(軍役), 환곡(還穀) 등이었다. 당시 조선 사회에는 왕실과 척신 및 권신, 양반 등의 토지 겸병이 성행해 부가 집중되는 현상이 빚어졌고, 관료들의 과도한 수취까지 겹쳐 농민들은 과중한 부담에 허덕였다. 국가가 농사를 짓지 못하는 진전(陳田, 묵정밭)에서도 전세를 거두거나, 지주가 내야 할 전 세를 소작농이 대신 부담하는 일이 잦았다. 또 서리와 상인이 결탁해 농 민 대신 공물을 바친 뒤 농민에게서 높은 대가를 받아 내는 방납이 성행 해 농민의 고통이 더욱 컸다. 당시 남명(南冥) 조식(曺植)은 서리의 횡포를 두고 '서리망국론'이라며 개탄했다. 군역도 농민에게는 큰 짐이었다. 농 민은 국가에 무명 20필 안팎을 바치고 다른 사람에게 군역을 대신 지게 할 수 있었지만, 이를 감당할 엄두도 내지 못했다. 이와 함께 춘궁기에 빈 민에게 식량을 빌려 주고 가을에 원곡(元穀)만 받는 의창제(義倉制)가 폐지 되면서, 국가는 상평창(常平倉)으로 하여금 원곡의 10퍼센트를 환곡이란 이름으로 받게 했다. 하지만 실제 비율은 그보다 높아 사실상 고리대 수준이었다. 게다가 연이은 가뭄과 흉년, 지진으로 민생은 거의 무너진 상태였다.

이러다 보니 고향과 농토를 버리고 유랑하는 농민이 속출해 '열 집 가운데 아홉 집이 비었다'라는 말이 나올 정도였으며, 이들 가운데 산간이나 섬에 근거지를 두고 집단으로 떼를 지어 다니며 도적질로 연명하는 사람이 많았다. 여기에는 수령이나 서리의 가렴주구와 부정, 부패에 시달리던 백성들이 속속 합류했으며, 이렇게 무리를 지은 도적떼를 군도(群盜)라고 불렀다.

임꺽정은 명종 14년인 1559년 황해도 구월산 등을 근거지로 도적떼를 일으켰다. 상업이 발달한 교통 요충지나 사신의 왕래가 잦은 역촌(驛村) 지역, 백정들이 많이 모인 곳 등이 주요 활동 지역이었다. 권문세가나 내수사의 농장으로 편입된 황해도 일대 갈대밭 지역도 이들의 거점으로 활용됐다. 이들은 황해도 봉산에 중심 소굴을 두고, 8~9개의 조직으로 나눠 황해도 재령, 해주, 구월산, 평안도 성천, 양덕, 맹산, 강원도 이천 등지를 휩쓸었다. 특히 이들은 서울과 지방을 잇는 주요 길목을 장악해 지방에서 한양으로 가는 공물과 진상물을 빼앗고, 부자들을 습격해 재물을 약탈하는가 하면, 개성이나 한양 등지에서 약탈한 물건을 팔아넘겼다. 또 관아의 창고에 있는 곡물을 빼앗아 백성들에게 나눠 주거나, 체포된 동료를 구출하는 등 국가 권력에 정면으로 맞섰다.

그러자 조정에서는 토포사(討捕使)를 여러 차례 보내서 진압을 시도했다. 그러던 중 1559년 개성부 포도관 이억근(李億根)이 관군 20여 명을 거느리고 인근에 있는 임꺽정 무리의 소굴을 습격하다 오히려 패퇴한 일이

고석정 강원 철원군 동송읍 장흥리에 위치한 정자이다. 신라 진평왕이 세우고, 고려 충숙왕도 찾은 장소이며, 조선 시대에 들어 임꺽정이 고석정 부근에서 은둔하였다고 한다. 6·25 전쟁 때 소실되었으며, 현재 있는 것은 1971년에 재건한 것이다.

생겼다. 이에 조정에서는 임꺽정의 난을 진압하기 위해 본격적인 대책 마련에 나선다.

이듬해 8월, 임꺽정 무리가 한양에 나타나 장통방(長通坊, 지금의 종로 2가 부근)에서 관군의 공격을 받자 부장을 활을 쏘아 맞히고 달아난 사건이 발생했다. 이때 임꺽정의 아내가 붙잡혀 형조 소속의 종으로 배속됐다. 이 일이 있은 뒤 관군은 한양으로 통하는 진입로를 봉쇄하는 등 경비를 강화했다. 같은 해 12월에는 임꺽정의 모사인 서림(徐林)이 엄가이(嚴加伊)로 이름을 바꾸고 한양으로 몰래 들어가려다 숭례문 밖에서 체포됐다. 관군은 서림을 통해 임꺽정의 무리가 장수원(長水院)에 모여 전옥서(典獄署)를 파괴하고 임꺽정의 아내를 구출하려 한다는 계획을 알아냈다. 변절한 서림은 황해도 평산 남면 마산리에 있는 대장장이 이춘동의 집에 모여 신임 봉산 군수 이흠례(李欽禮)를 죽일 계획을 세웠다는 것도 털어났다. 이흠례는 여러 차례 임꺽정의 패거리를 붙잡아 영전한 인물이었다.

이에 조정에서는 평산부와 봉산군 소속 군사 500명을 집결시켜 마산리로 나아갔다. 하지만 이곳에서 관군은 크게 패해 부장 연천령(延千齡)이 죽고 많은 군마를 빼앗겼다. 이를 보고받은 명종은 임꺽정의 무리가 출몰한 5개 도에 대장을 한 명씩을 두고 일제히 체포령을 내렸다. 이즈음 서흥 부사 신상보(辛商輔)가 임꺽정 무리의 처자 몇 명을 감옥에 가두었는데, 대낮에 임꺽정 무리가 옥사를 부수고 이들을 구출한 일도 있었다.

조정에서 연일 임꺽정 무리를 잡아들일 것을 독촉하자, 관군의 소탕 작전도 한층 강화됐다. 이 과정에서 허위 보고가 올라가거나 무고한 사람들이 고초를 겪기도 했다. 1560년 12월, 임꺽정을 잡았다는 보고가 황해도 순경사 이사증(李思曾)으로부터 올라왔다. 하지만 의정부의 조사 결과, 붙잡힌 사람은 임꺽정이 아니라 그 형인 가도치(加都致)로 드러났다. 이 일로 이사증은 책임을 지고 파직 조치됐다. 1561년 9월에는 의주 목사 이수철(李壽鐵)이 임꺽정을 잡았다고 조정에 보고했으나, 확인 결과 해주 출신의 군사 윤희정이 이수철의 꾐에 빠져 거짓 자복한 것이었다. 이에 이수철도 파직됐다.

관군의 압박이 거세지자 임꺽정의 무리는 같은 해 10월 대낮에 해주 지역 민가 30호를 불태우고 사람들을 죽였다. 조정에서는 황해도 토포사로 남치근(南致勤), 강원도 토포사로 김세한(金世澣)을 임명하고 이들에게 군사를 이끌고 임꺽정을 토벌할 것을 지시했다. 당시 한양과 개성, 평양에서는 관군의 수색 작업이 연일 계속돼 조금이라도 수상한 사람을 모두 잡아들였다. 때문에 한양에서는 온종일 호곡소리가 끊이지 않았다. 아울러 5개 도의 시장은 모두 문을 닫았고 관청 업무도 중단됐다.

이런 가운데 1562년 1월, 드디어 남치근이 '서흥에서 군관 곽순수(郭舜壽)와 홍언성(洪彦誠)이 임꺽정을 잡았다'라는 보고를 올렸다. 당시 남치근이 재령에 진을 치고 구월산을 올라가며 수색하자 임꺽정은 골짜기를 넘어 민가에 숨어들었다. 관군이 민가를 뒤지기 시작하자 임꺽정은 주인 노파를 위협해 "도둑이야."라고 소리치게 하고, 소란스런 틈을 타 군졸의 말을 빼앗아 달아났다. 하지만 서림이 "저 사람이 임꺽정이다!"라고 소리치는 바람에 끝내 생포됐다. 임꺽정은 잡힌 지 15일 만에 처형당했다. 이렇게 해서 임꺽정의 난은 진압됐다.

조선 후기 실학자인 이익(李瀷)은 《성호사설(星湖僿說)》에서 홍길동(洪吉童)과 임꺽정, 장길산(張吉山)을 일컬어 조선의 3대 도둑이라고 했다. 하지만 임꺽정이 개인의 욕심이 아니라 당시 양반 사회의 모순에 맞서 관군과 싸움을 벌였다는 점에서 그의 행적은 도적질을 넘어 '반란'으로 부를 만하다.

조선의 3대 도둑

　조선 후기 실학자 이익은 《성호사설》에서 연산군 때 홍길동(洪吉同), 명종 때 임꺽정, 숙종 때 장길산(張吉山)을 조선의 3대 도둑이라고 기록했다. 그런데 《조선왕조실록》에는 홍길동과 임꺽정을 붙잡았다는 기록이 남아 있지만, 장길산에 대해서는 체포했다는 기록이 없다.

　홍길동에 대한 실록의 기록에는 연산군 6년인 1500년 10월 22일, 강도 홍길동을 잡았으니 나머지 무리도 소탕하게 했다고 되어 있다. 그해 12월에는 '강도 홍길동이 옥정자와 홍대 차림으로 첨지라 자칭하며 대낮에 떼를 지어 무기를 가지고 관부에 드나들면서 기탄없는 행동을 자행하였다'라는 기록이 있다. 홍길동은 관기인 옥영향이 낳은 서자로, 조선 사회의 모순과 신분 제도에 불만을 품고 의적으로 활약한 인물이다.

　천민 출신인 장길산은 광대패에 들어갔다가 구월산과 평안도 등을 근거지로 신분 제도와 토지 제도에 불만을 가진 농민과 천민 들을 규합해 전국을 누비며 양반과 관리 등을 괴롭혔다. 실록에 따르면 1697년 1월 10일 숙종이 직접 '장길산은 날래고 사납기가 견줄 데가 없다. 여러 도로 왕래하여 그 무리들이 번성한 데 벌써 10년이 지났으나 아직 잡지 못하고 있다' 하고 개탄했다. 하지만 이후 실록의 내용에는 장길산의 이름이 언급되어 있지 않다. 이후 3대 도둑은 각각 허균과 홍명희, 황석영의 소설에서 되살아났다.

동서 분당

사상과 지역에 따른 사림의 분열

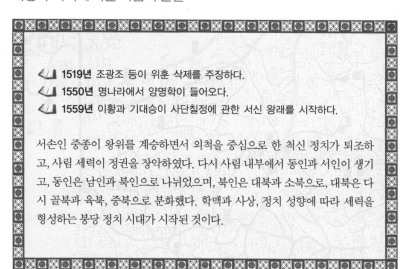

⟨🔖⟩ **1519년** 조광조 등이 위훈 삭제를 주장하다.

⟨🔖⟩ **1550년** 명나라에서 양명학이 들어오다.

⟨🔖⟩ **1559년** 이황과 기대승이 사단칠정에 관한 서신 왕래를 시작하다.

서손인 중종이 왕위를 계승하면서 외척을 중심으로 한 척신 정치가 퇴조하고, 사림 세력이 정권을 장악하였다. 다시 사림 내부에서 동인과 서인이 생기고, 동인은 남인과 북인으로 나뉘었으며, 북인은 대북과 소북으로, 대북은 다시 골북과 육북, 중북으로 분화했다. 학맥과 사상, 정치 성향에 따라 세력을 형성하는 붕당 정치 시대가 시작된 것이다.

    선조가 왕위에 오르면서 본격적인 사림 정치가 시작되었다. 그리고 이 과정에서 붕당(朋黨)이 형성되었다. 중국 명나라에서는 붕당을 원칙적으로 금지했다. 하지만 송나라에 이르러 정치 참여 의식이 확산되면서 붕당을 바라보는 시각이 달라졌다. 구양수(歐陽脩)는 붕당을 공적인 도리의 실현을 추구하는 진붕(眞朋)과 개인적 이익을 탐하는 위붕(僞朋)으로 나누고, 진붕을 '군자의 당', 위붕을 '소인의 당'이라고 규정했다. 나아가 군주가 군자의 당을 우세하도록 하면 정치가 올바르게 나아간다고 설파했다. '당쟁으로 조선이 망했다'라는 식의 일제 식민사관은 이 같은 붕당의 본질을 외면한 발상이다.

최초의 붕당이 형성된 것은 중종의 서손(庶孫)이었던 14대 선조(宣祖, 재위 1567~1608) 8년, 즉 1575년 때이다. 이조전랑(吏曹銓郞)이라는 자리를 두고 기성 사림의 구심점인 심의겸(沈義謙)과 신진 사림을 대표하는 김효원(金孝元)이 대립하면서 사림은 서인(西人)과 동인(東人)으로 갈라졌다.

이조전랑은 정5품으로 품계는 낮았지만, 문관의 인사 추천권을 가진 요직이었다. 문관 인사에 관한 한 정승이나 판서를 제재할 수 있는 권한을 갖고 있었고, 자신의 후임을 추천할 수도 있었다. 당시 김효원이 차기 이조전랑으로 천거되자, 심의겸은 "윤원형과 가까이 지낸 소인배"라며 반대했다. 김효원이 이조전랑을 마칠 즈음, 이번에는 심의겸의 동생 심충겸이 천거됐고, 이에 김효원은 "왕의 외척이 인사권을 장악하는 것은 부당하다."라고 비난했다. 심의겸은 명종의 왕비 인순왕후(仁順王后)의 동생이었다.

결국 심의겸과 김효원의 대립은 사림 전반으로 확대되었고, 심의겸을 중심으로 한 서인과 김효원을 따르는 동인으로 나뉘어졌다. 심의겸은 도성의 서쪽인 정동에 살고, 김효원은 도성의 동쪽인 건천동에 산다고 해서 붙인 이름이다. 동인에는 영남학파, 서인에는 기호학파가 참여했다. 동인은 주로 안동 지방의 이황과 지리산 지역의 조식을 따르는 젊은 선비들로 이뤄졌고, 서인에는 이이와 성혼을 추종하는 서울, 경기, 충청, 전라도 지역의 기득권을 지닌 선비들이 많았다. 정책적으로는 동인이 '이(理)'를 강조하고 원칙을 중시해 선비들의 수기(修己)와 치자(治者)의 도덕성 제고에 역점을 둔 반면, 서인은 '기(氣)'를 앞세우고 현실 문제의 해결에 초점을 뒤 제도 개혁을 통한 부국안민을 추구했다. 동인에는 허엽(許曄), 유성룡(柳成龍), 우성전(禹性傳), 이발(李潑), 이산해(李山海), 송응개(宋應漑), 허봉(許篈) 등이 있었고, 서인에는 박순(朴淳), 정철(鄭澈), 신응시(申應時), 송익필(宋翼弼), 이해수(李海壽), 윤두수(尹斗壽), 윤근수(尹根壽) 등이 속했다.

동인과 서인의 분열로 갈등의 조짐이 일자, 이이는 동인과 서인을 조정하는 데 적극 나섰다. 특히 이이는 극한 충돌을 막기 위해 동인과 서인을 이끄는 김효원과 심의겸을 외직으로 발령 낼 것을

기자헌 초상 선조가 영창대군을 세자로 삼으려 하자 이에 반대하고 광해군 즉위에 큰 역할을 하였다. 그러나 그가 속한 대북이 독선을 떨치자 사직하였다. (국립중앙박물관, 중박201104-230)

선조에게 주청했다. 선조도 이를 받아들여 김효원은 경흥 부사를 거쳐 삼척 부사로, 심의겸은 개성 유수로 가게 된다.

이이의 조정 노력에도 동인과 서인 간에는 시비와 공방이 갈수록 심해졌고, 급기야 이이 자신도 동인의 집중 포화를 맞게 됐다. 이이가 병조판서로 재직할 때 오랑캐 장수가 함경도에 침입하자, 상황이 급박함을 감안

해 우선 병조판서 주관으로 출전 명령을 내렸다. 그런데 동인들은 이를 두고 국왕의 허락 없이 병권을 좌지우지한다고 공격했다. 또 이이가 중재자를 자처하면서 뒤로는 서인을 부추겨 동인을 몰아세우고 있다는 비난도 받았다. 이에 이이를 아끼던 선조는 이이를 맹렬히 공격하는 데 앞장선 동인의 송응개, 박근원(朴謹元), 허봉을 각각 회령, 강계, 갑산으로 유배를 보냈다. 이를 두고 계미삼찬(癸未三竄)이라고 부른다.

선조 17년인 1584년 이이가 세상을 떠나자, 이이가 속했던 서인은 세력을 잃고 유성룡, 이산해, 이발 등 동인이 조정을 장악하였다. 하지만 1589년 정여립(鄭汝立)의 모반 사건을 계기로 주도권은 서인 쪽으로 넘어갔다. 이어 2년 뒤인 1591년 서인은 세자 책봉 논의 과정에서 다시 동인에게 밀려난다. 당시 왕비인 의인왕후(懿仁王后) 박씨는 병약해 아이를 낳지 못했으며, 선조는 후궁인 인빈(仁嬪) 김씨와 김씨가 낳은 신성군(信城君)을 총애하고 있었다.

사건의 발단은 좌의정 정철이 대신들에게 세자 책봉 문제를 거론하면서 비롯됐다. 정철은 우의정 유성룡과 세자 책봉을 선조에게 주청하는 문제를 상의했으며, 두 사람은 다시 영의정 이산해와 함께 이를 논의하기로 했다. 하지만 이산해는 약속 장소에 두 차례나 나오지 않았으며, 대신 서인을 몰아낼 계책을 세운 것이다. 이산해는 인빈 김씨를 찾아가, 정철이 공빈(恭嬪) 김씨의 소생인 광해군(光海君)을 세자로 세우고, 인빈 김씨 모자를 죽이려 한다고 무고를 했다. 인빈 김씨는 이를 선조에게 알렸다.

이 같은 상황을 알 리 없는 정철은 경연에서 선조에게 세자를 책봉할 것을 건의했다. 인빈 김씨의 얘기를 들을 때만 해도 반신반의했던 선조는 정철이 실제로 그 같은 일을 꾸미고 있다고 믿고 정철에게 호통을 쳤다.

그 자리에 있던 동인의 유성룡이나 이산해는 아무 말 없이 침묵을 지켰다. 이 일로 동인은 서인을 거세게 밀어붙였고, 그 결과 서인의 주요 인사들은 대부분 유배를 가거나 외직으로 밀려나는 등 숙청을 당했다. 정철은 삭탈관직을 당해 명천으로 귀양을 갔다. 동인의 주요 인물들이 제거된 기축옥사(己丑獄事) 당시 사건 조사를 맡았던 정철을 비롯해 서인들에게 보복을 한 셈이다. 이로써 동인은 다시 조정을 차지하게 됐다.

이즈음 동인 사이에서는 정철을 사형시키고, 서인들을 무더기로 처벌해야 한다는 강경론과 처벌 범위를 줄이고 정철을 유배 보내는 선에서 마무리하자는 온건론이 맞섰다. 이산해, 이발,

이산해 초상 이산해는 임진왜란 때 탄핵을 당해 파직되었다가 후에 복관되어 대제학을 겸임하였다. 선조 때 문장 8가라 불릴 정도로 서화에 능했다. 이산해는 처음에는 동인이었으나 북인으로 적을 옮긴 후 다시 대북의 영수가 되었다. (국립중앙박물관, 중박201104-230)

정인홍(鄭仁弘) 등 강경파는 북인으로, 유성룡, 김성일(金誠一), 우성전 등 온건파는 남인(南人)으로 불렸다. 이산해가 한강 북쪽에 살고, 이발이 북악산 아래 산다고 해서 북인(北人)이었고, 유성룡이 영남 출신이며, 우성

전이 남산 아래에 산다고 해서 남인이었다. 북인에는 조식 문하의 사람들이, 남인에는 이황을 따르는 사람들이 모였다. 남인과 북인이 대립한 가운데 북인은 임진왜란(壬辰倭亂)을 전후해 권력을 장악하게 된다. 남인의 유성룡은 임진왜란 당시 화의를 주장했다는 탄핵을 받고 물러나야 했다.

북인 내부에서는 다시 이산해, 홍여순(洪汝諄), 기자헌(奇自獻), 이이첨(李爾瞻), 허균(許筠) 등 노장 세력 중심의 대북(大北)과 김신국(金藎國), 남이공(南以恭), 유영경(柳永慶), 박이서(朴彝敍), 성준구(成俊耉) 등 소장 세력이 주축이 된 소북(小北)으로 분화가 일어났다. 홍여순의 대사헌 천거를 이조정랑 남이공이 청론을 명분으로 막은 것이 계기가 됐다. 대북은 또다시 이산해를 지지하는 육북(肉北)과 홍여순을 따르는 골북(骨北), 유몽인(柳夢寅) 중심의 중북(中北)으로 나뉘었다.

대북과 소북 사이에서는 소북이 밀려났다. 1606년, 선조가 새 왕비로 맞은 인목왕후(仁穆王后)에게서 영창대군(永昌大君)을 얻었다. 이에 소북을 이끌던 유영경은 세자인 광해군 대신 영창대군을 지지하다가 1608년 선조가 타계하면서 뜻을 이루지 못하고 유배당했다. 소북 가운데 선조 말년에 권력을 잡은 유영경 일파를 탁소북(濁小北)이라 하고, 세력을 잃은 남이공 일파를 청소북(淸小北)이라 불렀다. 이후 1623년 인조반정(仁祖反正)으로 북인은 밀려나고, 대신 서인과 남인이 정국의 중심에 선다.

1589

정여립 옥사

왕이 되려 한 혁명가 혹은 역모자

◁┘ **1567년** 명종이 승하하고 선조가 즉위하다.
◁┘ **1583년** 이이가 일본의 침입에 대하여 십만양병설을 건의하다.
◁┘ **1589년** 황해 감사 한준이 장계를 올려 역모를 고변하다.

황해도 관찰사 한준이 동인 정여립이 모반을 꾀한다는 내용의 장계를 올려 조정과 사림이 발칵 뒤집혔다. 진안 죽도로 피신한 정여립은 관군에게 포위당하자 스스로 목숨을 끊었고, 1,000여 명이 역모에 가담한 혐의로 처형당했다. 이를 기축옥사라고 하며, 이 일로 정여립은 조선 중기의 대표적인 역모자로 낙인 찍혔다.

전주 출신인 정여립은 어릴 때부터 활쏘기와 무예에 뛰어나고, 언변이 능했다. 《연려실기술》은 '여립이 입을 열면 시비를 불문하고 좌중들이 칭찬하고 탄복했다'라고 적었다. 그는 1570년 과거에 급제한 뒤 성혼과 이이 등 서인의 후원으로 예조좌랑, 홍문관 수찬(修撰) 등의 요직을 거치게 된다. 《선조수정실록(宣祖修正實錄)》은 정여립에 대해 이렇게 기록하였다.

여립은 총명하고 논변을 잘하여 오로지 널리 종리(綜理)하는 것에 힘
썼으며, 특히 시경의 훈고(訓詁)와 물명(物名)의 해석으로 자부했다.
성혼과 이이 두 사람이 불시에 만나고 간혹 그와 논평했는데, 그의
박변(博辨)함을 좋아해 조정에 천거했다.

하지만 정여립은 1584년에 이이가 세상을 떠나자 당시 권력을 장악하
게 된 동인으로 옮겨 이발, 백유양(白惟讓) 등과 가까이 지냈다. 정여립은
"나라를 그르치는 소인배"라며 이이와 성혼을 비난했고, 이를 알게 된 선
조는 배은망덕하다며 그를 조정에서 내쳤다.

이에 정여립은 전주와 김제, 진안 등지를 전전하다가 황해도 안악에서
무리를 모은다. 당시는 군정의 문란과 연이은 흉년으로 도적떼가 횡행할
때였다. 특히 황해도는 임꺽정 무리가 근거지를 삼던 곳으로, 여전히 반
란의 기운이 가시지 않고 있었다. 정여립은 조정에 황해도사가 되길 청했
으나 받아들여지지 않자, 안악 출신의 변숭복(邊崇福), 박연령(朴延齡)과 해
주 출신인 지함두(池涵斗)를 비롯해 수백 명을 끌어 모았다.

이 과정에서 정여립은 《정감록(鄭鑑錄)》을 비롯한 비기참설(秘記讖說)을
활용해 민심을 파고들었다. 민간에는 그 이전부터 '목자(木子=李씨)는 망
하고 전읍(奠邑=鄭씨)이 일어난다'라는 참언(讖言)이 돌았다. 정여립은 승
려 의연(義衍)에게 이를 옥판에 새긴 다음 지리산 석굴 안에 숨겨 두게 했
다. 이어 의연은 유람을 핑계로 승려 도잠(道潛), 설청(雪淸) 등을 지리산에
데려가 옥판을 우연히 발견한 것처럼 속이고, 무리들에게 비밀스럽게 보
여 주었다. 정여립과 의연은 또 '왕기가 전주에 있다', '정팔룡(정여립의 어
릴 때 이름)이라는 자가 곧 임금이 될 것이며, 머지않아 군사를 일으킨다'

라는 등의 말을 퍼뜨리기도 했다.

정여립은 특히 "천하는 공물(公物)이니 어찌 일정한 주인이 있겠는가. 충신이 두 임금을 섬기지 않는다고 한 것은 왕촉(王蠋, 중국 전국 시대 제나라의 충신)이라는 사람이 죽을 때 일시적으로 한 말이고 성인의 통론은 아니다."라고 늘 말하고 다녔다. 이는 당시 유학자들에 비해 급진적인 사상으로, 정여립이 체제를 비판하며 변화와 개혁을 꿈꾸고 있었다는 점을 알 수 있다.

정여립은 잡술에도 능해 임진왜란이 일어나기 전, 나라에 변고가 일어날 것이라며 전주를 중심으로 무사와 노비들을 모아 대동계(大同禊)를 조직하고 매월 15일 이들을 모아 활쏘기 연습을 시켰다. 때마침 1589년 왜구가 전라도 손죽도(損竹島, 전남 여수)에 쳐들어오자 전주 부윤 남언경(南彦經)의 요청으로 대동계를 이끌고 왜구 진압을 도왔다. 정여립은 이들을 해산할 때 "훗날 변고가 있으면 모두 모이라." 하고 지시한 뒤 군사 명부 한 벌을 가져가기도 했다.

이즈음 황해도에서는 '전주 지방에 성인이 일어나서 백성을 구제할 것'이라는 소문이 자자했으며, 전라도 선비들 사이에서도 정여립이 군사를 일으키려 한다는 얘기가 돌았다. 정여립의 무리 가운데 도잠, 설청 등 일부는 이런 소문을 듣고 무리에서 빠져나와 도망하기도 했다. 정여립이 역모 계획을 구체적으로 세운 것이 이때쯤이라고《선조수정실록》은 적고 있다.

선조 22년인 1589년 10월 2일, 황해도 관찰사 한준(韓準)이 조정에 장계(狀啓)를 올렸다. 한준이 올린 보고서는 정여립이 그해 겨울에 황해도와 전라도에서 일시에 군사를 일으켜 곧바로 한양으로 쳐들어가 무기고를 불태우고 대장 신립(申砬)과 병조판서를 죽인 뒤 왕명을 사칭해 지방관들을 죽이거나 파면해 역모를 성사시키려 한다는 내용이었다. 이 같은 역모 설은 당시 황해도 안악 군수 이축(李軸)이 '정여립이 난을 일으키려 한다' 라는 민간의 소문을 듣고 정여립 일당인 조구(趙球)를 추궁한 결과 밝혀진 것이며, 이축은 재령 군수 박충간(朴忠侃), 신천 군수 한응인(韓應寅)과 함께 이를 한준에게 알렸다. 보고서를 받은 선조는 심야에 중신회의를 긴급 소집해 정여립을 체포할 것을 지시하고, 의금부도사를 황해도와 전라도에 각각 급파했다. 정여립의 조카인 예문관 검열(檢閱) 이진길(李震吉)은 선조의 지시로 회의에 참석하지 못했고, 곧 이어 하옥됐다.

한편 변숭복은 조구가 역모 사실을 고변한 것을 알고 안악에서 정여립이 있던 금구(金溝, 전북 김제)까지 나흘 만에 달려가 이를 귀띔했다. 이에 정여립은 즉시 변숭복과 아들 옥남(玉男) 등과 함께 한밤에 진안 죽도로 달아났다. 선조의 명을 받은 금부도사는 허탕을 쳤고, 진안 현감 민인백 (閔仁伯)이 이끄는 관군이 정여립을 찾아내 그를 포위했다. 그러자 정여립은 함께 있던 변숭복을 죽인 뒤, 칼자루를 땅에 꽂고 스스로 목을 찔러 자살했다. 하지만 정여립의 죽음으로 사건이 마무리되지는 않았다. 기축옥사(己丑獄事)로 불리는 후폭풍이 사림 전체를 뒤흔들었다.

당시 조정에서는 정여립의 자살을 사실상 유죄를 인정하는 것으로 받아들였고, 이로부터 서인의 주도 아래 피바람이 불기 시작했다. 정여립의 일가인 정언신(鄭彦信) 대신 서인의 정철이 우의정에 임명돼 위관(委官, 수사 책임자)을 맡았고, 이이, 성혼의 친구이자 서인의 모사(謀士)인 송익필 (宋翼弼)이 막후 조종 역할을 했다. 당시 수세에 몰려 있던 서인으로서는 상황을 반전시켜 정국 주도권을 잡을 수 있는 절호의 기회였다.

평소 정여립과 돈독한 친분 관계를 맺고 있었거나, 정여립의 집에서 나온 문건에 이름이 등장한 동인 소속 인물들은 줄줄이 처형을 당하거나 유배됐다. 서인들에게 미움을 샀던 사람들도 마찬가지였다. 이들은 가혹한 고문 끝에 곤장을 맞아 죽거나 옥중에서 사망하기도 했다. 특히 동인 가운데 북인의 희생이 컸다. 《연려실기술》은 '기축옥사에서 북인이 많이 죽은 것은 정여립이 북인 계열이었기 때문'이라고 적었다. 정여립의 조카 이진길은 '지금 임금의 어두움이 날로 심하다'라고 쓴 편지가 발견돼 매를 맞아 죽었고, 동인의 강경파 이발(李潑), 이길(李洁) 형제와 백유양(白惟讓) 등은 낙안(樂安) 유생 선홍복(宣弘福)의 진술로 처형당했다. 북인들은 이를 두고 "정철이 선홍복을 끌어들여 이발 등을 죽게 했다."라고 주장했다. 남명 조식학파의 핵심 인물인 최영경(崔永慶)은 항간에 역모의 주동자로 막연히 알려진 길삼봉(吉三峰)으로 오인당하여 옥사했다. 이 과정에서 선조로부터 직접 조사를 받던 정여립 무리의 한 하층민은 "우리는 반역이 아닌 반국(叛國)을 했다. 반국은 먹고 입는 것이 넉넉한 것이다."라고 말해 선조가 쓴웃음을 짓기도 했다.

하지만 당시 동인과 대립하던 서인이 동인 세력을 제거하기 위해 역심(逆心)을 품은 정여립을 이용했다는 의혹도 제기됐다. 즉 동인들은 기축옥사를 두고 송익필이 기획하고 정철이 옥사를 집행한 것으로, 서인들의 무고와 정략에 의해 조작된 사건이라고 지적하였다. 동인은 정여립이 황해도에서 무리를 모을 때 송익필이 복술가로 가장해 '전라도의 정씨가 천명을 받았으니, 그에게로 가면 부귀공명을 누릴 수 있다'라며 민심을 자극했다는 내용을 당론서에 싣기도 했다. 동인은 기축옥사로 조정에서 밀려났으나 2년 뒤인 1591년, 정철의 세자 책봉 건의 문제로 서인이 숙청되자 다시 정권을 장악한다.

이이의 10만 양병설

임진왜란 발발 10년 전, 병조판서 이이는 경연(經筵)에 들어가 선조에게 10만 양병(養兵)을 건의했다. 문치(文治)의 극성으로 국방과 군역 제도가 허물어진 상황에서 외침이 일어나면 제대로 대응할 수 없다는 판단에 따른 것이었다.

안방준(安邦俊)의 《임진록》에 따르면 이이는 경연에서 이렇게 건의했다.

나라의 형세가 부실함이 오래되어 앞으로 닥쳐올 화를 염려하지 않을 수 없다. 도성에 2만 명, 각 도에 1만 명씩 10만 명을 양병해 위급한 일에 대비해야 한다. (······) 직무를 게을리하며 세월만 보내고 무사안일한 습관이 들면 하루아침에 갑자기 변이 일어나 저잣거리 백성들을 이끌고 싸우게 되는 것을 면치 못할 것이니, 그러면 일을 크게 그르치게 될 것이다.

하지만 당시 경연에서는 아무도 이이의 말에 찬성하지 않았다. 경연 직후 동인 출신 유성룡(柳成龍)은 "지금처럼 태평무사한 때는 경연의 자리에서 성인의 학문을 우선으로 삼아 힘써 권해야 마땅하지, 군대의 일은 급한 일이 아니다." 하고 반박했다. 그로부터 얼마 뒤 이이는 타계했다.

1592년, 마침내 왜란이 발발하자 그때서야 유성룡은 "우리는 만고의 죄인"이라며 이이의 10만 양병설을 가볍게 여긴 것을 크게 후회했다고 한다.

한산도대첩

조선 수군이 해상권을 장악하다

> ◁ **1517년** 중종 12년에 비변사를 설치하여 외적의 침입에 대비하다.
> ◁ **1554년** 명종 9년에 독자적인 합의기관이 되다.
> ◁ **1590년** 일본에 통신사를 파견하여 일본을 살피다.
>
> 15세기부터 16세기 중엽까지 조선은 남해안 일대를 중심으로 끊임없이 약탈과 폭동을 저지르는 왜인을 상대로 토벌과 교역 중단, 교역 재개를 반복했다. 조선은 비변사를 설치해 국방력 강화를 시도했지만 왜인들의 약탈과 노략질은 계속됐다. 그리고 선조 25년인 1592년, 일본은 20만의 원정군을 편성하여 조선을 침입하였다.

1591년 전라좌도 수군절도사로 임명된 이순신은 함선을 만들고, 군비를 확충하는 등 일본의 침입에 미리 대비했다. 그러나 당시 조정에서는 동인과 서인이 일본의 침략설을 놓고 설왕설래를 벌이는 중이었다. 통신사로서 일본에 다녀온 정사(正使) 황윤길(黃允吉)과 부사(副使) 김성일(金誠一)은 각기 정반대의 의견을 내놓았다. 서인인 황윤길은 일본을 경계해야 한다고 했고, 동인인 김성일은 안심해도 된다며 반박했다. 동인인 서장관

수군조련도 이순신 장군은 수군절도사로 임명된 후 수병을 훈련시키고, 함선을 건조하고, 군비를 확충하는 등 일본의 침략에 대비하였다. (국립중앙박물관, 중박201104-230)

허성(許筬)은 오히려 황윤길과 같은 의견을 냈다. 결국 조정은 논란 끝에 김성일의 의견을 받아들이기로 했다. 앞서 서인 이이는 일본의 침략에 대비해 10만 양병설(養兵說)을 주장했고, 이에 동인 쪽에서는 평지풍파 같은 소리라며 이를 배격하던 터였다.

그리고 선조 25년인 1592년, 도요토미 히데요시(豊臣秀吉)는 드디어 조선 침공을 명령하였다. 바로 임진왜란의 시작이다. 전쟁 대비에 소홀했던 조선은 4월 13일 일본군 20만 명의 침공을 받았다. 부산과 동래성, 충주 등지를 잇달아 내주고 20일도 안 돼 한양을 빼앗겼다. 이 과정에서 선조는 세자와 함께 의주성으로 피난을 가다가 어가(御駕)를 막아 선 백성들로부터 원망의 소리를 들어야 했다.

부산과 동래성에서는 각각 첨사 정발(鄭撥)과 부사 송상현(宋象賢)이 군

부산진순절도 4월 13일, 14일에 벌어진 일본군과의 전투를 보여 준다. 압도적인 수의 일본 수군이 묘사되어 있다. (육군박물관)

동래부사순절도 동래성에 쳐들어온 일본군을 맞아 동래 부사 송상현과 백성들의 항전을 묘사한 그림이다. (육군박물관)

한국사를 움직인 100대 사건

민들을 이끌고 장렬하게 항전했으나 예상치 못한 왜군의 공격을 당해내지 못했다. 왜군이 한양을 향해 북상하자, 조정은 신립(申砬) 장군을 급파했으나 역시 충주 탄금대(彈琴臺)에서 패하고 말았다. 왜군이 한양에 가까워지자, 선조는 4월 29일 피란길에 올랐다. 왜군은 6월 말 평

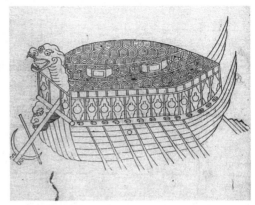

거북선 《이충무공전서》에 수록된 거북선. 〈전라좌수영귀선〉이라는 제목이 붙어 있으며, 거북선의 모습을 상세히 볼 수 있다. (국립중앙도서관)

양과 함경도까지 치고 올라갔고, 이로써 전라도 지역과 평안도 일부를 제외한 모든 지역을 왜군이 차지하였다.

적의 수군도 개전 직후부터 경상도 해안 지역을 따라 약탈을 일삼으며 전라도 쪽으로 접근하고 있었다. 이순신은 당시 원균의 급보로 왜란이 발발한 것을 이틀 뒤에 알게 됐다. 원균과 경상좌수사 박홍(朴泓)은 이미 왜군에게 패배해 경상도 연안 일대를 내준 뒤였다. 전라도 지역까지 왜군의 수중에 떨어지면 조선은 그야말로 풍전등화의 위기에 놓이는 급박한 상황이었다.

하지만 이순신의 수군이 5월 7일 옥포 해전에서 적함 26척을 격파하고 첫 승리를 거둔 이후 기세등등하던 왜군의 행보에 제동이 걸리기 시작했다. 조선 수군은 5월 8일 고성의 적진포에서 적함 13척을 격파했고, 사천에서는 처음으로 거북선을 투입해 왜군을 전멸시켰다. 이어 당포와 당항포에서도 각각 20여 척의 적함을 무찔렀다.

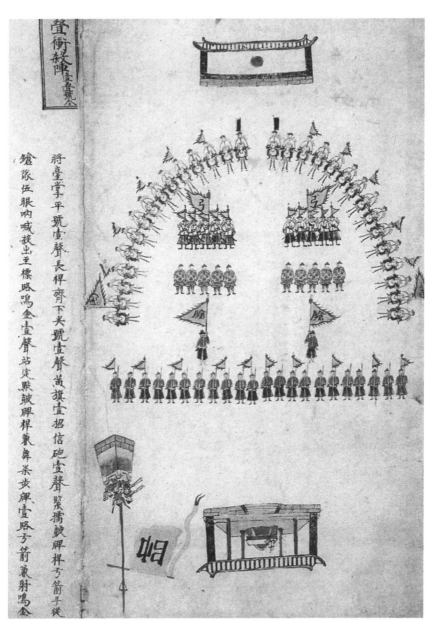

충무공팔진도 충무공 이순신이 직접 만들었다는 진법을 그림으로 표시한 것이다. 그러나 이 진법을 실제로 사용했는지는 확인되지 않고 있다. (국립중앙박물관, 중박201104-230)

한국사를 움직인 100대 사건

5월 초부터 옥포, 고성, 사천, 당포, 당항포 등지에서 왜군이 잇달아 섬 멸되자, 도요토미 히데요시는 수군장인 와키자카 야스하루(脇坂安治), 구키 요시타카(九鬼嘉隆), 가토 요시아키(加藤嘉明) 등에게 육지와 바다 양쪽에서 협공하여 조선 수군을 격파할 것을 지시했다. 이에 따라 가덕, 거제 등지에서 왜선이 수십 척 규모로 출몰하였고, 금산에도 왜군이 진군한 상태였다. 경상도 일대를 정찰하여 이 사실을 알게 된 이순신은 왜군이 전라도 연안을 넘보지 못하도록 아예 선제공격에 나서기로 했다.

7월 4일, 전라우수사 이억기(李億祺)와 전라 좌수영에서 작전회의를 가진 이순신은 이틀 뒤 함선을 이끌고 동쪽으로 나아가다 노량 앞바다에서 경상우수사 원균(元均)의 수군과 합세했다. 7월 7일, 동풍이 불자 조선 수군은 당포에서 닻을 내렸는데, 때마침 섬사람 김천손(金千孫)이 "대, 중, 소의 왜선 70여 척이 견내량에 정박 중"이라는 정보를 전한다. 와키자카가 공명심에 연합 작전 지시를 무시하고 따로 떨어져 나와 조선 수군을 노리고 있었던 것이다. 이튿날 견내량(見乃梁) 앞바다에 이른 조선 수군은 고대 세계 최대의 해전인 살라미스 해전에 비유되는 역사적인 전투를 벌인다.

조선 수군의 주력 전투함인 판옥선(板屋船) 다섯 척이 남해안 견내량 앞바다에 정박 중인 왜군의 함선 쪽으로 다가가자, 왜군은 일제히 돛을 올리고 총을 쏘며 공격해 왔다. 조선 수군은 뱃머리를 돌려 퇴각했고, 왜군의 함선은 기세가 올라 계속 추격했다.

적군이 좁은 해협을 지나 한산도 앞 넓은 바다로 나오자, 조선 수군은 기다렸다는 듯이 북을 울리며 후퇴 속도를 줄이고 뱃머리를 급선회했다. 이어 조선 수군은 미리 정한 신호대로 호각을 불면서 마치 학이 날개를 펼치듯 50여 척의 함선으로 적군을 좌우에서 에워쌌다. 학익진(鶴翼陣)을

천자 총통 조선 시대 화포로 임진왜란 당시 거북선에서도 사용하였다. (국립중앙박물관, 중박201104-230)

펼친 것이다.

조선 수군의 거북선 세 척이 먼저 적진으로 돌진했고, 이어 모든 함선이 지자(地字), 현자(玄字), 승자(勝字) 총통과 화전(火箭, 불화

살)을 한꺼번에 왜군의 함선에 발사했다. 전라좌수사 이순신(李舜臣)의 유인 섬멸 작전에 걸려 든 왜군은 제대로 싸워보지도 못하고 우왕좌왕하다 궤멸됐다. 왜군 함선 70여 척 가운데 60여 척이 부서지거나 불에 탔고, 후방에 있던 10여 척만 김해 쪽으로 달아났다.

적군 수백 명이 전사했고, 한산도로 달아난 400여 명은 13일 동안 군량도 없이 굶주리다 가까스로 탈출했다. 이 전투가 임진왜란 당시 행주대첩(幸州大捷), 진주대첩(晉州大捷)과 함께 3대 대첩으로 꼽히는 한산도대첩이다. 1592년 7월 8일의 일이다.

견내량은 통영과 거제 사이의 좁은 해협으로 조선 수군이 공격을 펼치기에는 마땅치 않았다. 그러나 지형적 특성을 고려한 이순신의 절묘한 전략으로 와키자카 야스하루가 이끄는 왜군에게 대승을 거둘 수 있었다. 이순신은 조정에 올린 장계에서 이날 작전의 이유를 이같이 밝혔다.

견내량은 지형이 좁고 암초가 많아 판옥선이 서로 충돌하여 전투하기가 힘들고, 왜병은 형세가 불리해지면 도주하기 위해 육지로 올라가기 때문에 한산도 앞바다로 유인해 전멸할 계획을 세웠다.

한산도는 거제도와 고성 사이에 있어 적군이 헤엄쳐 달아날 길도 없었고, 궁지에 몰려 육지로 오른다 해도 굶어죽기 쉬운 곳이었다. 이순신이 적정을 미리 파악한 것도 승리에 도움이 됐다.

19세기 말 조선을 방문한 미국인 H. B. 헐버트는 《조선사(The History of Korea)》에서 이순신의 한산도대첩에 대해 '도요토미 히데요시의 조선 침략에 사형선고를 내린 사건'이라고 평가했다. 실제로 한산도대첩은 임진왜란의 승패를 가른 분수령으로, 일본은 이후 조선 침략 계획을 전면 수정해야 했다. 일본은 당초 육군은 부산과 동래를 거쳐 세 갈래로 북상하고, 수군은 남해를 평정한 뒤 서해로 올라가면서 물자를 조달하고 육군과 합세해 북상한다는 계획을 세웠다. 하지만 한산도대첩으로 '그 한쪽 팔이 끊어져 버렸다'라고 유성룡은 《징비록(懲毖錄)》에서 밝혔다. 조선으로서는 전라도와 충청도를 확보할 수 있었고, 황해도와 평안도 연안 일대를 지키는 토대를 마련했으며, 군량을 조달할 수 있는 바닷길도 보전할 수 있었다.

한산도에서 왜군을 물리친 조선 수군은 왜군의 집결지인 경상도 안골포(安骨浦)로 진격했다. 구키 요시타카와 가토 야시아키는 와키자카 야스하루의 수군이 전멸한 것을 알고, 사기가 떨어져 수심이 얕은 곳에 함선을 정박한 채 조선 수군의 유인 작전에도 꿈쩍하지 않았

조선 수군을 이끈 이순신 장군 조선군이 육지에서 연전연패를 거듭할 무렵, 이순신 장군이 수군을 이끌며 일본군의 진군을 막는 대활약을 하였다. 옥포, 사천포, 당포, 당항포, 안골포, 부산포, 명량, 노량 등에서 승리했으나 마지막 노량해전에서 일본군 유탄에 맞아 최후를 맞았다. 그가 남긴 《난중일기》는 임진왜란의 양상을 전해 주는 중요한 자료이며, 순군 후 숙종 11년인 1643년 충무공 시호를 받았다. (전쟁기념관)

다. 이에 조선의 함선은 교대로 적선에 접근, 포와 화전 공격을 퍼부어 적
선을 불살랐다. 그러자 왜군은 한밤에 전사자를 화장하고 몰래 달아났다.

일단 각 진영으로 돌아간 조선 수군은 그해 9월 1일 왜선 400여 척이 정
박해 있던 부산포를 공격했다. 당시 병사들이 왜선의 엄청난 규모에 주춤
하자, 이순신은 "지금 적을 치지 않고 돌아가면, 적이 우리를 멸시할 것"
이라며 독려했다. 이어 100여 척의 조선 함선이 적진으로 돌진했고, 왜군
은 근처 산 위에 방어 진지를 구축해 총포를 쏘아 대며 맹렬하게 저항했
다. 하루 종일 진행된 이 싸움에서 왜군의 함선 100여 척이 격파되고, 조
선 수군 30여 명이 전사했다. 부산포 해전에서도 이순신 장군이 이끄는
수군이 승리하면서 마침내 조선은 해상권을 완전히 장악하게 된다.

1593

행주대첩
왜적에 맞선 관민의 승리

당시 우키다 히데이에(宇喜多秀家)가 이끌던 왜군은 명나라 제독 이여송(李如松)이 지휘하는 조선과 명나라의 연합군에 의해 평양성을 빼앗긴 뒤 남하하다가, 고양의 벽제관에서 조명 연합군을 물리치고 사기가 올라 있던 때였다. 권율(權慄)은 왜란 초기 광주 목사로 있으면서 진산의 배고개에서 왜군을 물리쳐 전라도 순찰사가 된 뒤, "한양을 먼저 수복해야 한다."라며 병력을 이끌고 북상, 수원 독산성(禿山城)을 거쳐 한양 서쪽에 거

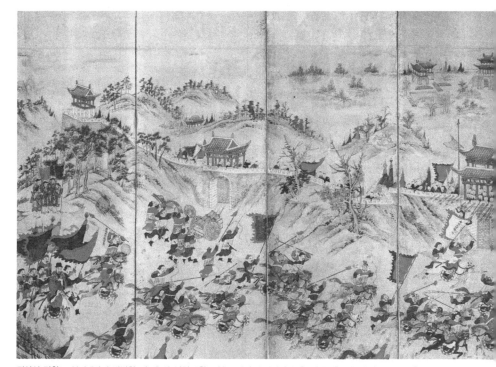

평양성 탈환도 임진왜란이 발발한 지 세 달 만인 6월 11일 고니시 유키나가 군은 평양성을 점령하였고, 조선군은 평양을 탈환하기 위해 공격을 계속하였으나 실패만 거듭하였다. 그러나 김명원 장군과 이여송의 명나라군이 합세하여 총공격을 하여 1593년 1월 9일 마침내 평양성을 탈환하였다. 이 그림은 10개의 병풍을 연결하여 그린 것으로, 당시 전투 장면을 묘사한 것이다. (국립중앙박물관, 중박201104-230)

점을 확보한 터였다. 권율은 북쪽에서 내려오는 명나라 군대와 합세해 한양을 탈환하려 했으나, 벽제관 전투에서 명나라 군대가 패배해 후퇴하는 바람에 고립된 상황이었다. 앞서 명나라는 선조가 한양을 떠나 평양에 머물 때 도움을 요청하자, 1593년 1월 조선계 중국인 이여송이 이끄는 5만 명의 지원군을 보냈다. 일본이 정명가도(征明假道, 명나라를 치기 위해 길을 빌림)를 명분으로 조선을 침공한 만큼, 조선이 점령당하면 명나라가 위태로울 수 있다는 판단에 따른 것이었다.

한국사를 움직인 100대 사건

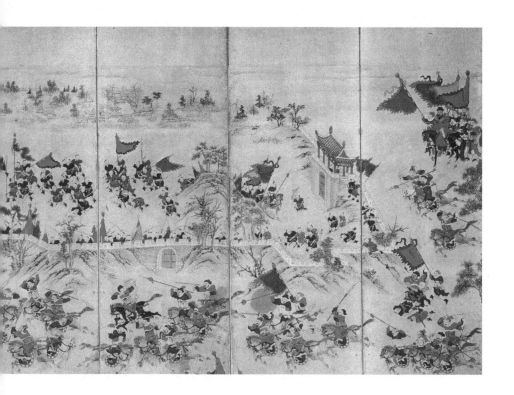

　독산성에 주둔할 당시 권율은 한양 서쪽의 거점을 확보하기 위해 조방
장 조경(趙儆)에게 진지를 물색하게 했다. 조경은 한강을 건너 한쪽은 한
강, 나머지는 평야에 둘러싸인 이름 없는 고지를 발견한다. 며칠 뒤 권율
과 함께 이곳을 주둔지로 삼아 군사들을 이동시키고, 울타리를 치는 등
성을 수축하였다. 이곳이 행주산성(幸州山城)이다. 아울러 권율은 병마절
도사 선거이(宣居怡)에게 군사 4,000명을 주어 금천(衿川, 시흥)에 주둔하게
하고, 창의사 김천일(金千鎰)에게는 강화 지역의 해안에 진지를 구축하는
한편, 충청감사 허욱(許頊)에게는 통진(通津, 김포)에 주둔하게 해 행주산성
을 지원토록 했다.

이에 앞서 권율은 독산성에서 왜군 수만 명이 성에 물이 부족하다는 사실을 알고 포위망을 좁혀 오자, 흰 쌀을 말에 끼얹으며 물로 목욕시키는 시늉을 해 이들을 속이고 물러가게 했다. 권율이 행주산성에 자리를 잡자, 왜군 지휘부는 이를 의식하고 "권율은 지략이 뛰어난 장수라 잠시라도 마음을 놓을 수 없다. 속히 쳐부수지 않으면 우리가 언제 죽을지 모른다."라며 총력을 기울여 행주산성에 대한 공세를 감행하였다.

12일 새벽, 성을 에워싼 왜군 3만여 명은 징과 북을 쳐대며 기세를 올렸다. 군사들이 동요하기 시작하자 권율은 "수만의 왜적을 목전에 두고 조국의 운명을 이 일전으로 타개하려 한다. 모든 사람이 한마음으로 같이 죽기를 맹세하자."라며 전의를 북돋웠다. 왜군은 새벽부터 어스름이 질 때까지 교대로 성을 공략했다.

행주산성의 뒤쪽은 강벽(江壁)에 막혀 달아날 길도 없는 상황이어서 조선 군사들은 사력을 다해 왜군의 공격을 막았다. 조선 군사들은 왜군이 성 쪽으로 접근하길 기다렸다가, 화차(火車)와 수차석포(水車石砲), 비격진천뢰(飛擊震天雷), 총통 등을 일제히 발사해 왜군의 성내 진입을 차단했다. 특히 왜군은 산 아래 쪽에서 올려다보고 총탄을 쏘아야 했기 때문에 고전했지만, 조선 군사들은 위에서 아래쪽으로 활을 집중적으로 퍼부어 왜군의 기세를 꺾어놓곤 했다. 왜군이 짚단을 쌓고 불을 놓아 화공(火攻) 전법으로 나오자, 성안에서는 물을 길어 불을 껐고, 조선군의 화살이 거의 바닥나려 하자 수사 이빈(李蘋)이 배로 수만 개의 화살을 실어 날랐다. 왜군이 서북쪽의 방어망을 뚫고 성 안으로 들어오려 하자, 권율이 직접 나서서 조선군을 독려하며 왜군을 쫓아내고 방어망을 재정비하기도 했다.

12시간 이상 공방을 주고받은 끝에 왜군은 행주산성을 뚫지 못하고 결

의병장 정문부 일본이 조선을 침공한 임진왜란에서 조선군이 속수무책으로 무너지자 많은 의병이 일어났다. 그중 정
문부는 함경도까지 쳐들어온 왜구에 맞서 이붕수, 최배원, 지달원, 강문우 등과 합세하여 의병 300명을 이끌고 왜군
에 맞섰다. (고려대학교 박물관)

국 패퇴했다. 왜군이 후퇴하면서 시체를 네 무더기로 쌓아 풀로 덮고 태웠는데, 10리 바깥까지 그 냄새가 났다고 한다. 조선 군사들은 달아나는 왜군을 뒤쫓아 130여 명의 목을 베었다. 조선의 완승이었다. 이튿날 명나라 부총병(副摠兵) 사대수(査大受)가 접전지를 둘러보고 "외국에 진짜 장군이 있다."라고 말할 정도였다. 권율이 행주산성 직후 파주의 대흥산성(大興山城)으로 옮겨 진지를 구축하자 왜군이 침입해 오다 권율이 주둔한 것을 알고 싸우지도 않고 모두 물러났다.

권율 장군 임진왜란 중 이치싸움, 독산성전투, 행주대첩 등을 승리로 이끈 명장이다. 선조 37년인 1604년 선무공신 1등에 추봉되었다. (전쟁기념관)

행주대첩 4개월 전인 1592년 10월에는 진주성에서 조선군 3,800명이 왜군 3만여 명의 침입을 막아내고 대승을 거뒀다. 진주대첩 당시 조선군은 진주 목사 김시민(金時敏)을 비롯해 의병장 곽재우(郭再祐), 곤양 군수 이광악(李光岳), 고성 현령 조응도(趙凝道) 등이 일시적으로 규합한 병사들이 대부분이었던 반면, 왜군은 나가오카 다다오키(長岡忠興)가 이끄는 정예병이 주축이었다. 그해 8월에 부임한 김시민은 미리 화약과 총통을 준비하고, 군사들에게 훈련을 시키는 등 왜군의 침입에 철저히 대비했다. 이어 9월에는 진해와 고성, 창원 등지에서 왜군을 무찌르며 빼앗긴 성을 탈환하기도 했다. 이에 왜군은 김시민이 주둔한 진주성을 함락시켜 경상도 일대를 평정할 계획을 세운다.

10월 5일, 진주성에 이른 왜군은 대나무 사다리 수천 개를 만들어 군사

들이 사면에서 성 위에 오르도록 하고, 성 옆에는 3층
짜리 산대(山臺)를 만들어 성을 내려다 볼 수
있게 했다. 또 수천 명의 총수(銃手)를 배치
해 성안을 향해 일제히 사격하도록 했다. 이
에 김시민이 지휘하는 조선군은 현자총(玄字銃)
을 쏘아 산대 위의 왜군을 맞춰 떨어뜨리고,
대포로 대나무 사다리를 부수었으며, 끓인
물을 성 아래 왜군 쪽에 퍼붓기도 했다. 부
녀자들도 나서 부상자를 돌보고, 지붕을 뜯어 만
든 횃불을 왜군에게 던지는 등 항전에 참여했다.
성안의 나무와 돌, 기와, 띠풀 등이 거의 없어질
정도로 치열한 공방전을 벌인 끝에 왜군은
마침내 패주하였다. 성이 포위당한 지 10여
일 만이었으며, 이 기간에 큰 전투만 해도 네

곽재우 임진왜란 당시 의병을 이끌었다. 전
투마다 선두에 서서 붉은 옷을 입고 지휘하
여 홍의장군으로도 불렸다. (전쟁기념관)

다섯 차례나 벌어졌다. 이 과정에서 김시민은 왜군이 쏜 탄환에 맞아 전
사하였다.

왜군은 참패를 만회하기 위해 1593년 6월 3만 7,000여 명의 병력으로 진
주성을 또다시 공격했다. 2차 진주성 싸움에서는 조선군이 열흘 가까이
버티다가 왜군에게 성을 내주었다. 왜군은 성이 함락된 뒤 조선군은 물론
일반 백성들까지 6만여 명을 학살했다. 당시 경상우도 병마절도사 최경회
(崔慶會) 등이 남강으로 투신하여 스스로 목숨을 끊자, 관기 논개(論介)는
원수를 갚기 위해 왜군 장수들이 촉석루에서 승리를 자축하는 잔치를 벌
일 때 왜장 게야무라 로쿠스케(毛谷村六助)를 껴안고 남강으로 투신했다.

왜장을 끌어안고 투신한 논개 광해군 때 유몽인이 지은 야담집인 《어우야담》에는 임진왜란 당시 논개에 대한 기록이 실려 있다. (국립중앙박물관, 중박201104-230)

한편 권율이 한양 서쪽에서 왜군을 물리쳐 보급로를 차단하고 명나라의 사대수 등이 한양 용산 쪽의 왜군 보급기지를 공격해 군량미를 불태우는 등 조선과 명나라의 반격이 거세지자, 왜군은 휴전을 제의한다. 당시 왜군 진영에서는 전염병도 나돌고 있었다. 명나라와 조선이 휴전 제의를 받아들이자, 왜군은 1593년 4월에 한양을 떠나 경상도 해안 지역으로 물러났다.

이로부터 3년이 넘도록 명나라와 일본은 협상을 벌였다. 명나라는 도요토미 히데요시를 일본 왕으로 봉하고, 조공을 바치는 것을 허락한다는 조건을 내걸었다. 이에 일본은 조선의 8도 가운데 4도를 할양하고, 조선의 왕자와 대신 12명을 인질로 삼으며, 명나라의 황녀를 일본의 후비로 들일 것 등을 요구했다. 하지만 일본의 요구 조건이 명나라는 물론 조선으로서도 받아들일 수 없는 것이어서 화의는 결렬됐고, 일본은 다시 조선을 침략하였다.

1597

정유재란

왜군의 두 번째 조선 침략

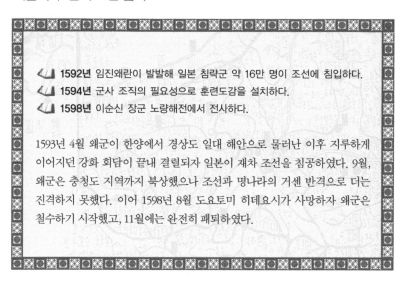

1592년 임진왜란이 발발해 일본 침략군 약 16만 명이 조선에 침입하다.
1594년 군사 조직의 필요성으로 훈련도감을 설치하다.
1598년 이순신 장군 노량해전에서 전사하다.

1593년 4월 왜군이 한양에서 경상도 일대 해안으로 물러난 이후 지루하게 이어지던 강화 회담이 끝내 결렬되자 일본이 재차 조선을 침공하였다. 9월, 왜군은 충청도 지역까지 북상했으나 조선과 명나라의 거센 반격으로 더는 진격하지 못했다. 이어 1598년 8월 도요토미 히데요시가 사망하자 왜군은 철수하기 시작했고, 11월에는 완전히 패퇴하였다.

휴전 기간 동안 조선은 군사 훈련을 강화하고 군비를 확충하는 등 방비책을 보강했다. 군의 편제를 보완하고 전투력을 강화하기 위해 훈련도감을 설치하고 속오법(束伍法)을 시행했다. 또 왜군의 신무기인 조총을 자체제작하는가 하면, 창이나 활, 총포를 잘 다루는 군사를 각각 집중적으로 육성했다.

아울러 조선은 왜군이 다시 침입해 오자 이 사실을 명나라에 즉각 알리고 구원을 요청했으며, 이에 명나라는 그해 2월 양호(楊鎬)를 경리(經理)로, 형개(邢玠)를 총독으로, 마귀(麻貴)를 제독으로 삼아 1만여 명의 지원군을 보냈다.

문제는 수군이었다. 이순신이 경상, 전라, 충청의 삼도수군통제사를 맡아 전투력을 보강하고 있었으나, 1597년 원균이 그 자리를 대신하고 이순신은 하옥된 것이다. 왜군의 간계가 결정적인 계기였다. 왜군은 조선 재침공에 앞서 그해 1월 11일 이순신에게 타격을 입히기 위해 간첩 요시라(要時羅)를 통해 정보를 흘렸다. 요시라는 "가토 기요마사(加藤淸正)가 쓰시마에 도착했으니, 그가 건너오기 전에 수군을 시켜 제거하라." 하며 구체적인 날짜와 장소까지 귀띔했다. 이에 도원수 권율은 1월 21일 이순신에게 가토가 조선에 상륙하기 전에 바다에서 무찌르라고 명령했다. 하지만 이순신은 "왜군이 필시 복병을 설치하고 기다릴 것"이라며 이를 거부했다. 그런데 가토는 21일 이전에 이미 바다를 건너와 다대포 앞바다에서 서생포(西生浦, 울산 울주군)로 향하고 있었다. 1597년 1월 13일, 경상좌도 방어사 권응수(權應銖)가 가토 기요마사가 이끄는 왜선 150여 척이 바다를 건너 다대포에 정박했다는 내용의 급보를 올린 일도 있었다. 즉 요시라는 조선 수군에게 혼란을 주고 이순신을 유인하기 위해 고의로 거짓 정보를 흘린 것이다.

하지만 조정에서는 이순신이 명령을 따르지 않아 가토를 처치할 기회를 놓쳤다며 그를 하옥시키고, 전남 병마절도사 원균을 삼도수군통제사로 임명했다. 이순신을 견제하는 서인과 원균의 상소도 이 같은 조치에 영향을 미쳤다. 그러나 왜군과의 전투에 소극적이고, 부하 장수들을 제대로 이끌지 못했던 원균은 6월 19일 거제도 앞 칠천량에서 크게 패하고, 자

가토 기요마사 일본의 뛰어난 무장으로, 임진왜란 때 함경도 방면으로 병사를 이끌어 많은 무훈을 세웠으며, 정유재란에서도 왜군을 이끌고 다대포를 침공했다. 도요토미 히데요시와는 6촌 간이다.

신도 죽음을 맞이했다. 당시 134척의 함선 가운데 경상 우수사 배설(裵楔)이 열두 척을 이끌고 간신히 한산도로 피신했을 뿐이다. 원균의 죽음으로 다음 달 이순신이 삼도수군통제사로 복귀하였다.

한산도 수비를 무너뜨린 왜군은 8월 5만 6,000여 명의 군사로 호남 지역의 관문인 남원을 공략했다. 당시 남원성에서는 명나라 총병 양원(楊元)과 전라 병마절도사 이복남(李福男)이 군사 4,000명을 이끌고 왜군을 맞았다. 왜군은 남원성을 몇 겹으로 에워싼 채 밤을 틈타 성 위로 올라가 총을 쏘아대며 성내를 혼란에 빠뜨렸다. 결국 남원성은 나흘 만에 왜군의 수중으로 떨어졌다. 이복남과 방어사 오응정(吳應井), 조방장 김경로(金敬老), 구례 현감 이원춘(李元春)은 중과부적으로 패전의 위기에 몰리자, 왜군에게 해를 입기 전에 미리 쌓아둔 섶단에 불을 붙이고 스스로 그 안으로 들어가 목숨을 끊었다. 양원은 부하 몇 사람과 함께 포위망을 뚫고 달아났다. 《선조수정실록》은 '남원이 함락되자 전주 이북이 한꺼번에 와해돼 어찌해 볼 수가 없게 되었다'라고 기록하였다.

왜군은 기세를 올려 9월 초 한양에서 남쪽으로 150리 지점까지 나아갔다. 이때 경리 양호는 남원이 함락됐다는 소식을 듣고 부총병 해생(解生)

과 군사 8,000명을 왜군이 모여 있는 직산으로 몰래 보냈다. 이들은 직산의 소사평에 매복해 있다가 왜군이 천안 쪽으로 진출하기 위해 이동하려 할 때 포화를 퍼부으며 일제히 공격했다. 예상치 않은 복병에게 기습당한 일본은 크게 패해 목천과 청주 쪽으로 달아났다. 이 전투로 왜군은 더 이상 북쪽으로 진격할 수 없었다.

선조수정실록 이식, 김육 등이 기존의 선조실록에 내용을 수정, 보강하여 편찬한 것이다. 이전 《선조실록》은 광해군 때 북인의 주도로 편찬된 것이었다. 그리고 인조반정으로 정권이 바뀌고 집권한 서인들이 불만스러운 내용을 수정하여 다시 편찬한 것이 바로 《선조수정실록》이다. (규장각한국학연구원)

이즈음 남해안에서도 승전보가 전해졌다. 이순신이 명량해협(울돌목)에서 수전(水戰)에 뛰어난 왜장 구루시마 미치후사(來島通總)가 이끄는 왜군에게 승리를 거둔 것이다. 당초 칠천량에서 패배하여 충격을 받은 조정에서는 수군 폐지론이 거론되고 있었다. 이에 이순신은 장계를 올려 수군 폐지 불가론을 폈다.

이제 신에게는 아직도 열두 척의 전선이 남아 있습니다. 죽을힘을 다해서 싸우면 넉넉히 대적할 수 있는 방법이 있습니다.

조정은 이를 받아들였다. 명량해협은 전라도를 거쳐 서해로 나아갈 수 있는 물목으로, 수심이 얕고 조류가 빠른 곳이다. 칠천량 전투로 경상도 해안을 차지한 왜군은 전라도의 제해권까지 장악하고, 뒤이어 서해안 쪽으로 진격한다는 계획을 세웠다. 하지만 이순신은 명량대첩으로 왜군의 구상을 허물어뜨리고, 남해안의 제해권을 회복하였다.

적선이 9월 초 어란포(於蘭浦, 전남 해남)로 진격해 오자, 이순신은 진도 벽파정(碧波亭)에서 우수영 앞바다로 진을 옮겼다. 숫자가 적은 조선이 벽파정 뒤쪽의 명량해협을 등지고 싸울 수는 없다고 판단했기 때문이다. 조선은 전선 한 척이 보충돼 모두 열세 척으로 130여 척의 왜선을 상대해야 했다. 9월 15일 우수영 앞바다에서 이순신은 장수들에게 "병법에 이르길, 죽고자 하면 살 수 있고, 살기를 도모하면 죽는다고 했다. 한 사람의 용사가 제 몫을 굳게 지키면 천 사람의 적도 두렵게 할 수 있다."라고 말하며 전의를 북돋웠다.

16일 새벽, 왜군이 어란포를 출발해 우수영 쪽으로 진격했다. 적선 130여 척이 조선 수군을 에워싸자 군사들은 동요하기 시작했다. 이순신은 이들을 격려하고, 꾸짖으며 적선을 파고들었다. 지자, 현자 등 총통이 왜군을 향해 불을 뿜었다. 화살과 탄환이 빗발쳤고, 양쪽 군사들 사이에는 치열한 백병전이 벌어졌다. 오후가 되면서 바닷물이 순조(順潮)에서 역조(逆潮)로 바뀌자 이순신은 기세를 올리며 적선을 몰아붙였다. 역조를 맞은 왜선은 서로 뒤엉키며 혼란에 빠졌다. 이순신이 바다에 빠진 적장 구루시마 미치후사를 끌어올려 목을 베니 적군은 일시에 사기가 꺾였다. 이로써 전세는 역전됐다. 이 전투에서 조선은 왜선 31척을 무찔렀다.

직산 소사평에 이어 명량해협에서 참패를 당한 왜군은 전의를 잃고 물러나 울산에서 순천에 이르는 남해안 일대 요충지에 성을 쌓고 방어태세

만인의총 정유재란 당시 남원성을 지키다 전사한 관군과 의병 등을 합장한 무덤이다.

를 갖춘다. 이에 조선과 명나라의 연합군은 1597년 12월 말부터 1598년 1
월 초까지 왜군이 주둔한 울산 해변의 도산성(島山城)을 포위한 채 공격을
펼쳤지만, 엄청난 사상자만 내고 패배했다.

　이후 도요토미 히데요시의 사망으로 전쟁은 막바지에 이른다. 일본 본
토에서 철군 지시가 내리자 왜군은 울산과 사천, 순천을 통해 빠져나갔
다. 퇴각하는 왜군과의 마지막 일전은 1598년 11월 노량해협에서 벌어졌
다. 당시 이순신과 명나라 수군도독 진린(陳璘)은 각각 남해 관음포와 곤
양(昆陽, 사천)에서 일본으로 돌아가는 왜군을 기다리고 있었다. 마침 왜군
의 함대가 노량 방면으로 이동한다는 보고가 들어오자 조명 연합군은 노
량으로 이동해 격렬한 전투를 벌였다. 일본군이 연합군의 기세에 눌려 관
음포 쪽을 향해 후퇴하자, 연합군은 이를 추격하며 공방전을 벌였다. 이

과정에서 이순신은 왼쪽 겨드랑이에 유탄을 맞고 쓰러진 뒤 "싸움이 지금 한창 급하니 조심하여 내가 죽었다는 말을 하지 말라."라는 말을 남기고 절명했다. 노량해전에서 조명 연합군은 200여 척의 적선을 침몰시켰다. 두 차례에 걸친 왜란은 이로써 6년 7개월 만에 종결됐다.

기유약조 체결

일본과 국교를 재개하다

> ◀ **1598년** 도요토미 히데요시가 사망하고 일본군이 전원 철수하다.
> ◀ **1604년** 승려 유정이 일본으로 건너가 강화를 맺고 포로 3,000명을 귀국
> 시키다.
> ◀ **1607년** 일본의 요구로 선조 40년에 국교를 재개하다.
>
> 두 차례에 이어진 왜란이 끝난 후 조선 전국은 극도로 피폐해졌다. 조선 내에
> 서는 일본에 대한 반감이 커졌으나 일본은 계속하여 국교 재개를 요청하였
> 다. 이에 조선 광해군은 1609년에 기유약조를 맺어 일본과의 관계를 회복하
> 였다. 과거 일본과의 조약에 비하면 한층 강화된 조건이었다. 이후 조선과 일
> 본은 200년간 사절단을 주고받는다.

7년에 가까운 전란으로 조선은 엄청난 피해를 입었다. 전국 팔도는 전
쟁터로 변했고, 수많은 인명이 희생됐다. 일반 백성에서 조정에 이르기까
지 일본에 대한 원한과 적개심으로 끓어올랐다. 하지만 조선은 두 차례의
왜란이 끝난 뒤 10년도 되지 않아 일본의 끈질긴 요청에 따라 선조 40년
인 1607년 국교를 재개하였다. 이때 조정에서는 일본과의 국교 재개 및
관계 회복을 놓고 의견이 분분했다. 적정을 정탐하기 위해 대마도와 왕래

를 하는 것이 좋다는 목소리도 있었고, 반면 맹약을 끊음으로써 서로 화친할 수 없다는 의지를 분명히 보여야 한다는 의견도 있었다.

이런 가운데 조선이 예상보다 이르게 일본과의 국교를 재개한 것은 무엇보다 조선인 포로의 쇄환(刷還) 문제 때문이었다. 왜란 기간에 일본에 잡혀간 조선인은 무려 수만 명에 이르렀다. 1607년 1월, 국교 재개를 허용하기 위한 외교 사절단을 일본에 보내기에 앞서 선조는 승정원에 하교하였다.

군주는 백성에게 부모의 도리가 있다. 예의지방(禮義之邦)의 백성들이 오랑캐에게 잡혀가 그 나라의 백성이 되게 되었으니 슬프지 않을 수 없다. 우리나라의 포로를 모두 쇄환시켜 두 나라의 우호를 다지게 하라고 하여 그들의 뜻을 한번 떠보는 것이 마땅하다.

다만 선조는 사절단을 보내면서 '통신사(通信使)'란 이름 대신 '회답 겸 쇄환사(回答兼刷還使)'란 용어를 쓰도록 했다. 통신사란 신의로 통한다는 뜻이 있기 때문에, 불신의 벽이 두꺼운 일본과의 사이에는 그 이름이 적절치 않다는 것이었다. '회답 겸 쇄환사'는 일본 국왕이 조선에 보낸 서계(書契, 외교 문서)에 회답하고, 조선인 포로를 쇄환시키기 위한 사절단이란 의미였다. 이에 비변사(備邊司)도 "이번 일은 생령들을 위해 왜적에게 굽힌 것"이라면서 "쇄환을 중하게 여기는 것은 마땅한 일"이라고 했다.

앞서 1598년에 왜란이 종결되자, 도요토미 히데요시 대신 들어선 도쿠가와(德川) 막부는 대마도주 소 요시토시(宗義智)를 통해 여러 차례 조선에 국교 재개를 간청했다. 조선과의 교역 통상에 따른 이익을 포기할 수 없다는 것이 주된 이유였다. 또 도쿠가와 막부의 권위를 국제적으로 인정받기 위해서는 조선과의 관계 회복이 필요했다. 소 요시토시는 1599년 조선에 사신을 보내 선린우호 관계의 회복을 요청했고, 이듬해 2월에는 관계 회복을 위한 통신사 파견을 간청하며 조선인 포로 160명을 처음으로 보내왔다. 이후에도 일본은 여러 차례에 걸쳐 수백 명씩 포로를 돌려보내며 조선이 강화 요청에 응하도록 설득했다.

　1604년 2월에는 경상도 하동 출신의 유학자로, 일본에 포로로 잡혀갔다가 풀려난 김광(金光)이 상소를 올려 "때를 놓치면 일본이 다시 침략할 수 있으니, 화친을 받아들여 사신을 보내는 것이 옳다." 하고 건의했다. 이에 선조는 1604년 6월 일본의 진의를 파악하기 위해 사명당 유정(惟政)을 대마도에 파견했다. 유정이 소 요시토시를 만나 조선인 포로의 쇄환을 요구하자, 이를 보고받은 도쿠가와 이에야스(德川家康)는 유정을 경도(京都, 교토)로 초청해 "임진년에는 관동에 있어 군사에 관여하지 않았으며, 관동의 군사는 단 한

사명당 유정 사명당은 임진왜란 당시 승병을 모집하여 왜구에 맞섰으며, 정유재란 당시 울산과 순천 등에서도 활약했다. 1604년에는 선조의 친서를 가지고 도쿠가와 이에야스를 직접 만나 강화를 맺었다. (동국대학교 박물관)

초량왜관도 1783년 변박이 그린 그림으로, 초량에 지어진 왜관의 전경이다. 초량왜관은 1678년 지어졌으며, 조선 관리와 일본에서 파견된 왜인이 함께 근무하였다. 연간 50여 척의 무역선이 드나들었으며, 그림에서는 객사와 무역소, 외교관 숙소 등이 묘사되어 있다. (국립중앙박물관, 중박 201104-230)

명도 바다를 건너지 않았다."라며 양국 간 강화에 대한 의지를 전하고, 유정이 귀국할 때 조선인 포로 3,000여 명을 동행토록 했다. 일본은 이후 다시 1,400명에 가까운 포로를 돌려보냈다. 국교 재개에 이르기까지 일본이 돌려보낸 조선인 포로는 모두 7,000여 명이었다.

국교 재개에 앞서 조선은 일본에 3대 선행 조건을 제시했다. 국서를 먼저 정식으로 보내고, 왜란 중에 성종과 중종의 왕릉을 훼손한 범능적(犯陵賊)을 압송하고, 조선인 포로를 송환하라는 것이었다. 조선인 포로들을 잇달아 돌려보낸 일본은 1606년 대마도주를 통해 20대 왜인 두 명을 왕릉을 훼손한 혐의로 조선에 넘겼다. 당시 조정에서는 "도쿠가와 이에야스가 결박 지어 보내온 왜적이 진짜인지 가짜인지 판단하기 어렵다."라는 얘기가 나오기도 했지만, 이미 조선은 일본 국왕의 서계까지 받은 터였다.

이로써 조선은 일본의 화의를 받아들이기로 하고, 1607년 첨지 여우길(呂祐吉)을 정사로 하는 '회답 겸 쇄환사'를 일본

에 보냈다. 이들은 그해 5월 도쿠가와 히데타다(德川秀忠)와 만나 국교 재
개를 알리는 국서와 토산물을 전달하고, 1,300여 명의 포로를 데리고 귀
국했다. 이처럼 조선은 한 단계 높은 위치에서 일본에 국교를 허용하는
형식을 취했고, 국서를 주고받음으로써 전란을 일으킨 행위를 일본 스스
로 시인하게 했다.

이어 조선은 일본과의 통교 및 무역에 대한 기본 틀을 마련하기 위해 광
해군 1년인 1609년에 조약을 맺는다. 13조의 기유약조(己酉約條)가 그것으
로, 송사약조(送使約條)라고도 한다. 기유약조의 주요 내용은 다음과 같다.

첫째, 대마도주에게 내리는 세사미두는 모두 100석으로 한다.

둘째, 대마도주의 세견선은 20척으로 제한하고, 특송선은 3척으로 하
되 세견선에 포함시켜 계산한다. 세견선의 비율은 대선 6척, 중
선과 소선은 각각 7척으로 한다.

셋째, 수직인(受職人, 대마도의 관리)은 1년에 한 차례씩 조선에 오되,
대리인 파견은 허락하지 않는다.

넷째, 조선에 입국하는 모든 왜선은 대마도주의 문인(文引, 통행 증명
서)을 지참해야 한다.

다섯째, 대마도주에게는 전례에 따라 도서(圖書, 일종의 도장)를 지급
하기로 한다. 그 모양을 종이에 찍어서 예조와 교서관, 부산포
에 두고, 서계가 올 때마다 그 진위 여부와 부험(符驗, 확인 표찰)
유무를 선별로 점검하여, 위격자는 돌려보낸다.

여섯째, 문인이 없는 자와 부산포 외에 입항한 자는 적으로 간주한다.

일곱째, 왜관의 체류 시일은 대마도주 특송선은 110일, 세견선은 85

일, 그 밖에는 55일로 제한한다.

여덟째, 길이가 25척 이하인 배를 소선, 26~27척을 중선, 28~30척
을 대선으로 한다. 선부(船夫)로는 소선이 20인, 중선이 30인,
대선은 40인으로 하며 이를 어겨서는 안 된다.

(이하 생략)

이 같은 기유약조의 내용은 1443년 계해약조나 1512년 임신약조의 조
항에 비해 훨씬 까다롭고 엄격해진 것이다.

양국 사이에 강화 조약이 맺어졌지만, 이를 전후해 조선의 조정에서는
갖가지 논란이 이어졌다. 1609년 4월 일본이 양귀비(楊貴妃)를 그린 병풍
을 선물로 보내자, 승정원은 "극히 무례하고 거만하다. 우리나라는 왜인
들과 만세(萬世)가 되도록 반드시 갚아야 할 원한이 있다. 그들이 바친 물
건은 하루라도 대궐 안에다 두어서는 안 된다."라고 했다. 이듬해 3월에
는 비변사가 왜인에게 시장을 개방하기로 한 것과 관련해 사헌부와 영의
정 이덕형(李德馨) 사이에 설전이 벌어졌다. 사헌부는 "왜인들과는 물건
을 사고팔거나 재물을 주고받을 의리가 조금도 없다. 그럼에도 왜인들이
궁각(弓角)과 총검 등 군수물자와 삼(參), 명주, 호랑이 가죽 등 금지된 물
품까지도 무역을 하고 있다."라며 비변사를 비판했다. 그러자 이덕형은
"이미 수교한 마당에 시장 개방을 끝내 막을 수는 없다. 그들이 요구하는
시장 개방을 허락하고, 다만 금지 품목을 매매하는 불법 행위는 엄중히
처단하는 게 옳다." 하고 반박했다. 사헌부는 거듭 광해군에게 건의했으
나, 광해군은 시장 개방을 그대로 시행하라고 비변사에 지시했다.

조선과 일본의 국교 정상화가 이뤄진 이후, 일본은 60여 차례에 걸쳐

통신사 행렬 1655년 일본으로 파견된 조선 통신사의 행렬을 그린 그림.

차왜(差倭, 일본 사신)를 조선에 보냈고, 조선은 19세기 초까지 200여 년 동안 열두 차례의 통신사를 일본에 파견했다. 통신사라는 명칭을 쓴 것은 인조 14년인 1636년의 네 번째 사절단부터다. 조선의 통신사 일행은 400~500명 규모로, 일본은 이들을 축제 분위기 속에서 성대하게 맞이하고, 엄청난 경비를 들여 향응을 베풀었다. 인조 21년 당시 제5회 통신사의 정사(正使) 윤순지(尹順之)는 귀국길에 대마도에서 다음과 같이 조정에 보고했다.

관백(關白, 천황의 최고 보좌관)이 예로써 접대하고 극도로 후의를 보였다. 임진년과 정유년에 잡혀간 인민들은 모두 자손을 두고 그 땅에 안주해 살면서 고향에 돌아가려고 하지 않아 14명만 데리고 나왔으며, 그중에 6명이 도중에 병이 들어 죽었다.

1623

인조반정

무력 정변으로 왕위를 빼앗긴 광해군

> **◁◁** **1616년** 여진족 추장 누르하치가 여진을 통일하고 후금을 세우다.
> **◁◁** **1618년** 인목대비 서궁 유폐 사건이 일어나 대북파가 정권을 장악하다.
> **◁◁** **1619년** 명나라에 1만 명의 원군을 파병하였다.
>
> 반정은 실정을 일삼는 왕을 폐위시키고, 새로 왕을 세우는 것이다. 중종반정
> 은 반정 세력이 사후에 왕을 추대했지만, 인조반정은 능양군이 스스로 왕이
> 되기 위해 처음부터 반정을 주도하였다. 반정 세력은 광해군이 명나라를 배
> 신하고, 폐모살제의 패륜을 저질렀다는 이유를 들었다.

　　1623년 3월 서인 일파가 무력 정변을 일으켜 광해군을 폐위시키고, 능
양군(綾陽君) 종(倧)을 왕으로 옹립했다. 능양군은 광해군의 이복동생인
정원군(定遠君)의 아들로서, 바로 조선의 제16대 왕인 인조(仁祖, 재위 1623
~1649)다. 능양군과 서인 일파는 광해군을 등에 업고 여러 차례 역모사건
을 조작해 정적을 제거한 대북파 이이첨(李爾瞻), 정인홍(鄭仁弘), 이위경
(李偉卿) 등 수십 명을 참수하고, 200여 명을 유배했으니 이것이 인조반정

이다.

반정을 꾀한 것은 주로 이항복 문하의 서인들로, 김류(金瑬), 신경진(申景禛), 구굉(具宏), 구인후(具仁垕), 최명길(崔鳴吉), 장유(張維), 이귀(李貴), 이괄(李适), 이시백(李時白), 김자점(金自點) 등이었다. 이들은 1618년 인목대비의 유폐를 계기로 거사를 도모하기로 하고 세력을 규합하였다. 능양군도 이들과 함께 사전 계획 단계부터 참여했다. 동생 능창군(綾昌君)이 역모에 몰려 죽고, 이에 충격을 받은 아버지 정원군도 화병으로 숨진 뒤였다.

광해군일기 연월일의 순에 따라 광해군 재위 15년 동안의 기록을 담아 편찬되었다. 광해군이 폐위되었기 때문에 실록이라고 부르지 않고 일기라고 명명하였다. (규장각한국학연구원)

이들이 정변 계획을 구체적으로 모의하던 무렵인 1622년, 평산 부사로 있던 이귀가 호랑이의 잦은 출몰로 백성들이 두려워하고 있다며 군사들이 담당 구역에 구애받지 않고 활동할 수 있도록 해달라는 상소를 올렸다. 거사에 대비해 무장한 군사들이 자유롭게 이동할 수 있도록 미리 조치를 해두려는 것이었다. 하지만 상소는 받아들여지지 않았고, 이 일로 이귀 등이 군사를 일으키려 한다는 소문이 퍼지기 시작했다. 이듬해 1월에는 정언(正言) 한유상(韓惟翔)이 이들이 역모를 꾸미고 있다고 알렸지만, 광해군은 뚜렷한 증거가 없다며 넘겨 버렸다.

이처럼 거사 계획이 바깥으로 새 나가자, 이들은 1623년 3월 13일 새벽에 거사를 도모하기로 하고 만반의 준비를 갖추었다. 그런데 당시 거사 동참을 권유받은 이이반(李而攽)의 밀고로 구체적인 거사 날짜와 시간이 조정에 알려졌다. 그러자 이들은 관군이 동원되기 전에 먼저 대궐로 진격하기로 하고, 시간을 앞당겨 군사를 일으켰다.

12일 밤 김류와 이서(李曙), 이중로(李重老)는 각각 군사를 이끌고 홍제원에서 합류했고, 친위 부대와 함께 영서역(迎曙驛, 은평구 연신내 일대) 주변에 머물고 있던 능양군이 친히 반정군(反正軍)을 거느리고 대궐로 향했다. 이 과정에서 김류는 거사 계획이 탄로 났다는 사실 때문에 주저하다가 뒤늦게 반정군에 합류하였다. 당초 반정군을 총지휘하기로 한 김류가 나타나지 않자 이괄이 이를 대신했으나, 김류가 다시 대장을 맡으면서 둘 사이에 불화가 생겼다. 반정군은 북문인 창의문에서 진압군과 마주쳤으나, 이내 창의문을 지나 창덕궁 앞에 이르렀다. 이들은 미리 말을 맞춘 훈련대장 이흥립(李興立) 등의 도움으로 창덕궁 인정전과 금호문을 손쉽게 지나 돈화문에 불을 질러 거사가 성공했음을 알렸다. 반정군이 대궐을 장악할 즈음, 광해군은 창덕궁 후원 소나무 숲에서 내시의 등을 타고 궁성을 넘어 달아났다.

별다른 충돌 없이 대궐을 접수한 능양군은 가장 먼저 서궁으로 인목대비를 찾아가 광해군을 몰아낸 사실을 알렸고, 이에 인목대비는 광해군을 폐위하고 능양군에게 왕위를 잇게 한다는 교서를 내렸다. 이로써 광해군은 왕위에서 밀려났고, 이후 18년 동안 강화도와 제주도 등지에서 유배 생활을 하게 된다.

광해군은 1608년 즉위하자마자, 왜란으로 도탄에 빠진 민생을 구제하고, 왕실의 위엄을 되살리기 위한 정책을 과감하게 추진해 나갔다. 즉위년 9월부터는 백성들의 납세 부담을 줄이기 위해 특산물로 바치던 공물을 쌀로 통일하는 대동법(大同法)을 경기 지역에 한해 시행했고, 1611년에는 토지의 실제 경작 상황을 파악해 탈세를 방지하고 국가 재원을 확보하기 위한 양전(量田)을 실시했다. 왜란 당시 불탄 궁궐을 재건하였고, 한때 임진강을 끼고 있는 교하(交河, 파주)로 천도할 계획도 세웠으나 실현되지는 않았다.

청 태조 누르하치 여진족을 통일하여 후금을 세우고, 이어 청 왕조를 열었다. 청나라와 명나라 사이에서 중립외교를 하던 광해군이 폐위되고 인조반정으로 대북파가 정권을 잡은 후 조선은 청나라와 본격적으로 대립하기 시작하였다.

광해군의 정책 가운데 가장 돋보인 것은 실리적인 외교 정책이었다. 왜란 당시 조선과 연합군을 구성했던 명나라는 전쟁 이후 국력이 한층 쇠퇴하기 시작했다. 이 틈을 타 여진 추장 누르하치가 여러 곳에 흩어진 여진족을 통일하고, 급기야 1616년에 후금을 세웠다. 2년 뒤 누르하치는 명나라에 전쟁을 선포했고, 이에 명나라는 후금을 정벌하기 위해 조선에 지원군을 요청하였다.

광해군은 처음에는 여러 가지 이유를 들어 출병을 피하다가, 명나라의 요청이 계속되자 어쩔 수 없이 1619년 도원수 강홍립(姜弘立)이 이끄는 1만 3,000명의 지원군을 보냈다. 하지만 광해군은 세력이 성장하고 있는 후금을 자극하지 않기 위해 강홍립에게 명나라 장수의 명령을 따르지 말고 독자적으로 움직일 것을 지시했으며, 이에 강홍립은 후금과 휴전을 맺고 귀국하였다. 또 명나라가 압록강 입구에 모문룡(毛文龍) 부대를 주둔시키자, 광해군은 모문룡 부대에 식량을 지원하면서도, 후금과는 우호적인 관계를 유지했다. 한마디로 명과 후금의 싸움에 말려들지 않으면서 중립적인 실리 외교를 펼친 셈이다.

하지만 광해군의 이 같은 외교 정책은 당시 명나라에 대해 철저한 사대주의 노선을 견지하고 있던 서인들로서는 용납할 수 없는 것이었다. 이에 대해 인목대비는 반정 직후인 3월 14일 교서를 내려 광해군을 비난하였다.

중국 조정을 섬긴 것이 200여 년이라, 의리로는 군신이며 은혜로는 부자와 같다. 광해군은 배은망덕하여 속으로 다른 뜻을 품고 오랑캐에게 성의를 베풀었으며, 전군이 오랑캐에게 투항해 추한 소문이 사해에 펼쳐지게 했다. 예의의 나라로 하여금 오랑캐와 금수가 됨을 면치 못하게 했다.

반정의 또 다른 명분이 된 '폐모살제'는 적자가 아닌 서자 출신인 광해군의 왕권에 대한 위기감과 대북파의 권력 독점욕이 한데 어우러지면서 빚어진 결과였다. 광해군이 왕에 오른 직후 명나라는 광해군이 형인 임해군 대신 왕위를 물려받은 경위를 캐기 위해 진상 조사단을 보냈고, 이에 이이첨은 우환을 없애기 위해 임해군 모살을 사주한다. 대북파는 또 1612년 김직재(金直哉) 부자가 역모를 꾀하고 있다며 옥사(獄事)를 조작해, 왕위 계승 서열 1위인 영창대군을 지지하던 소북파 100여 명을 처벌했다. 이어 1613년에는 인목대비와 그 아버지 김제남(金悌男) 등이 광해군과 세

자를 죽이고 영창대군을 임금으로 삼으려 모의했다며 옥사를 일으켜 소
북파를 모조리 몰아냈다.

이를 계축옥사(癸丑獄事)라고 하며, '칠서(七庶)의 옥'이라고도 한다. 당
시 서자 출신 일곱 명의 도적질을 심문하던 과정에서 서인 박순(朴淳)의
서자 박응서(朴應犀)가 "우리는 단순한 도적이 아니라 김제남과 몰래 통해
영창대군을 임금으로 삼으려 했다."라고 허위 자백하면서 옥사가 벌어졌
기 때문이다. 이 일로 김제남은 사약을 받았고, 영창대군은 서인으로 강
등된 뒤 강화도에 유배됐다가, 이이첨의 사주로 소사(燒死)하였다. 또 대
북파의 주장으로 인목대비는 대비로서의 특권과 대우가 박탈당한 채 서
궁에 유폐됐다. 이어 1615년에는 "중화(中和) 부사 출신인 신경희(申景禧)
가 장령 윤길(尹趌), 정언 양시진(楊時晉)과 함께 반역을 모의해 능창군을
추대하려 한다."라는 고변을 받아들여 당시 열일곱 살이던 능창군을 강
화도로 유배 보내 죽게 했다.

이 같은 옥사가 벌어질 때마다 광해군은 왕권에 강한 집착을 보였고,
대북파를 앞세워 왕위 경쟁자와 정적을 제거해 나갔다. 하지만 끝내 광해
군은 무력 정변으로 왕위를 빼앗기고 유배 생활로 생을 마감하였다.

1624

이괄의 난

조정에 대한 불신이 낳은 역모

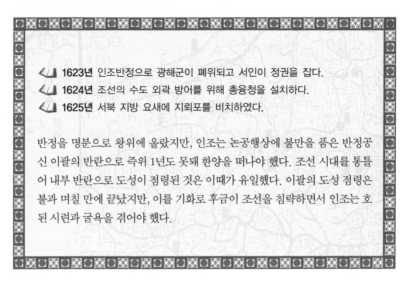

🔽 **1623년** 인조반정으로 광해군이 폐위되고 서인이 정권을 잡다.
🔽 **1624년** 조선의 수도 외곽 방어를 위해 총융청을 설치하다.
🔽 **1625년** 서북 지방 요새에 지뢰포를 비치하였다.

반정을 명분으로 왕위에 올랐지만, 인조는 논공행상에 불만을 품은 반정공신 이괄의 반란으로 즉위 1년도 못돼 한양을 떠나야 했다. 조선 시대를 통틀어 내부 반란으로 도성이 점령된 것은 이때가 유일했다. 이괄의 도성 점령은 불과 며칠 만에 끝났지만, 이를 기화로 후금이 조선을 침략하면서 인조는 호된 시련과 굴욕을 겪어야 했다.

반정 직후 인종은 53명의 공신들을 정사공신(靖社功臣)에 책봉했다. 이때 반정군 대장을 맡았던 김류는 일등공신에 포함됐으나, 이괄은 반정 세력에 늦게 참여했다는 이유로 이등공신으로 밀려났다.

앞서 이괄은 1623년 반정군이 대궐을 공격하기 위해 집결했을 때, 뒤늦게 도착한 김류에게 반정군의 대장직을 되돌려 주면서 좋지 않은 감정이 생겼다. 이에 거사에 성공한 이튿날 이귀가 인조 앞에서 이괄을 병조판서

한국사를 움직인 100대 사건

에 임명할 것을 제안하자, 이괄은 "김류가 늦게 왔기에 그를 베고자 했으나 이귀가 말려 시행하지 못했다."라며 김류를 노골적으로 비난했다. 인조가 마련한 모화관(慕華館) 회식 자리에서도 이괄은 김류보다 아래쪽에 자리를 배정받은 것을 못마땅하게 여겼다.

이처럼 거사를 일으키고 논공행상을 하는 과정에서 이미 이괄은 여러 차례 불만을 드러냈다. 이듬해 이괄이 반란을 모의했다고 고변한 문회(文晦) 등은 "이괄이 거사한 날 집에 돌아가 분개하여 눈물까지 흘리며 '내가 남에게 속아서 이 일을 일으켰다'라고 말했다." 하고 밝혔다.

불만이 쌓여 가던 이괄은 1623년 5월 변방 수비를 맡기 위해 평안도 영변으로 떠났다. 당시 압록강 너머 후금이 세력을 펼치자, 숭명배금(崇明排金) 정책을 내세운 조선으로서는 북방 경비가 어느 때보다 중요한 상황이었다. 인조는 도원수 장만(張晩)에게 수시로 후금의 동태와 경비 상황을 보고받았고, 경비를 강화하기 위해 당시 공석이던 부원수 자리에 이괄을 임명하면서 평안 병마절도사를 겸하게 했다. 당시 장만은 인조에게 부원수 후보로 이괄과 이서(李曙) 두 사람을 추천했으며, 결국 이괄이 낙점을 받았다. 이에 장만은 지원부대 5,000명을 거느리고 평양에 주둔하고, 이괄은 평안도 토병(土兵) 및 전라도에서 차출된 부방군(赴防軍) 1만 2,000명, 항왜(降倭, 왜란 때 항복한 일본 군인) 130여 명을 휘하에 두고 영변에 자리 잡았다. 영변의 위치로나 군사의 규모 및 수준으로나 이괄이 사실상 변방 수비의 실질적 책임자였다. 이괄은 부임 이후 군사를 훈련시키고, 성채를 보완하는 등 경비를 강화했다.

그러던 중 조정에서는 이괄 등의 반란 모의에 대한 고변으로 갑론을박이 벌어졌다. 인조 2년인 1624년 1월, 문회와 이우(李佑), 정방열(鄭邦說) 등

항해조천도 1624년 명나라로 떠나는 정사 이덕형 일행의 사행길을 그린 것이다. 당시 이덕형은 인조 책봉을 받기 위해 명나라로 파견되었다. (국립중앙박물관, 중박201104-230)

은 "이괄과 기자헌, 한명련(韓明璉), 현즙(玄楫), 이괄의 아들 이전(李栴), 한명련의 아들 한윤(韓潤) 등이 반란을 도모하고 있다."라고 고변했다. 이에 이귀와 최명길(崔鳴吉) 등은 이괄을 삭탈관직하고 하옥시켜 국문을 해야 한다고 인조에게 여러 차례 청했다. 하지만 인조는 "이괄은 충의스런 신하인데 두 마음을 품었을 리 없다. 부원수의 직책은 이괄이 아니면 맡을 수 없다." 하며 이를 거부했다.

결국 조정에서는 기자헌을 비롯해 역모 혐의가 있는 40여 명을 하옥시켜 국문을 진행하고, 이괄에 대해서는 일단 불문에 부치되, 그 아들 이전을 잡아들여 조사를 하기로 했다. 그런데 당시 이전은 아버지와 함께 영변에 머물고 있었다. 이에 인조는 금부도사 고덕률(高德律), 심대림(沈大臨), 선전관 김지수(金芝秀), 중사 김천림(金天霖) 등을 영변으로 보냈다.

이 같은 사실을 전해들은 이괄은 아들이 잡혀가면 역모로 몰려 죽을 수밖에 없을 것으로 생각하고, 영변을 찾아온 금부도사 일행을 죽였다. 그는 "잡혀 죽으나 반역하다 죽으나 죽기는 일반이니 남자가 어찌 머리를 숙이고 죽음을 받겠는가."라며 휘하의 군사들을 이끌고 반란을 일으켰다. 인조 즉위 10개월 만에 일어난 일이었다. 조정에서는 이괄의 반란 소식을 듣고, 기자헌과 현즙 등 37명을 역모 혐의로 모두 처형했다.

이괄은 주변의 수령들에게 "도성에 변고가 생겨 구원하러 간다." 하고 속인 뒤 군사들을 이끌고 영변을 출발했다. 역모 혐의를 받았던 구성 부사 한명련도 자신을 잡으러 온 금부도사를 죽인 뒤 군사를 이끌고 반란군에 합류하였다. 이들은 개천을 거쳐 강동, 황주, 수안, 평산, 개성으로 진격해 한양에 이르렀다.

반란군이 남쪽으로 향하고 있다는 보고를 받은 조정은 장만과 부체찰사 이시발(李時發) 등으로 하여금 이들을 중간에서 막도록 했다. 하지만 반란군이 경비가 허술한 샛길만 골라 신출귀몰하게 이동하는 바람에 정부군은 제대로 대응하지 못하고 연전연패하였다. 장만이 "적이 교활하게 샛길로 출몰하여 위치를 종잡을 수 없다."라고 말할 정도였다.

반란군과 정부군이 처음 접전을 벌인 곳은 황주 부근의 상원이었다. 이곳에서 정부군은 반란군이 거짓으로 투항하는 척하자 방심하다가 크게 패하였다. 선봉장 박영서(朴永緖) 등은 사로잡혀 죽음을 맞았다. 항왜를 앞세운 1만여 명의 반란군은 계속 남쪽으로 내려가 예성강 상류인 평산 마탄에서 잠복 중이던 정부군을 급습해 무찌르고 방어사 이중로(李重老), 이성부(李聖符) 등을 죽였다. 정부군 중에는 강에 빠져 죽은 사람이 많았고, 나머지는 모두 반란군에게 항복했다. 정충신(鄭忠信)이 이끄는 군사들이

공주산성 쌍수정 이괄의 난 당시 인조가 피란을 떠나 머물던 곳이다.

정부군에 합세하려고 뒤늦게 도착했으나, 반란군이 여러 장수의 머리를
베어 실어 보내자 모두 기세가 꺾이고 말았다. 반란군은 이어 개성을 지나
임진을 지키던 정부군까지 기습 공격으로 격파하고 벽제로 나아갔다.

당시 조정에서는 정부군이 마탄에서 대패했다는 소식을 접하고, 한밤
에 대신들이 모여 인조에게 도성을 떠날 것을 청하였다. 결국 인조는 며
칠 후 비빈, 대신들과 함께 공주산성(公州山城)으로 피란을 떠났다. 반정으
로 왕위에 오른 그다음 해에 내부 반란으로 왕이 도성을 버리고 떠나자,
백성들은 충격을 받았고 민심이 흉흉해졌다. 이는 곧 조정에 대한 불신으
로 이어졌다. 이미 인조가 즉위한 직후부터 공신 집단의 국정 농단이 심
해 민간에서는 '광해군 때의 북인과 다를 게 없다'라는 내용의 풍자적인
노래가 유행하던 터였다. 한 예로 반란군에 맞서 도성을 방비할 군사를

급히 모으는데 훈련도감에 소속된 군사 세 명 가운데 한 명은 달아나고 없을 정도였다.

마침내 이괄이 이끄는 반란군은 2월 10일 한양으로 입성했다. 영변에서 군사를 일으킨 지 19일 만이었다. 이괄은 우선 민심을 안정시키기 위해 도성 곳곳에 방을 붙여 생업에 종사하게 했고, 일반 백성들도 이괄의 무리를 환영했다. 이괄은 이어 선조의 아들 흥안군(興安君) 제(瑅)를 왕으로 옹립했다.

이즈음 이괄의 뒤를 쫓아온 장만과 정충신, 남이흥(南以興)이 각지의 관군 연합군을 이끌고 안현(鞍峴, 길마재)에 도착해 진을 쳤다. 그러자 이괄은 군대를 두 곳으로 나눠 이들을 포위 공격했으나, 관군이 지형상 유리한 지역을 차지하는 바람에 이괄의 군대는 크게 패하였다. 이괄은 야음을 틈타 부상당한 한명련을 비롯해 패잔병 수백 명을 이끌고 수구문(水口門, 광희문)을 통해 도성에서 빠져나갔다. 하지만 관군의 추격으로 반란군은 뿔뿔이 흩어졌고, 이괄은 40여 명을 이끌고 광주를 거쳐 이천 묵방리에 이르렀다. 이날 밤 반란군의 이수백(李守白), 기익헌(奇益獻) 등은 이괄과 아들 이전, 한명련 등의 목을 베어 관군에게 투항했다.

이렇게 해서 이괄의 반란은 평정됐다. 도성으로 돌아온 인조는 반란을 진압하는 데 공을 세운 장만과 정충신, 남이흥 등 32명을 진무공신(振武功臣)에 책봉했다. 하지만 역모 혐의를 받고 있던 한명련의 아들 한윤이 후금으로 달아나 인조 정권의 부당성과 친명 외교를 거론하며 조선 침략을 종용하였다. 그리하여 이로부터 3년 뒤 조선은 또다시 전란에 휩싸인다.

1627

정묘호란

후금에 패하여 형제의 맹약을 맺다

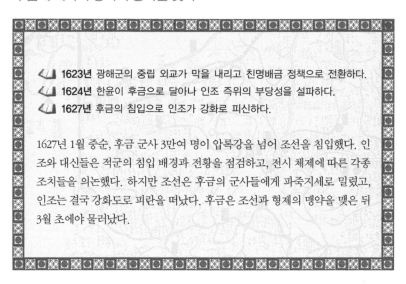

1623년 광해군의 중립 외교가 막을 내리고 친명배금 정책으로 전환하다.
1624년 한윤이 후금으로 달아나 인조 즉위의 부당성을 설파하다.
1627년 후금의 침입으로 인조가 강화로 피신하다.

1627년 1월 중순, 후금 군사 3만여 명이 압록강을 넘어 조선을 침입했다. 인조와 대신들은 적군의 침입 배경과 전황을 점검하고, 전시 체제에 따른 각종 조치들을 의논했다. 하지만 조선은 후금의 군사들에게 파죽지세로 밀렸고, 인조는 결국 강화도로 피란을 떠났다. 후금은 조선과 형제의 맹약을 맺은 뒤 3월 초에야 물러났다.

"이달 13일에 금나라 군사가 의주를 포위하고 접전했는데 승패는 아직 알 수 없습니다." (접반사 원탁)

"적의 형세가 어떻다고 보는가." (인조)

"기병이 거침없이 쳐들어온다면 하루 동안 8~9식(息, 1식=30리)의 길을 달릴 수 있습니다. 그러니 시급히 대비해야 합니다." (영중추부사 이원익)

"징병이 시급하니 3만 명을 기본으로 징발토록 하라." (인조)

한국사를 움직인 100대 사건

"강화도를 피난처로 정해 놓았다가 안주에서 패했다는 소식이 오면 곧바로 강도(江都)로 들어가소서." (비변사 당상 이귀)

"그런 얘기는 서서히 하라." (인조)

인조 직전의 광해군 재위 시절에는 국력이 쇠퇴해 가는 명나라와 새로운 강자로 세력을 넓히던 후금 사이에서 실리적인 중립 외교 정책을 구사했다. 이는 명나라를 사대하는 서인파가 반정을 일으키는 빌미가 되기도 했다. 하지만 인조 대에 이르러서는 광해군의 외교 정책을 비판하며 숭명배금(崇明排金)의 입장을 분명히 했다. 후금의 요동 지역을 회복하기 위해 압록강 입구인 평안도 철산 앞바다의 가도(椵島)에 주둔하고 있던 명나라 장수 모문룡(毛文龍)에 대해서도 지원을 아끼지 않았다.

누르하치 사망 이후 후금의 2대 황제로 즉위한 태종(홍타이지)은 왕자시절부터 조선에 대한 강경책을 주장하였으며, 인조의 이 같은 외교 노선에 상당한 자극을 받고 있었다. 후금은 또 명나라와 대치하는 상황에서 배후인 조선으로부터도 위협을 받게 됐고, 게다가 조선과의 경제 교류까지 막히자 물자 부족을 타개할 방안이 절실했다.

그러던 차에 이괄의 난 당시 후금으로 달아난 한윤이 인조 즉위의 부당성을 설파하자, 후금은 '억울하게 폐위된 광해군을 위해 복수하겠다'라는 명분을 내세운다. 광해군 당시 후금에

홍타이지

강화 지도 고려 시대 몽골에 항쟁하기 위해 강화도로 천도한 이래, 인조는 정묘호란 때 강화도로 피란하여 항전을 준비했다. 이후로도 강화도는 한양 외곽을 방어하는 데 중요한 기능을 담당하였고, 이에 따라 국경과 군사 시설을 자세하게 표시한 지도도 여러 차례 제작하였다. 이 지도는 1679년 제작된 것으로, 강화궁성, 정족산성, 전등사, 돈대 등이 표시되어 있다. (고려대학교 박물관)

투항한 강홍립(姜弘立) 역시 조선에 있던 자신의 가족들이 핍박을 받고 있다는 소식을 듣고 태종의 조선 침공을 부추겼다. 당시 조선에서는 이괄이 평안도에서 반란을 일으킨 여파로 변방 수비가 허술해져 있었다. 때문에 인조도 대신들과 방어 태세를 점검하면서 "관서(關西, 평안도) 지방은 미처 구제할 수 없을 듯하다."라고 했다.

태종의 둘째 아들 아민(阿敏)이 이끄는 후금군은 의주를 점령하고 이어 용천, 선천, 안주, 평양, 황주 등지를 지나 황해도의 남동쪽인 평산에 이르렀다. 임진강 이북 지역을 큰 어려움 없이 장악한 셈이다. 한편으로 후금군은 가도의 모문룡 부대를 공략하기도 했다. 이 과정에서 조선은 곽산 능한산성과 안주성 등의 방어전에서 패퇴하고, 평산에 진을 치고 있던 장만(張晩)은 예성강 남쪽 개성으로 후퇴했다. 또 모문룡도 가도에서 대패해 평안도 선천의 신미도로 밀려났다. 이에 인조는 강화도로 옮겨 항전 태세를 갖췄고, 소현세자(昭顯世子)는 전주로 피신했다. 그리고 김상용(金尙容)이 유도대장(留都大將)으로서 한양을 지키게 됐다. 이 지경에 이르자 인조는 "팔도가 어육이 되는 것을 염려하지 않을 수 없다." 하며 비통해했다.

하지만 평산에 진을 친 후금군은 더 이상 남쪽으로 내려오지 못했다. 명나라와 대치하고 있는 상황에서 장기간에 걸친 조선과의 전쟁이 부담스러웠고, 조선 깊숙이 들어가 싸우기에는 병력도 부족했기 때문이다. 특히 전국 각지에서 일어난 조선 의병과 관군들이 합세해 후금군의 후방 쪽을 압박하여 배후 보급로도 끊길 상황이었다.

이에 후금은 평산에 머물며 조선에 강화를 제의한다. 조선으로서도 사실상 후금의 침략을 막아 낼 만한 능력이 없는 상황이었으므로 이를 받아들였다. 그리하여 후금은 부장 유해(劉海)와 강홍립을 강화도로 보내 3대 조건이 담긴 서신을 전달했다. 3대 조건이란 후금에 압록강 이남 변경 지역 땅을 내놓고, 명나라 장수 모문룡을 잡아 보내며, 명나라 토벌에 군사 3만 명을 지원하라는 것이었다.

그러자 조선 대신들은 화친에 찬성하는 주화론자(主和論者)와 이에 반대하는 척화론자(斥和論者)로 나뉘어 논쟁을 벌였다. 결국 인조는 현실적으로 후금과 싸울 힘이 없다는 결론을 내리고 화의 교섭에 응하였다. 교섭 과정에서 후금은 조선에게 명나라와의 관계를 끊고, 후금이 형이 되고 조선이 아우가 되는 '형제의 맹약(兄弟之盟)'을 맺자고 제의했다. 나아가 명나라 연호인 천계(天啓)를 더 이상 사용하지 말 것, 조선 왕자를 인질로 보낼 것 등을 추가 조건으로 제시했다.

이에 조선은 "차라리 나라와 함께 죽을지언정 명나라 연호를 사용하지 말라는 요구는 결단코 따를 수 없다."라고 못 박고, 종친인 원창령(元昌令) 이구(李玖)를 왕제(王弟)라고 하여 후금 진영에 보냈다. 조선은 이와 함께 후금군이 평산을 넘지 않을 것, 맹약 후 즉시 철군할 것, 철군 이후 다시 압록강을 넘어서지 말 것, 양국은 형제국으로 칭할 것, 조선이 명나라에

남한산성 수어장대 인조 2년 남한산성 일대의 방어를 위해 수어청을 설치하였다. 수어장대는 수어청의 장관들이 모여 지휘를 하던 곳이다.

적대하지 않는 것을 후금은 인정할 것 등을 요구했다. 이는 한마디로 명나라와의 사대관계는 계속 유지하되, 명나라와 후금 사이에서 중립을 지킬 테니 더 이상 침범하지 말라는 것이었다.

후금은 이 같은 요구를 받아들이고 평산에서 철군하였다. 이를 정묘약조라고 부른다. 서로가 확전에 부담을 안고 조약을 맺은 만큼, 양국 모두 그 내용에 만족하지 못했다. 숭명배금의 명분을 중요시하는 조선에게는 후금과 형제 관계를 맺는다는 것 자체가 패전국으로서의 치욕이었고, 후금은 눈엣가시 같은 모문룡 세력을 완전히 제거하지 못한 채 군사를 되돌려야 했다.

조선과 형제의 맹약을 맺고 돌아가던 후금은 도중에 평안도 철산의 용골산성을 공격했다. 이에 정봉수(鄭鳳壽)가 이끄는 의병들은 아침부터 10시간이 넘도록 모두 다섯 차례에 걸친 전투에서 후금군을 물리쳤다. 이들은 활과 조총, 돌 등으로 후금에 완강히 저항해 적군 수백 명을 죽이는 전과를 올렸다. 앞서 후금은 압록강을 넘어 남하할 때도 용골산성에서 정봉수의 군대에 의해 타격을 입었다. 당시 후금에 투항한 장사준(張士俊)이 후금군 수백 명을 이끌고 성 앞으로 와서 항복을 권유하자, 정봉수는 성 밖에 매복시켜 둔 의병들을 이끌고 그들을 공격해 장사준을 참수했다. 이에 사기가 오른 의병들은 곧이어 벌어진 전투에서 후금군의 공격을 물리쳤다. 정묘호란 당시 조선이 가장 크게 승리한 것이 바로 용골산성 전투였다.

철수하던 후금은 의주와 가산, 순안, 운산 등지에서도 조선의 관군과 의병에게 공격을 받아 손실을 입었다. 운산에서는 후금군 1,000여 명이 우후(虞侯) 이직(李溭)이 이끄는 300여 명의 군사에 의해 야간에 기습을 당해 패주했다. 이립(李立)은 의주 부근에서 적군 200여 명을 사살했으며, 김여기(金礪器)의 의병부대는 가산 부근에서 적군을 물리쳤다.

정묘호란 이후 조선은 남한산성 일대의 방어를 위해 수어청(守禦廳)을 설치하고 군사 훈련을 전담하는 어영청(御營廳)을 증강하는 등 군사력을 키우는 데 주력했다. 하지만 후금은 갈수록 과중한 세폐(歲幣, 공물)를 요구했고, 조선과의 약조를 어기고 모문룡을 견제하기 위해 의주에 군사를 주둔시켰다. 이로써 조선과 후금의 관계는 갈수록 악화되었고, 마침내 후금은 10년도 되지 않아 다시 조선을 침공하였다. 후금은 국호를 청(淸)이라 고치고, 태종을 스스로를 황제라 칭했으며, 수도는 심양, 연호는 숭덕(崇德)으로 정했다. 그리고 이번에는 조선에게 군신(君臣)의 관계를 요구하였다.

1636

병자호란

청나라에 무릎 꿇은 굴욕의 역사

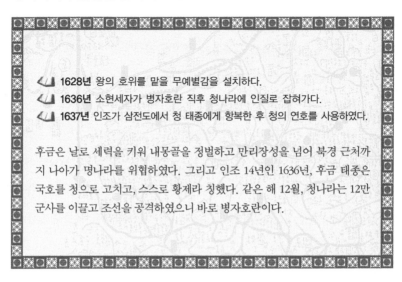

◁┚ **1628년** 왕의 호위를 맡을 무예별감을 설치하다.
◁┚ **1636년** 소현세자가 병자호란 직후 청나라에 인질로 잡혀가다.
◁┚ **1637년** 인조가 삼전도에서 청 태종에게 항복한 후 청의 연호를 사용하였다.

후금은 날로 세력을 키워 내몽골을 정벌하고 만리장성을 넘어 북경 근처까지 나아가 명나라를 위협하였다. 그리고 인조 14년인 1636년, 후금 태종은 국호를 청으로 고치고, 스스로 황제라 칭했다. 같은 해 12월, 청나라는 12만 군사를 이끌고 조선을 공격하였으니 바로 병자호란이다.

중국 대륙의 정세 변화로 조선은 또다시 국운을 건 선택에 내몰렸다. 청나라가 정묘년에 맺었던 형제지맹(兄弟之盟)을 군신지의(君臣之義)로 바꾸고 조선에게 신하의 예를 갖출 것을 요구했으며, 세폐 규모도 크게 늘렸다. 이에 조정에서는 외교적 교섭으로 문제를 해결하자는 주화론과 무력으로 강력하게 응징해 명분을 세워야 한다는 주전론이 맞선다. 조경(趙絅), 김상헌(金尚憲), 유계(兪棨) 등 소장파는 주전론, 이귀(李貴), 최명길(崔

鳴吉), 홍서봉(洪瑞鳳) 등 인조반정을 주도한 공신들은 주화론을 내세웠다.

이 과정에서 조선과 청 사이에는 갈수록 전운이 짙어졌다. 1636년 2월에는 용골대(龍骨大)와 마부대(馬夫大)가 인열왕후(仁烈王后)의 국상에 사신으로 왔다가 인조가 국서를 받길 거부하고, 또 주전론자들이 두 사신을 엄히 처벌해야 한다는 상소를 올리자 황급히 조선을 떠났다. 이어 청나라는 황제 대관식에 참석한 조선 사신에게 "왕자와 주전론 주창자들을 볼모로 보내지 않으면 다시 군대를 일으키겠다."라고 위협하고, 11월에는 최후통첩을 보냈다. 하지만 주전론 쪽으로 기울던 조선에서는 이 같은 요구를 계속 받아들이지 않았다.

그러자 청 태종은 12월 1일, 청군 7만 명, 몽골 인 3만 명, 한족 2만 명 등모두 12만의 군사를 일으켜 조선을 침공하였다. 이것이 병자호란(丙子胡亂)이다. 이들은 압록강을 넘은 뒤 거침없이 한성으로 향했다. 청나라 군대가 12일에 압록강을 넘은 뒤, 13일에는 평양, 14일에는 개성까지 진격했다는 보고가 잇따랐다. 도성의 주민들 사이에는 혼란이 일었고, 피란행렬이 줄을 잇기 시작했다. 이에 인조도 한성에서 벗어나기로 하고, 세자빈 강씨와 원손(元孫), 둘째 봉림대군(鳳林大君), 셋째 인평대군(麟坪大君)을 14일 강화도로 피란 보냈다. 인조도 이날 밤 강화도로 향하려 했으나, 청군이 이미 연서역(延曙驛, 은평구 연신내 일대로 영서역이 개칭된 것)을 통과했고, 강화도로 가는 길까지 차단했다는 보고를 받고 강화도행을 포기했다. 대신 인조는 소현세자(昭顯世子)와 함께 백관을 대동하고 남한산성으로 향했다.

그러자 한성 주변 관리들이 수백 명씩 군사를 몰고 집결해 산성 내 병력은 1만 4,000여 명에 이르렀다. 당시 인조는 도성에서 빠져나오기 직전,

적군이 이미 양철평(良鐵坪, 은평구 녹번동)까지 왔다는 급보를 받자 최명길을 청군에게 보내 강화를 청하면서 시간을 끌게 했다.

15일 새벽, 인조는 강화도로 옮기기 위해 남한산성을 나섰으나, 눈보라가 심하게 몰아치고 산길이 얼어붙었다. 인조는 말에서 내려 걷기 시작했으나, 여의치 않아 결국 남한산성으로 되돌아갔다. 또 강화도로 향한 세자빈 강씨 일행은 갑곶나루에 이르렀으나, 나룻배가 없어 이틀을 추위에 떨다가 겨우 강화도로 들어갈 수 있었다. 하지만 수많은 백성들은 미처 나룻배를 타지 못한 채 청군에게 희생됐다. 조정에서 일반 백성들에 이르기까지 청군의 거센 진격에 제대로 손쓸 틈이 없었던 셈이다. 이에 사헌부와 사간원은 15일 "적군이 압록강을 건넌 뒤로 어느 한 곳도 막아내지 못한 채 적군을 깊이 들어오도록 내버려둬 백성이 큰 고통을 겪고, 국왕이 어찌할 도리가 없도록 만들었다."라며 도원수 김자점(金自點) 등에게 죄를 물을 것을 청했다.

이튿날 마침내 청군이 남한산성에 이르렀다. 조선군과 청군은 서로 전면전은 피한 채 한동안 산발적인 싸움을 벌였고, 이 과정에서 조선군 300여 명이 청군의 유인 작전에 말려들어 성 바깥으로 나갔다가 몰살당하는 일이 있었다. 조선 군사들은 청군이 일부러 소와 말을 풀어 둔 것을 알고 나가지 않으려 했으나, 체찰사 김류가 이를 잡아오라며 재촉하는 바람에 결국 화를 당했다. 이 일로 군사들의 사기는 다시 한 번 크게 떨어졌다.

해가 바뀌고 1월 들어 청 태종은 군사를 20만 명으로 늘려 남한산성 밑 탄천에 포진시켰다. 남한산성은 갈수록 고립무원의 지경으로 빠져들었다. 당초 산성 내에는 양곡 1만 4,300석과 장 220항아리 등 50일간의 양곡이 준비돼 있었지만, 이마저도 거의 바닥을 드러내고 있었다. 《산성일기》

청태종공덕비 삼전도비라고도 한다. 청 태종이 인조의 항복을 받은 뒤 세운 전승비이며, 만주어, 몽골 어, 한자로 기록되었다.

1월 14일자에서 '하루 양식으로 군병은 3홉씩 줄이고, 백관은 5홉씩 줄여도 다음 달까지 닿지 못하니, 어떻게 될지 모르겠다' 하고 기록하였다.

　이를 간파한 청 태종은 직접 서한을 보내 화친의 뜻을 내비치며, 인조가 직접 성 밖으로 나와 군신의 예를 갖추고, 그에 앞서 척화신(斥和臣) 두세 명을 먼저 내보라고 압박했다. 하지만 인조는 "차라리 척화한 신과 함께 죽을지언정 그들을 내줄 수 없다." 하며 거부했다. 그러자 이미 싸울 뜻을 잃은 일부 군사들은 척화신을 내보내라고 목소리를 높였고, 주전론자인 윤집(尹集)과 오달제(吳達濟)는 스스로 적진에 가기를 청했다.

　그러던 중 강화도가 이미 함락됐다는 사실이 알려지자, 마침내 인조는 청 태종의 요구를 받아들이기로 결심했다. 이때 청군에 넘겨진 윤집과 오달제는 홍익한(洪翼漢)과 함께 심양에 끌려가서도 청에 항복하기를 거부해 죽음을 맞는다. 이 세 사람을 일러 삼학사(三學士)라고 한다.

피신한 지 48일째인 1월 30일, 인조는 소현세자와 남색 옷을 입고 서문을 통해 산성 밖으로 나갔다. 성에서는 통곡 소리가 울려 퍼졌다. 청 태종은 한강 동편의 나루터인 삼전도(三田渡)에 9층으로 단을 만들어 그 위에 앉아 있었다. 황제를 상징하는 황색의 막과 양산에 병기와 깃발이 단을 에워싸고 있었고, 정병 수만 명이 단을 중심으로 네모지게 진을 치고 있었다. 청 태종은 장수들에게 활쏘기를 시키다가 멈추게 하고는 인조에게 100보가량을 걸어서 삼공육경(三公六卿, 3정승과 6조 판서)과 함께 뜰 안의 진흙 위에서 배례하게 했다. 신하들이 돗자리 깔기를 청했지만, 인조는 "황제 앞에서 어찌 감히 스스로를 높이리오."라고 말했다. 이렇게 인조는 청 태종이 앉아 있는 단을 향해 세 번 절하고 아홉 번 머리를 조아리는 삼배구고두(三拜九叩頭)의 예를 행했다. 이를 두고 '삼전도의 굴욕'이라고 한다. 이어 청 태종이 인조에게 돈피(獤皮, 모피) 갖옷 두 벌을 건네자, 인조는 그중 한 벌을 입고 다시 뜰에서 세 번을 절하며 사례했다.

이로써 조선은 청과 군신 관계를 맺고 조약을 체결했다. 그 내용은 청에 신하의 예를 갖출 것, 명과 단교(斷交)할 것, 청에 물자와 군사를 지원할 것, 청에 적대적인 움직임을 보이지 말 것, 세폐를 보낼 것 등이다. 조선과 청의 이런 관계는 1895년 청일 전쟁에서 청이 패배할 때까지 그 기본 방향이 유지됐다.

청은 철군하면서 소현세자와 세자빈, 봉림대군 등을 볼모로 데려갔다. 조선인 여자 50만 명도 함께 끌려갔다. 당시 심양 시장에서 팔린 조선인만 해도 66만여 명이나 됐다. 인조가 항복의 예를 마친 뒤 백관과 함께 도

성으로 향할 때, 포로로 잡힌 남
녀 조선인 1만여 명이 길의 좌
우에서 "우리 임금이시여, 우리
를 버리고 가십니까."라며 울부
짖었다.

이처럼 굴욕적인 항복에 분노
한 백성들은 곳곳에서 의병을
일으켰다. 대표적인 것이 박철
산의 의병부대로, 이들은 용강
근처 적산에서 적의 주력군을
맞아 완강하게 저항했으며, 때
문에 적산은 '의병산'으로 불렸
다. 의주 부윤 임경업(林慶業)은
1642년 청의 요청으로 명에 출
병했다가, 명군과 손잡고 청에
맞서려다 사전에 발각돼 실패로
끝났다. 두 차례의 호란으로 국

임경업 장군 병자호란에서 활약한 명장으로 친명배청을 주장한
인물이다. 그는 명나라와 손을 잡고 청에 대항하려다 죽임을
당하였다. 임경업 장군은 이후 무신으로 숭앙되며, 어업신, 수
호신 등으로 민간에서 널리 모셔졌다. (국립중앙박물관, 중박
201104-230)

가 운영과 존명사대주의(尊明事大主義)에 심각한 타격을 입은 조선은 인조
에 이어 즉위한 효종(봉림대군) 재위 기간에 북벌론(北伐論)을 통해 위기 수
습을 시도한다.

1658

제2차 나선 정벌

효종의 북벌 계획

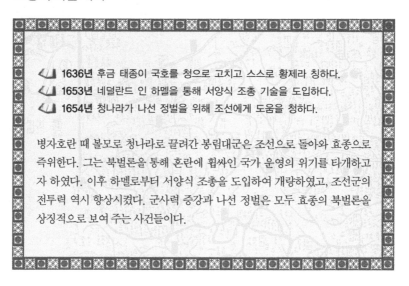

◁ **1636년** 후금 태종이 국호를 청으로 고치고 스스로 황제라 칭하다.
◁ **1653년** 네덜란드 인 하멜을 통해 서양식 조총 기술을 도입하다.
◁ **1654년** 청나라가 나선 정벌을 위해 조선에게 도움을 청하다.

병자호란 때 볼모로 청나라로 끌려간 봉림대군은 조선으로 돌아와 효종으로
즉위한다. 그는 북벌론을 통해 혼란에 휩싸인 국가 운영의 위기를 타개하고
자 하였다. 이후 하멜로부터 서양식 조총을 도입하여 개량하였고, 조선군의
전투력 역시 향상시켰다. 군사력 증강과 나선 정벌은 모두 효종의 북벌론을
상징적으로 보여 주는 사건들이다.

조선 17대 효종(孝宗, 재위 1649~1659) 9년인 1658년 6월 10일, 청나라의
동북쪽 송화강과 흑룡강이 합류하는 지역에서 조선의 조총 부대와 청나
라 군사의 연합군이 10여 척의 배를 앞세우고 남하하는 나선(羅禪, 러시아)
군사들과 격전을 벌였다. 스테파노프가 이끄는 나선 군사들은 당당한 기
세로 연합군을 몰아붙였지만, 신유(申瀏)가 지휘하는 조선 조총 부대의 맹
활약으로 패퇴하고 말았다. 조선은 화전(火箭, 불화살)을 쏘아 나선군의 무

장선을 거의 불태웠으며, 특히 조총군은 뛰어난 사격술로 나선군의 기세를 꺾었다. 당시 신유가 남긴 《북정일기(北征日記)》에 따르면, 조선의 조총군은 나선군에게 1보 정도로 근접해 공격하기도 했다. 이 전투에서 스테파노프를 비롯해 나선 군사 270여 명이 전사했으며, 조선군에서는 여덟 명이 사망하고 25명이 부상했다. 이 전투 이후 나선군은 흑룡강 부근으로 쉽사리 접근하지 못했다. 이것이 제2차 나선 정벌이다.

당시 함경도 혜산 첨사를 지내던 신유는 조정의 원정 지시를 받고 원산과 경성, 회령, 연길을 통해 영고탑(寧古塔, 흑룡강성 영안)에 이른 뒤 사이호달(沙爾瑚達)의 청나라 군대와 합류해 북상하던 중 나선군과 마주쳤다. 이때 조선군은 모두 260명이었으며, 이 가운데 조총 부대가 200명, 초관 등이 60명이었다. 조선군, 특히 조총 부대의 원정은 청나라의 거듭된 요청에 따른 것이었다. 청나라가 단독으로 나선군을 공격하다 계속 나선의 총포에 당하자 조선에 총수(銃手)의 파견을 요청한 것이다. 1차 정벌 때는 청나라가 조선 원정군에게 군량을 지급해 주는 조건이었지만, 2차 정벌 때는 조선이 자체적으로 군량을 조달해야 했다. 때문에 당시 조선군은 영고탑까지 행군하는 동안 군량미를 직접 실어 나르느라 제대로 쉬지도 못한 채 곤욕을 치러야 했다.

그럼에도 익숙하지 못한 지역에서 나선군을 제압할 수 있었던 것은 그만큼 당시 조총 부대의 전투력이 향상되어 있었기 때문이다. 당시 나선은 흑룡강 북쪽 연안의 알바진 하구에 성을 쌓아 근거지로 삼고 있었다. 이들은 주로 흑룡강변의 풍부한 자원 발굴과 모피 수집 등을 통해 경제를 꾸려 나갔으며, 일부 세력은 새로운 토지와 은광을 찾아 남쪽으로 내려왔다. 그러다 보니 청나라 경계 지역에 나선 세력이 출몰하는 일이 잦아지고, 끝내 청나라 조정을 자극하였다. 청나라가 국경 진입을 막기도 했으나, 나선 세력은 송화강 유역까지 활동 범위를 넓히며 노략질을 일삼았다.

청나라가 나선 정벌을 위해 처음 조선에게 도움을 요청한 것은 효종 5년인 1654년 2월이었다. 청나라는 한거원(韓巨源)을 사신으로 보내 조선에서 총수 100명을 선발해 3월 10일까지 영고탑에 파견하고, 청군의 통솔을 받아 나선 정벌에 참여할 것을 요구했다. 조선은 이때 나선이 어떤 나라인지, 근거지가 어디인지 등을 한거원을 통해 구체적으로 알게 됐다. 청나라의 요구를 받은 조정은 함경도 병마우후(兵馬虞侯) 변급(邊岌)으로 하여금 조총 부대 100명과 초관 등 50명을 이끌고 청나라를 지원하게 한다. 변급은 회령을 거쳐 영고탑에 도착한 뒤 명안달리(明安達哩)가 이끄는 청군 3,000여 명과 합세했다. 이어 이들은 송화강 중류 지역인 혼동강에서 나선군을 맞아 7일간 교전을 벌인 끝에 패퇴시켰다. 이것이 1654년 4월에 벌어진 제1차 나선 정벌이다.

당시 조선군의 희생 없이 변급이 귀환하자, 조정에서는 군사들에게 호역(戶役)을 면제하고 쌀과 베를 하사하는 한편 변급의 품계를 올리며 격려했다. 조선은 두 차례의 나선 정벌을 통해 임진왜란을 거치며 새롭게 만든 조총 부대의 위력을 대내외에 확실하게 심어 주었다.

앞서 조선은 1653년 8월 무역선을 타고 일본으로 가는 길에 풍랑을 만나 제주도에 표류해 온 네덜란드 인 하멜을 통해 서양식 조총의 기술을 도입하였다. 당시 조정에서는 하멜을 훈련도감에 배속시켜 개량된 조총을 만들고, 이를 대량으로 제조하도록 했다. 이를 통해 조선은 조총 부대의 전투력을 크게 높일 수 있었다. 청나라도 조선이 만든 조총의 우수성을 인정하고, 무역을 요청할 정도였다. 《효종실록》은 '(1656년에) 새로운 체제의 조총을 만들었다. 만인(蠻人, 미개인)이 표류해 와 그들에게서 조총을 얻었는데, 그 체제가 매우 정교하므로 이를 모방해서 만들도록 했다'라고 기록하였다. 1657년에는 청나라가 조선에 공문을 보내 새로 만든 조총 100자루를 압록강 북쪽의 봉황성(鳳凰城)으로 보내 달라고 요구하기도 했다.

개량된 조총의 대량 생산과 조총 부대의 전투력 향상, 나선 정벌에서의 잇따른 승리, 이는 모두 효종의 북벌론(北伐論)을 상징적으로 보여 주는 일련의 사건들이었다. 효종은 병자호란 당시 봉림대군으로서 청나라에 볼모로 잡혀 갔다. 그는 8년 남짓 청나라에 인질로 있으면서, 삼전도에서의 수모를 되갚기 위해 반청(反淸) 감정을 키워 갔다. 이것은 강력한 북벌 의지로 이어져서, 그는 볼모 시절 청나라의 내부 사정과 지리, 도로 등을 유심히 살폈다.

북벌에 대한 효종의 의지는 즉위 이후 친청(親淸) 세력을 몰아내고 척화론자를 중용한 것을 시작으로 현실 정책에 반영됐다. 효종이 구상한 기본적인 북벌 계획은 10년 동안 군사 훈련과 군 장비 및 군량 비축에 힘을 쏟고, 군사 10만 명을 양성해 적절한 시기가 오면 명의 잔존 세력을 비롯한 중원의 항청(抗淸) 세력과 손잡고 청나라를 치겠다는 것이었다.

이에 효종은 즉위하자마자 김집(金集)과 송준길(宋浚吉), 송시열(宋時烈) 등 척화론자들과 함께 변경의 전투력을 강화하기 위한 대책을 숙의하고 전국 각지의 군정 실태를 파악했으며, 무장들을 중용해 군비 확충 작업을 벌여 나갔다. 본격적인 북벌 준비 작업에 착수한 1652년에는 어영청(御營廳)을 정예 부대로 정비, 강화하고, 이완(李浣)을 대장으로 삼아 북벌의 중심 역할을 맡도록 했다. 또 왕궁 수비와 왕실 호위를 강화하기 위해 600여

조선 시대의 조총 16세기 말에 조선에 처음 도입된 조총은 17세기에 이르러 서양식 기술을 도입하며 발전하였다. 특히 임진왜란에서 일본군의 조총에 크게 패한 이후 조선은 조총 기술을 적극 발전시켰고, 이후 조총은 조선군의 대표적인 무기 중 하나가 되었다. (전쟁기념관)

명의 금군(禁軍)을 모두 기병화시키고, 1655년에는 그 수를 1,000명으로 늘렸다. 1654년에는 지방군의 핵심인 속오군(束伍軍)의 전투력을 높이기 위해, 무관 출신으로 하여금 군사 훈련을 전담하게 하는 전담영장제(全擔營將制)를 더욱 강화했다. 이어 1655년에는 남한산성 일대를 방어하기 위한 수어청(守禦廳)을 보강하고, 한양 외곽과 강화도의 군사력을 증강해 수도인 한성의 안정을 도모했다. 북벌 병력을 확보하기 위해 도망한 노비를 색출하여 군인으로 전환시키는 노비 추쇄 사업도 병행했다. 두 차례에 걸친 나선 정벌에서의 성과는 이 같은 군비 증강과 군사력 강화의 분위기 속에서 이뤄진 것이다.

하지만 효종의 북벌 계획은 결과적으로 실패로 끝났다. 무엇보다 지나친 군비 확충과 군사 훈련 강화로 백성의 부담이 가중되면서 효종의 북벌론은 점차 여론의 지지와 내부 동력을 상실해 갔다. 왜란과 호란의 여파로 전국의 농토는 황폐해지고, 농업 노동력은 줄어든 상황에서 산성 수축과 군사 훈련 등에 동원되느라 백성들의 생활은 갈수록 힘들어졌다. 백성들 입장에서는 북벌보다는 민생 안정이 현실적으로 더 시급한 과제였던 것이다.

당시 대표적인 반청주의자였던 송시열도 내수외양(內修外攘)의 유교적 정치 이념을 내세워, 민생 안정과 군왕의 수신(修身)이 먼저 이뤄져야 한다며 효종의 북벌 정책에 비판적인 입장을 취했다. 송시열은 효종 즉위년에도 13개조의 시무책을 올리며, 군덕(君德)의 함양, 기강 확립, 검약, 검소의 실천 등을 통해 안으로 힘을 기른 다음 밖으로 북벌을 꾀하는 것이 상책이라고 건의한 바 있다.

효종이 북벌 정책의 일환으로 추진한 왕권 강화 정책도 당시 집권층의 지지를 잃는 한 요인이 됐다. 이와 함께 청나라의 국력이 한창 강성해지고 있는 터여서, 명나라의 잔존 무리들을 비롯한 반청복명(反清復明) 세력이 조선과 함께 재기를 도모할 처지도 되지 못했다. 이런 가운데 효종이 1659년 얼굴의 종기를 치료하다 41세의 나이로 갑자기 타계하면서 북벌론은 결국 유야무야되었다.

1680

경신환국

왕이 주도한 정국의 전환

조선 역사에서 17세기 후반은 붕당 간의 대립이 가장 치열했던 시기다. 숙종의 즉위로 남인이 정권을 잡은 이후 20년 동안 집권 세력이 세 차례나 바뀔 정도였다. 서인은 1674년 갑인환국을 통해 남인에게 밀려났다. 남인은 1680년 경신환국으로 축출되고, 다시 서인이 정권을 잡았다. 이어 1689년에는 기사환국으로 서인이 제거되고, 남인이 집권한다. 하지만 남인은 1694년 갑술환국으로 물러나고 서인이 재집권한다.

'환국'은 '정국의 전환'을 뜻한다. 환국이 잦았다는 얘기는 당파 간의 경쟁이 그만큼 격렬했다는 의미다. 다만 당시 환국의 주체는 특정 당파가 아니라 왕인 숙종(肅宗, 재위 1674~1720) 자신이었다. 숙종은 집권 세력을 자주 교체함으로써 왕권을 강화하고 충성 경쟁을 유발하는 효과를 노렸다. 특정 당파가 권력이 지나치게 강해지면, 대출척(大黜陟)으로 정권의 국면을 바꿔 버리는 일이 반복됐다. 이 과정에서 숙종은 외척을 기용해 특정 당파의 권력 독점을 견제하기도 했다. 하지만 이처럼 잦은 환국은 각 붕당이 견제와 균형의 원리로 공론을 모색하기보다는 일당(一黨) 전제(專制)로 나아가는 측면이 강했음을 의미하기도 한다.

현종 재위 마지막 해인 1674년 1월 효종 비인 인선왕후(仁宣王后)가 타계하자, 시어머니인 장열왕후(莊烈王后) 조대비(趙大妃)의 복제(服制)를 놓고 남인은 1년간 상복을 입어야 한다는 기년설(朞年說)을, 서인은 9개월이면 된다는 대공설(大功說)을 각각 내세웠다.《주자가례》를 해석함에 있어 서인은 효종 비가 맏며느리가 아니라 둘째 며느리라는 점에 방점을 찍었고, 남인은 효종 비가 중전을 지냈으므로 큰며느리의 예를 따라야 한다고 주장했다. 결국 현종은 남인의 기년설을 받아들였다. 앞서 1659년 효종이 타계했을 때는 서인이 1년설을, 남인이 3년설을 제기해 서인의 주장이 채택됐다.

당시는 예(禮)가 성리학적 사회질서의 핵심 규범이었던 시기로, 이 같은 논쟁은 단순히 장례 절차에 그치는 문제가 아니었다. 서인과 남인 간의 복상(服喪) 논쟁이 1674년 8월 숙종이 즉위한 직후 서인을 옭아매는 빌미가 된 것도 이 때문이었다. 특히 서인의 거두 송시열은 복상 논쟁에서 '적처가 낳은 둘째 아들부터는 모두가 서자'라고 해석했다. 이는 효종이 적자가 아닌 서자의 신분으로 왕통을 이었다는 점을 부각시킨 것으로, 왕위 계승의 정당성에 관한 민감한 문제였다. 전국의 유생들은 송시열의 예론에 대해 찬반으로 갈라졌고, 남인들은 외척 김석주(金錫胄)와 결탁해 송시열을 비롯한 서인을 맹렬히 몰아붙였다.

결국 숙종은 남인의 손을 들었고, 이로써 서인들을 일제히 몰아냈다. 이것이 갑인환국(甲寅換局)이다. 정권 교체 이후 남인은 서인의 처벌 문제

宋文正公

노론의 영수 송시열 주자학의 대가이자 기호학파의 주류였던 송시열은 1차 예송 논쟁에서 1년설을 주장하여 관철시키고 남인을 제거하였으나 2차 예송에서는 대공복을 지지하다가 유배당하였다. (국립중앙박물관, 중박201104-230)

에 있어 강경파인 허목(許穆), 윤휴(尹鑴) 등의 청남(淸南)과 온건파인 허적(許積), 권대운 (權大運) 등의 탁남(濁南)으로 나뉘고, 정국의 주도권은 탁남 이 쥐게 된다.

경신환국(庚申換局)은 숙종 6 년인 1680년 일어났다. 당시는 남인 영수 허적이 막강한 영향 력을 행사할 때였다. 그해 3월 허적은 조부 허잠의 시호를 맞 이하는 잔치를 베풀었는데, 도 중에 비가 내리자 숙종은 비가 새지 않도록 기름을 먹인 유악 (장막)을 허적에게 갖다 줄 것 을 지시했다. 하지만 허적은 허가도 받지 않고 이미 유악을 가져간 상태였다. 유악은 왕궁 에서 쓰는 군사 물자로써, 개 인적인 이유로 빌려갈 수 없는 것이었다. 당시 숙종은 허적을 비롯한 남인들의 호가호위하 는 행태에 불만을 갖고 있던

한국사를 움직인 100대 사건

터여서, 이 일을 계기로 서인들을 대거 요직에 불러들였다.

며칠 후에는 병조판서 김석주의 사주를 받은 정원로(鄭元老) 등이 "허적의 서자 견(堅)이 복선군(福善君)을 왕으로 삼으려고 그 형제들과 역모를 도모하고 있다."라고 고변했다. 허견 등이 전시사령부인 도체찰사부 소속 경기 이천 둔군(屯軍)에게 매일 특별한 군사 훈련을 시켰고, 도체찰사부가 지휘하던 개성 대흥산성에서도 훈련이 있었는데, 이는 복선군 옹위에 대비하기 위한 것이라는 내용이었다. 도체찰사는 영의정이 맡도록 돼 있었고, 당시 영의정은 허적이었다. 허견은 숙종이 병이 잦아 만약 불행한 일이 닥치면 화를 예측할 수 없으니 미리 대비해야 한다고 복선군과 윤휴 등에게 말했다는 사실을 털어놓았다. 복선군도 이를 인정했다. 복창군(福昌君), 복선군, 복평군(福平君) 삼형제는 인조의 3남 인평대군(麟坪大君)의 아들로, 숙종과는 오촌 사이였다. 이 일로 복선군과 허견은 처형됐고, 허적은 삭직된 뒤 사사 당했으며, 윤휴도 역시 사약을 받았다. 이 밖에 100여 명의 남인들이 처벌을 받는 등 남인들이 대거 축출됐다. 김석주가 치밀하게 계획한 '3복의 변'으로 남인 세력은 물론 그들과 가깝게 지내는 종친 세력까지 제거당한 것이다.

이로써 정권을 잡은 서인은 송시열을 영수로 하는 노론(老論)과 윤증(尹拯)을 중심으로 한 소론(少論)으로 나뉘었다. 권력의 핵심을 장악한 것은 송시열의 노론과 김석주, 김만기(金萬基), 민정중(閔鼎重) 등 왕실의 외척이었다.

경신환국으로 밀려난 남인은 그로부터 9년 뒤 다시 정권의 중심으로 들어섰다. 기사환국은 1689년 숙종이 후궁 장씨(張氏)의 소생인 왕자 윤(昀)을 인현왕후(仁顯王后)의 양자로 들여 원자로 삼겠다는 뜻을 밝히면서 비롯됐다. 숙종의 정비는 노론인 김만기의 딸 인경왕후(仁敬王后)였으나 1680년 타계했고, 노론 민유중(閔維重)의 딸인 계비 인현왕후는 원자를 낳지 못했다. 이에 노론은 인현왕후의 나이가 아직 젊으며, 태어난 지 두 달밖에 안 된 후궁 소생을 원자로 삼는 것은 부당하다며 반대했다. 그럼에도 숙종이 왕자 윤을 원자로 확정하고, 생모 장씨를 빈으로 승격시키자 송시열은 거듭 시기상조라는 의견을 밝혔다. 그러자 숙종은 송시열을 포함해 노론계를 대거 유배 보냈고, 송시열에게는 사약을 내렸다. 또 숙종이 인현왕후를 폐비하려 하자, 반대 상소를 올린 노론 인사들도 귀양을 보냈다. 이를 계기로 희빈(禧嬪) 장씨가 중전이 되고, 원자 윤은 세자로 책봉된다. 아울러 정국의 주도권은 민암(閔黯)과 이의징(李義徵) 등 남인이 되찾았다.

그러나 남인의 집권은 오래가지 못했다. 기사환국 5년 뒤인 1694년, 노론계인 광성부원군 김만기의 맏손자 김춘택(金春澤)과 소론계인 승지 한구(韓構)의 아들 한중혁(韓重赫) 등이 폐비 민씨의 복위운동을 벌이다 일당인 함이완(咸以完)의 고변으로 체포된다. 당시 우의정 민암 등 남인은 이 사건을 부각시켜 노론을 몰아내기로 하고, 복위운동에 연루된 서인들을 모두 하옥시켜 심문했다.

하지만 당시 숙종은 중전 장씨와 사이가 좋지 않았고, 민씨를 폐위한 것을 후회하고 있었다. 게다가 당시 총애하던 숙원 최씨를 남인이 독살하려 한다는 고변이 서인 측으로부터 올라왔다. 그러자 숙종은 남인을 축출하고 다시 서인을 불러들였다. 또 폐비 민씨를 복위시키는 한편, 중전 장씨는 빈으로 강등했다. 송시열의 관작이 복구된 것도 이때였다. 이것이 갑술환국(甲戌換局)으로, 이후 남인은 재기할 힘을 잃게 된다. 갑술환국 직후에는 남구만(南九萬)을 비롯한 소론 세력이 정권을 장악했다.

하지만 소론은 7년 뒤 '무고(巫蠱)의 옥(獄)'으로 노론에게 밀려난다. 희빈으로 강등된 장씨가 자신의 거처인 취선당 주변에 신당을 지어 놓고 궁인과 무당을 시켜 인현왕후 민씨를 저주한 사실이 밝혀진 게 계기였다. 숙종 27년인 1701년, 인현왕후 민씨가 원인 모를 병마에 시달리다 죽은 직후였다. 희빈 장씨가 위기에 처하자 평소 장씨와 그의 소생인 세자를 지지하던 소론계가 숙종에게 장씨를 용서해 줄 것을 간청했다. 하지만 분노한 숙종은 이를 거부하고 희빈 장씨를 사사했으며, 소론계 인사들도 귀양 보내거나 파직시킨다. 이로써 조정의 주도권은 노론의 손에 쥐어졌다.

1696

안용복 사건

일본으로부터 동해 영유권을 지키다

> ◁◁ **1693년** 일본의 대마도주가 울릉도에 대한 야욕을 보이다.
> ◁◁ **1694년** 울릉도는 조선 땅임을 명시한 예조의 서계를 일본에 전달하다.
> ◁◁ **1696년** 조선의 어부 안용복이 울릉, 우산 양도 감세장이라 가칭하다.
>
> 어부 안용복 등이 울릉도 부근에서 어로 행위를 하여 일본에 끌려갔으며, 특
> 히 대마도주는 이곳을 계속 탐내 왔다. 그러나 일본 정부에서는 안용복에게
> 울릉도와 우산도가 일본의 영토가 아니라는 서계를 써 준 후 조선으로 돌려
> 보냈으니, 곧 조선 시대에 일본은 울릉도와 독도의 영유권이 조선에 있음을
> 인정한 것이다.

1693년 봄, 울릉도에서 고기잡이를 하던 동래와 울산 출신 어부 40여
명이 일본의 어부들과 충돌하였다. 일본 어부들은 협상을 하자며, 조선
어부들의 대표로 나선 안용복(安龍福), 박어둔(朴於屯) 두 사람을 꾀어내 일
본 땅인 은기도(隱岐島, 옥기도)로 납치해 갔다.

이때 안용복은 은기도주에게 "울릉도는 조선 땅이고, 조선 사람이 조선
땅에서 고기를 잡는데 왜 데리고 왔는가."라고 항의했다. 은기도주가 상관

한국사를 움직인 100대 사건

인 백기주(伯耆州) 태수(太守)에게 데려가니, 여기서도 안용복은 조선 땅인 울릉도에 일본 어부들이 출입하지 못하게 해달라고 요구했다. 안용복은 다시 도쿠가와 막부가 있던 에도로 불려가 막부의 관백(關白)에게 넘겨졌고, 이곳에서도 똑같은 주장을 했다. 그러자 관백은 '울릉도는 일본의 영토가 아니다' 라는 서계(書契)를 써 주고 안용복을 송환했다. 여기서 울릉도는 그 속도(屬島)인 우산도(于山島, 독도)까지 포함한 것이었다. 그러나 안용복이 귀국길에 대마도에 이르자, 대마도주는 관백의 서계를 빼앗았다.

그리고 같은 해 11월, 대마도주는 다치바나 마사시게(橘眞重)를 보내 조선 어부 안용복과 박어둔을 "일본 영토인 죽도(竹島, 울릉도의 일본 이름)를 침범한 죄인"이라며 동래부(東萊府)에 넘겼다. 조선 조정에 보내는 대마도주의 서신도 전달했다. 서신의 내용은 다음과 같았다.

조선의 어부들이 해마다 일본의 죽도에서 고기잡이를 해서 이를 금지토록 했는데도, 올 봄에 안용복을 포함해 어부 40여 명이 또다시 죽도에 들어와 고기를 잡았다. 앞으로는 죽도에 조선의 배가 들어오지 못하게 해 달라.

대마도주가 안용복 사건을 역이용해 울릉도를 차지하려는 속셈이었다. 당시 조정에서는 일본과 정면충돌하는 사태를 우려해 '우리나라의 울릉도도 멀리 있다는 이유로 마음대로 왕래하지 못하게 했는데, 조선 어부들이 일본의 죽도까지 들어가 번거로움을 끼쳤다' 라는 내용으로 회답 서신을 보냈다. 조선의 영유권을 확인하면서도, 일본과의 논란을 피하기 위해 한 섬에 두 가지 이름을 붙이는 일도이명(一島二名)의 모호한 태도를

일본이 제작한 〈임자평도〉 1785년 일본의 지리학자 하야시 시헤이가 그린 조선팔도지도. 울릉도와 독도를 하나의 큰 섬으로 그렸으며, 주변 해역도 동해라고 표시하여 조선의 영토임을 명시하였다.

취한 것이다. 이에 대마도주는 다치바나 마사시게를 통해 '우리나라의 울릉도'라는 표현을 삭제할 것을 여러 차례 요구했지만, 조정은 이를 받아들이지 않았다.

이에 대해 《조선왕조실록》의 사론(史論)은 '왜인들이 울릉이란 명칭을 숨기고 (……) 점거할 계책을 삼으려고 했으니 (……) 엄격히 물리쳐 교활한 왜인으로 하여금 다시는 마음을 내지 못하도록 해야 하는데도, 신중한 데에 지나쳐 이웃 나라에 약점을 보였다' 하고 비판했다.

결국 숙종은 1694년 갑술환국으로 정권을 장악한 소론파 남구만(南九萬)의 의견을 받아들여, 죽도는 곧 조선 영토인 울릉도이며, 조선 영토를 침입해 조선인을 잡아간 것은 명백한 일본인의 실책이라는 점을 밝힌 강경한 내용의 회답서를 대마도주에게 다시 보냈다. 수정한 회답서에는 일본인들이 다시는 울릉도를 왕래하지 말도록 당부하는 내용도 포함됐다.

안용복 사건을 계기로 일본의 도쿠가와 막부는 1696년 신년 초에 열린 회의에서 울릉도를 조선의 영토로 인정하고 대마도주에게 일본인의 울릉

한국사를 움직인 100대 사건

도 왕래를 금지하도록 지시했다. 울릉도가 백기주에서는 160리가 넘지만, 조선에서는 40리 거리에 불과하기 때문에 조선 영토가 분명하다는 것이었다. 막부는 대마도주에게 이 같은 결정 내용을 조선에 공식으로 알리도록 했다. 하지만 대마도주는 계속 시간을 끌었고, 일본 어부들의 울릉도 및 독도 출입도 여전했다. 이에 안용복은 직접 일본으로 건너가 영유권 수호를 위해 담판을 지었다.

동래에 살았던 안용복은 1696년 봄, 어머니를 만나러 울산에 갔다가 영해 출신 유일부(劉日夫), 유봉석(劉奉石), 평산포의 이인성(李仁成), 낙안의 김성길(金成吉), 연안의 김순립(金順立), 순천 송광사 승려인 뇌헌(雷憲), 승담(勝淡), 연습(連習), 영률(靈律), 단책(丹責) 등을 만나 해물이 많은 울릉도로 가기로 했다. 이에 유일부를 사공으로 삼아 울릉도에 도착했는데, 당시 상황을 안용복은 뒷날 비변사에서 이같이 밝혔다.

"드디어 같이 배를 타고 그 섬에 이르렀는데, 주산(主山)인 삼봉(三峯)은 삼각산(三角山)보다 높았고, 남에서 북까지는 이틀 길이고 동에서 서까지도 그러했다. 산에는 잡목과 매, 까마귀, 고양이가 많았고, 왜선도 많이 와서 정박해 있어 뱃사람들이 다 두려워했다."

안용복은 배를 정박해 놓은 일본인들에게 "울릉도는 본디 우리 지경(地境)인데, 왜인이 어찌하여 감히 지경을 넘어 침범했는가. 너희들을 모두 포박해야 하겠다." 하고 소리쳤다.

이에 일본인들은 "우리는 본래 송도(松島, 독도의 일본 이름)에 사는데 우연히 고기잡이 하러 나왔다가 이제 돌아갈 것이다."라고 답하였다.

그러자 안용복은 "송도는 우산도(于山島)로서, 그것도 우리나라 땅인데 너희들이 감히 거기에 사는가."라고 따졌다. 안용복이 이를 직접 확인하

기 위해 다음 날 새벽 배를 몰아 우산도로 갔다. 실제 그곳에서는 일본인
들이 가마솥을 걸어 놓고 생선을 조리고 있었다. 이에 안용복이 막대기로
쳐서 깨뜨리고 큰소리로 꾸짖자, 일본인들은 모두 돛을 올리고 돌아갔다.

안용복 일행은 일본인들을 추격해 마침내 은기도에 이르렀다. 은기도
주가 찾아온 까닭을 묻자, 안용복은 말했다.

"근년에 내가 이곳에 들어와 울릉도와 우산도 등을 조선의 지경으로 정
하고, 관백의 서계까지 받았는데, 이 나라에는 정식(定式)이 없이 또 우리
지경을 침범했으니, 이것이 무슨 도리인가."

그러자 은기도주는 안용복의 항의를 백기주에게 전하겠다고 했으나,
오래도록 기다려도 아무 소식이 없었다. 이에 격분한 안용복은 직접 담판
을 벌이기 위해 배를 타고 곧장 백기주로 나아가 '울릉, 우산 양도 감세장
(鬱陵于山 兩島 監稅將)'이라 가칭했다. 백기도에 사람을 보내 통고하니, 백
기도주가 사람과 말을 보내 안용복 일행을 맞이했다. 안용복은 푸른 철릭
(무관의 공복)에 흑포(黑布) 갓, 가죽신을 착용하고, 가마에 올라 일행들과
함께 백기주 마을로 갔다.

안용복이 백기주 태수의 집무처로 들어가자 백기도주는 그와 대좌하여
무슨 일로 왔는지를 물었다. 이에 안용복은 "일전에 울릉도와 우산도 두
섬의 일로 관백으로부터 서계를 받았음이 명백한데도, 대마도주가 서계
를 탈취하고 중간에서 위조하여 여러 차례 차왜(差倭)를 보내 불법으로 침
범하니, 내가 장차 관백에게 상소하여 죄상을 낱낱이 말하려 한다." 하고
밝혔다. 백기도주가 이를 허락하자, 안용복은 이인성으로 하여금 상소문
을 지어 관백에게 보내도록 일렀다.

이때 대마도주의 아버지가 백기주 태수를 찾아가 "이 상소가 올라가면

내 아들은 반드시 중죄를 얻어 죽을
것"이라며 상소문을 보내지 말 것을
간청하였다. 이렇게 해서 상소문이
관백에게 올라가지는 않았으나, 이
같은 정황을 알게 된 일본은 일전에
국경을 침범해 울릉도에 들어간 일본
인 열다섯 명을 적발해 처벌했다. 그
리고 백기주 태수는 안용복에게 "두
섬이 이미 조선에 속한 이상, 뒤에 혹
시 다시 침범하여 넘어가는 자가 있
거나 대마도주가 함부로 침범하는 일
이 있으면, 국서(國書)를 만들어 역관
(譯官)을 정해 들여보내면 엄중히 처
벌하겠다." 하고 약속했다. 당시 백

프랑스에서 그려진 〈조선왕국전도〉 프랑스 왕실 지리학
자 당빌이 1737년 그린 조선의 지도이다. 우산도(독도)
와 울릉도가 명확하게 표시되어 있어 두 섬이 조선의
영토라는 것을 입증해 준다. (동북아역사재단)

기주 태수는 안용복 일행에게 식량과 화폐를 주려 했으나 안용복과 뇌헌
등은 이를 사양하고 귀국했다.

이에 대마도주는 도쿠가와 막부에서 지시받은 대로 공식 문서를 뒤늦
게 조선에 보냈고, 1699년에는 조선과 일본 사이에 울릉도와 우산도가 조
선의 영토임을 확인하는 최종 외교 문서가 오갔다. 이로부터 도쿠가와 막
부 시대에 만들어진 일본의 지도와 문헌에는 울릉도와 우산도를 조선 영
토로 표시하였다.

조선 조정에서는 안용복 일행이 귀국한 직후 안용복을 사형시켜야 한
다는 일부 주장이 있었으나, 영중추부사 남구만 등의 만류로 귀양 조치하

는 것으로 매듭을 지었다. 당시 남구만은 조정에서 안용복의 활약상을 이 같이 밝혔다.

"대마도의 왜인이 울릉도를 죽도라 거짓 칭하고 막부의 명령이라 거짓 핑계 대어 조선인들이 울릉도를 왕래하지 못하도록 중간에서 농간을 부 린 것이 안용복 덕분에 죄다 드러났으니 참으로 통쾌하고 기쁜 일이다."

백두산정계비 건립

조선과 청나라의 경계를 확정하다

    숙종 당시 청나라가 백두산 일대의 국경 조사를 실시하겠다고 나선 것은 압록강과 두만강 일대에서 양국 백성들 사이에 분쟁이 끊이지 않았기 때문이다. 1644년 명나라의 멸망으로 청나라는 수도를 만주 심양에서 연경(燕京, 북경)으로 옮기고, 이때 청나라는 한족이 만주로 이주하는 것을 금지하기 위해 만주 일대를 봉금(封禁, 출입 금지) 지대로 설정하였다. 이에 따라 두만강과 압록강 북쪽 지역에도 조선과 청나라 백성들의 거주가 금

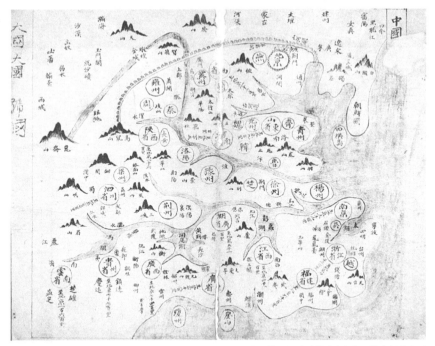

17세기 중국 지도 숙종 혹은 영조 때 제작된 중국 지도. 우리나라 백두산을 비롯하여 청나라의 수도 연경과 남경, 양주 등 중국 각 지역을 볼 수 있다. (우석대학교 박물관)

지됐다.

하지만 당시 두 차례의 호란에 따른 국토의 황폐화로 조선인들이 두만강과 압록강 일대까지 올라가 개간 사업을 벌이면서, 조선과 청나라 사람들 사이에 충돌이 잦아졌다. 1690년에는 함경도 주민 10여 명이 후춘(厚春)에 몰래 들어가 청나라 사람들을 죽이고, 그들이 캔 인삼을 빼앗았는데, 이를 다른 청나라 사람이 목격하고 관가에 고발했다. 또 1710년에는 평안도 위원 지역 주민 아홉 명이 압록강을 넘어 청나라 사람 다섯 명을 죽이고 역시 인삼을 탈취했다. 그러자 피살된 청나라 사람의 동료가 위원 군수에게 범인을 잡아 인도할 것을 요구하며 난동을 부리기도 했다.

한국사를 움직인 100대 사건

청나라의 강희제(康熙帝)는 이 사건을 문제 삼아 조선과의 국경 획정 문제를 본격적으로 거론하였다. 이와 함께 당시 청나라는 백두산 주변의 지형과 지리를 조사하기 위한 목적도 갖고 있었다. 청나라는 17세기 말과 18세기 초 여러 차례에 걸쳐 관리와 사신을 조선에 보내 백두산 일대의 지리와 형세를 살피고 관련 정보를 조선인에게 입수하기도 했다. 백두산정계비를 건립할 당시에도 청나라 조사단은 천리경(千里鏡)과 양천척(量天尺) 등 측량 도구를 갖춘 것은 물론, 정밀 지도를 제작하는 기사까지 데리고 갔다.

급기야 강희제는 1712년 조선에 국경 조사단 파견을 정식으로 통보했다. 이어 오라총관(烏喇摠管) 목극등(穆克登)이 조선에 파견돼 같은 해 5월 백두산에 올랐다. 당시 조선에서는 한성우윤(漢城右尹) 박권(朴權)을 접반사(接伴使)로 삼아 목극등을 맞이하게 했다. 하지만 목극등은 박권과 함경감사 이선부(李善溥)의 동행을 거부하고, 군관 이의복(李義復), 조태상(趙台相), 통관 김응헌(金應憲), 김경문(金慶門) 등 역관과 하급자들만 데리고 갔다. 당시 박권이 남긴 《북정일기(北征日記)》의 5월 6일 기록에는 박권이 접반사와 감사도 동행할 것을 목극등에게 제의했다고 나와 있다. 하지만 목극등은 "조선의 재상들은 가마를 타고 움직이는데, 더욱이 연로한 당신들이 험한 곳에 갈 수 있겠는가. 중도에서 넘어지면 대사를 그르칠 것이다." 라는 이유를 대며 박권 등의 동행을 허락하지 않았다. 이로써 청나라가 양국의 경계선을 정하면서 처음부터 조선의 뜻을 무시하고 자의적으로 행동했다는 사실을 알 수 있다. 특히 조선 대표가 국경 획정 작업에 참여하지 못함에 따라 정계비에는 조선의 서명이나 국명도 새겨지지 않았다.

백두산 정상에 오른 목극등은 압록강과 토문강의 수원(水源)을 찾아다

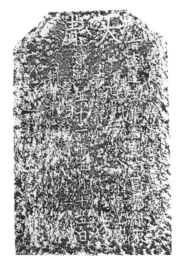

백두산정계비 탁본 조선과 청나라의 경계를 획정한 비석으로, 청 황제가 파견한 오라총관 목극등이 세웠다. (국립중앙박물관, 중박 201104-230)

니다가, 산 정상에서 동남방 4킬로미터 지점인 해발 2,150미터 지점을 분수령으로 여기고 정계비를 세웠다. 통관 김경문의 진술을 토대로 기록한 홍세태(洪世泰)의 《백두산기》에 따르면 목극등은 현장에서 너비 2자, 길이 3자의 비석을 만들게 하고, 그 분수령에 비석의 받침돌을 만들었다. 그리고 비석에 '대청(大淸)'이라고 크게 가로로 쓴 뒤, 다음과 같이 글을 새겼다.

오라총관 목극등은 황제의 명을 받들고 변방을 시찰하기 위하여 이곳에 와 답사했다. 서는 압록강이 되고 동은 토문강이 된다. 그러므로 이 이수(二水)의 분수령에 비석을 세워 기록하였다.

강희(康熙) 50년 5월 15일

목극등이 정계비를 세운 뒤 하산하자, 박권은 목극등을 만나 정계비를 세우는 과정의 잘못된 점을 시정하기 위해 수원 합류처(合流處)를 다시 세밀하게 조사할 것을 요청했다. 그러나 목극등은 이 역시 받아들이지 않았다. 국경의 경계를 강으로 삼을 때는 강의 본류가 아니라 발원처가 기준이 된다는 점에서 당시 두 강의 정확한 수원을 찾는 것이 중요한 문제였다. 하지만 목극등이 박권의 지적을 무시함에 따라 논란거리를 남기게 된 것이다.

목극등의 정계비 설치 이후 조선 조정에서는 목극등의 정계 과정이 신중하지 못했고, 그 결과 또한 잘못이 있다는 논의가 벌어졌다. 같은 해 12월 겸문학 홍치중(洪致中)은 북평사로 있을 때 현장을 살펴본 결과와 목극등의 정계비 설치 과정을 비교, 설명하였다. 그는 "백두산의 동쪽 진장산(眞長山)에서 나와 두만강이 되는 물이 네 갈래인데, 가장 북쪽의 첫 번째 갈래가 하류에서 두 번째 갈래로 흘러들어 두만강 최초의 원류(源流)가 된 것"이라면서 "목극등이 백두산 정상에서 내려가 수원을 두루 찾을 때 '토문강의 근원'이라고 지적한 곳은 첫 번째 갈래의 북쪽 10여 리 밖 사봉(沙峰) 밑에 있는 것"이라고 밝혔다.

당시 목극등은 그 하류를 찾아보지 않고 육로로 가다가 두 번째 갈래에 당도했다. 그곳에서 첫 번째 갈래가 흘러와 합쳐지는 것을 보고 "그 물이 과연 여기서 합쳐지니, 그것이 토문강의 근원임이 명백하고 확실하여 의심할 것이 없다. 이것으로 경계를 정한다."라고 했다는 것이다. 하지만 정작 목극등이 처음에 '토문강의 근원'이라고 지적한 물 갈래는 홍치중이 확인한 결과 하류에서 다른 물과 합쳐져 동북쪽을 향해 갔고, 두만강에는 속하지 않는 것으로 드러났다. 이에 홍치중은 "진실로 경솔한 소치에서 나온 것"이라고 비판했다. 다만 이때 조선에서는 토문강은 중국어로 두만강을 의미하고, 결국 토문강과 두만강은 같은 곳이라는 인식을 갖고 있었다.

우여곡절을 겪긴 했지만, 조선과 청나라 사이에 경계선이 확정되자, 조선인들의 북방 활동은 훨씬 적극적으로 전개됐다. 박권도 《북정일기》에서 "이제 국경의 한계가 정해졌으므로, 연변인에게 압록강과 토문강이 경계임을 알리고, 백두산 아래 읍민의 산삼 채취와 사냥을 허락해 의식을

족하게 하면 강을 몰래 넘어가는 일도 염려할 것이 없다." 하며 백두산정계비의 건립이 국경 주변 조선인의 생활에 도움이 될 것으로 기대했다.

이런 가운데 19세기 중엽부터는 국경 주위에 기근이 심해져 두만강을 건너 간도 지역으로 이주하는 사례가 급속히 늘기 시작했다. 그러자 청은 1883년 토문강 일대의 조선인을 강제로 조선에 돌려보내겠다고 통보했다. 이에 조선은 양국 회담을 통해 백두산 일대의 수원을 조사한 결과 토문강과 두만강은 서로 다른 강으로 밝혀졌고, 청나라가 세운 백두산정계비에도 '토문'이라고 명시돼 있으니 공동 조사를 하자고 청나라를 압박했다. 그러자 청나라는 백두산정계비는 국경을 표시한 것이 아니라 목극등이 변경 시찰을 기념하기 위해 세운 것에 불과하다며 정계비의 의미를 깎아 내렸다.

이처럼 숙종 시절 건립된 백두산정계비는 19세기 말 조선과 청나라 사이의 간도 영유권 분쟁에서 최대 쟁점으로 부각됐다. 결국 조선과 청나라 간의 영유권 회담은 결렬됐으며, 을사늑약 이후 조선의 외교권을 행사하던 일본이 만주 일대의 철도 부설권과 무순의 탄광 채굴권을 갖는 것을 조건으로 간도를 청나라에 양도하였다.

이인좌의 난

소론 강경파의 정권 탈환 모의

- 1721년 소론의 모함으로 노론들이 유배된 신임옥사가 일어나다.
- 1724년 서얼 200여 명이 차별 대우 철폐를 요구하였다.
- 1727년 정미환국이 일어나다.

영조가 즉위한 지 4년, 소론계 강경파가 남인을 끌어들여 일으킨 무신란은 왕위 계승을 둘러싼 붕당 간 정쟁이라는 성격을 띤다. 숙종 말기부터 진행된 세자 대리청정과 세제 책봉 논란, 경종 독살설 및 영조의 왕위 계승 부당성 시비, 이를 둘러싼 노론과 소론의 대립과 갈등이 누적돼 반란의 형태로 분출된 것이다.

1728년 발생한 이인좌의 난은 무신란(戊申亂)이라고도 한다. 반란이 일어난 해가 무신년이었기 때문이다. 무신란의 발단은 숙종 43년인 1717년 7월의 정유독대(丁酉獨對)로 거슬러 올라간다. 당시 숙종은 노론의 당수인 좌의정 이이명(李頤命)과 독대하여 이야기를 나눈다. 후일 알려진 바로는 숙종은 이 자리에서 숙빈 최씨 소생인 연잉군(延礽君, 영조)이 세자 윤(昀, 경종)의 뒤를 이을 수 있도록 이이명에게 각별히 부탁했다. 숙종은 희빈 장씨가 사사된 이후 그 소생인 세자 윤을 탐탁지 않게 여기고 있었다. 희빈 장씨에 대한 반감이 남아 있었고, 그럴수록 연잉군에 대한 기대도 컸다. 독대 직후 숙종은 안질 등 건강상의 이유를 들어 세자의 대리청정(代理聽政) 의사를 밝혔고, 이에 따라 세자 윤은 8월부터 숙종을 대신해 국정을 운영했다. 당시 세자 윤을 보호하던 소론은 숙종이 세자의 실책을 유도해 합법적으로 연잉군의 왕위 승계를 앞당기려는 조치가 아닌지 의구심이 생긴다.

3년 뒤 숙종이 타계하고 경종이 왕위에 오르자, 이듬해인 1721년 노론은 경종을 밀어붙여 연잉군의 세제(世弟) 책봉을 성사시켰다. 경종이 후사가 없고, 병약하다는 이유에서였다. 그리고 내친 김에 세제의 대리청정까지 추진하다가 소론의 반격으로 역풍을 맞는다. 소론계 강경파인 김일경(金一鏡) 등이 노론 대신들의 역모죄를 부각시킨 상소를 올린 이후 노론 4대신이 귀양을 가고, 60여 명이 처벌을 받았다. 이를 신축옥사(辛丑獄事)라고 한다. 당시 노론이 연잉군의 세제 책봉을 주도한 것은 결과적으로 영조에게 부담으로 작용하였다. 무신란 주모자들은 영조가 신하에 의해 선택된 택군(擇君)의 방식으로 왕위를 계승한 것이 부당하다며 반란의 명분 중 하나로 삼았기 때문이다.

신축옥사를 통해 정권을 잡은 소론은 이참에 노론을 완전히 제거하기 위해 1722년 임인옥사(壬寅獄事)를 일으킨다. 당시 김일경의 사주를 받은 목호룡(睦虎龍)은 노론의 명문가 자제들이 경종을 몰아내려 한다고 고변을 올렸다. 고변에는 경종을 해치기 위한 구체적인 방법으로 삼급수(三急手)까지 언급되어 있었다. 자객을 보내 시해하는 대급수(大急手), 음식에 독을 타 독살하는 소급수(小急手), 숙종의 전교를 빙자해 경종을 폐위시키는 평지수(平地手)가 그것이다. 이 일로 김창집(金昌集), 이이명, 이건명(李健命), 조태채(趙泰采) 등 노론 4대신이 처형되고, 170여 명이 죽거나 형벌을 받았다. 이처럼 1721년부터 1722년까지 일어난 노론에 대한 소론과 경종의 보복을 신임옥사(辛壬獄事)라고 통칭한다.

그러던 차에 경종이 의문의 죽음을 맞는다. 1724년의 일이다. 전해지는 이야기로는 그해 8월 경종이 몸져누웠는데, 제대로 먹지도 못하고 약재도 듣지 않았다. 그러자 왕세제 궁에서 게장과 생감을 준비했고, 경종은 모처럼 수라를 많이 들었다. 그런데 경종이 이튿날부터 복통과 설사에 시달리다 갑자기 죽었다고 한다. 사망 과정이 명확히 밝혀지지 않은 상태에서 영조(英祖, 재위 1724~1776)가 즉위하고, 노론이 집권하면서 경종 독살설이 널리 퍼져 나갔다. 이는 무신란의 주요 배경으로 작용하였다.

영조는 즉위 2년째인 1725년, 신임옥사를 무고에 의한 사건으로 규정하고, 노론 4대신을 신원(伸寃)했다. 또 김일경과 목호룡을 처형한 것을 비롯해 소론의 중진들을 축출했다. 하지만 신임옥사를 겪은 노론은 소론에 대한 더 가혹한 조치를 줄기차게 요구했다. 이에 염증을 느낀 영조는 특정 당파의 정치적 이해관계에 왕권이 흔들려서는 안 된다는 판단에 따라 오히려 소론계 온건파를 대거 등용하였다. 이것이 1727년의 정미환국(丁未換局)이다.

무신란 주모자들이 거사를 일으키려 준비하던 시점이 바로 이때였다. 하지만 소론이 다시 정권을 잡자 반란의 명분이 약해지면서 일부 동조자들은 무리에서 이탈하고, 최규서(崔奎瑞) 등의 고변으로 모반 계획이 알려졌다. 이에 영조가 모반 가담자를 색출할 것을 지시하자, 반란 주모자들은 곧바로 군사를 일으켰다.

반란을 처음 도모한 것은 신임옥사가 무고에 의한 사건으로 규정될 당시였다. 소론 축출에 위기 의식을 느낀 이인좌(李麟佐), 박필현(朴弼顯), 이유익(李有翼), 심유현(沈有賢) 등 소론계 강경파 인사들은 갑술환국 이후 정권에서 밀려나 있던 남인들을 포섭하고, 팔도의 명망 있는 인사들을 규합하며 세를 불려 나갔다. 이들은 영조의 왕위 계승이 부당하다고 주장하며 밀풍군(密豊君) 탄(坦)을 내세워 반란의 명분으로 삼았고, 경종의 위패를 모셔놓고 절을 하며 경종을 위한 복수를 다짐했다.

이들은 경종 독살설을 퍼뜨리며 반란 세력을 끌어들이고 민심을 규합했으며, 이로 인해 전국 곳곳에는 독살설과 관련된 흉서나 괘서가 나돌았다. 밀풍군을 왕으로 추대하자는 격문도 붙었다. 반란군은 충청, 호남, 영남, 경기, 평안도 등 전국에 걸쳐 조직됐고, 노비나 화적은 물론 양반들까지 가세했다. 목표는 영조 제거와 노론 타도, 그리고 소론과 남인의 연합 정권 구축이었다. 이를 무신란 또는 '이인좌의 난'이라고 부른다.

반란은 영조 4년인 1728년 3월 15일 이인좌가 청주성을 점령하면서 시작됐다. 반란군은 상여에 무기를 싣고 청주성 근처에서 기다리다가 날이 어두워지자 성으로 진입했다. 성내에 반란군에 호응하는 인사들이 있어 성은 일거에 함락됐다. 충청 병사 이봉상(李鳳祥)과 영장 남연년(南延年) 등이 이 과정에서 살해됐다. 반란군은 이곳에서 이인좌를 대원수로 삼았고, 청주 주변의 여러 고을에 격문을 붙여 동조 세력을 모집했다. 이어 반란군은 목천을 거쳐 진천까지 북상했다가 두 갈래로 나뉘었다. 대원수 이인좌는 경기 안성으로, 부원수 정세윤(鄭世胤)은 죽산으로 각각 부대를 이끌고 진격했다.

이즈음 정부의 진압군을 맡은 도순무사 오명항(吳命恒)은 첩자를 이용

탕평비각 거듭되는 당쟁을 겪은 영조는 당쟁을 해소하기 위해 당파 간 균형을 꾀하였다. 이에 따라 당파를 초월하여 인재를 등용하였으며, 당론에 관련된 상소를 올리는 것도 금지시켰다. 영조는 탕평책을 중외에 표방한 후 이를 경계하게 하기 위해 1742년 성균관 반수교 위에 비를 세웠으니 이것을 탕평비라고 한다.

해 진압군이 직산으로 갈 것처럼 반란군 쪽에 퍼뜨리고, 실제로는 안성으로 향했다. 안성에 있던 반란군은 예상치 못했던 진압군의 기습을 받고 패퇴하였다. 반란군 일부는 근처 청룡산으로 피신했으나 또다시 진압군의 공격을 받아 무너지고 말았다. 곧이어 진압군은 죽산으로 향해 정세윤이 이끄는 반란군을 무찌르고, 부원수 정세윤을 사로잡아 처형했다. 안성에 이어 죽산에서도 반란군이 패배하자, 이인좌는 진압군을 피해 달아나다가 끝내 사로잡혀 한성으로 끌려갔다.

호남에서는 태인 현감 박필현이 3월 19일 난을 일으키려 했다. 그러나 무장에서 유배 중이던 육촌 형제 박필몽(朴弼蒙)이 나타나지 않은데다, 전라 감사 정사효(鄭思孝)도 동조 약속을 지키지 않는 바람에 무산됐다. 박필현은 진압군에게 쫓기다 경상도 상주에서 붙잡혀 참수됐다. 또 이인좌가 청주성에서 북상할 즈음, 영남에서는 정온(鄭蘊)의 4대손인 정희량(鄭希亮)이 미리 약속한 대로 이인좌의 동생 이웅보(李熊輔)와 함께 안음(安陰, 경남 안의)에서 반란군을 일으켰다. 이들은 안음에 이어 거창, 합천, 함양 등 네 개 군현을 차지했다. 그러나 함양을 거쳐 이인좌의 군대와 합류를 시도하다 진압군에 의해 막힌 뒤 4월 2일 선산 부사 박필건(朴弼健)에게 진압됐다. 이로써 왕권 교체를 기도한 무신란은 실패로 끝났다.

영조는 즉위 직후 무신란을 겪으면서 어느 한 당파에만 국정을 전적으로 맡겨서는 안 된다는 점을 절실하게 느꼈다. 이는 곧 영조가 탕평책을 기반으로 정국 안정과 왕권 강화를 추진할 수 있는 명분으로 작용하였다.

나주 괘서 사건

영조 왕위 계승의 정당성을 확보하다

1727년 정국의 인사를 대대적으로 개편해 노론 인사들이 정국의 주도권을 잡다.

1749년 영조가 장헌세자에게 대리청정을 명하다.

1750년 윤지가 역모를 품고 동조 세력을 규합하다.

나주 객사에 영조와 노론을 비방하는 내용의 괘서가 내걸렸다. 영조는 주모자와 연루자 60여 명을 직접 신문하여 괘서 사건의 전말을 파악하였다. 이후 괘서를 붙인 주모자가 잡히고 사건의 전말이 드러나면서, 나주 괘서 사건은 소론이 몰락하는 결정적 계기가 되었고, 영조의 세제 책봉 및 왕위 계승을 정당화하는 명분으로 작용하였다.

영조 31년인 1755년 2월 4일 전라 감사 조운규(趙雲逵)가 조정에 '나주 객사(客舍)에 한 장의 괘서(掛書)가 걸렸다'라는 내용의 장계를 올렸다. 괘서에는 '간신이 조정에 가득하여 백성들이 도탄에 빠졌다', '백성이 곤궁한데 가렴주구는 더욱 심하다. 이를 구제하기 위해 군사를 움직이려 하니, 백성은 동요하지 말라'라고 적혀 있었다. 영조의 정책과 당시 집권 세력인 노론을 비방하는 내용이었다. 그 자획은 누군가 필적을 감추기 위해 직접 쓰지 않고 도장으로 찍은 것처럼 돼 있었다. 영조는 좌의정 김상로(金尙魯), 우참찬 홍봉한(洪鳳漢), 형조참판 이성중(李成中) 등을 불러 장계를 보여주고 웃으면서 "틀림없이 무신년 때(무신란)의 여얼(餘孽, 잔당)이다. 무신년 때도 나는 동요되지 않았다."라고 말했다.

영조는 그 자리에서 좌변포도대장 구선행(具善行), 우변포도대장 이장오(李章吾)를 불러 괘서의 자획을 보여 주며 기한을 정해 염탐하고 주모자들을 체포하도록 지시했다. 이로부터 일주일 뒤인 11일 사건의 정황을 파악한 조운규의 보고로 금부도사가 나주에 내려가 윤지(尹志)를 비롯한 주모자들을 잡아 한양으로 압송했다.

윤지는 신임옥사를 일으킨 소론계 강경파 김일경(金一鏡)의 무리로 지목돼 처벌받은 윤취상(尹就商)의 아들이다. 지평을 지낸 윤지도 당시 목호룡의 음모에 참여한 혐의를 받고 영조 즉위 초 아버지를 따라 나주에서 귀양살이를 하고 있었다. 영조가 신임옥사를 무고에 의한 사건으로 규정해 노론 4대신을 신원하고 소론 세력을 축출할 당시였다.

그러던 중 윤지는 영조 26년인 1750년부터 역모를 품고 김항(金沆), 이효식(李孝植), 임국훈(林國薰), 임천대(林天大) 등 동조 세력을 규합하였다. 아들 윤광철(尹光哲)도 참여했다. 이들은 상부상조를 위한 모임으로 위장한 비밀결사 필묵계(筆墨契)를 조직해 세력 확장을 시도했다. 영조의 신문 과정에서 임천대는 윤지가 자신에게 "지금 우리 집안과 친한 사람은 모두 결의를 맺었는데 30명뿐이니, 계를 명목으로 30명이 각기 수십 명을 얻는다면 일을 할 수 있다."라며 가까운 사람들을 모집하라 했다고 털어났다. 또 윤지는 "내가 귀양살이한 지 20여 년인데 어떻게 하면 사람들을 많이 얻어 좋은 일을 할 수 있겠는가."라며 아전인 임천대에게 "거사가 성공하면 우영장(右營將)을 시켜 주겠다." 하고 약속했다는 진술도 나왔다.

이들은 역모에 필요한 자금은 사재를 털거나 곗돈을 모아서 마련하고, 호남 지역의 도적 무리들을 끌어들여 한양으로 진격한다는 구체적인 계획까지 세웠다. 특히 윤지는 거사를 일으키기 전 민심을 혼란에 빠뜨리기 위해 나주 객사인 망화루(望華樓)에 괘서를 붙이기로 하고, 자신의 종 개봉(介奉)을 시켜 개봉의 상전(上典)의 첩남 독동(禿同)을 부르게 했다. 독동은 영조에게 "개봉이 부르기에 이튿날 새벽 객사에 나가 보니 윤지가 등불을 밝혀 놓고 괘서를 걸도록 시켰다."라고 말했다. 당시 그 자리에는 이효식과 이제춘(李齊春), 이정하(李鼎夏), 송포에 사는 임씨가 같이 있었다. 이때 윤지는 독동에게 "오랜 귀양에서 풀려나려고 방을 걸게 한다. 죽을 각오를 해야 하는 일이니 누설되지 않도록 하라." 하고 당부했다.

영조의 친국으로 혐의 내용이 드러났으나, 윤지는 이를 인정하지 않은 채 곤장을 맞다가 죽었다. 이효식은 괘서가 붙기 직전 윤지가 '간신'이라는 두 글자를 쓰는 것을 보았고, 괘서에 적힌 '간신'을 보고 윤지가 쓴 글자라는 것을 알았다고 진술했다. 그러나 윤지는 이것 또한 자복하지 않았다. 윤지의 집에서 발견된 상자에는 목호룡의 글이 비치돼 있었고, 특히 이하징(李夏徵)과 주고받은 서찰이 많았다. 나주 목사 출신인 이하징은 신임옥사에 가담한 이명언(李明彦), 명의(明誼)의 조카로, 윤지와 비슷한 처지였다. 그래서인지 두 사람은 사우(死友) 관계를 맺을 정도로 가깝게 지냈다. 특히 이하징은 영조의 친국 과정에서 신임옥사 당시 연잉군(영조)의 대리청정을 강행하려던 노론 4대신을 역신으로 몰았던 김일경의 상소를 언급하며, "김일경의 상소가 있은 뒤에야 비로소 신하로서의 절개가 있다고 여겼다."라고 밝혀 영조를 진노하게 했다. 결국 이하징은 처형되고 재산이 몰수됐으며, 처자까지 연좌되어 극형을 받았다.

영조의 친국으로 사건 실체가 밝혀지자 좌의정 김상로는 2월 27일 윤지와 이하징의 사례를 들며 이번 역모의 뿌리가 결국 소론계 강경파의 신임옥사에 있다며 당시 연루자들에 대해 대역률(大逆律)을 추가로 시행할 것을 간청하였다. 김상로는 "국가에서 역적을 엄중하게 다스리지 않아, (신임옥사를 주동한) 조태구(趙泰耈), 유봉휘(柳鳳輝), 이사상(李師尙), 윤취상 및 김일경의 상소에 연명한 여러 역적들에게 아직도 형률을 시행하지 않는 바람에 흉역(凶逆)의 무리들이 이를 구실로 삼았다."라고 지적했다. 한마디로 경종 재위 시절 신임옥사를 일으켰던 소론계 강경파를 이번 기회에 강력하게 처벌해 제2, 제3의 역모 기도를 막아야 한다는 논지였다. 영조가 즉각 결정을 내리지 못하자, 예조판서 이익정(李益炡)과 장령 이길보(李吉輔) 등이 3월 2일에 각각 상소를 올려 장차 또 다른 변고가 생길 수 있으니 신임옥사의 뿌리를 과감하게 잘라야 한다고 거듭 주청했다.

이에 영조는 대신들의 뜻을 받아들여 윤취상, 이사상, 유봉휘, 조태구, 이진유(李眞儒), 이명의, 정해(鄭楷), 윤성시(尹聖時), 서종하(徐宗廈)에 대해 역률을 추가 적용토록 반포하고, 그 자식들은 종으로 삼도록 했다. 또 박사집(朴師緝), 박찬신(朴纘新) 등을 비롯해 소론계 강경파와 학자 등이 대거 처형됐다. 이어 영조는 3월 5일 태묘(太廟, 종묘)에서 토역 고유제(討逆 告由祭)를 지내고 명정전에서 교문(敎文)을 발표했다. 영조는 교문에 이하징과 윤지가 반역을 도모하고도 나라를 원망하는 것은 역모를 엄격하게 방지하지 않았기 때문이며, 오로지 자신이 은전을 지나치게 시행해 그 근본을 다스리지 않았던 잘못에서 연유한 것으로 후회한다는 내용을 담았다. 영조는 또 교문에서 임금은 임금으로서의 도리를 다하고, 신하는 신하로서의 도리를 다하는 뜻을 바로 잡아야 한다고 강조했다. 이로써 나주 괘서 사건은 마무리됐다. 이를 을해옥사(乙亥獄事)라고도 한다.

당초 괘서 한 장만으로는 단순한 해프닝에 그칠 수도 있었겠지만, 신임 옥사 등에 연루된 소론 인사와 그 친족들이 개입된 역모 사건이 불거지면 서 후폭풍은 만만치 않았다. 정치적으로는 소론 명문가들의 몰락으로 소론의 입지가 극도로 위축되면서 노론 세력이 정권을 독점할 수 있는 계기가 마련됐다. 또 영조로서는 즉위 30년 만에 연잉군 시절의 세제 책봉과 왕위 계승에 대한 정당성을 천명할 수 있게 됐다. 이 같은 영조의 자신감은 교문 발표 이후 경종 재위부터 나주 괘서 사건까지의 정쟁을 기록한 《천의소감(闡義昭鑑)》을 편찬한 데서도 드러난다.

나주 괘서 사건 당시는 장헌세자(莊獻世子, 사도세자)가 대리청정을 하고 있을 때였다. 영조는 1749년 세자에게 왕위를 넘기려 했으나 대신들과 세자가 선위의 뜻을 거둘 것을 간청해 대리청정으로 조정됐다. 영조는 나주 괘서 사건에 대한 교문을 발표한 뒤 세자를 불러 "30년 동안 고심했던 일의 성과를 이제야 비로소 보게 됐다."라고 소회를 밝히고 "노론, 소론, 남인, 북인이 모두 한 덩어리로 돌아가 (……) 마음을 고쳤을 터이니, 이 뒤의 일은 세자가 흔들리지 말고 올바른 도리로 다스리도록 하라." 하고 하교 했다. 하지만 조정과 세자의 일은 영조의 뜻대로 흐르지 않았다. 당시에 는 예견하지 못했던 또 다른 불행한 사태가 불과 몇 년 뒤에 일어났기 때 문이다. 그것이 임오화변(壬午禍變)이다.

1762

임오화변

사도세자의 죽음

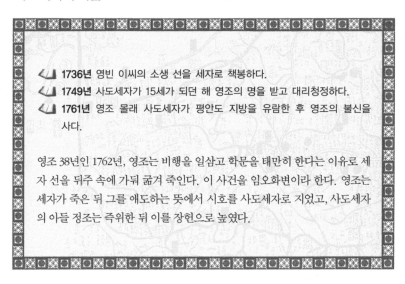

1736년 영빈 이씨의 소생 선을 세자로 책봉하다.
1749년 사도세자가 15세가 되던 해 영조의 명을 받고 대리청정하다.
1761년 영조 몰래 사도세자가 평안도 지방을 유람한 후 영조의 불신을 사다.

영조 38년인 1762년, 영조는 비행을 일삼고 학문을 태만히 한다는 이유로 세자 선을 뒤주 속에 가둬 굶겨 죽인다. 이 사건을 임오화변이라 한다. 영조는 세자가 죽은 뒤 그를 애도하는 뜻에서 시호를 사도세자로 지었고, 사도세자의 아들 정조는 즉위한 뒤 이를 장헌으로 높였다.

나주 괘서 사건 이후 노론 정권은 영조의 외척을 중심으로 한 척신계와 김상로 계열의 비척신계로 나눠졌다. 이 가운데 사도세자 선(愃)의 장인인 홍봉한(洪鳳漢) 가문이 정권의 핵심 세력으로 자리 잡고 있었다.

이에 홍봉한 계열을 견제하기 위해 노론의 김상로 계열이나 다른 외척 세력들은 사도세자의 비행과 자질, 건강 문제를 끊임없이 제기하며, 영조와 사도세자 사이를 이간시켰다. 계비인 정순왕후(貞純王后) 김씨나 숙의

한국사를 움직인 100대 사건

(淑儀) 문씨의 무고로 사도세자가 영조에게 질책을 받는 일도 많았다. 특히 세자가 10세 때 신임옥사에 대한 노론의 처결을 비판하면서부터 노론은 세자를 경계하였다. 세자가 왕위에 오르면 노론의 정치 기반이 흔들릴 수 있다고 생각한 때문이다. 또 사도세자가 성년이 된 이후 성격이 급한 영조와 언행이 느리고 병을 앓는 세자 사이에 틈이 생겼다. 영조는 불만과 불신으로 세자를 못마땅하게 여겼고, 세자는 두려움과 반항심으로 술과 여자를 가까이 하고 민간에 피해를 끼치며 죄 없는 사람을 죽이기까지 했다.

사도세자의 이 같은 행각에 대해 본인은 "본래 있었던 화증(火症)"이라고 영조에게 표현했고, 홍봉한은 "평소 두려워하고 겁을 내는 증세가 있다."라고 했다. 《조선왕조실록》은 '타고난 기품이 탁월하여 임금(영조)이 매우 사랑했는데, 10여 세 이후에는 점차 학문에 태만하게 되었고, (15세 때) 대리청정을 한 후부터 질병이 생겨 천성을 잃었다. 병이 한 번 발작하면 궁녀나 내시를 죽인 뒤 문득 후회하곤 했다'라고 기록하였다.

당초 영조는 정빈(靖嬪) 이씨 소생인 장남 효장세자(孝章世子)를 세자로 책봉했다. 그리고 효장세자가 요절하자 영빈(暎嬪) 이씨에게서 난 사도세자를 두 살 무렵에 세자로 세웠다. 정성왕후(貞聖王后) 서씨나 정순왕후 김씨에게는 후사를 보지 못했기 때문에 어린 시절 사도세자에 대한 영조의 기대는 클 수밖에 없었다.

사도세자에 대한 영조의 불신은 1761년 사도세자가 영조 몰래 관서(關西, 평안도) 지방을 유람하고 오면서 더욱 깊어졌다. 사도세자가 관서 지방에 다녀온 것은 그해 4월이었지만, 영조가 이를 알고 사후 조치를 내린 것은 9월이었다. 영조는 "도성 10리의 땅을 그가 출입하는 것은 내가 이미

알고 있지만, 어찌 천 리나 멀리 가리라고 생각했겠는가."라고 진노하며,
관서 순행 관련자들을 모두 파직시키거나 처벌했다.

이로부터 8개월 뒤인 1762년 5월 22일, 영조와 사도세자의 관계를 파국
으로 몰고 가는 사건이 발생한다. 당시 정순왕후의 아버지인 김한구(金漢
耈)와 노론계 윤급(尹汲)의 사주를 받은 나경언(羅景彦)은 내시들이 역모를
꾸미고 있다고 형조에 고변을 했다. 이를 보고받은 영의정 홍봉한이 고변
내용을 영조에게 알리자, 영조는 나경언을 직접 신문하기로 했다.

영조가 홍봉한, 윤동도(尹東度), 신만(申晩) 등과 함께 국문에 나서자 나
경언은 옷 솔기에서 문건 하나를 꺼내 영조에게 올렸다. 문건에는 사도세
자의 비행 10여 조목이 낱낱이 기록되어 있었다. 왕손(王孫)의 어머니를
때려죽이고, 여승(女僧)을 궁으로 들였으며, 서로(西路, 평안도)와 북성(北
城, 평양성)에 다녀오고, 시전 상인들에게 빚을 졌다는 등등의 내용이었다.
영조가 크게 충격을 받아 즉시 사도세자를 불러 책망하자, 세자도 분함을
이기지 못해 나경언과 대질을 요구했다. 그러나 영조는 대리청정하는 왕
세자가 죄인을 만날 수 없다며 이를 허락하지 않았다.

이틀 뒤 영조가 홍화문으로 시전 상인들을 불러 사도세자와 관련한 정
황을 물었다. 상인들은 세자의 고질병이 날로 심해져 낮밤으로 궁중의 하
급 벼슬아치들과 어울려 법도에 어긋난 유희를 즐겼고, 상인들의 물품을
빼앗거나 거두기도 했다고 호소했다. 이에 영조는 호조, 병조 등에 지시
해 사도세자가 상인들에게 진 빚을 모두 갚도록 했다. 영조는 또 나경언
과 사도세자의 비행에 가담한 자들을 모두 처형했다. 당시 세자로부터 도
움을 요청받아 춘천에서 한양으로 온 소론 대신 조재호(趙載浩)는 홍봉한
등의 무고로 함경도 종성에 안치되었다가 사약을 받았다.

영조는 이어 윤5월 13일 창경궁 휘령전(徽寧殿, 현재의 문정전)으로 사도세자를 불렀다. 세자가 뜰 가운데서 사배례(四拜禮)를 마치자, 영조는 손뼉을 치며 어가를 호위하던 군사들에게 휘령전의 전문(殿門)을 4~5겹으로 굳게 막아 사람들의 출입을 금지하도록 하고, 총관 등에게 칼을 뽑아들고 궁의 담쪽을 향하도록 했다.

영조는 세자에게 땅에 엎드려 관(冠)을 벗고 맨발로 머리를 땅에 조아리게 했다. 그러면서 칼을 뽑아 세자에게 주며 자결할 것을 재촉했다. 사도세자의 조아린 머리에서는 피가 흘렀다. 영의정

영조 어진 영조는 왕위 계승에 있어 약점을 안고 즉위하였으나 많은 업적을 남겼다. 또한 그는 아들 사도세자를 죽음으로 몰아넣고 남은 일생을 후회하기도 하였다. 이것은 영조가 51세 때 모습이며, 영조 20년인 1744년에 장경주와 김두량이 그린 그림을 1900년대에 모사한 것이다. (국립고궁박물관)

신만과 좌의정 홍봉한, 판부사 정휘량(鄭翬良), 도승지 이이장(李彝章) 등이 현장에 이르렀으나, 아무도 영조를 말리지 못했다. 세자가 "죽으라면 죽겠습니다."라고 하자 이들은 대성통곡을 했고, 이에 영조가 파직을 명하며 모두 물러나도록 했다. 영조는 칼을 들고 거듭 세자의 자결을 지시

했다. 급기야 세자가 자결하려고 하자, 세자시강원(世子侍講院)의 신하들이 한사코 이를 말렸다.

그러자 영조는 세자를 폐하여 서인으로 강등시킨다고 명했다. 그러고는 군사들을 시켜 세자시강원의 신하들을 모두 내쫓게 했다. 사초를 기록하는 예문관 검열 임덕제(林德躋)만이 나가지 않고 혼자 엎드려 있었다. 영조는 "세자를 폐하였는데, 어찌 사관이 있겠는가."라며 군사들을 시켜 내보내게 했다. 그러자 세자가 울면서 임덕제의 옷자락을 붙잡고 따라 나가며 "너까지 나가면 누구를 의지하란 말이냐." 하고 호소했다. 마침 전문 밖에 있던 여러 신하들이 "들어가서 처분을 기다리는 수밖에 없습니다."라고 하자, 세자는 다시 영조의 앞에 엎드려 개과천선하겠다며 용서를 빌었다. 하지만 영조는 세자의 생모 영빈 이씨가 자신에게 밀고한 내용을 언급하며, 더욱 엄하게 세자를 몰아붙였다. 이에 도승지 이이장이 "깊은 궁궐에 있는 한 여자의 말로 인해 어찌 국본(國本, 왕세자)을 흔들려 하십니까."라고 아뢰자 영조는 더욱 진노했다.

마침내 영조는 휘령전 뜰에 갖다놓은 뒤주 속에 직접 세자를 가두었다. 뚜껑에는 자물쇠를 채웠고, 널빤지로 막고 못을 박았다. 이어 포도대장 구선복(具善復) 등으로 하여금 뒤주를 지키도록 했다. 이미 깊은 밤이었다. 뒤주 속에 갇힌 세자는 8일 동안 버티다 끝내 굶어죽었다. 윤5월 21일, 영조는 이를 보고받은 뒤 세자의 위호를 회복하고, 사도세자(思悼世子)라는 시호를 내리는 한편 복제(服制)를 비롯한 장례 절차를 직접 지시했다.

영조는 그해 8월 홍봉한으로부터 후일 분란의 근원을 막기 위해 사건의 성격을 밝혀 달라는 상소를 받고 "종사와 국가를 위해 의(義)로써 은혜를 절제(節制)한 것이며, 일이 부득이한 지경에 이르러 의로써 결단한 것"

이라고 자신의 뜻을 천명했다. 앞서 홍봉한은 윤5월 28일 영조에게 "외간
(外間)에서는 전하께서 결판을 짓지 못하실까 염려했다." 하며 사도세자
에 대한 영조의 결단을 추켜세웠다. 이에《조선왕조실록》〈사론(史論)〉은
'(사도세자의) 스승이며 장인인 처지에 마땅히 사죄하고 죄를 청해야 하는
데도 임금의 앞에서 이같이 말했으니 무엄함이 심하다'라고 비판했다.

　이처럼 당시 조정에서는 사도세자가 죽음에 이르기까지 홍봉한의 미온
적이고 소극적인 태도에 대해 비난하는 목소리가 제기됐고, 이로써 홍봉
한을 공격하는 공홍파(攻洪派)와 그를 비호하는 부홍파(扶洪派)가 본격적
으로 대립하게 된다. 정조대의 벽파(僻派)와 시파(時派)는 공홍파와 부홍
파에 연원을 둔 것이다.

1776

규장각 설치

정조, 개혁 정치의 산실

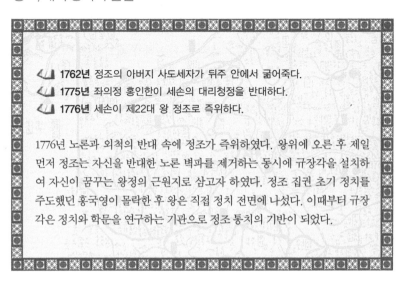

🔖 **1762년** 정조의 아버지 사도세자가 뒤주 안에서 굶어죽다.
🔖 **1775년** 좌의정 홍인한이 세손의 대리청정을 반대하다.
🔖 **1776년** 세손이 제22대 왕 정조로 즉위하다.

1776년 노론과 외척의 반대 속에 정조가 즉위하였다. 왕위에 오른 후 제일
먼저 정조는 자신을 반대한 노론 벽파를 제거하는 동시에 규장각을 설치하
여 자신이 꿈꾸는 왕정의 근원지로 삼고자 하였다. 정조 집권 초기 정치를
주도했던 홍국영이 몰락한 후 왕은 직접 정치 전면에 나섰다. 이때부터 규장
각은 정치와 학문을 연구하는 기관으로 정조 통치의 기반이 되었다.

"과인은 사도세자의 아들이다."

1776년 3월 10일, 정조(正祖, 재위 1776~1800)는 즉위식 직후 영조의 빈소
가 차려진 경희궁 빈전(殯殿) 문 밖에 대신들을 소집해 이같이 선언했다.
즉위 제일성(第一聲)이 임오화변 이후 언급이 금기시됐던 '사도세자'였
다. 사도세자와 자신을 축출하려던 노론 강경파와 외척 세력에 대한 선전
포고와 다름없었다. 세손 시절 책을 가까이하며 정치 사안에는 거의 목소

리를 내지 않았던 것과는 판이한 모습이었다. 왕위에 오르기까지 참으며 억누르고 있었던 임오년 당시의 심정을 그때서야 공개적으로 드러낸 것이다.

경희궁에서의 세손 시절, 정조는 끊임없는 견제에 시달렸다. 그는 임오화변 직후 영조의 장남 효장세자의 양자로 입적돼 왕위 계승자로서의 수업을 받았다. 그러던 중 1775년 11월에 82세의 영조가 건강 문제로 대리청정 의사를 대신들에게 밝히며, 세손이 붕당 간 다툼과 인사권, 조정의 일을 제대로 처리해 나갈 수 있을지 우려하자 좌의정 홍인한(洪麟漢)은 이렇게 말했다.

"세손은 노론과 소론을 알 필요가 없고, 이조판서와 병조판서에 누가 합당한지를 알 필요가 없으며, 더욱이 조정의 일에 대해 알 필요가 없습니다."

이른바 삼불필지설(三不必知說)로 정조의 대리청정을 반대한 것이다. 그러나 영조의 뜻대로 정조는 대리청정을 하였고, 다음 해 영조가 타계하자 왕위를 승계했다. 하지만 그는 아버지 사도세자로부터 자신에게까지 이어지는 노론과 외척의 각종 비방과 모해, 축출 시도를 차곡차곡 가슴속에 담고 있었다. 이로써 사도세자를 비방, 모함해 임오화변의 구실을 제공하고, 세손의 대리청정에도 반대한 노론의 벽파는 긴장하지 않을 수 없었다.

이들에 대한 정조의 보복은 발 빠르게 진행됐다. 3월 25일, 화완옹주(和緩翁主)의 양자 정후겸(鄭厚謙)을 경원으로 귀양 보내고 화완옹주를 서녀로 강등시킨 것은 시작에 불과했다. 홍인한을 여산으로 유배 보내고, 영조의 후궁인 숙의(淑儀) 문씨를 사저로 내쫓은 뒤 사약을 내렸다. 그 오빠 문성국(文聖國)도 처형됐다. 정순왕후 김씨의 오빠 김귀주(金龜柱)는 흑산도로 유배됐다.

이 과정에서 홍인한이나 정후겸 등과 가까웠던 홍계희(洪啓禧)의 집안 사람들도 줄줄이 화를 입었다. 홍계희의 아들 홍지해(洪趾海), 홍찬해(洪纘海) 등이 숙청되고, 또 다른 아들 홍술해(洪述海)는 돈 4만 냥과 조 2,500여 석, 소나무 260그루를 훔친 혐의로 유배됐다. 또한 홍술해의 아들 홍상범은 자객 침투 사건을 주도한 죄로 처형당했다. 정조가 거처하던 경희궁에 자객이 침입한 이 전대미문의 사건은 노론 강경파가 주도하고 궁성 호위관과 별감, 궁녀까지 연루된 것이었다.

정조는 이처럼 즉위 직후 자신의 정적들을 제거하는 한편, 규장각(奎章閣)을 설치하여 서서히 자신의 집권 기반을 조성하였다. 규장각은 창덕궁 후원에 위치한 전각으로, 본래부터 규장각이란 명칭을 가지고 설치된 것은 아니었다. 정조는 즉위일인 1776년 3월 10일 다음 날, 창덕궁 후원의 빼어난 경관을 자랑하는 곳에 두 채의 건물을 신축할 것을 명하였다. 한 채는 이층 건물로 위층은 주합루(宙合樓), 아래층은 어제존각(御製尊閣)이라고 하였으며, 다른 것은 서향각(書香閣)이라는 서재용 건물이었다.

이들 두 개의 건물이 거의 완공될 즈음 정조는 역대 선왕들의 어진이나 어제 등을 보관하기로 하였던 어제존각에는 자신의 어진이나 어제를 보관하도록 하였고, 역대 선왕의 것은 별도의 건물인 봉모당(奉謨堂)을 지어 보관하게 하였다. 그러고는 명칭을 어제존각 대신에 규장각이라 하였다. 규장각의 '규장'은 군주의 별자리, 또는 군주가 지은 글을 뜻하는 말로, 이를 통해 왕실의 위상을 제고하기 위한 것이다. 나아가 이곳을 자신이 구상한 왕정의 근원지로 삼으려는 의도를 가졌음을 알 수 있다.

규장각도 규장각은 정조 즉위년에 세운 왕실 도서관이자 연구기관이다. 정조는 현실 정치를 개혁하는 데 규장각을 활용하고자 하였다. 이 그림은 단원 김홍도가 32세 때 그린 작품이며, 규장각의 모습을 자세하게 엿볼 수 있다. (국립중앙박물관, 중박201104-230)

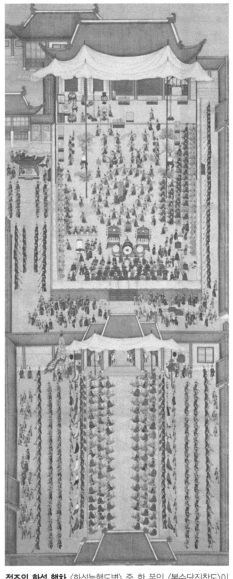

정조의 화성 행차 〈화성능행도병〉 중 한 폭인 〈봉수당진찬도〉이다. 이 그림은 1795년 윤2월 9일, 정조가 사도세자의 묘소인 현룡원에 행차했을 때 행사를 그렸으며, 봉수당은 화성행궁의 정당으로 정조의 어머니 혜경궁의 만수무강을 바라며 지은 이름이다. (동국대학교 박물관)

국왕의 어진이나 어제를 보관하던 장소로 기능하던 규장각은 1781년(정조 5) 2월, 정조가 친정을 시작하면서 정치적 비중이 확대되었다. 정조는 세손으로 책봉된 후 자신을 도왔던 홍국영을 전면에 내세워 정치를 주도하도록 하였고, 이를 통해 정적들을 제거할 수 있었다. 그 대신 자신은 규장각에서 많은 시간을 보내면서 정국 구상을 했던 것으로 보인다. 한편 정조의 즉위를 도왔던 홍국영은 왕궁을 호위하는 숙위대장을 겸하면서 세도(勢道) 정치를 펼쳤다. 하지만 권력이 지나치게 집중되면서 각종 폐해를 낳자 정조는 4년 만인 1780년 가산을 몰수하고 봉조하(奉朝賀)라는 관직으로 몰아냈다. 봉조하는 원로대신에게나 제수하였던 관직이었다.

홍국영을 축출한 정조는 비

로소 정치의 전면에 나섰고, 이때부터 규장각의 정치적 비중이 확대되었다. 정조는 우선 종1품 제학 이하의 규장각 신료들에게 본 업무 이외에 홍문관이나 예문관, 승정원 등 측근들이 담당하는 기능이나 문한 기능을 겸임하도록 하였다. 그리고 동시에 이들의 집무 장소로 이문원이란 명칭의 건물을 내리기도 하였다.

이문원이 개소되는 날, 정조는 이곳과 홍문관 두 곳에서 중국 송대의 고사에 따라 엄격한 격식을 갖추어 《근사록》과 《심경》을 교재로 해서 경연의 일종인 친강(親講)을 열었다. 그런데 이때의 경연을 마지막으로 정조는 경연을 더 이상 열지 않았다.

정조는 이를 대신하여 조정 내 젊은 문신들 가운데 37세 이하의 능력 있고 자질이 뛰어난 자를 선발하여 일정 기간 동안 규장각에서 공부하도록 하는 초계문신제를 시행하였다. 초계문신제는 그동안 학덕이 높은 학자들에게 공부를 배우던 경연이라는 형식을 벗어나 이제는 국왕이 신하들에게 공부를 더하기를 요청하거나 그 기회를 제공한다는 의미 있는 변화였다. 평소 젊은 문신들이 과거 급제 후 책을 보지 않는 풍조를 우려하였던 정조는 이 기회를 통해 분위기를 일신해 보려는 것이었다.

처음 초계문신제를 시행한 후 재위 마지막까지 약 10회의 초계문신제를 시행, 약 100여 명에 달하는 인재를 선발해서 교육하였다. 초계문신 제도를 통해 선발된 문신들은 규장각에서 일정 기간 교육을 받은 후 지방의 수령→중앙의 중견 실무급인 낭관직→지방 장관인 관찰사→중앙의 당상관 등으로 활동하였다. 결국 초계문신제를 통해 정조는 자신의 지지 세력을 양성하였으며, 이렇게 선발된 문신들에게 지방과 중앙의 다양한 관직을 경험시킴으로써 현실 정치 감각을 키우고자 하였던 것이었다. 규장각은 이처럼 정조 치세 동안 핵심기구로써 정치적 역할을 수행하며 왕권의 기반이 되었다.

정조는 이렇게 서서히 왕권을 안정화시킨 뒤 부친인 사도세자의 묘를 지금의 융릉 자리로 이장한 뒤, 아울러 그곳에 있던 수원의 읍치를 팔달산에 옮기면서 화성 축성을 시작, 1796년 9월에 완공하였다. 이는 곧 영조의 탕평책을 계승해 특정 당파 중심의 정치를 지양하고 왕권을 강화해 나라의 체제를 재정비하는 작업과도 맞물려 갔다.

황사영 백서와 신유박해

조선에 널리 퍼진 천주교

> ◁┛ **1784년** 이승훈이 한국인 최초로 북경에서 천주교 세례를 받다.
> ◁┛ **1785년** 정조 9년, 천주교를 사교로 규정하다.
> ◁┛ **1791년** 윤지충이 천주교 세례를 받고, 가톨릭 의식에 따라 제사를 지내지
> 않아 처형되다.
>
> 16세기 말 중국에 다녀온 사신들이 서양 서적을 가지고 들어오면서 조선에
> 천주교가 처음 알려졌다. 서양의 학문이라 하여 서학이라 불린 천주교는 초
> 기에 학문으로써 조선에 많은 영향을 끼쳤다. 18세기 후반, 남인 학자들이 천
> 주교를 신앙으로 받아들이면서 천주교도가 크게 늘어난 반면, 성리학적 입장
> 에서 천주교를 비판하는 움직임도 함께 커졌다.

사람이 사람 구실을 하는 것은 인륜이 있기 때문이며, 나라가 나라
꼴이 되는 것은 교화가 되기 때문인데, 지금 이른바 사학(邪學)은 어
버이도 없고 임금도 없어서 인륜을 무너뜨리고 교화에 배치되어 저
절로 이적(夷狄, 오랑캐)과 금수(禽獸)의 지경에 돌아가고 있다.

순조(純祖) 1년인 1801년 1월 10일, 정순왕후가 천주교를 금지하는 교지

오가작통법 오가작통법은 다섯 집을 하나로 묶어 세금 징수, 부역 동원 등에 이용한 호적 제도이다. 순조 대에 이르러 정순왕후는 천주교를 적발하기 위해 오가작통법을 다시 발동하였다. 이것은 오가작통법의 초안이다. (육군 박물관)

를 내렸다. 정순왕후는 오가작통법(五家作統法)을 발동해 다섯 집을 하나로 묶어 서로 천주교도를 감시, 고발하게 했으며, 한 집에서라도 천주교도가 적발되면 다섯 집을 모두 처벌하도록 했다. 신유년(辛酉年)의 천주교 박해는 이렇게 시작됐다.

당시 천주교 금지령은 나라의 기강과 유교적 윤리를 바로잡는다는 명분을 띠고 있었지만, 한편으로는 정적을 제거한다는 정치적인 배경을 깔고 있었다. 정조 사후 순조가 열한 살에 왕위를 잇자 영조의 계비인 정순왕후가 수렴청정을 하게 되고, 이로써 정조 시절 위기에 몰렸던 노론 벽파가 실권을 잡았다. 이에 정순왕후와 심환지(沈煥之) 등을 중심으로 한 노론 벽파는 천주교 금지를 빌미로 정적인 남인과 시파를 대거 숙청하였다. 당시 남인과 시파에는 학문이나 신앙으로 천주교를 받아들인 사람이 많았기 때문이다.

정순왕후와 노론 벽파의 대규모 천주교 탄압으로 이승훈(李承薰), 이가환(李家煥), 정약종(丁若鍾), 권철신(權哲身)을 비롯해 300여 명이 처형되고, 정약전(丁若銓), 정약용(丁若鏞) 형제가 각각 신지도와 장기현으로 유배됐다. 이를 정권 측에서는 신유옥사(辛酉獄事)라 하고, 피해를 당한 측에서는 신유박해(辛酉迫害) 또는 신유사옥(辛酉邪獄)이라고 부른다.

정순왕후가 교지를 내린 지 2개월 뒤인 3월 12일 청나라 신부인 주문모(周文謨)가 의금부에 자수를 하였다. 평소 그를 따르던 신도들이 거의 모두 잡혀가는 바람에 마땅히 발붙일 곳이 없었고, 또 언어가 익숙하지 못해 행동이 불편했으며, 자수를 하면 무거운 처벌을 면할 수 있을 것 같았다고 주문모는 자수 이유를 밝혔다. 그는 1795년 북경에 있다가, 동지사가 귀국하는 틈을 타 몰래 조선으로 들어와 한양에서 전도 활동을 하고 있었다. 조정은 주문모를 신문하는 과정에서 정조의 이복형제인 은언군(恩彦君) 이인(李䄄)의 처와 며느리가 주문모에게 영세를 받은 사실이 드러나자, 이들에게 즉각 사약을 내렸다. 주문모도 그해 5월 한강가 새남터에서 순교했다.

그해 9월에는 주문모를 따르던 신도 황사영(黃嗣永)이 의금부의 수색을 피해 달아났다가 북경에 있는 프랑스 출신 구베아 주교에게 천주교 박해의 내용을 알리고 조선에서 신앙과 포교의 자유를 가질 수 있도록 외세(外勢)를 동원해 달라고 부탁하는 내용의 서한을 보내려다 붙잡힌 사건이 발생했다. 이것이 '황사영 백서(帛書, 비단에 쓴 글)' 사건이다.

황사영은 정약종의 조카사위로, 정약종에게서 천주교 교리를 배워 신도가 됐다. 그는 충청도 제천의 토기 굽는 마을인 배론(舟論)으로 피신해 토굴에서 은거하며 황심(黃沁), 옥천희(玉千禧) 등과 의논해 구베아 주교에게 도움을 요청하기로 했다. 이에 황사영은 길이 62센티미터, 넓이 38센티미터의 흰 비단에 모두 1만 3,322자를 깨알 같이 먹으로 써 내려갔다.

황사영은 우선 조선에서의 천주교 상황과 주문모 신부의 활동, 천주교 박해와 순교자 관련 내용, 주문모 신부의 자수 및 처형 사실 등을 구체적으로 적은 뒤 조선에서의 천주교 포교를 위한 세 가지 방안을 제시했다. 그 방안은 청나라 황제가 황지(皇旨)를 내려 조선에서 서양인과의 교제를 허용하도록 하고, 안주에 무안사(撫按司)를 열어 중국이 이 지역을 관리하게 하고, 서양국(西洋國)과 통하여 큰 선박 수백 척에 정병(精兵) 5만~6만 명과 대포를 비롯해 각종 무기를 싣고 해안가로 와 조선을 깜짝 놀라게 하여 천주교를 포교하도록 해달라는 것이었다. 그러면서 황사영은 호소하였다.

> (이 나라는) 위로는 뛰어난 임금이 없고, 아래에는 어진 신하가 없어서 자칫 불행한 일이 있기만 하면 흙더미처럼 와르르 무너지고 기왓장처럼 부서질 것이 틀림없습니다. 2,000년 이래 모든 나라에 성교(聖敎)가 전해져서 귀화하지 않은 곳이 없는데 홀로 탄알 만한 이 나라만이 다만 천주님의 명에 순종하지 않을 뿐 아니라 도리어 성교를 잔혹하게 해치고 형벌로 성직자를 잔인하게 죽였습니다. 이런 짓은 동양에서 200년 이래 없었던 일이니 군사를 일으켜 죄를 묻는 것이 어찌 옳지 않겠습니까.

또한 "힘이 모자라면 배 수십 척에 5,000~6,000명만 되어도 쓸 수 있을 것"이라고도 했다. 이 백서는 그해 10월 중국으로 떠나는 동지사 일행에 섞여 황심과 옥천희가 북경까지 갖고 가기로 했다. 하지만 이들이 9월 20일과 29일 사이에 모두 체포되면서 백서 전달 계획은 실패로 끝났다.

조정에서는 백서 내용 가운데 외세에 무력 동원을 요청한 대목을 문제 삼아 이들을 나라를 위태롭게 한 역모 세력으로 규정하고, 이들과 가까운 천주교도와 남인 인사들을 대거 잡아들였다. 이어 황사영, 황심, 옥천희 등을 처형하고, 유배지에서 불러 올려 다시 조사한 후 정약전, 정약용 형제는 각각 흑산도와 강진현으로 유배지를 옮기게 했다. 또 남인 지도자인

채제공(蔡濟恭)이 천주교를 두 둔했다는 이유로 그 관작을 추탈했다.

이처럼 천주교도들을 대대적으로 탄압한 뒤, 그해 12월 22일에는 〈토역반교문(討逆頒 敎文)〉을 반포해 천주교도 처벌의 정당성을 역설하고, 관련자들의 혐의 내용을 널리 알리게 했다. 이후 남인과 시파는 정치권에서 대거 축출되고, 벽파가 정권을 잡으면서 일당 독재로 들어가게 된다. 천주교에 대한 박해도 더욱 가혹해졌다.

마테오 리치와 서광계 중국에 파견된 이탈리아 예수회 선교사 마테오 리치(왼쪽)와 명나라의 서광계를 그린 그림. 마테오 리치는 천주교 교리서인 《천주실의》를 한문으로 편찬하였다. (연합포토)

조선에 천주교가 처음 소개된 것은 16세기 말에서 17세기 초 무렵이었다. 당시 중국에 간 사신들이 서양 관련 서적을 갖고 들어오면서 천주교가 알려졌으며, 처음에는 서양 학문이라 하여 서학(西學)이라고 불렸다. 특히 이탈리아 신부 마테오 리치가 한문으로 저술한 천주교 교리서 《천주실의(天主實義)》가 이수광의 《지봉유설》이나 유몽인의 《어우야담》 등에 소개되면서 조선의 초기 천주교 전파에 큰 영향을 미쳤다. 인조 시절에는 소현세자가 북경에 인질로 잡혀 있다가 돌아오면서 천주교 관련 서적을 갖고 오기도 했다.

18세기 후반 정조 때에 이르러 서울 부근의 남인 학자를 중심으로 천주교를 신앙으로 수용하려는 움직임이 본격적으로 일기 시작했다. 이때 권철신, 이벽(李蘗), 정약종, 정약용, 이가환 등이 천주교에 입교하였으며, 이들은 전국 곳곳에 천주교 조직을 만들어 포교 활동을 벌였다. 특히 이벽의 제자 이승훈은 정조 8년인 1784년 북경에서 서양인 신부에게 세례를 받고 귀국해 천주교회를 창설하기도 했다. 하지만 성리학적 입장에서 천주교를 배격해야 한다는 논의도 활발했다. 안정복(安鼎福)은 《천학문답(天學問答)》을 통해 성리학적 입장에서 천주교가 지닌 비현실성과 비윤리성을 비판했다.

정치적으로 남인과 가까웠던 정조도 1785년 천주교를 사교(邪敎)로 규정하고, 관련 서적의 반입을 금지시켰다. 1791년에는 모친상을 천주교 의식으로 치르고 신주를 불태운 윤지충(尹持忠)을 사형에 처하기도 했다. 하지만 정조는 "정학(正學)이 밝아지면 사학은 저절로 종식될 것"이라며 천주교를 탄압하기보다 오히려 교화를 강조하며 비교적 관대한 정책을 펴나갔고, 그 결과 정조 재위 기간 동안 천주교도가 급속히 늘어났다.

이처럼 천주교도의 확산은 조선 사회의 성리학적 계급 질서와 지배층의 통치 행위에 중대한 위협으로 인식됐다. 가부장적 권위와 유교적인 의례, 의식을 거부하는 천주교는 조선 사회의 전통적인 가치와 정치, 사회 조직에 대한 일대 도전이었고, 때문에 천주교도가 늘어날수록 보수적인 지배층의 불안감도 그만큼 증폭됐다. 이에 따라 19세기 후반 개신교가 유입될 때까지 100년 가까이 천주교는 박해와 순교를 거듭하며 수난을 겪을 수밖에 없었다.

1811

홍경래의 난

지역 차별 철폐를 주장한 피지배층의 반란

- **1800년** 정조에 이어 순조가 조선 23대 왕으로 즉위하다.
- **1805년** 안동 김씨의 세도 정치가 시작되다.
- **1808년** 북청과 단천에서 민란이 발생하다.

1811년, 평안도에서 각계각층이 참여한 대규모 민중 항쟁이 일어나 조선 왕조의 말기적 모순과 폐단에 맞섰다. 이들의 항쟁 명분은 서북인에 대한 차별 철폐와 안동 김씨 세도 정권의 타도였다. 이 홍경래의 난은 19세기 중엽 삼남 지방을 중심으로 한 전국적인 민중 항쟁의 원동력으로 작용한다.

19세기 첫 임금인 순조(純祖, 재위 1800~1834) 이후로 왕권은 급격히 약화되고, 노론 명문가의 세도가들이 정권을 장악하였다. 이들이 정치를 농단하고 매관매직을 일삼으면서 나라의 기강은 흐트러지고, 국가 재정의 근간인 전정(田政), 군정(軍政), 환곡(還穀)의 삼정(三政)이 부정부패의 온상으로 전락하였다. 삼정의 문란에 따른 피해와 고통은 고스란히 농민에게 전가되었다. 특히 뇌물로 자리를 산 향리들은 수단과 방법을 가리지 않고

정약용의 《목민심서》 정약용의 저서로, 고금서에서 발췌한 여러 지방 관들의 사적을 꼽아 백성을 통치하는 도리를 설명하는 내용이다. 이것은 대한제국 시대에 만들어진 필사본으로 보인다. (순천대학교 박물관)

농민들을 수탈했다. 19세기 초 정약용이 《목민심서(牧民心書)》에서 지방 향리들을 '큰 도적과 굶주린 솔개'에 비유했을 정도다. 또 세도가들이 중앙의 주요 벼슬자리를 독점함으로써, 지방 선비들이 중앙 관직으로 진출할 수 있는 길은 사실상 막혔고, 지방의 신흥 상공업자들도 세도가들이 보호하는 중앙의 상인들에게 밀리면서 경제적 활동을 억압받게 된다.

홍경래(洪景來)의 난을 필두로 한 19세기의 민란에 각계각층이 주도적이고 조직적으로 참여한 것은 이 같은 시대 상황에 대한 피지배계층의 광범위한 불만을 반영한다. 특히 홍경래의 난에서는 '조선 왕조 개국 이래 서북인 가운데 높은 벼슬을 한 사람이 아무도 없다', '서울 사대부는 서북인과 혼인 관계를 맺지 않는다'라는 말에서 보듯, 지역 차별에 대한 불만이 짙게 깔려 있었다.

항쟁은 홍경래를 중심으로 우군칙(禹君則), 이희저(李禧著), 김창시(金昌始) 등이 주도했다. 용강 출신인 홍경래는 1798년 과거에 낙방하자, 평안도 출신에 대한 차별 때문인 것으로 여기고, 풍수(지관)가 되어 전국을 돌아다녔다. 그는 병서(兵書)와 술서(術書)를 익혔으며, 정감록에도 능했다. 1800년, 홍경래는 가산에서 역시 풍수인 태천 출신의 우군칙을 만났다.

양반의 서자로 알려진 우군칙은 경서와 병서에 밝은 지식인으로, 홍경래
와 함께 시국을 논하다가 봉기를 도모하였다.

이로부터 10년 동안 이들은 서북인을 중심으로 세력을 규합했다. 가산
의 대상인(大商人)인 이희저는 이들과 뜻을 같이해 군자금을 대기로 했고,
곽산 출신의 진사 김창시는 관직을 얻으려고 서울을 자주 왕래했으나 여
의치 않자 불만을 품고 있다가 이들과 합류했다. 이어 정주의 거부인 이
침(李琛), 안주 상인 나대곤(羅大坤), 우군칙의 제자로 태천의 향임(鄕任) 가
문인 김사용(金士用), 곽산의 평민 홍총각(洪總角), 개천의 몰락한 양반 이
제초(李濟初) 등이 합류했다. 이들은 가산 다복동을 근거지로 삼고, 자금
마련을 위해 광산을 채굴하거나 법으로 금지된 물품을 매매하기도 했다.

오랜 준비 기간을 거친 이들은 순조 11년인 1811년 12월 18일, 다복동
에서 김창시가 다음과 같은 격문을 공표한 것을 시작으로 1,000여 명의
군사를 일으켰다.

조정은 서토(西土)를 썩은 땅과 다름없이 버렸고, 심지어 권세 있는
집 노비들도 서토의 인사를 보면 '평안도 놈'이라 말한다. (……) 지
금 나이 어린 임금이 왕위에 있으니, 권세 있는 간신배가 날로 치성
하여 김조순, 박종경의 무리가 국권을 농간하고 있다. (……) 그러나
다행히 세상을 구할 성인(聖人)이 청천강 이북 선천 검산 일월봉 아래
군왕포 위의 가야동 홍의도에서 탄생했으니 (……) 절대로 요동하지
말고 성문을 활짝 열어 우리 군대를 맞으라.

서북인의 차별에 대한 반감과 무도한 세도 정권에 대한 불만, 여기에

정감록 사상까지 포함시켜 항쟁에 동조할 것을 알린 것이다.

이어 평서대원수(平西大元帥)를 맡은 홍경래가 연설을 통해 가야동 정진인(鄭眞人)의 지휘를 받아 거사했다며, 승리를 기원한 뒤 군사를 출동시킨다. 군사는 남진군(南進軍)과 북진군(北進軍)으로 나눴다. 남진군은 홍경래를 중심으로 모사 우군칙, 선봉장 홍총각 등으로 이뤄졌고, 북진군은 부원수 김사용, 모사 김창시, 선봉장 이제초 등으로 구성됐다. 남진군은 가산읍으로 들어가 군수 정시(鄭蓍)를 죽인 뒤 박천읍에 이르렀고, 북진군은 곽산을 별다른 충돌 없이 점령한 데 이어 정주에 입성했다.

그런데 이때 남진군 내부에서 분란이 일어났다. 당초 계획은 박천에 이어 영변을 무너뜨린 뒤 평안도 병영이 있는 안주를 함락시킬 계획이었다. 그러나 일부 인사들은 관군의 반격이 우려되니 곧바로 안주로 나아가자고 주장했다. 서로 티격태격하다가 홍경래는 이마에 부상을 입었고, 이들은 죽임을 당했다. 홍경래는 전열을 다시 갖추기 위해 다복동으로 회군했고, 북진군도 보조를 맞추기 위해 진격 속도를 늦췄다. 봉기군의 자체 내분으로 관군이 시간을 벌 수 있었던 셈이다.

26일, 홍경래는 다시 남진군을 이끌고 안주성을 공격하기 위해 박천의 송림리에 주둔했다. 북진군은 이틀 먼저 정주에서 선천으로 진격해 선천과 철산을 잇달아 장악했다. 봉기군과 관군이 처음 싸운 것은 29일 송림 전투에서였다. 일전일퇴를 거듭하던 끝에 봉기군은 대패하였다. 평안도에서의 잇단 급보에 놀란 조정이 계속 원군을 보냈고, 이에 봉기군은 수의 열세를 이겨내지 못한 것이다. 이 전투에서 봉기군은 수백 명이 죽고, 30여 명이 생포됐다. 홍경래는 남은 군사를 이끌고 급히 정주성으로 퇴각했고, 관군은 다복동과 박천 등지를 회복하며 기세를 올렸다. 이즈음 북진군은 용천을 점령한 뒤 의주로 나아가려다 중간에서 관군에게 밀려 곽산으로 후퇴했다. 그러자 관군도 곽산에 대규모 병력을 투입시켰으며, 1월 10일 사송야(四松野) 전투에서 봉기군을 크게 무찔렀다. 이에 북진군도 정주성으로 철수하였다.

당시 정주성에는 인근 박천과 가산 일대의 농민들이 속속 모여들어 항쟁에 자발적으로 참여하고 있었다. 당초 봉기한 군사보다 농민이 더 많을 정도였다. 관군들이 평안도 일대를 초토화시키며, 양민들까지 적으로 간주해 마구 학살하자, 이에 격분한 농민들이 정주성으로 모여든 것이다. 관군은 연일 정주성을 공략했으나, 죽기 살기로 항전하는 농민들을 쉽사리 꺾지 못했다.

순무영진도 정주성에서 홍경래가 이끄는 봉기군과 순무영군이 맞선 장면을 묘사한 그림이다. 순무영은 전쟁이나 반란이 일어날 때 임시로 설치된 순무사의 군영을 말하는 것이며, 순무사는 이인좌의 난 때 처음 설치된 이래 홍경래의 난을 진압하기 위해서 또다시 설치되었다. (규장각한국학연구원)

공방전을 벌이며 승패를 가리지 못하던 중 4월이 되자 관군은 화약으로 성벽을 폭파시키기로 결정하였다. 관군은 봉기군의 시선을 분산시키기 위해 성 옆에 모래성을 쌓아 대

공세를 펼치며 성의 북장대 쪽으로 몰래 땅굴을 파 들어갔다. 그리고 19일 새벽, 관군은 마침내 땅 밑에 설치한 1,800근의 화약을 터뜨려 정주성을 무너뜨린 뒤, 성 안으로 몰려 들어가 봉기군을 진압하였다. 이 과정에서 홍경래는 총탄에 맞아 전사했고, 홍총각 등은 사로잡혔으며, 우군칙과 이희저는 달아났다가 이튿날 체포됐다. 당시 정주성에 있다가 체포된 사람은 모두 2,983명으로, 이 가운데 10세 이하 소년 224명과 여자 842명을 뺀 1,917명이 모두 참수됐다. 이렇게 홍경래의 난은 마무리됐다.

홍경래의 난은 지역 차별 철폐를 내세우면서 다른 지역으로까지 봉기를 확산시키지 못했고, 공격 전술을 둘러싼 내분으로 초반의 기세를 이어갈 수 없었다는 점에서 실패 원인을 찾을 수 있다. 세도 정권을 전복시키려 했던 지도부와 삼정 문란의 개혁에 방점을 둔 일반 농민 사이의 인식차이도 기본적인 한계로 지적된다. 하지만 관군에게 진압된 이후 10여 년 동안 '홍경래가 살아 있다'는 말이 나돌 정도로 홍경래의 난은 당시 민중들 사이에 공감대를 불러 일으켰다. 그리고 이는 전국 각지의 집단 항쟁과 나아가 동학혁명으로까지 이어진다.

1839

기해박해

천주교 탄압과 선교 활동

> **1827년** 전국 각지에서 천주교도 탄압 사건이 일어나다.
> **1831년** 천주교 조선교구가 창설되었다.
> **1846년** 조선 최초로 신부가 된 김대건이 사형당한 병오박해가 일어나다.
>
> 신유박해 이후에도 조선의 천주교도들은 혹독한 탄압을 받으면서도 지하에
> 서 신앙과 전도 생활을 이어 갔다. 그러던 중 1839년에는 세도 가문끼리 정권
> 다툼을 벌이는 과정에서 천주교가 희생양이 됐다. 안동 김씨 세력으로부터
> 권력을 탈취하기 위해 풍양 조씨 조만영과 그 아우 조인영이 사학 척결을 명
> 분으로 천주교도에 대한 일대 탄압을 벌인 것이다.

시파인 안동(安東) 김씨 김조순(金祖淳)은 1802년 그의 딸을 순조의 왕비
로 들여보내며 세도를 누렸다. 그가 죽은 뒤엔 아들 김유근(金逌根)이 세
도권을 물려받았다. 그리고 1834년 순조가 타계하자, 여덟 살의 나이로
즉위한 헌종(憲宗)을 대신해 김조순의 딸인 순원왕후(純元王后)가 수렴청
정을 하게 된다. 당시 순원왕후를 비롯해 안동 김씨 일파는 천주교에 비
교적 관대한 태도를 취했으며, 이로 인해 정약용이 귀양에서 풀려나고,

그레고리오 16세의 교서 조선 교구를 북경 교구에서 독립시키겠다는 내용이 담겨 있다.

김유근 자신이 세례를 받기도 했다. 이 같은 분위기는 프랑스 신부들이 국내에서 활동할 수 있는 여건을 조성하기도 했다.

하지만 벽파인 조만영(趙萬永)과 조인영(趙寅永)이 안동 김씨를 몰아내기 위해 천주교 정책을 문제 삼고, 대규모 색출 작업을 벌이면서 천주교는 다시 한 번 시련을 겪게 된다.

조만영 쪽과 손을 잡고 있던 우의정 이지연(李止淵)이 1838년 7월 북경과 한양을 잇는 천주교의 주요 통로인 국경 지역에 대한 감시를 강화하면서 분위기를 잡아 나갔다. 중국에 가는 사신 일행에 잡인(雜人)이 끼는 것을 엄금해 북경에서 물건을 들여오지 못하게 했고, 국경 지대 교역소인 호시(互市)에 서울과 의주 상인 말고는 들어가지 못하도록 했다. 또한 중국에서 들여오는 물건은 의주에서 철저히 검사하게 했다. 이어 1839년 3월 천주교도에 대한 대대적인 색출과 체포를 지시하면서 교도들이 무더기로 포도청에 잡혀 들어간다. 이로부터 천주교도들은 기해박해(己亥迫害)를 맞게 된다.

기해년의 박해에 이르기까지 조선의 천주교에서는 의미 있는 사건들이 많이 발생했다. 로마 교황 그레고리오 16세는 정약종의 둘째 아들인 정하상(丁夏祥)을 비롯한 조선 신도들의 요청으로 조선 교구를 중국의 북경 교구에서 독립시키고, 조선 교구를 지원하기 위해 파리 외방전교회에 소속된 프랑스 출신 신부 세 명을 조선으로 파견했다.

　헌종 2년 때인 1836년 1월, 모방 신부가 감시를 피해 의주성 하수구를 뚫고 서양인 선교사로는 처음으로 조선에 들어왔다. 청나라의 주문모 신부가 순교한 지 35년 만이다. 이어 그해 12월에는 샤스탕 신부가 짐꾼으로 위장해 얼어붙은

파리 외방전교회 소속 신부들 로마 교황청이 파리에 설립한 가톨릭 포교 단체이다. 이 단체는 주로 한국, 일본, 중국, 베트남 등 아시아 지역에 선교사를 파견하여 가톨릭을 전파하였다. 19세기 말부터 파리 외방전교회 소속 신부들이 조선에 들어와 선교를 시작했다.

압록강을 건너 샛길을 이용해 국경을 넘어왔다. 또 이듬해 1월에는 조선 교회 2대 교구장으로 임명된 앵베르 신부가 역시 압록강을 거쳐 의주성 수문(水門)을 넘어 입국했다. 이들의 전도 활동으로 1837년 한 해에만 1,200여 명이 세례를 받았고, 1836년 당시 6,600여 명이던 조선의 천주교도가 1839년에는 9,000여 명으로 늘어났다.

　당시 프랑스 출신 신부들은 조선에 들어오자마자 수개월 동안 말을 익힌 뒤, 신분을 숨기기 위해 방갓을 쓰고 상복 차림으로 전도 활동을 벌였다. 이때부터 프랑스와 수교를 맺은 1887년까지 프랑스 성직자들은 방갓과 상복을 입고 다녔다. 특히 모방 신부는 조선인 신부를 양성하기 위해 조선에 들어온 직후인 1836년 2월 10대 중반의 김대건(金大建), 최방제(崔方濟), 최양업(崔良業) 등 세 명을 마카오에 있는 포르투갈 신학교로 유학을 보냈다. 이들이 우리나라 최초의 천주교 유학생들이다. 앞서 1834년에는 청나라 신부 유방제(劉方濟)가 정하상의 도움으로 한양에 들어와 선교

THE TWELVE MARTYRS OF KOREA
of the Paris Foreign Mission Society
Le Catholicisme en Corée, MEP, Hongkong, 1924.

프랑스 순교자들 파리 외방전교회 소속으로 조선에서
선교 활동을 펼친 12명의 신부들.

활동을 벌였다.

　이처럼 조선에서 천주교가 세를 확장하고 있을 때, 벽파인 풍양(豊壤) 조씨 세력이 안동 김씨 세력의 천주교 유화책을 문제 삼아 1839년 3월부터 전국에 걸쳐 천주교도를 탄압하기 시작했다. 당시 풍양 조씨 일파는 우의정 이지연의 건의로 오가작통법을 이용해 천주교도를 색출했다.

　이 과정에서 박희순(朴喜順)을 비롯해 궁녀 세 명이 포함된 교도 수십 명을 한꺼번에 잡아들이는가 하면, 강원도 등지에서도 무더기로 교도들을 끌고 갔다. 박희순 등 교도 아홉 명은 그해 4월 서소문 밖 네거리에서 참수됐다. 당시 체포된 천주교도들은 배교(背教)를 강요받았는데, 천주교를 모욕하고 배교를 인정하면 풀려났지만, 이에 응하지 않은 교도들은 무조건 처형됐다. 그해 6월에는 정하상과 그 가족들이 붙잡혔고, 7월에는 프랑스 신부 세 명이 각각 경기 수원과 충청 홍주에서 체포됐다. 이때 정하상은 체포될 것에 대비해 미리 작성한 3,400여 자의 상재상서(上宰相書)를 우의정 이지연에게 제출했다. 천주교가 유교에 해를 입히는 것이 아니며, 천주교의 십계명도 유교 윤리와 배치되지 않는다는 내용이었다.

　(천주교에) 아비와 임금이 없다고 말하는 것은 성교(聖教)의 뜻을 알지

못함입니다. 십계명 네 번째에 부모를 공경하라고 했으며, 충효 두
글자는 만대에 바꿀 수 없는 도리입니다. 천주교를 받드는 사람은 부
모를 섬기되 그 예를 다하고, 봉양하되 그 힘을 다합니다. 충을 임금
에게 옮겨 몸을 바치고 목숨을 던져 끓는 물에 뛰어들어 가고 불을
밟아도 감히 피하지 않습니다. 이같이 하지 않으면 천주교의 계명을
어기게 됩니다. 이것이 무부무군(無父無君)의 학(學)입니까.

다만 정하상은 음식을 차려 제사를 지내거나 부모의 신주를 만드는 것
은 '허황하여 천주교에서 금하는 것'이라고 설명했다. 하지만 벽파인 풍
양 조씨 일파가 힘을 얻은 상황이어서, 정하상은 물론 모방과 샤스탕, 앵
베르 세 신부가 그해 8월 모두 처형되고 말았다. 이로써 기해년 한 해에만
200여 명의 신도가 순교하였다. 조정에서는 10월 18일 척사윤음을 공포
하고, 처형된 교도들의 구체적인 사례를 열거한 뒤, '금령이 해이해져 서
양 사람들이 들어오는 지경에 이르렀다'며 천주교 탄압의 정당성을 널리
알렸다. 기해년의 박해는 1841년까지 이어져 고문과 옥사, 처형이 되풀이
됐다.

이후 모방 신부의 도움으로 마카오에 간 유학생 가운데 김대건이 1845
년 9월, 조선 최초의 신부가 되어 입국했다. 당시 김대건은 배를 타고 조
선 교회 3대 교구장인 페레올 등과 함께 충청도로 잠입한 뒤, 페레올을 한
양까지 안내했다. 김대건은 이어 당진(唐津, 솔뫼)을 근거지 삼아 전도 생
활을 하며 교도들을 확장해 나갔다. 하지만 김대건은 1846년 5월 외국인
선교사의 입국 통로를 개척하기 위해 황해도 연안을 답사하던 중 교도 열
아홉 명과 함께 옹진 순위도에서 체포돼 한양으로 압송됐다.

김대건 신부 마카오에서 한국인 최초로 신부가 되어 귀국한 김대
건은 가톨릭 포교 및 외국인 선교사 입국에 노력하다 결국 체포
당했다. 그는 1846년에 26살의 나이로 사형당하였다.

이즈음에 파리 외방전교회
는 모방을 비롯한 프랑스 신
부 세 명이 처형당한 것을 알
고, 프랑스 동양함대 사령관
세실로 하여금 군함을 거느리
고 조선으로 가도록 했다. 세
실은 1846년 5월 8일 충청도
홍주 외연도에 이르러, 천주교
박해에 항의하는 글을 조선에
전달하고 돌아갔다.

하지만 조정에서는 논란 끝
에 그해 9월 김대건을 비롯한
천주교 교도들을 모두 사형에
처하게 했다. 이때 김대건의
나이는 불과 26세였다. 이를
병오박해라고 하며, 기해박해

의 연장선으로 보기도 한다.

1849년 헌종이 후사 없이 타계하자, 철종(哲宗)이 25대 왕에 오른다. 철
종은 정조의 이복동생인 은언군(恩彦君)의 손자 덕완군(德完君)이다. 철종
이 즉위하면서 풍양 조씨는 밀려났고, 천주교에 대해서도 다시 관대한 정
책을 펼쳤다. 신유박해 때 순교한 이승훈(李承薰) 등의 죄가 사면된 것도
바로 이때다.

당시 조선 사회는 갈수록 법망과 기강이 무너지던 시점이어서 이 틈을

타 천주교의 교세는 더욱 확장된다. 이로 인해 기해박해와 병오박해 직후 1만 명 안팎이던 조선의 천주교도는 1865년 무렵 2만 명을 훨씬 넘어섰다. 하지만 1866년 홍선대원군의 병인박해(丙寅迫害)로 천주교도들은 다시 한 번 희생을 치르게 된다.

1862

진주 농민 항쟁

삼정의 문란으로 마침내 농민들이 일어서다

> ◁ **1851년** 안동 김씨의 세도 정치가 재개되었다.
> ◁ **1860년** 최제우가 경주에서 동학을 창시하다.
> ◁ **1894년** 동학 농민 전쟁이 일어나다.
>
> 1862년에는 부세 제도의 모순에 반발해 시정을 촉구하는 농민 항쟁이 전국
> 적으로 끊이지 않았다. 그중에서도 삼남 지방에서 일어난 농민 항쟁이 가장
> 격렬했으니, 무려 삼남의 71개 군현에서 농민이 봉기했다. 이 밖에 경기도와
> 황해도, 함경도 등지에서도 민란이 발생했고, 이듬해에는 제주도에서까지
> 농민 항쟁이 일어났다.

농민 항쟁이 일어난 가장 큰 이유는 국가의 수취 체제인 전정, 군정, 환
정의 삼정(三政) 문란으로 농민이 수령이나 아전의 가렴주구에 시달렸기
때문이다.

이 가운데 환곡의 폐해가 무엇보다 극심했다. 전국에서 민란이 동시다
발적으로 발생하자 철종이 그해 4월 "백성이 곤궁하고 재정이 고갈된 것
은 오로지 '환(還)'이라는 글자 하나에 연유한 것"이라고 개탄할 정도였

다. 환곡은 원래 춘궁기에 백성에게 곡식을 빌려 주고, 이를 가을에 정해진 이자와 함께 돌려받는 것이다. 하지만 나라의 기강이 해이해지고 수령과 아전의 부패가 심해지면서 환곡이 이들의 치부 수단으로 전락하였다. 주로 아전이 그 주범이었다. 이들은 창고가 바닥나도록 환곡을 농민에게 강제 배급해 높은 이자를 챙기거나, 사사로이 다른 자금으로 활용하는 포흠(逋欠)을 일삼았고, 이로 인해 환곡이 축나기 일쑤였다. 그러자 결손된 환곡을 전세(田稅)에 얹어 징수하였고, 그 부담은 모두 가난한 농민에게 전가됐다. 특히 아전이 횡령한 환곡의 결손분을 메우기 위해 가구별로 돈을 분담시키는 통환(通還)은 진주 농민 항쟁의 직접적인 불씨가 될 만큼 그 폐해가 컸다.

군역을 면제받는 대가로 군포(軍布)를 납부하도록 한 군정에서도 부정부패가 만연했다. 양반이나 서리, 역리, 서원 학생 등이 편법이나 뇌물로 군역을 회피하자, 군현 단위로 할당된 군포를 채우기 위해 심지어 죽은 사람과 어린 아이에게 군포를 징수하는 백골징포(白骨徵布), 황구첨정(黃口僉丁)이 횡행했고, 수령이나 아전이 군포를 돈으로 대신 받아 그 차액을 챙기기도 했다. 결손된 군포를 전세에 부가하는 일도 다반사였다. 이처럼 환곡과 군정에서 축난 세금을 전세에 얹어 징수하는 관행(도결, 都結)은 고스란히 소작농이나 빈농의 부담으로 떨어졌다. 지주와 부농층은 뒷돈으로 세금을 면제받거나, 소작농에게 세금을 떠넘기는 것이 당시의 현실이었다. 도결 역시 진주 항쟁의 주된 이유가 됐다.

당시 진주 민란을 일으킨 주도 세력은 몰락한 양반 지식인 유계춘(柳繼春)과 가난한 농민으로 이뤄진 초군(樵軍, 나무꾼)들이었으며, 초군은 연장자인 이계열(李啓烈)이 대표 역할을 맡고 있었다. 명문 양반가 출신인 이

명윤(李命允)도 적극 참여했
고, 여기에 부농층인 요호
부민(饒戶富民)이나 지방 토
호까지 가세했다.

이들이 처음부터 난을 일
으켜 사태를 해결하려 한 것
은 아니었다. 민란 10여 년
전부터 이들은 가렴주구에
따른 고통을 호소하며 읍이
나 감영에 소를 올렸고, 비
변사까지 찾아갔다. 하지만
왕조 말기의 조선은 구조적
인 사회 모순과 적폐를 해결
할 동력을 이미 상실하고 있
었다. 합법적인 소청운동이
무산되자, 마침내 이들은 항
쟁에 나섰다.

민란 직전인 1861년 12
월, 진주 목사 홍병원(洪秉
元)은 환곡 물량을 확보하
기 위해 토지 1결당 6냥 5전

철종 어진 철종 즉위 후 1852년 친정이 시작되면서 안동 김씨의 세
도 정치는 극에 달하였다. (국립고궁박물관)

을 거두는 도결을 결정했다. 이전의 2냥 5전에 비하면 부담이 엄청나게
높아진 것이었다. 특히 경상 우병사 백낙신(白樂莘)은 1862년 1월 통환으

로 6만 냥을 가구별로 분담토록 했다. 그러자 농민들의 충격과 분노는 극에 달했다. 진주 민란에 파견된 경상도 안핵사 박규수(朴珪壽)는 그해 4월 철종에게 "오로지 백낙신이 탐욕을 부려 침학(侵虐)한 까닭에 연유한 것으로, 6만 냥의 돈을 가호(家戶)에 배정해 백징(白徵, 환곡을 배급하지 않고 이자를 받아들이는 것)하려 했기 때문에 여러 사람의 노여움이 일제히 폭발했다."라고 보고했다.

진주 항쟁은 2월 14일 농민들이 도결과 통환의 혁파를 외치며, 평소 농민들을 착취하던 부유층의 집 수십 채를 파괴하면서 본격화됐다. 이들은 진주읍으로 몰려가 아전들의 집을 부수고 불태웠다. 이에 놀란 진주 목사는 도결을 혁파하겠다는 문서를 써 주었다. 19일에는 수만 명의 농민들이 머리에 흰 수건을 두르고 손에는 죽창과 곤봉을 든 채 읍내에 집결했다.

이들은 해산을 시도하는 병사들을 둘러싸고 그동안 수령이나 아전들이 백성의 재물을 횡령하고 세금을 포탈하거나 강제 징수한 내용을 거론하며 분노를 터뜨렸다. 그리고 특히 악독했던 서리 권준범과 김희순에게 곤장을 수십 대 때린 뒤 불속에 던져 넣어 태워 버렸다. 권준범의 아들 만두도 아버지를 구하려다 맞아 죽었다. 그러자 백낙신은 환곡 문란의 책임을 김희순에게 떠넘기며, 통환을 철폐하겠다는 문서를 발급해 주었다. 다음날 농민들은 달아난 이방 김정구를 수색 끝에 붙잡아 불에 태워 죽였다.

또한 진주 각지의 공격 목표를 정했으며, 21일과 22일에는 곳곳에서 시위를 벌이거나 평소 원한을 산 양반들의 집을 파괴했다. 그러나 23일 오후가 되자 이들은 자진 해산하였다. 도결과 통환의 철폐 약속을 받아낸 데다 더 이상 민란을 확산시키기에는 조직력이 취약했기 때문이다. 이후 조정은 민란의 주도자와 적극 참여자들을 체포했고, 이 중 유계춘과 김수만(金守萬), 이귀재(李貴才)를 5월 30일에 처형하였다.

진주 농민 항쟁의 여파는 삼남 일대로 급속히 번졌다. 경상도에서는 3월 이후 함양과 거창, 울산, 개령, 군위, 밀양, 경주, 창원, 남해 등지에서 농민들이 봉기했고, 전라도에서는 익산, 함평, 부안, 순천, 화순, 고창, 장성, 무안, 순창 등에서 민란이 일어났다. 또 충청도에서는 4월부터 평택, 은진, 공주, 회덕, 임천, 연산, 옥천 등지에서 난이 발생했다. 거의 모든 지역에서 삼정의 폐단이 민란의 직접적인 원인으로 작용했다.

민란 초기에 철종은 "첫째도 장리(長吏, 수령)들의 죄이고, 둘째도 장리들의 죄"라며 문제가 된 탐관오리들을 처벌하고, 비변사에 수령을 신중하게 천거할 것을 지시했다. 하지만 민란이 삼남 전 지역으로 급속하게 확산되면서 단순히 수령 몇 사람의 탐학과 실정으로 그 원인을 규정하기에 힘든 상황이 되었다.

이에 박규수가 민란의 원인은 삼정의 문란에 있으니 특별 기구를 설치해 폐단을 제거하는 방안을 모색해야 한다고 건의하였다. 철종은 이를 받아들여 그해 5월 25일, 좌의정 조두순(趙斗淳)을 비롯해 고위 관료들이 참여하는 삼정이정청(三政釐整廳)을 설치했다. 철종은 또 6월 들어 전국 각 고을에서 삼정의 폐단을 바로 잡기 위한 의견을 올리도록 하고, 2품 이상 관리들에게도 의견을 제출하게 했다. 민란으로 부각된 삼정의 문제점을 바로 잡기 위한 본격적인 대응에 나선 셈이다.

이때 전국에서 올라온 상소를 〈응지삼정소(應旨三政疏)〉라고 한다. 〈응지삼정소〉에는 농민 항쟁의 원인이 체제의 모순에 있다고 보고, 이를 바로 잡기 위해 제도를 개혁해야 한다는 의견과 삼정 제도는 그대로 유지하되 운영 방식을 개선하자는 의견, 삼정을 중심으로 세제를 개혁하자는 의견 등 다양한 내용이 담겨 있었다.

이를 토대로 삼정이정청은 그해 윤8월 삼정 문란에 따른 민란의 수습책으로 〈삼정이정절목(三政釐整節目)〉을 내놓았다. 절목은 전정과 군정의 골격은 그대로 유지하되, 도결이나 노인, 유아에 대한 군포 부과 등 일부 폐단과 결함을 금지하도록 했다. 또 환곡은 폐지하되, 환곡이 담당했던 재정 수입분은 토지에 부과하도록 했다. 근본적인 제도의 개혁보다는 일부 개선 쪽에 무게를 둔 방안이었다.

하지만 이 같은 개선 방안에 비변사의 의견이 반영되면서 그해 10월 29일 철회되고, 다시 본래대로 돌아갔다. 일부 세도 관료들이 제도 개선에 반발하고, 민란이 다소 소강 상태에 들어간 데 따른 것이었다. 전국적으로 농민들이 봉기한 임술년의 민란에 대해 일부 해결책을 제시한 개선안마저 폐기되면서, 조선 왕조는 위기 국면을 제도적으로 해결할 수 있는 동력을 상실하였고, 급기야 1894년에 동학 농민 전쟁이 일어난다.

격동하는 근대

Chapter 4

조선은 19세기 후반부터 열강의 침입을 맞는다. 병인양요와 신미양요 등으로 서구 열강의 개항 압력에 맞닥뜨리고, 조선왕조 내내 한반도를 침입했던 일본은 본격적으로 조선을 유린하기 위해 적극적으로 행동한다. 그 와중에 문란한 정치로 피폐해진 국민들은 혼탁해진 정치와 몰려드는 서구 세력에 대해 저항운동을 벌인다. 이에 고종은 대한제국을 선포하고 쇄신을 꾀한다. 그러나 일찍이 개항을 하고, 중국 러시아 등과 세력 구도를 이루던 일본은 마침내 국모를 시해하고, 국권을 침탈하기에 이른다. 1945년 광복에 이르기까지 국민은 나라의 독립을 위해 일제에 대해 적극적으로 투쟁을 거듭한다.

1866 년 병인양요

1871 년 서원 철폐령

1871 년 신미양요

1875 년 운요호 사건

1882 년 임오군란

1884 년 갑신정변

1885 년 거문도 사건

1894 년 동학 농민 전쟁

1895 년 을미사변

1896 년 아관파천

1897 년 대한제국 성립

1898 년 만민공동회

1899 년 경인선 개통

1905 년 을사늑약

1907 년 국채보상운동

1907 년 헤이그 밀사

1909 년 이토 히로부미 사살

1910 년 강제 병합

1919 년 3·1운동

1919 년 대한민국임시정부 수립

1920 년 봉오동 전투와 청산리 대첩

1923 년 암태도 소작 쟁의

1925 년 제1차 공산당 사건

1926 년 6·10만세운동

1929 년 광주 학생운동

1932 년 이봉창, 윤봉길 의거

1942 년 조선어학회 사건

1866

병인양요

프랑스 함대의 침입과 쇄국 정책

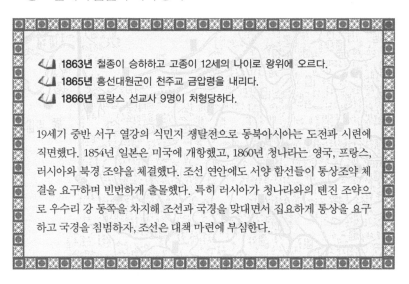

◁◁ **1863년** 철종이 승하하고 고종이 12세의 나이로 왕위에 오르다.
◁◁ **1865년** 흥선대원군이 천주교 금압령을 내리다.
◁◁ **1866년** 프랑스 선교사 9명이 처형당하다.

19세기 중반 서구 열강의 식민지 쟁탈전으로 동북아시아는 도전과 시련에 직면했다. 1854년 일본은 미국에 개항했고, 1860년 청나라는 영국, 프랑스, 러시아와 북경 조약을 체결했다. 조선 연안에도 서양 함선들이 통상조약 체결을 요구하며 빈번하게 출몰했다. 특히 러시아가 청나라와의 톈진 조약으로 우수리 강 동쪽을 차지해 조선과 국경을 맞대면서 집요하게 통상을 요구하고 국경을 침범하자, 조선은 대책 마련에 부심한다.

당시 조선에서는 1863년 철종의 뒤를 이어 고종(高宗)이 열두 살의 어린 나이로 즉위함에 따라 그 아버지인 흥선대원군(興宣大院君) 이하응(李昰應)이 집정을 하고 있었다. 러시아 문제가 부각되자 대원군은 천주교도인 홍봉주(洪鳳周)와 승지 남종삼(南鍾三)으로부터 연이어 "프랑스 주교의 힘을 빌려 러시아의 남하를 막자."라는 건의를 받는다. 대원군은 이때만 해도 천주교에 호의적이었다. 그 부인인 부대부인(府大夫人) 민씨(閔氏)와 딸,

고종의 유모가 모두 천주교도였다. 대원군은 건의를 받아들였고, 이에 남종삼 등은 조선에서 선교 활동을 벌이던 프랑스 출신의 베르뇌 주교와 대원군과의 만남을 추진하였다. 이때가 1865년 겨울이었다.

하지만 황해도에 있던 베르뇌 주교가 한양에 도착하기 전, 북경 사신 이홍민 등이 '청나라가 서양인들을 죽이고 천주교를 단속하고 있다'라는 내용의 편지를 한양에 보내면서 상황이 바뀐다. 이를 빌미로 영의정 조두순(趙斗淳)과 영중추부사 정원용(鄭元容)을 비롯한 대신들이 "대원군이 천주교와 흥정을 하려 한다. 서양인을 물리치지 않으면 나라가 망한다." 하며 정치적인 압박을 가하자, 대원군은 마음을 돌려 천주교 금압령(禁壓令)을 내린다. 특히 이항로(李恒老)는 상소를 통해 "안으로는 사학(邪學)의 무리를 잡아 베고, 밖으로는 바다를 건너오는 적을 정벌해야 한다." 하며 위정척사(衛正斥邪)를 역설했다. 이로써 1866년 1월부터 천주교에 대한 대대적인 탄압이 시작된다.

당시 수렴청정을 하면서 대원군에게 정책 결정권을 맡겼던 조대비(趙大妃, 헌종의 모친인 신정왕후)는 1월 24일 사교(邪敎)를 금지하는 교서를 반포하고, "관리나 백성들 가운데 고발하는 자는 공로를 표창하고, 숨겨 주는 자는 코를 베어 죽일 것"이라고 밝혔다. 이에 따라 당시 조선에서 활동하고 있던 프랑스 출신 신부 열두 명 가운데 베르뇌 주교를 포함해 모두 아홉 명이 붙잡혀 순교하였다. 남종삼, 홍봉주 등도 처형당했다. 탄압은 1870년까지 이어졌으며, 이 기간 동안 희생된 조선인 천주교도는 8,000여 명에 이르렀다. 이를 병인박해(丙寅迫害)라고 한다. 같은 해에 일어난 병인양요(丙寅洋擾)는 바로 이 사건에 항의해 프랑스 함대가 조선의 강화도를 침공한 것을 이른다.

제너럴 셔먼 호 미국 상선인 제너럴 셔먼 호가 평양을 침입하여 주민을 살해하고 조선 상선을 약탈하자 평양 관군과 주민들은 제너럴 셔먼 호를 무력으로 물리쳤다. 이 사건은 신미양요의 계기가 되었다.

　그해 조선은 서양 세력과 두 차례의 무력 충돌을 겪었다. 첫 번째가 프랑스 함대가 몰려오기 2개월 전, 평양에서 일어난 제너럴 셔먼(General Sherman) 호 사건이었다. 제너럴 셔먼 호는 7월 8일 황주 송산리 앞바다에 정박했다가 사흘 뒤 평양의 신장포구(新場浦口)에 이르렀다. 평안 병사 이용상(李容象)이 쌀과 고기 등을 건네며 철수를 요구했지만, 이들은 대동강을 타고 가다 총과 대포를 쏘며 평양 주민들을 살해하고, 조선 상선을 약탈했다. 그러자 평안 감사 박규수(朴珪壽)가 이끄는 관군과 평양 주민들은 제너럴 셔먼 호에 불을 지르고 선원 19명을 모두 죽여 버렸다. 조선 영토에서 일어난 서양과의 첫 무력 충돌이었다. 제너럴 셔먼 호 선원들은 조선의 퇴거 요구에 통상과 무역을 원한다고 하면서 "조선은 왜 천주교인들을 쫓아내는가. 프랑스의 큰 배는 이미 수도에 갔다." 하고 말한 것으로 《조선왕조실록》은 기록하였다.

당시 조선에서는 서양에서 온 배를 크고 모양이 이상하다 하여 이양선(異樣船)이라고 불렀다. 18세기 말과 19세기 초 사이에 이양선이 몇 차례 조선 해안에 표류해 오기도 했지만, 19세기 중반에 이르러서는 통상 요구와 해로 측량, 조선 정세 탐지 등 특수한 목적을 띤 이양선이 조선 연안에 자주 출몰했다. 이 때문에 당시 해안 지역의 지방 관리들은 이양선이 출몰할 때마다 그 경과와 진행 과정을 조정에 보고하는 것이 주요 임무 가운데 하나였다. 프랑스 함대의 침범은 1866년 8월 13일 영종 방어사가 이양선 한 척이 부평의 경계 내로 들어왔다고 보고한 것으로 시작됐다. 이후 열흘 남짓 동안 이양선의 이동과 조선군의 대비 태세에 관한 보고가 다섯 차례 정도 조정에 보고됐다. 이양선이 세 척으로 늘어 강화도의 갑곶진을 거쳐 양화진에 이어 서강(西江)에 정박한 뒤 뱃머리를 돌려 강화 어귀와 김포 석곡을 지나 팔미도 바깥 바다로 빠져나갔다는 것이 열흘 동안의 보고 상황이었다. 이에 조선에서는 기마병과 보병 등을 서강에 보내 만일의 사태에 대비하도록 했다.

당시 이양선은 프랑스 극동함대 사령관 로즈 제독이 이끄는 군함들이었으며, 베르뇌 주교 등이 체포될 당시 조선을 빠져나간 프랑스 신부들과 조선인 천주교도들의 안내로 강화도와 한강 어귀를 미리 정찰한 것이었다. 앞서 한 달 전 프랑스 나폴레옹 3세는 신부 아홉 명이 처형당한 사실을 보고받고, 북경 주재 벨로네 공사를 통해 청나라 공친왕(恭親王)에게 '대(對)조선 선전포고'를 통보하는 서한을 전달했다. 그러자 청나라는 이를 조선에 알렸고, 조선은 불법으로 국경을 넘어 반역을 꾀한 자들을 사

병인양요 프랑스 군대가 강화도를 공격하여 조선군과 교전을 벌였다.

형에 처했을 뿐이라고 해명한 답서를 청나라로 보냈다.

로즈 제독은 그해 9월 군함 일곱 척과 군사 1,000여 명을 이끌고 다시 침범했다. 이들은 팔미도와 부평 경계를 지나 곧장 강화도에 상륙해 산성을 공격하고 섬을 점령했다. 그러자 조선에서는 훈련대장 이경하(李景夏)가 이끄는 순무영(巡撫營)을 설치해 인근 요충지와 강 연안의 방어와 순찰을 강화했다. 이 과정에서 영종 첨사 심영규(沈永奎)가 프랑스 군과 함께 있던 청나라 사람을 통역 삼아 우연히 대화를 나눴는데, 프랑스 군은 "조선이 우리 사람 아홉 명을 살해했기 때문에, 조선 사람 9,000명을 살해하려 한다. 우리가 싸우려는 곳은 한양이다."라며 적의감을 보였다.

이즈음 한양에서는 프랑스 군의 침입 소식에 수천 명의 백성이 피란길에 오르는 등 일대 혼란이 벌어졌다. 이에 대원군은 양이보국책(攘夷保國

策)을 내놓으며 항전의 뜻을 분명히 했다. 화친을 허락한다면 나라를 파는 것이며, 교역을 허락한다면 나라를 망하게 하는 것이고, 적이 한양에 다다를 때 도성을 버리고 간다면 이는 나라를 위태롭게 하는 것이란 내용이었다.

프랑스 군은 9월 18일과 10월 4일에 각각 강화도 건너편 통진의 문수산성과 강화도 마니산 근처 정족산성에서 조선군과 교전을 벌였다. 문수산성에서는 한성근(韓聖根) 부대, 정족산성에서는 양헌수(梁憲洙) 부대가 수적 열세에도 총격전 끝에 프랑스를 물리쳤다. 두 곳의 전투에서 프랑스 군은 70여 명이 사망하고, 수십 명이 부상을 당했다. 조선군의 거센 저항에 기세가 꺾인 프랑스 군은 마침내 함대를 이끌고 40여 일 만에 조선에서 철수하였다. 이 과정에서 프랑스 군은 강화도 일대에 대해 약탈과 방화를 저질러 행궁과 사당, 외규장각 등을 불태웠으며, 20만 프랑 상당의 금은보화, 조선 시대 의궤(儀軌) 300여 권 이상과 군기물자 등을 빼앗아 갔다. 또 민가 가운데 절반 이상이 불에 타 흔적조차 찾을 수가 없었다. 병인양요는 이로써 마무리 됐다.

조정에서는 그 직후 서양 물품의 반입과 사용을 엄금하고, 이를 어기는 사람은 현장에서 즉각 처형할 것을 지시하였다. 병인양요를 전후해 조선의 쇄국(鎖國)과 양이(攘夷) 정책이 한층 강화된 것이다.

서원 철폐령

세도 정치를 혁파하고 왕권 강화를 꾀하다

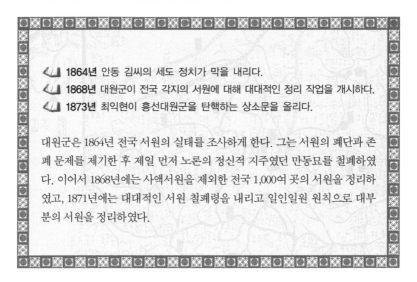

1864년 안동 김씨의 세도 정치가 막을 내리다.
1868년 대원군이 전국 각지의 서원에 대해 대대적인 정리 작업을 개시하다.
1873년 최익현이 흥선대원군을 탄핵하는 상소문을 올리다.

대원군은 1864년 전국 서원의 실태를 조사하게 한다. 그는 서원의 폐단과 존폐 문제를 제기한 후 제일 먼저 노론의 정신적 지주였던 만동묘를 철폐하였다. 이어서 1868년에는 사액서원을 제외한 전국 1,000여 곳의 서원을 정리하였고, 1871년에는 대대적인 서원 철폐령을 내리고 일인일원 원칙으로 대부분의 서원을 정리하였다.

아들 고종(高宗, 재위 1863~1907)이 1863년 12월 어린 나이로 26대 국왕에 오르자 섭정을 하게 된 대원군은 이듬해부터 서원을 철폐, 정리하기 위한 작업에 착수하였다. 서원은 16세기 이후 중앙 정치의 실권을 쥔 사림이 본격적으로 설립하기 시작했다.

당초 서원은 선현에 대한 제향과 지방의 인재 양성을 위한 일종의 사설 교육기관 역할을 했지만, 갈수록 당쟁의 소굴이 되고 지방민을 침탈하는 폐단을 낳는다. 서원은 특히 많은 토지와 노비를 보유하면서도 면세와 면역 등 경제적인 혜택으로 국가 재정을 약화시켰으며, 당론을 명분 삼아 왕권을 견제하고 백성들을 억압하면서 조정의 권위와 지방에 대한 통제력을 떨어뜨렸다. 군역을 면제받기 위해 서원의 학생으로 등록하는 양반들도 많았고, 이는 곧 농민들의 납세 부담을 키우는 결과를 초래했다.

　이에 대원군은 1864년 7월, 전국 서원의 실태를 조사하도록 하면서 서원의 폐단과 존폐 문제를 공식으로 제기한 데 이어, 이듬해 3월에는 유생들의 격렬한 반대 속에 충북 괴산의 화양동에 있는 만동묘(萬東廟)를 철폐했다. 만동묘는 노론 영수인 우암 송시열의 뜻에 따라 임진왜란 당시 지원군을 보내 조선을 도운 명나라 신종(神宗)과 마지막 황제 의종(毅宗)을 기리기 위해 세운 것으로, 노론의 정신적 지주 역할을 하던 곳이었다. 그 옆에는 송시열을 모신 대표적인 서원인 화양동서원(華陽洞書院)이 있었다. 대원군이 야인(野人)으로 지낼 때 화양동서원에 들렀는데, 당시 부채를 들고 계단을 오르다 서원의 노비에게 변을 당해 이를 앙갚음하기 위해 이곳을 정리했다는 얘기도 전해진다.

　당시 서원의 대표격이던 만동묘의 철폐는 유생들에게 엄청난 충격을 주었지만, 일반 백성들은 오히려 이 같은 조치를 환영했다. 황현(黃玹)은 《매천야록(梅泉野錄)》에서 만동묘에 대해 '서원을 책임지는 자들은 대개 충청도에서 행패를 일삼던 양반집 자제들이다. 이들은 묵패(墨牌)로써 평민들을 잡아다 껍질을 벗기고 골수까지 빼내니 남방의 좀이라 불렀다. 백년이 지나도록 수령들은 그 무리가 두려워 죄를 따지지 못했다'라고 기록하였다. 묵패란 서원의 제수에 쓸 목적으로 돈을 걷기 위해 각 고을에 보낸 도장 찍은 문서를 말한다. 황현은 또 '이때 백성들에게는 아무런 일도

흥선대원군 고종이 즉위하자 그의 아버지 이하응은 흥선대원군에 봉해진 후 섭정이 되었다. (국립중앙박물관, 중박201105-260)

없었지만, 서원에 소굴을 만들던 유생들은 마치 비상지변(非常之變)이라도 당한 것처럼 하루아침에 처소를 잃었다. 미처 날뛰고 부르짖으며 잇달아 대궐 문 밖에 엎드려서 상소했으니, 양식 있는 이들이 비웃었다'라고 썼다. 대원군이 "서원이 있고 나라가 망하는 것이 좋은가, 서원이 없고 나라가 있는 것이 좋은가."라고 반문한 것도 이처럼 당시 서원의 폐단을 사회적으로 심각하게 인식하고 있었다는 사실을 보여 준다.

"진실로 백성을 해치는 자라면, 비록 공자가 살아난다 해도 용서하지 않겠다."

서원 철폐에 강력하게 반발하는 유생들에게 흥선대원군(興宣大院君)은 단호한 결의를 굽히지 않았다. 그는 경복궁 문 밖에서 엎드려 시위하고, 탄원하던 전국 각지의 유생 수만 명을 군졸들을 풀어 강제 해산시키고 모두 한강 너머로 내쫓았다. 유생들은 대원군의 서원 철폐에 분개하며 전국적으로 유통(儒通)이라는 격문을 돌리고 반대 운동을 벌였지만, 대원군의 결심을 되돌리지는 못했다. 유생들의 항의가 거세지자 일부 조정 대신들이 대원군에게 "선현의 제사를 받드는 것은 선비의 기풍을 기르는 것"이라며 서원 철폐령을 거두어 달라고 간언했지만, 대원군은 "서원은 우리나라 선유(先儒)에 제사 지내는 곳인데, 어찌 도둑이 숨는 곳이 되겠느냐."라며 일축했다.

만동묘의 철폐에 이어 대원군은 1868년 사액서원(賜額書院)을 제외한 전국의 서원 1,000여 곳을 정리했다. 사액서원이란 국왕으로부터 편액(扁額)과 토지, 노비 등을 하사받은 서원을 일컫는다. 중종 38년인 1543년, 당시 주세붕(周世鵬)이 경북 영주에 세운 소수서원(紹修書院, 백운동서원)이 서원의 효시이자 최초의 사액서원이다.

대원군은 또 1871년에 대대적인 서원 철폐령을 내려 사액서원에 대해서도 일인일원(一人一院)을 원칙으로, 선유 한 사람에 대해 한 곳의 서원만 두고 나머지는 정리하도록 했으며, 아울러 도학과 절의가 뛰어나 후세에 사표가 될 만한 선유에 한해서만 그를 기리는 서원을 계속 운영할 수 있도록 했다.

그 결과 전국의 서원 가운데 오직 47곳만 남게 되고, 600여 곳이 정리됐다. 1871년 신미년(辛未年)의 서원 철폐령 이후 살아남은 이 서원들을 가리켜 '신미 존치 47서원'이라고 부른다. 경기도에서는 용인 심곡서원(深谷書院)과 여주 강한사(江漢祠)를 비롯해 열두 곳이 존치됐고, 충청도에서는 충주 충렬사(忠烈祠) 등 다섯 곳, 전라도에서는 태인 무성서원(武城書院)을 포함해 세 곳, 경상도에서는 예안 도산서원(陶山書院)과 선산 금오서원(金烏書院) 등 열네 곳, 강원도에서는 영월 창절서원(彰節書院) 등 세 곳, 황해도에서는 배천 문회서원(文會書院) 등 네 곳, 평안도에서는 영유 삼충사

돈암서원 김장생을 제향하기 위해 세워진 서원으로 흥선대원군의 서원 철폐령 속에서 존치됐다.

(三忠祠)를 포함해 다섯 곳, 함경도에서는 노덕서원(老德書院) 한 곳만이 남
았다.

대원군은 이처럼 원래 취지를 벗어난 서원을 철폐함으로써 조정의 권
위를 세우고 지방 통치를 강화해 나갔으며, 서원이 가진 토지와 노비를
몰수해 세수를 늘리는 효과를 얻을 수 있었다. 서원의 폐단에 대해 국가
가 정책적인 조치를 취한 것이 이때가 처음은 아니었다. 인조는 서원 설
립을 허가제로 바꾸고 서원 학생의 상한선을 정해 이를 넘기지 못하도록
했다. 또 숙종 대에는 서원이 기부금품을 모으지 못하도록 했고, 서원 설
립을 남발하거나 일인일원의 원칙을 어기는 사례를 단속했다. 영조 14년
인 1738년에는 200여 곳의 서원을 없애기도 했다.

하지만 대원군의 서원 철폐 정책은 이전 사례들과는 비교할 수 없을 정도로 엄격하고 단호했다. 이는 유생들로부터 불신과 반감을 사는 계기가 됐으며, 결과적으로 대원군이 정권에서 물러나는 요인으로 작용하였다. 또한 대원군이 철폐시킨 서원 가운데 절반 이상이 대원군 집권기가 끝난 이후 다시 회복됐다. 1873년 11월 대원군을 탄핵한 최익현(崔益鉉)은 상소를 올려 대원군의 실정을 거론하며 대표적인 것이 만동묘와 서원의 철폐라고 지적했다. 최익현은 '지금 나랏일들을 보면 폐단이 없는 곳이 없다. 가장 두드러지고 심한 것을 보면 황묘(皇廟, 만동묘)를 없애 임금과 신하 사이의 윤리가 썩게 되었고, 서원을 혁파하니 스승과 생도들 간의 의리가 끊어졌다'라고 밝혔다.

서원 철폐는 대원군이 집권 10년 동안 추진한 내정 개혁 가운데 가장 과감한 정책으로 꼽힌다. 이 시기 개혁 정책은 정조 이후 60여 년 만에 이뤄진 것이었다. 당시 개혁 정책의 핵심은 노론의 오랜 세도 정치에 따른 부정부패와 가렴주구 등 각종 폐해를 척결하고 실추된 왕권을 회복하는 데 맞춰져 있었다. 이를 위해 대원군은 1864년 영의정 김좌근(金左根)이 물러나면서 안동 김씨 세도가 막을 내리자, 곧바로 당파를 초월한 인사 개혁을 단행하여 남인과 북인, 소론을 골고루 등용했다. 이와 함께 대원군은 왕실의 권위를 회복하기 위해 1865년 영건도감(營建都監)을 설치해 임진왜란 때 불탄 경복궁 중건 사업을 벌였고, 이에 따라 고종 5년인 1868년 왕실이 창덕궁에서 경복궁으로 이사를 하였다. 종묘와 도성, 북한산성 등도 새롭게 수축했다. 또 삼정 문란으로 인한 폐단을 바로잡기 위해 환곡제를 사창제(社倉制)로 바꿔 각 고을에서 환곡을 스스로 운영하게 했다. 이는 수령과 아전이 환곡에 간여해 백성들을 수탈하는 행위를 원천적으

로 차단하기 위한 것이어서 어느 정도 효과를 거두었다. 군포는 호포(戶
布)로 이름을 바꿔 양반 등의 면세를 금지하고 가구당 골고루 2냥씩을 걷
었다. 세도 정치의 중심 기관인 비변사를 없애고, 정치와 군사를 분리해
각각 의정부와 삼군부를 최고기관으로 삼으면서 국방력을 강화시킨 것도
대원군의 개혁 정책이 거둔 성과였다.

신미양요

미국 함대의 대대적인 공습

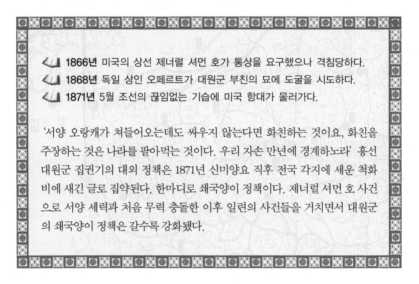

1866년 미국의 상선 제너럴 셔먼 호가 통상을 요구했으나 격침당하다.

1868년 독일 상인 오페르트가 대원군 부친의 묘에 도굴을 시도하다.

1871년 5월 조선의 끊임없는 기습에 미국 함대가 물러가다.

'서양 오랑캐가 쳐들어오는데도 싸우지 않는다면 화친하는 것이요, 화친을 주장하는 것은 나라를 팔아먹는 것이다. 우리 자손 만년에 경계하노라' 흥선 대원군 집권기의 대외 정책은 1871년 신미양요 직후 전국 각지에 세운 척화 비에 새긴 글로 집약된다. 한마디로 쇄국양이 정책이다. 제너럴 셔먼 호 사건 으로 서양 세력과 처음 무력 충돌한 이후 일련의 사건들을 거치면서 대원군 의 쇄국양이 정책은 갈수록 강화됐다.

미국은 제너럴 셔먼 호 사건 직후인 1866년 12월과 1868년 3월 두 차례 에 걸쳐 진상을 파악하고 조선의 정황을 살피기 위해 탐문항행(探問航行) 을 실시하는 한편, 청나라를 통해 조선과의 교섭을 시도했다. 요구 조건 은 배상금 지급과 통상조약 체결이었다. 하지만 대원군은 이를 완강히 거 부했다. 특히 북경 주재 미국 공사 로(F. Low)는 1871년 초 공한을 보내 '대동강에서 사라진 우리 함선에 대해 아무 해명이 없으니 다시 군함을 보내 그 답변을 요구한다'라고 압박했다. 이에 대해 조선은 그해 2월 '당시 상황은 이미 자세히 알렸으므로 이제 와서 다시 말할 것이 없으며, 통상을 하자는 것에 대해서는 따로 상의할 것이 없으니 오가는 수고를 할 필요가 없다'라고 회답했다.

이에 미국은 함포를 앞세워 조선을 무력으로 응징하고 개항을 이끌기 위해 원정 함대를 편성하였다. 원정 함대는 1871년 3월 일본 나가사키 항구에서 출발해 남양만을 지나 같은 해 4월 8일 제물포 부근 물류도(勿溜島, 작약도) 앞바다에 정박했다. 미국 아시아 함대 사령관 J. 로저스 제독이 이끄는 함대는 콜로라도 호를 비롯해 군함 다섯 척과 함재 대포 85문으로 이뤄졌고, 함대에 승선한 군사는 모두 1,230명에 이르렀다. 이에 조선 조정에서는 서둘러 대책을 마련하여 어재연(魚在淵)을 진무중군(鎭撫中軍)으로 임명하고, 경군(京軍)을 차출해 현지로 보냈다. 대포와 화약, 군량미 등도 급히 실어 날랐다.

본격적인 전투가 벌어지기 전인 4월 9일 미국은 해안가를 순찰하던 경기 감사 박영보(朴永輔)를 통해 조약을 체결하기 위해 왔다는 내용의 서한을 전달하기도 했다. 조선군과 미군 사이의 1차 전투는 14일에 벌어졌다. 미국 군함 2척과 종선(從船) 4척이 사전 허가 없이 강화도 손돌목(손석항, 孫石項)을 향해 다가오며 조선의 경계 안으로 침입하려 하자 광성진을 시작으로 덕진진, 초지진에서 일제히 미국 군함을 향해 대포를 쏘았다. 미국 군함들도 이에 맞서 대포를 쏘며 손돌목을 지나 광성진에서 닻을 내린 채 대포 공격을 계속했다. 이어 미국 군함들은 뱃머리를 돌려 되돌아가면서 손돌목에 이르자 대포와 조총을 마구 쏜 뒤 퇴각했다. 당시 박영보는 "(미국의) 모든 배가 손돌목에서 또 대포와 조총을 쏘아댔는데 날아오는

미 군함 모노카시 호 콜로라도 호와 함께 신미양요에 참전한 미국 함대 소속 모노카시 호.

탄환이 빗발치듯했습니다. 덕포의 포군 오삼록(吳三祿)이 대포에 맞아 부상을 입고 죽었습니다."라고 조정에 보고했다.

　손돌목 전투 직후 조선은 미국 함대의 대대적인 공습에 대비해 추가 병력과 화약 1,000근, 탄환 1만 5,000개 등을 급히 현지로 보내는 등 인천과 강화 지역의 방어 태세를 한층 강화했다. 이어 대원군은 17일 미국 함대 쪽에 편지를 보내 조선군이 미국 군함에 먼저 대포를 쏜 것에 대해 '조선의 규례를 아랑곳하지 않고 요새지 어구까지 깊이 들어온 이상 변경을 방어하는 것은 신하들의 임무'라며 조선의 영역을 침공한 부당성을 지적했다. 또 '(지난 2월에) 북경에 회답을 보냈는데도, 바다를 건너온 것은 의심하고 괴이하게 생각할 일'이라며 통상 협상에 응할 생각이 없으니 주권을 침해

미국 함대 사령관 로저스 제독 미국은 조선을 강제로 개항하기 위해 로저스 제독이 이끄는 원정 함대를 구성하였다.

하지 말고 물러갈 것을 종용했다. 이에 로저스 제독은 22일 답신을 통해 '조선이 우의를 가지고 협상하려 하지 않는다. 조선군이 까닭 없이 공격한 것에 대해 사나흘 내에 만나 협상할 의사가 없이 기일을 늦추면 우리가 처리하는 대로 할 것이다'라며 배상과 사죄를 요구하고, 통상 협상에 응하라고 압박했다.

대원군과 로저스 제독이 서신을 주고받으며 신경전을 벌인 뒤, 미국은 상륙 작전을 감행하였다. 미국 군사 450명은 23일 초지진에 상륙한 뒤 덕진진을 함락시키고, 곧바로 수륙 양면 공격으로 광성진을 압박했다. 어재연이 이끄는 광성진 수비군 600여 명은 사력을 다해 항전했지만, 끝내 미군에 패배했다. 광성진 전투 당시 미국의 상륙부대는 육지로 실어 나른 대포와 소총을 동시에 쏘아 댔고, 덕진진에 정박해 있던 미국 군함도 광성진과 손돌목을 향해 무수히 대포를 발사했다. 엄청난 화력을 앞세운 미군은 마침내 광성진의 성과 돈대(墩臺)를 포위하였고, 한바탕 혼전 끝에 광성진을 함락시켰다. 《조선왕조실록》에 따르면 당시 광성진에 주재하던 아전 전용묵(田容默)이 전투 상황을 이렇게 보고했다.

이양선에서 쏘아대는 대포알은 비 오듯 날아왔고, 육지의 적들이 쏘아 대는 총알이 우박 쏟아지듯 마구 떨어졌습니다. 좌우로 적들이 달

광성진 전투 미군은 광성진과 손돌목에 파상공세를 퍼부어 결국 함락시켰으며, 조선군은 많은 피해를 입은 채 전투에서 패했다.

려드는 바람에 우리 군사들은 막아 내지 못해 선두 부대가 곧 패하게
되고, 뒤의 부대도 이어 패했습니다.

광성진 전투에서 조선군은 어재연과 그의 친동생 어재순(魚在淳)을 비
롯해 53명이 전사했고, 24명이 부상을 당했다. 미군은 3명이 전사하고, 10
여 명이 부상했다. 광성진 전투에 참여했던 미국의 블레이크(H. C. Blake)
중령은 훗날 이렇게 술회했다.

"그렇게 협소한 장소에서, 그렇게 짧은 시간 안에, 그처럼 많은 불꽃과
납덩이, 쇠붙이가 오가고 화약 연기 속에 휩쓸린 전투를 본 일이 없었다."

콜로라도 호 선원들 1871년 6월, 조선을 공격하기 위해 파견된 미 군함 콜로라도 호의 선원들.

　대원군이 경성과 각 도회지에 척화비(斥和碑)를 세우도록 지시한 것은 바로 광성진이 함락된 그다음 날인 4월 25일이었다. 대원군은 "만일 화친 하자고 말하는 자가 있으면 나라를 팔아먹은 율(律)을 시행하라." 하고 하교했다. 이처럼 조선은 전투에서 패하고도 미국의 통상 협상 요구를 받아들일 생각이 전혀 없었다. 오히려 민심의 동요를 막고 내부 결속을 다지며, 전면전도 불사하겠다는 분위기였다. 광성진 전투 이후에도 조선군의 소규모 기습과 수색은 계속됐고, 강화도 주변의 방어 태세도 변함이 없었다. 미국의 원정 함대로서는 당혹스런 일이었다. 이에 미국 함대는 5월 16일에 스스로 뱃머리를 돌려 철수하였다. 병인양요에 이어 신미양요(辛未洋擾)에서도 서양 세력을 물리친 조선은 한껏 기세가 올랐다.

대원군의 쇄국양이(鎖國攘夷) 정
책을 부추긴 또 하나의 사건은 신
미양요 3년 전인 1868년 4월에 일
어났다. 바로 독일 상인 오페르트
(E. J. Oppert)가 대원군의 아버지 남
연군(南延君) 이구(李球)의 무덤을
도굴하려 한 사건이다. 남연군의
유해를 미끼로 대원군을 통상 협
상에 나서도록 하겠다는 의도였
다. 중국 상해에서 활동하던 오페
르트는 1866년 두 차례에 걸쳐 충
청도 해미 부근에 도착해 통상을
요구했으나 거절당하자 이 같은

조선 사람들 신미양요 당시 콜로라도 호 선상의 조선인.

일을 꾸몄다. 오페르트는 칼과 총으로 무장한 중국인과 말레이 인 선원
140여 명을 이끌고 충청도 홍주 행담도에 정박한 뒤 남연군의 묘가 있는
덕산 구만포에 상륙했다. 병인박해 당시 중국으로 탈출했던 프랑스 페롱
신부와 상해 미국 영사관에 근무했던 젠킨스도 이들과 동행했다. 오페르
트 일행은 러시아 군대라고 자칭하며 덕산 관아를 습격해 관청을 파괴하
고, 무기와 호미, 괭이 등 도굴 장비를 빼앗은 뒤 곧바로 남연군의 묘로 달
려가 한밤에 도굴을 시도했다. 하지만 묘가 워낙 딱딱하게 굳어 있어 오
페르트는 묘를 파 보지도 못한 채 불만 지르고 썰물 시간에 쫓겨 달아났
다. 이 사건으로 인해 대원군의 통상 수교 거부 정책은 더욱 견고해졌다.

1875

운요호 사건

일본과 불평등 조약을 맺다

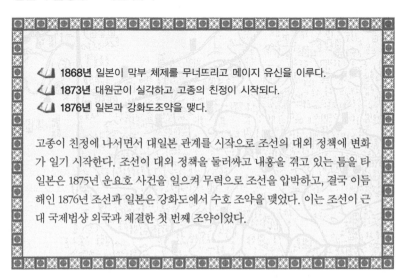

◁◁ **1868년** 일본이 막부 체제를 무너뜨리고 메이지 유신을 이루다.
◁◁ **1873년** 대원군이 실각하고 고종의 친정이 시작되다.
◁◁ **1876년** 일본과 강화도조약을 맺다.

고종이 친정에 나서면서 대일본 관계를 시작으로 조선의 대외 정책에 변화가 일기 시작한다. 조선이 대외 정책을 둘러싸고 내홍을 겪고 있는 틈을 타 일본은 1875년 운요호 사건을 일으켜 무력으로 조선을 압박하고, 결국 이듬해인 1876년 조선과 일본은 강화도에서 수호 조약을 맺었다. 이는 조선이 근대 국제법상 외국과 체결한 첫 번째 조약이었다.

　　1868년 막부 체제를 무너뜨린 메이지(明治) 정부는 조선에 여러 차례 통상 교섭을 요구해 왔으나, 대원군의 거부로 계속 좌절됐다. 당시 일본과의 외교 업무를 맡고 있던 동래 부사 정현덕(鄭顯德)과 왜학훈도(倭學訓導) 안동준(安東晙)은 일본이 보낸 서계(書契, 외교 문서)를 격식에 문제가 있다는 이유로 접수하지 않았다. 막부 체제 때와는 달리 '황제', '칙서(勅書)' 등의 용어를 사용해 조선의 상국(上國)처럼 행세하려 했다는 것이 서계를

거부한 이유였다. 하지만 대원군이 실각하자 사정은 달라졌다. 그 상징적
인 사건이 문호 개방에 관심을 갖고 있던 고종과 민비(閔妃, 명성왕후) 세력
에 의해 대원군의 심복인 정현덕과 안동준이 1874년에 제거된 것이다. 두
사람은 공금 유용 등의 죄목으로 파면당한 후 유배됐고, 안동준은 1875년
3월 동래부에서 효수형에 처해졌다.

　이처럼 조선 정부가 정치적 변화를 겪던 1874년 11월에 일본 외무대승

(外務大丞) 모리야마 시게루
(森山茂)가 부산에 이르러 국
교 수립을 요청한다. 이번에
도 일본은 '대일본(大日本)',
'황상(皇上)' 등 조선을 자극
하는 문구를 그대로 사용했
다. 게다가 당시 조선에서는
일본 내부의 정한론(征韓論)
을 경계하는 분위기여서 모
리야마의 요청을 받아들이지
않았다. 그러자 모리야마는
민씨 세력이 쇄국파를 누르
고 득세하고 있는 점을 이용
해 외교적 접근 대신 군사적
압박으로 조선의 문호를 개
방할 것을 일본 정부에 건의
했다. 일본 외교 문서에 따르

고종 (국립중앙박물관, 중박201105-260)

면 당시 모리야마는 부관을 시켜 '이런 좋은 기회에 군함 한두 척을 파견하면 목적을 이룰 수 있을 것'이라고 일본 정부에 보고토록 했다.

이에 따라 1875년 5월 운요호(雲揚號, 운양호) 등 군함 세 척이 조선에 파견됐다. 이들은 동래 앞바다에 도착해 함포 사격으로 무력시위를 벌인 뒤, 동해안을 따라 함경도 영흥만까지 올라갔다가 일단 일본으로 돌아갔다. 이어 그해 8월 20일 운요호는 항로를 측량한다는 구실로 다시 조선을 불법 침입했다. 중무장한 운요호는 서해안을 거슬러 올라가 조선의 발포를 유도하기 위해 강화도 초지진으로 접근했다. 해안 경비를 서던 조선군이 방어 차원에서 포 사격을 가하자, 운요호도 신식 함포로 공격을 퍼부은 뒤 영종진에 정박해 함포 공격을 이어 갔다. 일본군은 영종진에 상륙해 관청과 민가를 불태우고, 살상과 약탈을 자행했다. 이때 조선에서는 35명이 전사하고, 16명이 포로로 잡혔으며, 일본은 2명이 경상을 입었다. 강화도와 영종진에서 무력시위를 벌인 운요호는 29일에 일본으로 귀환했다. 이것이 일본이 통상조약을 맺기 위해 무력으로 조선을 협박한 운요호 사건이다.

이듬해인 1876년 1월, 일본은 운요호 사건에 대한 책임을 묻고 왜관에 거류하는 일본인을 보호한다는 명분으로 군함과 전권대신을 조선에 파견했다. 육군 중장인 구로다 키요타카(黑田淸隆)가 특명전권변리대신(特命全權辨理大臣)을 맡았고, 군함 8척과 군사 400여 명이 동원됐다. 이들은 부산 앞바다에 정박해 시위를 벌인 뒤 강화도에 무단 상륙해 무력으로 위협하며 조선 정부에 회담을 강요했다. 이에 조선 정부는 판부사 신헌(申櫶)을 접견대신으로 삼아 급히 강화도로 보냈다. 신헌과의 협상에 앞서 일본은 함포 사격으로 신헌 일행에게 위압감을 주고, 일본이 제시한 13개 조약안

을 받아들이지 않으면 군
사를 인천과 부평으로 상
륙시키겠다고 위협했다.

이런 가운데 조선 조정
에서는 일본이 요구하는
통상조약을 체결할지를
놓고 논의가 거듭됐다. 대
원군은 일본과의 협상 자
체를 비판했고, 조정 내 많

운요호 사건 무력으로 조선과의 통상조약을 맺으려 했던 일본은 영국에
서 수입한 근대식 군함인 운요호를 조선에 파견하였다.

은 대신들도 일본을 믿을 수 없다며 부정적인 입장을 보였다. 최익현(崔益
鉉)은 도끼를 메고 대궐 문 앞에 엎드려 '서양 도적들이나 마찬가지인 왜
인과 화친하면 기자(箕子)의 오랜 나라가 하루아침에 오랑캐에 빠져 나라
가 망하게 될 것'이라는 내용의 척화 상소를 올리기도 했다. 반면 판중추
부사 박규수(朴珪壽) 등 일부 대신들은 현실적으로 일본 군대를 막을 수
없다며 일본의 요구를 수용할 것을 주장했다. 또 청나라도 이즈음 조선에
공문을 보내 '조선이 일본과 통상을 거부하면 이후의 일은 책임질 수 없
다'라며 간접적으로 개항을 권고했다. 결국 고종은 한일 간의 우호 관계
를 감안할 때 굳이 통상을 거절할 필요가 없다는 뜻을 협상장에 있는 신
헌에게 전달했다.

이로써 조선과 일본은 2월 3일 강화도 연무당(鍊武堂)에서 12개 조항의
조일수호조규(朝日修好條規)를 체결한다. 이를 강화도조약 또는 병자수호
조약(丙子修好條約)이라고도 한다. 일본의 요구가 주로 반영된 수호조규는
제1관에서부터 조선을 침탈하기 위한 일본의 정치적 포석이 깔려 있었

다. 1관은 '조선국은 자주 국가로서 일본국과 평등한 권리를 보유한다'라고 규정했지만, 이는 조선과 청나라의 사대관계를 부정함으로써 조선에 대한 청나라의 영향력을 약화하려는 것이었다. 4관과 5관에서는 부산을 포함해 모두 세 곳을 자유 무역항으로 개항하는 내용을 담고 있다. 부산을 뺀 나머지 두 곳은 경기, 충청, 전라, 경상, 함경 5도에서 정하기로 했으며, 이후 일본은 인천과 원산을 지정했다. 이는 부산과 인천, 원산을 추후 한반도 침략의 전진 기지로 삼겠다는 일본의 전략적 계산이 반영된 결과다. 7관은 일본이 조선의 해안이나 도서를 임의로 측량해 해도(海圖)를 작성할 수 있도록 규정한 것으로, 일본 군함의 무력 침공 의도를 드러낸 조항으로 볼 수 있다. 9관에서는 양국 백성들이 각자 임의로 무역하며 양국 관리들은 조금도 간섭할 수 없고 또 제한하거나 금지할 수도 없다고 못 박았다. 이는 조선의 영세한 산업을 보호할 근거가 마련되지 않은 채 완전한 자유 무역이 이뤄지게 된 것을 의미한다. 특히 10관에서는 조선에서 범죄를 저지른 일본인은 일본에서 일본의 법률로 다스리도록 함으로써 치외법권(治外法權)을 인정했다. 이는 조선의 주권을 정면으로 침해하고 부정하는 굴욕적인 조항이다.

일본이 당초 주장한 13개 조항 가운데 최혜국 대우 조항을 뺀 12개 조항이 모두 수호조규에 포함된 반면, 조선이 요구한 미곡 교역 불허 등 6개 조항은 전혀 반영되지 않았다. 또 6월에 체결된 수호조규부록과 통상장정(通商章程)에서는 개방된 항구에서의 일본 화폐 유통 인정, 관세 주권의 포기, 미곡의 무제한 수출 허용 등의 내용이 담겨 조선의 경제가 일본에 예속되는 결과를 불렀다.

이처럼 조선보다 12년 앞서 서양 세력에게 문호를 개방한 일본은 국제

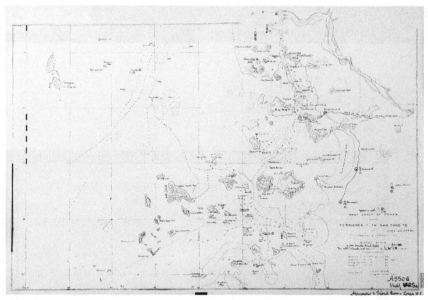

1877년에 제작된 인천수로 해도 미 해군이 프랑스 해도를 참고하여 발행한 것으로, 조선 강화도에 접근하기 위한 지도이다. (해군사관학교)

법과 국제 정세에 어두운 조선을 상대로 군사력을 앞세워 타율적이며 부당한 조약을 맺었다. 이후 조선은 강화도조약의 불평등성을 인식해 이를 개정하려고 애썼지만, 별다른 성과를 얻지 못했을 뿐만 아니라 갈수록 일본의 침략 정책에 말려들었다. 일본과의 조약 체결을 계기로 조선은 1882년 미국과 수호통상조약을 맺었고, 1883년에는 영국과 독일, 1884년에는 이탈리아와 러시아, 1886년에는 프랑스와 오스트리아 등과 잇따라 통상조약을 체결했다. 이로써 조선은 본격적인 개항과 개방의 길로 들어선다.

1882

임오군란

구식 군대의 반란과 외침의 가속화

◁ **1876년** 강화도조약 체결로 개화파와 수구파의 대립이 시작되다.

◁ **1881년** 신식군대 별기군이 창설되다.

◁ **1882년** 정권을 잡았던 흥선대원군이 청나라 군대에 의해 납치되고 민씨가 득세하다.

1882년 임오년, 일본의 경제 침탈과 민씨 일파의 국고 낭비로 생활이 궁핍해진 구식 군대의 하급 군인들이 우발적으로 대규모 군란을 일으킨다. 이들은 궁궐로 쳐들어가 민씨 일파를 비롯해 일부 관리들을 처단하고, 일본 공사관을 습격해 신식 군대의 일본인 교관을 살해했다. 임오군란은 대원군의 재집권과 납치, 청일 양국 군대의 서울 주둔, 일본과의 제물포조약 체결, 청나라의 내정 간섭 강화로 이어졌다.

고종 19년인 1882년 6월 5일, 13개월 동안이나 녹봉미를 받지 못한 무위영(武衛營) 소속의 군인들이 우선 1개월 치를 선혜청(宣惠廳) 도봉소(都捧所)에서 지급받았다. 이들이 한 해 전부터 동요하는 움직임을 보이자, 정부가 6월 초 서울에 도착한 전라도 세곡(稅穀)을 내주기로 한 것이다. 하지만 이들이 받은 쌀은 절반이 겨와 모래였다. 선혜청 관리들의 착복에 격분한 이들은 쌀 수령을 거부하고 시비 끝에 담당 고지기(庫直, 고직)를 구타했다. 이에 고지기의 상전인 선혜청 당상 민겸호(閔謙鎬)는 김춘영(金春永)과 유복만(柳卜萬) 등 주동자 네 명을 잡아 가두었다.

앞서 민씨 정권은 군제를 개편해 기존의 5군영을 무위영과 장어영(壯禦營)의 2군영으로 축소하고, 기존의 5군영에서 지원자를 추려 신식 군대인 별기군(別技軍)을 창설했다. 일본인 교관에게 근대 군사 훈련을 받는 별기군은 급료나 복장 등 모든 면에서 구식 군인보다 더 나은 대우를 받고 있었다. 군제 개편으로 실직한 5군영 소속 군인들도 많아서 구식 군인들에게 상대적 박탈감과 위기감이 쌓였다. 이렇게 누적된 불만이 선혜청에서 터져 나온 것이다.

당시 미곡의 부족은 개항 후 일본으로 미곡이 대량 유출된 데 따른 것이었다. 1876년 체결된 강화도조약에서는 조선의 관세권이 인정되지 않았기 때문에 일본은 양국 간 무역에서 막대한 이득을 챙겼다. 특히 조선에서 유입된 미곡은 일본 현지 가격의 절반도 되지 않았다. 그러다 보니 조선에서는 미곡의 절대 부족과 쌀값 폭등에 시달리게 된 것이다. 황현은 《매천야록(梅泉野錄)》에서 '갑술년(1874) 이래 대궐에서 쓰는 비용이 끝이 없다 보니 호조나 선혜청 창고가 고갈돼 경관(京官)의 월급도 주지 못했고, 5영 군사들도 자주 끼니를 잇지 못하였다. 5영을 없애고 2영(二營)을 세워 노약자마저 쫓아내자 난리를 일으킬 생각을 했다'라고 기록하였다.

포도청으로 잡혀간 군인들은 심한 고문을 받았고, 김춘영과 유복만 등 두 명에게는 사형 처분이 내려졌다. 이에 마침내 6월 9일 군인 수만 명이 감금된 군인들을 구출하기 위해 거리로 뛰쳐나왔다. 이들은 선혜청을 습격하고 민겸호의 집에 불을 질렀으며, 동별영(東別營)의 무기고에서 총기를 탈취한 뒤 포도청에 감금된 군인들을 풀어 주었다. 또 별기군 부대로

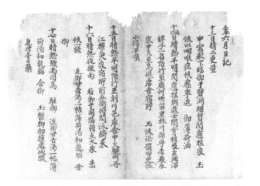

임오유월일기(壬午六月日記) 임오군란 당시 충북 충주 등지로 피신했던 명성왕후의 피신일기이다. 2006년 대전의 한 집안에서 발견되어 현재는 대전시향토사료관에 소장되어 있다.

달려가 일본인 교관 호리모토 레이조(堀本禮造)를 죽이고, 서대문 밖 청수관에 있는 일본 공사관을 포위했다. 공사관은 화염에 휩싸였고, 공사 하나부사 요시모토(花房義質)는 관원들과 함께 인천으로 달아난 뒤 일본으로 출국했다. 이튿날인 10일 군인들은 홍인군 이최응(李最應)과 호군 민창식(閔昌植)을 죽이고 창덕궁으로 쳐들어가 민겸호와 전임 선혜청 당상인 김보현(金輔鉉) 경기도 관찰사를 살해했다. 이때 민비는 가까스로 창덕궁을 탈출해 충주 장호원에 있는 민응식(閔應植)의 고향집으로 피신했다. 이날은 왕십리, 이태원 등 도시 근교에서 힘들게 생계를 꾸리는 하층 빈민들도 군란(軍亂)에 가세했다. 하급 군인들 중에는 이곳 출신들이 많았다.

사태가 걷잡을 수 없이 확산되자 고종은 대원군에게 정권을 넘겨 준다. 대원군은 곧바로 군인들에게 녹봉미 지급을 약속하고, 별기군을 혁파해 5군영 체제로 군제를 되돌렸다. 민비를 찾아내 죽여야 한다는 군인들의 주장에 대원군은 일단 사태를 진정시킬 목적으로 민비의 국상을 발표하기도 했다. 대원군은 또 민씨 세력이 개화 정책을 추진하기 위해 만든 통리기무아문을 폐지하고, 위정척사운동으로 유배당한 유생들을 석방했다. 대원군 실각 직후 유배된 전 동래 부사 정현덕(鄭顯德)도 이때 풀려났다.

대원군이 9년 만에 다시 정권을 잡았으나 이는 '33일 천하'로 마무리되고, 민비가 다시 들어선다. 이 과정에서 조선을 둘러싼 청나라와 일본의 신경전이 치열하게 전개됐다.

인천을 통해 달아난 하나부사는 6월 15일 일본에 귀국하자마자 조선에서의 상황을 일본 정부에 보고했다. 이에 일본은 긴급 각의를 열고 조선에 군함을 파견해 사죄와 배상을 받아내는 등 강경하게 대응할 것을 결정했다. 이 같은 정보를 입수한 주일 청국 대사 여서창(黎庶昌)이 6월 17일 전보를 보냄으로써 청나라도 조선의 군란 소식을 알게 됐다.

청나라는 북양함대 제독 정여창(丁汝昌)과 도원(道員) 마건충(馬建忠)을 조선에 급파해 상황을 보고받은 뒤, 광동수군 제독 오장경(吳長慶)과 병력 3,000여 명을 파병했다. 당시 문의관(問議官)으로 천진에 머물다 정여창과 동승한 어윤중(魚允中)은 대원군이 군란을 주도했다고 보고하고, 일본보다 앞서 청나라 군대를 보내 고종을 보호해 줄 것을 요청했다.

7월 7일, 경기 화성의 남양만 마산포에 도착한 오장경과 정여창은 곧바로 군사를 이끌고 서울에 들어가 동묘에 사령부를 설치했다. 이어 7월 13일에 오장경 등은 고종을 알현한 뒤 운현궁으로 대원군을 예방했고, 이에 대원군은 그날 저녁 청나라 진영을 답방했다. 청나라는 이때를 틈 타 대원군을 납치해 톈진으로 호송했다. 대원군은 이로부터 4년 동안 북경 남쪽의 보정부(保定府)에서 유폐생활을 하게 된다.

이로써 조선은 다시 고종의 친정 체제로 돌아갔다. 청나라보다 앞서 병력 1,000여 명을 이끌고 서울에 도착한 하나부사 공사는 조선 정부를 상대로 7개 조항의 요구 조건을 제시하며 이를 받아들일 것을 강요하였다. 처음에 난색을 표하던 조선 정부는 대원군이 체포된 직후부터 본격 교섭에 나서 결국 7월 17일, 일본 정부의 요구 사항이 대폭 반영된 6개 조항의 제물포조약과 2개 조항의 수호조규속약을 체결하였다. 이에 따라 조선 정부는 군란 당시 일본의 피해에 대해 5년 동안 50만 원의 배상금을 지불하고, 일본 공사관의 경비를 위해 일본군의 서울 주둔을 인정하였다. 강화도조약에 이어 조선에 대한 정치, 경제적 침투를 한층 강화한 셈이다.

대원군을 축출하고 임오군란을 진압한 청나라는 8월 1일 민비의 귀경으로 민씨 세력이 재집권하자, 조선에 대해 막강한 영향력을 행사하게 된다. 왕십리, 이태원 일대를 습격해 군인과 민간인을 살상하며 군란에 연루됐다는 이유로 170명을 체포했고, 이 가운데 11명을 참수하였다.

청나라는 이를 계기로 조선의 내정과 외교에 깊숙이 간여하였다. 일본이 강화도조약에서 청나라를 견제하기 위해 조선이 자주국임을 명시하고, 서울에 군대까지 파견해 영향력을 강화하려 한다는 점을 의식한 행보였다. 8월 23일, 체결한 조청상민수륙무역장정(朝淸商民水陸貿易章程)에서 청나라는 자국 상인의 통상 특권을 규정하며 '중국이 속국을 우대하는 뜻에서 작성된 것으로, 각 국이 균점할 수 없다'라고 적시해 조선에 대한 종주권을 명문화했다. 청나라는 또 오장경과 원세개(元世凱) 등이 이끄는 대규모 병력을 서울에 상주시켜 조선 군대를 훈련시키고 통제하도록 했으며, 11월에는 마건상(馬建常)과 독일인 묄렌도르프(Möllendorff)를 서울로 불러들여 정치, 외교 고문 역할을 맡게 했다. 조선의 관제도 중국식으로 바꿔 외교 통상을 관장하는 외아문(통리교섭통상사무아문)과 군국 기무 및 내정을 관장하는 내아문(통리군국사무아문)을 두었다.

이처럼 임오군란을 거치며 조선을 차지하려는 외세의 움직임은 더욱 가속화됐지만, 조선 왕실은 정권 유지를 위해 외세 의존적인 모습을 보임으로써 자주적인 국운 개척의 기회를 점차 상실하였다.

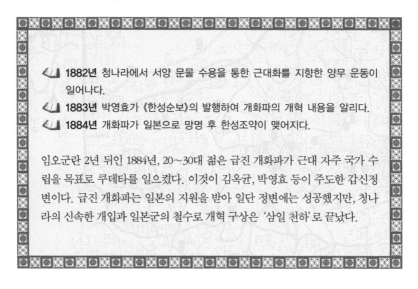

갑신정변
급진 개화파의 삼일 천하

◁◁ **1882년** 청나라에서 서양 문물 수용을 통한 근대화를 지향한 양무 운동이
일어나다.
◁◁ **1883년** 박영효가 《한성순보》의 발행하여 개화파의 개혁 내용을 알리다.
◁◁ **1884년** 개화파가 일본으로 망명 후 한성조약이 맺어지다.

임오군란 2년 뒤인 1884년, 20~30대 젊은 급진 개화파가 근대 자주 국가 수
립을 목표로 쿠데타를 일으켰다. 이것이 김옥균, 박영효 등이 주도한 갑신정
변이다. 급진 개화파는 일본의 지원을 받아 일단 정변에는 성공했지만, 청나
라의 신속한 개입과 일본군의 철수로 개혁 구상은 '삼일 천하'로 끝났다.

급진 개화파는 전통적인 왕조 국가의 제도를 근대 민족 국가 체제로 바
꾸기 위한 개혁 방안들을 제시했다. 내각제 국정 운영과 인민 평등권 제
정, 문벌 타파 등이 그것이다. 하지만 정변의 이상과 목표에 대한 일반 민
중의 공감대나 지지 기반이 결여됐고, 외세와 손잡고 급진적인 개혁을 추
진했다는 점에서 이들의 쿠데타는 현실적인 한계를 지닐 수밖에 없었다.

당시 조선의 개화파는 청나라의 양무(洋務) 운동을 모델 삼아 점진적인

김옥균 개화 사상에서 영향을 받은 김옥균은 결국 민비 세력과 수구파를 척결하고 개혁을 이루어야 한다고 생각했다. 1884년 12월 4일 그는 정변을 일으켜 정권을 잡았으나 삼일 천하로 끝났고, 일본으로 망명했다가 상해에서 암살당했다.

개혁을 통해 근대화로 나아가야 한다는 온건 개화파와 일본 메이지 유신의 방식으로 급진적 개혁을 추진해야 한다는 급진 개화파로 나뉘어 있었다. 온건 개화파는 서양의 문물과 기술을 받아들여 부국강병을 이루되, 종교와 사상에서는 전통적인 것을 지켜야 한다는 동도서기(東道西器)의 입장을 갖고 있었다. 반면 급진 개화파는 기술과 제도의 도입에 그칠 것이 아니라, 정치·사회를 근본적으로 개혁해야 한다는 변법론(變法論)을 주장했다. 온건 개화파는 청나라의 종속을 인정하며 정부 요직에서 개화 정책을 추진하고 있었고, 급진 개화파는 청나라에 대한 독립과 민씨 세력의 제거를 근대 국가 설립을 위한 기본 과제로 인식하고 있었다. 이들의 입장에 따라 온건 개화파와 급진 개화파는 각각 동도 개화파와 변법 개화파로 불리기도 한다.

갑신정변(甲申政變)은 김옥균(金玉均, 33세), 박영교(朴泳敎, 35세)과 박영효(朴泳孝, 23세) 형제, 서광범(徐光範, 25세), 홍영식(洪英植, 29세), 서재필(徐載弼, 20세) 등 급진 개화파의 주도로 이루어진 것이다. 이들은 대부분 서울 지역의 양반 가문 출신으로 1870년대 말 세력을 형성해 스스로 개화당(開化黨)이라고 부르며 세력을 키웠다. 승려 이동인(李東仁)과 중인 변수(邊樹), 무인 유상오(柳相五), 상인 이창규(李昌圭) 등도 합세했다.

정변은 치밀하게 계획된 시나리오에 따라 진행됐다. 임오군란 이후 청나라의 내정 간섭이 갈수록 심해지자 개화당은 위기감을 느끼며 돌파구를 모색하고 있었다. 때마침 1884년 안남(安南, 베트남) 문제를 놓고 청나라와 프랑스 간에 전쟁 조짐이 일고, 서울에 주둔한 청나라 군사 가운데 절반인 1,500명이 안남으로 이동하자, 이들은 거의 매일 회동하며 정변을 계획하였다.

청나라와 민씨 세력을 내몰기 위해 이들에겐 외세의 지원이 불가피했다. 처음에는 미국의 힘을 빌리기 위해 미국 공사 푸트(L. H. Foote)와 접촉했지만, 외교 정책상 지나친 간섭을 꺼리는 미국은 난색을 표했다. 그러던 중 일본 공사 다케조에 신이치로(竹添進一郞)가 "청불 전쟁을 기회로 내정 개혁을 단행해야 한다." 하며 개화당에 접근했다. 일본은 청나라와 민씨 정권을 몰아내고 조선에서의 우위를 차지하기 위해 개화당을 활용하려고 생각했다. 일본으로부터 군대 동원 등을 약속받은 개화당은 거사 날짜와 실행 계획을 확정하고 행동에 들어갔다. 동원 병력은 다케조에 공사가 지휘하는 일경(日警) 150명과 조선 중앙군 조직인 친군영(親軍營) 전영(前營) 소속 군인 250명이었다. 이들은 친군영 전영에 소속되기 전부터 박영효를 비롯해 개화당 인사들이 양성한 병력이었다.

그해 10월 17일 저녁 홍영식이 총판을 맡고 있던 우정국(郵政局)에서 개국 축하연이 열렸다. 행사 도중 개화당의 행동대가 의정국 북쪽 민가에 불을 지른 것을 신호로 거사는 시작됐다. 이들의 1차 목표는 민씨 세력의 주요 인물을 제거하고, 고종의 신병을 확보하는 것이었다. 이들은 우정국 행사에 참여한 민비의 친정조카 민영익(閔泳翊)을 피습해 부상을 입혔다. 그러고는 창덕궁으로 들어가 청나라 병사들이 난리를 일으켰다고 속이고

갑신정변이 벌어진 우정국 조선 후기에 우편 업무를 담당한 관청으로 병조참판 홍영식이 총판이었다. 1884년 10월 17일 개국 축하연이 열렸는데 김옥균 등 개화파가 주도한 갑신정변은 축하연 도중 감행되었다.

고종을 경우궁(景祐宮, 옛 휘문고교 자리)으로 옮겼다. 이 과정에서 이들은 고종에게 '일병래호(日兵來扈)'라는 글자를 써달라고 하여, 미리 계획한 대로 일본 공사관에 병력을 요청해 고종을 호위하도록 했다. 이어 민씨의 척족인 좌찬성 민태호(閔台鎬), 해방총관 민영목(閔泳穆), 지중추부사 조영하(趙寧夏), 군사 지휘권을 가진 전영사 한규직(韓圭稷), 후영사 윤태준(尹泰駿), 좌영사 이조연(李祖淵) 등을 왕명을 사칭해 경우궁으로 불러 살해했다.

정권을 쥔 개화당은 18일 핵심 인물을 요직에 포진시킨 신정부 요인 명단을 발표했다. 홍영식은 우의정, 박영효는 전후영사 겸 좌포도대장, 서광범은 좌우영사 겸 우포도대장, 김옥균은 호조참판, 서재필은 병조참판, 박영교는 도승지를 맡았다. 이날 오후 고종은 창덕궁으로 돌아갔다. 19일, 개화당은 국가 제도를 전면적으로 뜯어고치는 혁신 정강 14개조를 공포했다. 김옥균의 《갑신일록(甲申日錄)》에 기록된 혁신 정강은 다음과 같다.

1. 대원군을 조속히 귀국하게 하고, 청에 대한 조공허례를 폐지할 것.

2. 문벌을 폐지하고 인민평등의 권(權)을 제정하고 재능에 의해 인재를 등용할 것.

3. 지조법(地租法)을 개혁하여 간리(奸吏)를 근절하고 궁민(窮民)을 구제하며 국가 재정을 충실하게 할 것.

4. 내시부(內侍府)를 폐지하고 그중 재능 있는 자만을 등용할 것.

5. 탐관오리 중에 심한 자를 처벌할 것.

6. 각 도의 환자(환곡)를 영구히 면제할 것.

7. 규장각을 폐지할 것.

8. 조속히 순사를 두어 도적을 방지할 것.

9. 혜상공국(惠商公局)을 혁파할 것.

10. 유배, 금고 된 죄인을 재조사하여 석방할 것.

11. 4영을 합해 1영으로 하되, 영중(營中)에서 장정을 선발하여 근위대를 조속히 설치할 것.

12. 일체의 국가 재정은 호조에서 관할하게 하고, 그 밖의 재무관청은 폐지할 것.

13. 대신과 참찬은 날짜를 정해 합문(閤門) 내의 의정부에서 회의하고 정령을 의정, 공포할 것.

14. 의정부와 6조 외에 불필요한 관청을 혁파할 것.

1조는 청나라와의 사대 관계 청산과 자주권 확립을 적시하고 있다. 2조는 양반제를 비롯한 전통적 신분 제도를 폐지해 국민 국가를 수립하려는 내용이다. 인민 평등을 실현해 정치 참여의 폭을 넓히겠다는 의지도 담겼다. 3조와 6조는 삼정의 문란을 없애고 지세 제도를 개혁하겠다는 취지다. 9조는 혜상공국을 폐지해 보부상 등의 특권을 혁파하고, 자유주의 상업을 발전시키려는 내용이다. 11조는 군의 지휘권을 확립하고, 12조는 국가 재정 기관의 일원화를 통해 재정을 확충하겠다는 내용이다. 13조와 14조는 입헌군주제에 가깝도록 내각을 강화하겠다는 취지를 담고 있다.

하지만 혁명은 여기까지였다. 19일 오후 청나라 군대 1,500명은 창덕궁을 포위하고 일본군과 총격전을 벌인 끝에 고종을 구출했다. 다케조에 공사는 군사 150여 명을 이끌고 청군과 대치하다 일본 공사관으로 들어갔다. 김옥균과 박영효, 서광범, 서재필 등 아홉 명도 공사관으로 피신했다가 21일 인천에 도착해 일본으로 망명하였다. 개화당을 왜당(倭黨)이라 부르며 비난하던 군중은 공사관을 습격해 불태웠다. 홍영식과 박영교는 고종을 호위하다 청나라 군대에게 살해됐다. 삼일 천하는 이렇게 마무리됐다. 각종 개혁 조치는 무효가 됐고, 급진 개화파 수백 명이 처형당했다.

이처럼 개화당의 정변은 청나라의 압도적인 군사력 앞에 맥없이 무너졌으며, 일본은 개화당을 조선 침략의 수단으로 활용하려다 청나라와의 정면충돌에 부담을 느껴 발을 뺐다. 오히려 일본은 조선 정부에 공사관 소실 등의 책임을 따져 사죄를 받아내고 공사관 보호 명목으로 일본군 1개 대대를 서울에 계속 주둔시킨다. 그해 11월 한성조약을 통해서다. 그리고 1885년 3월, 일본의 이토 히로부미(伊藤博文)와 청나라 이홍장(李鴻章)은 양국의 조선 철병을 약속하는 톈진 조약(天津條約)을 체결했다. 하지만 이후에도 조선을 둘러싼 일본과 청나라의 대립과 신경전은 치열하게 전개됐고, 이는 1894년 청일 전쟁으로 폭발하였다.

거문도 사건

영국의 거문도 무단 점거

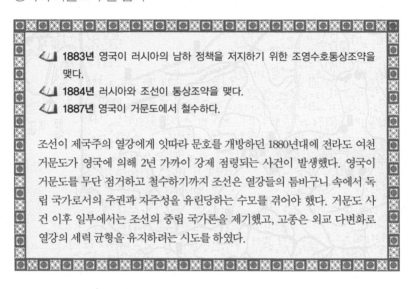

- **1883년** 영국이 러시아의 남하 정책을 저지하기 위한 조영수호통상조약을 맺다.
- **1884년** 러시아와 조선이 통상조약을 맺다.
- **1887년** 영국이 거문도에서 철수하다.

조선이 제국주의 열강에게 잇따라 문호를 개방하던 1880년대에 전라도 여천 거문도가 영국에 의해 2년 가까이 강제 점령되는 사건이 발생했다. 영국이 거문도를 무단 점거하고 철수하기까지 조선은 열강들의 틈바구니 속에서 독립 국가로서의 주권과 자주성을 유린당하는 수모를 겪어야 했다. 거문도 사건 이후 일부에서는 조선의 중립 국가론을 제기했고, 고종은 외교 다변화로 열강의 세력 균형을 유지하려는 시도를 하였다.

1885년 3월 초하루, 영국이 일본 나가사키에 정박해 있던 동양함대 소속 군함 6척과 상선 2척을 조선으로 출동시켜 조선 정부의 사전 허가나 양해도 받지 않고 거문도를 전격적으로 점령했다. 이들은 섬의 산꼭대기에 영국 국기를 달고, 병영과 포대를 구축했으며, 섬 주위에 수뢰(水雷)를 매설했다. 항만 출입구에는 방어 시설을 만들고, 내항에는 목책을 설치했다. 그리고 섬의 이름을 해밀턴 섬이라고 붙였다. 영국이 조선 정부에 거

인천항 일대의 해도 러시아는 부동항 및 태평양 진출의 교두보를 얻기 위해 조선까지 시선을 돌렸다. 이 지도는 인천항 일대를 그린 해도로, 1885년과 1887년 러시아 해양성 수로국에서 제작한 것을 1889년 프랑스 수로국에서 러시아 자료에 의거해 발간한 것이다. (해군사관학교)

문도 점령 사실을 알린 것은 그로부터 열흘 뒤였다. 영국은 북경 주재 영국 사신을 통해 조선에 '뜻밖의 일에 대응 방비하기 위하여 대조선국 남쪽의 해밀턴 섬을 얼마 동안 차지하고 있다'라는 내용의 공문을 보내왔다.

당시 영국은 부동항(不凍港)을 확보하기 위해 남하 정책을 추진하던 러시아와 세계 곳곳에서 대치하고 있었다. 러시아는 1860년에 청나라와 북경 조약을 체결해 시베리아 지역을 차지하고, 블라디보스토크에 군항을 건설했다. 러시아는 이어 1884년 조선과 통상조약을 맺고 함경북도 북동단의 경흥을 조차지(租借地)로 얻은 뒤, 겨울에도 얼지 않는 부동항의 적격지로 동해안의 영흥만을 노리고 있었다. 태평양에 진출하기 위한 교두보를 얻기 위해서였다. 특히 러시아는 거문도 사건 당시 아프가니스탄 일대에서 인도를 식민지로 삼은 뒤 북상하려는 영국과 팽팽하게 대치하고 있었다. 이에 영국은 러시아의 남하를 견제하고 러시아 극동함대 모항인 블라디보스토크를 위협하기 위해 조선 영토를 무단 점령하기에 이른 것이다. 영국은 러시아의 남하가 홍콩에 대한 침략으로 이어질 것에 대해서도 경계심을 갖고 있었다. 국제법을 무시한 제국주의의 세력 싸움에 조선이 휘말린 셈이다.

이 무렵 러시아는 조선 정부 내에서도 세력을 넓히고 있었다. 갑신정변 이후에도 청나라의 노골적인 내정 간섭이 계속되자 고종과 민비는 청나라에 서서히 거부감을 느꼈고, 이는 러시아와의 우호 강화로 이어졌다. 주한 러시아 공사 카를 베베르(K. I. Veber)가 조선 정부 인사들과 두터운 친분을 쌓았고, 조선 군대를 훈련시키는 교관으로 러시아 인을 불러들이려는 시도도 있었다. 청나라가 추천한 외교 고문인 독일인 묄렌도르프가 친러 정책을 적극 권유하면서 해임됐고, 그 후임인 미국인 오언 데니(O. N. Denny)도 역시 러시아와의 우호 관계를 건의했다.

이 과정에서 제기된 것이 조선과 러시아와의 밀약설이다. 그 요지는 고종이 묄렌도르프와 민영환(閔泳煥), 권동수(權東壽) 등 핵심 측근을 러시아에 몰래 보내 조선 보호와 군사 지원을 요청했고, 러시아도 이를 승낙했다는 내용이다. 이 같은 분위기로 인해 주차관(駐箚官)으로 서울에 상주하던 원세개를 비롯해 청나라 고위 관리 사이에는 고종 폐위 문제가 거론되기도 했다. 러시아의 조선 진출과 동해안 부동항의 확보 시도는 청나라는 물론 영국에게도 커다란 위협이었다. 조선의 정치, 외교 상황과 그 주변 정세의 변화가 거문도 점령 사건의 주요 배경으로 작용했던 것이다.

특히 영국은 1883년 조선과 조약을 체결할 당시부터 거문도에 눈독을 들여 거문도의 조차를 조선에 제의하기도 했다. 거문도가 지닌 지리적, 전략적 가치가 높았기 때문이다. 거문도는 대한 해협과 대마도 해협의 입구에 위치해 있고, 한일 해상 통로일 뿐만 아니라, 러시아 동양함대의 길목에 해당하는 전략적 요충지였다.

청나라 입장에서도 영국의 거문도 점령은 엄청난 부담으로 작용했다.

청나라 북양대신 이홍장이 3월 20일 거문도 사건과 관련해 고종에게 보낸 서신에서도 이를 읽을 수 있다. 이홍장은 '이 섬은 조선의 영토에 속한 것으로, 만일 영국이 오랫동안 빌리고 돌아가지 않으면서 사거나 조차지로 만들려고 한다면 단연코 경솔히 허락해서는 안 됩니다. 이 섬은 동해의 요충지로서 중국 위해(威海, 웨이하이)의 지부(之罘, 옌타이), 일본의 대마도, 조선의 부산 모두와 거리가 매우 가깝습니다. 전하는 일정한 주견을 견지하여 그들의 많은 선물과 달콤한 말에 넘어가지 말기 바랍니다'라며 영국의 철군을 요청할 것을 종용했다. 이홍장은 조선이 거문도를 영국에게 빌려 준다면 일본에서 이를 문제 삼을 것이고, 러시아는 군사력으로 징벌하거나 조선의 다른 섬을 차지할 것이라고까지 경고했다. 이홍장의 서신에 따르면, 영국의 거문도 점령 사흘 뒤 청나라 톈진에서 이홍장과 일본의 이토 히로부미가 갑신정변 후속책을 담은 톈진 조약을 맺을 당시 이토 히로부미는 "영국이 만약 오랫동안 거문도를 차지한다면 일본에 더욱 불리하다."라며 경계심을 드러내기도 했다.

이홍장의 서신을 받은 직후 조선은 일본과 독일, 미국 정부에 조선의 입장을 밝히는 서신을 보내는 한편 의정부 유사당상(有司堂上) 엄세영(嚴世永)과 묄렌도르프를 거문도와 나가사키로 보내 거문도를 점령하게 된 경위를 묻고, 철수 문제를 담판 짓도록 했다. 하지만 나가사키의 영국 동양함대 사령관 도웰 중장이나 거문도에 주둔한 영국 함대장 막키이는 "러시아가 이 섬을 차지하려고 한다는 말을 듣고 정부의 명령에 따라 이를 보호하고 지키려는 것"이라고만 할 뿐 철수 문제에 대해서는 책임 있는 답변을 내놓지 않았다.

그러자 독판교섭통상사무(督辦交涉通商事務) 김윤식(金允植)은 4월 7일

북경 주재 영국 부영사에게 서신을 보내 '영국이 거문도에 마음을 두고 있다는 것을 알았지만, 이 섬은 우리나라 영토에 속하므로 다른 나라에서는 차지할 수 없다. 세계 어느 나라의 공법(公法)에도 원래 이런 법은 없다' 하며 조속한 철수를 거듭하여 요청했다. 김윤식은 각국 대사와 공사를 찾아다니며 해법을 모색하기도 했다. 하지만 조선 정부의 대응은 영국에 전혀 먹히지 않았다. 5월 25일 고종이 대신들에게 "거문도를 다른 나라 사람이 제멋대로 차지하고 아직 철수하지 않으니 참으로 개탄할 일"이라고 하자, 영의정 심순택(沈舜澤)은 "서로 버티다 보니 그렇다고 들었는데, 아직 언제 철수할지 알 수가 없어 매우 걱정"이라고 했다. 더 이상 조선 정부가 할 수 있는 일은 없었다.

결국 영국은 아프가니스탄 일대에서 벌어진 러시아와의 분쟁이 해결될 즈음인 1887년, 러시아로부터 '조선의 어느 곳도 점유하지 않는다'라는 약속을 받아낸 뒤 22개월여 만에 스스로 거문도에서 철수했다. 조선은 그해 7월 거문도를 남해 연안의 요충지라 하여 동도 유촌리에 거문진(巨文鎭)을 설치했다.

거문도 사건을 계기로 조선 안팎에서는 주변 강대국의 동의를 전제로 조선을 중립국으로 만들자는 중립화론이 일기도 했다. 개화파인 유길준(兪吉濬), 김옥균, 조선 주재 독일 부영사 허만 부들러(H. Buddler) 등이 이 같은 주장을 했지만, 서로 다른 복안을 가진데다 청나라와 그 지지 세력이 반대하여 실현되지는 못했다. 고종은 열강의 각축전에서 독립과 주권을 보전하기 위해 미국이나 프랑스 등과 접촉을 넓히는 등 나름대로 세력 균형 정책을 시도했다. 하지만 조선의 정치, 사회 체제가 취약하고 국력이 쇠퇴한 상태에서 이 같은 시도는 별다른 효과를 얻지 못했다.

1894

동학 농민 전쟁

농민들의 반봉건, 반외세 투쟁

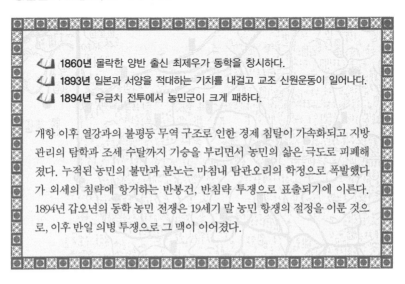

1860년 몰락한 양반 출신 최제우가 동학을 창시하다.
1893년 일본과 서양을 적대하는 기치를 내걸고 교조 신원운동이 일어나다.
1894년 우금치 전투에서 농민군이 크게 패하다.

개항 이후 열강과의 불평등 무역 구조로 인한 경제 침탈이 가속화되고 지방 관리의 탐학과 조세 수탈까지 기승을 부리면서 농민의 삶은 극도로 피폐해졌다. 누적된 농민의 불만과 분노는 마침내 탐관오리의 학정으로 폭발했다가 외세의 침략에 항거하는 반봉건, 반침략 투쟁으로 표출되기에 이른다. 1894년 갑오년의 동학 농민 전쟁은 19세기 말 농민 항쟁의 절정을 이룬 것으로, 이후 반일 의병 투쟁으로 그 맥이 이어졌다.

　　1894년 농민 전쟁은 동학(東學)이라는 민중 종교와 그 지도 체제 아래서 집단적이고 조직적으로 전개됐다는 점이 하나의 특징이다. 1860년 몰락한 양반 가문 출신의 최제우(崔濟愚)가 창시한 동학은 봉건적 수탈 구조에 시달리던 농민 사이에 급속히 전파됐다. 정부가 1864년 3월 혹세무민(惑世誣民)의 죄를 물어 최제우를 처형한 이후 동학의 교세는 한때 주춤했지만, 2대 교주 최시형(崔時亨)의 끈질긴 포교 활동 등으로 1870년대 후반에는 삼남 지방에 뿌리를 내릴 정도로 퍼져 갔다. 1880년대에는 충청도 지역의 북접(北接)에서 손병희(孫秉熙), 손천민(孫天民), 전라도의 남접(南接)에서 손화중(孫和中), 서장옥(徐長玉), 황하일(黃河一), 김개남(金開男) 등이 등장해 이후 동학 지도자로 성장한다.

　사학(邪學)이라 하여 지방 수령들로부터 지속적으로 탄압을 받던 동학 교도들은 1890년대 들어 합법적인 청원활동으로서 교조 신원(伸寃) 운동을 전개했다. 억울하게 처형된 교조 최제우의 누명을 풀어 포교의 자유를 인정해 달라는 것과 고을 수령들의 교도들에 대한 재산 탈취 등 부당 행위를 막아 달라는 것이 청원의 요지였다. 이들은 1892년 10월에 충청도 공주, 11월에 전라도 삼례에서 시위를 벌여 충청도와 전라도 관찰사에게 동학교도에 대한 부당한 수탈을 금지하겠다는 약속을 받아냈지만, 교조 신원은 이루지 못했다.

　이에 동학 지도자 40여 명은 국왕에게 직접 청원하기 위해 1893년 2월 광화문 앞에 엎드려 사흘 밤낮으로 복합상소(伏閤上疏)를 올렸다. 하지만 조정은 이들을 강제 해산시키고 주동자를 체포했다. 그러자 동학 지도자들은 최제우가 처형된 날인 3월 10일 충청도 보은에서 2만 7,000여 명의 교도가 모인 가운데 집회를 갖고 정부에 대한 투쟁을 결의했

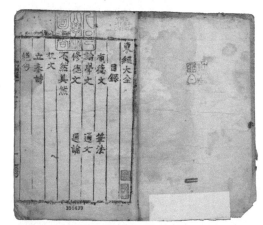

동경대전 동학을 창시한 최제우의 저서. 〈포덕문(布德文)〉, 〈논학문(論學文)〉, 〈수덕문(修德文)〉, 〈불연기연(不然其然)〉 등 네 편을 중심으로 이루어져 있다. (규장각한국학연구원)

다. 이즈음 전라도 금구에서도 전봉준(全琫準)과 서장옥 등 남접이 주도하는 시위가 열려 보은 집회에 호응했다. 집회에는 이미 일반 민중들도 가세하였다. 이때부터 교도들은 교조 신원 요구를 뛰어 넘어 척왜양창의(斥倭洋倡義, 일본과 서양을 물리치고 대의를 세움)의 기치를 내건다.

앞서 광화문 앞 복합상소 당시에도 외국 공사관이나 교회, 외국인 거류 지역에 '왜놈과 서양 오랑캐는 물러가라'라는 내용의 벽보가 붙었다. 동학의 기세를 우려한 조정에서는 어윤중(魚允中)을 양호선무사(兩湖宣撫使)로 보내 이들을 회유, 설득하는 한편 홍계훈(洪啓薰)으로 하여금 관군 600여 명을 이끌고 진압에 나서도록 했다. 그러자 동학교도들은 자진 해산했고, 이에 따라 농민 전쟁 전 단계인 교조 신원운동은 막을 내린다.

동학 농민 전쟁은 1894년 1월 고부 민란에서부터 5월 전주화약(全州和約)에 이르기까지의 1차와 일본의 왕궁 점령에 대응해 다시 봉기한 그해 9월 이후의 2차로 나뉜다. 1차 농민 전쟁은 전라도 고부 군수 조병갑(趙秉甲)의 학정에 분개한 농민들이 고부 접주(接主) 전봉준의 지휘 아래 봉기하면서 촉발됐다. 조병갑은 개항 이후 쌀 수출의 증가로 지주의 수탈에 시달리던 소작농에게 만석보(萬石洑)의 수세를 강제로 징수하고 부친의 비각을 세운다는 명목으로 돈을 뜯어내는 등 온갖 탐학을 일삼고 있었다. 전봉준을 비롯한 고부 농민들이 관아에 여러 차례 시정을 요구했으나, 상황은 나아지지 않았다.

이에 전봉준 등은 1893년 11월부터 사발통문(沙鉢通文)을 돌리며 봉기를 준비한다. 마침내 1894년 1월 10일 새벽, 전봉준과 농민 1,000여 명은 고부 관아를 습격해 아전을 처단하고, 무기를 탈취했다. 창고에 있던 양곡 1,400여 석을 농민에게 돌려주고, 조세 장부 등을 태우기도 했다. 이들은 조병갑의 학정 시정과 외국 상인 침투 금지 등 13개 조의 요구 사항을 제시했다. 정부에서는 조병갑을 처벌하고, 장흥 부사 이용태(李容泰)를 안핵사로 파견해 진상을 조사하도록 했다. 하지만 이용태가 봉기에 참여한 농민과 그 가족을 색출하고 학살하는 등 만

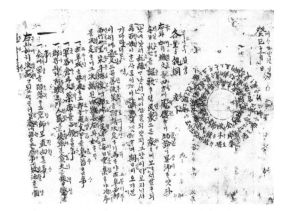

사발통문 1883년 전봉준 등이 작성한 문서이다. 일종의 고지문인 사발통문은 사발을 엎어 그린 원 안에 참여자의 이름을 써서 돌렸기 때문에 주모자가 누군지 알 수 없었다. (전주역사박물관)

행을 저지르자, 전봉준 등은 3월 13일 전라도 무장으로 몸을 피했다.

이어 무장의 대접주 손화중의 도움을 받아 전봉준, 김개남 등이 20일 무장에서 8,000여 명의 농민군을 일으키면서 농민 전쟁은 본격화됐다. 농민군은 창의문을 발표하고 전봉준을 창의대장으로 삼아 고창, 흥덕을 거쳐 23일 고부 관아를 점령했다. 이들은 고부 북쪽의 백산(白山)으로 이동해 대오를 정비한 뒤 태인과 금구를 거쳐 4월 7일 새벽 황토현에서 전라 감영군을 격파했다. 첫 싸움에서 승리한 농민군은 정읍과 흥덕, 고창, 무장, 영광, 함평을 잇달아 점령한 데 이어 장성 황룡촌에서 양호초토사(兩湖招討使) 홍계훈이 이끄는 800여 명의 경군(京軍)을 무찔렀다. 농민군은 마침내 4월 27일 전주성을 점거하기에 이른다. 이로써 전라도 일대가 사실상 농민군의 지배에 들어갔다.

이에 위기를 느낀 민씨 정권의 요청에 따라 청나라 군대가 5월 5일 아산만에 상륙했고, 톈진 조약에 근거해 일본군도 다음 날 인천으로 들어왔

다. 외세 개입을 우려한 농민군은 일단 경군과 휴전 교섭에 들어가 5월 7일 전주화약을 체결한 뒤 이튿날 자진해산했다. 전주화약에서는 탐관오리와 양반, 토호 등의 탄압 및 수탈 금지, 신분상 차별 대우 폐지, 무명잡세(無名雜稅) 혁파, 친일분자 처벌, 고리채 무효화 등이 담긴 12개 조의 폐정개혁안(弊政改革案)이 합의됐다. 전주화약에 따라 전라도 관찰사 김학진(金鶴鎭)과 전봉준은 전라도 53개 군에 민정기관인 집강소(執綱所)를 설치하고, 과감한 폐정 개혁 활동을 벌였다. 하지만 일부 지역에서는 보수 유생과 향리 등이 개혁 조치와 집강소 설치에 반대하며 민보군(民堡軍)을 만들어 농민군을 체포해 처형하기도 했다.

그러던 중 일본이 경복궁을 점령하고 친일 내각을 세우자 이에 분노한 농민군이 척왜(斥倭)를 기치로 다시 봉기하고, 친일 내각도 일본군의 힘을 빌려 농민군 토벌에 나선다. 남접의 전봉준이 이끄는 농민군 10만여 명은 9월 12일 삼례에 집결해 조직을 재정비한 뒤 10월에 서울을 향해 북상했다. 1차 봉기 때 참여하지 않은 충청, 경상, 강원, 경기, 황해도 등지에서도 속속 농민군이 들고 일어났다. 남접의 1차 봉기에 반대했던 북접의 손병희도 교주 최시형의 승인을 받아 충청도 일대 농민군 10만여 명을 이끌고 논산에서 전봉준과 합류했다.

이처럼 2차 동학 농민 전쟁은 전국 각지의 농민들이 반외세를 목적으로 거병했다는 점에서 1차와는 다른 양상으로 전개됐다. 남북이 연합한 농민군은 일본군을 치기 위해 서울 쪽으로 북상했고, 이즈음 일본군과 관군, 민보군의 연합 세력도 농민군을 진압하기 위해 세 갈래로 나누어 남하하고 있었다. 농민군은 이들을 맞아 목천 세성산(細城山)에서 사흘간의 접전 끝에 패배하였고, 공주, 청주, 나주, 논산, 금구, 원평 등에서는 최신식 근

대 무기로 무장한 일본
군과 관군의 연합 세력
에게 잇따라 무너졌다.

최대 격전은 공주 우
금치(牛禁峙) 일대에서
벌어졌다. 전봉준과 손
병희가 합세한 2만여 명
의 농민군은 10월 23~
25일과 11월 8~11일 두
차례에 걸쳐 일본군, 관

체포된 전봉준 동학 농민군은 일본군과 관군의 무자비한 토벌 작전에 결국 패하고 말았다. 농민군을 이끈 우두머리 전봉준은 순창에서 체포되어 처형되었다.

군 연합 세력과 50여 차례에 걸쳐 혈전을 벌였으나, 월등히 우세한 화력 앞에 패퇴하였다. 생존자는 불과 500여 명에 불과했다. 우금치 전투를 고비로 농민 전쟁은 사실상 승패가 갈렸다. 농민군은 뿔뿔이 흩어지고, 일본군과 관군은 무자비한 토벌 작전을 벌였다. 전봉준은 12월 2일 순창에서, 손화중은 1895년 1월 6일 흥덕에서 각각 체포돼 그해 3월 말 다른 농민군 지도자들과 함께 처형됐다.

1894년 한 해 동안의 동학 농민 전쟁은 이렇게 마무리됐다. 비록 실패로 끝났지만, 동학 농민 전쟁은 폐정 개혁안을 통해 갑오개혁에 부분적으로 영향을 미치고, 나아가 반일 의병 투쟁의 원동력으로 작용한다.

1895

을미사변

명성왕후 시해 사건

✎ **1884년** 갑신정변 실패 후 개화당 정권이 무너지고 명성왕후 세력이 득세하다.

✎ **1894년** 일본의 요구로 김홍집 등을 중심으로 갑오개혁이 단행되다.

✎ **1895년** 일본이 청일 전쟁에서 승리하다.

1895년 10월 8일 새벽 일본이 경복궁을 습격해 조선의 왕비를 시해했다. 조선 침략의 최대 걸림돌을 제거해 한반도와 그 주변에서의 지배권을 회복하기 위해 저지른 만행이었다. 청일 전쟁과 갑오개혁, 삼국 간섭으로 근대사의 격변에 휩싸인 조선은 결국 국모 시해라는 충격적인 사건을 맞는다. 45세의 나이에 참살된 명성왕후는 1897년 대한제국 수립으로 고종이 황제에 오르면서 황후로 책봉됐다.

    명성왕후 시해는 치밀한 사전 각본에 따라 이뤄졌다. 1895년 4월, 삼국 간섭으로 비롯된 국제 정세 변화가 직접적인 기폭제가 됐다. 일본은 청일 전쟁에서 승리한 직후 시모노세키 조약에서 청나라로부터 요동 반도와 대만 등을 할양받았다. 하지만 만주와 조선 침략을 노리던 러시아가 이에 반발, 프랑스와 독일을 끌어들여 요동 반도를 청나라에 되돌려 주도록 일본을 압박했고, 삼국의 막강한 군사력에 부담을 느낀 일본은 요동 반도를 포기한다. 청일 전쟁의 승리로 상승세를 타던 일본의 기세가 한풀 꺾인 셈이다.

한 해 전인 1894년 7월, 일본은 청나라와 전쟁을 일으키면서 먼저 경복궁을 습격해 고종을 포로로 삼고 반일의 핵심인 왕후 세력을 권력에서 밀어낸 뒤 일본이 요구하는 개혁안을 통과시켰다. 이후 1년 남짓 동안 일본은 김홍집(金弘集), 박영효(朴泳孝) 등으로 구성된 친일 내각을 조종하며, 두 차례의 갑오개혁을 통해 청나라 간섭 배제, 왕권 약화, 근대적 내각제도 확립 등의 개혁안 수백 건을 제정하여 실시하게 했다. 이를 통해 일본은 조선에 대한 내정 간섭과 정치, 경제적 침투를 더욱 강화해 나갔다.

이 과정에서 정치적 입지가 크게 위축된 고종과 왕후는 삼국 간섭을 상황 반전을 위한 절호의 기회로 여겼다. 서양 세력, 특히 러시아의 지원을 받아 일본 세력을 견제할 수 있을 것이라는 계산이었다. 이른바 인아거일책(引俄拒日策, 러시아를 끌어들이고 일본을 배격함)이다. 이에 왕후는 갑오개혁 당시 일본을 견제하려다 실각해 청나라로 도피한 민영준(閔泳駿)의 정계 복귀를 꾀하는 등 친위 세력을 형성하려는 움직임을 보였다. 또 고종은 친러파인 이범진(李範晉)과 이완용(李完用) 등을 내각에 기용하며 친일파 제거를 시도했다. 그러자 일본은 세력 만회를 위한 수단을 강구하였고, 결국 왕후를 시해하는 음모를 꾸민다. 처음엔 친일 개화파의 영수인 박영효를 사주하여 일을 일으키려 했으나 음모가 사전에 발각되어 박영효가 일본으로 망명하자, 주한 일본 공사관이 직접 나선다.

'여우사냥', 이것이 명성왕후를 시해하기 위한 작전에 붙인 이름이다. 구체적인 실행 계획은 10월 3일(음력 8월 15일) 남산의 일본 공사관 밀실에서 마련됐다. 육군 중장 출신의 암살 전문가 미우라 고로(三浦梧樓)가 공사로 부임한 지 한 달이 막 지난 시점이었다. 전임 이노우에 가오루(井上馨)가 시해를 주모하고, 이를 실행하기 위해 과격한 성격의 미우라를 후임으로 천거한 것이다. 이들은 밀실 모의를 통해 시해 주역은 일본 낭인이 맡고, 겉으로는 왕후와 갈등을 빚고 있는 대원군과 조선인 훈련대(訓練隊) 군인들의 반란으로 꾸미기로 했다. 거사일은 10월 10일 새벽으로 정했다.

미우라는 우선 일본인 신문 〈한성신보(漢城新報)〉 사장인 아다치 겐조에게 6,000원의 보수를 주고 낭인 자객들을 동원하도록 했다. 당시 서울에는 수십 명의 일본 낭인들이 신문기자나 상인 등으로 와 있었고, 아다치 사장은 그 우두머리격이었다. 미우라는 또 훈련대의 1대대장 우범선(禹範善)과 2대대장 이두황(李斗璜), 전 군부협판 이주회(李周會) 등을 포섭했다. 조선인 훈련대와 일본 수비대, 순사는 공사관이 책임지고 움직이도록 했다.

그다음은 대원군이었다. 대원군은 1894년 갑오개혁에 불만을 품어 고종을 폐위시키고 적손자 이준용(李埈鎔)을 왕위에 앉히려다 발각돼 마포의 공덕리 별장 아소정(我笑亭)에 이준용과 함께 유폐되어 있었다. 미우라는 10월 6일 대원군과 친분이 있는 궁내부 고문관 대위 오카모토 류노스케(岡本柳之助)를 아소정에 보내 국왕 보좌 역할을 요청하며 서약서를 받아냈다. 거사 당일 대원군을 입궐시켜 책임을 뒤집어씌우려는 계책이었다. 대원군이 서약한 사항의 요지는 궁중 사무에 전념하고, 정무에 일체 간여하지 않는다는 것이었다.

만반의 채비를 마친 미우라는 시해 계획이 누설되지 않도록 오카모토가 귀국하는 것처럼 꾸며 송별회를 하기도 했다. 당초 미우라는 서울에 부임한 직후부터 주변의 경계심을 풀기 위해 공사관에서 불경을 외우며 두문불출했다. 왕후가 '금강산 승려'라고 별명을 붙일 정도였다. 부임할 때부터 왕후 시해 사건을 일으키기 위해 위장술을 썼던 셈이다.

거사 날짜를 기다리던 미우라에게 10월 7일 예상치 않은 일이 생겼다. 조선 정부가 그날 오전 군부대신 안경수를 공사관에 보내 훈련대 해산과 무장 해제, 민영준의 궁내부 대신 임명을 통고한 것이다. 일본의 영향력을 줄이기 위한 왕후의 전격적인 조치였다. 궁궐 수비를 명분으로 설치된 훈련대는 일본군 장교가 훈련을 맡고 있어 사실상 일본 공사관의 지휘를 받는 군대였다. 이와는 별도로 고종과 왕후가 궁궐 수비 전담부대로 창설한 것이 시위대(侍衛隊)로, 미국인 윌리엄 다이(W. M. Dye) 장군이 교관을 맡고 있었다. 미우라는 훈련대가 빠지면 시해 계획에 차질이 생길 것으로 생각하고, 거사 날짜를 앞당겼다.

이렇게 해서 그날 밤 아소정에 공사관 직원과 순사, 낭인들이 집결하였고, 이들은 잠든 대원군을 급히 깨워 8일 새벽 3시쯤 가마에 태우고 경복궁으로 향했다. 훈련대와 수비대는 서대문 부근에서 이들과 합류했다. 경복궁은 이미 미우라가 동원한 일본군들로 포위되어 있었다. 새벽 5시쯤 대원군 일행이 광화문 앞에 도착하자 일본 순사들이 긴 사다리로 담을 넘어 들어가 광화문 빗장을 풀었다.

이때 고종과 왕후가 임명한 훈련대 연대장 홍계훈이 군부대신 안경수와 함께 시위대(侍衛隊) 병력을 이끌고 나타나 이들을 저지하면서 총격전이 벌어졌다. 홍계훈(洪啓薫)이 총에 맞아 쓰러지고 안경수가 달아나자 흉도들은 함성을 지르며 고종의 편전인 북쪽의 건청궁(乾淸宮)으로 돌진했다. 이번에는 다이 장군이 이끄는 시위대 300~400명이 이들을 막았지만, 10분 만에 밀려났다. 이로써 일본군이 궁궐 안을 완전히 장악하였다.

명성왕후 국장 행렬 명성왕후가 일제에 의해 시해되자 조선은 큰 충격에 휩싸였고, 명성왕후의 국장일에는 대한문 앞에 많은 인파가 모여들어 추모하였다. (독립기념관)

건청궁에 이르자 낭인들은 일본군과 함께 밀실을 수색하기 시작했다. 흉도들은 궁녀들의 머리채를 끌어당기고 윽박지르며 왕후의 소재를 물었다. 궁녀들은 두려움에 떨며 비명을 질러 댔다. 흉도들은 또 고종에게 접근해 어깨와 팔을 붙잡고 끌고 다녔으며, 고종 옆에서 칼을 휘두르고 권총을 쏘며 왕후의 거처를 대라고 다그쳤다. 고종은 왕후가 피신할 수 있도록 다른 방을 가리키기도 했다.

마침내 흉도들이 건청궁 동쪽 곤녕합(坤寧閤)에서 왕후를 찾아냈다. 궁내부대신 이경직(李耕稙)이 두 팔을 벌려 왕후 앞을 가로막자 흉도들은 권총을 쏘아 이경직을 쓰러뜨렸다. 신문기자 히라야마 이와히코(平山岩彦)가 칼로 이경직의 두 팔을 베었다. 흉도들은 왕후를 쓰러뜨려 짓밟았으며, 여러 명이 달려들어 칼을 휘둘렀다. 이들은 왕후를 찾다가 용모가 비슷한 궁녀 세 명도 살해했다. 이들은 왕후를 정확하게 확인하기 위해 미리 준비한 초상화와 대조하기도 하고, 왕후의 이마에 있는 마마자국을 찾아보기도 했다. 얼마 뒤 궁에 들어온 미우라도 왕후의 시신을 확인했다. 흉도들은 칼자국 등 증거를 없애기 위해 미우라의 지시에 따라 시신을 화장했다. 이들은 홑이불로 싼 시신을 건청궁 동쪽 녹원(鹿園) 숲 속으로 옮긴 뒤 장작더미에 올려놓고 석유를 뿌려 태웠다. 남은 것은 유골 몇 점뿐이었다. 이것이 을미사변(乙未事變)이다.

왕후가 시해된 지 두어 시간 뒤, 고종은 장안당(長安堂)으로 자리를 옮겨 대원군과 미우라 등과 대면했다. 이 자리에서 고종은 미우라의 강요에 따라 친일 개화파 중심의 김홍집 내각을 조직했다. 이날 일본인 흉도들의 행패는 고종을 호위하던 러시아 인 건축 기술자 사바틴(S. Sabatin)과 시위대 교관 다이 장군 등에 의해 전 세계에 폭로됐다. 국제적인 비난이 거세지자 일본은 미우라 일당을 송환해 재판을 열었지만, 증거불충분을 이유로 무죄 판결을 내렸다.

김홍집 내각과 단발령

명성왕후가 시해된 지 한 달 뒤인 1895년 11월, 일본은 친일 김홍집 내각을 앞세워 을미개혁의 하나로 단발령을 발표했다. 고종은 일본군이 왕궁을 포위한 가운데 개화파 대신들의 강요로 "신민에게 먼저 모범을 보인다."라며 단발을 하게 되었다. 거리에서는 경찰이 길을 막고 강제로 사람들의 머리카락을 자르기도 했다.

일본은 위생과 생활의 편리 등 조선의 근대적 개혁을 구실로 상투 금지와 단발, 양복 착용 등을 시행하게 했다. 하지만 실상은 한국의 전통을 단절시킴으로써 한국인의 민족 정신을 약화시키려는 정략적 의도를 깔고 있었다. 단발령과 함께 양복과 모자, 빗, 포마드 등 복장의 변화에 따라 일본 상품이 유입되기도 했다.

단발령은 국모 시해로 반일 감정이 고조된 국민의 분노를 폭발시키는 계기가 됐다. 당시 국민들은 "유교에서 효의 기본은 부모로부터 물려받은 신체를 훼손하지 않는 것이다. 목을 자를지언정 머리털을 자를 수는 없다."라며 완강히 반발했다. 단발의 부당함을 지적하는 상소가 잇따랐고, 관직을 사직하거나 학교를 자퇴하는 사례가 이어졌다. 특히 유학자들을 중심으로 항일 의병이 일어나 이소응 부대와 유인석 부대 등이 춘천과 제천 등지에서 일본 침략에 저항하는 활동을 벌였다.

아관파천

일본을 견제하기 위해 러시아를 이용하다

◁ **1894년** 갑오개혁에 의해 과거 제도 폐지, 재정 일원화 등이 시행되다.

◁ **1895년** 을미사변과 고종의 단발령에 분격한 유생들을 중심으로 을미의병 운동이 일어나다.

◁ **1896년** 고종이 경복궁을 떠나 러시아 공사관에 거처하다.

을미사변 이후 고종은 신변에 위협을 느끼며, 더불어 일본의 권력이 점차 강해지자 이에 대한 불만과 불안이 심해졌다. 이에 고종과 왕세자는 1896년 2월 11일부터 이듬해 2월까지 러시아 공사관으로 거처를 옮긴다. 이것이 아관파천이다. 이 기간 동안 조선은 러시아로부터 여러모로 많은 영향을 받게 되었다.

12월 27일에 임금이 경복궁을 나갔다. 이범진과 이윤용 등이 임금을 아라사 공사관으로 옮기고 김홍집과 정병하를 잡아 죽였지만, 유길준, 장박, 조희연 등은 달아났다.

황현이 《매천야록》에 기록한 고종의 아관파천(俄館播遷)은 이렇게 시작된다. 12월 27일은 양력으로 1896년 2월 11일이다. 고종은 이로부터 이듬해 2월 20일까지 1년 남짓 정동의 아라사(俄羅斯, 러시아) 공사관에 머물렀다. 고종이 러시아 공사관으로 옮긴 것은 을미사변으로 명성왕후가 시해되고, 갑오개혁의 일환으로 단발령(斷髮令)이 내려 전국적으로 반발이 확산되던 시기였다. 이처럼 국가적으로 비상한 시기에 고종은 왜 궁궐을 비우고 외국 공사관으로 이어(移御)했을까.

무엇보다 명성왕후 시해 이후 자신과 왕실의 안위에 대한 불안감, 일본의 무자비한 횡포와 독주에 대한 불만과 견제 심리가 컸기 때문이다. 당시 고종은 러시아와 미국 공사관에서 요리한 음식이나 외국인 선교사가 갖다 주는 캔으로 된 음식만 먹고 밤마다 잠을 설칠 정도로 신변에 위협을 느끼고 있었다. 또한 고종은 일본이 친일 개화파 내각을 앞세워 추진한 갑오개혁에 강한 불신감을 갖고 있었다. 실제로 고종은 아관파천 이틀 뒤인 13일 백성들의 각종 조세를 탕감하라는 지시를 내리면서 "(갑오개혁) 이후로 나라가 문명(文明)하고 진보한다는 명색만 있고 그 실질은 오히려 없으므로 모든 백성들이 의심을 품는 일이 없지 않다."라고 했으며, 그해 9월 24일에는 내각을 의정부로 환원시키면서 "지난번에 역적 무리들이 나라의 권한을 농간질하고 조정의 정사를 뜯어고치면서 심지어는 의정부를 내각이라고 고쳐 부른 것은 거의 다 명령을 위조한 것"이라고 분명히 했다.

경복궁에 유폐된 것이나 다름없던 고종을 구출하려는 시도는 아관파천 이전에 한 차례 더 있었다. 1895년 11월 27일 밤, 친위대를 동원해 고종을 정동의 미국 공사관으로 피신시키려 했던 춘생문(春生門) 사건이 그것이다. 주모자는 이범진(李範晉), 이재순(李載純), 이윤용(李允用), 이완용(李完用), 이하영(李夏榮), 윤치호(尹致昊) 등으로 정동파 소속 인사들이었다. 정동파는 서양 외교관의 친목단체인 정동구락부에 출입하던 정치인들을 말한다. 이들은 미국인 호러스 언더우드(H. G. Underwood), 윌리엄 다이(W. M. Dye), 호머 헐버트(H. B. Hulbert) 등의 도움을 받아 고종을 경복궁 춘생문을 통해 미국 공사관으로 옮기게 했다. 그리고 김홍집 내각의 대신들을 제거하고자 했다. 하지만 당시 친위 쿠데타 사건은 서리군부대신 어윤중(魚允中)과 모의에 가담했던 안경수가 내각과 외부대신 김윤식(金允植)에게 누설하면서 사전에 발각돼 실패하고 만다. 이로 인해 행동대원인 시종 임최수(林㝡洙), 육군 참령 이도철(李道徹)이 교수형에 처해지고, 나머지는 종신유형(終身流刑)이나 징역형을 받았다.

고립무원 지경이었던 고종은 춘생문 사건으로 더욱 궁지에 몰렸다. 춘생문 사건 가담자들에 대한 판결이 선고되던 날, 공교롭게도 단발령이 내려져 백성들의 반일 감정은 거세졌고 의병 운동이 전국으로 확산됐다. 관군이 의병을 진압하기 위해 지방으로 이동하는 바람에 서울 지역의 경비는 평상시보다 허술해졌다.

이를 틈타 이번에는 고종을 러시아 공사관으로 옮기려는 계획이 세워진다. 춘생문 사건에 가담했던 이범진, 심상훈(沈相薰), 이윤용, 이완용 등이 주도했으며, 궁관(宮官)들이 적극적으로 도왔다. 또 러시아 어 통역관 김홍륙(金鴻陸)과 시위 1대대장 이학균(李學均), 궁내관 최영하(崔榮夏), 시종 홍종우(洪鍾宇) 등이 가세했다. 이범진과 이윤용은 대표적인 친러파 인사로 '아당(俄黨)'이라고 불릴 정도였다. 심상훈은 고종의 이종사촌이며, 이범진과 심상훈은 각각 춘천과 여주의 의병 세력과도 연결되어 있었다. 홍종우는 1894년 3월 상해에서 갑신정변을 주도한 김옥균을 권총으로 암살해 고종의 신임을 얻었다. 특히 명성왕후 시해 뒤 고종이 가까이 지내던 궁녀 엄 상궁(嚴尙宮)의 역할이 컸다. 엄 상궁은 마지막 황태자인 영친왕 이은(李垠)의 생모다. 당시 엄 상궁은 대원군과 친일파가 고종을 폐위할 음모를 꾸미고 있다며 왕실의 안전을 위해 러시아 공사관으로 옮길 것을 끈질기게 설득해 고종의 동의를 얻어냈다.

이들은 쿠데타를 일으키는 대신 궁녀의 가마를 타고 몰래 경복궁을 빠져나가는 방법을 쓰기로 했다. 경복궁의 수문군(守門軍)이 궁녀의 가마는 관례적으로 검문하지 않는다는 점을 이용한 것이다. 일은 순조롭게 진행됐다. 1896년 2월 11일 새벽 6시쯤 고종과 세자는 가마 두 개에 나눠 타고 건춘문(建春門)을 통과해 무사히 러시아 공사관에 도착했다. 앞서 이범진 등이 고종의 파천에 대한 협조를 요청하자 러시아 공사관은 이를 기꺼이 받아들였다. 카를 베베르 공사가 김홍륙을 통해 친러파와 연락을 주고받으며 결정적인 역할을 했다. 특히 아관파천 하루 전인 10일, 베베르 공사는 공사관을 보호한다는 명목으로 인천에 정박해 있던 러시아 군함에서 수병 100여 명을 포 1문과 함께 서울로 불러들여 공사관 주변을 경비하게 했다. 고종의 아관파천 배경에 대해 《매천야록》은 다음과 같이 기록하고 있다.

임금은 처음부터 헌정(憲政, 갑오개혁)에 묶인 것을 싫어하여 이범진, 이윤용 등과 더불어 아라사의 힘을 빌려 김홍집 등을 제거하려 했다. 아라사 인들도 우리나라에 기반을 닦으려고 엿보다가 왜국(倭國)에 선수를 빼앗기자 유감스럽게 생각하며 기회를 노리고 있었다.

고종은 러시아 공사관으로 옮긴 바로 그날, 조칙을 내리고 을미사변에 대한 입장을 밝혔다. 고종은 조칙에서 '8월의 변고는 만고(萬古)에 없었던 것이니, 차마 말할 수 있겠는가. 역적들이 명령을 잡아 쥐고 제멋대로 위조하였으며, 왕후가 붕어한 조칙을 석 달 동안 반포하지 못하게 막았으니 고금 천하에 어찌 이런 일이 있을 수 있는가. (……) 을미년 8월 22일 조칙과 10월 10일 조칙은 모두 역적 무리들이 속여 위조한 것이니 다 취소하라'라고 했다. 을미년 조칙은 명성왕후를 폐위하고 서인으로 강등시켰다가 이를 다시 회복시키는 내용으로, 폐위와 강등 자체가 잘못됐으니 모두 무효라는 것이다.

고종은 이어 조칙에서 '역적'으로 규정한 김홍집 내각을 즉각 해체하고 친일 관료들에 대해 대대적인 체포령을 내렸다. 총리대신 김홍집과 농상공부대신 정병하(鄭秉夏)는 광화문 경무청 문 앞에서 성난 군중들에게 맞아 죽었고, 군부대신 조희연(趙羲淵), 내부대신 유길준(兪吉濬), 법부대신 장박(張博), 훈련대 대대장 우범선(禹範善), 이두황(李斗璜) 등은 일본으로 도피했다. 우범선은 일본으로 귀화해 그곳에서 결혼했으며, 그 아들이 씨 없는 수박을 만든 우장춘(禹長春) 박사다. 탁지부대신 어윤중(魚允中)은 고향인 보은으로 가다가 용인에서 주민들에게 맞아 죽었다. 외부대신 김윤식(金允植)은 제주도로 유배됐다.

김홍집 내각이 붕괴되고 이범진, 이완용, 윤치호 등을 중심으로 새 내각이 구성되면서, 친일파는 힘을 잃고 친러파가 득세하였다. 고종이 1년 남짓 러시아 공사관에서 생활하며 집무를 보는 동안, 내각과 대신들도 이곳에서 모든 사무를 처리했다. 특히 러시아는 아관파천을 계기로 조선으로부터 각종 이권을 챙겼고, 이에 미국이나 프랑스, 독일 등도 균등한 이권의 배분을 요구하면서 열강에 의한 이권 침탈이 심해졌다. 러시아는 함경

열강의 이권 침탈 함경남도 갑산의 구리 광산은 경술국치 전부터 미국과 영국 등이 채굴권을 독점하여 광산을 개발하던 곳이다. 후에 일제가 채굴권을 획득하였다. (국채보상운동기념회)

도 경원, 경성 일대 광산 채굴권과 압록강, 울릉도의 삼림 벌채권을 얻었으며, 미국은 경인철도 부설권과 한성 전차 부설권, 평안도 운산 금광의 채굴권을 챙겼다. 프랑스는 경의철도 부설권, 독일은 강원도 당현 금광 채굴권을 얻었다. 영국은 은산 금광 채굴권을, 일본은 경부철도 부설권과 직산 금광 채굴권을 차지했다.

고종의 파천 기간이 길어지자, 백성들 사이에는 국가 주권을 회복하기 위해 조속히 환궁해야 한다는 여론이 일었다. 전국 유생들은 상소를 올렸으며, 시전 상인들 사이에서는 환궁이 이뤄지지 않으면 폐점하겠다는 얘기까지 나왔다. 이 같은 여론의 압박 속에서 고종은 2월 20일 경운궁(慶運宮, 덕수궁)으로 환어(還御)한다. 경복궁보다는 경운궁이 러시아, 미국 공사관과 가까이 있어 일본을 견제하기에 유리하다는 판단 때문이었다.

경운궁의 역사

1897년 고종이 아관파천 이후 1년 만에 환궁하면서부터 1907년 일본에 의해 강제 퇴위 당할 때까지 10년 동안 경운궁(慶運宮)은 대한제국의 산실이자 중심이었다.

고종은 러시아 공사관에서 나오면서 일본을 견제하기 위해 경복궁이나 창덕궁에 들어가는 대신 러시아, 미국, 영국, 프랑스 등 열강의 공사관 주변인 경운궁을 중건했다. 1897년 10월, 고종은 회현방 소공동에서 황제 즉위식을 거행하고, 바로 그날 경운궁 즉조당에서 백관의 하례를 받으며 '대한' 이라는 국호를 선포했다.

하지만 10년 후 일본이 헤이그 밀사 사건을 트집 잡아 고종을 퇴위시키면서 경운궁은 비극적인 우리 근대사의 현장으로 바뀌었다. 일본은 고종과 순종을 떼어놓기 위해 순종은 창덕궁으로 옮기도록 하고, 고종은 경운궁에 그대로 남게 했다. 그러면서 고종에게 덕수(德壽)라는 궁호(宮號)를 붙였고, 이때부터 경운궁은 덕수궁으로 불렸다. 덕수는 물러난 왕에게 덕을 누리며 오래 살라는 뜻으로 올리는 말로서, 조선 초 정종에게 왕위를 물려준 태조에게 올렸던 궁호이기도 하다.

불행한 대한제국 황제의 궁, 그것이 바로 덕수궁이다. 경운궁은 임진왜란 당시 한양의 궁궐들이 거의 모두 소실됐을 때, 의주로 피란 갔다 돌아온 선조가 왕족의 사가와 민가 여러 채를 합해 임시행궁으로 삼으면서 우리 역사에 처음 등장했다.

1897

대한제국 성립

자주독립을 선언하고 황제권을 확립하다

> **◁** 1896년 독립협회가 설립되다.
> **◁** 1897년 고종이 러시아 공사관에서 환궁하다.
> **◁** 1898년 독립협회의 주최로 3월에 만민공동회가 개최되다.
>
> 아관파천 후 환궁한 고종은 칭제건원을 추진하여 1897년 8월에 중국 연호 대신 독자적인 광무를 사용하고, 9월에는 환구단을 세웠다. 그리고 10월 12일에는 황제 즉위식을 거행하여 대한제국이 성립되었다. 그러나 러일 전쟁의 소용돌이 속에 대한제국은 강제로 한일의정서를 체결했으며, 1910년 한일병합조약이 공포되면서 종말을 맞이했다.

여러 신하들과 백성들, 군사들과 장사꾼들이 한 목소리로 대궐에 호소하면서 수십 차례나 상소를 올려 (……) 끝내 사양할 수 없어 황제의 자리에 올랐다. 국호를 '대한(大韓)'으로 정하고 이 해를 광무(光武) 원년으로 삼으며 특별히 대사령(大赦令)을 행하노라.

고종이 재위 34년인 1897년 10월 13일 칭제건원(稱帝建元)과 대한제국

(大韓帝國) 성립을 공식 선포했다. 고종은 이날 황제 즉위식에서 "단군과 기자 이후로 강토가 분리돼 서로 패권을 다투어 오다가 마한, 진한, 변한을 통합했으니, 이것이 삼한을 통합한 것"이라며 '대한'의 의미를 설명했다. 칭제건원은 군주의 존호를 황제로 정하고, 연호를 독자적으로 세우는 것을 말한다. 중국의 천자(天子)만 사용하는 '황제'를 칭하는 것은 전통적인 중국 중심 사회에서 자주국임을 선언한 것이다. 중국의 연호 대신 '광무'라는 독자적인 연호를 사용하는 것도 같은 맥락이다. 고종은 즉위식에서 "독립의 터전을 세우고 자주의 권리를 행사하게 되었다."라고 강조했다. 이는 국호를 조선에서 대한제국으로 변경하면서, 당시 사대 관계를 맺고 있던 청나라는 물론, 서구 열강들에게 자주독립 의지를 표명한 것으로 받아들여졌다. 칭제건원이 대한제국 성립의 핵심이었던 것이다.

당시 조정과 백성들 사이에는 칭제건원이 하나의 운동으로 확산되고 있었다. 갑오개혁과 국모 시해, 아관파천 등으로 외세의 간섭에 대한 반감이 고조된 데 따른 것이었다. 일본의 무력행사에 따른 대안으로서 기대를 걸었던 러시아는 실질적인 도움 없이 이권 침탈로 귀결되는 상황이었다. 이런 가운데 청일 전쟁에서 청나라가 패하고 러시아의 견제로 일본의 세력 확장이 주춤해지자, 이를 계기로 군주와 왕실의 실추된 권위를 회복하고 민족적 자존심을 세워야 한다는 여론이 비등해졌다. 이러한 분위기가 칭제건원 운동으로 나타난 것이다.

고종에게 칭제를 요청하는 상소는 그해 5월 1일 전 승지 이최영(李㝡榮)이 처음으로 올렸다. 이어 9일에는 재야 유생들이 '자주독립의 기운을 맞아 황제에 오르는 것이 조야(朝野) 신민(臣民)의 바람'이라는 상소를 올렸다. 이후 서울 지역의 상인들을 비롯해 각계각층에서 칭제 상소가 올라갔

고종 황제 고종은 대한제국을 선포하고 황제 즉위식을 거
행했다.

고, 9월 들어서는 현직 관료와 대신들까지 집단으로 칭제를 청했다. 이들이 올린 칭제건원 상소의 요지는 '만국공법(萬國公法)에서는 각국의 독립자주를 인정하고 있는데도, 우리나라는 갑오개혁 이후로 독립이라는 이름만 있고 자주의 실(實)이 없어졌다. 그래서 국시(國是)가 안정되지 못하고, 민심이 흔들리고 있다'라는 것이었다. 반면 위정척사를 주장하는 유생들은 "망령되게 스스로를 높이는 행위"라며 칭제건원에 반대했다. 고종은 계속 "불가하다." 하고 거부하다가, 10월 3일 마침내 칭제를 승낙하는 비답(批答)을 내렸다. 이렇게 해서 12일 서울의 회현방(會賢坊) 소공동계(小公洞契, 현재의 조선 호텔 자리)에 환구단(圜丘壇)을 차리고 황제 즉위식을 거행하였다. 즉위식 직후 대한제국은 각국 공사관을 통해 이 같은 사실을 알리고 러시아, 프랑스, 미국, 일본, 영국 등의 정부로부터 승인을 받았다.

고종은 이어 1899년 8월 17일 특별입법기구인 법규교정소(法規校正所)에서 마련한 9개 조의 〈대한국 국제(大韓國 國制)〉를 선포했다. 이는 대한제국의 헌법으로서, 대한제국이 국제법상으로 근대 국가의 체제를 갖추게 된 것을 의미한다. 단순히 군권(君權) 강화에 그치지 않고 근대 주권 국가를 추구하는 광무 정권의 이념과 방향을 법적으로 명시한 것이다.

제1조, 대한국은 세계 만국에 공인된 자주독립한 제국(帝國)이다.

제2조, 대한제국의 정치는 과거 500년간 전래 되었고, 앞으로 만세토록 불변할 전제정치(專制政治)이다.

제3조, 대한국 대황제(大皇帝)는 무한한 군권을 지니고 있다. 공법에 이른바 정체(政體)를 스스로 세우는 것이다.

제4조, 대한국 신민이 대황제가 지니고 있는 군권을 침손(侵損)하는 행위가 있으면, 이미 행했건 행하지 않았건 막론하고 신민의 도리를 잃은 자로 인정한다.

제5조, 대한국 대황제는 국내의 육, 해군을 통솔하고 편제를 정하여 계엄(戒嚴)과 해엄(解嚴)을 명한다.

제6조, 대한국 대황제는 법률을 제정하여 그 반포와 집행을 명하고 만국의 공통적인 법률을 본받아 국내의 법률도 개정하며, 대사(大赦), 특사(特赦), 감형(減刑), 복권(復權)을 한다. 공법에 이른바 율례를 자체로 정하는 것이다.

제7조, 대한국 대황제는 행정 각부와 각부의 관제, 문, 무관의 봉급을 제정 혹은 개정하며 행정상 필요한 각 항목의 칙령을 발한다. 공법에 이른바 치리(治理)를 자체로 행하는 것이다.

제8조, 대한국 대황제는 문, 무관의 출척(黜陟)과 임면(任免)을 행하고, 작위, 훈장 및 기타 영전(榮典)을 수여 혹은 박탈한다. 공법에 이른바 관리를 자체로 선발하는 것이다.

제9조, 대한국 대황제는 각 조약국에 사신을 파송, 주재하게 하고 선

대한제국 장교 임명장 대한제국 성립 후, 고종 황제를 대원수로 하는 원수부를 설치하고 군대를 증강했다. 이것은 1901년 김치명을 장교로 임명한다는 내용이며, 원수부군무국총장의 관인이 찍혀 있다. (해군사관학교)

전(宣戰), 강화(講和) 및 제반 약조를 체결한다. 공법에 이른바 사신을 자체로 파견하는 것이다.

이처럼 대한국 국제에는 입법과 행정, 사법, 군사, 사면, 외교 등 국정 전반에 걸쳐 황제에게 집중된 권한을 규정하고, 대외적으로 자주독립을 선언했다는 데 의미가 있다. 이 같은 국제에 의거해 대한제국은 1899년 9월 청나라와 양국의 황제 명의로 호혜평등 원칙에 입각한 통상조약을 새로 체결하였다. 이는 중국과의 종속 관계가 공식으로 청산됐다는 의미이다.

광무 정권은 이러한 방향에 입각해 왕실 주도의 개혁 사업을 벌여 나갔다. 개혁의 방법론에서는 구본신참(舊本新參)의 기조를 내세웠다. 옛 제도를 근본으로 하고 서양의 새로운 제도를 절충한다는 의미다. 이는 일본이 주도한 갑오개혁처럼 급격한 방식을 피하고, 동도서기(東道西器)식의 점진적 개혁을 이루겠다는 취지였다.

정부는 우선 황제의 군권 장악을 위해 황제를 대원수로 하는 원수부(元帥府)를 설치하고, 근대식 지방 군대인 진위대(鎭衛隊)를 대폭 증강했다. 원수부 안에는 육군헌병대를 두었으며, 고종은 대원수를 상징하는 프로이센식 군복을 착용하기도 했다. 고급 장교를 양성하기 위한 무관학교도 세워졌다. 대한제국은 특히 블라디보스토크와 간도 지역에 이주한 교민을 보호하고, 장차 이 지역을 영토로 편입하기 위해 해삼위통상사무관(海蔘葳通商事務官)과 북변도관리(北邊島管理)를 설치했다.

국가의 조세 수입을 확충하기 위한 근대적 토지 소유권의 확립도 이때 이뤄졌다. 광무 정권은 1898년 양지아문(量地衙門)을 설치해 토지 조사사업을 실시하고, 이를 근거로 토지 소유주에게 근대적 토지 증서인 지계(地契)를 발급했다. 상공업을 육성하기 위한 식산흥업(殖産興

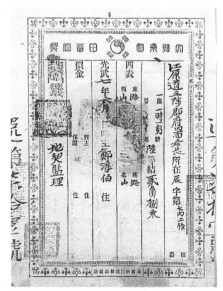

대한제국 당시 발급된 토지 문서 (삼척시립박물관)

業) 정책도 시행됐다. 근대적 기술학교인 기예학교(技藝學校)와 상공학교(商工學校), 외국어학교, 의학교 등이 설립되고, 영세한 보부상을 지원하기 위한 상무사(商務社)가 조직됐다. 또 황제 직속의 내장원(內藏院)을 강화해 종전 탁지부 등에서 관리하던 광산이나 홍삼, 철도, 수리 사업 등의 수입을 내장원에서 관리하며 황제가 이를 직접 지출할 수 있도록 했다. 이는 주로 군대를 양성하고 공장이나 회사, 학교를 짓는 일 등에 사용됐다.

그러나 대한제국의 이 같은 정책은 러시아나 일본의 경제적, 사회적 침탈이 상당 부분 진행되고, 그 이해관계가 맞물린 상황에서 현실적인 한계를 지닐 수밖에 없었다. 나아가 20세기 벽두에 일제의 국권 침탈이 자행되면서 자주독립과 부국강병의 기치를 내걸었던 대한제국은 극심한 시련과 고통으로 빠져든다.

청일 전쟁

청일 전쟁은 1894년 6월 일본군이 경복궁을 점령하면서 사실상 시작됐다. 외세 개입을 우려한 동학농민군이 정부와 전주화약을 체결해 휴전에 들어간 직후였다. 당시 조선에는 동학 농민 전쟁을 계기로 청군과 일본군이 모두 들어와 있었다. 조선이 농민군 해산을 이유로 일본군의 철수를 요구하자, 더 이상 조선에 군대를 주둔시킬 명분이 없어진 일본이 경복궁을 점령하고 청일 전쟁을 일으킨 것이다.

일본의 경복궁 점령은 조선 왕실을 자신들이 지배해 청군을 조선에서 몰아내달라고 일본에 요청토록 하려는 계산에서 비롯됐다. 일본은 당초부터 조선에 대한 지배권을 장악해 자국의 '이익선'을 지키려는 의도를 갖고 있었던 것이다. '주권선'을 넘어 주권을 위태롭게 할 수 있는 '이익선'으로 세력을 넓힌다는 구상에 따른 것이었다. 여기에는 러시아가 조선으로 세력을 넓히려 한다는 위기의식도 깔려 있었다.

1895년 4월, 체결된 시모노세키 조약으로 일본은 청으로부터 요동 반도와 대만을 빼앗았다. 요동 반도를 러시아의 남하를 차단하고 중국 대륙으로 세력을 넓히는 근거지로 활용하려 했던 것이다. 청일 전쟁에서 이긴 일본은 조선에 대한 우월적 지위를 인정받았고, 한반도에 대한 침략 야욕을 더욱 노골화하게 된다.

1898

만민공동회

독립협회가 주도한 대중 집회

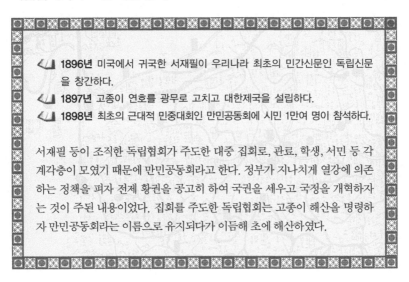

◁⬚ **1896년** 미국에서 귀국한 서재필이 우리나라 최초의 민간신문인 독립신문을 창간하다.

◁⬚ **1897년** 고종이 연호를 광무로 고치고 대한제국을 설립하다.

◁⬚ **1898년** 최초의 근대적 민중대회인 만민공동회에 시민 1만여 명이 참석하다.

서재필 등이 조직한 독립협회가 주도한 대중 집회로, 관료, 학생, 서민 등 각 계각층이 모였기 때문에 만민공동회라고 한다. 정부가 지나치게 열강에 의존하는 정책을 펴자 전제 황권을 공고히 하여 국권을 세우고 국정을 개혁하자는 것이 주된 내용이었다. 집회를 주도한 독립협회는 고종이 해산을 명령하자 만민공동회라는 이름으로 유지되다가 이듬해 초에 해산하였다.

나는 대한의 가장 천한 사람이고 무지몰각합니다. 그러나 충군 애국의 뜻은 대강 알고 있습니다. 이에 이국(利國) 편민(便民)의 길인즉, 관민(官民)이 합심한 연후에야 가하다고 생각합니다. 저 차일(遮日)에 비유하건대, 한 개의 장대로 받친즉 역부족이나, 많은 장대를 합한즉 그 힘이 공고합니다. 원컨대 관민이 합심하여 우리 황제의 성덕(聖德)에 보답하고, 국운(國運)이 만만세 이어지게 합시다.

광무(光武) 2년인 1898년 10월 29일 서울 종로광장에서 열린 만민공동회(萬民共同會)에서 백정 박성춘이 한 연설이다. 만민공동회는 독립협회가 주최한 민중대회로, 아관파천 이후 심화된 러시아의 내정 간섭을 규탄하고, 국정 개혁을 요구하는 시국 집회 성격을 띠었다. 그해 3월 첫 집회가 열린 이후 10월을 즈음해 만민공동회는 그 절정에 이르렀다. 이날 집회에는 전·현직 관료와 각종 단체 회원, 학생, 교원, 종교인, 하층민 등 각계각층의 시민들이 참석했다. 의정부 참정(參政) 박정양(朴定陽)을 비롯한 정부 관료의 참여에 의미를 두어, 이날 집회를 관민공동회(官民共同會)라고도 한다.

이 집회에서 참석자들은 시국에 대한 개혁안을 담은 헌의(獻議) 6조를 채택하고, 이를 고종 황제에게 건의한다. 헌의 6조는 다음과 같다.

1. 외국인에게 의존하지 않고 관민이 동심협력하여 전제 황권을 공고히 할 것.

2. 광산, 철도, 매탄(煤炭), 삼림의 개발 및 차관, 차병(借兵)과 외국과의 조약은 각부 대신과 중추원(中樞院) 의장이 합동으로 서명하지 않으면 시행되지 못하게 할 것.

3. 전국의 재정은 모두 탁지부에서 관할하여 다른 기관이나 사회사(私會社)가 간섭하지 못하게 하고 예산과 결산을 인민에게 공포할 것.

4. 지금으로부터 중죄범은 모두 피고가 충분히 설명하고 자복(自服)한 후에 재판할 것.

5. 칙임관(勅任官)은 황제가 의정부에 자순(諮詢)하여 과반수의 찬성을 받아 임명할 것.

6. 장정(章程)을 실천할 것.

전제 황권의 공고화로 자주 국권을 세우고, 각종 이권과 조약, 인사는 정부가 중추원과 협의하는 한편 재정을 일원화하고 공정한 재판을 통해 민권을 회복하는 내용을 담고 있다. 또 갑오개혁 이후 제정된 각종 법률을 실행할 것도 촉구하였다. 이 같은 시국 개혁안은 자문 기구로 전락한 중추원을 근대적 형태의 입법 기관인 의회로 개편하려는 독립협회의 중추원 관제 개정 요구와 맞물려 있었다. 이는 중추원을 상원의회 형태로 바꿔 황제와 의정부의 권력 남용을 견제하려는 취지로서, 국민 참정권을 도입하려 했다는 점에 의미를 둘 수 있다.

이에 고종은 10월 30일 헌의 6조의 시행을 약속하고, 독립협회의 요구를 반영한 조칙(詔勅) 5조를 반포했다. 조칙 5조는 중추원 관제 개정, 신문 조례 재정, 지방 관리의 비리 엄벌, 상공학교 설립 등의 내용을 담고 있었다. 특히 고종은 조칙 1조에서 '간관(諫官)을 폐지한 후 언로(言路)가 막혀 상하가 힘쓸 것을 권하고 가다듬을 것을 깨우치는 뜻이 없게 됐다'라며 중추원에 조속한 관제 개정을 지시했다. 이어 고종은 11월 2일 중추원 의관(議官) 50명 가운데 절반은 독립협회 회원 중에서 자체 투표로 뽑고, 나머지 절반은 관선으로 하는 중추원 관제 개정건을 재가하고, 이를 반포하였다.

하지만 이 같은 개혁 방안은 의정부 찬정 조병식(趙秉式)을 비롯한 수구파 관료들의 반대와 모함으로 실현되지 못했다. 이들은 "독립협회가 황제를 폐위하고 국체를 공화정(共和政)으로 바꿔 박정양을 대통령, 윤치호(尹致昊)를 부통령으로 삼고 각부 장관에 독립협회 회원을 앉히려 한다."

하고 무고했다. 그러자 고종은 만민공동회를 불법 집회로 규정하고, 독립 협회 해산을 지시했다. 또 이상재(李商在)와 정교(鄭喬) 등 독립협회 간부 17명을 체포하여 구속했다. 이때 달아난 윤치호는 학생, 시민들과 함께 종로와 경무청 앞에서 만민공동회를 열어 구속 인사들의 석방을 요구하는 등 연일 정부 조치에 항의하는 시위를 벌였다. 조병식 등이 군대와 경찰을 동원해 강제 해산을 시도했으나, 집회는 갈수록 강경한 양상을 띠었다.

이런 가운데 무고 사실이 밝혀지고 미국과 영국 공사관에서도 무력 진압에 반대한다는 입장을 보이자 고종은 구속자 전원을 석방하고, 조병식을 해임했다. 하지만 만민공동회는 헌의 6조의 실시와 독립협회 복설, 조병식 등 수구파 인사들의 처벌 등을 주장하며 집회를 이어갔다. 이 과정에서 조병식이 배후 조종하던 황국협회(皇國協會) 소속 회원들이 만민공동회를 습격하면서 종로, 서대문, 마포, 남대문 등에서 사흘 동안 난투극과 유혈 충돌 사태가 발생하였다. 황국협회는 독립협회에 대항하기 위해 정보가 만든 어용단체로, 전국 보부상 단체들의 모임이다.

그러자 고종은 11월 26일 창덕궁 돈화문 앞 광장에서 대신들과 각국의 공사, 영사, 시민 등 수천 명이 모인 가운데 군민합동대상견회(君民合同 大相見會)를 열어 "오직 만백성의 죄는 나 한 사람에게 있다." 하며 유감을 표명하기에 이른다. 고종은 집회에 참석한 시민들에게 "밤새도록 대궐문에서 부르짖었으며 네거리에 가설로 문을 설치하고 도리에 어긋나게 사나운 짓을 하면서 사람들의 가산을 파괴하는 데까지 이르렀다. (······) 오늘부터 너희들은 근거 없는 말을 퍼뜨리지 말며, 짐은 미덥지 않은 계책을 쓰지 않을 것이다."라며 자중할 것을 당부했다.

만민공동회는 정부의 후속 대응을 지켜보기로 하고 일단 해산했지만,

요구 사항이 받아들여지지 않자, 12월 초 다시 집회를 갖고 정부에 대한 공세 수위를 높였다. 이 과정에서 고종이 결정적으로 강경 입장을 굳히는 사건이 발생했다. 급진파들이 만민공동회를 주도하면서, 갑신정변 직후 일본으로 망명한 박영효를 사면하고 국내로 불러들여 정부 요직에 기용해야 한다고 주장한 것이다. 중추원의 일부 의관들도 이 같은 건의를 올렸다. 황현은《매천야록》에서 '이석렬(李錫烈)이 상소하여 박영효 사면을 청했고, 이어 윤시병(尹始炳)이 정부에 둘 만한 사람 열 명을 천거했는데 박영효도 끼어 있었다. 이 두 사람은 모두 (독립)협회 회원이었다'라고 기록하였다.

친일파 박영효의 소환 운동을 계기로 일반 시민들은 만민공동회의 노선 변질에 반발하고, 서구의 주한 외교관들도 경계심을 갖는다. 그리고 고종은 이를 빌미로 만민공동회의 강제 해산을 지시하고, 독립협회와 만민공동회 지도자들에 대해 체포령을 내렸다. 이로써 만민공동회는 12월 23일 군대와 보부상에 의해 해산되고, 이틀 뒤인 25일 독립협회도 1896년 7월 창립된 이후 30개월 만에 문을 닫았다.

독립협회는 아관파천 시기에 국가의 자주와 독립을 기치로 설립됐다. 우리나라 최초의 민간지 〈독립

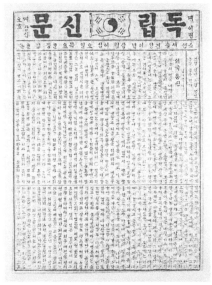

독립신문 독립신문은 서재필이 정부로부터 4,400원을 지원받아 창간한 신문이다. 1896년 4월 7일 첫 호가 발간되었으며, 이것은 1897년 3월 25일 목요일 제35호이다. (한국금융사박물관)

신문〉을 창간한 서재필(徐載弼)과 이완용(李完用), 이상재, 이채연(李采淵) 등 정동파 인사들이 초기 활동을 주도했다. 이들은 청나라 사신을 맞던 서대문 밖 영은문(迎恩門)을 헐고 정부 지원금과 민간 모금으로 독립문을 짓는가 하면, 모화관(慕華館)을 개조한 독립관에서 국민 계몽운동의 일환으로 매주 일요일마다 토론회를 가졌다.

그러던 중 1898년 2월 21차 토론회에서 러시아의 이권 침탈을 규탄하고 개혁 내각 수립을 요구하는 구국선언 상소를 결정하고, 독립협회 회원 135명이 서명한 상소문을 21일 고종에게 올렸다. 그리고 3월 10일 종로에서 우리나라 최초의 근대적 민중대회인 제1차 만민공동회가 독립협회 주최로 시민 1만여 명이 참석한 가운데 평화적으로 열렸다. 당시 참석자들은 러시아의 내정 간섭을 규탄하고, 군사교관과 재정고문의 철수 결의안을 채택했다. 결국 러시아는 당시 문제가 됐던 절영도 조차요구를 철회하고 한러 은행을 폐쇄했으며, 군사교관과 재정고문을 철수하기에 이른다.

이후 독립협회와 만민공동회의 영향력이 커지자, 위기감을 느낀 수구파 정부는 이를 탄압하였다. 일본은 친일파 인사들을 사주해 세력 확장을 위한 수단으로 삼으려 했다. 이렇게 독립협회와 만민공동회를 중심으로 한 근대적 개혁운동은 중단됐지만, 이는 1900년대 초 결사·학회운동과 국채 보상운동, 신교육운동 등으로 명맥이 이어진다.

경인선 개통

철도의 도입과 가속화된 일본의 침탈

> ◁◁ **1897년** 인천 우각현에서 경인선 공사를 시작하다.
> ◁◁ **1899년** 경인철도회사의 부설권 인수로 자금 부족으로 중단되었던 공사가
> 재개되다.
> ◁◁ **1900년** 경인선 철도가 완전 개통되다.
>
> 경인선은 우리나라 최초의 철도로, 1897년 3월에 기공되어 1900년에 전 구간
> 이 개통되었다. 처음에는 미국인 모스가 경인선 부설권을 따냈으나 일본이
> 모스로부터 부설권을 양도받은 후 급속도로 공사가 이뤄졌다. 근대적인 교통
> 기관인 철도의 도입은 서구 열강과 일본까지 침투하는 계기가 되었다고 할
> 수 있다.

화륜거(火輪車) 구르는 소리는 우레 같아 천지가 진동하고, 기관거의
굴뚝 연기는 반공에 솟아오르더라. (……) 수레 속에 앉아 영창(映窓)
으로 내다보니 산천초목이 모두 활동하여 달리는 것 같고 나는 새도
미처 따르지 못하더라. 대한 이수(里數)로 팔십 리 되는 인천을 순식
간에 당도하였는데, 그곳 정거장에 배포한 범절은 형형색색 황홀 찬
란하여 진실로 대한 사람의 눈을 놀래더라.

— 〈독립신문〉, 1899년 9월 19일자

농부가 삽을 메고
원(怨)하나니 시국이라
군용 철도 부설하니
땅 바치고 종질이라
1년 농사 실업하니
유리개걸 눈물일세
— 〈대한매일신보〉, 1908년 2월 7일자

철도는 우리나라에도 시간과 공간의 혁명을 가져온 근대 문명의 충격
이었다. 경인철도 개통식이 열린 1899년 9월 18일 〈독립신문〉의 한 기자
는 경성(京城, 서울) 노량진에서 제물포(濟物浦, 인천)까지의 증기기관차 시
승기에서 '나는 새도 미처 따르지 못하는' 근대화의 총아에 전율을 감추
지 못했다. 우리나라에서 최초의 철도 운행으로 기록된 현장이었다.

하지만 우리나라에서 철도는 일제의 침략과 수탈을 상징하는 타율적
근대화의 역사이기도 했다. 통감부(統監府) 시절 〈대한매일신보〉가 실은
시가에는 일제의 철도 공사로 토지와 가옥을 빼앗기고 부역에 끌려 나간
농민의 비통한 심경이 드러나 있다. 정처 없이 떠돌아다니며 빌어먹는다
는 '유리개걸(流離丐乞)'이란 표현에서 당시 철도 주변 지역에 살던 우리
나라 농민들의 처지를 짐작할 수 있다.

1900년 7월, 난공사인 한강철교 공사를 완공한 뒤, 그해 11월 12일 남대
문 정거장에서 경인선의 완전 개통을 기념하는 개업식이 열렸다. 나라 안

팎의 귀빈 500여 명이 참
석한 이 자리에서 경인철
도합자회사 사장 시부자
와 에이치(澁澤榮一)는 "철
도가 국가를 부강 증진케
한다. (……) 대한국의 운
명을 증진하는 선도자가
되겠다."라고 연설했다.

모걸 탱크형 기관차 한국에서 운행된 최초의 기관차. 미국 브룩스 공장
에서 만들어져 인천 공장에서 조립되었다.

대한제국에 근대 문명을 전파하겠다는 우월감과 더불어 철도를 통해 한
반도를 침탈하겠다는 의도가 엿보이는 발언이다.

　개통 초기에 경인선은 총연장 33.2킬로미터로 증기기관차 4대와 객차
6량, 화차 28량을 갖추고, 하루 두 차례씩 경성과 인천을 왕복 운행했다.
이어 한강철교 완공으로 서울 서대문역까지 철길이 이어지면서 총연장
42킬로미터에 운행 횟수도 하루 5차례로 늘어났다. 개통식 때 선보인 모
걸(Mogul) 1호는 증기기관차에 목재 객차 3량이 이어져 있었으며, 시속 20
킬로미터의 속도로 달렸다. 객실은 3등으로 나눠져, 1등 객실은 외국인
전용, 2등 객실은 내국인용, 3등 객실은 여성용으로 운영됐다. 기차는 노
량진에서 제물포까지, 걸어서 12시간 거리를 1시간 40분 만에 달렸다. 하
지만 요금이 비싸서 승객보다는 구경꾼이 많았고, 초기 승객이 하루 300
명에 그쳤다. 당시 한 끼 밥값이 5전이었는데, 경인선 2등 칸의 요금은 80
전이었다. 그러자 적자에서 벗어나기 위해 1900년에는 철도를 홍보하는
광고까지 등장하였다.

　일본이 경인철도 부설권을 최종적으로 확보하기까지는 우여곡절이 있

었다. 청일 전쟁이 발발한 1894년 7월 일본은 경복궁을 포위하고 철도와 전신선의 부설권 확보를 명시한 한일 잠정합동조관을 관철시켰다. 조관에는 '경성—부산, 경성—인천 사이의 철도 부설은 조선 정부의 재정이 윤택하지 못한 점을 고려해 일본 정부나 일본의 한 회사와 가능한 빨리 계약을 체결해 공사가 추진되도록 하는 게 긴요하다'라는 내용이 포함됐다.

하지만 명성왕후 시해와 아관파천 등을 거치며 조선 내부에서 반일 감정이 고조되자 정부는 경인철도와 경의철도 부설권을 일본이 아닌 서양 열강에게 양도했다. 이에 따라 경인철도 부설권은 1896년 3월 미국인 제임스 모스(James. R. Morse)가 차지하였다. 모스는 청일 전쟁 이전부터 미국 공사관의 소개로 전국 간선철도 건설공사를 허가받기 위해 조선 정부를 설득해 오던 터였다. 당시 외부대신 이완용(李完用)과 농상공부대신 조병직(趙秉稷)이 내준 허가서에는 경성과 제물포 사이의 철도 건설 및 운전, 한강 철도교 가설 등을 허가한다고 되어 있었다.

일본은 잠정합동조관을 거론하며 항의했지만, 받아들여지지 않았다. 모스는 곧바로 인천 우각현(牛角峴, 도원고개) 지역을 시작으로 공사를 진행해 나갔지만, 철도 건설에 소요되는 막대한 자금을 충당하지 못해 재정적 어려움을 겪었다. 그러자 청일 전쟁에서 승리한 여세를 몰아 철도 부설권을 따내기 위해 집요하게 공작을 하던 일본이 1899년 1월 모스로부터 경인선 부설권을 넘겨받았다. 그 대가로 일본은 모스에게 그동안의 공사비를 제외하고 170여만 원(圓)을 지불했다.

이렇게 해서 경인철도인수조합은 그해 5월 경인철도합자회사를 설립하였고, 이로부터 4개월 만에 노량진에서 경인철도 개통식이 열렸다. 이 과정에서 일본은 1898년 9월 대한제국 정부와 경부철도에 관한 합동조약을 체결해 경부철도 부설권까지 챙긴다. 당시 합동 조약은 일본이 철도 부설권 및 영업권을 차지하고, 대한제국은 철도 용지를 무상으로 제공한다는 내용이 담긴 불평등 조약이었다.

당초 우리나라 정부에서는 철도 부설권을 가능하면 외국에게 넘기지 않고 자력으로 건설하려고 했다. 1896년 7월 주민 왕래와 물품 운반의 편리함을 위해 각 지역에 철도를 설치키로 하는 국내 철도규칙이 제정됐고, 이 같은 철도 부설 움직임은 대한제국 수립 이후 철도사(鐵道司)가 설치되면서 본격화됐다. 철도사는 관설(官設) 철도의 부설과 사설 철도의 허가, 관리를 맡았으며, 경성-목포 구간 철도와 마산항과 삼랑진을 연결하는 영남지선을 건설하려는 계획을 갖고 있었다.

이어 1900년에는 궁내부에 철도원(鐵道院)을 설치해 농상공부가 맡던 경부선과 경인선 철도의 감독 사무를 담당하게 했다. 특히 황실 재정을 담당하던 이용익(李容翊)은 경의선과 경원선 철도의 궁내부 직영안을 고종에게 올려 재가를 받았고, 이에 따라 궁내부에 서북철도국이 마련됐다. 하지만 철도 부설에 들어가는 엄청난 비용을 감당하지 못했고, 기술도 부족해 철도의 자주적 건설계획은 좌절되고 만다. 고종은 일본에게 철도 부설권을 넘기지 않기 위해 러시아나 프랑스 등과 접촉하는 한편 1896년 11월에는 칙령을 내려 외국인에 대한 철도 부설권 양여를 금지하기도 했지만, 일본의 거센 공세를 막기에는 역부족이었다.

급기야 일본은 1903년에 대한철도회사와 경부철도차관조약을 맺었고, 이듬해 한일의정서(韓日議定書)가 체결된 뒤에는 경부선과 경의선을 군용철도로 건설하기 위해 임시군용철도감부(臨時軍用鐵道監府)를 설치하기에 이른다. 이어 러일 전쟁에서 승리한 직후인 1906년에는 통감부에 철도관

리국을 설치해 모든 철
도의 운영을 일원화했
다. 철도 부설과 관리를
통해 식민지 침탈을 가
속화하려는 일본의 의도
가 속속 진행된 셈이다.

특히 일본은 경부선과
경의선을 부설하는 과정
에서 철길 터를 임의로
획정해 주변 토지를 폭

일본의 도로 건설 일본은 식민지 침탈을 가속화하기 위해 철도뿐만 아니라
군용 도로까지 건설하였다. 군용 도로 건설에는 조선 각지에서 무차별적으
로 벌목한 목재들을 이용하였다. (국채보상운동기념회)

력으로 탈취하고, 주민들을 형편없는 저임금으로 건설 현장에 강제 동원
했다. 토건회사들이 중간에서 임금을 착취하는 일도 많았다. 당시 철도
부설 지역의 면적은 2,000만 평에 이르렀고, 연인원 1억 명이 현장에 동원
돼 중노동을 강요받았다. 이에 지역 주민과 농민, 노동자 등은 열차 운행
을 방해하고 일본인이나 일본을 돕는 한국인들을 습격하는 등 집단적인
저항운동을 벌였다. 반발이 거세지자 일본은 철도 지역에 일본군의 형벌
을 적용했다. 저항운동에 나선 한국인들을 군사재판에 넘겨 사형이나 감
금, 추방 등의 처벌을 내린 것이다.

우리나라에 처음으로 철도가 알려진 것은 1876년이다. 수신사로 일본
에 다녀온 김기수(金綺秀)가 《일동기유(日東記游)》에 철도 여행 체험기를
소개하면서다. 이후 30년도 되지 않아 철도는 일본 제국주의의 식민지 침
투 수단으로 우리 생활 깊숙이 파고든 것이다.

1905

을사늑약

일제에 국권을 빼앗기다

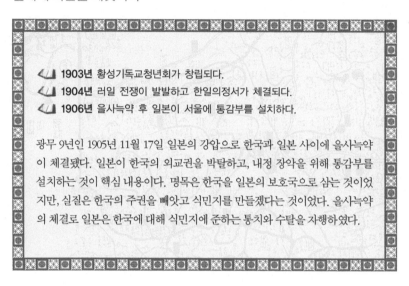

　◁◁ **1903년** 황성기독교청년회가 창립되다.
　◁◁ **1904년** 러일 전쟁이 발발하고 한일의정서가 체결되다.
　◁◁ **1906년** 을사늑약 후 일본이 서울에 통감부를 설치하다.

　광무 9년인 1905년 11월 17일 일본의 강압으로 한국과 일본 사이에 을사늑약
이 체결됐다. 일본이 한국의 외교권을 박탈하고, 내정 장악을 위해 통감부를
설치하는 것이 핵심 내용이다. 명목은 한국을 일본의 보호국으로 삼는 것이었
지만, 실질은 한국의 주권을 빼앗고 식민지를 만들겠다는 것이었다. 을사늑약
의 체결로 일본은 한국에 대해 식민지에 준하는 통치와 수탈을 자행하였다.

　1905년 9월 27일, 일본 각의는 한국을 보호국으로 만들기 위한 구체적
인 절차와 계획을 수립했다. 11월 초를 목표로 보호조약 체결을 추진하
되, 한국이 동의하지 않으면 군사력을 동원해서라도 강제 성사시킨다는
것이 기본 방침이었다. 이를 위한 실무 작업은 주한 일본 공사 하야시 곤
스케가 맡고, 군 지휘는 한국주차군사령관(韓國駐箚軍司令官) 하세가와 요
시미치(長谷川好道)가 담당하도록 했다. 주차군은 1904년 한일의정서에

근거하여 한국에 주둔하던 일본군을 말한다. 총괄적인 정치 교섭은 중추원 의장인 이토 히로부미(伊藤博文)가 맡았다.

이에 따라 이토 히로부미는 11월 9일 서울에 도착하였고, 이를 전후해 송병준(宋秉畯), 이용구(李容九) 등이 이끄는 친일 단체인 일진회(一進會)를 조종해 보호조약 체결의 필요성을 선전하게 했다. 이어 이토 히로부미는 11월 17일 하야시 곤스케, 하세가와 요시미치와 함께 일본 군대를 이끌고 경운궁 중명당에 들어가 고종과 대신들을 위협하며 을사늑약에 서명할 것을 강요했다. 고종은 끝까지 서명을 거부했으나, 일본은 외부대신 박제순의 직인을 가져와 날인토록 했다. 대신들의 조약 체결 회의에서 참정대신 한규설(韓圭卨), 탁지부대신 민영기(閔泳綺), 법부대신 이하영(李夏榮)은 반대 의사를 표시했다. 그러나 내부대신 이지용(李址鎔), 군부대신 이근택(李根澤), 외부대신 박제순, 학부대신 이완용(李完用), 농상공부대신 권중현(權重顯) 다섯 명은 조약 체결에 동의했다. 이들을 을사오적(乙巳五賊)이라고 부른다.

모두 5개 조항으로 된 이른바 을사늑약(乙巳勒約, 제2차 한일협약, 을사보호조약)은 제1조에서 일본 정부가 동경에 있는 외무성을 통해 한국의 외국과의 관계 및 사무를 감리(監理), 지휘한다고 규정했다. 제2조에서는 한국 정부가 일본 정부의 중개를 거치지 않고 국제적 성질을 가진 어떠한 조약이나 약속을 하지 못하도록 했다. 제3조는 일본이 통감 한 명을 한국 경성에 두되, 통감은 오로지 외교에 관한 사항을 관리하도록 했다. 또 일본 정부는 한국의 각 개항장과 기타 일본 정부가 필요하다고 인정하는 곳에 이사관(理事官)을 두는 권리를 갖는다는 점을 명시했다. 제4조는 일본과 한국 사이에 현존하는 조약 및 약속은 본 협약에 저촉하는 것을 제외하고는 그 효력이 계속되는 것으로 했으며, 제5조는 일본 정부가 한국 황실의 안녕과 존엄을 유지함을 보증한다고 규정했다. 조약의 서문에는 그 유효기간을 '한국이 실지로 부강해졌다고 인정할 때까지'로 막연하게 명기했다. 이는 유효기간을 두자는 한국의 제안에 따른 것이었다. 당초 일본이 제시한 원안과 다른 대목은 이 부분과 제5조 두 곳에 불과했다.

따라서 을사늑약은 불법으로 강요된 늑약(勒約)이었다. 대한국(大韓國) 국제(國制)는 황제가 외국과의 조약권을 가진 것으로 적시했지만, 고종 황제는 을사늑약을 재가하지 않았다. 때문에 이는 당연히 무효인 조약이었다. 한국의 외부대신 박제순(朴齊純)과 일본의 특명전권공사 하야시 곤스케(林權助)의 이름으로 체결된 조약에는 고종의 위임장이 첨부되지 않았을 뿐만 아니라 조약의 명칭도 기재되어 있지 않았다. 그래서 이 조약을 을사늑약이라고도 한다. 고종은 이 같은 점을 들어 조약의 불법성과 무효를 국제 사회에 강력하게 호소했다.

고종은 조약 체결 이후 "짐을 협박하여 조약을 조인했다."라며 무효를 선언하고, 해외에 친서를 보내 이를 호소했다. 국제 공법학계에서도 조약이 무효라는 주장이 제기됐다. 프랑스의 국제법학자 프란시스 레이(Francis Rey)는 조약 체결 직후 〈대한제국의 국제법적 지위〉라는 논문에서 이렇게 말했다.

극동의 소식통에 따르면 11월 조약은 일본과 같은 문명국이 도덕적으로 비열한 방법과 물리적인 강박에 의해 한국 정부에 강요하여 체결됐다. (……) 조약의 서명은 이토 후작과 하야시 공사가 일본 군대의 호위를 받는 압력 아래서 대한제국 황제와 대신들로부터 얻었을

뿐이다. 대신 회의는 체념하고 조약에 서명했지만, 황제는 즉시 강대
국, 특히 워싱턴에 대표를 보내서 맹렬히 이의를 제기했다. 서명이
행해진 특수한 상황을 이유로 우리는 1905년의 조약이 무효라고 주
장하는 데에 주저하지 않는다.

고종의 무효화 선언 움직임이 계속되자 결국 일본은 1907년 7월 고종
을 강제로 퇴위시키고, 순종(純宗)을 즉위토록 했다. 연호도 융희(隆熙)로
바뀌었다.

을사늑약 체결은 전 국민의 의열 투쟁과 항일 운동을 불러왔다. 전·현
직 관료와 유생들이 조약 폐기와 을사오적 처단, 국권 회복 등을 주장하
며 상소하고 자결 투쟁을 벌였으며, 수천 명의 군중이 경운궁 앞에 집결
해 조약 체결에 항의하는 등 각지에서 집단 시위가 이어졌다. 종로 상인
들은 항의의 뜻으로 철시하기도 했다. 고종의 시종무관장인 민영환(閔泳
煥)은 좌의정 조병세(趙秉世)와 함께 조약 무효 등을 주장하다 11월 30일
국민에게 유서를 남기고 할복 자결했다. 조병세와 전 참판 홍만식(洪萬
植), 전 대사헌 송병선(宋秉璿), 학부 주사 이상철(李相哲) 등은 음독 자결했
다. 민영환의 유서는 〈대한매일신보〉 1905년 12월 1일자에 실려 항일 운
동을 격화시키는 동력이 되기도 했다. 유서의 내용은 다음과 같다.

국치민욕(國恥民辱)이 이에 이르니 우리 인민은 장차 경쟁에서 진멸
될 것이로다. (……) 구천에서도 여러분을 기필코 조력하겠으니
(……) 힘을 합하여 우리의 자주독립을 다시 찾으면 죽은 자는 황천에
서도 기꺼워하리라.

〈황성신문〉은 11월 20일
자에 이토 히로부미를 비
난하고 조약의 무효를 알
리는 장지연(張志淵)의 논
설 〈시일야방성대곡(是日
也放聲大哭)〉을 실었다가
무기 정간을 당했다. 의병
들도 각지에서 일어나 일
본 군대와 군사 시설을 공

시일야방성대곡 〈황성신문〉 1905년 11월 20일자에 실린 장지연의 논설. 장지연은 이 논설에서 을사늑약이 무효임을 알리고 이토 히로부미를 비난하였다. 이 때문에 신문은 무기 정간 당했고, 장지연은 체포당했다.

격하고 친일파 인사들을 응징했다. 전 참판 민종식(閔宗植)은 충남 내포 지역에서 1,000여 명을 규합해 일본군 100여 명을 사살했으며, 면암(勉菴) 최익현(崔益鉉)은 74세의 고령으로 전 군수 임병찬(林炳瓚) 등과 함께 900여 명을 모아 전북 태인, 정읍, 순창 등지에서 일본군과 싸우다 대마도로 유배된 뒤 음식물을 거부하고 옥사했다. 평민 출신 의병장 신돌석(申乭石)은 농민 300여 명과 함께 경북 영해에서 봉기해 강원, 경상도 일대 해안 지역에서 일본군에게 타격을 입히며 세력을 3,000명으로 키웠다. 정환직(鄭煥直), 정용기(鄭鏞基) 부자는 경북 영천에서 포수와 농민들로 산남창의진(山南倡義陣)을 편성해 청하와 청송 지역에서 활약했다.

이런 가운데 일본은 당초 의도대로 한국에 대한 준식민지적 침탈 행위를 속속 진행시켜 나갔다. 1905년 12월에는 '통감부 및 이사청(理事廳) 관제'를 공포해 서울에 통감부를 두고, 지방기관으로 개항장과 주요 도시 13곳에 이사청, 기타 11곳의 도시에 이사청 지청을 설치했다. 또 같은 시기에 각국 주재 한국 공사를 철수시키고, 한국에 주재하는 각국 공사도

최익현 단발령, 서원 철폐 등 흥선대원군의 실정을 상소하여 사간원의 탄핵을 받았다. 을사늑약 체결 후에는 항일 의병운동을 전개하였다. (국립중앙박물관, 중박201105-260)

이듬해 철수하도록 했다.

1906년 3월에는 이토 히로부미가 초대 통감으로 부임해 통감 정치를 본격적으로 시작했다. 그는 한국 내 일본인 경찰을 1,400명 규모로 늘리며 경찰기구를 강화했고, 통신과 철도, 도로 등 기간 산업을 장악해 나갔다. 광업법을 공포해 일본인을 중심으로 신규 허가를 내주는가 하면, 각급 학교에 일본인 교사를 배치해 식민지 교육 정책을 펴나갔다.

또한 조약 체결 이전에 일본은 이미 영국과 미국, 러시아와 각각 교섭하여 한국에 대한 지배권을 인정받았다. 일본은 불법으로 박탈한 외교권을 일방적으로 행사해 1909년 청나라와 간도협약(間島協約)을 체결, 남만주철도 부설권과 무순 탄광 채굴권을 얻는 대가로 간도를 청나라에 넘겼다. 이후 통감부를 통해 정치와 경제, 군사, 교육 등 국정의 전 부문에 걸친 침탈을 강화해 나갔다.

러일 전쟁

러일 전쟁과 그 결과로 체결된 포츠머스 조약은 일본이 한국의 국권을 강탈하는 데 결정적인 역할을 했다. 한반도와 중국 동북부의 지배권이 걸린 러일 전쟁이 한반도 식민지화의 출발점이었던 셈이다.

청일 전쟁과 삼국 간섭 이후 러시아의 세력 확대는 일본과의 대립을 격화시켰다. 이 과정에서 러시아가 한반도에서의 영향력 강화와 극동 지역 부동항 확보를 위해 청으로부터 뤼순 항을 조차하였다. 그러자 러시아의 남하를 우려하던 영국은 이를 견제하기 위해 1902년 제1차 영일 동맹을 맺었다. 이듬해 러시아가 압록강 입구 용암포를 점령하는 사건이 발생하자, 일본은 중국 동북부 지역을 노리던 미국까지 끌어들였다. 러일 전쟁은 한반도와 그 주변을 노리던 제국주의 열강들의 이해관계가 얽히고설키면서 발발하게 된 것이다.

일본은 1904년 2월 뤼순 항의 러시아 함대를 공격하고, 한편으로는 인천에 상륙하면서 전쟁을 시작했다. 일본 쪽으로 전세가 기울자 미국은 가쓰라—태프트 밀약으로 필리핀 지배권을 확약받는 대신 일본의 한반도 침탈을 묵인했다. 일본은 1905년 9월, 포츠머스 강화조약을 통해 러시아로부터 한반도 독점을 인정받았다. 열강들의 흥정과 밀약, 이해관계에 따라 좌우되던 한반도의 운명은 강화조약 두 달 뒤 불법적인 을사늑약으로 나락에 빠져들었다.

1907

국채보상운동
외채를 상환하자는 국민의 자발적인 모금운동

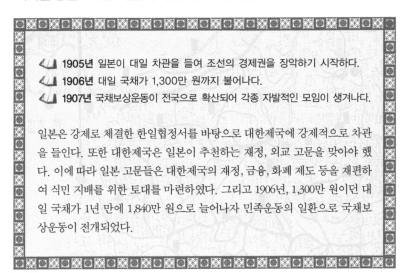

1905년 일본이 대일 차관을 들여 조선의 경제권을 장악하기 시작하다.

1906년 대일 국채가 1,300만 원까지 불어나다.

1907년 국채보상운동이 전국으로 확산되어 각종 자발적인 모임이 생겨나다.

일본은 강제로 체결한 한일협정서를 바탕으로 대한제국에 강제적으로 차관을 들인다. 또한 대한제국은 일본이 추천하는 재정, 외교 고문을 맞아야 했다. 이에 따라 일본 고문들은 대한제국의 재정, 금융, 화폐 제도 등을 재편하여 식민 지배를 위한 토대를 마련하였다. 그리고 1906년, 1,300만 원이던 대일 국채가 1년 만에 1,840만 원으로 늘어나자 민족운동의 일환으로 국채보상운동이 전개되었다.

국채 1,300만 원은 우리 한국의 존망에 직결된 것이다. 2,000만 민중이 3개월 기한으로 담배 피우는 것을 폐지하고, 그 대금으로 한 사람마다 매달 20전씩 거두면 1,300만 원이 될 수 있다. 설령 다 차지 못하는 일이 있더라도 1원부터 10원, 100원, 1,000원을 출연하는 자가 있어 채울 수 있을 것이다.

한국사를 움직인 100대 사건

고종 44년인 1907년 2월 21일 〈대한매일신보〉에 실린 국채보상(國債報
償)취지서 내용이다. 대구 광문사(廣文社) 사장 김광제(金光濟)와 부사장 서
상돈(徐相敦) 등의 명의로 된 것이었다. 대구에서 비롯된 국채보상운동은
이를 계기로 전국으로 급속히 확산돼 각계각층의 국민이 자발적으로 참
여한 가운데 1년 정도 지속됐다. 일본이 한국을 경제적으로 예속시키기
위해 강압적으로 떠안긴 차관 1,300만 원을 온 국민의 힘을 모아 청산함으
로써 경제 자립을 실현하고 나아가 국권을 회복하자는 운동이었다. 1906
년을 기준으로 대한제국 정부의 예산 세입액은 1,318만 9,336원, 세출액은
1,395만 523원으로, 세출액이 세입

액보다 77만 원 많은 적자 상태였

다. 한 해 예산과 맞먹는 거액의 국

채를 대한제국 정부가 상환하는 것

은 현실적으로 불가능했다. 때문에

한국을 식민지로 만들려는 일본의

야욕을 저지하기 위해서는 국민 모

두가 나서야 한다는 공감대가 형성

된 것이다.

국채보상운동이 처음 제안된 것

은 그해 1월 29일 광문사 문회(文會)

특별회였다. 출판사를 운영하며 애

국계몽운동을 벌이던 광문사가 광

문사문회라는 명칭을 대동(大東)광

문회로 바꾸는 문제를 논의하는 회

〈대한매일신보〉 1907년 2월 28일자 국채보상운동과 관
련한 심의철의 글을 머릿기사로 다룬 〈대한매일신보〉 제
450호. 〈대한매일신보〉는 1904년 창간된 이후 일본의
국권 침탈을 비판하는 글을 실어 일제의 탄압을 받았다.
그러나 1910년 경술국치 이후 조선 총독부의 기관지로
전락했다. (한국금융사박물관)

의였다. 이 자리에서 서상돈은 모든 국민이 금연으로 돈을 모아 국채를 보상하자고 제의했고, 참석자들이 이에 찬성하면서 즉석에서 2,000여 원이 모금됐다. 이어 2월 21일, 대구 북후정(北堠亭)에서 대동광문회 주최로 국채보상을 위한 대구군민대회가 열려 국채보상취지서가 발표됐고, 대회에 참석한 군민들은 한 푼 두 푼씩 성금을 내 모두 100여 원을 모았다. 이렇게 시작된 국채보상운동은 전 국민으로부터 큰 호응을 얻으며 전국 각 지역으로 번져 나갔다.

문제가 된 대일(對日) 차관은 1905년 6월부터 1906년 3월까지 네 차례에 걸쳐 발생한 것이다. 우선 일본은 1905년 6월 한국의 문란한 화폐를 정리한다며 그 비용으로 한국에 300만 원의 화폐정리자금채(貨幣整理資金債)를 관세 수입을 담보로 억지로 떠넘겼다. 또 같은 달에 구채(舊債) 상환과 세계(歲計) 부족 보충비 구실로 일본에서 공채로 모집한 200만 원을 국고금 수입을 담보로 한국에 들여왔다. 같은 해 12월에는 천일은행과 한성은행의 보조 대부와 금융조합 창립자금으로 150만 원을 차입했다. 1906년 3월에는 통감부 개설로 소요되는 시정(施政) 개선비와 기업자금 명목으로 일본흥업은행에서 1,000만 원이 차입됐다. 이렇게 해서 총 1,650만 원 가운데 실제로 도입된 차관 1,150만 원과 이에 따른 이자를 합친 것이 1,300만 원이었다.

당시 대일 차관의 이자는 연 6~7퍼센트나 됐다. 하지만 이 차관들은 대한제국 정부의 필요나 요청에 의해 도입한 것이 아니라, 일본이 대한제국을 완전한 식민지로 만들기 위해 억지로 떠넘긴 것이었다. 시정 개선비에는 일본인이 거주하는 지역의 시설비와 일본인 관리의 고용 비용 등이 포함돼 있었다. 대일 차관이 통감부의 자의적 사용으로 상당 부분 소비된

국채보상운동 광고 담배를 끊어서 외채를 갚자는 내용의 국채보상운동 광고이다. 이것은 창원 단연회소가 낸 광고이며, 일부 내용을 소개하면 다음과 같다. '지금 우리나라의 형편이 위태롭고 질병에 걸려 있는 환경에 즈음하여 월급과 국가 경비의 지탱이 막연하다. 여기에 더하여 외채가 1,300만 원이다. 우리 국민 모두는 부모를 구제해야 할 아들이라는 점에서 나라의 어려움을 관망만 하고 구제할 좋은 계획이 없다면 4년간 지켜온 강주를 지킬 수 없을 것이고, 2천만 국민이 의지할 곳이 없게 된다.' (한국금융사박물관)

것이다. 때문에 이름만 차관일 뿐, 실제 사용은 일본인이 한다는 비난도 나왔다. 화폐 정리라고 하는 것도 결국은 토착 자본의 붕괴를 초래한 조치였다.

이처럼 일본이 차관을 명목으로 대한제국의 침탈을 시도할 수 있었던 것은 1904년 8월 강제 체결된 한일협정서(제1차 한일협약)에 따른 것이었다. 당시 조약에는 일본이 추천하는 재정, 외교 고문을 대한제국이 맞아들이도록 되어 있었다. 이에 따라 대장성 주세국장 출신인 메가타 다네타로(目賀田種太郎)가 재정 고문으로 임명되어 대한제국의 재정, 금융, 화폐 제도를 재편하는 등 식민 지배의 경제적 토대를 마련해 갔다. 이 과정에서 화폐와 황실의 재정을 정리하고, 농업 개발을 명분으로 토지를 약탈했으며, 재정 기구를 장악하고, 고리대로 우리 국민들의 자금을 수탈했다. 메가타가 부임한 이후 대한제국의 대일 차관이 급증한 것도 이 같은 연장선상에서 이뤄진 것이었다.

일본의 경제 침탈은 1906년 3월부터 통감 정치가 본격적으로 이뤄지면서 더욱 노골적으로 진행됐다. 1906년 말 1,300만 원이던 대일 국채는

동양척식주식회사 1908년 세워진 동양척식주식회사는 일제가 조선의 토지와 자원을 독점적으로 관리하기 위해 만든 기관이다. (국채보상운동기념회)

1907년 6월 말 현재 1,840만 원으로 늘어났다. 담배와 술을 끊고 부녀자들이 패물을 팔아가면서 국채보상운동을 벌인 것은 이처럼 일본의 식민 지배 야욕에 맞서 주권을 수호하려는 민족운동의 일환이었던 것이다.

국채보상운동이 확산되면서 전국적으로 자발적인 모임들이 속속 생겨났다. 국채보상을 위한 기성회(期成會), 단연회(斷煙會), 찬성회(贊成會), 의무소(義務所), 동맹(同盟), 부인회, 패물폐지(佩物廢止) 부인회, 부인회모집소, 애국부인회, 탈환회(脫環會), 의성회(義成會), 감선의연회(減膳義捐會) 등 명칭도 다양했다. 대구에서 국채보상회가 조직된 데 이어 서울에서는 김성희(金成喜), 유문상(劉文相), 오영근(吳榮根) 등에 의해 국채보상기성회(國債報償期成會)가 결성됐고, 서도(西道, 평안도) 출신자들은 국채보상서도의성회(西道義成會)를 만들었다.

이로써 국채보상운동은 1907년 7~8월에 절정을 이룬다. 보상운동에

는 노동자와 농민, 부녀자, 군인, 인력거꾼, 기생, 백정, 영세 상인, 학생,
승려 등 모든 계층이 참여했으며, 특히 가난한 하층민이 주축을 이뤘다.
담배를 끊어 저축을 하고, 금은 비녀와 가락지 및 노리개를 내놓고, 심지
어 머리털을 잘라 팔기도 했다. 탈환회는 반지를 빼고, 감선회는 반찬을
줄였다. 일본에서 유학하는 학생 800여 명은 담배 값을 모아 보내 왔다.
급기야 고종도 "국채보상의 일로 인민이 담배를 끊고 대금을 모집한다는
데, 짐도 불가흡연(不可吸煙)"이라며 담배를 끊자, 여러 대신들도 이를 따
랐다.

　이처럼 대구에서의 국채보상운동이 짧은 기간에 범국민운동으로 전개
된 데는 신문사들의 힘이 컸다. 〈대한매일신보〉, 〈황성신문〉, 〈제국신문〉,
〈만세보〉 등은 국채보상에 동참할 것을 호소하고, 의연금을 받아 그 명단
과 금액을 게재했으며, 각종 미담을 소개하기도 했다. 국채보상운동이 전
국민적인 운동으로 전개되자, 모은 돈을 관리할 통합기구도 생겼다. 1907
년 4월 8일에는 참정대신으로서 을사늑약에 반대했던 한규설(韓圭卨)을
소장으로 국채보상지원금총합소가 대한매일신보사 내에 마련됐고, 비슷
한 시기에 이준(李儁)을 의장으로 한 국채보상연합회의소가 생겨났다. 두
단체는 분열이 생길 수 있다는 여론에 따라 협의를 통해 연합회의소는 보
상운동을 지도하고, 총합소는 의연금을 관리하는 임무를 맡기로 했다.

　하지만 국채보상운동은 결과적으로 좌절되었다. 일본은 보상운동을
'국권 회복을 꾀하는 배일(排日)운동'으로 인식하고, 이를 방해하기 위해
총합소 회계를 맡은 대한매일신보사 총무 양기탁(梁起鐸)을 1908년 7월 국
채보상금 횡령 혐의로 구속하였다. 또한 이 신문사 발행인인 영국인 어니
스트 베델(E. T. Betheel)의 국외 추방 공작을 전개했다. 양기탁은 다섯 차

례의 재판 결과 무죄를 선고받고 석방됐지만, 일본의 방해 공작은 계속됐고, 이로 인해 보상운동은 상당 부분 위축됐다. 이에 따라 국채보상운동 지도부는 모금보다는 모금액의 관리와 감독에 치중하였고, 1909년 11월에는 의연금 처리를 위해 유길준(兪吉濬)을 회장으로 국채보상금처리회를 조직했다.

1907년 3월 이후 1908년 7월까지 보상운동으로 모은 돈은 20만 원 정도인 것으로 알려졌다. 처리회는 은행이나 학교 설립, 식산 진흥 등 다양한 방안을 논의한 끝에 1910년 9월 모금액을 교육 사업에 투자하기로 결정했다. 그러나 일제 강점 직후 모금액 전부를 경무총감부에 빼앗기면서 이 같은 계획은 수포로 돌아갔다.

1907년 온 국토를 휩쓸었던 국채보상운동은 지도부가 구체적인 전망과 통일된 조직력을 갖지 못했다는 점에서 한계를 보이기도 했지만, 자발적인 대중운동으로 애국심과 항일 정신을 고취시켰다는 점에서 이후 민족운동의 동력을 비약적으로 높이는 계기로 작용하였다.

헤이그 밀사

을사늑약의 불법성을 알리고자 한 세 명의 한국 대표

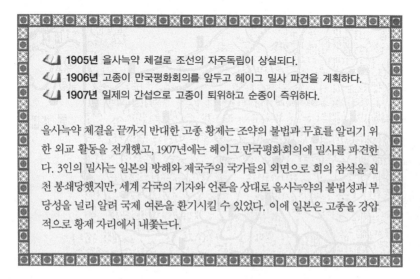

1905년 을사늑약 체결로 조선의 자주독립이 상실되다.
1906년 고종이 만국평화회의를 앞두고 헤이그 밀사 파견을 계획하다.
1907년 일제의 간섭으로 고종이 퇴위하고 순종이 즉위하다.

을사늑약 체결을 끝까지 반대한 고종 황제는 조약의 불법과 무효를 알리기 위한 외교 활동을 전개했고, 1907년에는 헤이그 만국평화회의에 밀사를 파견한다. 3인의 밀사는 일본의 방해와 제국주의 국가들의 외면으로 회의 참석을 원천 봉쇄당했지만, 세계 각국의 기자와 언론을 상대로 을사늑약의 불법성과 부당성을 널리 알려 국제 여론을 환기시킬 수 있었다. 이에 일본은 고종을 강압적으로 황제 자리에서 내쫓는다.

1906년, 러시아는 네덜란드 헤이그에서 열리는 만국평화회의 개최 시기와 제출 의제 등을 참가 예정국에게 보냈다. 이 소식을 접한 고종은 한국 대표가 평화회의에 참석해 미국과 러시아, 영국, 프랑스 등 수호조약을 맺은 열강을 상대로 을사늑약 체결의 불법성을 알리고, 헤이그 만국재판소에 일본의 만행을 제소하는 방안을 추진한다. 하지만 한국은 공식적인 회의 초청장을 받지 못했다. 일본이 한국의 회의 참석에 반대한다는 의사를 러시아 정부에 전달한 데 따른 것이다. 그러자 고종은 전 의정부 참찬 이상설(李相卨)과 평리원 검사 출신 이준(李儁), 전 러시아 주재 공사관 참서관 이위종(李瑋鍾)을 헤이그에 밀사로 파견한다.

　1907년 4월 22일, 이준은 고종이 수결한 특사 신임장 등을 갖고 서울을 떠난 뒤 블라디보스토크에서 이상설과 합류했다. 이들은 시베리아 횡단 열차를 타고 러시아 페테르부르크로 가서 이위종을 만났다. 이상설은 을사늑약 체결 당시 의정부 참찬으로 있으면서 일본의 음모를 목격하고 을

LES LÉGATIONS CORÉ

Son Excellence **Tchine-Pomm-Yi,** premier ministre de Corée, en Europe, et son fils.

이위종과 아버지 이범진 〈L'Actualite〉 1910년 8월 4일자에 실린 이범진과 이위종. 이범진은 아관파천을 주도한 인물이며, 이위종은 어린 시절부터 아버지를 따라 유럽 각국을 탐방하였다. (국립고궁박물관)

사오적을 처벌하라는 상소를 올린 인물로 이동녕(李東寧), 이회영(李會榮) 등의 추천을 받아 특사단의 정사(正使)를 맡았다. 이준은 평리원 검사 시절 을사늑약에 반대하다 투옥된 인사들을 석방하라는 황제의 명령을 어긴 직속상관을 고발할 정도로 기개가 높고 소신이 뚜렷했다. 이위종은 아관파천을 주도한 이범진(李範晉)의 아들로, 외교관인 부친을 따라 일찍부터 유럽 각국을 돌아 영어와 프랑스 어 등에 능통했고, 을사늑약으로 각국 공사관을 폐쇄한다는 일본의 지침에 불응해 부친과 함께 페테르부르크에

체류하고 있었다.

이들은 러시아 황제 니콜라이 2세에게 한국 특사들이 평화회의에서 한국의 실정을 설명할 수 있게 도와달라는 내용의 고종 친서를 전달한 뒤 6월 25일 헤이그에 도착했다. 평화회의는 45개국이 참가한 가운데 이미 15일부터 진행되고 있었다. 이들은 여비 절약을 위해 중간급 호텔에 투숙했고, 호텔 옥상에 태극기를 내걸어 독립국가의 대표임을 알렸다.

당시 헤이그에는 한국에서 교육, 선교 활동을 벌이며 고종을 돕던 미국인 호머 헐버트(H. B. Hulbert)가 미리 도착해 일본이 밀사 파견 사실을 눈치 채지 못하도록 시선을 자신에게로 돌리는 한편, 특사들의 회의 참석을 주선하고 있었다. 특사들은 우선 만국평화회의 의장에 당선된 러시아 대표 넬리도프 백작을 찾아가 고종의 신임장 등을 제시하며 회의에 참석하게 해 줄 것과 을사늑약 파기건을 의제로 상정해 줄 것을 청원했다. 이에 넬리도프 백작은 주최국인 네덜란드 외무대신과 교섭할 것을 권고했다. 하지만 네덜란드 외무대신 후온데스는 개인적으로는 동정의 뜻을 밝히면서도 이미 한국의 외교권이 일본에 이양됐고, 각국이 이를 인정했다며 난색을 표시했다. 미국이나 프랑스, 중국, 독일 등의 대표도 비슷한 입장을 보였다.

이 과정에서 특사들은 의장과 각국 대표에게 일본의 침략상과 한국 독립의 정당성을 알리는 공고사(控告詞, 성명서)를 보내기도 했다. 특사 세 명의 이름으로 된 공고사는 "회의에 참석할 가능성을 박탈당한 데 대해 심히 유감으로 생각한다."라며 일본을 규탄하는 세 가지 이유를 밝혔다. "일본인들은 황제의 재가 없이 한일협상조약(을사늑약)을 체결했고, 그들의 목적을 달성하기 위해 대한제국의 조정에 대하여 무력을 행사했으며,

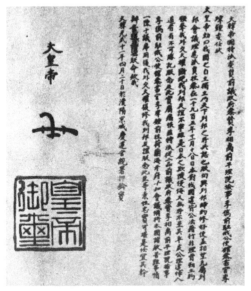

헤이그 밀사 신임장 헤이그 밀사 이준, 이상설, 이위종에게 내린 고종황제의 임명장. 이 임명장은 영문으로 번역되어 〈인디펜던트〉 지에 게재되었다. (독립기념관)

모든 국법과 관례를 무시하고 행동했다."라는 것이다.

하지만 이 같은 호소에도 특사들의 회의 참석은 끝내 무산되고 말았다. 한국 특사들의 헤이그 도착 사실을 알게 된 일본이 평화회의 참석국에 전문을 보내 한국 특사들은 대표성이 없다며 방해 공작을 벌였기 때문이다. 또 기본적으로 만국평화회의는 제국주의 논리에 입각한 회의라는 점에서 한국 특사들

의 청원이 무시될 수밖에 없었다. 만국평화회의는 세계 평화를 논의하는 자리라고는 하지만, 실제로는 제국주의 국가들이 세력을 확장하면서 상호 간의 불필요한 충돌이나 마찰을 예방하기 위한 대책을 논의하는 성격이 강했다.

이 같은 분위기 속에 특사 일행은 현지 언론과 만국평화회의를 취재하기 위해 모인 각국 기자들을 상대로 국제적인 여론 환기에 나섰다. 이위종은 7월 9일 신문기자단 국제협회가 특사들을 초청한 자리에서 유창한 프랑스 어로 〈한국의 호소(A Plea for Korea)〉라는 제목의 연설을 하며, 일본의 침략을 규탄하고 한국의 주권 회복을 위한 국제 사회의 지지를 당부했다. 이는 참석자들의 호응을 얻었고, 즉석에서 한국 입장에 동정하는

결의안이 박수로 의결됐다. 현지 언론은 이위종의 연설을 소개하며 "일본인의 잔학성과 무신의성(無信義性)을 알리고자 했다."라며 주목했고, 영문 요약본이 〈인디펜던트(The Independent)〉 8월호에 실리기도 했다. 특사단은 또 현지에서 발행되는 신문인 〈평화회의보(Courrier de la Conference)〉에 특사의 임무를 밝힌 서한과 공고사 등을 내보냈다.

하지만 특사 일행이 현실적으로 할 수 있는 일은 더 이상 없었다. 이준은 울분을 참지 못해 음식을 끊었고, 7월 14일 순국했다. 이위종은 〈평화회의보〉 20일자에서 '이준은 죽기 전까지 여러 날 동안 아무 음식도 들지 않았다. 운명하던 날 그는 의식을 잃은 것처럼 잠들어 있었다. 그러다가 갑자기 벌떡 일어나더니 부르짖었다. '우리나라를 도와주십시오. 일본이 우리나라를 짓밟고 있습니다' 이것이 마지막 유언이었다'라고 당시 상황을 전했다. 이준은 헤이그의 아이큰다우 공동묘지에 묻혔다가 1963년 조국으로 돌아와 수유리에 안장됐다. 당시 일본이 연 궐석재판에서 각각 사형과 종신형을 선고받은 이상설과 이위종은 귀국하지 않고 러시아에서 항일 운동을 벌이다 병사했다.

헤이그에서 특사들이 고군분투하고 있을 때, 일본은 이를 빌미로 고종의 퇴위를 압박하고 있었다. 7월 6일 통감 이토 히로부미는 내각총리대신 이완용에게 "황제가 협약을 무시하고 일본에 적대적인 행위를 했으니 일본은 한국에 대해 선전(宣戰)할 이유가 충분하다."라며 고종에게 퇴위를 촉구할 것을 주문했다. 그러자 이완용은 경운궁에서 어전회의(御前會議)를 소집하도록 했고, 이 자리에서 농상공부대신 송병준(宋秉畯)은 고종에게 "이번 일은 폐하에게 책임이 있으니 친히 동경에 가서 사죄하든지, 하세가와 주차군 사령관을 대한문 앞에서 맞아라."라고 윽박질렀다.

1907년 일본 황태자의 내한 첫 번째 줄 제일 오른쪽이 이토 히로부미, 가운데 소년이 영친왕 이은, 이은의 왼쪽에 일본 황태자가 서 있다. 그리고 일본 황태자의 뒤로 당시 내각총리대신이었던 이완용이 보인다. (한국금융사박물관)

    고종에 대한 퇴위 압박은 열흘 남짓 계속됐다. 일본 각의에서도 지금 기회를 놓치지 말라며 한국에 대한 모든 권력을 장악하라는 방침을 이토 통감에게 보냈다. 일본군 포병 1개 중대는 남산에 6문의 대포를 설치해 경운궁과 종로를 겨냥했고, 보병 1개 연대는 경운궁을 포위해 고종을 무력으로 위협했다. 이에 고종은 7월 18일 "이후 군국의 대사를 황태자로 하여금 대리하게 한다."라며 퇴위가 아닌 황태자의 섭정을 승인했다. 하지만 일본은 계속 왕위에서 물러나도록 몰아붙였고, 결국 고종은 19일 강제로 퇴위하는 지경에 이르렀다. 이로써 순종이 대한제국의 두 번째이자 마지막 황제에 오른다. 재위 기간은 3년 남짓에 불과했다.

이토 히로부미 사살

조국의 원흉을 살해한 안중근

> **▰▰** **1907년** 한일신협약이 체결되고 일본이 고종을 강제 퇴위시키다.
> **▰▰** **1908년** 동양척식주식회사가 설립되고 일본의 조선 수탈이 본격화되었다.
> **▰▰** **1909년** 하얼빈 역에서 이토 히로부미가 안중근의 총에 맞아 사망하다.
>
> 1909년 10월 26일 만주 하얼빈 역, 안중근이 발사한 총탄이 대한제국 초대 통감 이토 히로부미를 명중시켰다. 침략의 원흉을 해치운 후 안중근 의사는 그 자리에서 체포당했지만, 이토 히로부미는 죽음을 맞이했다. 이듬해 3월 26일 뤼순의 일본 감옥에서 사형이 집행될 때까지 안중근은 시종일관 의연함을 보이며 한민족의 기개를 널리 떨쳤다.

안중근은 1879년 9월 9일(음력 7월 16일) 황해도 해주부 광석동에서 태어났다. 가슴에 북두칠성 같은 점이 일곱 개가 있다 해서 할아버지가 자(字)를 응칠(應七)이라고 지었다. 해주의 부호 집안으로 어릴 때 유교 경전과 조선 역사를 배웠으며, 부친 안태훈(安泰勳)이 천주교로 개종해 토마스라는 세례명을 받았다. 1894년에 결혼해 자녀 셋을 둔 안중근은 을사늑약 체결 이듬해인 1906년 가족과 함께 평남 진남포로 이사해 그곳에서 삼흥학

안중근 의사 독립운동가 안중근 의사는 일제에 대항하여 블라디보스토크 등지에서 구국운동에 앞장선다. 그는 만주 하얼빈에서 이토 히로부미를 암살하는 데 성공하고 체포당했다. 2월 14일 재판에서 사형을 언도받았고, 3월 26일 순국하였다. (안중근의사기념관)

교(三興學校)와 돈의학교(敦義學校)를 세우고 나라를 구할 인재를 양성하는 데 힘을 쏟았다. 안중근은 자서전에서 "그때 나는 술을 끊기로 맹세를 했고, 대한 독립하는 날까지로 그 기한을 정했다."라고 술회했다. 1907년에는 국채보상운동 관서 지부를 설치해 지부장을 역임하기도 했다.

그러던 중 일제가 고종을 퇴위시키고 대한제국 군대를 해산하자, 전국에서 의병이 일어나기 시작했다. 국내에서의 구국운동에 한계를 느낀 안중근은 이때 가족과 이별하고 북간도를 거쳐 블라디보스토크로 건너갔다. 그리고 현지에서 의병을 이끌던 이범윤(李範允)을 만나 참모중장의 직책으로 노보키에프스크(煙秋, 연추)를 거점으로 의병활동을 벌인다. 1908년 7월에는 연해주 지역의 의병을 이끌고 국내 진공작전을 벌이다 회령군 영산(靈山)전투에서 참패한 뒤 우덕순(禹德淳), 갈화춘(葛化春), 김영시(金榮施) 등과 함께 구사일생으로 두만강을 건너 연추로 귀환하기도 했다.

이듬해인 1909년 3월 안중근은 연추 하리 마을에서 정원주(鄭元柱), 박봉석(朴鳳錫), 김백춘(金伯春) 등 11명의 동지들과 함께 조국 독립 회복과 동양 평화를 위해 목숨을 바치기로 하고, 동의단지회(同義斷指會)를 결성한다. 12명의 회원들은 각자 왼손 약손가락 첫 관절을 잘라 태극기 앞면에 '대한독립(大韓獨立)'을 혈서하고 "대한독립만세"를 부르며 단지 혈맹을 맺었다. 안중근은 "그 뒤에 각처로 왕래하며, 교육에 힘쓰고, 민의를 모으고, 신문을 구독하는 것으로써 일을 삼았다."라고 자서전에 썼다.

그해 9월 안중근은 독립 운동의 구체적인 방안을 모색하기 위해 블라디보스토크로 향했다. 블라디보스토크에 도착한 안중근은 러시아 지역 한국인 민회의 기관지인 〈대동공보(大東共報)〉 신문사에서 이토가 조만간 만주를 시찰하러 올 것이라는 얘기를 듣고 거사를 결심하였다. 안중근은 우덕순을 불러 이토를 처단할 계획을 세우고 조도선(曹道先), 유동하(劉東夏) 등에게 현지 통역과 도움을 부탁했다.

당시 이토는 통감부가 천황 직속에서 총리대신 직속으로 바뀌면서 초대 통감을 사임하고 추밀원 의장으로 복귀한 상태였다. 일본은 1904년 러일 전쟁에서 승리해 요동 반도와 뤼순 항을 차지한 뒤 뤼순 군항과 남만주철도를 부설하는 등 만주 경영에 한창인 때였다. 이에 10월 12일 도쿄를 출발해 만주 시찰에 오른 이토는 하얼빈에서 러시아 재무대신 코코프체프를 만나 동아시아 세력 확장 문제 등을 논의하기로 한 것이다.

안중근은 역 주변을 탐문해 이토가 탄 특별열차가 26일 오전 도착한다는 사실을 바로 전날 확인하고, 만일의 경우에 대비해 우덕순과 조도선을 하얼빈 역 직전의 지야이지스고(蔡家溝, 채가구) 역에 배치하고, 자신은 이토의 환영식이 열리는 하얼빈 역을 맡기로 했다. 마침내 26일, 안중근은 통역 역할을 하던 유동하와 함께 오전 7시 넘어 하얼빈 역에 도착했다. 역 구내에는 철통같은 경계망이 펼쳐져 있었다. 안중근은 일본인 군중에 섞여 역 안으로 들어갔다. 러시아 헌병의 신분 검색이 실시됐지만, 유동하가 안중근을 '일본인 신문기자'라고 하여 위기를 넘겼다. 안중근은 당시 19세였던 유동하를 돌려보내고 홀로 이토가 탄 열차를 기다렸다.

열차는 오전 9시에 하얼빈 역에 도착했다. 이토는 마중 나온 코코프체프 재무대신과 열차 안에서 20분 남짓 회담을 가진 뒤 플랫폼으로 나왔다. 이토가 군단병의 사열을 받고 귀빈마차로 향하던 순간이었다. 도열한 군부대의 뒤쪽

이토 히로부미 고종과 대한제국을 압박하여 을사늑약을 체결하고, 헤이그 밀사 사건을 빌미로 고종을 퇴위시켰다. 그는 일본에서는 근대화에 앞장선 인물이나 조선에서는 침략의 원흉이었으며, 1909년 안중근에게 저격당해 죽음을 맞이했다.

에 있던 안중근이 일본인 군중으로부터 뛰쳐나와 이토와 10여 걸음 떨어진 지점에서 브라우닝 8연발 권총 4발을 쏘았다. 이토가 그 자리에서 쓰러지자 나카무라 제코(中村是公) 만주철도 총재가 급히 부축했다. 안중근은 쓰러진 자가 이토가 아닐지도 모른다는 생각에 뒤따르던 일본인들에게 연이어 3발을 더 쏘았다. 이어 안중근은 술렁거리는 일본군과 군중 앞에서 "코레아 우라(대한국 만세)"를 세 차례 외친 뒤 현장에서 의연한 태도로 러시아 경찰에 체포당했다. 이토는 흉부와 복부에 3발의 탄환을 맞고 열차 내로 운반돼 응급처치를 받았지만 30분 만인 오전 10시쯤 숨졌다. 사망 직전 한국인이 총을 쏘았다는 얘기를 듣고 이토는 "바보같은 놈"이

라고 중얼거렸다. 뒤이어 피격 당한 가와카미 도시히
크(川上俊彦) 하얼빈 총영사, 모리 야스지로(森泰二郎)
비서관, 다나카 세이지로(田中淸次郎) 만주철도 이사는
팔과 다리 등에 중경상을 입었다. 수많은 인원과 경호
속에 순식간에 7발을 발사해 이토를 명중시킨 것은 안
중근의 사격술과 민첩성이 뛰어났기 때문에 가능한
일이었다. 안중근은 역 구내 러시아 헌병대 분소에서
심문을 받으면서 이름을 '대한국인 안응칠', 나이를
'31세'라 하고 "대한의군 참모중장 겸 특파독립대장
으로 독립전쟁 중 적의 괴수를 처단 응징했다."라고
밝혔다. 그날 저녁 안중근은 일본 영사관 지하 감방에
구금됐다.

안중근은 11월 3일 뤼순 감옥으로 옮겨진 뒤 이듬해
2월 14일 사형을 언도받았다. 안중근은 '의병 대장'이
니 '전쟁 포로'로 대우할 것을 요구했지만, 일본 법정
은 살인죄를 적용했다. 채가 구역에서 권총 소지 혐의
로 체포돼 함께 재판을 받은 우덕순은 징역 3년, 조도
선과 유동하는 각각 1년 6개월이 선고됐다.

안중근의 공판은 2월 7일부터 같은 달 14일 사이에
뤼순의 관동도독부 지방법원에서 여섯 차례 진행됐
다. 안중근은 법정에서도 애국지사로서의 신념과 의

안중근 의사의 유묵 臨敵先進
爲將義務, 즉 '적을 맞아 앞
서 나가야 함은 장수의 의무
이다'라는 뜻의 이 글은 안중
근 의사가 사형 직전 뤼순 감
옥에서 남긴 것이다. (해군사
관학교)

지를 보이며 당당한 논리와 주장으로 이토를 처단한 이유를 밝혔다. 일본
이 한국을 침략함으로써 동양의 평화가 깨졌고, 침략의 하수인을 처단한

것은 한국의 주권과 동양의 평화를 회복하기 위한 정의롭고 당연한 거사
라는 것이다. 이토를 처단한 이유로 정권 강탈과 무고한 한국인 학살, 황
제 폐위, 명성왕후 시해, 군대 해산, 5조약과 7조약의 강제 체결 등 15가지
죄목을 열거하기도 했다. 재판부가 "청이나 러시아에 대항할 힘이 없는
한국을 그대로 두면 망하지 않았겠나. 그래서 일본이 보호해 주겠다고 한
것 아니냐."라고 하자, 안중근은 "그렇다면 을사늑약을 우리 황제를 협박
해서 강제로 체결케 한 이유가 무엇인가. 또 통감 제도 실시 이후 수많은
우리 인민을 무참히 학살하고 있는 이유는 무엇인가. 도대체 이등(이토)이
우리를 보호해 준 것이 무엇인가. 아무것도 없다. 일본은 한국을 병탄하
려 하고 있다." 하고 반박했다. 재판을 참관한 영국의 한 기자는 '그는 영
광의 월계관을 거머쥔 채 자랑스레 법정을 떠났다. 그의 입을 통해 이토
히로부미는 한낱 파렴치한 독재자로 전락했다'라고 썼다.

안중근은 3월 26일 오전 10시 순국 직전 "나는 동양평화를 위해 한 일
이니 내가 죽은 뒤에라도 한일 양국은 동양평화를 위해 서로 협력해 주기
를 바란다."라는 말을 남겼다.

1910

강제 병합

역사 속으로 사라진 대한제국

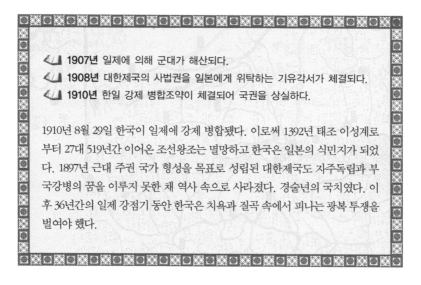

◁◁ **1907년** 일제에 의해 군대가 해산되다.
◁◁ **1908년** 대한제국의 사법권을 일본에게 위탁하는 기유각서가 체결되다.
◁◁ **1910년** 한일 강제 병합조약이 체결되어 국권을 상실하다.

1910년 8월 29일 한국이 일제에 강제 병합됐다. 이로써 1392년 태조 이성계로
부터 27대 519년간 이어온 조선왕조는 멸망하고 한국은 일본의 식민지가 되었
다. 1897년 근대 주권 국가 형성을 목표로 성립된 대한제국도 자주독립과 부
국강병의 꿈을 이루지 못한 채 역사 속으로 사라졌다. 경술년의 국치였다. 이
후 36년간의 일제 강점기 동안 한국은 치욕과 질곡 속에서 피나는 광복 투쟁을
벌여야 했다.

1907년 고종을 강제로 물러나게 한 일본은 한국을 완전한 식민지로 만
들기 위한 조치들을 속속 진행시켰다. 그해 7월 24일 일본은 이른바 한일
신협약(정미7조약)을 맺어 한국 내정에 간섭할 수 있는 권한을 명문화했
다. 통감의 한국 내정 장악과 각 부서에 일본인 차관을 배치해 행정을 통
괄하는 차관정치 시행이 그 골자다.

정미7조약(丁未七條約)의 제1조는 한국 정부는 시정(施政) 개선에 관하

여 통감의 지도를 받을 것이라고 적시했다. 제2조는 법령의 제정 및 중요한 행정상의 처분은 미리 통감의 승인을 거치도록 했고, 제4조에서는 한국의 고등 관리를 임명하고 해임시키는 것은 통감의 동의하에 집행하도록 했다. 제5조는 한국 정부가 통감이 추천한 일본인을 한국의 관리로 임명할 것을 규정했고, 제6조에서는 통감의 동의 없이 외국인을 초빙하여 고용하지 말 것을 명시했다. 한국의 내각 총리대신 이완용과 일본 통감 이토 히로부미의 이름으로 체결된 협약이었다. 여기에는 부수 비밀각서도 포함되어 있었다. 군대 해산, 차관 정치 제도, 사법권 및 경찰권 장악 등 대한제국을 사실상 허수아비 국가로 만들려는 침략적 내용이 그것이다.

하지만 당시 협약에 서명한 순종의 수결(手決)이 원래 필체와 달라 조작 의혹이 제기됐다. 일본은 정미7조약을 체결하면서 일본을 비판하는 민족 언론을 탄압하기 위해 신문지법을 제정, 공포했다. 이는 신문, 잡지 등 정기간행물에 대한 행정적 규제와 형사적 제재를 규정한 것으로, 정간물의 허가제 도입과 발매, 반포 금지, 발행정지, 폐간 등의 규제 사항을 담은 악법이다. 7월 27일에는 집회와 결사를 금지하는 보안법을 제정했다. 일제는 이를 토대로 〈황성신문〉과 〈제국신문〉 등을 폐간 조치하고, 의병을 토벌하거나 계몽운동 단체를 탄압하는 등 만행을 저질렀다.

이어 1907년 8월에는 군대 해산이 단행됐다. 이는 곧 대한제국의 자위권 상실과 무장 해제를 의미하는 것이다. 일본은 순종의 조칙을 통해 "국사가 다난한 때 쓸데없는 비용을 절약해 이용후생(利用厚生)의 일에 응용함이 오늘의 급선무"라는 명분으로 군대를 정리한다. 당시 대한제국에는 서울의 시위대(侍衛隊)와 지방의 진위대(鎭衛隊)를 합쳐 8,800명 정도의 군대가 남아 있었다.

　이토 통감은 군대 해산에 따른 민심 동요와 한국군의 반발을 차단하기 위해 7월 24일 한국군에 대해 금족령을 내리고 화약과 탄약고에 접근하지 못하도록 조치했다. 아울러 일본 정부에 군대 증원을 요청했다. 이에 따라 서울 이남의 수비를 맡기 위해 보병 12여단이 급파됐고, 13사단은 서울 이북 수비에 배치됐다. 또 서울에 위수사령부를 마련해 서울 지역을 담당하게 하는 한편, 인천에는 구축함 4척을 대기시켰다. 이런 가운데 순종은 7월 31일 군대 해산 조칙을 내렸다. 한국 주차군(駐箚軍) 사령관 하세가와 요시미치(長谷川好道)의 강압에 따른 것이었다.

　이어서 시위대를 시작으로 한 달 남짓 동안 서울과 지방의 한국 군대를 모두 해산시켰다. 우선 1일, 서울 지역 군인들을 교육을 핑계로 동대문 훈련원에 불러 모아 칼과 견장을 회수한 뒤 은사금(恩賜金)을 배부하고 해산 명령을 내렸다. 훈련원 주위와 종로, 덕수궁, 대한문 등지에는 한국군의 봉기에 대비해 기관총 부대가 배치되어 있었다. 해산 명령에 격분한 군인들은 남대문과 서소문 일대에서 일본군과 격전을 벌여 160여 명이 사상당했으며, 서소문 안에 있던 시위대 보병 제1연대 1대대장 박승환(朴昇煥)은 유서를 남기고 자결 순국했다. 그는 유서에서 '군인으로서 나라를 지키지 못하고, 신하로서 충성을 다하지 못하면 만 번 죽어도 아까울 것이 없다'라고 썼다. 당시 해산 당한 한국군이 전국으로 흩어져 의병에 뛰어들면서 의병의 전투력과 조직력이 한층 강화됐고, 일본은 이를 진압하기 위해 무자비한 초토화 작전을 벌인다.

　1908년 들어 일본에서는 강경 노선의 군부가 실권을 장악했다. 이로 인해 이토 통감이 1909년 6월 경질되고, 부통감인 소네 아라스케(曾禰荒助)가 2대 통감에 올랐다. 이어 일본 각의는 7월 6일 한국에 대해 '적당한 시

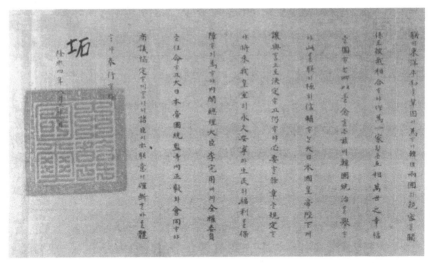

한일병합조약 이완용과 일제가 마련한 한일병합조약에 순종은 결국 서명해야 했다. (규장각한국학연구원)

기에 병합을 단행한다'는 방침을 정하고, 이에 따른 〈한국시설대강〉을 마련했다. 이는 헌병과 경찰관을 가능한 많이 한국에 파견하고, 한국 내 일본인 관리의 권한을 확장토록 하는 내용 등을 담고 있다. 그 직후인 7월 12일에는 대한제국이 사법권과 감옥 사무의 처리권을 일본에게 위탁하는 기유각서(己酉覺書)가 체결됐다. 항일 운동 세력을 철저하게 탄압하려는 의도에 따른 것이었다.

안중근 의사가 이토를 처단한 이후인 1910년 5월 일본은 육군대장 데라우치 마사타케(寺內正毅)를 3대 통감으로 임명했다. 그는 그해 7월 한국에 부임하기 전, 일본에서 한국병합위원회를 설치하고 관련 제도와 법령 등을 미리 결정해 각의의 승인을 받았다. 이즈음 일본은 각서 교환 형식으로 대한제국의 경찰권을 빼앗아 일반 경찰권까지 완전히 장악했다. 이에 따라 대한제국의 경찰 체제는 일본 헌병 2,000명과 헌병 보조원 4,000

명, 일본인 경찰관 2,000명, 한국인 경찰관 3,200명으로 바뀌어 사실상 병합 상태에 이르렀다.

데라우치 통감이 7월 23일 한국에 부임하면서 상황은 더욱 급박하게 흘러갔다. 한국인의 옥내외 집회가 금지되고, 일본군에는 경비 태세 강화령이 내려졌다. 한국주차군사령부는 병합 발표 이후 구체적인 경비 전략도 세웠다. 만반의 준비를 갖춘 뒤, 데라우치는 8월 16일 이완용을 만나 일본이 마련한 한일합병조약안을 제시하며, 이를 강행할 것을 촉구했다. 이에 이완용은 22일 어전회의를 통해 대신들의 동의와 순종의 허락을 받아내고, 바로 그날 데라우치와 조약을 체결했다. 하지만 조약 체결 사실은 곧바로 외부에 알려지지 않았다.

24일, 통감부는 정치 관련 집회와 옥외 대중 집회의 금지령을 발표한 데 이어, 순종은 29일 '일본국 황제에게 한국 통치권을 양도한다'라는 조서를 내리며 조약을 공포했다. 조약의 서문은 '상호 행복을 증진하며 동양의 평화를 영구히 확보하기 위해서는 한국을 일본에 병합하는 것만 한 것이 없음을 확신하여 병합조약을 체결하기로 결정했다'라며 강제 병합을 미화했다.

제1조 한국 황제는 한국 전부(全部)에 관한 일체의 통치권을 완전히 또 영구히 일본국 황제에게 양여한다.
제2조 일본국 황제는 양여를 수락하고 또 완전히 한국을 일본 제국에 병합하는 것을 승낙한다.

이에 따라 일본 황제는 '한국의 국호를 고쳐 조선이라 칭하고, 조선에

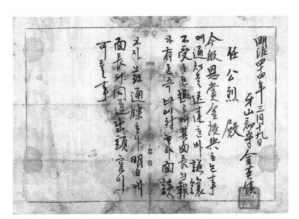

은사금 수령 독촉장 일제는 강점 후 지도층을 포섭하고 친일파에게 하사하기 위해 작위를 수여하고 은사금을 내렸다. 이것은 1911년 3월 19일 은사금을 거부하는 임공렬(任公烈)에게 수령을 독촉하는 문서이다. (독립기념관)

총독부(總督府)를 설치해 일체의 정무를 통할하게 한다'라는 칙령을 내렸다. 또 순종을 이왕(李王)에 책봉하고, 고종을 이태왕(李太王)으로 칭하게 했다. 아울러 일본은 병합에 공이 있는 친일파 등 76명에게 조선귀족령(朝鮮貴族令)에 따라 작위를 수여하고 은사금을 내렸다. 이재완(李載完), 박영효(朴泳孝) 등은 후작, 이지용(李址鎔), 이완용(李完用) 등은 백작, 박제순(朴齊純), 송병준(宋秉畯) 등은 자작, 이용태(李容泰), 윤웅렬(尹雄烈) 등은 남작을 각각 수여 받았다. 후작에는 15만 원, 백작에는 10만 원, 자작에는 5만 원, 남작에는 3만 원씩 주어졌다.

반면 한국이 일본에 병탄(倂呑)되자, 황현(黃玹)과 홍범식(洪範植), 안숙(安潚), 이재윤(李載允), 김도현(金道鉉), 정동식(鄭東植) 등 많은 애국지사들이 자결하여 순국했고, 일본에 있는 한국인 유학생들까지 자결해 일제에 항의했다. 경술국치는 이렇게 진행됐다. 한국을 강점한 일제는 이후 조선총독부를 앞세워 갖은 약탈과 억압을 일삼으며 한국을 유린했고, 이에 맞서 한민족은 독립과 광복을 위한 처절한 항쟁에 나선다.

3·1운동

일제 탄압에 대항한 한민족의 독립운동

> ◁┛ **1915년** 대한 광복회가 결성되다.
>
> ◁┛ **1918년** 중국 지린 성에서 황상규를 비롯한 39명이 서명한 무오독립선언
> 서를 발표하다.
>
> ◁┛ **1919년** 조선 유학생들의 주최로 동경 기독교청년회관에서 독립을 선언하다.
>
> 1919년 3월, 일제의 폭압적인 무단 통치에 항거해 전국에서 태극기를 앞세우고
> 만세 시위를 벌였다. 만세 시위는 만주와 연해주, 미주 등지로 급속히 확산돼
> 해외 한인들도 이에 동참했다. 그야말로 범민족 항일 독립운동이었다. 일제는
> 무자비한 탄압으로 3·1운동을 진압했으나, 이로써 표출된 다양한 계층의 독립
> 의지는 이후 한민족의 독립운동을 한 차원 높이는 동력으로 승화됐다.

3·1운동의 결정적인 기폭제가 된 것은 그해 2월 일본 동경 유학생들의
독립선언이었다. 2월 8일 한국 유학생 200여 명은 동경 조선기독교청년
회관에서 열린 유학생학우회 총회 자리를 빌려 독립선언서를 낭독하고
"대한독립만세"를 외쳤다. 앞서 이들은 1918년 말 송년회와 이듬해 1월
웅변대회를 가장한 회합을 통해 민족자결주의에 입각한 한국 독립에 관
한 문제를 논의하고, 조선청년독립단을 조직해 독립선언을 추진하기로

했다. 최팔용(崔八鏞), 백관수(白寬洙), 송계백(宋繼伯), 서춘(徐椿) 등 10명이 실행위원으로 선출돼 구체적인 준비 작업을 벌였으며, 이 과정에서 송계백은 국내로 밀파돼 최린(崔麟), 현상윤(玄相允), 최남선(崔南善) 등과 만나 독립선언의 취지를 알리고 도움을 청했다. 이에 국내에서 독립운동을 추진하던 인사들은 큰 자극과 충격을 받았다.

국내외 정세 변화도 3·1운동이 거족적으로 전개된 데 영향을 미쳤다. 1918년 제1차 세계대전이 독일 등 전체주의 국가들의 패배로 마무리되자, 약소 민족들은 미국 윌슨 대통령의 민족자결주의 제창과 전후 평화 유지 조치를 협의하기 위한 파리 강화회의에 고무돼 있었고, 국내외 독립운동 세력도 이 같은 기회를 최대한 활용하려 했다. 국내적으로는 고종의 갑작스런 붕어와 일제의 독살설로 반일 감정이 최고조에 이르고 있었다. 경술국치 이후 사실상 유폐생활을 하며 독립운동을 후원하던 고종이 1919년 1월 21일 밤 덕수궁 함녕전에서 식혜를 먹고 승하하자, 일제가 고종을 독살했다는 소문이 급속히 유포됐다. 여기에 일제가 한반도 강점 이후 토지조사사업을 통해 전국의 토지를 멋대로 무상 침탈하고 조세 수탈을 강화하면서 농민들의 상실감과 독립에 대한 염원이 고조되고 있었다.

이즈음 한국에서는 종교계와 학생들을 중심으로 제각각 독립운동이 추진되고 있었다. 천도교에서는 손병희(孫秉熙), 최린, 오세창(吳世昌) 등이 독립운동 방안을 논의한 끝에 1919년 1월 대중화, 일원화, 비폭력화라는 3대 원칙을 세우게 된다. 기독교에서는 상해 신한청년당의 선우혁(鮮于赫)과 이승훈(李昇薰), 양전백(梁甸伯) 등을 중심으로 독립선언과 시위운동을 추진하고 있었고, 강기덕(康基德), 김원벽(金元璧)을 비롯해 전문학교 대표들도 독립선언서의 기초를 마련하는 등 세부 계획을 짜고 있었다. 그러

3·1운동 격문 경남 통영에 붙은 3·1운동 격문이다. 국한문이 혼용되었으며, 일제의 만행을 규탄하고 조선 민족이 궐기하자는 내용이 담겨 있다. (독립기념관)

던 차에 동경 유학생들과 접촉한 천도교 인사들은 기독교계의 이승훈 등과 만나 종교단체의 독립운동 연합 문제를 협의하였고, 그 결과 2월 24일 천도교와 기독교가 연합에 합의했다. 이어 한용운(韓龍雲)을 통해 불교계까지 연합하였고, 기독교계인 박희도(朴熙道)의 주선으로 학생들까지 끌어들인다.

이들은 고종의 국장일인 3월 3일을 앞두고 지방에서 많은 민중들이 상경할 것으로 보고, 일요일인 2일을 피해 1일을 거사일로 정했다. 독립선언서는 최남선이 기초하고, 천도교가 경영하는 보성사에서 선언서를 인쇄해 전국 각지에 전달하기로 했다. 이에 따라 보성사 사장 이종일(李鍾一)의 책임 아래 2월 27일쯤 독립선언서 2만 1,000여 매가 완성됐다. 이를 전후해 선언서에 서명 날인할 민족대표 33명을 종단별로 나누어 확정했다. 천도교에서는 15명, 기독교에서는 16명, 불교계에서는 2명이 이름을 올렸다. 독립선언식 장소는 당초 탑골공원으로 정했으나, 폭력사태가 빚어질 수 있다는 우려에 따라 인사동 음식점인 태화관(泰和館)으로 급히 변경했다.

3월 1일 오후 2시, 태화관에는 33명의 대표 가운데 지방에 있던 4명을 빼고 29명이 모여 독립선언식을 거행했다. 이들은 독립선언서를 낭독하고, 불교계 대표인 한용운의 연설에 이어 만세삼창을 했다. 이들은 태화관 주인에게 조선총독부에 신고하도록 했고, 10여 분 만에 태화관을 급습한 일본 경찰 80여 명에게 모두 연행됐다.

장소가 바뀐 사실을 뒤늦게 알게 된 학생들은 2시 30분쯤 시민 약 5,000명과 함께 탑골공원에서 독자적으로 선언식을 가졌다. 이들은 팔각정(八角亭) 단상에 태극기를 내걸고 행사를 마친 뒤 동서 시가지로 나누어 행진하며 만세 시위를 벌였다. 일부 시위대는 덕수궁에 마련된 고종의 영전에 조례(弔禮)를 올리기도 하고, 프랑스 영사관에 가서 한민족의 독립 의지를 본국에 알리도록 요구하기도 했다. 이들은 독립선언서의 공약 3장에 적시된 대로 '질서를 존중하고 공명정대하게' 주장을 펼쳤다.

같은 시각에 서울 북쪽 지역인 평양과 진남포, 안주, 의주, 선천, 원산 등지에서도 독립선언과 만세운동이 전개됐다. 3월 10일을 전후해서는 경상, 전라, 충청, 강원도까지 확산됐다. 전국적인 시위는 5월 말까지 이어졌고, 3월 20일쯤부터 20일 남짓 동안 그 절정을 이루었다. 시위는 철도 주변의 대도시에서 중소 도시와 읍면 지역으로 퍼져 나가는 양상을 보였으며, 각 지역에서 구호가 적힌 전단이나 격문 등이 유포되고 일본 관리

와 친일 인사 등에게 협박편
지가 발송되기도 했다. 5월
말까지 통틀어 전국 218개
군에서 200만여 명의 주민이
1,500여 회의 만세 시위에 참
가했다.

만세 시위는 만주나 연해
주, 미주 등지의 한인에게도
확산됐다. 만주 서간도에서
는 3월 12일 수백 명의 한인
이 독립 축하회를 개최하며
시위했고, 다음 날에는 북간
도에서 1만여 명의 한인이
모였다. 훈춘에서는 20일 집
집마다 태극기를 내걸고 상
가를 철시한 가운데 행사가

1919년 3월 13일자 〈신한민보 호외〉 미주 대한인국민회 기관지인
〈신한민보〉에서 국내에서 거국적으로 일어난 3 · 1운동을 다루었다.
(독립기념관)

진행됐다. 노령 연해주에서는 17일 블라디보스토크 일대 한인 집단 거주
지인 신한촌에서 만세 시위를 하다 일본의 요청을 받은 러시아 당국이 시
위를 중지시키고 일부 주동자를 검거하는 바람에 동맹 휴업, 휴학이 벌어
졌다. 시위는 같은 날 우수리스크를 비롯해 노령 각지에서 잇따라 열렸
다. 미주 지역에서는 15일 대한인국민회 중앙총회를 중심으로 독립을 다
짐하는 12개 항의 결의안이 채택되고 포고문이 발표됐다.

거족적인 만세운동에 놀란 일제는 군대와 헌병, 경찰을 총동원해 무력

태극기

진압에 나섰다. 당시 한국에 주둔한 정규군 2개 사단 2만 3,000여 명에 더하여 4월에는 일본에서 헌병과 보병부대가 증파됐다. 조선총독 하세가와 요시미치는 "추호의 가차도 없이 엄중 처단한다." 하며 시위대를 향해 발포 명령을 내렸고, 4월

들어서는 경고 없이 실탄 사격을 하도록 지침을 시달했다. 이로 인해 전국에서 살육과 고문, 방화 등 야만적인 탄압이 이뤄졌다.

3월 10일에는 평남 맹산읍 시위 군중 50여 명을 죽이고, 4월 15일에는 수원 제암리에서 마을 주민 30여 명을 교회에 가둔 채 불을 질러 타 죽게 했다. 화성군 송산면에서는 마을 전체를 불태우고 주민들을 학살했다. 천안 아우내(竝川, 병천)에서는 유관순(柳寬順)이 장터에서 태극기를 나눠 주다 체포돼 악랄한 고문 끝에 옥사했다. 5월 말까지 한국인은 7,500명이 피살되고, 4만 6,000명이 체포됐으며, 1만 6,000여 명이 부상당했다. 또 교회 47곳과 학교 2곳, 민가 715호가 불탔다. 당초 비폭력, 무저항을 표방한 만세 시위는 3월 말 이후 점차 폭력화 양상을 띠면서, 전차 공격, 헌병 주재소 습격, 관공서 방화 등이 일어났다.

일제 강점기 동안 최대의 독립운동이었던 3·1운동은 종교계와 학생, 지식인은 물론 노동자와 농민, 중소상공인 등에 이르기까지 독립운동의

참여 주체를 확대하는 계기가 됐다. 대한민국 임시정부의 탄생도 3·1운동의 결실에 따른 것이었다. 또 일제는 3·1운동을 기점으로 한국인의 반발을 무마하기 위해 이른바 문화 통치로 접어들게 된다. 무단 통치는 붕괴됐지만, 기만적인 문화 통치에 의한 일제의 탄압은 여전했다. 세계적으로 3·1운동은 중국의 5·4운동과 인도의 비폭력·무저항운동, 베트남, 필리핀, 이집트의 민족운동에 큰 영향을 미친 것으로 평가된다.

1919

대한민국 임시정부 수립

자주독립의 역량을 결집하다

> ◁◁ **1919년** 상해에서 최초의 민주공화제 정부인 대한민국 임시정부가 수립되다.
> ◁◁ **1920년** 유관순이 아우내 장터에서 태극기를 나눠 주다 체포되어 옥사하다.
> ◁◁ **1923년** 신숙, 신채호 등의 독립운동가들이 상해에서 국민대표회의를 열다.
>
> 1919년 9월, 중국 상해에서 한민족 역사상 최초로 민주공화제 정부인 대한
> 민국 임시정부가 수립됐다. 이후 1945년 해방에 이르기까지 임시정부는 민
> 족의 대표 기구이자 독립운동의 최고 중추 기구로 자리매김했다. 임시정부
> 는 3·1운동이 직접적으로 낳은 결실이다. 국내외에서 분출된 한민족의 자
> 주독립에 대한 의지를 한곳으로 모으고, 이를 조직적인 독립운동으로 발전
> 시켜 나갈 필요성이 나라 안팎에서 제기된 데 따른 것이다.

　1919년 3~4월, 국내외에서는 5개의 임시정부가 생겨났다. 이 가운데
조직의 실체나 기반을 제대로 갖춘 것은 노령(露領, 러시아령) 연해주의 대
한국민의회(大韓國民議會), 중국 상해의 대한민국 임시정부(大韓民國 臨時政
府), 서울의 한성정부(漢城政府) 세 곳이었다.

　가장 먼저 정부 수립이 추진된 곳은 연해주의 블라디보스토크였다.
1917년 말 성립된 전로한족회중앙총회(全露韓族會中央總會)는 3·1운동 발

발 직후인 3월 17일 중앙총회를 행정, 사법, 의회 기능을 갖춘 대한민국의회(大韓民國議會)로 확대, 개편했다. 주도 인사들은 의장 문창범(文昌範), 부의장 김철훈(金哲勳), 선전부장 이동휘(李東輝) 등이었다. 이어 상해에서는 4월 10일, 이동녕(李東寧)을 의장으로 임시의정원이 구성되고, 11일에 열린 의정원 1차 회의에서 헌법에 해당하는 전문 10조의 임시헌장을 채택했다. 대한민국 임시정부의 행정수반인 국무총리에는 이승만(李承晚)이 선출됐다. 서울의 한성정부는 3·1운동의 계승을 목표로 한 13도 대표 24명이 인천 만국공원에서 비밀 회동을 통해 임시정부 수립을 결의하고 4월 23일 임시정부 선포문을 내면서 성립됐다. 이들은 집정관총재(執政官總裁)에 이승만, 국무총리에 이동휘를 추대했다.

자주독립의 역량 결집이 당시로서는 가장 큰 과제였기 때문에, 임시정부의 통합 문제도 자연스럽게 제기됐다. 통합 논의는 노령의 원세훈(元世勳)과 상해의 안창호(安昌浩)가 주도했으며, 상해 쪽이 제시한 단일 정부 수립원칙이 받아들여져 1919년 9월 단일화된 대한민국 임시정부가 탄생하였다. 합의된 원칙은 국내에서 창설한 한성정부의 정통성을 인정해 이를 계승하되 정부의 위치는 연락이 편리한 상해에 두고, 상해에서 정부 설립 이래 실시한 행정을 그대로 유효한 것으로 인정하며, 단일 정부의 명칭은 대한민국 임시정부로 한다는 것이었다. 이렇게 성립된 대한민국 임시정부는 9월 11일 '대한민국은 민주공화제로 한다'라는 것을 골자로 한 임시헌장(헌법)을 만들었고, 입법권을 가진 임시 의정원과 행정권을 가진 국무원, 사법권을 가진 법원으로 삼권 분립을 이뤘다. 임시 대통령은 이승만, 국무총리는 이동휘가 맡았다.

임시정부는 이로부터 상해 시기(1919~1932), 이동 시기(1932~1940), 중

상해 임시정부 대한민국 임시정부 임시의정원 의원들. 의장은 이동녕, 국무총리에는 이승만이 임명되었다.

경 시기(1940~1945)를 거치며 부침을 겪었다. 이 과정에서 임시정부는 다섯 차례의 개헌을 통해 대통령제(1919. 9)－국무령(國務領) 중심의 내각책임제(1925. 4)－국무위원 중심의 집단지도 체제(1927. 3)－주석제(1940. 10)－주석, 부주석제(1944. 4)로 정치 체제를 바꿔나갔다. 임시정부는 또 1932년 4월 윤봉길(尹奉吉) 의거에 따른 일제의 탄압으로 상해를 떠나 항주(1932), 남경(1937), 장사(1937), 광주(1938), 유주(1938), 기강(1939) 등을 거쳐 중경(1940)으로 정부 청사를 옮겼다.

임시정부의 초기 활동은 연통제(聯通制)를 통한 국내 행정 장악과 국제 외교에 초점이 맞춰졌다. 임시정부는 내무부 산하에 연통부를 조직해 국내에서의 독립운동 자금 모집과 임정 및 해외 독립운동 정보의 국내 전달, 국내 항일 운동 지휘 등의 임무를 맡게 했다. 이를 위해 서울에는 총판

(總辦), 각 도에는 독판(督辦), 군에는 군감(郡監), 면에는 면감(面監)이 운영
됐다. 일종의 비밀 행정 조직으로서, 임시정부와 국내의 연락망 역할을
한 것이다. 연통제는 평안, 황해, 함경도 지역과 경기, 충청도 일부, 서간
도, 북간도 등지에서 실시됐으나, 1921년에 일본 경찰에게 발각되어 붕괴
되고 말았다.

임시정부는 또한 1919년에 파리 강화회의에서 독립 청원을 위한 외교
노력이 무산된 뒤 워싱턴과 파리, 북경 등 주요 강대국 수도에 외교관을
파견해 정부 수립에 대한 승인을 받고 국제연맹에 가입하기 위해 외교활
동을 벌였다. 하지만 열악한 국제 환경으로 임시정부의 외교활동은 뚜렷
한 성과 없이 지지부진하게 진행됐다.

게다가 모스크바에서 레닌이 지원한 자금을 이동휘 계열이 독점하고,
주로 미국에 머물고 있던 이승만이 미국 대통령에게 국제연맹에 의한 한
국의 위임통치를 청원한 사실이 불거지면서 임시정부 내에서는 노선 갈
등이 벌어졌다. 외교보다는 독립전쟁을 통한 국권 회복을 중시한 사회주
의 계열 인사들은 임시정부의 활동을 비판하며 이승만의 사임을 요구했
고, 이로 인해 임시정부는 수립 이후 최대의 위기를 맞았다.

이에 1923년 1월부터 5월까지 독립운동의 현 상황을 점검하고 향후 진
로를 모색하기 위한 국민대표회의가 상해에서 열렸다. 회의에는 노령과
상해, 만주 등지에서 지역 및 단체 대표 130명이 참석했다. 하지만 임시정
부를 완전히 해체한 뒤 새로운 정부를 수립하자는 창조파와 임시정부의
조직만 개혁하자는 개조파가 팽팽히 맞서면서 회의는 결론을 내리지 못
한 채 결렬됐다. 창조파에는 북경군사통일회의 신채호(申采浩), 이르쿠츠
크 고려공산당 김만겸(金萬謙), 대한국민의회파 윤해(尹海), 원세훈, 천도

임시정부에서 발행한 공채 상해 대한민국 임시정부에서 1919년에 발행한 1,000원권 독립공채이다. 독립운동을 지속하기 위한 군자금을 모금하기 위해 발행하기 시작했다. (한국금융사박물관)

교의 통일당 신숙(申肅) 등이 포함됐으며, 이들은 무력 항쟁과 조선공화국 수립을 주장했다. 개조파에는 임시정부 내 개조파인 안창호, 상해파 내 고려공산당 김철수(金綴洙), 윤자영(尹滋瑛), 서간도의 개조파 김동삼(金東三) 등이 있었다. 이들은 실력 양성에 주안을 두면서 자치운동과 외교활동을 강조했다. 국민대표회의가 성과 없이 끝나자 개조파와 창조파에 속한 대다수 독립운동가들이 임시정부에서 탈퇴해 상해를 떠났다.

침체기에 빠진 임시정부는 활로를 모색하기 위해 1925년 3월 이승만을 탄핵하고 박은식(朴殷植)을 2대 대통령으로 추대했다. 이어 4월에는 2차 개헌을 단행해 대통령제를 폐지하고, 국무령제를 채택했다. 이상룡(李相龍)과 홍진(洪震)에 이어 김구(金九)가 잇달아 국무령을 맡은 데 이어, 1927년에는 3차 개헌을 통해 국무위원 합의로 정부를 운영하는 집단 지도 체제를 도입하게 된다. 이 시기에 임시정부는 우파 정당인 한국독립당을 결성해 남경의 중국 국민당 정부 등을 상대로 외교활동을 벌이기도 했다.

임시정부가 다시 국내외의 지지를 되찾기 시작한 것은 한인애국단의
의열 투쟁을 통해서였다. 한인애국단은 1931년 9월 일제의 만주 침공을
계기로 김구가 요인 암살을 위해 결성한 것으로, 1932년 의거를 일으킨
이봉창(李奉昌)과 윤봉길(尹奉吉) 모두 애국단 소속이었다. 일제는 의거 후
임시정부 요인에 대한 체포 작전에 돌입했으며, 이를 피해 임시정부는
1932년부터 1940년 중경에 정착할 때까지 중국 대륙 각지를 이동하면서
활동하였다.

이동 시기의 임시정부 주변에서는 좌우파에서 정당들이 속속 생겨났
고, 그 과정에서 다시 임시정부를 해체하자는 논의가 일었다. 이에 김구
는 1935년 11월 한국국민당을 조직해 이를 기반으로 임시정부를 재정비
하고, 나아가 조소앙(趙素昻)의 재건한국독립당, 이청천(李靑天)의 조선혁
명당을 끌어들여 우파 연립내각을 구성했다.

임시정부는 1940년 9월 중경에 도착한 직후
이청천을 총사령관으로 하는 광복군을 창설한
데 이어 강력한 단일지도 체제인 주석제를 도
입했다. 행정과 군사를 총괄하는 주석으로 피
선된 김구는 1942년 8월 김원봉(金元鳳)의 좌파
세력을 임시정부에 끌어들여 좌우 대통합을 이
루고 민족통일전선을 통일시키는 성과를 거뒀
다. 김원봉이 이끄는 400여 명의 조선의용대를
광복군에 편입시킴으로써 군사면에서도 좌우
통합이 이뤄졌다.

광복군 총사령부에서 발간한 잡지 〈광복〉
1941년 발행된 이 잡지는 임시정부의 독
립운동과 광복군의 전투 상황 등을 게재
하고, 항일 독립 의지를 고취시키는 역할
을 하였다. 광복군은 임시정부의 군대로
1940년 창설되었으며, 정식 명칭은 한국
광복군이다. (독립기념관)

특히 임시정부는 1941년 11월 해방 국면에 대비해, 국토를 탈환하고 민주공화국을 수립하는 단계에서의 정치 이념과 독립전쟁 준비 태세를 담은 〈대한민국 건국 강령〉을 제시했다. 건국 강령은 조소앙의 삼균주의(三均主義)를 이론적 기반으로 삼아 좌우 노선을 절충한 것이었다.

하지만 열강들의 이해 관계가 맞물린 해방 정국에서 임시정부의 구상은 실현되지 못했다. 임시정부 요인들은 1945년 11월 말과 12월 초 두 차례에 나눠 '개인 자격'으로 귀국했다. 미국과 영국을 비롯한 열강들의 승인 거부에 따른 것이었다. 현 대한민국 헌법 전문은 3·1운동으로 건립된 대한민국 임시정부의 법통을 계승한다고 명시하고 있다.

1920

봉오동 전투와 청산리 대첩

항일 무장 투쟁사에서 빛나는 승리

- **1918년** 일제가 국토조사사업을 완료하고 조선 국토의 40퍼센트를 차지하다.
- **1919년** 일제에 항거하는 전국적인 항쟁이 일어나 만세 시위를 벌이다.
- **1920년** 봉오동 전투와 청산리 대첩에 대한 일제의 보복으로 경신참변이 일어나다.

국내외 독립운동이 한창 가열될 시기에 한국과 국경을 접한 서북간도 일대에서는 독립군의 무장 투쟁이 활발하게 전개됐다. 그러자 일제는 국경 수비를 대폭 강화하고 간도를 침입해 독립군 토벌에 나섰으며, 이에 독립군은 1920년 6월 봉오동과 10월 청산리에서 일본군을 크게 무찔렀다. 일제는 그 보복으로 간도의 무고한 한인들을 상대로 일대 학살을 자행한다.

봉오동(鳳梧洞) 전투는 당시 독립군의 국내 진공전에서 비롯됐다. 1920년 6월 4일 신민단 소속의 독립군 30명가량이 중국의 화룡현 삼둔자(三屯子)를 출발, 두만강을 건너 함경북도 종성군 강양동(江陽洞)으로 진입해 그곳에 주둔한 헌병 순찰 소대를 격파한 뒤 강을 넘어 귀환했다. 일제는 독립군의 잇따른 진공 작전을 막기 위해 경비를 강화했는데도 또다시 기습을 당하자, 조선군 제19사단 소속 국경수비대의 니미(新美) 중위가 이끄는

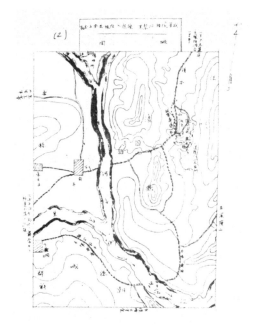

봉오동 전황 약도 봉오동 전투 때 일본군이 진입하던 경로와 지형을 그린 약도이다. 당시 일본군의 작전 상황을 확인할 수 있다. (전쟁기념관)

남양수비대(南陽守備隊) 1개 중대와 헌병 중대를 동원해 독립군을 추격하게 했다. 하지만 이들은 오히려 삼둔자 근처에 잠복한 최진동(崔振東)의 군무도독부군에 격퇴당하였다.

삼둔자 전투에서 패배하자 일본군 19사단 사령부는 독립군에게 일격을 가하기 위해 250여 명 규모의 월강(越江) 추격대를 편성해 간도로 침투시켰다. 소좌 야스카와(安川)가 이끄는 추격대는 니미 중대의 본부와 합류해 두만강을 건넌 뒤 7일 새벽 길림성 왕청현 봉오동 입구인 고려령(高麗嶺)에 이르렀다. 훈춘과 연길의 중간 지역인 봉오동은 최진동의 가족을 비롯해 100여 가구가 살고 있는 독립군 근거지 중의 하나였다. 특히 봉오동은 사면이 야산으로 둘러싸인 계곡 지역으로, 삿갓을 뒤집어놓은 것과 같은 지형을 띠고 있었다.

일본군 추격대가 봉오동에 도착했을 때는 이미 사전 정보를 입수한 독립군이 기습 준비를 마친 상태였다. 독립군은 700여 명 규모로 홍범도(洪範圖)의 대한독립군, 최진동의 군무도독부, 안무(安武)의 국민회군이 통합한 대한북로독군부군(大韓北路督軍府軍)과 이흥수(李興秀)의 신민단 소속한 부대로 이뤄져 있었다. 독립군 연합부대는 골짜기 입구에 일본군을 유인하기 위한 분대를 배치하고, 나머지는 모두 골짜기를 포위한 채 매복하고 있었다.

일본군이 완전히 골짜기 안으로 들어오자, 독립군은 홍범도의 공격 신호에 따라 일제히 사격을 시작했다. 일본군은 기관총으로 응사하면

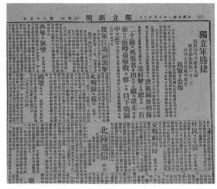

봉오동 전투 기사 봉오동 전투에 관한 기사가 게재된 〈독립신문〉. (독립기념관)

서 격렬히 저항했으나 이미 유리한 위치를 차지하고 있는 독립군을 당해 내지 못하고 이날 오후 퇴각하였다. 봉오동 전투로 일본군은 157명이 전사하고, 200여 명이 중상을 입었다. 반면 독립군에서는 전사자 4명, 중상자 2명에 그쳤다. 지형을 이용한 주도면밀한 전술과 연합부대의 일사불란한 대응이 일군 대승이었다.

봉오동 전투 이후 일제는 간도 지역의 독립군을 아예 소탕하기 위해 1920년 10월 2일 훈춘 사건을 꾸몄다. 그해 8월 작성한 '간도 지방 불령선인 초토 계획'이라는 대규모 토벌 작전에 따른 것이었다. 훈춘 사건은 일제가 중국 마적(馬賊)을 매수해 무기를 마련해 주고, 훈춘의 민가와 일본 영사관 분관 등을 습격하게 해 일본인 13명, 한국인 순사 1명을 살해한 사건이다. 일제는 이를 대대적으로 선전하고, 중국에 대해 "피해 보상을 하지 않으면, 일본군을 간도에 투입해 마적단을 토벌하겠다." 하고 으름장을 놓았다. 그러면서 일제는 "마적단에는 조선인과 러시아 인뿐만 아니라 중국인도 포함돼 있다."라며 중국을 압박했다. 중국 영토 안으로 대대

적인 병력을 투입할 계획을 미리 세워놓고, 중국이 이에 간섭하지 못하도록 약점을 잡으려는 의도였다. 일제는 중국의 답변을 기다리지도 않고 대규모의 군대를 간도 지역으로 침입시켰다. 그 병력은 조선군 19사단 주력부대와 블라디보스토크 파견군, 북만주 파견군, 관동군을 합친 것으로 2만 명에 가까웠다. 이들은 서북간도의 독립군을 목표 삼아 사방으로 포위작전에 들어갔다.

독립군은 일제의 토벌 작전을 사전에 알고 있었다. 중국군이 일제의 강요로 토벌 작전에 참여하게 됐다는 정보를 입수하면서다. 독립군은 우선 중국군과 협상하여 피전(避戰)을 약속한 뒤, 8월 하순부터 각 부대가 안도현 방면의 백두산 기슭을 향해 근거지를 이동하기 시작했다. 이는 대규모의 일본군과 정면 승부를 벌이면 간도 지역 한인들이 피해를 당할 수 있다는 우려에 따라 그 이전부터 독립군들이 마련해 놓은 대비책이었다. 이에 따라 연길현 명월구에 주둔한 홍범도의 대한독립군을 시작으로 의란구에 있던 안무의 국민회군, 봉오동에 위치한 최진동의 군무도독부 등이 속속 이동했고, 왕청현 서대파(西大坡)에 근거지를 둔 김좌진의 북로군정서는 사관연성소 졸업식 일정 때문에 다소 늦게 합류했다.

이로써 각지에 산재한 독립군은 10월 중순 안도현과 접경인 화룡현 2도구(道溝)와 3도구에 집결하였다. 김좌진의 북로군정서는 3도구에 위치했고, 홍범도의 대한독립군을 비롯한 나머지 독립군 부대들은 2도구에 자리 잡았다. 청산리 대첩은 김좌진의 북로군정서가 10월 21일 삼도구 청산리 골짜기의 백운평에서 일본군 토벌대를 패퇴시킨 백운평 전투를 시작으로, 26일 새벽까지 엿새간 청산리 일대에서 벌어진 10여 차례의 전투에서 독립군 연합부대가 일본 정규군을 크게 무찌른 전투를 말한다.

대규모의 독립군이 한곳에 모여 있다는 사실을 파악한 일본군은 아즈마(東) 지대 5,000명의 병력을 3도구를 공격할 야마다(山田) 지대와 2도구를 공격할 아즈마 지대 주력 부대로 나눠 독립군 집결지로 보냈다. 이렇게 하여 10월 21일 야마다 지대의 전위부대인 소좌 야스카와가 이끄는 1개 중대가 백운평 쪽으로 밀어닥쳤다.

당시 독립군은 일본군이 집결지를 공격하려 한다는 첩보를 미리 입수했고, 이에 따라 김좌진은 골짜기 통로의 좌우 산허리와 산기슭 등에 북로군정서 독립군 600여 명을 매복시켜 둔 상태였다. 이를 알 리 없는 일본군 전위부대가 골짜기 안으로 완전히 들어서

김좌진 장군 청산리 대첩을 총지휘했던 독립군 북로군정서의 우두머리였던 김좌진 장군의 흉상이다. (전쟁기념관)

자, 독립군은 김좌진의 명령에 따라 일시에 기습 공격을 했다. 600여 정의 소총과 4정의 기관총, 2문의 박격포를 앞세운 독립군의 공격에 일본군 200여 명은 20분 남짓 만에 거의 전멸했다. 이들은 독립군이 어디에 은폐해 있는지를 알지 못해 제대로 싸워 볼 수도 없었다. 독립군에서는 20여 명이 희생됐을 뿐이다. 뒤이어 골짜기에 도착한 야다마 지대 주력 부대도 결사 응전했으나, 절벽 곳곳에 매복한 독립군을 당해내지 못하고 300명의 전사자만 낸 채 숙영지로 패주했다. 이것이 청산리 대첩 가운데 첫 번째 벌어진 백운평 전투다.

두 번째 전투는 2도구의 완루구에서 21일 늦은 오후부터 22일 새벽까

지 홍범도가 지휘하는 독립군 연합부대와 아즈마 지대 주력 부대 사이에 벌어졌다. 완루구 전투에서도 홍범도의 철저한 매복 작전에 일본군은 400명의 전사자를 내고 물러났다. 이어 독립군은 천수평, 어랑촌, 맹개골, 만기구, 천보산, 고동하곡 등지에서 잇따라 일제의 토벌군을 무찔렀다. 대한민국 임시정부 발표에 따르면 청산리 대첩에서 일본군은 1,200명이 전사하고, 2,100명이 부상했다. 독립군 전사자는 130명, 부상자는 220여 명이었다. 항일 무장 투쟁사에서 가장 빛나는 최대의 승첩(勝捷)이었다.

일제는 그 보복으로 서북간도의 한인을 학살하고 한인 사회를 초토화 시키는 만행을 저질렀다. 10월 말, 일본군은 용정촌 장암동에서 40대 이 상 남성 주민 33명을 포박한 채로 교회당 안에 몰아넣고 석유를 뿌려 불 을 질렀으며, 불 속에서 뛰쳐나오는 사람을 칼로 찔러 몰살시켰다. 5~6 일 후 일본군은 만행의 흔적을 없애기 위해 다시 마을로 가서 가족들에게 시신을 한곳에 모으게 한 뒤, 시신 위에 석유를 뿌리고 불을 질렀다. 이처 럼 일본군은 10월부터 2개월간 서북간도 8개 현에서 3,600여 명의 한인을 살해하고 170명을 체포했으며, 부녀자 70여 명을 강간했다. 이들은 또 가 옥 3,200채와 학교 41곳, 교회 16곳을 불태웠다. 이를 경신참변(庚申慘變) 또는 간도 학살 사건이라고 부른다.

암태도 소작 쟁의

대지주의 수탈과 일제의 식민지 억압에 대항한 농민운동

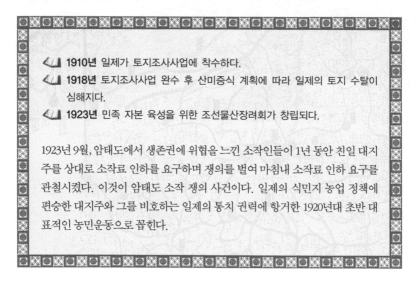

◁ **1910년** 일제가 토지조사사업에 착수하다.
◁ **1918년** 토지조사사업 완수 후 산미증식 계획에 따라 일제의 토지 수탈이 심해지다.
◁ **1923년** 민족 자본 육성을 위한 조선물산장려회가 창립되다.

1923년 9월, 암태도에서 생존권에 위협을 느낀 소작인들이 1년 동안 친일 대지주를 상대로 소작료 인하를 요구하며 쟁의를 벌여 마침내 소작료 인하 요구를 관철시켰다. 이것이 암태도 소작 쟁의 사건이다. 일제의 식민지 농업 정책에 편승한 대지주와 그를 비호하는 일제의 통치 권력에 항거한 1920년대 초반 대표적인 농민운동으로 꼽힌다.

일제의 국권 강점 이후 한국의 대다수 농민들은 극심한 착취와 수탈에 시달렸다. 1910년대 일제의 토지조사사업으로 영세 소작농 처지가 된 농민들은 1920년대 산미증식(産米增殖) 계획으로 이중 삼중의 고통을 겪었다.

산미증식 계획은 일제가 한국의 쌀 생산량을 높여 자기 나라의 식량 부족 문제를 해소하기 위해 추진된 것이다. 식민지 한국을 일제의 안정적인 식량 공급지로 삼으려 한 식민지 수탈 정책이었다. 일제는 그 계획에 따

토지조사사업 일제는 식민 통치의 기초 작업을 위해 토지조사사업을 실시하였다. (국채보상운동기념회)

라 수리 조합 사업으로 수리 시설을 확충하고 토지를 개량했으며, 그 결과 질 좋은 쌀을 싼 값에 일본으로 대량 유출했다. 그러다 보니 쌀 생산량은 늘었지만, 정작 한국인들은 쌀 소비량이 줄고 대신 값싼 외국쌀이나 잡곡 등을 주로 소비했다. 이 과정에서 한국의 농민들은 소작료는 물론 수리조합비와 토지 개량비, 비료대 등 각종 공과금을 부담해야 했다.

특히 1920년대 전반기 농민들은 높은 소작률과 불안정한 소작권, 과중한 공과금 부담 등으로 대지주를 상대로 생존권 투쟁에 나섰고, 이것이 소작 쟁의 형태로 표출됐다. 소작권의 불안정은 지주들이 소작 기간을 임의로 설정할 수 있다는 점을 악용해 소작권 이동을 수탈 수단으로 삼으면서 발생했다. 1920년대의 소작 기간은 소작인의 70퍼센트 정도가 1년에 불과했다. 이 같은 상황에서 70~80퍼센트의 고율 소작료를 착취당하자 암태도 농민들은 집단적인 저항운동을 일으킨 것이다.

전남 무안군(현 신안군) 암태도 수곡리 출신인 지주 문재철(文在喆)은 암태도뿐만 아니라 인근 섬과 전남북 일대에 수십만 평의 토지를 소유하고 있었다. 문재철은 1920년대 들어 산미증식에 따른 일제의 저미가(低米價) 정책으로 수익이 줄어들자 소작료를 높여 그 손실분을 메우려 했다. 그는 특히 예상 수확량에 따라 소작료를 약정하는 집조제(執租制) 방식을 적용하여 자의적으로 70~80퍼센트의 소작료를 암태도 소작인들에게 책정했다. 그 이전에는 지세와 영농 경비를 공동 부담하는 반분타조제(半分打租制) 방식으로 소작료를 징수했다. 고율의 소작료에 암태도 농민들은 거의 굶주리다시피 했다. 당시 주변 지역의 소작료는 대개 40~50퍼센트 정도였다.

참다못한 농민들은 1923년 추수기를 앞두고 서태석(徐邰皙)의 주도로 암태소작회라는 권익 단체를 만들었다. 그리고 이를 중심으로 일제의 비호를 받고 있던 문재철을 상대로 소작료 인하와 소작권 보호를 위한 조직적인 쟁의를 벌였다. 악덕 지주에 대한 투쟁이자 항일 민중운동의 성격을 띤 것이었다.

암태소작회는 1923년 9월 문재철에게 소작료를 40퍼센트로 인하해 줄 것을 요구했다. 문재철은 이를 받아들이지 않았고, 소작회는 그해 추수를 거부하면서 타협을 시도했다. 11월 들어서도 지주 쪽이 타협을 거부하자, 소작회는 소작료 불납 동맹을 체결하고 결속력 강화와 행동 통일을 위해 소작인 대회를 여는 등 본격적인 쟁의에 들어갔다.

12월 열린 소작인 대회에서 농민들은 그해 소작료를 논은 40퍼센트, 밭은 30퍼센트로 할 것, 지주가 이에 응하지 않으면 소작료 납부를 거부할 것, 마름을 인정하지 않을 것, 10리 이상의 소작물 운반에 드는 운임은 지

군산항에서 수송되는 쌀 일제의 산미증식 계획이 실시된 후 조선에서는 많은 양의 쌀이 일본으로 반출되어 식량난이 극심하였다. (국채보상운동기념회)

주가 부담할 것 등을 결의했다. 이듬해인 1924년 1월 소작회는 이 같은 결의사항을 지주에게 통고하고 이를 승인할 것을 요구했다. 하지만 문재철은 이를 전면 거부했을 뿐만 아니라, 소작인들을 개별 접촉해 회유 및 협박하며 70~80퍼센트의 소작료를 강제 징수하려 했다. 이를 위해 문재철은 일가 등을 동원해 테러단을 만들어 위협하고, 목포경찰서 소속 경찰들에게 요청해 무력시위를 벌이기도 했다.

소작회는 자체 순찰대를 만들어 지주와 일본 경찰의 위압에 완강하게 대응했다. 이 과정에서 암태도 농민들은 논에 벼를 세워둔 채 겨울을 보냈고, 봄에 벼를 타작한 뒤에는 40퍼센트를 소작료로 남기고 나머지는 모두 가져갔다. 이어 소작회는 3월 27일 면민대회를 열어 소작료 인하를 다시 요구하며, 5월 15일까지 이를 받아들이지 않으면 수곡리에 있는 문재철의 부친 송덕비를 파손하기로 결의했다. 또 4월 10일로 예정된 전국노

농대회에 소작회 대표를 보내 그들의
실상을 호소하기로 했다. 하지만 문재
철은 소작회의 결의를 거듭 무시하고,
테러단으로 하여금 면민대회를 마치
고 귀가하는 농민들을 습격하게 해 부
상을 입혔다. 전국노농대회에 참석하
려던 농민 대표들은 문재철의 협조 요
청을 받은 일본 경찰의 방해로 되돌아
왔다.

암태도 소작 쟁의에 대한 기사 〈동아일보〉 1936년 4
월 6일자 신문에 암태도 소작 쟁의와 관련된 기사가
실렸다.

이에 격분한 소작회는 언론과 사회단체 등에 지원을 호소하는 한편 5
월 22일에는 급기야 문재철의 부친 송덕비를 무너뜨리며 문재철이 동원
한 청년들과 난투극을 벌였다. 이로 인해 농민 50여 명이 일본 경찰에 체
포되었고, 이 가운데 소작회 간부 13명이 송덕비 파손을 주도했다는 혐의
로 목포 형무소에 구속된 뒤 재판에 회부됐다. 사태가 이 지경에 이르자,
암태도의 청년회와 부인회가 농민들의 소작 쟁의에 동참하고, 암태 청년
회 회장 박복영(朴福永)이 전면에 나서 항쟁을 지도하게 된다.

6월 2일 암태 소작회와 청년회, 부인회는 합동으로 면민대회를 열어 소
작회 간부들을 구속시킨 일본 경찰의 편파 수사와 지주 문재철의 강압적
인 행태를 규탄하며 구속자 석방을 요구했다. 이들은 또 배를 타고 목포
로 건너가 항쟁할 것을 결의하고, 시위대 400여 명을 선발했다. 이에 따라
소작 쟁의는 암태도를 벗어나 목포경찰서와 광주지방법원 목포지청 앞
철야 농성의 형태로 전개됐다. 6월 4일부터 철야 농성한 시위대는 일본
경찰들의 탄압과 식량 부족 등으로 닷새 만에 일단 암태도로 돌아갔다.

수탈당한 면화 일제는 남면북양(南棉北羊) 정책, 즉 조선 남쪽에서는 목화를 재배하고, 북쪽에서는 양을 사육하게끔 했다. 이 사진은 당시 수탈한 면화를 목포항에서 일본으로 수송하기 위해 쌓아 놓은 모습이다. (국채보상운동기념회)

그리고 한 달 뒤인 7월 8일부터 600여 명의 암태도 주민들이 아사동맹(餓死同盟)을 맺고 다시 목포로 나가 법원 마당에서 단식 투쟁을 벌였다. 아울러 주민들은 11일에 문재철의 집 앞에서 시위를 벌이다 한때 26명이 체포됐고, 27일에는 소작인 총회를 열어 "구속자 13명과 죽음을 같이 하자."라고 결의하기도 했다.

이즈음 암태도 소작 쟁의는 언론과 사회단체의 주목을 받았다. 전국에서 농민, 노동자의 성원이 쏟아졌고, 각 신문에서는 연일 관련 기사가 게재됐다. 목포 지역의 노동, 청년 단체는 지역 사회 여론을 일으켜 지주를 압박했고, 서울, 광주 등지의 한국인 변호사들은 구속자들의 무료 변호를 자청했다. 당시 《동아일보》는 암태도 주민들의 단식 투쟁을 이같이 묘사했다.

한국사를 움직인 100대 사건

600여 군중 가운데는 백발이 뒤덮인 칠십 노파와 어린아이를 안은 부인이 거의 200명이나 된다. 이곳저곳에 흩어져서 둘씩 셋씩 머리를 모으고 세상을 한탄하며 사람을 야속타 하고 (……) 인생의 비애는 일시에 폭발되었다.

소작 쟁의가 사회 문제로 비화하자, 한국인 지주를 두둔하던 일제는 더 이상의 사태 확산을 막기 위해 중재에 나섰다. 이에 따라 문재철과 박복영은 8월 30일 목포경찰서 서장실에서 전남경찰부 고하(古賀) 고등과장이 입회한 가운데 합의를 맺는다. 그 내용은 소작료를 40퍼센트로 인하할 것, 지주는 소작회에 2,000원을 기부할 것, 1923년의 미납 소작료는 3년간 무이자로 분할 상환할 것, 쌍방 합의로 구속자 고소를 취하할 것, 문씨 문중의 송덕비는 소작회 부담으로 복구할 것 등이다. 이로써 1년간에 걸친 암태도 소작 쟁의는 일단락됐다.

이를 계기로 근처 도초도와 자은도, 지도 등 서해안 섬 지역으로 소작 쟁의가 확산되고, 전국적으로도 소작 쟁의 건수가 급증했다. 이처럼 대지주의 수탈과 일제의 식민지 억압에 조직적, 체계적으로 대항한 암태도 소작 쟁의는 1920년대 항일 농민운동 발전 과정에서 결정적인 분기점을 이룬 것으로 평가된다.

1925

제1차 공산당 사건

국내 사회주의 운동을 탄압한 최초의 사건

⟲ **1917년** 볼셰비키 당이 10월 무장봉기하여 사회주의 혁명을 일으키다.
⟲ **1919년** 러시아 하바로스크에서 조선 최초의 공산당인 한인사회당을 결성하다.
⟲ **1925년** 박헌영, 조봉암 등을 중심으로 조선공산당이 창당되다.

제1차 세계대전 이후 파리 강화회의와 민족자결주의가 한국의 독립에 돌파구를 마련해 줄 것이라는 기대가 무산되자, 일부 독립운동 세력은 러시아 혁명의 성공으로 눈길을 돌렸다. 피압박 약소 민족의 해방 투쟁에 적극적이었던 코민테른이 새로운 대안으로 등장하면서 지식인과 학생, 노동자, 청년 등을 중심으로 사회주의 사상이 확산되기 시작했다. 그 결과 1925년에 서울에서 조선공산당이 결성되기에 이른다.

한국인이 결성한 최초의 공산당은 1919년 5월 러시아 하바로스크에 등장한 한인사회당이었다. 한인사회당은 상해 대한민국 임시정부의 국무총리였던 이동휘(李東輝)가 참여하면서 근거지를 상해로 옮겨 1921년 5월 고려공산당으로 이름을 바꾸었다. 이를 흔히 상해파 고려공산당이라고 부른다. 같은 시기에 러시아 이르쿠츠크에서도 귀화 한인 2세를 중심으로 공산당이 결성됐으며, 이것이 이르쿠츠크파 고려공산당이다.

당시 상해파와 이르쿠츠크파는 임시정부 참여 문제와 민족주의 진영에 대한 입장 차이로 대립했다. 그러자 코민테른은 꼬르뷰로(고려총국)와 오르그뷰(조직국)를 조직해 둘 사이의 갈등을 중재하고 한국 내 강력하고 통합된 공산당의 결성을 주선하려 했다. 당시 국내에서는 러시아와 중국의 독립운동가와 일본 유학생들의 영향으로 사회주의와 무정부주의 사상이 유입되고 있었고, 서울청년회, 무산자 동지회, 신사상 연구회, 화요회(火曜會), 북풍회(北風會) 등의 사상 단체와 독서회가 속속 생겨났다. 그러자 일제는 사회주의 운동의 확대를 막기 위해 일본이 제정한 치안유지법을 한국에도 적용해 미수범과 국외 활동자까지 처벌하는 등 가혹하게 탄압했다.

이런 가운데 신사상 연구회의 후신인 화요회를 중심으로 한 사회주의자들이 오르그뷰에서 파견한 인사들과 접촉하면서 한국에서 처음으로 조선공산당이 결성되기에 이른다. 당시 조선공산당 결성식은 일본 경찰의 눈을 피해 극비리에 진행됐다. 1925년 4월 서울에서는 조선기자대회와 전조선 민중운동자대회라는 두 개의 굵직한 행사가 열렸다. 일본 경찰들의 시선도 이 행사들에 온통 쏠려 있었다.

임시정부 국무총리 이동휘 1920년 국무총리를 지낸 이동휘는 공산당으로 전향한 후 한인 사회당을 상해로 옮겨 고려공산당으로 개명하고 주요 간부로 활동하였다. 그러나 소련에서 받은 독립운동 자금을 공산당 기금으로 운용한 것이 밝혀져 임시정부에서 사퇴하였다.

조선기자대회 마지막 날인 4월 17일 서울 황금정(黃金町, 현 을지로)에 있는 중국 음식점 아서원 2층에 화요회와 북풍회, 상해파 등에 속한 공산주의자 19명이 비밀리에 모였다. 민족 해방의 전위 조직인 조선공산당 창당대회를 갖기 위해서였다. 화요회의 박헌영(朴憲永)과 조봉암(曺奉岩), 북풍회의 김약수(金若水)와 송봉우(宋奉瑀), 조선청년총동맹의 김찬(金燦), 조선노농총동맹의 윤덕병(尹德炳)을 비롯해 화요파와 북풍파, 상해파 등에 속한 각 지역별 대표가 참여했다. 화요회가 주도 세력이 되어 다른 계파들과 연합한 형태였다. 책임비서를 맡은 김재봉(金在鳳)은 이 자리에서 개회사를 통해 "일제를 타도하고 조선 민족을 해방시키기 위해서는 노동자, 농민 계급의 전위당인 공산당이 필요하다." 하고 역설했다. 이것이 김재봉 책임비서 시기의 1차 조선공산당이다.

이들은 이날 결성식에 이어 다음 날인 18일에는 김찬의 집에서 제1회 중앙집행위원회를 갖고 비서부, 조직부, 선전부, 노동부 등의 당 기구를 설치했다. 조직책임자는 조동호(趙東祜), 선전책임자는 김찬, 인사책임자는 김약수, 노농책임자는 정운해(鄭雲海), 조사책임자는 주종건(朱鍾建) 등이 맡았다. 이들이 노동자와 농민, 학생 들을 주된 대상으로 삼아 결정한 조선공산당의 당면 과제 중 주요 내용은 다음과 같다.

· 일본 제국주의 통치의 완전한 타도, 조선의 완전한 독립
· 8시간 노동제(광산은 6시간 노동), 노임 증가 및 최저임금제 제정, 실
　업자 구제, 사회보험제 실시
· 부녀의 정치적, 경제적, 사회적 일체 권리의 평등, 노동 부녀의 산
　전, 산후 휴식과 임금 지불
· 의무 교육 및 직업 교육 실시
· 일체의 잡세 폐지, 단일 누진소득세 설정
· 언론, 집회, 결사의 자유, 식민지적 노예 교육 박멸

· 민족 개량주의자와 사회 투기주의자의 기만을 폭로

· 제국주의 약탈 전쟁을 반제국주의의 혁명 전쟁으로 전환

· 중국 노동 혁명 지지, 소비에트 연방 옹호

· 타도 일본 제국주의, 타도 일체 봉건 세력, 조선 민족 해방 만세, 국
  제 공산당 만세

이와 함께 조선공산당은 '조선인 관리의 전원 사퇴', '일본 생산품 배
척', '일본인이 경영하는 공장노동자의 총파업' 등을 투쟁 구호로 삼았다.
하지만 이들은 그해 11월 일제의 대대적인 검거로 당이 와해되면서 당의
강령과 규약은 따로 마련하지 못했다.

조선공산당이 창당대회를 가진 데 이어 4월 18일에는 서울 박헌영의
집에서 고려공산청년회가 결성됐다. 서울과 경기 지역의 화요회 계열 인
사들인 박헌영과 조봉암, 김단야(金丹冶), 김찬, 권오설(權五卨), 임원근(林
元根)을 비롯해 20명이 참석했다. 이 자리에서 박헌영이 고려공산청년회
의 책임비서를 맡았다. 당의 지도 아래 성립된 최초의 공산청년회라는 의
미가 있었다. 이어 조선공산당은 조동호와 조봉암을 각각 당과 고려공산
청년회의 대표로 선임해 모스크바로 파견, 코민테른으로부터 정식 승인
을 받았다. 또 청년당원 12명을 뽑아 모스크바 공산대학에 유학을 보내기
도 했다.

하지만 당시 조선공산당은 우연히 발생한 폭행 사건이 발단이 되어 당
조직이 와해되는 지경에 이른다. 그해 11월 22일 신의주의 한 식당에서 신
만(新灣)청년회 회원 20여 명이 한 회원의 결혼 축하 모임을 갖고 있을 때
였다. 청년회원들이 축하 노래를 부르고 춤을 추는 과정에서 다른 방에 있

던 신의주 경찰서 소속 형사들과 충돌을 빚었다. 형사들은 친일 변호사 박유정(朴有楨)을 비롯해 의사, 냉면업자 등 신의주 지역의 유력 인사들과 동석하고 있었다. 조선인과 일본인 형사 두 명이 청년회원들에게 조용히 할 것을 강압적으로 요청하다 시비가 붙었고, 청년회원들은 이들을 집단 구타했다. 그러자 경찰은 신만청년회의 사무실과 회원들의 집을 수색했다.

이 과정에서 청년회원인 김경서(金景瑞)의 집에서 고려공산청년회 중앙집행위원회 명의로 된 '회원자격 사표(查表)'와 박헌영이 조선공산당의 국경 연락책인 독고전(獨孤全)을 통해 상해로 보내려던 비밀문서가 발견됐다. 신만청년회는 독고전과 고려공산청년회 임형관(林亨寬)의 영향을 받은 단체였고, 신만청년회 집행위원장 김득린(金得麟)과 임형관, 김경서 등은 독고전의 지도로 공산주의 토론을 하던 동지들이었다. 독고전은 서울에서의 창당 대회 당시 신의주 대표로 참석하기도 했다.

사건의 성격이 바뀌자 서울의 종로경찰서가 합동 조사에 들어갔고, 이로 인해 조선공산당과 고려공산청년회의 조직과 활동 전모가 탄로 났다. 일제는 전국에 걸쳐 대대적인 검거에 나서 당과 공산청년회의 간부 60여 명을 붙잡았다. 박헌영과 부인 주세죽(朱世竹)은 11월 29일에 검거됐고, 김재봉은 12월 해외 망명을 시도하다 체포됐다. 가까스로 일제의 검거망을 벗어난 간부들은 대부분 상해 등으로 망명했다.

이로써 1차 조선공산당은 사실상 와해됐다. 이것이 제1차 조선공산당 탄압 사건으로, 신의주 사건이라고도 한다. 국내 사회주의운동을 대규모로 탄압한 최초의 사건이었다. 이를 계기로 강달영(姜達永)을 책임비서로 한 제2차 조선공산당이 그해 12월 결성된다. 하지만 강달영 책임비서 시기의 조선공산당도 6·10만세운동을 계기로 난관에 부딪혔다.

6·10만세운동

이념과 종교를 넘어 연대를 모색한 독립운동의 진전

◁◁ **1925년** 6·10만세운동을 주도한 단체인 조선학생과학연구회가 결성되다.
◁◁ **1926년** 제27대 순종의 장례일에 전국적으로 독립만세운동이 일어나다.
◁◁ **1927년** 민족주의자와 사회주의자가 제휴하여 민족협동전선인 신간회를 구축하다.

1926년 6월 10일 조선의 마지막 국왕인 순종의 인산일을 기해 학생들이 서울 도심의 연도에서 대한독립만세를 외치고 태극기를 살포하며 시위를 일으켰다. 삼엄한 경계를 펼치던 일제는 학생들이 주도한 만세운동에 허를 찔린 채 현장에서 수많은 학생들을 체포하고 시위를 탄압했다. 6·10만세운동은 3·1운동 당시 전위 역할에 그쳤던 학생들이 독립운동의 독자적인 주체로 떠올랐다는 점에 의의가 있다.

    3·1운동에 이은 제2의 만세운동이 처음 계획된 곳은 조선공산당 임시 상해부였다. 임시상해부는 1차 조선공산당 탄압 사건 때 피신한 일부 간부가 여운형(呂運亨), 남만춘(南萬春) 등과 합세해 1926년 1월 결성한 것으로, 조선공산당의 연락부 역할을 했다. 이들은 중국의 국공합작에 자극을 받아 민족 해방과 독립을 위해 사회주의자와 민족주의자의 협동전선 구축을 모색하였고, 그 수단으로 한국에서의 대중 시위운동을 구상했다. 당

6·10만세운동 기사 순종의 인산일에 일어난 6·10만세운동에 관한 〈조선일보〉의 기사이다. (독립기념관)

초 이들은 5월 1일 메이데이 기념일을 거사일로 잡고 대중시위를 준비했으나, 이 과정에서 순종이 승하하자 3·1운동 때처럼 국상을 계기로 만세운동을 벌이는 것으로 계획을 바꾼다. 그리고 만세운동의 실무를 2차

고려공산청년회 책임비서 권오설(權五卨)이 맡도록 했다.

　3·1운동 당시 중심적인 역할을 맡았던 천도교 계열에서도 일제에 비타협적인 정치노선을 갖고 있던 권동진(權東鎭), 이종린(李鍾麟) 등의 원로와 이들을 따르는 청년동맹이 민족통일전선을 이루기 위해 사회주의자들과 결합할 수 있다는 의지를 갖고 있었다. 천도교 구파 계열인 이들은 조선공산당 창립 이전부터 사회주의 세력과의 연대를 모색하고 있었고, 특히 6·10만세운동 3개월 전인 1926년 3월에는 2차 조선공산당 책임비서 강달영(姜達永)을 만나 협동전선에 대한 의견을 나누기도 했다. 만세운동에서 조선공산당과 천도교 구파가 연대할 수 있었던 것은 이처럼 민족통일전선 형성에 대한 양 진영의 인식이 서로 맞아 떨어졌기 때문에 가능했다.

　학생계의 참여는 1920년대 학생운동의 변천 과정과 맞물려 있다. 3·1운동 이후 학생계에서는 이전의 조선학생친목회가 조선학생대회(1920)로 바뀌고, 이는 일제의 탄압으로 중등학생이 배제된 조선학생회(1922)로 개편됐다. 이 단체들은 기본적으로 조선학생 단결이나 조선물산장려 등 교양적, 계몽적 성격에 그쳤다.

그러던 중 1920년대 중반 들어 사회주의 사상을 본격적으로 수용한 학생조직이 출현하면서 학생운동은 한 단계 진전하였다. 1925년 5월, 사회과학 연구와 민중 교육을 표방한 조선공학회의 등장이 그것이다. 일제는 조선공학회의 성격이 불온하다는 이유로 이를 강제 해산했지만, 이후 사회주의 학생조직은 오히려 확산됐다.

이 가운데 1925년 11월에 결성된 조선학생과학연구회가 바로 6·10만세운동을 주도한 단체였다. 사직동계(社稷洞系)라 불린 조선학생과학연구회는 서울 소재 전문학생과 고보생들로 구성됐으며, 화요회계인 권오설과 밀접하게 연결되어 있었다. 창립 당시 70~80명 규모였던 조선학생과학연구회는 학생운동의 중심으로 부상하면서 6·10만세운동 당시 회원이 500여 명으로 불어나 있었다. 3·1운동을 겪고 사회주의 사상을 수용한 이들의 항일 의식이 권오설이 제시한 만세운동 구상과 접목되면서, 학생계도 자연스럽게 만세운동에 참여하게 된 것이다.

이들은 인산 당일 학생 동원 방법 등을 강구하던 중에 5~6명 규모의 사적인 학생 모임인 통동계(通洞系)와 연대하였다. 이처럼 만세운동의 주도 세력들이 짜이자, 학생계는 격문 살포와 만세 선창 등의 임무를 맡고, 천도교 계열에서는 박래원(朴來源)이 격문 인쇄와 지방 천도교 조직을 통한 격문 배포 등을 담당하기로 하는 등 역할 분담이 이뤄졌다.

하지만 순종 인산일(因山日, 출상일)에 임박해 뜻밖의 사태가 발생했다. 당시 중국인 위조지폐범을 쫓던 종로경찰서가 도렴동 이동규(李東圭)의 집을 수색하는 과정에서 격문서 1장을 우연히 발견한 것이다. 일제는 그 출처를 추적한 끝에 만세운동 계획을 알아내고, 조선공산당과 천도교 계열 인사들을 대거 체포하였다. 거사 나흘 전이었다. 이때부터 학생들은 독자적인 만세운동을 추진하였다. 이들은 촉박한 시일에 쫓기며 태극기 300장과 '조선독립만세'라고 쓴 깃발 30장을 만들었다. 그리고 명함인쇄기 한 대를 구해 이석훈(李錫薰)의 사직동 하숙집에서 직접 초안한 격문 1만여 매를 인쇄했다.

고종의 국상 당시 전국적인 3·1운동을 겪었던 일제는 순종의 인산일을 앞두고 거사 계획을 적발하면서 초비상 상태에 들어갔다. 지방에서 상경하는 한국인을 대상으로 서울역과 용산역, 청량리역 등지에서 검문검색을 강화하고, 일본 군대 1만 명을 서울에 긴급 투입했다. 또 인산 당일 인도에 총검으로 무장한 군인과 기마 경찰, 헌병을 집중 배치했다.

이처럼 일제가 철통같은 경계망을 펼친 상태에서 순종의 장례 행렬은 6월 10일 오전 8시쯤 창덕궁에서 발인을 마친 뒤 종로 쪽으로 향했다. 종로에서 을지로와 동대문을 거쳐 금곡 유릉(裕陵)으로 가는 장례 행렬의 연도에는 30만 명의 군중이 운집했다. 조선학생과학연구회와 통동계 학생들의 만세 시위는 오전 8시 30분쯤 장례 행렬이 종로 3가 단성사 앞으로 통과한 직후 시작됐다. 중앙고보 이선호(李先鎬)의 선창으로 학생들은 "대한독립만세"를 외치며 격문 1,000장과 태극기 30여 장을 살포했다. 조선학생과학연구회가 작성한 격문에는 다음과 같이 적혀 있었다.

2,000만 동포야!
원수를 몰아내자!
피의 값은 자유이다.
대한독립만세!

— 조선학생과학연구회 격문

조선 민족아

우리의 철천지원수는 자본제국주의 일본이다.

2,000만 동포야

죽음을 결단코 싸우자

만세! 만세!

조선독립만세!

— 통동계 격문

학생들의 만세 소리에 기병의장대를 태운 말이 놀라 달려가는 바람에 연도의 군중들이 다치기도 했다. 이곳에서만 50여 명의 학생들이 일본 경찰에 붙잡혔다. 을지로 쪽에서는 학생들과 일본 경찰의 충돌 양상이 격렬해져 근처 사범학교 담이 무너질 정도였다. 동대문 앞에서는 기마병의 말에 연도의 군중 70여 명이 부상을 입었다.

학생들은 이날 모두 여덟 곳에서 만세운동을 벌였으며, 참여 학생은 모두 500~600명 규모였다. 일본 경찰은 만세운동 현장에서 210여 명을 체포했다. 중앙고보 학생이 58명이었으며, 연희전문 42명, 세브란스의전 8명, 보성고보 7명 등이었다. 하지만 이날 현장에서는 극소수의 일반 군중 외에는 호응을 하지 않았다. 총검으로 무장한 일본 군경이 삼엄하게 경계를 펼치며 군중을 철저히 차단하고 있었기 때문이다.

이에 배제고보생 문창모(文昌模)를 중심으로 기독교 계통의 7개 학교 간부들이 만세운동을 민중으로 확산시키기 위해 2차 만세운동을 계획하였다. 이들은 기독교 학생회 모임에서 서로 알게 된 사이였다. 이들은 서대문 73번지 피어선 성경학원 기숙사에서 격문을 인쇄하는 등 거사를 준비하였다. 하지만 사전에 이 같은 사실이 누설되는 바람에 16일과 18일 모두 7명이 일본 경찰에 붙잡히고, 거사 계획은 무산되고 말았다. 당시 만세운동은 서울을 제외한 다른 지역으로 확산되지는 않았다. 고창에서 보통학교 학생들이 만세운동을 벌였고, 인천 만국공원에서 청년 수십 명이 시위에 나선 정도였다.

이처럼 6·10만세운동은 학생들이 사회주의 연구모임이나 종교 활동 등 다양한 통로로 독립운동의 전면에 나선 것이다. 또한 학생들과 함께 만세운동을 추진한 조선공산당과 천도계 세력이 이념을 넘어 연대한 점은 민족주의 세력과 사회주의 세력의 민족협동전선 구축에 새로운 장을 연 것으로, 이후 한국 독립운동의 진전에 의미 있는 획을 긋는 사건이었다. 이후 1927년, 좌우익이 합작한 신간회(新幹會)의 창립에 결정적인 동력을 제공하였다.

광주 학생운동

학생들이 주도한 최대의 민족운동

- **1926년** 광주 학생운동을 주도한 단체인 독서회의 전신 성진회가 결성되다.
- **1929년** 전남에서 시작된 학생운동이 전국적으로 확산되다.
- **1930년** 일제의 강경 진압에도 서울과 광주, 간도, 동경에서 학생운동이 계속되었다.

1929년 11월 3일 광주에서 시작된 학생들의 항일 투쟁은 사회, 청년 단체들의 적극적인 참여 아래 전 민족적인 독립운동으로 전개됐고, 간도와 일본을 비롯해 국외로도 확대됐다. 이것이 학생운동사상 기념비적인 사건으로 기록되는 광주 학생운동으로, 3·1운동 이후 최대의 민족운동이다. '광주'는 전국적인 독립운동이 광주에서 시작됐다는 것이며, '학생'은 학생들이 이 운동을 주도했다는 것을 뜻한다.

광주 학생운동은 1929년 10월 30일 나주역에서 벌어진 사건이 발단이 되었다. 이날 오후 광주역을 출발해 나주역에 도착한 열차에서 승객들이 내려 개찰구를 나올 때 광주중학교의 일본인 학생 후쿠다 슈조(福田修三)가 광주여고보 한국인 여학생 박기옥(朴己玉)의 댕기 머리를 잡고 희롱했다. 박기옥의 사촌동생인 광주고보 학생 박준채(朴準埰)가 이를 목격하고 후쿠다를 나무라자, 후쿠다는 "조선인 주제에"라며 행패를 부렸다. 두 사람 사이에 싸움이 벌어지자 이를 말리던 나주역의 일본인 순사는 후쿠다를 비호하며 박준채의 뺨을 여러 차례 때리기도 했다. 당시 열차로 통학하던 한국인과 일본인 학생들 사이에는 가끔씩 우발적인 충돌과 시비가 있었지만, 이날 사건은 10월 31일과 11월 1일에 각각 통학열차와 광주역에서 한일 학생들 간의 충돌로 이어졌다. 31일에는 박준채가 열차에서 후쿠다와 싸우다가 일본인 승객들에게 일방적으로 훈계를 당하기도 했다. 이 같은 일련의 사건이 한국인 학생들의 민족 감정을 자극하면서 마침내 항일 시위를 촉발하였다.

1920년대 초반 한국의 학생운동은 주로 학내 문제에 국한된 동맹 휴학의 형태로 진행됐다. 이후 6·10만세운동을 계기로 학생들의 동맹 휴학은 전국 규모의 조직적인 기반을 바탕으로 조선인 본위 교육이나 일제 타도 등 민족운동의 성격으로 진전됐다. 이런 가운데 광주 지역에서는 성진회(醒進會)의 후신인 독서회 중앙본부가 학생운동의 지도체 역할을 하고 있었다.

성진회는 1926년 11월 사회주의 청년 조직인 광주청년회의 지원을 받아 독서회 형태의 비밀 결사로 조직됐다. 장재성(張載性), 왕재일(王在一) 등 광주고보 학생들과 박인생(朴仁生) 등 광주농업학교 학생들이 그 주축이었다. 이들의 지도와 영향으로 광주고보와 광주사범학교, 광주농업학교, 광주여고보 등에서 독서회가 활성화됐다.

성진회가 일본 경찰의 감시망을 피해 해체된 이후에는 장재성을 책임 비서로 한 독서회 중앙본부가 1929년 6월 비밀리에 조직되었고, 학교별 독서회 조직을 통하여 지도하였다. 광주에서의 학생시위가 조직적으로 진행된 데다, 사회단체 등을 통해 확산되는 과정에서 장재성이 이끄는 독서회 회원들의 영향력이 주요하게 작용한 것도 이와 같은 배경에 따른 것이다.

한일 학생들 간의 충돌은 일요일인 11월 3일 광주 시내에서의 거리시위로 이어졌다. 이날은 일본 메이지 천황의 탄생을 축하하는 명치절(明治節)이었지만, 음력 10월 3일로 단군의 고조선 건국을 기념하는 개천절이기도 했다. 명치절 행사에 참석하기 위해 등교한 학생들은 일본 국가인 기미가요 제창을 거부했고, 행사가 마친 뒤 독서회원들의 제안과 지도에 따라 거리로 나가 "대한독립만세"를 외치며 총궐기했다. 광주고보와 광주농업학교를 비롯해 광주 지역 학생들은 일본 학생들과의 충돌 사건을 왜곡 보도한 광주일보를 습격하고, 곳곳에서 일본 경찰 및 소방대와 충돌했다. 광주역과 우체국 앞 등에서는 일본인 학생들과 집단으로 부딪치기도 했다.

다음 날, 광주고보 출신인 장재성은 신간회(新幹會) 광주 지부 인사들과 향후 대책을 협의하였고, 이를 통해 학생투쟁지도본부가 결성된다. 또 신간회 광주지부로부터 상황을 보고 받은 신간회 중앙본부는 긴급 간부회의를 가진 뒤 김병로(金炳魯), 허헌(許憲), 황상규(黃尙奎) 등으로 진상조사단을 꾸려 광주로 급파했다. 또 서울의 조선학생과학연구회에서도 권유근(權遺根), 박일(朴日) 등을 파견했으며, 중앙청년동맹도 부건(夫鍵)을 광주로 보냈다.

이런 가운데 학생투쟁지도본부는 광주고보와 광주여고보, 광주농업학교 등의 독서회원과 협의를 거쳐 광주 지역의 장날인 11월 12일에 2차 시위를 벌이기로 하고, 격문과 행동요령 등을 논의하였다. 학생투쟁지도본부는 또 광주에서의 학생운동을 전국적으로 확산시키고 일사불란한 시위

광주 학생운동 지지 격문 재일본 조선노동총동맹이 광주 학생운동을 지지하며 작성한 격문이다. 일어로 쓰였으며, 일제의 강제 병합을 규탄하고, 민족들이 동참할 것을 촉구하는 내용이다. (독립기념관)

를 지도하기 위해 내부적으로 직무를 분담했다. 이에 따라 장석천(張錫天)이 광주 및 전국 학생의 지도를 맡고, 장재성은 광주 한국인 학생의 지도, 국채진(鞠採鎭)은 전남 도내 지방 학생의 지도, 박오봉(朴五鳳)은 직공 및 노동단체의 지도, 임종근(林鍾根)은 전남 도내 공립보통학교 교사와의 연락, 강석원(姜錫元)은 외래 동지와의 연락, 나승규(羅承圭)는 운동 자금의 조달을 맡았다.

12일, 광주고보와 농업학교 학생들은 오전 첫 수업시간 종을 신호로 모두 학교에서 뛰쳐나와 거리시위를 벌였다. 격문에는 조선인 본위 교육, 식민지 노예 교육 철폐, 일본 제국주의 타도, 피억압민족 해방 만세, 사회과학연구의 자유 획득, 전국 학생대표자회의 개최, 구속 학생 석방 등의 구호가 담겨 있었다. 광주여고보와 사범학교 학생들은 정문이 폐쇄돼 동참하지 못했다. 긴급 출동한 일본 경찰들은 시위 학생들을 포위하고 주동자를 체포했다. 1, 2차 광주시위에서 구속된 사람은 학생 260여 명과 사회단체 간부 100여 명이었다.

이후 학생운동은 전남 지역을 거쳐 전국으로 확산되기 시작했다. 11월 19일에는 목포에서, 역시 11월 27일에는 나주에서 학생시위가 벌어졌다. 그리고 12월에는 서울과 지방 곳곳으로 학생운동이 번져 갔다. 이는 광주 현지에 파견된 사회, 학생, 청년 단체 인사들이 신간회 광주지부 간사인 장석천을 만나 학생시위의 전국적 확대에 의견을 모은 것과도 맥락을 같이 한다.

서울에서는 12월 2일 밤과 3일 아침 사이에 학생과 민중의 총궐기를 호소하는 격문이 경성제국대학과 경성여자상업학교, 중앙고보, 중동학교 등에 뿌려졌다. 5일에는 제2고보 학생들이 거리시위를 벌이려다 일본 경찰의 저지로 동맹 휴학에 들어갔고, 7일에는 제1고보와 경신학교, 중동학교도 시위에 가세했다.

학교별로 산발적으로 이어지던 학생시위는 9일 대규모 연합시위로 발전했다. 먼저 경신학교 학생 500여 명이 광주진상보고 연설회를 마친 뒤 만세를 외치며 경찰의 저지를 뚫고 혜화동으로 진출했다. 보성고보 학생 700여 명도 수업을 중단하고 시위 대열에 합류했다. 휘문고보 학생 400여 명은 경찰의 감시로 교정에서 연설회를 갖고 만세를 불렀다. 이를 비롯해 서울 지역의 거의 모든 중등학교에서 교내외 시위가 동시다발적으로 벌어지자, 일제는 경찰 2,000명과 자동차 100대를 동원해 시위대를 해산시키고 주동자를 체포하는 등 강경 진압을 벌였다. 체포된 학생은 1,200명

학생 시위운동에 대한 기사 〈조선일보〉 1930년 1월 17일자 기사에서는 광주 학생운동부터 시작된 청년들의 시위운동에 대해 다루고 있다. 민족 차별과 식민지 교육 체계, 독립운동의 필요성 등에 대해 다루었다. (독립기념관)

에 이르렀다.

일제의 탄압이 거세지자, 학생들은 10일부터 동맹 휴학이나 교내 시위로 운동 방향을 전환했다. 결국 일제는 시위를 진정시키기 위해 13일 조기 방학을 실시했다. 하지만 1930년 1월 15일 개학을 맞아 서울의 각급 학교 5,000여 명이 다시 만세를 외치며 거리로 뛰쳐나오고, 이에 여학생들까지 대거 참여하면서 시위는 절정에 이른다.

비슷한 시기에 지방에서도 지역별, 학교별로 만세 시위와 동맹 휴학이 동시다발적으로 이어졌다. 지방에서의 시위도 광주나 서울과 비슷한 양상으로 진행되었다. 지역별 연합 시위가 일어나고, 학생운동 조직이 적극 가담했으며, '일제 타도'라는 구호를 외쳤다. 일본에서는 동경의 조선유

학생학우회와 재일본 조선노동총동맹 등이 1929년 11월 말부터 거리시위
와 비판연설회를 가졌고, 간도에서는 1930년 1~2월 은진중학교, 동흥학
교, 신명여학교 등에서 학생 시위가 벌어졌다.

1932

이봉창, 윤봉길 의거

일제를 정면으로 겨냥한 의열 투쟁

◁◁ **1931년** 한인애국단이 백범 김구를 중심으로 상해에서 조직되다.
◁◁ **1932년** 이봉창, 윤봉길의 의열 투쟁으로 임시정부가 중국 대륙 각지로 이동하다.
◁◁ **1935년** 김구, 한국국민당을 조직해 임시정부를 재정비하다.

1932년 상해 임시정부의 백범 김구가 지휘하고 한인애국단원 이봉창, 윤봉길이 행한 양대 의거는 당시 침체 양상을 보이던 독립운동 세력에게 활기를 불어 넣는 결정적인 전기가 됐다. 임시정부는 적극적인 의열 투쟁으로 국내외의 신뢰를 회복할 수 있었고, 일제의 만보산 사건 조작으로 악화된 한국과 중국 양 민족의 항일 연합 전선이 회복, 강화됐다.

이봉창(李奉昌)은 1900년 8월 10일 서울에서 태어났다. 그는 용산 문창학교를 졸업하고 일본인이 경영하는 과자점 종업원을 거쳐 19세에 남만철도회사 용산정차장 고용원으로 일했다. 그 후 일본에서 6~7년 동안 노동 등 막일을 하기도 했다. 이봉창의 집안은 당초 수원에서 농사를 지었으나, 일제가 철도 부설로 농지를 탈취하는 바람에 서울로 이주한 이농민이었다.

한국사를 움직인 100대 사건

이봉창은 1931년 1월 중순 상해에서 백범(白凡)을 만난 뒤 의거를 결심하고, 12월 13일에는 안중근의 막내 동생 공근(恭根)의 집에서 입단 선서식과 함께 한인애국단의 첫 번째 단원으로 가입했다. 한인애국단은 일제의 요인 암살을 목표로 조직된 임시정부의 특무기구였다. 이봉창의 임무는 동경으로 가서 일왕(日王) 히로히토(裕仁)를 처단하는 것이었다.

나는 적성(赤誠, 참된 정성)으로써 조국의 독립과 자유를 회복하기 위하여 한인애국단의 일원이 되어 적국의 수괴를 도륙하기로 맹세하나이다.
대한민국 13년 12월 13일 선서인 이봉창
― 이봉창 의사의 한인애국단 입단 선서문

백범은 동경으로 떠나는 이봉창에게 수류탄 두 개와 거사 자금 300원을 건넸다. 수류탄은 국민당 군대에서 상해병공창 병기주임으로 복무하던 김홍일(金弘壹)과 하남성의 김현(金鉉)을 통해 입수한 것이며, 거사 자금은 미주 동포들이 지원한 것이었다. 동경의 아사쿠사 구 마쓰키요마치의 오하리야 여관에 투숙한 이봉창은 '1932년 1월 8일 동경 교외의 요요기(代代木) 연병장에서 열리는 육군 관병식 행사에 국왕이 참석한다'라는 내용의 기사를 보고 거사일을 잡았다. 그는 먼저 현장을 답사하고 행동 계획을 수립하면서 백범에게 '상품은 1월

이봉창 1931년 한인애국단에 입단한 이봉창은 이듬해 사쿠라다문에서 수류탄을 투척하여 일왕 암살을 시도했다. (독립기념관)

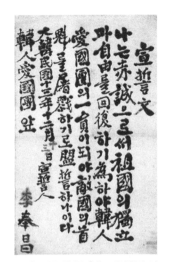

이봉창 의사 선서문 "나는 적성(참된 정성)으로 조국의 독립과 자유를 회복하기 위하야 한인애국단의 일원이 되어 적국의 수괴를 도륙하기로 맹서하나이다. 한국 13년 12월 13일 선서인 이봉창 한인애국단 앞"이라고 쓰여 있다. 국한문혼용체로 쓰인 귀중한 사료이다. (국립중앙박물관, 중박201105-260)

8일 꼭 팔아 버리겠으니 안심하라'라는 내용의 전문을 보냈다. 거사를 1월 8일 단행하겠다는 의미였다. 이봉창은 연병장이 너무 넓어 일왕에게 접근하기 힘들다고 판단해 행사 직후 일왕이 환궁할 때 공격을 감행하기로 했다.

1월 8일 오전, 이봉창은 수류탄이 든 보따리를 들고 현재 동경 경시청이 있는 사쿠라다문(櫻田門) 밖에서 일왕을 기다리고 있었다. 마침내 일왕이 탄 마차 행렬이 지나가자, 이봉창은 일왕이 타고 있을 것으로 생각한 두 번째 마차를 향해 오른쪽 바지 주머니에 들어 있던 수류탄을 힘껏 던졌다. 수류탄은 두 번째 마차 뒷부분에서 꽝음을 내며 폭발했다. 이봉창은 이어 태극기를 꺼내들고 "조선독립만세"를 외쳤다.

일왕의 행렬을 지켜보던 군중들은 아우성을 쳤고, 일본 경찰과 헌병들은 그 자리에서 이봉창을 붙잡았다. 이봉창은 "한인애국단원의 한 사람으로 일왕을 암살하려 했다."라고 당당하게 본인의 신분과 거사 목적을 밝혔다.

당시 두 번째 마차에는 궁내대신 이치기 기토쿠로(一木喜德郞)가 타고 있었고, 일왕은 세 번째 마차에 있었다. 이봉창이 던진 수류탄으로 두 번째 마차가 일부 손상을 입었고, 근처 기수와 근위병이 탄 말에게 부상을 입혔다. 하지만 폭발력이 약해 당초 계획한 일은 이루지 못했다. 이봉창의 의거로 일제 총리대신 이하 전 각료가 사직했으며, 국왕과 주요 군사 지휘관들을 겨냥한 의열 투쟁으로 상당한 군사적, 정신적 타격을 입었다.

중국 남경의 《중앙일보》는 이봉창의 동경 사쿠라다문 의거를 보도하며 '세계에서 제일 위대하게 사람들을 놀라게 한 소리(天地間第一偉大驚人之音)'라는 표현으로 이봉창을 '천하제일의 지사(志士)'로 꼽았다. 또한 이를 '불행히도 명중하지 못함(不幸不中)'이라고 보도했다. 일제는 '불행부중'이라는 표현을 트집 잡아 중국 정부에 엄중 항의하였다. 그리고 중국인 자객으로 하여금 일본 일련종(一蓮宗)의 승려를 암살하도록 한 뒤 그 책임을 물어 제1차 상해사변(上海事變)을 일으켰으며, 임시정부 탄압의 빌미로 삼았다.

너희도 만일 피가 있고 뼈가 있다면 반드시 조선을 위하여 용감한 투사가 되어라. 태극의 깃발을 드날리고, 나의 빈 무덤 앞에 찾아와 한 잔 술을 부어놓아라. 그리고 너희들은 아비 없음을 슬퍼하지 말아라. 사랑하는 어머니가 있으니 (……)
― 윤봉길 의사가 두 아들에게 남긴 유서 〈강보(襁褓)에 싸인 두 병정에게〉의 앞부분

충남 예산 출신인 윤봉길(尹奉吉)은 고려 명장 윤관(尹瓘)의 후손이다. 그는 고향에서 야학회와 독서회 등을 조직하고 야학 교재로 《농민독본》을 저술하는 등 문맹 퇴치와 농촌운동을 벌였다. 그러던 중 23세 때인 1930년 윤봉길은 독립운동에 뛰어들기 위해 '장부출가생불환(丈夫出家生不還, 대장부는 집을 나가 뜻을 이루기 전에는 살아 돌아오지 않음)'이라는 편지를 가족에게 남기고 상해로 가서 백범을 만난다.

1932년 4월 26일, 윤봉길은 '중국을 침략하는 적의 장교를 도륙하기로

맹세'하고 한인애국단에 입단했다. 그는 백범 등과 협의해 일제가 일왕의 생일을 기념하는 천장절 겸 만주사변 승리를 자축하는 전승 축하 행사를 여는 홍구(虹口, 홍커우) 공원에서 거사를 일으키기로 했다. 백범은 의거에 사용될 폭탄의 성능을 확인하기 위해 김홍일로 하여금 사전 실험까지 거치게 한 뒤 도시락형 폭탄과 물통형 폭탄 두 개를 제작해 윤봉길에게 건넸다.

4월 29일, 홍구 공원 행사장에는 상해에 거주하는 일본인과 일본 군인, 각국 외교관 등 2만여 명이 모여 있었다. 윤봉길은 행사장 중앙 식단 후면에서 일반 관람객 무리에 섞여 기회를 노렸다. 1부 행사로 상해사변에 참가한 일본군의 관병식이 끝난 뒤, 2부 행사인 축하연이 진행되는 도중 갑자기 비가 내리기 시작했다. 빗속에서 참석자들이 일본 국가 기미가요를 거의 마칠 무렵, 윤봉길은 도시락 폭탄을 땅에 내려놓고 어깨에 맨 물통형 폭탄의 발화끈을 잡아 당겼다. 그러면서 앞에 있던 사람들을 어깨로 밀면서 19미터 거리에 있는 단상을 향해 폭탄을 던졌다. 중앙 식단 주위에는 일본 군경이 삼중의 경계망을 치고 있었지만, 폭탄은 정확하게 단상 중간에 떨어지면서 엄청난 굉음과 함께 폭발했다. 오전 11시 50분쯤이었다. 이어 윤봉길이 도시락 폭탄을 집어 들려고 몸을 엎드리는 순간 일본군과 헌병들이 그를 덮쳤다. 윤봉길은 "일본 제국주의를 타도하자."라고 외쳤다.

당시 단상에는 일본 군부와 정계 인사 등 7명이 자리 잡고 있었다. 이 가운데 상해 파견 일본군 사령관인 육군 대장 시라카와 요시노리(白川義則)와 상해 일본 거류민단장 가와바다 사다쓰구(河端貞次)가 폭사했다. 해군 제3함대 사령관인 중장 노무라 기치사부로(野村吉三郎)는 전치 4주에 오른쪽 안구를 적출해야 했고, 육군 제 9사단장인 중장 우에다 겐키치(植

田謙吉)는 오른발 앞부분 일부를 절단
했다. 중국 주재 일본 공사 시게미쓰
마모루(重光葵)는 오른쪽 다리를 절단
했고(시게미쓰는 1945년 9월 일본의 외무
대신으로서 미주리 호 함상에 목발을 짚고
나타나 항복 문서에 서명한 인물이다), 상
해 주재 일본 총영사와 상해 일본 거류
민단 서기장도 전치 3~6주의 중상을
입었다.

중국 국민당 총재 장개석(蔣介石)은
윤봉길의 상해 홍구 공원 의거에 대해
"중국의 백만 군대가 하지 못한 것을

윤봉길 의사 선서문 1932년 4월 29일 상해에서 일본 천황의 생일 기념식이 거행되던 날 윤봉길 의사가 한인애국단 단장 김구 앞에서 쓴 선서문이다. (국립중앙박물관, 중박201105-260)

한국의 한 의사(義士)가 능히 해냈으니 장하다." 하고 칭찬을 아끼지 않았
다. 윤봉길의 의거 이후 김구는 남경에서 장개석을 만나 한국 청년을 군
간부로 양성할 수 있는 길을 만들어 달라고 요청했고, 이에 장개석은 중
국의 중앙육군군관학교 낙양분교에 한인특별반을 설치하도록 지원했다.
1931년 일본의 술책에 말려들어 중국 길림성 만보산 부근의 한국과 중국
농민들이 관개 수로 문제를 놓고 유혈 분쟁을 일으키면서 악화된 양국 관
계도 양대 의거로 해소됐다.

하지만 일제가 임시정부 요인들의 대대적인 검거에 나서자 임시정부는
상해를 떠나 중국 각지로 이동해야 했다. 이봉창 의사는 1932년 10월 10
일 33세의 나이로, 윤봉길 의사는 두 달 뒤인 12월 19일 25세의 나이로 일
본에서 순국했다.

1942

조선어학회 사건

일제 말기의 대표적인 민족운동 탄압 사건

> ◁◁ **1931년** 조선어 연구와 발전을 위한 조선어학회를 창설하다.
> ◁◁ **1938년** 일제에 의해 모든 학교의 조선어 과목이 폐지되다.
> ◁◁ **1943년** 조선어학회 회원 33명이 체포되고, 우리말사전 편찬 사업이 중단
> 되다.
>
> 1921년부터 한글학자들은 정체성을 확보하고 문화를 보존하기 위해 국어학
> 운동, 한글 보급운동을 전개하였다. 이와 같은 움직임을 알아챈 일제는 '내
> 선일체'를 기치로 민족 말살 정책을 전개하여 조선 내에 일본어를 보급하고
> 조선어를 금지했다. 그럼에도 이에 굴하지 않자 결국 조선어학회가 민족주
> 의적이고 독립운동을 목적으로 사전을 편찬한다는 등의 구실을 들어 대대
> 적으로 탄압하기에 이른다.

일제는 1930년대 중반 이후 더욱 극렬한 식민통치를 펼쳤다. 1936년 12월에는 '조선사상범 보호관찰령'을 실시해 치안유지법 혐의를 받은 '요시찰인'을 감시하고 탄압했으며, 이듬해 2월에는 이의 연장선상으로 사상보호단체라는 명목으로 대화숙(大和塾)을 설치해 사상범을 강제로 가입시키고 관리했다. 이어 1941년에는 독립운동가는 언제든지 잡아들일 수 있도록 하는 '조선사상범 예방구금령'을 공포했다.

이 같은 일제의 강압적인 통치의 핵심은 식민지 동화 정책의 궁극적인 목적인 민족 말살 정책이었다. 한국인을 일본인화(化)하고 일본과 한국을 하나로 만들어, 한국인을 징용이나 징병 등 침략 전쟁에 효과적으로 동원 하겠다는 의도에 따른 것이었다. '내선일체(內鮮一體)'가 이를 집약시킨 통치구호였다. 이를 위해 일제가 가장 심혈을 기울인 것이 일본어 보급과 조선어 말살이었다.

이 같은 배경에 따라 1936년 8월 조선총독으로 부임한 미나미 지로(南 次郎)는 식민지 조선을 완전한 전시 체제로 만들기 위해 내선일체를 표방 하며 일본어 사용 운동을 강압적으로 밀어붙였다. 우선 총독부에 근무하 는 한국인 관리에게 조선어 사용을 금지시키고, 나아가 학생이나 지방 관 리 등에게도 이를 강요했다. 1938년 봄 신학기부터는 학교에서 조선어 과 목을 완전히 폐지했다. 또 철저한 감시를 통해 조선어를 사용하는 관리나 학생을 단속했으며, 적발된 사람은 문초를 하거나 퇴학 처분을 내렸다. 아울러 민족주의적 색채를 지닌 단체를 내선일체의 방침에 어긋난다는 이유로 온갖 구실을 붙여 탄압하고 강제 해산시켰다. 조선어학회 사건을 날조하기 직전인 1940년에는 조선어를 사용했다는 이유로 〈조선일보〉와 〈동아일보〉를 폐간 조치하고, 이듬해에는 문예지인 〈문장〉과 〈인문 평 론〉도 폐간시켰다.

하지만 한글학자들은 이에 굴복하지 않고 민족 정체성 확보와 민족문 화 보존을 위해 국어학운동과 한글 보급운동을 꾸준히 전개해 나갔다. 한 글학자들은 이미 1921년 조선어연구회의 결성에서부터 이 같은 움직임을 보였다.

조선어연구회는 주시경(周時經)의 영향을 받은 서울의 사립학교 교원과 교육자를 중심으로 꾸려진 단체로, 한글의 정확한 법리 연구를 목적으로 삼고 있었다. 휘문의숙 교장인 임경재(任暻宰)를 비롯하여 조선일보 문화부장 장지영(張志暎), 보성학교 교사 이승규(李昇圭), 동래보통학교 교사 최현배(崔鉉培), 동광학교 교사 이병기(李秉岐) 등이 그 회원이었다.

이들은 연구발표회와 강연회 등을 통해 한글 연구와 보급운동, 한국어학자 양성 등 다양한 활동을 벌였으며, 1926년 11월 4일(음력 9월 29일)에는 훈민정음 반포 480주년 기념식을 거행하고, 이날을 가갸날로 삼았다. 1927년 2월에는 전문 국문연구지의 효시인 〈한글〉 창간호를 냈다. 이로부터 가갸날은 한글날로 바뀌었으며, 이후 양력 환산과 《훈민정음 해례본》의 발견 등으로 현재의 10월 9일을 한글날로 삼게 됐다. 권덕규(權悳奎), 이병기, 최현배 등이 동인이 되어 발간한 잡지 〈한글〉은 1928년 재정난으로 한때 휴간했다가 1932년 조선어학회의 기관지로 계승된다.

특히 1929년 10월에는 조선어연구회의 제안으로 조선어사전 편찬회가 조직됐다. 앞서 1920년 조선총독부가 간행한 《조선어사전》은 낱말은 우리말이지만 주석은 일본어로 된 것으로, 식민지 조선을 효율적으로 통치하기 위해 만든 것이었다. 조선어연구회의 사전 편찬 발의는 이에 대응하는 성격도 갖고 있었다. 조선어학회는 바로 조선어연구회가 1931년 1월 확대 개편된 단체였다.

창립 당시 25명의 회원으로 출발한 조선어학회는 '조선어문의 연구와 통일'을 그 목적으로 제시했다. 그리고 1933년 한글 맞춤법 통일안, 1936년 《조선 표준말 모음》에 이어 1940년에는 외래어 표기법 통일안을 제정하는 등 《우리말 큰 사전》의 편찬 작업을 속속 진행시켜 나갔다. 1932년에는 《훈민정음 언해본》, 1938년에는 《계몽야학회 속수독본》을 발간하기도 했다. 사전 편찬을 위한 기초 작업을 준비해 온 조선어학회는 마침내 1942년 원고 조판에 착수하였다. 일제가 함흥 학생 사건을 조작해 사전 편찬 사업을 중단시키고 조선어학회를 탄압, 해체한 것이 바로 이때였다.

1942년, 여름방학을 맞아 고향으로 가던 함흥 영생고등여학교 박영옥(朴英玉)이 기차 안에서 친구와 조선어로 대화를 나누다가 국어(당시 일본어)를 사용하지 않았다는 이유로 경찰에게 취조를 받았다. 경찰은 함경남도 홍원에 있는 박영옥

〈조선 표준말 모음〉 5판 조선어학회에서는 우리말 사전을 제작하기 위해 수많은 자료를 수집하였다. 이 책은 1936년 처음 발행되었으며, 해방 직후인 1946년 1월에 5판이 인쇄되었다. (순천대학교 박물관)

의 고향 집을 수색하다가 일기장에서 '일본어를 사용했기 때문에 처벌을 받았다'라는 구절을 발견하고, 학교 교사들을 상대로 탐문을 벌였다. 경찰이 체포한 사람은 미국에서 유학했던 교사 정태진(丁泰鎭)이었다. 경찰은 정태진을 조사한 결과, 그가 조선어학회 회원으로 조선어사전 편찬 사무를 맡고 있다는 사실을 알아냈다.

이로써 경찰은 대형 사건을 조작, 날조하였다. 정태진에게 고문을 가해 '조선어학회가 민족주의적 단체이며, 독립운동을 목적으로 사전을 편찬하고 있다'라는 허위 자백서를 받아낸 것이다. 일본 경찰은 1942년 10월 1일 허위 자백서를 들고 조선어학회를 급습하여 회원들을 대대적으로 검

거했다.

먼저 일제는 이극로(李克魯)와 최현배 등 11명을 체포해 홍원경찰서로 압송했다. 함께 검거된 사람은 이윤재(李允宰), 이중화(李重華), 김윤경(金允經), 정인승(鄭寅承), 이희승(李熙承), 장지영, 한징(韓澄), 권승욱(權承昱), 이석린(李錫麟)이었다. 이로부터 1943년 4월 1일까지 일제는 여러 차례에 걸쳐 모두 33명을 체포하였다. 아울러 이들이 10여 년 동안 우리말 큰 사전의 제작을 위해 작업하고 완성한 400자 원고지 3만 2,000여 장과 어휘 카드 20만 매를 압수했다.

일제는 이들을 구속해 1년 동안 온갖 고문으로 짜맞추기 수사를 한 뒤, 치안유지법의 내란죄 혐의를 적용해 이 가운데 12명을 함흥지방법원으로 넘겼다. 이 과정에서 이윤재와 한징은 고문과 굶주림, 추위 등으로 옥중에서 사망했다. 일제가 내세운 혐의 사실은 조선어학회가 상해의 대한민국 임시정부와 연락해 왔고, 강습회, 강연회 등을 통해 민족의식을 앙양시켰으며, 이극로가 독립정부의 대통령, 정인승이 문부대신을 맡는 등 정부 조직을 계획했고, 사전 편찬을 위한 원고에 '백두산', '대한제국', '단군' 등 반(反)국가적인 주석을 달았다는 것 등이었다. 한마디로 조선어학회가 '학술 단체를 가장해 국체(國體)의 변혁을 도모한 독립운동 단체'라는 것이었다. 공판에 회부된 인사들에 대한 예심 종결 결정문에서도 일제의 인식과 의도를 엿볼 수 있다. 결정문은 이렇게 되어 있다.

> 민족운동의 한 형태로서 이른바 어문운동은 (……) 가장 심모원려를 품은 민족 독립운동의 점진적인 형태이다. (……) 겉으로는 문화운동의 가면을 쓰고 조선 독립운동을 목적한 실력 배양 단체로서 본건이

검거되기까지 10여 년이나 오랫동안 조선 민족에 대해 조선의 어문 운동을 전개해 온 것이니 (……) 그 기도하는바 조선 독립을 위한 실력 신장에 기여 (……)

1944년 12월부터 이듬해 1월까지 9차례의 재판 결과 이극로는 6년, 최현배는 4년, 이희승은 2년 6월의 징역형을 각각 선고받았다. 정인승과 정태진은 각각 징역 2년을 받았다. 또 김법린(金法麟), 이중화, 이우식(李祐植), 김양수(金良洙), 김도연(金度演), 이인(李仁)에게는 징역 2년에 집행유예 3년이 선고됐다. 장현식(張鉉植)은 무죄 판결을 받았다. 징역형이 선고된 이극로, 최현배, 이희승 등은 고등법원에 항소했으며, 해방을 맞아 모두 풀려났다.

해방 직후인 1945년 9월, 이들은 일제가 압수한 우리말 큰 사전의 원고를 철도청 창고에서 찾아내 손상을 입은 부분을 다시 정리한 뒤 모두 6책으로 된 《한글학회 지은 큰 사전》을 1947년부터 1957년에 걸쳐 발간했다. 수록한 어휘 수는 모두 16만 4,125개였다. 우리나라 최초의 국어대사전은 이처럼 일제의 가혹한 민족 말살 정책과 조작, 고문 수사를 이겨내고 세상에 모습을 드러냈다.

현대의 물결

Chapter 5

우리나라는 1945년 드디어 광복을 맞이했으나 한반도의 정치 상황은 여전히 미국과 소련에 의해서 주도되었다. 결국 미국과 소련에 의해 각각 대한민국과 조선민주주의 인민공화국이 설립되며 남북한 단일 정부 구성에 실패했고, 격변하는 정세 속에 6·25 라는 비극을 겪게 된다. 휴전 후에도 반독재와 반부정을 향한 시민들의 요구는 계속되었다. 부정을 거듭한 이승만 정권, 쿠데타를 일으켜 장기 군사 독재를 행한 박정희 정권 등을 타도한 것은 민주주의를 향한 국민들의 열망이었다.

1945

8·15 광복

마침내 일제의 압제에서 벗어나다

> **1944년** 여운형이 조국 광복을 준비하기 위해 비밀결사인 건국동맹을 조
> 직하다.
> **1945년** 조선건국준비위원회가 조선인민공화국 수립을 발표하다.
> **1946년** 한국의 신탁통치와 임시정부 수립 문제에 관해 미소 공동위원회
> 가 열리다.
>
> 1945년 8월 15일, 히로히토 천황이 일본의 패전과 항복을 선언했다. 한국이
> 36년간에 걸친 일본의 식민 지배에서 벗어나는 순간이었다. 제2차 세계대전
> 이 끝나고 한반도에서 일본이 철수하면서 국내외의 독립운동 세력들은 민
> 족 국가를 수립하기 위해 움직였다. 그러나 전쟁에서 연합국이 승리하면서
> 해방 이후 한반도의 정치 상황을 미국과 소련이 주도하였다.

1945년 4월, 이탈리아의 무솔리니와 독일의 히틀러가 차례로 최후를 맞

이하고 파시즘 세력이 몰락함에 따라 일본의 패망이 확실시되었다. 마지

막 조선 총독 아베 노부유키(阿部信行)는 여운형(呂運亨)을 만나 한국 내에

거주하는 일본인들의 생명과 재산을 보호해 줄 것을 요청했다. 여운형은

모든 정치·경제 사범의 석방, 3개월분의 식량 보장, 치안 유지와 민족 국

가 건설을 위한 국내의 모든 정치 운동에 대한 불간섭 등을 조건으로 이

를 수락했다. 이미 여운형은 1944년 8월 독립에 대비해 건국동맹이라는 전국 규모의 비밀결사를 조직하여 운영하고 있었다. 해방이 되자 여운형은 건국동맹을 기반으로 중도 우파인 안재홍(安在鴻) 세력을 끌어들여 조선건국준비위원회(이하 건준)를 발족하고 본격적인 건국 작업에 착수했다. 건준은 8월 25일 다음과 같은 건국강령을 발표했다.

一. 우리는 완전한 독립 국가의 건설을 기함.
二. 우리는 전 민족의 정치적, 사회적 기본 요구를 실천할 수 있는 민주주의 정권 수립을 기함.
三. 우리는 임시적 과도기에 국내 질서를 자주적으로 유지하며, 대중 생활의 확보를 기함.

이 같은 강령에 따라 건준은 전국에 145개의 지역별 건준을 설치해 행정 업무를 담당시키고, 중앙과 지방에 치안대를 조직해 치안 회복과 질서 유지를 꾀했다. 사실상 행정 기관의 역할을 한 건준은 당시 친일파나 일본에 협력한 인사들을 제외한 모든 세력이 참여해 민족연합전선의 성격을 띠고 있었다. 하지만 9월 좌익 세력이 건준의 주도권을 장악함에 따라 우익 인사들이 탈퇴했다. 건준은 미국의 한반도 진주를 앞둔 9월 6일 조선인민공화국(이하 인공)을 선포하고 각 지역의 건준 지부를 인민위원회로 개편했다. 그리고 우익 세력 탈퇴에 따른 약점을 보완하기 위해 이승만을 주석으로 추대하고, 여운형에게 부주석을 맡겼다. 하지만 이승만은 미국에서 귀국하기 전이었고, 국민으로부터 신망을 얻던 김구(金九)도 불참한 상태여서 실제 권력은 조선공산당을 재건한 박헌영(朴憲永)이 쥐고

차례로 여운형, 김구(독립기념관), 이승만

있었다. 인공은 27개 조항의 시정 방침을 밝히고, 일제의 법률과 제도 즉시 폐지, 친일파와 일제의 토지 몰수와 무상 분배, 독립 국가 건설, 사회·경제 개혁, 일제와 봉건제의 잔재 일소 등을 주요 정책으로 제시했다.

인공 선포 이틀 뒤인 9월 8일에는 미국의 육군 중장 하지(John R. Hodge)가 이끄는 제24군단이 인천에 상륙했다. 하루 전 미국은 태평양 방면 미 육군총사령관인 맥아더의 이름으로 포고문 제1호를 발표하면서 "미군은 북위 38도선 이남의 지역을 점령하며, 점령군에 대해 반항운동을 하거나 질서를 교란하는 자는 엄벌에 처한다."라고 밝혔다. '38선 분할 점령안'은 8월 13일 미국이 일본의 무장 해제를 명분으로 제안한 것으로 미국과의 마찰을 원하지 않던 소련이 받아들이면서 성립되었다. 이로써 미국과 소련이 38선 이남과 이북을 각각 장악하였다.

서울에 도착한 주한 미군사령관 하지는 9월 12일 아베 총독을 해임하고, 남한에 군정(軍政) 실시를 선포했다. 군정 장관으로는 제7사단장인 소장 아놀드(Archibald. V. Arnold)가 임명되었다. 아놀드는 10월 10일 '38선 이남에는 미 군정이라는 단 하나의 정부가 있을 뿐'이라며 인공을 부정하는 성명을 발표하고, 인공의 지방 조직인 인민위원회와 치안대 등을 강제로 해산시켰다. 이는 한반도에 친미 우익 정권을 내세우려는 미국의 계산에 따른 것으로, 제2차 세계대전 이후 미국이 자본주의 진영의 확충을 위해 반(反)공산주의, 반혁명의 세계 정책을 구사하던 것과 같은 맥락이다.

이에 따라 미 군정은 9월 16일 송진우(宋鎭禹), 김성수(金性洙), 장덕수(張德秀) 등 우익 보수 세력이 결성한 한국민주당(이하 한민당)을 후원하였고, 그 결과 친일 관료와 일제에 협력했던 기득권 인사들이 미 군정청에 대거 고용되었다. 대한민국 임시정부의 법통을 계승한다는 한민당의 '임시정부 봉대(奉戴, 공경하여 받듦)' 입장은 받아들여지지 않았다. 민족주의적 성격이 강하고 중국과도 가까운 임시정부는 미 군정의 한반도 통치에 걸림돌로 비춰졌기 때문이다. 또한 미 군정은 재정 기반을 다지기 위해 9월 25일 일본의 국공유 재산을 동결하는 법령 2호를 반포한 데 이어, 12월에는 한국에 있는 일본인들의 사유재산을 모두 적산(敵産, 자기 나라나 점령지 안에 있는 적국의 재산)으로 규정하고 군정청 소유로 귀속시켰다. 미국은 이후 귀속재산을 불하하는 과정에서도 친미 보수 세력을 적극 후원했다.

10월 16일 귀국한 이승만은 국내에 대중적인 기반이 취약한 상황에서 10월 25일 한민당과 손을 잡고 조선공산당까지 아우르는 독립촉성중앙협의회를 결성했다. 협의회는 독립 쟁취를 위한 좌우익의 통합을 목표로 삼았다. 그러나 친일 세력 처리 문제로 박헌영의 조선공산당이 탈퇴하면서 우익 중심의 단체로 변했다. 앞서 박헌영은 9월 11일 경성콤그룹(1939년부터 1941년 사이에 조선공산당을 재건하기 위해 활동한 비밀조직)을 중심으로 조선공산당을 재건하고, '현 정세와 우리의 임무'라는 '8월 테제'를 통해 완

미 군정 시대 1945년 9월 9일 미군은 관청에 걸린 일본기를 끌어
내렸다. 사흘 후 일본의 조선총독 아베가 해임되고, 아놀드 소장이
임명되면서 남한에 미 군정 통치가 시작되었다.

전 독립과 토지 혁명을 통한 부르주아 민주주의 혁명을 당면 과제로 제시했다.

임시정부의 김구는 미 군정의 방침에 따라 '개인' 자격으로 11월 23일 환국했다. 김구는 앞서 1940년 중경에서 민족 독립에 대비해 한국 독립당을 결성하고, 삼균주의(三均主義) 이념에 입각한 민주공화국 건설과 계획경제 제도 확립을 건국 방략으로 제시했다. 하지만 한민당 세력이 이미 지지 기반을 넓힌 상황이어서 독자적인 입지를 구축하기는 힘들었다.

미국이 38선 이남에서 군정을 선포하기 이전부터 소련은 빠른 속도로 북한을 점령해 갔다. 소련은 1945년 2월 11일 얄타 회담에서 일본이 영유하고 있던 남부의 사할린 반환과 쿠릴 열도 할양 등을 보장받고 세계대전의 참전을 결정한 이후, 미국이 일본에 원자폭탄을 투하하자 8월 9일 급히 일본에 선전 포고를 하고 전쟁에 뛰어들었다. 소련은 만주를 공격하는 것과 더불어 8월 11일에 함경북도 웅기를 점령하고 나진과 청진에 상륙해 계속 남진했다. 당시 류큐 제도에 머물던 미국은 소련의 기세에 초조해져

'분할 점령안'을 제의했다. 소련은 8월 22일 원산에 상륙해 일본군의 무장을 해제하고 군정 통치를 시작했다.

이때 김일성(金日成)을 비롯한 항일 무장 투쟁 세력이 소련군과 함께 귀국했다. 소련 군정은 38선 이북에 설치된 지역별 인민위원회를 인민정치위원회로 바꾸고 군 사령부의 지원을 받는 행정기구 역할을 담당하게 하면서 좌익 세력을 지원했다. 그러자 조선민주당을 결성해 활동하던 조만식(曺晩植)은 반탁을 주장하면서 소련 군정과 대립하였다.

한편 김일성은 그해 10월 조선공산당 북조선 분국이 설치되면서 북한에서의 주도권을 잡아 나갔다. 이어 1946년 2월에는 정당, 사회단체 대표와 지역인민위원회 대표 등으로 구성된 북조선임시인민위원회를 결성하고, 위원장을 맡았다. 임시인민위원회는 '북조선에서 반제, 반봉건적 민주 혁명을 완수하고 인민민주주의 제도를 확립해 북조선을 강력한 혁명적 민주 기지로 만든다'라는 목표를 제시한 뒤 토지, 노동 등의 제도 개혁을 실시했다. 1945년 해방의 기쁨이 채 가시기도 전에 한반도는 남북 분단으로 치닫고 있었다.

1946

미소 공동위원회

미국과 소련의 대립 그리고 남북 분단

> ⟪ **1943년** 제1차 카이로 회담으로 한국의 독립이 국제적으로 보장되다.
> ⟪ **1945년** 미국, 영국, 소련 3개 연합국이 참여한 모스크바 3상회의가 열리다.
> ⟪ **1946년** 미국 트루먼 대통령이 트루먼 독트린으로 반공을 선포하다.
>
> 1945년 12월 16일, 미국, 영국, 소련의 외상들이 제2차 세계대전 전후 문제를 논의하기 위해 모스크바에서 회동했다. 모스크바 3상회의에서 남북 통일 임시정부의 수립과 신탁통치안을 결의하였고, 이에 따라 국내에서는 좌익과 우익이 찬탁과 반탁으로 나뉘어 격렬히 대립하였다. 임시정부 수립을 위해 설치된 미소 공동위원회는 한반도의 주도권을 놓고 대립하다 결국 좌초되었고, 한반도는 남북 분단의 길로 접어든다.

한반도에 대한 신탁통치는 1945년 2월 얄타 회담에서 기본 구성안이 만들어지기 시작했다. 얄타에서 미 대통령 루스벨트(F. D. Roosevelt)는 미국, 영국, 중국, 소련이 20~30년간 한국을 신탁통치하는 방안을 제시했고, 소련 수상 스탈린(I. V. Stalin)도 신탁통치라는 기본 구상에 동의했다. 앞서 1943년 11월 카이로 회담에서 루스벨트의 신탁통치 제안에 따라 한국의 자주독립을 유보하고 '적당한 절차를 통해' 한반도를 독립시킨다는 안이 결정된 바 있었다.

이 같은 방침에 따라 1945년 12월 모스크바 3상회의에서 구체적인 한
반도 신탁통치안이 확정되었다. 12월 27일 모스크바에서 발표된 '한국
문제에 관한 4개 항의 결의서'의 골자는 다음과 같다.

첫째, 민주주의 원칙 아래 독립 국가를 재건하기 위해 임시 조선민주
　　주의 정부를 수립한다.
둘째, 임시정부 수립을 원조하기 위해 미소 공동위원회를 설치한다.
셋째, 미국, 영국, 중국, 소련 4개국 정부가 공동으로 조선을 최장 5년
　　간 신탁통치를 실시한다.

3상회의에서 미국은 국제연합(유엔)에 의한 한반도 신탁통치안을 제안
했고, 소련은 임시정부 수립 후 이를 통해 4개
국이 원조하는 방안을 제시했다. 이 두 가지
방안을 절충한 것이 4개 항의 결의서였다.

이 결의안에서 통일 임시정부 수립 방안은
민족의 분단을 저지하고, 경과에 따라 신탁통
치를 완화하거나 거부할 수 있는 장치로 활용
할 수 있음을 의미했다. 하지만 3상회의의 결
과가 처음 국내에 알려지는 과정에서 임시정
부 수립 방안보다 신탁통치안이 최대 쟁점으
로 부각되면서 각 정파와 국민들은 엄청난 혼
란에 휩싸였다.

신탁통치안에 관한 기사 1945년 12월 27일
자 동아일보는 소련은 신탁통치 주장, 소련
의 구실은 38선 분할 점령, 미국은 즉시 독
립 주장이라는 내용의 기사를 1면에 실었다.

우익 진영은 3상회의의 신탁통치 결정이 소련의 적화야욕에 따라 제2의 식민지로 전락하는 길이라고 선전하며 곧바로 신탁 반대 운동에 들어갔다. 찬탁론자는 곧 반역자로 규정되었다. 귀국한 중경 임시정부의 한국독립당과 한국민주당 등은 1946년 2월 17일 신탁통치 반대 비상국민회의(이하 국민회의)를 결성하는 등 반탁 운동을 통해 우익 세력의 정치적 결속을 강화해 나갔다. 좌익은 초기에는 반탁 입장이었으나, 임시정부 수립안에 무게중심을 두면서 결국 3상회의의 결정안을 총체적으로 지지하기로 결정했다. 조선공산당을 중심으로 한 좌익 세력은 우익 세력의 국민회의에 맞서 2월 15일 민주주의민족전선(이하 민전)을 발족시켰다. 이후 좌익과 우익은 각각 민전과 국민회의를 중심으로 찬탁과 반탁으로 격렬히 대립하였다.

이런 상황에서 1946년 3월 20일 제1차 미소 공동위원회가 서울에서 열렸다. 미소 공동위원회의 주된 과제는 한국 내 정당, 사회단체와 협의해 임시정부를 수립하고, 그 임시정부가 참여한 가운데 4개국 신탁통치 협약을 작성하는 것이었다. 하지만 임시정부 수립의 협의 대상인 정당과 사회단체를 어떻게 선정할 것인지를 놓고 미국과 소련이 팽팽히 맞서면서 회의는 처음부터 난항을 겪었다. 협의 대상으로 참여할 정당과 사회단체는 임시정부 구성 과정에서 주도적인 역할을 맡게 될 것이 자명했고, 이에 따라 한반도에서의 주도권을 두고 미국과 소련 양국이 첨예하게 대립하게 되었기 때문이다.

소련은 3상회의의 결정안에 반대한 정당, 단체와는 협의할 수 없다고 주장했고, 미국은 '표현의 자유'를 내세워 이에 반박했다. 결국 양국은 4월 18일 '3상회의 결의에 지지를 표명하는 서명을 하면, 반탁 행위를 했더라도 임시정부 수립의 협의 대상으로 삼겠다'라는 취지의 공동성명 5호를 발표하면서 서로 한 발 물러섰다. 하지만 우익의 한국독립당은 협의 참가는 곧 신탁통치를 인정하는 것이라며 협의에 참가할 수 없다며 반발했고, 한민당도 협의는 가능하지만 신탁은 반대한다고 밝혔다. 이에 주한 미군사령관 하지가 4월 27일 특별성명을 통해 '서명한다고 해서 그 정당이나 사회단체가 신탁에 찬성하는 것은 아니다'라고 밝히자, 우익 진영은 공동성명 5호를 지지하는 입장을 천명했다.

그러자 이번에는 소련이 "하지의 성명은 공동성명 5호의 합의 내용에 벗어난다."라며 반박했다. 특히 소련은 미국이 남한 쪽의 협의 대상으로 제시한 20개 정당, 사회단체 가운데 민전 소속 정당, 단체는 세 개뿐으로 나머지는 3상회의의 결정을 반대하는 우익 세력이라는 점, 조선노동조합전국평의회와 조선부녀총동맹, 전국농민조합총연맹 등의 단체들이 제외되어 있다는 점을 문제시했다. 미국은 소련이 제시한 북한 쪽 협의 대상에는 우익 단체가 포함되지 않았으며, 조선노동조합전국평의회 등은 파괴적 폭력 단체에 불과하다고 반박했다. 미국은 또 38도선 철폐 문제와 남북 간 경제적 통일 문제를 논의하자고 제의했고, 이에 대해 소련은 미소 공동위원회의 설립 목적에 벗어나는 문제라며 거부했다. 미소 양국의 이견은 끝내 좁혀지지 않았고, 이에 따라 제1차 미소 공동위원회는 5월 6일 휴회 상태에서 결렬되었다.

제1차 미소 공동위원회가 결렬되자 우익에서는 반공, 반탁 분위기가 고조되었다. 이승만은 6월 3일 "무기 휴회된 미소 공동위원회가 재개될 기미도 보이지 않으며 통일정부를 구성하는 것이 여의치 않아졌으니, 남쪽만이라도 임시정부나 위원회를 조직해 38선 이북에서 소련이 철퇴하도록

제1차 미소 공동위원회 이승만, 김구, 스티코프 등이 참석했다.

세계 공론에 호소해야 한다."라며 남한만의 단독 정부 수립을 주장했다. 반면 좌익의 민전에서는 6월 10일 6·10만세운동 기념 시민대회 등을 통해 미소 공동위원회의 재개와 이를 통한 통일국가 수립을 촉구했다.

좌우 대립이 격화되고 단독 정부 수립 주장까지 나오자 여운형과 김규식은 7월 하순 남북 분단을 막고 중도적인 통일정부를 세우기 위해 좌우익 인사 다섯 명씩으로 좌우 합작위원회를 구성했다. 이들은 이어 10월에는 모스크바 3상회의 결정에 따른 좌우합작의 임시정부 수립, 미소 공동위원회 속개, 토지 개혁과 중요 산업 국유화, 친일파 및 민족 반역자 처벌 조례 성안 등 좌우합작 7원칙을 발표했다. 하지만 미 군정이 12월 좌우 합작위원회와 한민당 인사를 중심으로 하고 김규식을 의장으로 하는 남조선 과도입법의원을 구성하자, 여운형을 비롯한 중도 좌파는 남한만의 입법기구 조직에 반대하며 좌우 합작위원회에서 탈퇴했다. 미 군정은 지역 유지들의 간접 선거를 통해 우파 중심의 입법의원을 구성한 데 이어 1947년 2월에 안재홍을 민정장관에 임명하고, 5월 17일에는 남조선 과도 정부를 설치하기에 이른다. 앞서 입법 의원들은 1월 신탁통치 반대 긴급결의안을 채택하고, 남한만의 단독 정부 수립을 촉구하기도 했다.

이런 가운데 5월 21일 제2차 미소 공동위원회가 시작되었다. 하지만 협의 대상의 좌우 비율 문제 등으로 미국과 소련은 또 다시 신경전을 벌였다. 소련은 남한 측 등록단체 425개를 118개로 줄이고, 반탁운동을 벌이는 정당, 단체를 협의 대상에서 제외할 것을 요구했지만, 미국은 '반탁운동은 표현의 자유'라는 입장을 거듭 밝히며 이를 거부했다. 소련은 미국이 제안한 미국, 영국, 중국, 소련의 4개국 회의를 받아들이지 않았다. 그러자 미국은 소련의 반대 속에 한반도 문제를 미국을 지지하는 세력이 우세한 국제연합으로 넘겼다. 결국 10월 21일 제2차 미소 공동위원회는 최종 결렬되었다.

1948

5·10 총선거와 대한민국 수립

3·1운동을 계승한 민주 독립국가 탄생

> ⟪⟪ **1946년** 미소 공동위원회가 결렬되다.
> ⟪⟪ **1947년** 한반도 문제가 국제연합 차원에서 상정되다.
> ⟪⟪ **1948년** 남한 단독 정부를 반대하는 제주 4·3사건이 발생하다.
>
> 광복 3년 만인 1948년, 38선 이남에는 대한민국이, 38선 이북에는 조선민주
> 주의 인민공화국이 수립되었다. 일제의 식민통치와 해방 전후 강대국의 세
> 력 다툼, 동서 냉전의 심화, 민족 통합보다는 권력을 장악하기 위한 일부 정
> 치 세력 간의 갈등으로 민족 통일국가 수립이 무산되었다. 918년 고려 건국
> 이후 약 천 년간 통일 국가를 유지하던 한민족은 이로써 국토 분단과 민족
> 분열이라는 비극의 역사를 맞이했다.

1947년 3월 미국 트루먼(H. S. Truman) 대통령의 대소(對蘇) 봉쇄 선언으
로 제2차 세계대전 직후 미국과 소련의 협력 관계는 무너지고 두 나라는
본격적인 냉전 체제로 들어갔다. 같은 해 9월 17일, 미국은 소련과의 마찰
로 지지부진하던 한반도 문제를 미국 주도의 국제연합(유엔)으로 넘겼다.
모스크바 3상회의의 결정이 사실상 폐기된 것이다.

미국은 유엔 총회에서 한국 문제가 유엔에 상정되었으니 신탁통치를

거치지 않고 한국을 독립시키는 방안을 강구할 것을 제안했고, 이에 소련
이 협정 위반이라고 반박했다. 하지만 유엔 총회는 11월 14일 한국에 파
견할 유엔 임시위원단 설치, 신탁통치를 거치지 않는 독립, 유엔 감시하
의 남북 총선거를 통한 통일 방안 등을 가결했다. 유엔 한국임시위원단
(UNTCOK)은 호주와 캐나다, 중국, 엘살바도르, 프랑스, 인도, 필리핀, 시
리아의 8개국 대표로 구성되었다.

이듬해인 1948년 1월 8일 임시위원단이 남한에 입국했다. 하지만 소련
과 북한은 '미국과 소련의 군대가 철수한 뒤에 자주적 임시정부를 세워야
한다'라는 이유로 임시위원단의 입북(入北)을 거부했다. 이는 남한보다 인
구가 적은 북한이 총선거에서 불리할 것이라는 판단 때문이었다. 그러자
미국은 유엔에 남한만의 선거 실시안을 다시 제출했고, 2월 26일 유엔 소
총회는 '5월 10일 가능한 지역에서의 총선거 실시안'을 통과시켰다. 이는
현실적으로 남한만의 단독 선거와 단독 정부 수립을 의미했다. 이로써 한
반도의 분단은 기정사실로 굳어졌다.

이즈음 당초 신탁통치 반대를 주장하던 우익 진영은 두 갈래로 입장이
나뉘었다. 이승만과 한국민주당은 남한만의 단독 선거와 이에 따른 단독
정부 수립을 지지했다. 이승만은 앞서 1946년에 남한만의 단독 정부 수립
방안을 처음 제기한 데 이어, 그해 12월에 미국으로 건너가 유엔에서 한
국 문제를 논의할 것과 미국이 정부 수립을 지원해 줄 것을 요청한 적이
있었다. 그러나 김구를 중심으로 한 한국독립당이 단독 정부 수립에 반대
하며 남북 간 협상에 의한 총선거 방안을 제시했다. 중도 우파인 김규식
의 민족자주연맹과 남조선노동당을 중심으로 한 좌익 세력 등 대부분의
정치 세력도 단독 선거와 단독 정부 수립에 반대했다. 뿐만 아니라 남조

선노동당과 연결된 조선노동조합전국평의회 산하 노조원 30만 명이 총파업에 들어갔고, 전국 곳곳에서 학생과 농민, 사무원 등이 단독 선거에 반대하는 시위를 벌였다.

이 과정에서 제주도에서는 미 군정 경비대와 경찰, 우익 청년단체가 단독 선거 반대운동을 과잉 진압하면서 수만 명의 무고한 희생자가 발생했다. 이것이 제주 4·3 사건이다. 이는 정부 수립 이후인 1948년 10월 여수·순천 사건으로 이어졌다. 4·3 사건으로 제주도에서는 5·10 총선거를 치르지 못하고 1년 뒤 재선거를 실시해야 했다.

이런 가운데 김구와 김규식 등은 남북 통일정부를 세우기 위한 마지막 방안으로 북한의 김일성과 김두봉(金枓奉)에게 남북지도자회의를 제안했다. 이에 북 측에서 회담 규모를 확대할 것을 수정 제의해 왔고, 그 결과 1948년 4월 20일부터 열흘 동안 평양 모란봉 극장에서 남북 정당, 사회단체 대표 연석회의가 열렸다. 남북의 56개 정당과 사회단체 대표 659명이 참석한 연석회의에서 미국과 소련 군대의 즉시 철수와 남한의 단독 정부 수립 반대를 주요 내용으로 하는 결의문이 채택되었다. 5월 5일, 서울로 돌아온 김구 일행은 남조선 단독 선거 반대 전국위원회를 결성해 선거 거부 운동을 벌이는 한편, 주한 미군 사령관 하지에게 미군의 철수를 요구했다. 이에 하지는 유엔의 결의에 따라 정부가 수립되면 철수하겠다며 이들의 요구를 거부했다.

결국 단독 선거 반대운동은 수포로 돌아가고 5월 10일 우여곡절 끝에 남한만의 총선거가 실시되었다. 김구와 김규식을 비롯한 남북 협상 세력과 좌익은 선거에 불참했다. 5·10 총선거를 통해 무소속 85명, 이승만의 독립촉성국민회 55명, 한국민주당 29명, 대동청년당 12명, 민족청년당 6

명, 노총 1명, 한국독립당 1
명, 기타 9명으로 모두 198명
의 제헌국회 의원이 선출되
었다. 5·10 총선거는 21세
이상 국민에게 동등한 투표
권이 보장된 우리나라 최초
의 서구식 보통선거로 기록
되었다.

5·10 총선거 광복 3년 만에 대한민국은 남한만의 단독 선거를 치
르고 단독 정부를 수립하게 되었다.

　이어 5월 31일에 열린 제
헌국회에서 국호가 결정되었다. 임시정부 때부터 사용하던 대한민국이었
다. 7월 17일에는 제헌헌법이 공포되었다. 헌법 전문에는 대한민국이 역
사적으로 3·1운동을 계승한 민주 독립국가라는 점을 명시했다. 정치 체
제는 당초 유진오(兪鎭午)가 기초한 헌법안에는 의원 내각제 및 국회 양원
제를 도입하는 것이었으나 이승만이 군소 정당 난립 방지와 정국 안정을
이유로 대통령 중심제와 국회 단원제를 주장하면서 최종안이 수정되었
다. 이에 따라 국회 본회의를 통과한 헌법은 대통령 중심제와 국회 단원
제를 근간으로 하되, 대통령을 국회에서 선출하도록 하는 내각제적 요소
가 담겨졌다.

　7월 20일 국회에서는 제헌헌법에 따라 초대 대통령에 이승만, 부통령에
임시정부 요인인 이시영(李始榮)을 선출했다. 국회의장에는 역시 임시정
부에서 활동한 신익희(申翼熙)가 선출되었다. 이어 이승만은 청산리 전투
의 주역인 광복군 참모장 이범석(李範奭)을 국무총리에 임명하고 내각을
구성했다. 초대 대법원장에는 국내에서 항일 운동을 주도했던 김병로(金

정부 수립 1948년 8월 15일 당시 중앙청 광장에서 남한만의 단독 정부가 수립된 기념식이 열렸다.

炳魯)가 임명되었다. 한민당은 내각을 구성하는 과정에서 야당으로 밀려
났다. 이렇게 하여 8월 15일, 마침내 대한민국 정부 수립이 선포되었다.

　남한이 단독 정부를 세운 지 한 달도 지나지 않은 9월 9일, 북한에서는
조선민주주의 인민공화국이 수립되었다. 앞서 북한은 4월 29일 조선인민
군을 창설하고 인민민주주의 헌법을 채택해 단독 정권을 세우기 위한 준
비를 마쳤고, 8월 25일에는 의회격인 최고인민회의를 구성했다. 최고인

민회의 대의원에는 남북 대표가 함께 참여한 통일정부임을 내세우기 위해 남한 쪽 대의원들도 포함시켰다. 이어 9월 2일 평양에서 최고인민회의를 열어 37세의 김일성을 수상으로 선출했다. 부수상 겸 외무장관에는 박헌영, 부수상 겸 산업상에는 김책(金策), 또 다른 부수상에는 신간회에 참여하고 소설《임꺽정》의 저자이기도 한 홍명희(洪命熹)가 선출되었다. 9월 8일에는 인민민주주의 헌법이 최고인민회의에서 통과되었다. 건국 작업에 이르기까지 북한은 소련군의 지원을 받는 김일성을 중심으로 비교적 순탄하게 체제를 정비할 수 있었다.

특히 북한은 1946년 2월 우익 세력의 기반을 제거하고 혁명적 기지를 구축해 이를 바탕으로 남한을 해방시킨다는 목적에 따라 '반제·반봉건 민주혁명(反帝反封建民主革命)'이라는 이름으로 민주 개혁 사업을 실시했다. 핵심은 토지 개혁과 주요 산업의 국유화였다. 토지 개혁은 일본인과 민족 반역자, 5정보 이상(토지 측량 단위로 1정보는 3,000평으로 약 9,917.4제곱미터)을 가진 지주 등 40만 호가 소유한 90만 정보의 토지를 무상 몰수해 이를 토지가 없는 72만 호의 농민에게 무상 분배하는 식으로 불과 20여 일 만에 이뤄졌다. 그 결과 경지 지역의 52퍼센트, 지주 토지 가운데 80퍼센트가 몰수되어 분배되었다. 그해 8월에는 '주요 사업 국유화법령'에 따라 일본인과 민족 반역자가 소유한 기업이나 광산, 철도, 은행, 발전소 등 주요 사업을 국유화 했으며, 이로 인해 국영 기업이 전체 공업 가운데 72퍼센트를 넘어서게 되었다. 이런 민주 개혁으로 북한에서는 한동안 노동자와 농민의 처지가 나아지고 생산력도 향상됐다. 그러나 한편으로는 급격한 개혁 사업으로 지주와 자본가, 종교인, 지식인을 비롯한 반공(反共) 우익 세력이 대거 남쪽으로 건너가는 결과를 맞이했다.

1950

6 · 25 전쟁

냉전과 반목이 불러온 민족의 비극

_U **1948년** 남한 단독 선거를 통해 대한민국이 수립되다.
_U **1949년** 민족 독립운동 지도자 김구가 피살되다.
_U **1950년** 연합군 사령관 맥아더가 인천에 상륙하다.

해방 이후 민족 분단으로 인한 대립과 반목은 끝내 동족상잔의 비극을 불러왔다. 6·25 전쟁은 엄청난 희생자를 낳고, 한민족에게 치유하기 어려운 정신적 후유증을 남겼다. 전쟁이 발발한 지 반세기가 지났지만 한반도는 종전이 아닌 정전 상태에서 남북 간의 적대감과 간헐적인 무력 충돌이 이어졌고 평화와 안전이 위협받았다. 특히 20세기 말까지 강대국들의 외교 정책과 국제 정세의 변화에 따라 한반도의 정세 역시 끊임없이 요동쳤다.

    해방 이후 남과 북에 두 개의 단독 정부가 들어선 이후 한반도를 둘러싼 국제 정세에도 변화가 일어났다. 동서 냉전이 심화되던 시기인 1949년 중국에서는 모택동(毛澤東)이 공산혁명에 성공해 중화인민공화국이 들어섰다. 이에 미국은 동북아시아에서 공산주의 세력을 봉쇄하기 위해 일본을 중심으로 한국과 대만, 필리핀을 연결하는 방위 전략을 세우게 되었다. 하지만 남한에서는 이승만 정권에 대한 반대 시위가 계속되는 것은 물론, 5·30 총선거에서도 이승만 정권이 고작 30석의 의석을 확보하는 등 정국 불안이 심화되었다. 미국은 알류산 열도—일본—오키나와—필리핀을 잇는 '애치슨 라인'을 설정함으로써 한국과 대만을 태평양 지역의 방위선에서 제외했다.

중국의 공산혁명과 미국의 애치슨 라인 설정은 소련이 한반도 문제에 적극 개입하는 계기로 작용하여 1950년 4월부터 소련은 북한에 군수물자와 공군 등을 지원하기 시작했다. 당시 남한 정부는 수립 초기부터 고전을 면치 못하고 있었다. 제헌국회 소장파 의원들이 미군 철수와 평화통일을 주장하면서 현 정권에 반발하자, 이승만 정권은 김약수 등 13명의 소장파 의원들을 남로당 공작원과 접촉하여 정국을 혼란시키려 했다는 혐의로 검거했다. 이른바 국회 프락치 사건이다. 이승만 정권의 불협화음은 국회 내의 일만이 아니었다. 제주 4·3 사건과 여수·순천 사건으로 촉발된 무장 항쟁 등이 잇달았고, 여기에 경제난까지 겹쳐 민심은 바닥을 쳤다. 이승만 정권은 결국 일제의 치안유지법을 이어받은 국가보안법을 제정하는 등 정권 유지에도 벅찬 상황이 되었다.

한편 북한의 김일성 정부는 군사력을 증강하며 대남 통일 공세를 강화하는 한편, 남한의 무장 투쟁 세력을 지원하기 위해 무장유격대를 남파했다. 소련의 스탈린이 1949년 9월 북한 주재 대사로부터 받은 보고서에는 '김일성은 현 정세하에서는 평화통일이 불가능하다고 생각하며, 남한 정부를 무력으로 공격하면 남북 양쪽의 인민들이 이를 지지할 것이라고 믿고 있다'라고 기록되어 있다. 실제로 북한은 1949년에 소련, 중국과 잇따라 군사비밀협정을 체결하여 비행기와 탱크 등을 지원받은 데 더해 중국군에 참여한 조선의용군 4만여 명을 북한 인민군에 편입시켰다. 남과 북

6·25 당시 남한의 육군 장교복(좌)과 북한의 육군 장교복(우) (육군박물관)

의 대치가 심화되는 가운데 1949년에는 38선 주변에서 크고 작은 군사 충돌이 874차례나 일어났다.

남북 간의 전면전은 1950년 6월 25일 일요일 새벽을 기해 북한 인민군이 38선 전역에서 남침을 개시하면서 일어났다. 당시 남한의 국방부는 '북괴군 전면 공격에 대한 담화'를 발표했으나, 김일성은 26일 방송을 통해 남한의 북침에 따른 반격전을 전개하고 있다고 주장했다. 인민군은 월등한 화력을 앞세워 사흘 만에 서울을 점령했고, 남한은 27일 정부를 대전으로 옮겼다. 인민군이 낙동강 일대까지 진격하는 데는 불과 2개월밖에 걸리지 않았다. 7월 하순에는 경상도를 제외한 남한의 전 지역이 인민군에 점령당했다.

　미국은 북한의 군사 행동을 소련의 공산화 전략으로 판단하고 곧바로 전쟁에 개입했다. 미국은 26일 소련이 불참한 가운데 국제연합 안전보장 이사회를 소집해 북한을 침략자로 규정하고, 한국의 군사 원조 권고 결의문을 통과시켰다. 이에 따라 유엔은 미국이 주도하는 통합군 사령부를 구성하고, 16개국의 연합군을 편성해 남한에 파견했다. 연합군 사령관을 맡은 미국의 맥아더(D. MacArthur) 장군은 7월 14일 이승만에게서 한국군의 작전 지휘권을 이양받았다. 남한 지역의 90퍼센트를 차지한 북한은 유엔군의 반격에 의해 후퇴할 때까지 3개월 동안 효율적인 전시 동원 체제를 갖추기 위해 당과 인민위원회, 민주청년동맹, 여성동맹 등을 남한 지역에 조직했다. 동시에 남한의 1,526개 면 가운데 1,198개 면을 대상으로 '무상 몰수 무상 분배'의 원칙에 따라 토지 개혁도 실시했다.

　유엔군이 9월 15일 인천에 상륙하면서 전세는 역전되기 시작했다. 허를 찔린 북한은 패주를 거듭하며 일방적으로 후퇴했다. 9월 28일 서울을 수복한 연합군이 계속 북진하자, 중국은 연합군이 38선을 넘으면 인민군을 지원하기 위해 중국군을 투입하겠다고 경고했다. 중국은 당초 유엔 안보리가 연합군에 부여한 임무는 "침략군을 38선 이북으로 몰아내 평화와 군사분계선을 회복하는 일"이라는 점을 지적했다. 하지만 10월 1일에 한국군이 3사단을 선두로 38선을 넘은 데 이어, 연합군도 10월 7일 38선을 넘어 원산과 함흥, 흥남까지 진격했다. 10월 19일에는 평양을 점령한 뒤 10월 하순에는 청천강 북쪽으로 진격했다. 10월 26일에는 한국군 6사단이 압록 강변의 초산에 이르렀다. 그러나 연합군의 38선 이북 지역으로의

서울 시가전 6·25 당시 연합군과 북한군은 일진일퇴를 거듭하며 한반도 전역을 전쟁으로 몰아넣었다.

진격은 유엔으로부터 사후 승인을 받았지만, 결과적으로 중국에 참전 명분을 제공했다.

연합군이 북한과 중국의 국경선 근처까지 밀고 올라가자, 중국은 10월 25일부터 100만 명의 군대를 파견해 전세를 역전시켰다. 중국군의 인해(人海) 전술로 연합군은 11월 28일 전면 후퇴를 결정하고 1951년 1월 4일에는 서울을 내준 뒤 평택과 오산 근처로 밀려났다. 연합군이 후퇴하는 과정에서 남북한의 주민들은 눈보라 속에 대대적인 피란길에 오르게 되었고, 이때 수많은 이산가족이 발생했다. 다시 반격에 나선 유엔군은 3월 14일에 서울을 되찾고, 초여름 무렵에는 현재의 휴전선 일대까지 인민군

　　　　　　　　　　　한국사를 움직인 100대 사건

을 밀어냈다. 당시 맥아더는 '중국을 쳐야 이길 수 있다'라며 원자폭탄 사용을 건의했다가 세계적인 반전 여론에 밀려 4월 11일 리지웨이(M. B. Ridgway) 장군에게 사령관 자리를 내주게 되었다.

38선을 중심으로 전쟁이 교착 상태에 빠진 채 공방전이 이어지자, 미국은 협상을 통해 전쟁을 매듭짓기로 결정했다. 소련은 미국의 비공식 제의를 받아들이고 유엔을 통해 휴전을 제의했고, 미국이 곧바로 이를 수용하면서 한반도는 휴전 교섭 국면으로 들어갔다. 그리하여 1951년 6월부터 연합군과 중국군, 북한군 사이에 휴전 회담이 진행되었다. 주요 의제는 군사분계선 설정과 중립국 감시 기구 구성, 포로 교환 문제 등이었다. 그러나 회담 중에도 소모적인 전투가 진행되어 희생은 더욱 커졌고, 작전권을 미국에 넘긴 남한 정부는 회담에서 배제된 채 북진 통일을 주장했다.

휴전 회담은 특히 포로 교환 문제에서 난항을 거듭했다. 연합군이 제출한 인민군과 중국군의 포로는 13만 2,000여 명이었고, 중국과 북한이 제출한 한국군과 연합군의 포로는 1만 1,500여 명이었다. 미국은 포로 개개인의 자유 의사에 따라 원하는 포로만 교환할 것을 제안했으나 북한과 중국은 모든 포로를 본국으로 송환시켜야 한다고 맞섰다. 인민군과 중국군의 포로 가운데 연합군이 확인한 송환 희망자는 8만 3,000여 명이었다. 하지만 인민군과 중국군이 이를 믿을 수 없다고 반발하면서 휴전 교섭은 한동안 중단되었다. 그러던 중 미국에서 아이젠하워(D. D. Eisenhower) 대통령이 당선되어 정권이 교체되고, 소련에서는 스탈린이 사망하는 등 국제정세가 변했다.

휴전 회담은 상병(傷病) 포로 교환 협정이 이뤄지면서 1953년 4월 26일 다시 속개되었다. 협정은 이승만이 일방적으로 반공(反共) 포로 2만 5,000

여 명을 석방하면서 다시 위기를 맞을 뻔 했으나, 결국 7월 27일 판문점에서 휴전 협정이 체결되었다. 북한 인민군 최고사령관 김일성, 중국 인민의용군 총사령관 팽덕회(彭德懷), 미국 합참의장 마크 W. 클라크가 협정서에 서명했다. 미국은 휴전 협정에 반대하던 이승만에게 한미상호방위조약의 체결과 군비 증강 등을 약속하고 동의를 얻어냈다. 10월 1일 체결된 한미상호방위조약은 한국 영토의 어느 지점에나 미군이 주둔하는 것을 허용하는 전토 기지(全土基地) 조항이 포함되어 있었다.

3년 1개월간 지속된 6·25 전쟁은 양쪽에 240만 명이 넘는 군인 사상자를 냈다. 일반 시민의 희생은 헤아릴 수 없을 지경이었다. 한반도 전체가 초토화된 가운데 남과 북의 국경선인 38선은 휴전선으로 바뀌었다. 전쟁 이후 남북은 각각의 체제 이데올로가 강화되면서 권력 집중화와 독재 정권이 들어섰고, 이후 분단 상황은 돌이킬 수 없을 만큼 강화되었다.

4·19 혁명

반독재, 반부정을 향한 대중의 궐기

> ◁◁ **1953년** 한국 전쟁이 종식되고 휴전 협정이 조인되다.
> ◁◁ **1956년** 사사오입 개헌으로 이승만이 대통령에 3선되었다.
> ◁◁ **1960년** 3·15 부정 선거가 일어나다.
>
> 1950년대 후반이 되면서 이승만 정권의 독재 체제에 대한 국민들의 불만과 민주주의 욕구가 높아졌다. 위기를 느낀 이승만 정권은 부정 관권 선거를 감행하고, 이는 범국민적인 독재 정권 타도 항쟁을 촉발시켰다. 4월 혁명은 이승만 대통령의 하야를 불러왔고 6·25 전쟁 이후 침체됐던 민족 통일운동을 재점화시키는 계기가 되었다. 국민 주권과 민주주의를 향한 4월 혁명의 정신은 1960년대 이후 민주화 운동으로 이어졌다.

1960년 4월 혁명의 직접적인 도화선은 한 달 전 실시된 3·15 부정 선거였다. 제4대 정, 부통령을 뽑는 선거에서 자유당 대통령 후보로는 4선을 노리는 이승만이, 부통령 후보로는 이기붕(李起鵬)이 출마했다. 하지만 당시 국내외 상황은 이들에게 결코 우호적이지 않았다. 12년간 이어진 이승만의 장기 독재 체제는 거듭된 실정(失政)으로 민심을 이반시켰고, 자립 기반이 취약한 경제는 만성적 인플레이션에 시달리면서 산업 침체와 실

業률 상승을 불러왔다. 여기에 미국이 한국을 직접 원조하는 방식에서 벗어나 한국과 일본의 지역 통합 전략을 구사하면서 미국의 경제 원조도 감소하고 있었다. 이런 가운데 1958년 4대 국회의원 선거에서 자유당은 도시 지역을 중심으로 지지율 하락세를 겪었다.

이에 3·15 선거를 앞두고 위기감을 느낀 이승만 정권은 국가보안법을 개악하고, 지방자치단체장을 임명제로 무리하게 바꾸는가 하면, 비판적인 논조의 〈경향신문〉을 폐간하는 등 독재 정권의 모습을 드러냈다. 그 절정은 3·15 부정선거였다.

선거 전인 1959년 11월부터 이승만 정권은 각 지역의 시장과 군수 들에게 미리 사표를 받고 불법 선거운동을 강요했으며, 선거 중에는 40퍼센트 사전 투표, 3인조, 5인조, 9인조에 의한 반공개 투표, 유령 유권자 조작과 기권 강요, 야당 참관인 매수와 테러, 투표함 바꿔치기 등 온갖 부정을 저질렀다. 그리고 민주당의 대통령 후보 조병옥(趙炳玉)의 갑작스런 죽음으

3·15 부정선거 1960년 3월 15일 동아일보는 '3인조 공개 투표 끝내 감행?'이라는 헤드라인으로 부정 선거에 대해 보도했다.

로 이승만의 4선 연임 가능성이 높아지자, 이기붕은 선거주무장관인 내무장관 최인규(崔仁圭)를 앞세워 공무원과 관변 단체를 동원하여 부정 선거를 감행했다.

전쟁을 전후해 반공(反共)과 독재에 억눌려 있던 민심은 이를 계기로 마침내 한꺼번에 폭발했다. 이승만 정권

한국사를 움직인 100대 사건

의 행태에 대해 마산을 비롯해 대구와 부산, 서울 등 대도시 곳곳에서 선거 무효를 주장하며 항의 시위가 벌어졌다. 특히 선거 당일 마산에서는 시위대가 경찰서를 습격하는 과정에서 80여 명의 사상자가 발생했다. 더구나 4월 11일 최루탄을 맞고 숨진 고교생 김주열 군의 시체가 마산 앞바다에서 발견되면서 국민들의 분노는 최고조에 이르렀다. 마산을 중심으로 전국적으로 시위가 더욱 거세지자 이승만은 "마산 사건의 배후에 공산 세력이 개입한 혐의가 있다."라며 사건을 수습하려 했다. 그러던 중 4월 18일 이승만 정권이 동원한 정치 깡패들이 국회의사당 앞에서 연좌 시위를 벌인 뒤 학교로 돌아가던 고려대 학생들을 구타해 수십 명이 부상하는 사건이 일어났다.

이날 시위에서 고려대 학생 3,000여 명은 '4·18 선언문'을 통해 마산 사건 책임자에 대한 즉시 처벌과 경찰의 학원 출입 엄금, 기성 세대 각성, 평화적 시위 보장 등을 촉구했다. 4월 19일 고려대생 피습 사건에 자극을 받은 서울 지역 대학생들이 일제히 궐기하면서 항쟁은 절정에 이르렀다. 학생들은 각 대학별로 총궐기 선언문을 발표한 뒤 중앙청을 향해 시가 행진을 벌였다. 이들은 정오를 전후해 국회 앞과 세종로를 중심으로 폭정을 규탄하고 재선거 실시를 주장하는 구호를 외쳤다.

시위대는 고등학생과 시민 들의 합세로 순식간에 2만여 명으로 불어나 광화문 주변을 가득 메웠다. 시위대의 일부는 반공청년단이 있는 반공회관과 정부 기관지인 서울신문사에 불을 지르고, 내무부, 시경찰국, 이기붕의 사택 등을 공격했다. 이때 한 무리의 시위대가 대통령 관저인 경무대를 향해 나아가자 경찰이 시위대를 향해 실탄을 사격하면서 대규모 유혈 사태가 벌어졌다. 경찰의 발포로 하층 노동자 61명, 고등학생 36명, 무직자 33명, 대학생 22명, 국민학생과 중학생 19명, 회사원 10명, 기타 5명 등 186명의 시민이 사망했다. 그 밖에 부상자도 6,026명이나 되었다. 이 유혈 사태를 계기로 부정 선거에 대한 항의 시위는 독재 정권 타도 시위로 발전했다. 이승만은 계엄령을 선포하고, 국무위원 전원 경질, 이기붕의 부통령 당선 취소, 자유당 총재 사퇴, 구속 학생 전원 석방 등의 조치로 사태를 모면하려 했다.

하지만 4월 25일 서울 지역을 중심으로 27개 대학교수 258명이 서울대 교수회관에 모여 대통령과 여야 의원, 대법관 등이 부정 선거와 유혈사태에 책임지고 사퇴할 것, 재선거를 실시할 것 등의 주장을 담은 14개 항의 시국선언문을 발표하고 "학생들의 피에 보답하라."라며 평화 시위를 벌였다. 교수단 시위는 계엄 아래 다소 누그러졌던 시민, 학생 들의 궐기를 촉발시켜 다음 날 대대적인 시위로 발전했다.

이어 26일에는 주한 미 대사 매카나기(W. C. MacConaughy)가 이승만의 하야 촉구 성명을 내고 '오늘은 한국과 한국인에 대하여 전 세계 사람들이 오래도록 기억해야 할 날'이라고 밝혔다. 한국의 정권 안정과 현상 유지를 바랐던 미국은 이승만 정권의 파행과 4월 혁명의 급진적인 전개를 우려해 이승만 정권을 포기하기로 한 것이다. 마침내 이승만은 이날 '국민이 원하면 대통령직을 사임하겠다'라는 하야 성명을 발표하고, 하와이로 망명했다. 이로써 12년간에 걸친 이승만 독재 정권이 무너졌다.

이승만 정권이 붕괴되자, 외무부장관 허정(許政)을 수반으로 하는 과도 정부가 수립되고, 야당인 민주당이 정국을 주도하게 되었다. 과도 정부는 3·15 부정선거 책임자 처벌과 정치적 중립화 등을 공언했지만, 실질적으로는 국내 질서와 치안 회복에 주력하는 데 그쳤다. 또 민주당은 4월 혁명

4·19 혁명 이승만 정권의 부정 선거로 시민의 분노는 최고조에 달했고, 이는 시민들의 자발적인 항쟁으로 번졌다.

의 성과를 개혁 정책으로 구현하기보다 자유당과 협력해 내각제 개헌을 추진하는 등 권력을 장악하는 데 집중했다. 이에 일부 지역에서 학생들이 국회 해산과 총선 즉각 실시, 경찰 발포 책임자 처벌 등을 요구하며 5월 초순까지 시위를 이어갔다.

허정 과도 정부는 내각제와 양원제(兩院制)를 골자로 하는 새 헌법에 따라 7월 29일 총선을 실시했다. 학생들은 진보 노선을 표방하는 혁신계 인사들의 당선을 위해 전국 곳곳에서 선거 계몽운동을 벌였지만, 결과는 혁신계의 참패와 민주당의 승리로 나타났다. 이에 따라 8월 23일 한민당계인 민주당 구파의 윤보선(尹潽善)이 대통령에 선임되고, 민주당 신파인 장면(張勉)이 국무총리로 임명되었다. 하지만 민주당의 장면 정권도 개혁의지를 보여 주지 못한 채 구파와 신파 간 정파 싸움에 휘말렸고, 불과 8개월 만인 1961년 5월 군사 쿠데타로 무너졌다.

한편 4월 혁명 이후 혁신계 세력의 총선 참패와 장면 정권을 비롯한 정치권의 행태에 실망한 학생들은 1960년 후반부터 분단 극복을 위한 통일운동으로 방향을 전환하게 되었다. 남북 간의 적대적 관계가 해소되고, 민족통일이 이루어져야 정치 민주화와 자립 경제를 이룰 수 있다는 현실 인식에 따른 것이었다. 한때 서울대를 중심으로 새생활운동 등 계몽운동이 벌어지기도 했으나, 혁명 정신을 이어 나가기에는 한계가 있었다. 이에 따라 서울대를 비롯해 여러 대학의 학생들은 1960년 11월 민족통일연맹(민통련)을 조직하고, 혁신계 인사들은 9월 3일 민족자주통일협의회를 발족했다.

이 무렵 인도와 쿠바 등 제3세계의 혁명에 관한 정보가 대학가에 돌면서 민족주의 바람과 함께 통일 논의가 활발해졌고, 이에 따라 중립화통일론, 남북협상론, 남북교류론 등 다양한 통일안이 제시되었다. 이듬해 5월에는 민통련 대의원대회에서 남북학생회담을 제의하는 결의문이 채택되기도 했다. '오라 남으로, 가자 북으로', '한국 문제는 한국인 손으로', '소련에 속지 말고, 미국을 믿지 말자' 등의 구호가 나온 것이 이즈음이다.

5·16 군사 쿠데타

독재를 위한 군부의 반란

> ◁▊ **1960년** 4·19 혁명으로 이승만 대통령이 12년 만에 하야하다.
> ◁▊ **1961년** 소장 박정희를 필두로 한 군부 세력이 정권을 장악하다.
> ◁▊ **1963년** 박정희, 제5대 대통령에 당선되다.
>
> 4월 혁명이 일어나고 불과 1년 후인 1961년, 박정희를 비롯한 군부 세력이 쿠
> 데타를 일으켜 정권을 장악했다. 반공 태세의 강화와 부패 척결, 민생고 해결
> 이 쿠데타의 명분이었다. 박정희는 장면 정권을 무너뜨리고, 군정을 거쳐 제3
> 공화국을 출범시켰다. 이것은 18년에 걸친 박정희의 장기 집권과 군부 독재의
> 시작이었다.

　　1961년 5월 16일 오전 3시경, 제2군사령부 부사령관인 소장 박정희(朴
正熙)를 비롯해 육군사관학교 출신 장교 250여 명과 사병 3,500여 명이 한
강 어구를 거쳐 서울에 진입했다. 이들은 포병 5개 대대를 앞세워 육군본
부를 점령한 데 이어 중앙청, 서울중앙방송국, 발전소 등을 일제히 장악
했다. 이들은 오전 5시 첫 방송에서 '5·16 혁명 제1성'으로 거사의 명분
을 밝혔다.

은인자중하던 군부는 드디어 금조(今朝) 미명을 기해 일제히 행동을 개시하여 국가의 행정, 입법, 사법의 삼권을 완전히 장악하고 이어 군사혁명위원회를 조직하였습니다.

이어 쿠데타 세력은 6개 항의 혁명 공약을 제시했다. 반공을 국시(國是)로 삼고, 미국 등 자유 우방과의 유대를 공고히 하고, 부패와 구악을 일소해 민족 정기를 바로 잡으며, 민생고 해결로 자주경제 재건에 총력을 기울이고, 통일을 위해 공산주의와 대결할 수 있는 실력을 배양한 후 과업이 성취되면 참신하고 양심적인 정치인에게 언제든지 정권을 이양한다는 것이 주요 내용이었다. 군사혁명위원회의 의장은 장면 정권의 육군참모총장인 장도영(張都暎), 부의장은 박정희가 맡았다.

쿠데타를 주도한 박정희는 일제 강점기에 만주 군관학교와 일본 육군사관학교를 졸업하고 일본의 관동군(關東軍)에서 복무했으며, 해방 이후에는 육군사관학교의 전신인 조선경비사관학교 2기로 졸업한 뒤 대위로 임관했다. 육군 정보국에 근무하던 박정희는 여수·순천 사건에 연루되어 죽을 고비를 넘겼고, 이후 문관 신분으로 정보국에서 일하다 6·25 전쟁이 발발하자 정보국장 장도영의 도움으로 복직했다.

쿠데타가 일어날 당시는 4월 혁명의 정신을 살리기 위해 학생과 진보적 정치인 들 사이에 민족 통일운동이 활발히 일어날 때였다. 5월 초에는 남북학생회담이 추진됐고, 북한에서도 이를 적극 지지하고 있었다. 여기에 가장 민감하게 반응한 것이 군부였다. 당시 군부는 대표적인 친미, 반공 세력에 속했다. 6·25 전쟁 과정에서 한국군의 작전권이 미군으로 이양됐고, 육사 출신의 장교를 중심으로 군 지휘부가 대부분 미군에게 훈련을

5·16을 지지하는 육군사관학교 생도들 군사 쿠데타를 주도한 박정희는 당시 육군사령부 부사령관이었으며, 이를 이용해 군부를 움직여 쿠데타에 성공하였다.

받은 영향이 컸다. 실제로 박정희와 일부 군부 세력은 이승만이 휴전을 반대할 때와 이승만 정권 말기에 각각 한 차례씩 주한 미군의 지원 하에 쿠데타를 계획한 적도 있었다. 이승만 하야 이후 각계각층의 시위와 통일 운동이 잇따르고 장면 정권이 이에 미온적으로 대처하자 이들은 다시 쿠데타를 실행한 것이다.

거사의 명분을 밝힌 쿠데타 세력은 오전 9시 군사혁명위원회 명의로 포고령을 내고 전국에 비상계엄을 선포했다. 포고령에는 옥내외 집회 금지와 국외 여행 불허, 언론 및 출판의 사전 검열, 야간 통행 금지 시간 연장 등의 내용이 담겨져 있었다. 오후 7시, 이들이 정권 인수를 공식으로 밝히면서 군사 쿠데타는 성공했다. 국무총리 장면은 수도원으로 몸을 피했고, 대통령 윤보선은 박정희의 요청을 받아들여 유혈사태를 피하라는

쿠데타를 일으킨 박정희 장면 정권을 무너뜨리고 무력으로 정권을 탈취한 박정희는 이후 군부 독재를 18년간 지속하였다.

서신을 각급 지휘관에 내렸다. 장면 내각은 5월 18일 총사퇴했다.

군사혁명위원회는 19일 국가재건최고회의로 개칭되었다. 이는 행정과 입법권을 모두 장악한 초헌법적인 최고통치기구였다. 이로부터 최고회의 의장인 장도영을 내각 수반으로 하는 군정이 실시되었다. 하지만 쿠데타 세력 내부의 알력으로 장도영을 중심으로 한 일부 세력이 7월 반혁명죄로 구속되고 박정희가 최고회의 의장에 취임하면서 실질적인 박정희 정권이 성립했다. 미국은 쿠데타 발발 직후 '합법 정부를 지지한다'라며 반대 성명을 냈으나, 대통령 윤보선과 국무총리 장면의 소극적인 대처로 쿠데타가 기정사실화되고, 박정희가 반공 노선과 민정 이양 의사를 뚜렷이 밝히자 군사 정권을 지지하게 되었다. 이는 박정희가 그해 11월 미국을 초청 방문하면서 대내외에 공식화되었다.

군사 정권의 핵심 기관은 6월 10일에 설치된 중앙정보부였다. 중앙정보부는 국가안전보장에 관련된 국내외 정보 및 범죄 수사와 정부 각부의 정보 수사 활동을 총괄하는 기구로, 쿠데타 주역 중 한 사람인 김종필(金鍾泌)이 부장을 맡았다. 실질적인 임무는 반혁명 인사를 색출하고, 이후 안정적으로 권력을 유지, 창출해 나갈 수 있도록 기획하고 활동하는 것이었다. 중앙정보부의 설치로 박정희 군사 정권의 정보공작 정치가 막이 오른 셈이다.

군사 정권은 이후 각종 강권 조치를 신속하게 진행해 나갔다. 6월 21일에는 혁명재판소 및 혁명검찰부 조직법이 공포돼 용공분자 색출을 명분으로 진보적 정치인과 학생, 노조 간부 등에 대한 대대적인 검거가 이뤄지고, 각종 정당과 사회단체, 노동조합 등이 해산되었다. 3·15 부정선거 연루자와 폭력배 등도 처벌되었다. 이에 따라 2주 만에 7만 6,000여 명이 검거됐으며, 한 달 사이에 1,170종의 신문, 잡지가 폐간되었다. 4월 혁명 직후 창간된 〈민족일보〉 사장 조용수(趙鏞壽)도 이때 사형당했다. 1962년 3월에는 정치활동정화법을 공포해 구정치인 4,374명의 정치 활동을 금지시켰다.

경제, 사회 부문에서는 민생을 안정시키고 부정부패와 구악을 일소함으로써 민족 정기를 정립한다는 취지 아래 농어촌고리채정리법, 부정축재처리법, 국가재건국민운동에 관한 법 등이 제정되었다. 이어 6월에는 경제 개발 자금을 동원하기 위해 10대 1의 화폐 개혁을 단행했다. 하지만 군사 정권의 경제 시책은 별다른 성과를 내지 못했다.

오히려 군사 정권은 비밀리에 민주공화당(民主共和黨, 공화당)을 조직하는 과정에서 자금을 마련하기 위해 4대 의혹 사건을 일으켰고, 이는 국가의 경제 기강을 흐트러뜨리는 계기가 되었다. 유령 회사를 설립하고 증권 시장에 개입해 폭리를 취한 증권 파동, 유엔군 병사들의 휴가처를 제공한다는 명목으로 워커힐을 건설하는 과정에서 공사 대금을 횡령한 워커힐 사건, 일본에서 도박기계와 승용차를 면세로 수입해 큰 이익을 남기고 판매한 파친코 사건 및 새나라자동차 사건이 그것이다. 이와 함께 군부 세력은 밀가루와 설탕, 시멘트 가격을 올려 폭리를 취하는 것을 눈감아 주고, 일부 자본가들로부터 몇십 억의 정치 자금을 챙겼다.

박정희 군사 정권은 1962년 12월 17일 국회 동의 없이 국무총리 및 국무위원을 임명할 수 있는 강력한 대통령 중심제와 국회 단원제를 담은 새

헌법을 국민투표를 통해 확정 지었다. 투표자의 78퍼센트가 새 헌법에 찬성했다. 이어 '1963년 4월 대통령 선거, 5월 국회의원 선거, 8월 민정 이양' 등의 정치 일정을 발표했다. 공화당은 이 같은 정치 일정에 대비해 중앙정보부가 중심이 되어 조직한 정당으로, 언론인과 교수, 관리 등을 끌어들여 1963년 2월 발족했다.

박정희는 정치 일정 발표 당시 본인도 대선에 출마하겠다는 의사를 밝혔다가 2·18 성명을 통해 군인의 민정 불참을 선언하면서 출마 의사를 번복했다. 그러자 군 지휘관들과 수도경비사령부 소속 군인들이 군정 연장을 요구하는 시위를 벌였고, 이에 박정희는 '군정 4년 연장안'을 국민투표에 부치겠다고 발표했다. 하지만 재야 정치인은 물론 미국이 이에 반대하자 박정희는 다시 이를 보류하는 성명을 냈다.

대선 일정이 1963년 10월 15일로 최종 확정되자 박정희는 원대 복귀와 대선 출마 사이에서 몇 차례 의사를 번복한 끝에 결국 대선 직전인 8월 30일에 육군대장으로 예편한 뒤 공화당 후보로 대선에 출마했다. 민정에 뛰어들기 위해 군복을 벗은 박정희는 중부 전선 모 부대에서 열린 전역식에서 "다시는 이 나라에 본인과 같은 불운한 군인이 없도록 합시다."라고 전역 인사를 했다. 박정희는 선거에서 민정당(民政黨) 윤보선 후보를 15만여 표 차이로 누르고 12월 17일 제5대 대통령에 취임했다. 제3공화국은 이렇게 출범했다. 군부 쿠데타 세력이 '민정'으로 겉모습만 바꾼 채 계속 권력을 유지하게 된 것이다.

6·3사태

굴욕적인 한일 회담을 반대한 대중의 움직임

1962년 제1차 경제개발 5개년 계획이 시행되다.

1963년 제3공화국이 출범하다.

1964년 한일 회담을 반대하는 시위로 전국에 비상계엄령이 선포되다.

1965년 12월 18일, 한일 국교 정상화 협정이 비준되었다. 박정희 정권이 경제 재건에 필요한 재원을 조달하고 미국, 일본과의 우방 관계를 강화하기 위한 외교 정책이었다. 그러나 이는 일제 강점에 대한 일본의 사과는 물론, 과거사 청산 작업이 이루어지지 않은 상태에서 조인된 협정이었다. 그 과정에서 1964년 6월 3일 한일 협정 반대 시위가 벌어졌고, 정부는 이에 비상계엄을 선포하고 시위대를 무력 진압했다.

한일 국교 정상화는 박정희 정권과 미국, 일본의 이해관계가 서로 맞아 떨어지면서 이루었다. 당시 미국은 동북아시아 지역에 친미, 반공의 전진 기지를 구축하기 위해 한—미—일 삼각 안보 체제를 절실히 요구했다. 미국의 동북아 지역 통합 전략은 러시아와 중국 등 사회주의권에 대응하는 성격을 지니고 있었다. 때문에 미국은 반공을 국시로 내세운 박정희 정권을 용인하고, 박정희 정부로 하여금 한일 국교 정상화에 나서도록 종용했다. 일본의 입장에서 국교 정상화는 제2차 세계대전 패전국의 멍에에서 벗어나 동북아에서의 지위를 향상시키고 6·25 전쟁 특수로 챙긴 과잉 자본을 해소할 수 있는 계기였다.

미국과 일본의 이 같은 계산은 경제 개발에 필요한 자금과 기술을 확보하고 미국으로부터의 지지를 공고히 함으로써 쿠데타로 인한 정권의 정통성이 지닌 약점을 보완하려는 박정희 정권의 의도와 맞아떨어졌다. 당시 박정희 정권의 주요 외교 정책 중 하나였던 베트남 파병도 수출 진흥에 필요한 미국의 차관과 기술을 제공받는 조건으로 이루어진 것이었다.

1962년 박정희는 김종필 중앙정보부장을 일본에 파견해 오히라 마사요시(大平正芳) 외상과 비밀리에 교섭하게 했다. 김종필은 "제2의 이완용이 되어도 좋다."라며 1962년 8월부터 오히라와 예비 절충 및 1, 2차 회담을 가졌다. 그해 11월 12일 두 사람은 대일(對日) 청구권 문제에 대한 합의를 이루고, 합의 사항을 메모로 교환했다. '김—오히라' 메모의 요점은 일본이 한국에게 무상 공여 3억 달러, 유상 재정 차관 2억 달러, 민간 상업 차관 1억 달러 이상(정식 체결 시 2억 달러 추가)을 독립 축하금 형식으로 제공한다는 것이었다.

그러나 한일 간 비밀 외교 교섭이 진행되면서 국내에서 거센 저항이 일었다. 이에 박정희 정권은 1964년 3월 국교 정상화를 위한 한일 회담 일정을 구체적으로 세웠다. 그러자 야당은 각계 대표 200여 명과 함께 대일 굴욕외교 반대 범국민투쟁위원회를 결성하고 전국 순회 유세에 돌입했다. 이어 3월 24일에는 서울대학교 학생들이 한일 회담의 즉각 중지를 요구하며 일본 수상 이케다 하야토(池田勇人)와 이완용의 화형식을 갖고 거리시위를 벌였으며, 25, 26일부터는 학생 시위가 전국으로 확산되었다. 시위는 갈수록 반(反)정부적 성격으로 진전되었다.

5월 20일, 서울대학교 문리대에서는 서울 지역 9개 대학 학생 2,000여 명이 박정희 정권이 표방한 '민족적 민주주의'를 비판하는 집회를 열었다. 이들은 '민족적 민주주의를 장례한다'라는 성명을 내고 '5월 군부 쿠데타는 4월의 민족, 민주 이념에 대한 정면적인 도전이었으며, 노골적인 대중 탄압의 시작' 이라고 성토했다. 이들은 결의문에서 일본에 예속되는 매국적인 한일 굴욕 회담을 전면 중지하고, 5·16 이래 온갖 부정부패 사건의 원흉을 조사하여 처단하며, 구속된 정치범을 즉각 석방할 것 등을 요구했다. 집회는 격렬한 시위로 이어져 경찰의 강경 진압 과정에서 100여 명이 부상하고, 200여 명이 연행되었다. 5월 22일에는 전국 주요 도시를 중심으로 난국 타개 학생 궐기대회가 열렸고, 5월 27일에는 서울대학교 교수들이 긴급 총회를 열고 정부의 이성 회복을 촉구하는 6개 항의 시국 수습 결의문을 채택했다. 학생들의 단식농성도 이어졌다.

굴욕적인 한일 회담에 반대하는 학생 시위는 6월 3일 절정에 이르렀다. 시민들까지 가세한 1만여 명의 시위대는 광화문까지 거리시위를 벌이며 5·16 쿠데타와 군부의 부정부패, 중앙정보부의 정보 정치, 매판 독점자본(買辦資本, 식민지나 후진국 등에서 외국 자본과 결탁하여 자국민의 이익을 해치는 토착 자본), 외세 의존 및 매국 외교 등에 항의하며 정권 퇴진을 요구했다. 시위대는 갈수록 늘어났고, 이 과정에서 파출소가 불타기도 했다.

박정희 정권은 이날 오후 8시를 기해 서울시 일원에 비상계엄을 선포하고, 포고령 제1호와 2호를 통해 집회 및 시위 금지, 언론 및 출판의 사전 검열, 각급 학교의 무기 휴교, 통행 금지의 연장, 영장 없는 압수·수색·체포, 계엄군법회의 설치 등의 조치를 내렸다. 또 군대를 동원해 시위대를

6·3 비상계엄군 한일 비밀 교섭으로 일본과 국교가 정상화되자 굴욕적인 외교를 비판하는 학생들의 시위가 연이어 일어났다. 그러자 박정희 정권은 비상계엄을 선포하여 무력으로 시민들을 구속하였다. (뉴스뱅크)

무력으로 진압하고, 민주 인사와 학생 등 384명을 구속했다. 이를 6·3 사태라고 한다.

박정희 정권은 김종필 공화당 의장의 사퇴와 서울대학교 총장 사임 등의 조치를 내놨지만, 일본과의 국교 정상화 작업은 그대로 강행해 12월 3일 한일 회담을 재개했다. 1965년이 되자 교수와 지식인, 시민 들의 본격적인 합세로 한일 협정 반대 시위는 더욱 확대되었다. 그해 3월 24일 일본 도쿄에서 열린 한일 외상 회담을 통해 한국의 대일 청구권 문제가 공식으로 합의되자, 굴욕 외교 반대 투쟁위원회를 중심으로 전국에서 규탄 집회가 열렸다. 서울 지역의 대학생들은 "제2의 을사보호 조약을 즉시 철회하라."라는 구호를 외치며 시위를 벌였다. 전 국민적인 궐기 속에 박정희 정권은 6월 21일 전국 14개 대학과 서울 지역 58개 고등학교를 대상으로 방학 및 휴학 조치를 내렸다.

이런 가운데 한일 양국은 6월 22일 마침내 한일 기본 조약과 4개의 부속 협정, 25개의 부속 문서를 체결했다. 과거사에 대한 일본의 사과나 배상에 대해서는 한 마디도 언급이 없었다. 오히려 대일 청구권 문제와 함께 주요 쟁점이던 어업 협상에서도 박정희 정권은 해양주권선(평화선)을 사실상 해체했다. 해양주권선은 1952년 이승만이 한일 양국의 평화 유지를 명분 삼아 수산자원과 광물에 대한 주권을 선언하며 한국 해안에서 평균 60마일의 수역을 설정한 경계선이다. 하지만 박정희 정권은 어업에 관한 협정을 체결하는 과정에서 일본의 강력한 요구에 따라 평화선을 언급하지 않음으로써 그 자체를 '없던 일'로 해 버렸다. 협정 조인식에는 외무장관 이동원(李東元), 회담 수석대표 김동조(金東祚), 외상 시이나 에스사부로(椎名悅三郎), 회담 수석대표 다카스기 신이치(高杉晉一)가 참석했다.

협정이 조인되자 학생 1만여 명은 이를 규탄하는 연좌 시위를 전개했으며, 연일 각계각층의 성토가 이어졌다. 7월 12일 재경(在京) 대학교수단은 367명의 교수 서명으로 성명서를 내고 "기본 조약은 일본 제국주의 침략을 합법화했을 뿐만 아니라 우리 주권의 약화 및 협정의 불평등, 국가적 손실을 초래한 굴욕적인 전제를 인정해 놓았다."라고 규탄했다. 교수단은 또한 "청구권은 당당히 요구할 수 있는 재산상의 피해를 보상하는 것이 못 되고, 무상 제공 또는 경제 협정이라는 미명 아래 경제적 시혜로 가식했으며, 일본 자본의 경제적 지배를 위한 소지를 마련해 주었다."라고 비판했다.

한일 협정 비준안은 8월 14일 야당이 불참한 가운데 국회에서 전격 처리되었다. 비준안이 국회를 통과하는 과정에서 야당 의원 61명이 의원 사직서를 제출했으며, 이 가운데 6명은 의원직을 포기했다. 박정희 정권은 비준안이 국회에서 통과된 뒤에도 학생들의 시위가 잇따르자, 고려대학교와 연세대학교에 무장 군인을 난입시켜 무기 휴업령을 내렸으며, 서울 지역에 위수령을 발동해 군대 병력을 주둔시켰다. 이 같은 강압적인 분위기 속에서 한일 양국은 마침내 12월 18일 비준서를 교환하고, 국교 정상화에 들어갔다.

7·4 남북 공동 성명

국토 분단 이후 최초로 남과 북이 합의하다

> ◁▷ **1969년** 박정희의 3선 개헌이 단행되다.
> ◁▷ **1971년** 남북 적십자 회담이 개최되다.
> ◁▷ **1973년** 6·23평화 통일선언이 발표되다.
>
> 1970년을 전후로 동북아시아 일대의 냉전 체제가 완화되었다. 6·25 전쟁 이후
> 20년 남짓 단절됐던 남북 관계 역시 남북 적십자 회담을 시작으로 변화를 겪기
> 시작했다. 마침내 1972년 7월 4일 남북 정부는 자주평화 통일 원칙을 내세운
> 7·4 남북 공동성명을 발표하기에 이르렀다. 그러나 통일에 대한 기대와 열망
> 은 2년 만에 사라지고, 남북은 다시 대치 상태로 되돌아갔다. 이러한 과정을
> 거치면서 박정희 정권과 김일성 정권은 각각 유신 선포와 사회주의 헌법 제정
> 으로 1인 독재 체제를 더욱 강화했다.

베트남 전쟁에서 패배하며 타격을 입은 미국은 1969년 7월 닉슨 독트
린을 통해 새로운 아시아 안보 전략을 천명했다. 그 핵심은 미국이 베트
남 전쟁과 같은 군사적, 정치적 과잉 개입을 피하고 공산주의 국가와 평
화 공존 정책을 구사하겠다는 것이었다. 미국과 소련 간의 긴장 완화 정
책과 미국과 중국 간의 관계 개선으로 인해 한반도 주변의 정세도 냉전
체제에서 긴장, 완화 국면으로 전환되었다.

미국은 박정희 정권에게 남북 화해를 종용하는 한편, 1970년부터 주한 미군 2만 명을 철수시켰다. 이에 박정희는 1970년 8·15 선언에서 남북이 선의의 경쟁을 하자고 제안했고, 이듬해 김일성도 남한의 모든 정당과 협상할 용의가 있다고 천명했다. 남북 간 평화적 접촉의 물꼬를 직접적으로 튼 것은 남북 적십자 회담이었다. 1971년 8월 12일 남쪽 적십자사는 북쪽 적십자사에 이산가족 재회를 위한 회담을 제의하고 이틀 후 이를 북쪽 적십자사가 수락했다. 이어 회담 제의 8일 만에 남북 적십자사의 연락원들이 판문점에서 만나 서로 신임장을 교환했다. 분단 이후 최초의 남북 대화가 성사되는 순간이었다.

한 달 뒤인 9월 20일 판문점에서의 첫 회담을 시작으로 남북 적십자사 대표는 여러 차례의 예비 회담을 통해 서울과 평양에서 번갈아 본회담을 개최하고 교통, 통신 수단을 보장하도록 하는 등 본회담에 대비한 실무적인 합의를 이끌어 냈다. 본회담도 순조롭게 진행되었다. 1972년 8월 29일 평양에서 열린 제1차 본회담을 통해 남북 적십자사는 이산가족의 주소와 생사 확인, 자유로운 방문과 상봉 및 서신 거래 실시, 자유 의사에 의한 재결합 등 회담 의제를 합의하는 등 큰 진전을 이루었다. 이어 남북 적십자사는 9월 12일에 서울에서 열린 제2차 본회담을 통해 의제 해결 과정에서 민주주의적 원칙과 인도주의적 정신을 철저히 구현하고, 3차 회담부터 상호 신뢰를 바탕으로 의제에 관한 토의를 진행하기로 하는 등 3개 항을 합의했다.

역사적인 7·4 남북 공동성명은 적십자 예비 회담이 진행 중이던 1972년 7월 4일 오전 서울과 평양에서 동시에 발표되었다. 남한 중앙정보부장 이후락(李厚洛)과 북한 조선노동당 조직지도부장 김영주(金英柱)가 공동

적십자 회담 1972년 8월 평양에서 제1차 남북 적십자 본회담이 열렸다. 남한 대표단은 판문점 돌아오지 않는 다리를 넘어 북으로 향했다. (연합포토)

날인한 이 성명은 그해 5월 남북이 밀사를 통해 통일 문제 원칙을 합의한 내용을 기반으로 하고 있다. 이후락은 5월 2일부터 5일까지 평양을 방문해 김영주와 회담을 진행하고, 김일성을 만났다. 이어 김영주를 대신해 제2부수상 박성철(朴成哲)이 5월 29일부터 6월 1일까지 서울을 방문하여 이후락과 회담하고 박정희와 면담했다. 이후락은 이 같은 사실을 공동성명 당시 내외신 기자회견을 통해 밝혔다.

　모두 7개 항으로 된 7·4 남북 공동성명은 제1항에서 남북 통일 3대 원칙을 명시했다. 먼저 통일은 외세에 의존하거나 외세의 간섭을 받지 않고 자주적으로 해결하여야 하며, 다음으로 통일은 서로 상대방을 반대하는 무력행사에 의거하지 않고 평화적 방법으로 실현하여야 한다. 마지막으로 사상과 이념, 제도의 차이를 초월하여 우선 하나의 민족으로서 민족적 대단결을 도모하여야 한다.

2항에서 5항까지는 남북 간 긴장 상태 완화와 신뢰 분위기를 조성하기 위해 수행해야 할 원칙에 관한 것이다. 상호 중상 비방 및 크고 작은 무장 도발 중지, 민족적 연계를 회복하고 이해를 증진해 자주적 평화 통일을 촉진시키기 위한 각 방면의 교류 실시, 남북 적십자 회담의 조속한 성사를 위한 적극적인 협조, 돌발적 군사 사고를 방지하고 남북 사이에 제기되는 문제들을 직접 처리하기 위한 서울과 평양 사이의 상설 직통전화 설치, 합의된 원칙에 기초한 통일 문제 해결 등의 내용이다.

6항에서는 합의된 원칙에 기초한 통일 문제 해결을 위해 이후락과 김영주를 공동위원장으로 하는 남북 조절위원회 구성안이 제시하였다. 7항은 합의 사항의 성실한 이행을 쌍방이 약속한다는 내용이다. 이후 남한은 북쪽에 대한 호칭을 '괴뢰'에서 '북한'으로 바꾸었다.

남북 조절위원회는 남북한의 통일과 평화 유지, 교류 및 협력을 추진하기 위한 기구로, 10월 12일 판문점에서 제1차 공동위원장 회의를 열었다. 주목할 점은 공동성명이 발표되고 남북조절위가 가동된 직후 박정희 정권과 김일성 정권이 각각 내부 통치 체제를 강화하기 위한 조치를 취했다는 점이다.

박정희 정권은 10월 17일 계엄령을 선포해 국회를 해산시키고 유신 헌법을 제정했으며, 김일성 정권은 열흘 뒤인 27일 국가주석제를 신설하고 집단주의를 강조한 사회주의 헌법을 마련했다. 박정희는 유신 헌법의 제정에 대해 '평화통일이라는 민족의 염원을 구현하기 위해 역사적 과업을 강력히 뒷받침'하기 위한 것이라고 발표했다. 남북 대화를 영구 집권의 계기로 삼으려 했던 셈이다.

11월 2일, 평양에서 열린 남북 조절위원회 제2차 공동위원장 회의는 남북 조절위원회 구성 및 운영에 관한 합의서를 발표했다. 합의서에 따른 조절위의 기능은 자주적 평화 통일 실현과 남북의 정당, 사회단체 및 개별적 인사들의 정치적 교류, 남북 간 경제·문화·사회적 교류, 남북 간 긴장 상태 완화와 군사적 대치 상태 해소, 단일 민족으로서 대외 활동의 공동 보조 및 민족적 긍지 선양의 다섯 가지 문제를 실현하기 위한 상호 협의와 그 실행을 보장하는 것이었다.

제3차 공동위원장 회의는 유신 헌법에 의해 박정희가 8대 대통령에 당선된 뒤인 1973년 6월 12일 서울에서 열렸다. 이어 박정희 정권과 김일성 정권은 6월 23일 각각 평화 통일 외교 정책 선언과 조국 통일 5대 강령을 발표했다. 박정희 정권의 6·23 선언은 남북한 불가침과 남북한 유엔 동시 가입, 이념이 다른 국가(공산국가)에 대한 문호 개방 등을 주요 내용으로 한다. 이 선언은 통일운동 세력으로부터 1민족 2국가 체제를 유지하고, 분단을 고착화하는 선언이라는 비판을 받았다. 이는 닉슨 독트린 이후 강대국들의 긴장 완화 정책이 한반도의 분단 상태 고착화와 두 개의 한국이라는 전제를 가지고 있다는 지적과 맥을 같이 한다.

김일성 정권의 조국 통일 5대 강령은 남북의 고려연방공화국 통일 방안과 단일 국가로 유엔 가입, 통일 문제를 위한 대민족회의 소집 등의 내용을 담고 있다. 여기에서는 박정희 정권과는 달리 1민족 1국가 체제의 통일 방안이 제시되었다.

이 무렵 남북 적십자 간의 접촉은 1973년 5월 9일 서울에서의 6차 회담을 끝으로 중단되어 있는 상태였다. 남북 조절위원회가 통일 문제를 중심으로 정치회담을 논의하는 과정에서 교착 상태에 빠진 것도 이때였다. 남북 간의 공식 접촉이 사실상 끊어진 상태에서 북한은 박정희의 최대 정적 (政敵)이자 야당 지도자인 김대중(金大中) 납치 사건을 계기로 1973년 8월 28일 남북 간 대화 중단을 공식으로 선언했다. 남북 조절위원회의 운영도 완전히 중단되었다.

이로써 1971년 9월 남북 적십자 예비회담이 시작된 이후 숨 가쁘게 전개되던 남북 간 화해 기류는 급변하였다. 이후 7·4 남북 공동성명의 원칙과 기본 정신은 2000년대에 들어 김대중 정부와 노무현 정부의 남북 정상회담에서 다시 부각된다.

5·18 광주 민주화 운동

군사 정권을 반대한 시민들의 민주화 투쟁

◁◁ **1979년** 박정희 대통령이 피살되고 12·12 사태가 발발하다.

◁◁ **1980년** 신군부, 비상계엄을 확대하고 시위를 무력으로 진압하다.

◁◁ **1981년** 제5공화국이 출범하다.

1979년 10월 26일 박정희 저격 사건으로 18년간의 군사 정권이 무너졌다. 그러나 민주화에 대한 열망은 그해 12월 12일 전두환의 군사 쿠데타로 좌절되었다. 1980년 5월 전국적으로 대규모 민주화 운동이 전개되었고, 신군부는 이에 비상계엄 확대 조치로 대응했다. 특히 전라남도 광주에서 벌어진 군부의 유혈 진압은 1980년대 민주화 항쟁의 기폭제가 되면서 한국의 인권 신장과 민주주의 발전에 결정적인 전기로 작용하게 된다.

1980년 5월 15일 서울역 광장에는 대학생을 중심으로 10만여 명의 인파가 운집해 계엄 해제와 유신 세력의 퇴진을 요구했다. 4·19 이후 최대 규모의 시위였다. 앞서 4월 24일 서울 지역 대학교수들이 학원 민주화 성명을 발표했고, 5월 16일에는 군사 정권의 재등장에 반대하는 지식인 134명이 민주화 선언을 발표했다. 오랜 독재에 짓눌린 시민들의 민주화 욕구가 거세게 분출되자 신군부는 5월 17일 24시를 기해 비상계엄을 전국으로 확대했다. 이에 따라 신군부는 주요 대학에 병력을 주둔시키고, 학생운동 지휘부와 정치권의 주요 인사 검거에 나섰다. 학생들이 잇따라 체포되고, 김대중, 김종필 등이 권력형 부정 축재 혐의로 구속되었다.

이런 가운데 5월 18일 전남대학교 정문 앞에서 대학생과 계엄군 사이에 충돌이 빚어지면서 이는 광주 민주화 운동이 불씨가 지펴졌다. 신군부의 계엄 확대 조치로 휴교령이 내려진 가운데 학생 200여 명이 학교 안으로 들어가려 하자 주둔하고 있던 계엄군들이 학생들을 무차별로 구타한 사건이 벌어졌다. 이는 광주 시내 금남로에서 민주화 시위로 이어졌고, 계엄군의 과잉 진압에 격분한 시민들까지 가세하면서 시위대는 갈수록 불어났다. 이들은 계엄 철폐와 김대중 석방, 전두환 퇴진 등을 요구하며 곳곳에서 계엄군과 대치했다. 오후 3시 무렵부터 계엄군은 골목까지 쫓아다니며 학생과 시민들을 곤봉으로 마구 때리고 차에 태워 강제로 끌고 갔다.

19일에는 대학생과 시민은 물론 고등학생까지 가세해 시위대가 5,000여 명으로 늘었다. 이들은 금남로와 계림동, 충정로 등지에서 계엄군과 대치했다. 계엄군은 소총에 칼을 부착하고 장갑차를 앞세워 시위대를 위협했으며, 가톨릭센터와 공용터미널 주변 등 곳곳에서 무자비한 탄압을 자행했다. 20일 오후 광주 시내 중심가에는 10만여 명이 사람들이 연좌 농성을 벌였다. 택시 200여 대가 일제히 경적을 울리며 시위에 가세했다. 노동자와 도시 빈민, 회사원, 점원, 주점 종업원 등 다양한 시민들이 참여하여 초기의 학생 시위는 이미 민중 항쟁으로 진전되어 있었다. 이날 밤 20만 명 규모로 불어난 시위대는 노동청과 신역, 전남도청 앞 등지에서 격렬한 시위를 벌였다. 이들은 계엄군의 총칼에 쇠파이프와 각목으로 맞

섰다. 자정을 전후해 계엄군
은 건물 옥상에서 장갑차에
올라탄 시위대를 향해 조준
사격을 가하기 시작했다.

21일이 되면서 시위대는
본격적인 무장 항쟁을 벌였
다. 이들은 나주, 영산포, 화
순 등지의 경찰관서에서 카
빈총과 M1 소총 800여 정과
탄환 5만여 발을 탈취해 시
위 현장에 반입했다. 또한 시
위대는 화순 탄광 광부들의
협조로 화약과 뇌관을 확보
했고, 방위산업체인 아세아
자동차 공장에서 80여 대의
대형 버스와 장갑차 등을 몰

1980년 5월 18일 광주 민주화 항쟁과 계엄군 (뉴스뱅크)

고 왔다. 그리고 일부 시위대는 광주의 실상을 알리기 위해 주변 지역으
로 빠져나갔다. 신군부의 탄압으로 국내 언론들이 침묵과 왜곡 보도로 일
관하고 있었기 때문이다.

총과 실탄으로 무장한 시민군이 등장한 것은 이날 오후부터였다. 시민
군의 구성은 학생부터 노동자, 공사장 인부, 접객업소 종업원, 날품팔이
등에 이르기까지 다양했다. 시민군이 계엄군 임시본부가 있는 도청을 공
격하자, 계엄군은 작전상 일단 광주시 외곽으로 철수했다. 계엄군은 광주

에서 외곽으로 통하는 모든 교통과 통신을 차단한 채 광주를 고립시키고 봉쇄했다. 이로써 항쟁 나흘 만에 계엄군이 광주 시내를 포위하고, 교도소를 제외한 시내 전역을 시민군이 점령하였다.

이날 계엄사령부는 처음으로 담화문을 내고 공식 입장을 밝혔다. 그 내용은 광주 시민들을 일방적으로 매도하고, 진실을 왜곡한 것이었다. 계엄사령관 육군대장 이희성(李熺性)의 이름으로 된 담화문은 이 사건에 대해 밝혔다.

> 광주시 일원에서 벌어지고 있는 작금의 비극적인 사태 (……) 타 지역 불순인물 및 고정 간첩들이 (……) 악성 유언비어의 유포와 공공시설 파괴, 방화 등을 통하여 계획적으로 지역감정을 자극, 선동하고 난동 행위를 선도한 데 기인된 것이다.

22일에는 공무원, 변호사, 목사, 신부, 기업가 등 15명으로 이루어진 시민수습대책위원회가 결성되었다. 이들은 사태 수습 이전 군대 투입 반대, 연행자 전원 석방, 군대의 과잉 진압 시인, 사후 보복 금지, 부상자와 사망자의 치료, 보상, 요구 관철 시 무장 해제 등을 결의하고 계엄군과 교섭을 벌이기 시작했다. 하지만 요구 사항에 군사 정권 퇴진이나 계엄 철폐 등이 포함되지 않아 시민들의 폭넓은 지지를 받지 못한 데다 계엄군도 이를 거부해 무기만 절반 정도 반납한 채 교섭은 흐지부지되었다.

이에 23일에는 천주교 광주교구 대주교 윤공희(尹恭熙)를 위원장으로 하는 새로운 수습위원회가 구성되었다. 여기에는 시민수습대책위원회 측에서 10명, 학생대표 20명이 각각 참여했다. 일부 수습위원은 무기 200점을 계엄군에 반납하고 연행된 시민 33명을 넘겨받기도 했다. 정부에서는 신임 국무총리 박충훈(朴忠勳)이 광주를 시찰하고 질서 회복을 호소했다.

그러나 이런 와중에도 24일 주남 마을에서 버스를 타고 가던 양민 18명이 공수부대에게 학살되는 등 계엄군과 공수부대의 살상이 계속되었다. 항쟁 엿새째인 24일을 전후해 시민들은 무장 해제 문제를 놓고 투항파와 투쟁파로 나뉘었다. 투항파는 무장을 해제하고 지역 명망가들을 중심으로 계엄군과 협상을 추진하자고 주장했지만, 투쟁파는 이를 반대했다. 격론 끝에 투쟁파가 주도권을 잡았고, 25일 제3차 민주수호 범시민궐기대회에서 김종배(金鐘培)를 위원장으로 한 새로운 집행부가 꾸려졌다. 시민군은 '최후의 일각까지, 최후의 일인까지 반민주 세력과 싸울 것'을 결의했다. 당시 집행부는 계엄군의 진압에 대비하는 한편, 미국의 압력이나 범국민적 저항으로 신군부의 집권 기도가 좌절되기를 바라며 시간을 벌고 있었다. 하지만 미국은 이미 22일에 광주 사태를 진압하기 위해 신군부가 요청한 4개 대대의 한국군을 미국의 통제에서 풀어달라는 안에 동의한 상태였다. 미군은 앞서 5월 초 질서 유지에 필요하다면 시위자들에 대한 무력 사용을 반대하지 않겠다는 뜻을 한국 정부에 전달한 바 있었다.

26일 오후 6시, 계엄군은 시민군에게 무조건 투항할 것을 최후 통첩했다. 27일 새벽에 계엄군은 전투사단과 공수여단 병력 2만 5,000명을 동원해 시민군을 무력으로 진압하기 위한 이른바 '충정 작전'에 돌입했다. 계엄군의 일방적인 공세로 도청에 있던 시민군들은 대부분 사살되거나 부상을 입었고, 일부 생존자는 군부대로 이송되었다. 전일빌딩에 있던 시민군 20여 명은 총격전 끝에 전원 사살되었다.

광주 민주화 운동은 이렇게 마무리되었다. 계엄사령부는 6월 5일 민간

인 148명이 사망했고, 이 가운데 118명이 총상으로 목숨을 잃었다고 발표
했다. 사망한 군인은 15명이라고 밝혔다. 하지만 1990년 제정된 광주 민
주화 운동 보상법에 따라 피해자로 인정된 민간인은 사망 154명, 행방불
명 70명, 상이 3,193명, 기타 1,589명으로 모두 5,000명이나 되었다.

광주 민주화 운동은 신군부의 집권 계획에 따른 과잉 진압, 유신독재를
관통하며 이어져 온 시민들의 민주화 열망, 박정희 정권의 정치적 목적에
따른 영호남 지역감정 조장 등을 원인으로 들 수 있다. 광주 민주화 운동
이후 1980년대 학생운동에서는 서울과 광주, 부산 등지의 미국 문화원에
대한 점거 및 방화가 특징적인 현상으로 나타났다. 미국이 신군부의 진압
군 동원을 승인한 것과 관련해 반미 운동이 확산된 데 따른 것이다.

6월 민주 항쟁

전두환 독재를 반대한 반독재 민주화 외침

> ◁◁ **1981년** 제5 공화국의 헌법이 공포되고 전두환이 대통령에 취임하다.
> ◁◁ **1985년** 2·12 총선에서 야당이 크게 승리하다.
> ◁◁ **1987년** 5년 단임제의 대통령 직선제가 통과되었다.
>
> 오랜 군사 정권으로 인한 시민들의 민주화 열망은 1985년 2·12 총선에서 사실
> 상 야당의 승리와 대통령 직선제 개헌을 통해 민간, 민선 정부를 창출하려는
> 운동으로 이어졌다. 반군사 반독재 운동에 호헌 선언으로 맞서던 전두환 정권
> 은 박종철 고문치사 사건의 은폐 조작과 이한열의 최루탄 치사 사건 등이 터지
> 면서 결국 1987년 6월 대통령 직선제 개헌 요구를 받아들였다. 그러나 그해 대
> 통령 선거에서 민주화 운동 진영이 후보 단일화에 실패하면서 정권 교체가 현
> 실화되지는 못했다.

1985년 총선 직후, 야당은 지역별 개헌추진본부 결성식을 통해 정국을
직선제 개헌 국면으로 몰고 갔다. 이듬해 초에는 군사 독재의 퇴진을 촉
구하고 민주헌법을 쟁취하기 위한 범국민 서명 운동이 전개되었다. 1987
년 12월에 시행될 대통령 선거 전에 직선제 개헌을 이루어 군사 독재를
종식시켜야 한다는 의도에서였다. 대학가에서도 연일 격렬한 민주화 시
위가 벌어졌다. 집권당인 민주정의당(民主正義黨, 민정당) 당사와 연수원이

치안본부 대공수사단 건물 군사 정권 시절 이곳에서 국가 안보를 빌미로 민주화 운동에 대한 고문과 테러, 불법 연행 등 인권 유린이 수없이 자행되었다. (연합포토)

점거되고, 학생들의 분신, 투신자살이 이어졌다. 1986년 한 해 동안 시위 진압용 최루탄 구입 비용이 60억 원에 이를 정도였다.

그러던 중 1987년 1월 14일, 서울대학교 학생이던 박종철 군의 고문치사 사건이 일어났다. 치안본부 남영동 대공분실에서 고문과 폭행으로 일어난 사건이었지만, 경찰은 사건 초기에 단순 쇼크사로 발표해 사건의 진상을 은폐하고 조작하려 했다. 이 사건은 6월 민주 항쟁의 도화선이 되었다. 박종철 추모대회와 고문 추방 민주화 대행진에서 수만 명의 학생과 시민 들은 "직선 개헌"과 "독재 타도"를 외치며 열띤 시위를 벌였다.

　그러자 전두환 정권은 4월 13일 민주화 진영의 개헌 논의에 제동을 걸기 위해 호헌 조치를 발표하는 한편 민정당 대통령 후보 지명 작업을 진행시켜 나갔다. 하지만 이미 불붙기 시작한 개헌 투쟁은 사그라지지 않고 오히려 전국적으로 더욱 확산되었다. 광주 민주화 운동 7주년 기념일인 5월 18일, 전국적으로 광주 희생자들을 추모하는 행사가 열린 가운데 천주교정의구현사제단은 박종철 고문 치사 사건의 진상이 조작된 것이라는 유인물을 발표했다. 그 직후인 27일, 야당과 재야 세력, 종교 단체 등이 봇물처럼 터져 나오는 민주화 요구를 결집하고 민주 정부를 수립하기 위해 민주헌법 쟁취 국민운동본부(이하 국본)를 발족했다.

　6월에는 전국적인 시위 열기를 고조시킨 또 하나의 사건이 발생했다. 연세대학교 학생 이한열이 9일 오후 교내에서 열린 '애국 연세인 총궐기대회'에 참석한 뒤 시위 대열의 선두에서 경찰과 대치하다 경찰이 던진 최루탄에 맞아 숨진 것이다. 다음 날인 10일에는 전두환 정권이 차기 대통령 후보를 지명하는 민정당 전당대회와 국본이 주최한 '박종철 고문 치사 사건 은폐 조작 규탄 및 호헌 철폐 국민대회'가 나란히 열렸다. 민정당은 전국 경찰에 비상 경계령이 내려진 가운데 잠실 실내체육관에서 전당대회를 열어 노태우(盧泰愚)를 간선제 대통령 후보로 지명했다. 6·10 국민대회는 학생과 시민들을 중심으로 서울, 광주, 부산, 대전, 인천 등 전국 22개 지역에서 동시 다발적으로 전개되었다. 서울에서만 이날 하루 30여 곳에서 시위가 잇따랐고 전국적으로는 514곳에서 규탄 집회가 열렸다. 일부 시위대는 삭발과 혈서 투쟁을 벌이기도 했다.

　서울 지역의 각 대학은 자체적으로 출정식을 가진 뒤 "호헌 철폐", "직선 쟁취" 등의 구호를 외치며 도심으로 몰려들어 연좌 농성을 벌였다. 이

6·10 국민대회 6월 10일 명동성당에서 열린 국민대회에서 태극기를 앞세우고 호헌 철폐, 군부 독재 타도를 외치며 민주화 시위는 계속되었다. (연합포토)

날 오후 6시 정각 곳곳에서 차량 경적 소리와 교회 종소리, 시위대의 함성과 박수 소리가 일제히 터져 나왔다. 서울에서는 국민대회가 열린 덕수궁 옆 성공회 대성당에서 학생과 야당 의원 등이 노상 집회를 여는 도중 성공회 종탑 스피커에서 애국가가 울려 퍼지고, 종이 42차례 울리는 것을 신호로 성당 구내 차량들이 일제히 경적을 울렸다. 일반 시민들은 박수로 이에 호응했다. 이로써 6월 민주 항쟁의 본격적인 막이 올랐다.

이날 국민대회가 발표한 결의문에는 권력에 의한 고문과 테러, 불법 연행 등 인권 유린 행위의 영원한 추방과 진상 규명, 민주헌법 확립과 진정한 민주정부 수립을 위한 평화적 수단 및 방법 총동원, 4·13 호헌 성명의 무효화 선언과 정부 여당의 일방적 정치 일정 진행 철폐, 민주화 열망 거부 시 반민주적 범죄자로 단죄한다는 등의 내용이 담겨져 있었다.

경찰은 성공회 주변을 둘러싸고 일반 시민의 접근을 통제했으며, 곳곳에서 벌어지는 시위에 강경 진압으로 일관했다. 당초 평화적으로 진행되던 시위는 갈수록 격렬하게 진행되었다. 경찰은 시위 현장에서 3,800여 명을 연행했으며, 곳곳에서 시청과 파출소, 민정당 지구당사 등이 파손되었다. 서울에서는 거리시위를 벌이던 학생 1,000여 명이 명동성당에 모여 닷새 동안 농성하기도 했다. 6·10 국민대회 이후 민주화 시위는 거의 매일 전국에서 벌어졌다. 국본이 최루탄 추방의 날로 선포한 18일에는 전국 14개 도시, 247곳에서 20만 명(경찰 집계)의 사람들이 시위에 참여했다. 서울에서는 시위대에 의해 전투경찰 80여 명이 무장을 해제당하는 일도 있었다. 전국적으로 파출소 21곳과 차량 13대가 파손됐고, 경찰 621명이 부상했다고 경찰은 밝혔다.

사태가 걷잡을 수 없이 확대되자 노태우는 20일 "대통령 후보 자리에 연연하지 않겠다."라는 입장을 표명했다. 하지만 민주 항쟁의 열망에 부합하는 후속 조치는 나오지 않았다. 26일에 이르러 6월 항쟁은 절정에 이르렀다. 이날 '민주헌법쟁취 국민평화대행진'에는 전국 33개 도시와 4개 군, 읍 지역에서 모두 100만여 명이 참가했다. 1981년 전두환 정권이 들어선 이후 최대 규모의 시위였다. 전국의 주요 도시에서는 시위대와 경찰이 공방전을 벌이며 일진일퇴를 거듭했다. 이날 하루 전국에서는 3,467명이 연행되고, 경찰서 2곳, 파출소 29곳, 민정당 지구당사 4곳이 투석과 화염병 투척으로 파괴되거나 불탔다.

서울에서는 늦은 밤까지 시가전을 방불케 하는 격렬한 시위와 진압이 반복되었다. 특히 이날 서울에서는 '넥타이 부대'라고 불린 직장인과 중산층 시민이 시위대에 박수를 보내거나 직접 시위 대열에 참여해 전두환 정권에 치명적인 타격을 입혔다. 이렇게 6월 항쟁은 10일부터 28일까지 전국 30여 개 시, 군에서 연인원 400만~500만 명이 참가한 가운데 치열하고 조직적으로 진행되었다.

마침내 6월 29일, 노태우는 민정당 대표의 이름으로 기자회견을 갖고 시국 수습을 위한 8개 항의 방안을 발표했다. 여야 합의에 의한 대통령 직선제 개헌과 새 헌법에 의한 대통령 선거 실시, 공정 경쟁을 위한 대통령 선거법 개정과 공명정대한 선거 관리, 김대중의 사면, 복권과 시국 관련 사범의 석방, 인권 침해 사례의 즉각 시정과 제도적 개선, 언론 자유 창달, 시도 단위의 지방의회 구성, 대학의 자율화와 교육 자치의 조속한 실현, 대화와 타협의 정치 풍토 마련 등이 그것이다.

민정당은 긴급 의원총회에서 6·29 선언을 당의 공식 입장으로 추인하고, 대통령 전두환은 이틀 뒤 특별 담화 형식으로 이를 대폭 수용하겠다고 밝혔다. 국본은 환영 성명을 냈다. 6월 항쟁이 4·13 호헌 조치를 무효화하고, 직선제 개헌안을 관철시킨 것이다.

이에 따라 1987년 12월 16일, 국민투표로 확정된 직선제 개헌안에 따라 국민의 직접선거로 13대 대선이 실시되었다. 하지만 민주화 운동의 동반자였던 통일민주당의 김영삼과 평화민주당의 김대중은 후보 단일화를 이루지 못해 각각 출마했고, 그 결과 노태우가 대통령에 당선되었다. 당시 득표율은 노태우 36.6퍼센트, 김영삼 28.0퍼센트, 김대중 27.0퍼센트로 집계됐고, 신민주공화당 김종필이 8.1퍼센트를 얻었다. 1992년 12월 14대 대통령 선거에서 김영삼 후보가 당선되면서 5·16 쿠데타 이후 32년간 지속된 군부 세력의 통치는 비로소 막을 내렸다.